글로컬 한국불교 총서 9

# 원효元曉,
## 문헌과 사상의 신지평

이 저서는 2011년도 정부(교육과학기술부)의 재원으로 한국연구재단의 지원을 받아 연구되었음
(NRF-2011-361-A00008)

글로컬 한국불교 총서 9

# 원효元曉,
# 문헌과 사상의 신지평

동국대학교 불교문화연구원 HK연구단 엮음

동국대학교출판부

## 서문

원효 스님(617~696)은 7세기 삼국통일 전쟁 한가운데서 활약했으며 일심의 깨달음을 통해 중국에 유학 가지 않고 어디에도 걸리지 않는 무애행의 대중 교화와 수준 높은 저술 활동에 일생 매진하였다. 원효는 현재까지 한국이 낳은 가장 독창적이고 보편적인 사상가였을 뿐 아니라 동아시아 사상계에 가장 많은 영향을 미친 인물이라고 생각된다.

2017년은 원효 탄신 1400주년이 되는 해였다. 동국대학교 불교문화연구원 HK연구단에서는 원효 탄신을 기념하기 위한 학술 행사를 몇 년 전부터 준비했으며, 그 준비의 일환으로 2014년부터 원효의 문헌을 찾기 시작했다. 그 결과 둔황사본『기신론소』단간 외에도 가나가와현립 가나자와문고에 원효 최고본『기신론별기』사본이 존재하는 것을 발굴했고, 나고야 혼쇼지에 최고본『대혜도경종요』가 있는 것을 발굴하였다. 아울러 2016년에서 2017년에 걸쳐『판비량론』단간 몇 점을 새롭게 발굴하였으며, 신라 사본들도 새롭게 발굴하였다.

이러한 결과들을 바탕으로 동국대학교 불교문화연구원 HK연구단은 2016년 8월에 원효 저술 및 신라 사본을 연구하는 학술대회를 가나가와현립 가나자와문고·한국사상사학회와 공동으로 개최한 것을 시작으로,

2016년 10월 불교학연구회와 공동 학술대회, 2017년 3월 중국의 중궈런민대학(中國人民大學)·중앙민주대학(中央民族大學)과의 공동 학술대회, 5월 동국대학교 주최 학술대회, 6월 가나자와문고와 공동 학술대회, 10월 ABC와 토대연구팀과의 공동 학술대회 등 총 여섯 번에 걸쳐 원효 스님 탄신 1400주년 기념 행사를 기획하고 실행하였다.

일련의 학술 행사 중에서 특히 뜻 깊었던 것은 중국·한국·일본으로 이어지는 릴레이 기념 학술 행사였다. 2017년 3월 24~25일 중국의 중궈런민대학·중앙민주대학과 공동으로 '원효와 동아시아불교'를 주제로 한 국제 학술대회를 개최하였고, 5월 19~20일에는 한국의 동국대학교 불교문화연구원 HK연구단 단독으로 국제 학술대회 '21세기 원효학의 의미와 전망-원효 찬술 문헌의 계보학적 성찰'을 개최하여 동아시아에서 다시 원효에 주목하게 하는 의미 있는 성과를 남겼다. 마지막으로 일본 가나가와현립 가나자와문고와 공동으로 특별전 '안녕하세요! 원효법사-일본에서 발견한 신라·고려불교'를 6월 23일부터 약 두 달간 개최하고, 이를 기념하는 학술대회 '원효와 신라불교 사본'을 6월 24일에 가나자와문고에서 개최하여 원효 및 신라불교의 면모를 소개하였다.

이 책은 위와 같이 동국대학교 불교문화원 HK연구단이 주최 및 주관이 되어 개최한 여섯 번에 걸친 학술대회의 결과물 가운데에서 의미 있는 논문들을 선택하여 각 주제별 및 문헌별로 18편을 모아『원효元曉, 문헌과 사상의 신지평』이라는 제목으로 묶어 놓은 것이다.

여기서 각 논문에 대한 구체적 평가는 생략하겠지만 중요한 경향성은 다음과 같다. 우선『기신론별기』·『대혜도경종요』처럼 새로 발굴하거나,『판비량론』·『기신론소』처럼 단간을 새로 발굴한 문헌을 근거로 내용을 새롭게 정리하거나, 기존에 전혀 생각하지 못했던 후인 편집설로 『기신론별기』에 대해서 완전히 새로운 견해를 내놓은 논문이 있다. 둘째, 기존 연구의 문제점을 파고들은 논구가 있다. 『금강삼매경론』 연구는 기존 해석들을 비판적으로 다루면서 『금강삼매경론』의 이상적인 보살계 수지의 강조를 부각시키면서 『보살계본지범요기』와의 관련성도 아울러 강조하였다. 셋째, 원효의 유식학적인 면모를 부각시킨 『이장의』와 『중변분별론』에 관한 논문도 중요할 것이다. 또한 원효의 삼신의를 구명하면서 혜원과의 차별성을 강조한 『금광명경』 관련 논문은 『이장의』에 대한 논문과도 취지가 상통하며 원효 사상을 유식학적인 관점에서 재해석하였다. 넷째, 『열반종요』에서 무정성불설을 소재로 하여 징관과의 관련성을 추정한 것이나, 『본업경소』의 계위설에 주목한 것은 원효 연구의 소재를 개발했다는 점에서 주목할 만하다.

이외에도 문헌학적 학풍을 살려서 집필된 『보살계본지범요기』 및 『금광명경소』 관련 논문, 원효의 화쟁사상에 주목한 논문 등은 기존 원효 연구 풍토나 해석과 차별을 둘 수 있을 것이다.

원효 스님의 탄신이 다시 세계에 빛을 비추고 우리들의 사유를 개혁하는 밑거름이 되기를 기대하면서 이 책에 실린 18편 논문의 일독을 권한다.

2020년 4월 20일

동국대학교 불교문화연구원장 겸 HK연구단장

김 종 욱

**차례**

서문 | 김종욱 … 4

**제1부
여래장과
불성**

『대승기신론별기』 및 『대승기신론소』
1  원효의 『대승기신론별기』 성립에 대한 새로운 이해 | 최연식 … 15
2  원효 『기신론별기·소』의 전승과 정본화 시도 | 김천학 … 43

『금강삼매경론』
3  『금강삼매경론』의 성립 사정 | 이시이 코세이(石井公成) … 77

『열반종요』
4  원효 『열반종요』의 무정불성설 | 장원량(張文良) … 117

**제2부
유식과
화엄**

『이장의』
5  원효의 『이장의』 '현료문'에 나타난 해석상의 특징 | 안성두 … 143

『중변분별론소』
6  원효 『중변분별론소』의 사상사적 위상과 그 의의 | 모로 시게키(師茂樹) … 177

『화엄경소』
7  원효 『광명각품소』의 해석상의 특징 | 김천학 … 209

## 제3부 계율과 반야

『보살계본지범요기』

8 동아시아 보살계 사상의 전개와 원효 『보살계본지범요기』의 성격 | 박광연 … 245

9 원효의 『보살계본지범요기』가 일본불교에 미친 영향 | 김병곤 … 273

『본업경소』

10 원효의 『본업경소』 중 '사십이위설' | 아오잉(敖英) … 319

『대혜도경종요』

11 원효 『대혜도경종요』의 기초 연구 | 오카모토 잇페이(岡本一平) … 345

## 제4부 호국과 정토

『금광명경소』

12 원효 『금광명경소』 집일의 현황과 그에 대한 비판적 검토 | 한명숙 … 383

13 『금광명경』 삼신설에 대한 원효의 이해 -자은 기와 정영 혜원과의 비교 고찰을 통하여- | 이수미 … 421

『무량수경종요』

14 원효 찬 『무량수경종요』 연구 방법 개혁론 -일본불교의 원효 정토교 평가의 변화에 착목하여- | 아타고 구니야스(愛宕邦康) … 451

## 제5부 논리와 화쟁

『판비량론』

15 신출 자료 바이케이 구장본 『판비량론』 단간에 대해서 | 오카모토 잇페이(岡本一平) … 479

16 원효『판비량론』의 새로운 발굴 −고토미술관 및 미쓰이기념미술관 소장본을 중심으로− | 김영석 … 497

17 불교논리학의 흐름과 『판비량론』의 논쟁학 | 심성철 … 523

『십문화쟁론』

18 분황 원효의 화쟁 회통 인식 −『십문화쟁론』을 중심으로− | 고영섭 … 555

찾아보기 … 608
저자 소개 … 623

# 제1부 여래장과 불성

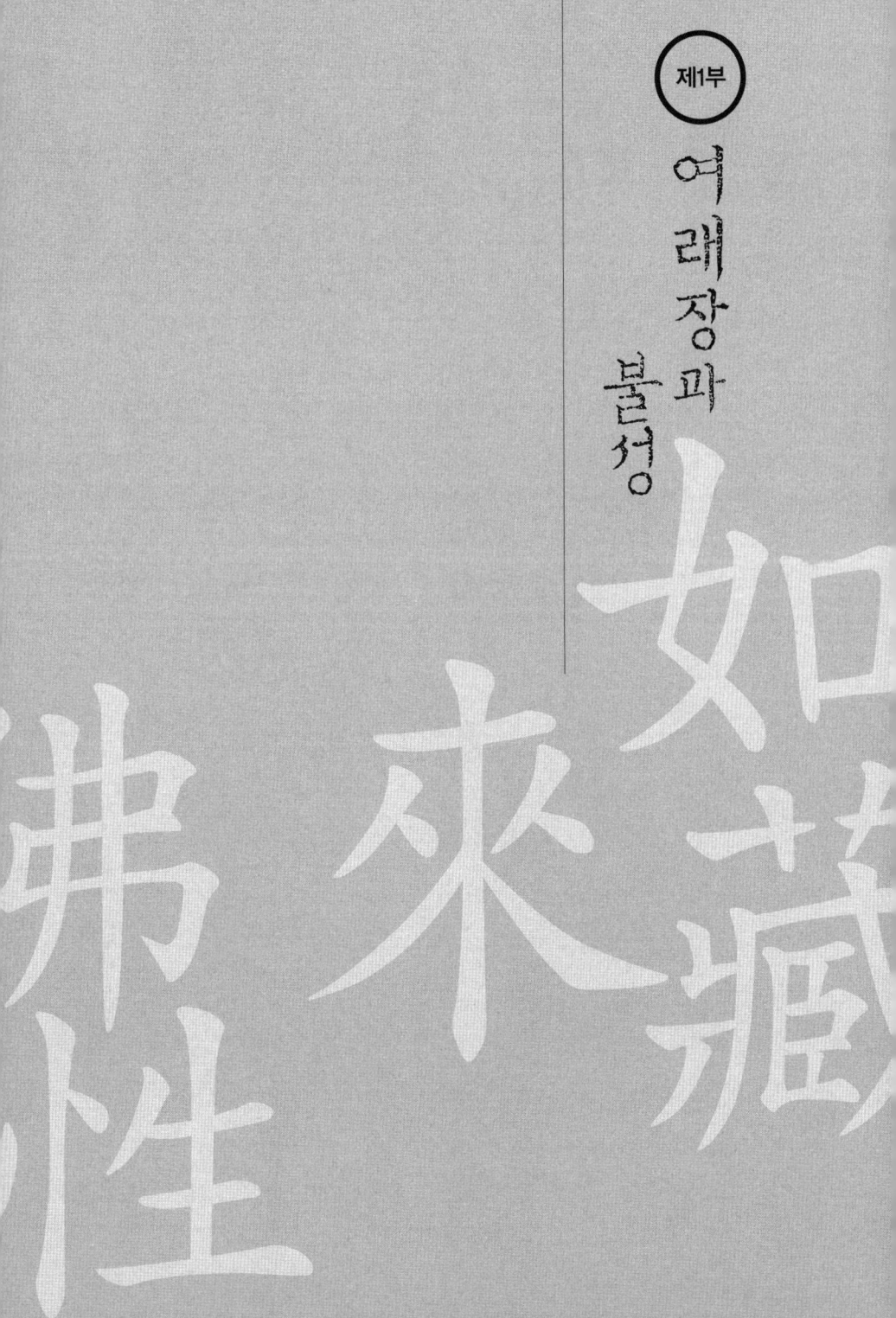

# 『대승기신론별기』 및 『대승기신론소』

원효의 『대승기신론별기』 성립에 대한 새로운 이해 | 최연식

원효『기신론별기·소』의 전승과 정본화 시도 | 김천학

원효의
『대승기신론별기』 성립에 대한
새로운 이해

최연식

## I. 머리말

원효는 『대승기신론』을 매우 중시하였으며, 그 사상적 중요성을 선양하는 데 많은 노력을 기울였다. 현장玄奘이 전한 새로운 논서들이 영향력을 확대하는 가운데 원효는 『대승기신론』이 그 새로운 논서들의 한계를 보완하여 대승불교의 사상을 보다 온전하게 이해할 수 있게 하는 논서로서 자리매김하도록 하였다. 7세기 후반 이후 『대승기신론』이 동아시아 불교계의 대표적 문헌으로 대두되는 데에는 이러한 원효의 노력이 중요한 역할을 하였다고 할 수 있다.

『대승기신론소』(이하 『소』)와 『대승기신론별기』(이하 『별기』)는 『대승기신론』에 관한 원효의 사상을 전하는 대표적 문헌으로서, 후대의 『대승기신론』 이해에 절대적 영향을 미쳤을 뿐 아니라 현재에도 이 책을 이해하는 기본적 문헌으로서 읽히고 있다. 따라서 원효의 『대승기신론』 사상과 그것이 후대에 미친 영향을 이해하기 위해서는 이 두 문헌에 대한 이해가 우선적으로 필요하다고 할 수 있으며, 실제로 이에 대한 많은 연구가 이루어졌다.[1] 하지만 기존의 연구들에서는 주로 두 문헌에 나타난 원효의 『대승기신론』 이해에 대해서만 관심을 가졌을 뿐 두 문헌 사이의 상호 관계에 대해서는 크게 주목하지 않았다. 일반적으로는 원효가 『대승기신론』에 관하여 처음 관심을 가지고 정리한 것이 『별기』이고, 이후 여러 관련 저술들을 지은 뒤에 보다 종합적으로 정리한 것이 『소』라고 이해되고 있다. 즉, 『별기』는 『소』의 초고적 성격의 글이며, 양자는 본질적으로 동일한 성격의 저술이라고 이해되어 온 것이다.

하지만 일부에서는 이러한 일반적 이해와 달리 두 책의 성격을 구분해서 이해할 필요가 있다는 주장들도 제기되고 있다. 먼저 두 책은 내용상 중복되는 부분이 많지만 그에 못지않게 차이가 나는 부분들도 있으므로 그것을 토대로 양자 사이에 나타나는 원효의 『대승기신론』 이해의 변화 과정을 읽어 내야 한다는 주장이 제시되었고,[2] 최근에는 이에 입각하여 양자의 본문 내용을 구체적으로 비교하는 작업이 진행되고 있다.[3] 한편 일본에서는 『소』와 『별기』가 모두 원효의 40대 이후에 찬술되어 둘 사이에 시간적 차이가 크지 않으며, 내용상으로도 『별기』가 『소』의 내용을 더욱 심화시키는 보완적 기능을 하고 있는 것으로 볼 때 같은 시기에 성격을 달리하여 동시에 찬술되었다는 주장이 제기되었다.[4] 또한 『별기』의 본문은 『소』보다 먼저 찬술되었지만, 서문에 해당하

---

[1] 두 문헌에 대한 한국에서의 연구 동향은 석길암, 「근현대 한국의 『대승기신론소』・『별기』 연구사」『불교학리뷰』2(금강대학교 불교문화연구소, 2007)에 정리되어 있다.
[2] 박태원, 「원효의 『대승기신론별기』와 『소』」『가산이지관스님화갑기념논총 한국불교문화사상사』(서울: 가산문고, 1992)[박태원, 『대승기신론사상연구(Ⅰ)』(서울: 민족사, 1994) 재수록].
[3] 김준호, 「원효의 『대승기신론소/별기』의 구문대조와 《신회본》 편찬의 필요성」『한국불교학』80(한국불교학회, 2016).

는「대의문大意文」만은『소』보다 늦게 찬술되었으며, 거기에 사상적 변화의 모습을 볼 수 있다는 견해도 제시되었다.[5] 이러한 새로운 주장들은 그동안 주목받지 못했던『별기』와『소』의 관계를 환기시키고 양자를 비교하여 검토하게 함으로써 두 문헌을 보다 깊이 있게 이해할 수 있게 해주는 성과를 거두었다고 생각된다. 필자 역시 이러한 문제 제기에 기초하여『별기』와『소』의 관계와 양자의 사상적 차이에 관심을 갖게 되었는데, 양자를 비교하여 검토하는 과정에서 현재 전하는『별기』는 원효가『소』에 앞서 저술했던『대승기신론』에 대한 주석서와 차이가 있으며 후대에 재편집되었을 가능성이 있다는 사실에 주목하게 되었다. 이 글에서는『별기』의 내용에 보이는 원효의 저술로 보기 어려운 점들을 지적하고 이 책의 성격에 대해서 생각해 보고자 한다.

## II.『대승기신론별기』의 부자연스러운 서술 양태

선행 연구에서 지적된 것처럼『별기』는『소』와 마찬가지로『대승기신론』전체에 대한 주석서의 형식을 취하면서도, 본문 전체에 대해 고르게 설명하고 있는『소』와 달리 본문 중의 적지 않은 부분에 대해서는 아무런 설명을 제시하지 않는 반면 특정 부분에 대해서는 지나치게 길게 설명하는 특이한 서술 모습을 보여 주고 있다.[6] 이러한 모습 자체도 다른 주석서들에서 볼 수 없는 대단히 특이한 것이지만,『별기』는 구체적

---

4 吉津宜英,「元曉の起信論疏と別記との關係について」『韓國佛敎學 SEMINAR』9(東京: 韓國留學生印度學佛敎學硏究會, 2003).
5 남동신,「원효의 대중교화와 사상체계」(서울대학교 박사학위논문, 1995) pp. 118~124; 남동신,「원효의 기신론관과 일심사상」『한국사상사학』22(한국사상사학회, 2004) pp. 59~61.
6 吉津宜英(2003) pp. 336~337.

서술에 있어서도 전후 맥락에 맞지 않는 자연스럽지 못한 모습들을 보이고 있다.

> ① 문: 이실理實대로 말하는 것은 언어에서 벗어난 것(絶言)인가 벗어나지 않은 것(不絶言)인가? …(중략)… 만일 언어에서 벗어나지 않는다면 『(대승기신)론』의 앞 단락의 말이 허황된 말(妄語)이 되고, 만일 실제로 언어에서 벗어난 것이라면 『(대승기신)론』의 뒤 단락의 말이 잘못된 것이 된다. (후략)…
> 답: 어떤 사람은 다음과 같이 말한다.(或有說者) 그러므로 이치는 언어에서 벗어난 것도 아니고 언어에서 벗어나지 않은 것도 아님을 알아야 한다. 따라서 이치는 언어에서 벗어난 것이기도 하고 벗어나지 않은 것이기도 하다. 이러한 말들은 해당하지 않는 것이 없으므로 해당하는 것이 없고, 해당하는 것이 없으므로 해당하지 않는 것이 없다.[7]

위의 문장은 『대승기신론』 해석분 중의 진여문眞如門에 대한 설명 중 일부로 진여를 언어로 표현할 수 있는지 없는지에 대한 논의이다. 위 문장에서 질문에 대한 답변 내용은 전후 맥락으로 볼 때 찬자 자신의 입장으로 볼 수 있는데, 그것을 '어떤 사람은 다음과 같이 말한다.(或有說者)'를 전제하고 이야기하는 것은 자연스럽지 못하다. 질문에 대한 답에서 '어떤 사람의 말'이라는 표현은 보통 타인의 견해를 인용하거나 아니면 복수의 견해가 제시될 때 사용된다. 비슷한 내용이 『소』에도 보

---

[7] "問, 理實而言, 爲絶(爲不絶). …(중략)… 又若不絶言, 則初段論文, 斯爲妄語. 若實絶言, 則後段論文, 徒爲虛設. 如說虛空爲靑黃等. 答, 或有說者, 是故當知, 理非絶言, 非不絶言. 以是義故, 理亦絶言, 亦不絶言. 如是等言, 無所不當, 故無所當, 由無所當故, 無所不當也."(T44, 228b)

이고 있는데,[8] 『소』에서는 답변 앞에 '해운解云'이라고 하여 답변 내용이 찬자의 견해임을 명확하게 밝히고 있다. 비슷한 문장이지만 『소』의 문장이 자연스러운 데에 비하여 『별기』의 문장은 자연스럽지 못하다고 할 수 있다. 『별기』에서도 다른 곳에서 '어떤 사람은 다음과 같이 말한다.(或有說者)'라는 표현을 사용할 때에는 서로 다른 복수의 견해들을 제시하면서, 그 뒤에 그들에 대한 자신의 입장을 별도로 제시하고 있다.[9]

② [A] ⓐ '이 식識에 두 가지 뜻이 있다(此識有二種義)' 이하 부분은 두 번째의 뜻에 의거하여 별도로 해석하는 것이다. ⓑ 이 부분은 세 단락으로 구성되어 있다. 첫째 단락에서는 그 뜻을 전체적으로 드러내면서 기능을 간략히 설명하였고, 둘째 단락에서는 '무엇이 두 가지인가?' 이하로 뜻에 따라 나누어 해석하여 체상體相을 널리 드러냈으며, 셋째 단락에서는 '또한 각覺과 불각不覺' 이하 부분으로 두 가지 뜻에 의거하여 같고 다른 모습을 밝혔다. …(중략)… ⓒ '무엇이 두 가지인가?' 이하는 두 번째의 뜻에 따라 나누어 해석하는 것이다. [B] 각의覺義라고 말한 것에는 두 가지가 있으니 본각本覺과 시각始覺이다. 본각이란 것은 …(중략)… 본각이라고 한다. 시각이란 것은 …(중략)… 시각이라고 한다. 불각이라고 한 것에도 두 가지가 있으니 하나는 근본불각이고, 둘은 지말불각이다. …(중략)… [C] (『대승기신론』) 본문에서는 먼저 각覺의 뜻을 밝혔는데, 그 중에 두 가지가 있다. 하나는 두 가지 각의 뜻을 간략히 밝힌 것이고, 또 하

---

[8] "問 理實而言 爲絶爲不絶. 若不絶言者, 正體離言, 即通於理. 若實絶言, 後智帶言, 即倒於理. 又若不絶, 則初段論文斯爲漫語. 若實絶言, 則後段論文徒爲虛設, 如說虛空爲金銀等. 解云, 是故當知, 理非絶言, 非不絶言. 以是義故, 理亦絶言, 亦不言絶. 是則彼難無所不審(當?), 且止傍論, 還釋本文."(T44, 207a)
[9] T44, 230c·238c.

나는 '또 마음의 근원을 깨달아서' 이하로 두 가지 각의 모습을 자세히 설명한 것이다. (첫째의) 간략한 설명에서는 먼저 본각을 밝히고 뒤에 시각을 밝혔다. 앞의(본각의) 설명에 두 가지가 있으니 하나는 각체覺體를 드러냈고, 둘은 각의 뜻을 풀이하였다.[10]

위 문장은 생멸문生滅門 중의 아리야식에 대한 설명 중 일부인데, 내용상 [C] 부분은 [A]ⓒ에서 이야기하는 '운하위이云何爲二' 이하 부분의 단락 구성에 대한 설명으로서, [A]ⓒ 뒤에 바로 이어서 '云何爲二已下, 第二依義別解. 文中先明覺義, 於中有二, ……'로 서술되는 것이 자연스럽다. [B] 부분은 [A]는 물론 [C]와도 직접 연결되지 않는 내용이어서 문장의 흐름이 끊기고 있다. 왜 갑자기 [B] 부분이 [A]ⓒ와 [C] 사이에 들어갔는지 이해하기 어렵다. 더욱이 [B] 부분의 경우 주제는 관련된 것이지만 서술 내용은 앞뒤의 논의와 이질적이어서 문장에 위화감이 있다. 처음부터 서술된 것이 아니라 후대에 추가로 삽입된 것으로 보인다.

③ [A] 네 번째 위계의 내용 중 보살진지菩薩盡地는 무구지無垢地이다. …(중략)… [B] '멀리 떠나서' 이하는 각覺의 분제分齊를 밝힌 것이

---

10 "[A] 此識有二種義已下, 第二約義別解. 此中有三, 一門義總標, 略明功能, 二云何爲二已下, 依義別釋, 廣顯體相. 三復次覺與不覺已下, 總約二義, 明同異相. 初中, 言此識有二種義能攝一切法生一切者, 能攝之義如前已說. …(중략)… 云何爲二已下, 第二依義別解. [B] 言覺義者, 即有二種, 謂本覺始覺. 言本覺者, 謂此心性, 離不覺相, 是覺照性, 名爲本覺. …(중략)… 言始覺者, 即此心體, 隨無明緣, 動作妄念, 而以本覺熏習力故, 稍有覺用, 乃至究竟, 還同本覺, 是名始覺. 言不覺義, 亦有二種. 一者根本不覺, 二者枝末不覺. 枝末(→根本)不覺者, 謂梨耶識內根本無明, 名爲不覺. …(중략)… 言枝末不覺者, 謂無明所起一切染法, 皆名不覺. …(중략)… [C] 文中先明覺義, 於中有二, 一略明二種覺義, 二又以覺心原故以下, 廣二種覺相. 略中, 先明本覺, 後明始覺. 初中有二, 一顯覺體, 二釋覺義."(T44, 229b~230c)

다. …(중략)… [C] 문문: 만일 시각이 본각과 같이 생멸을 떠나 있다고 한다면 다음의(『섭론』의) 설은 어떻게 회통할 수 있는가. 『섭론』에서는 본本은 상주常住하고 말末은 본에 의지하여 상속相續하여 항상 존재한다. …(중략)… 답答: 두 책의 의도가 다르므로 이치가 서로 어긋나지 않는다. 무슨 뜻인가 하면 이『(대승기신)론』의 의도는 …(중략)… 저『섭론』의 의도는 …(중략)… 지금 두 논의 작자는 각기 한 가지 뜻을 이야기한 것이니 어찌 장애가 되겠는가. [D] 또한 경經에서 여러 복도伏道에 의거하여 기사심起事心을 멸하고, 법단도法斷道에 의거하여 의근본심依根本心을 멸하고, 승발도勝拔道에 의거하여 근본심根本心이 다한다고 한 것과 같다. …(중략)… [E] '그러므로' 이하는 경전을 인용하여 증명한 것이다.[11]

위의 문장은『대승기신론』의 시각始覺 부분 중 '㉮ 如菩薩地盡 滿足方便一念相應 覺心初起心無初相 ㉯ 以遠離微細念故 得見心性 心即常住名究竟覺 ㉰ 是故修多羅說 若有衆生能觀無念者 則爲向佛智故' 단락에 대한 설명 부분으로 [A]는『대승기신론』본문의 ㉮에 대한 설명, [B]는 ㉯에 대한 설명, [E]는 ㉰에 대한 설명이고, [C]와 [D]는 보충적 설명이다. 그런데 [C]와 [D]의 내용은 자연스럽게 연결되고 있지 않

---

11 "第四位中, 菩薩盡地者, 謂無垢地, 是總舉一位. …(중략)… [B] 遠離已下明覺分齊. 業相動念, 念中最細, 名微細念. 此相都盡, 永無所餘, 故言遠離. 遠離之時, 正是佛地. …(중략)… 名究竟覺, 是明覺分齊也. [C] 問 若言始覺同於本覺離生滅者, 此說云何通. 如攝論云, 本既常住, 末(未?)依於本, 相續恒在, 乃至廣說. 答 二意異故, 理不相違. 何者, 此論主意, 欲顯本由不覺 動於靜心, 今息不覺, 還歸本靜, 故成常住. 彼攝論意, 欲明法身本來常住不動, 依彼法身, 起福惠二行, 能感萬德報果. …(중략)… 今二論主, 各述一義, 有何相妨耶. [D] 又如經, 依諸伏道, 起事心滅, 依法斷道, 依根本心滅, 依勝拔道, 根本心盡. 此言諸伏道者, 謂三十心. 起事心滅者, 猶此論中捨麁分別執著相, 即麁相也. 依法斷道, 在法身位, 依根本心滅者, 猶捨分別麁念相, 是住相也. 勝拔道者, 金剛無礙, 根本心盡者, 猶此遠離微細念也, 此謂生相. [E]是故已下, 引經證成也."(T44, 232ab)

다. [C]의 내용은 본각의 생멸에 관한 『대승기신론』과 『섭대승론』의 입장을 회통하는 것인 반면 [D]의 내용은 수행 단계에 상응하여 번뇌를 여의어 가는 과정을 전체적으로 이야기하고 있기 때문이다. 더욱이 [D]는 '또한 경전에서 다음과 같이 말하였다(又如經) ······'로 시작하고 있는데, '또한(又)'이라고 이야기한 것과 달리 [D]의 내용은 앞의 [C]의 내용과 직접 관련되지 않고 있다. 만일 [C]가 없다면 [D]는 앞에서 이야기된 시각始覺의 네 단계에 관련된 종합적 설명으로서 자연스럽게 이해될 수 있다. 앞의 ②의 [B] 경우와 마찬가지로 ③의 [C]는 본래부터 있던 것이 아니라 나중에 [B]와 [D] 사이에 삽입된 것으로 보인다. 한편 『소』에도 위의 인용문과 비슷한 내용이 제시되고 있는데, 여기에서는 [C]에 상응하는 내용은 없고, [D]에 해당하는 내용이 [E]에 해당하는 『대승기신론』 본문의 ㉯에 대한 설명 뒤에 제시되고 있어, 문장이 자연스럽게 연결되고 있다.[12]

이상과 같이 『별기』는 『대승기신론』의 본문 중 일부에 대해서만 설명하면서 그 중 소수의 특정 부분에 집중하여 논의를 전개하는 특이한 모습을 보이는 동시에 몇몇 부분에서는 자연스럽지 못한 문장들이 보이고 있다. 이런 현상은 원래 문장에 새로운 내용이 맥락에 맞지 않게 후대에 추가로 삽입되면서 전후 맥락의 연결이 단절되어 나타난 것으로 보인다. 이러한 『별기』의 부자연스러운 모습은 이 책 서두의 「대의문」

---

[12] "第四位中如菩薩盡地者 ···(중략)··· 遠離以下 明覺分齊 於中二句 初正明覺分齊. 是故以下 引經證成. 業相動念 念中最細 名微細念 此相都盡 永無所餘 故言遠離 遠離之時 正在佛地 ···(중략)··· 由是道理名究竟覺 此是正明覺分齊也. 引證中 言能觀無念者爲向佛智故者 在因地時 雖未離念 而能觀於無念道理 說此能觀爲向佛地 以是證知佛地無念 此是擧因而證果也 若引通說因果文證者 金鼓經言 依諸伏道起事心滅 依法斷道依根本心滅 依勝拔道根本心盡 此言諸伏道者 謂三十心 起事心滅者 猶此論中捨麁分別執著想 卽是異相滅也. 法斷道者 在法身位 依根本心滅者 猶此中說捨分別麁念相 卽是住相滅也. 勝拔道者 金剛喩定 根本心盡者 猶此中說遠離微細念 是謂生相盡也."(T44,210bc)

에서 이야기하고 있는 것처럼 세상에 보여 주기 위한 것이 아니라 자기 스스로 이해하기 위한 것이라는[13] 이 책 자체의 성격에서 비롯된 것으로 볼 수도 있다. 그러나 그러한 「대의문」의 작성 자체가 이 책이 일반에의 공개를 전제한 것이었고, 실제로 원효 자신이 『이장의二障義』에서 '(대승기신)론기(大乘起信)論記'라는 이름으로 이 책을 인용하고 있는 것에서 보듯 원효 재세 시에 이미 이 책이 세상에 공식적으로 유통되고 있었다. 다른 원효 저술들의 조리 있고 체계적인 서술 모습을 볼 때 현재의 『별기』는 원효의 저술로서는 매우 예외적인 것이라고 할 수 있다. 그렇다면 현재의 『별기』는 원효가 찬술할 당시의 모습이 아니라 후대에 새로운 내용이 추가 혹은 삭제되어 재편집된 모습을 보여 주는 것일 가능성이 있다고 생각된다. 『별기』가 후대에 새로 편집된 것일 가능성은 법장法藏의 『대승기신론의기』(이하 『의기』)와 밀접한 관계를 가지고 있을 뿐 아니라 그 영향을 받고 있는 것에서도 살펴볼 수 있다.

## Ⅲ. 『대승기신론별기』에 보이는 『의기』의 영향

### 1. 『대승기신론의기』에 언급된 '별기'와 『대승기신론별기』의 관계

『별기』가 『의기』와 밀접한 관계를 맺고 있음은 무엇보다도 『의기』에서 '별기'에 설명을 미루고 있는 내용이 실제 『별기』에서 확인된다는 사실을 통해 알 수 있다. 즉, 『의기』에서는 다음과 같이 불상응不相應의 염심染心을 리야식이라고 하면서 그 리야식의 성격에 관한 구체적 설명과 관련하여 '별기'를 언급하고 있다.

---

[13] "爲自而記耳, 不敢望宣通世."(T44, 226b)

④ 문: 이 불상응심不相應心이 리야식이다. 이(리야식)에서 심왕心王과
심수心數의 뜻이 구분되지 않는 것과 외경外境과 상응하지 않는 뜻
이 있고, 각과 불각의 뜻이 있는 것 등은 모두 다른 논서와 다른데,
그것의 화회和會는 '별기別記'에서 이야기하고 있다.[14]

『의기』에서 언급하고 있는 이 '별기'가 어떤 문헌을 가리키는지에 대
해서는 종래 법장의『대승기신론별기』,[15] 역시 법장의 저술인『오교장』,[16]
그리고 원효의『별기』[17] 등 다양한 견해들이 제시되었지만 아직 확정되
지 않고 있다.[18] 언급된 문헌들에는 모두 유사한 내용들이 있기는 하지
만『의기』에서 언급하는 내용과 정확하게 일치하는 문헌은 아직 확인되
지 않고 있다. 그런데 다음과 같은 태현太賢의『대승기신론내의약탐기大
乘起信論內義略探記』(이하『약탐기』)의 내용을 보면 원효의『별기』에 해당 내
용이 수록되어 있던 것이 아닌가 생각된다.

⑤ 문:『유가론』등에서 아리야는 이숙식異熟識으로 한결같이 생멸한
다고 하는데 어째서 이『(대승기신)론』에서는 여기에 (생멸과 불
생멸의) 두 가지 뜻을 갖추고 있다고 하는가?
답: 각기 서술하려 한 바 있어 서로 어긋나지 않는다. 즉 이 미세

---

[14] "此不相應心, 既是梨耶識. 於中不分王數義, 及不與外境相應義, 并有覺不覺義等, 立與
諸論相違, 和會如別記中說."(T44, 268b)
[15] 이와 달리『起信論筆削記』의 저자인 宋代의 子璿을 비롯하여 湛睿, 鳳潭, 普寂, 順高 등
은 法藏의『別記』에 이러한 내용을 확인할 수 없다고 하였다.
[16] 일본 근세의 화엄학승인 鳳潭의 견해. 그는 法藏의『別記』가 法藏의 眞撰이 아니고 한반
도에서 제작되었다고 주장하였다.
[17] 일본 중세의 화엄학승 湛睿(1271~1347)와 20세기에 활동한 望月信亨 등의 견해. 吉津宜
英(2003) p.347에서도 동일한 견해를 제시하고 있다.
[18] 清水光幸,「法藏『大乘起信論別記』について」『印度學佛敎學研究』33-2(日本印度學佛敎
學硏究會, 1986) pp.98~99 참조.

한 마음에 두 가지 뜻이 있는데, 그것이 무명에 감응한다는 뜻에서는 고요함을 훈습하여 움직이게 함에 움직임과 고요함이 하나의 체體이다. 이 『(대승기신)론』은 『능가경』에 의거하여 진眞과 속俗을 별체로 보는 집착을 다스리기 위하여 불생멸과 생멸이 화합하여 같지도 않고 다르지도 않다고 말하였다. <u>또한 심왕心王과 심수心數의 차이를 구분하지 않는 것과 외경外境과 상응하지 않는 뜻, 각과 불각의 뜻 등이 있다.</u> 업번뇌業煩惱에 감응하는 뜻에서는 무無에서 유有를 생기게 하여 한결같이 생멸하는데, 저 새 논서(=『유가론』) 등은 『해심밀경』에 의거하여 한결같다(常一)는 견해를 없애기 위하여 이 식이 한결같이 생멸하고 심과 심수가 다르며, 체體가 변한다고 이야기한다. 그러나 이 업번뇌에 감응하는 것과 저 무명에 움직인다는 두 가지 의미는 다르지만 식체識體는 둘이 아니다.[19]

위의 글은 아리야식에 대한 『대승기신론』의 설명과 『유가론』 등의 설명의 차이를 화회하는 것인데, 그 중에 『의기』에서 '별기'에 이야기되고 있다고 한 내용이 정확하게 나타나고 있다. 『대승기신론』의 아리야식에 대해 심왕과 심수가 구분되지 않고 외경과 상응하지 않으며, 각覺과 불각不覺을 함께 가지고 있음을 명확하게 밝히면서 『유가론』 등의 논서와의 차이를 화회하고 있는데, 이는 『의기』에서 이야기하는 내용과 정확하게 일치하는 것이다. 그런데 이 ⑤의 글은 원효의 『별기』 중의 아리야식에 대한 설명을 거의 그대로 인용한 것이다.

---

**19** "問, 瑜伽等論說, 阿梨耶是異熟識一向生滅, 何故此論乃說, 此俱含二義. 答, 各有所述, 不相違背. 謂此微細心, 略有二義. 若其爲無明所熏(→感)義邊, 熏靜令動動靜一體. 今此論者, 依楞伽經, 爲治眞俗別體之執, 說不生滅與生滅和合非一非異. <u>又不分王數差別, 及與外境相應義, 並有覺不覺等也.</u> 若論業煩惱所感義邊, 辨無令有一向生滅. 波雜雜(→彼新)論等, 依深密經, 爲除是常是一之見, 說此識一向生滅, 心心數法差別而轉體. 然此業煩惱所感, 彼無明所動, 二意雖異, 識體無二也."(T44, 417b~c)

⑥ 문:『유가론』 등에서 아리야식은 이숙식異熟識으로 한결같이 생멸한다고 하는데 어째서 이 『(대승기신)론』에서는 여기에 (생멸과 불생멸의) 두 가지 뜻을 갖추고 있다고 하는가?

답: 각기 서술하려 한 바 있어 서로 어긋나지 않는다. 왜냐하면 이 미세한 마음에 두 가지 뜻이 있는데, 그것이 업번뇌業煩惱에 감응하는 뜻에서는 무無에서 유有를 생기게 하여 한결같이 생멸하고, 그것이 무명에 감응한다는 뜻에서는 고요함을 훈습하여 움직이게 함에 움직임과 고요함이 하나의 체體이다. 저 새 논서(=『유가론』) 등은 『해심밀경』에 의거하여 한결같다(常一)는 견해를 없애기 위하여 업번뇌에 감응한다는 입장에 의거하여 이 식이 한결같이 생멸하고 심과 심수가 달리 변화한다고 이야기한다. 지금 이 『(대승기신)론』은 『능가경』에 의거하여 진眞과 속俗을 별체로 보는 집착을 다스리기 위하여, 그 무명에 감응한다는 입장에서 불생멸과 생멸이 화합하여 같지도 않고 다르지도 않다고 말한다. 그러나 이 무명에 움직이는 모습은 또한 저 업번뇌에 감응하는 것이 되므로 두 가지 의미는 다르지만 식체識體는 둘이 아니다.[20]

약간의 글자 차이와 구절의 순서는 바뀌었지만 전체적으로 내용이 일치하고 있음을 알 수 있다. 이 ⑥의 문장들은 『소』에는 없고 『별기』에만 있는 내용이다. 기존에 『의기』에 언급된 '별기'가 원효의 『별기』를 가리킨다고 한 견해에서는 『별기』 중의 불상응不相應의 염심에 대한 설명

---

[20] "問, 如瑜伽論等說, 阿梨耶識是異熟識一向生滅, 何故此論乃說, 此識具含二義. 答, 各有所述, 不相違背. 何者, 此微細心, 略有二義. 若其爲業煩惱所感義邊, 辨無令有 一向生滅. 若論根本無明所動義邊, 熏靜令動動靜一體. 彼所(→新)論等, 依深密經, 爲除是一是常之見, 約業煩惱所感義門, 故說此識一向生滅 心心數法差別而轉. 今此論者, 依楞伽經, 爲治眞俗別體執, 就其無明所動義門故, 說不生滅與生滅和合不異. 然此無明所動之相, 亦即爲彼業惑所感故, 二意雖異, 識體無二也."(T44.229a)

부분²¹이 그에 해당한다고 생각하였지만, 실제로는 생멸문 앞부분에서 이야기되는 아리야식에 대해 설명하는 이 ⑥의 문장들이 보다 더 정확하게『의기』에 언급된 '별기'와 일치하고 있는 것이다. 다만『약탐기』(⑤)에는『의기』에 언급된 '심왕心王과 심수心數의 뜻이 구분되지 않는 것과 외경外境과 상응하지 않는 뜻이 있고, 각과 불각의 뜻이 있는 것(不分王數義, 及不與外境相應義, 幷有覺不覺義等)'과 동일한 구절(又不分王數差別及與外境相應義 並有覺不覺等也)이 있지만,『별기』에는 이 구절이 보이지 않고 있다. 본래『별기』에는 이 구절이 없었는데『약탐기』의 저자가『의기』의 구절을 염두에 두고 일부러 추가했을 가능성도 생각해 볼 수 있지만 그 전후의 문장이 모두『별기』의 내용과 일치하는 것으로 볼 때『약탐기』의 저자가 그 문장만을 일부러 삽입하였다고 보기 힘들다. 또한『유가론』등의 설명에서 아리야식의 생멸 여부와 함께 심心과 심수心數의 차별을 언급하고 있는 것으로 볼 때 그와 대비되어 이야기되는『대승기신론』의 아리야식에 대한 설명에서도 마찬가지로 생멸의 문제와 함께 심과 심수의 미분未分 등을 함께 이야기하고 있는『약탐기』의 내용이 보다 자연스럽다.『약탐기』에 인용된『별기』가 8세기 당시에 신라에 유통되던『별기』의 원래 모습을 반영하는 것이고 현재의『별기』는 전승 과정에서 해당 부분이 누락된 것이 아닌가 생각된다.

이와 같이『별기』중에『의기』에서 언급하고 있는 '별기'와 상응하는 내용이 있지만, 그렇다고 해서『의기』에서 언급한 '별기'가 원효의『별기』라고 보기는 어렵다. 앞에 아무런 사전 언급도 하지 않은 채 갑자기

---

21 "問, 瑜伽論說, 阿賴耶識五[→王]數相應, 卽是此中能見心染, 何故此中說不相應. 答, 此論之意, 約煩惱數差別而轉, 說名相應. 能見心染, 無煩惱數, 名不相應, 故不相違. 雖有微細遍行五數, 心與法通達無相, 而取相故, 是通法執, 而無別討惠數之見, 故無別相法我執也. 所以得知, 阿賴耶亦是法執者, 如解深密經說, 八地已上, 一切煩惱皆不現行, 唯有所知障, 爲依止故. 而此位中, 餘七識惑, 皆不現行, 唯有阿賴耶識現行, 故知此識是所知障. 若論有種子者, 煩惱障種亦猶未盡, 故知彼說正約現行所知障也."(T44, 237c)

특정한 내용에 대한 설명이 다른 사람의 책에 설해져 있다고 이야기하는 것은 자연스럽지 않기 때문이다. 아무런 사전 언급 없이 갑자기 '별기'라고 이야기해도 『의기』 찬술 당시의 독자들이 그것이 어떤 책을 가리키는지 알 수 있을 정도로 원효의 『별기』가 당시 중국 불교계에 널리 읽혔다고도 생각되지 않는다. 더욱이 잘 알려진 것처럼 『의기』는 원효의 『소』에 많은 부분을 의지하고 있으면서도 『소』에 대해 전혀 언급하고 있지 않은데, 그만큼 참조하지도 않은 『별기』를 일부러 언급할 필요는 없었을 것이다. 문장 자체로 볼 때에도 『의기』에 언급된 '별기'는 저자인 법장의 다른 저술을 가리킨다고 보는 것이 타당할 것이다. 법장은 저술 여러 곳에서 특정 주제에 대한 설명을 자신의 다른 저술에 미룰 때에 '별장別章' 혹은 '별기別記'라는 표현을 사용하고 있으며,[22] 『의기』에서도 '별기'와 함께 '별장'을 언급하고 있다.[23] 그리고 자신의 다른 저술을 '별장' 혹은 '별기'로 표현하는 것은 혜원慧遠, 지의智顗, 길장吉藏, 원측圓測, 규기窺基 등의 저술에도 보이는 일반적인 용어였다. 이런 점들을 고려할 때 『의기』의 '별기'는 원효의 『별기』가 아니라 법장의 다른 저술(들)로 보아야 할 것이다.[24]

그렇다면 『의기』에서 '별기'에 서술되었다고 언급한 내용이 원효의 『별기』에 보이는 것은 어째서일까. 『별기』와 『의기』 모두 『대승기신론』에 대한 주석서이므로 우연히 비슷한 내용과 입장의 해설이 나타난 것이라고 볼 수도 있지만 서술된 내용은 물론 주제에 대한 표현 자체가 거의 동일한 것으로 볼 때 우연이라고 보기는 힘들다고 생각된다. 그보다

---

[22] 法藏은 『探玄記』(T35, 116b·171a)와 『大乘法界無差別論疏』(T44, 65a·75c)에서 別記라는 표현을 사용하였고, 『探玄記』(T35, 235b·331a 등), 『梵網經菩薩戒本疏』(T40, 652b)에서 別章이라는 표현을 사용하고 있다.
[23] "四顯所敬勝相者, 明三寶之義, 廣如別章."(T44, 246c)
[24] 이때의 別記는 이미 저술된 책일 수도 있지만 앞으로 찬술할 책을 가리킬 수도 있다고 생각된다.

는 『별기』의 편찬자가 『의기』에서 '별기'를 언급하는 문장에 주목하고서 그에 상응하는 내용을 추가하였을 가능성이 있다고 생각된다. 공교롭게도 ⑥의 내용이 포함된 단락은 『소』에서 자세한 설명을 '별기'에 미룬 부분과 대응되는 단락이기도 하다. 즉, 『소』에서는 불생멸심不生滅心(=如來藏)이 생멸하는 식상識相(=業識·轉識)과 비일비이非一非異의 관계임을 논한 후 그에 대한 자세한 내용은 '별기'에 설명한다고 이야기하고 있는데,[25] 『별기』는 『소』와 거의 같은 내용을 먼저 서술한 후 ⑥을 포함하는 심체心體의 생멸·불생멸에 관한 장문의 설명을 덧붙이고 있다.[26] 『소』와 『의기』에 언급된 '별기'의 내용을 함께 반영하고 있는 이 단락의 성격에 대해서는 향후 보다 자세히 검토될 필요가 있다.

## 2. 『대승기신론별기』와 『대승기신론의기』의 '수연'

『의기』가 『소』의 영향을 받았음은 양자의 내용을 비교하면 명확하게 나타난다. 『의기』의 많은 곳에서 『소』의 문장을 그대로 혹은 약간 변형하여 사용하고 있기 때문이다. 『별기』의 경우에도 『의기』와 내용 혹은 표현의 측면에서 비슷한 문장들이 다수 보이고 있다. 하지만 『소』와 달리 『의기』가 『별기』의 영향을 받았는지는 분명하지 않다. 양자의 유사성이 과연 어느 한쪽으로부터의 직접적인 영향에 의한 것인지 명확하게 드러나지 않기 때문이다. 『별기』와 『의기』 두 문헌에 보이는 비슷한 문장들에 대하여 지금까지는 일반적으로 『의기』가 『별기』의 영향을 받은

---

[25] "第二辯相, 不生不滅者, 是上如來藏不生滅心, 動作生滅, 不相捨離, 名與和合. …(중략)… 十卷經云中[→中云?] 眞名自相 本覺之心 不藉妄緣 性自神解 名自眞相, 是約不一義門說也. 又隨無明風, 作生滅時, 神解之性, 與本不異, 故亦得名爲自眞相, 是依不異義門說也. 於中委悉, 如別記說也."(T44, 208b~c)

[26] T44, 229a~b.

것으로 이해되어 왔다.[27] 하지만 양자의 내용을 구체적으로 비교해 보면 오히려 『별기』가 『의기』의 영향을 받았을 가능성이 있는 것으로 보인다. 『별기』와 『의기』의 문장들이 유사한 사례 중 대표적인 것들은 다음과 같다.[28]

| 『別記』 | 『義記』 |
|---|---|
| 問. 若此二門, 各攝理事, 何故眞如門中, 但示摩訶衍體, 生滅門中, 通示自體相用. 答. 攝義示義異. 何者, 眞如門是泯相以顯理, 泯相不除故, 得攝相, 泯相不存故, 非示相. 生滅門者, 攬理以成事, 攬相不壞得攝理, 攬理不泯故, 亦示體. 依此義故, 且說不同. 通而論之, 二義亦齊. 是故眞如門中, 亦應示於事相, 略故不說耳.(T44,227b~c) | 問. 二門旣齊相攝者, 何故上文眞如門中, 唯示大乘體, 不顯於用相, 生滅門中, 具顯三耶. 答. 眞如是泯相顯實門, 不壞相而即泯故, 得攝於生滅, 泯相而不存故, 但示於體也. 生滅是攬理成事門, 不壞理而成事故, 得攝於眞如, 成事而理不失故, 具示於三大. 問. 前旣泯相, 相不存故, 但示於體, 亦可攬理, 理不存故, 應但示相用. 答. 不例也. 何者, 生滅起必賴於眞故, 攬理理不失, 眞如未必藉生滅故, 泯相不存. 泯相不存故, 唯示於體, 理不失故, 具示於三. 是故攝義是齊, 示義別也.(T44,251c) |
| 問. 上言一心有二種門, 今云此識有二種義, 彼心此識, 有何差別. 解云. 上就理體, 名爲一心. 體含絶相隨緣二義門故, 言一心有二種門. 如經本言, 寂滅者名爲一心, 一心者名如來藏, 義如上說. 今此中識者, 但就一心隨緣門內, 理事無二, 唯一神慮, 名爲一識. 體含覺與不覺二義故, 言此識有二種義. 是故, 心寬識狹, 以心含二門識故. 又門寬義狹, 以生滅門含二義故.(T44,229c) | 問. 此中一識有二義, 與上一心有二門, 何別耶. 答. 上一心中含有二義, 謂不守自性隨緣義, 及不變自性絶相義. 今此, 但就隨緣門中染淨理事無二之相, 明此識也. 是則, 前一心義寬, 該收於二門. 此一識義陿, 局在於一門.(T44,256a) |
| 一切動念取相等心, 違如理智寂靜之性, 名煩惱礙. 根本無明, 昏迷不覺, 違如量智覺察之用, 名爲智礙. 今此論中, 約後門義, 故說六種染心, 名煩惱礙. 無明住地, 名爲智礙. 然以相當, 無明應障理智, 染心障於量智. 何不爾者, 未必爾故, 未必之意, 如論自說.(T44,237c) | 染心者, 六染心也. 能障眞如根本智者, 顯其礙義, 謂照寂妙慧如理之智, 名根本智. 即上文智淨相也. 染心謂動, 違此寂靜, 故名染心爲煩惱礙, 以煩惱動故. 今此且依本末相依門, 以所起染心爲煩惱礙, 能起染心之無明爲智礙, 不約人法二執, 以明二礙. 言無明者, 根本無明也, 能障世間業智者, 顯其礙義, 謂後得如量智, 即上不思議業用. 以無明昏迷無所分別, 違此智用, 名爲智礙. 從所障得名.(T44,268b~c) |

---

**27** 吉津宜英(2003) p.347도 그러한 입장을 제시하고 있다.
**28** 『별기』와 『소』의 문장이 유사한 경우는 제외하였다.

위의 『별기』와 『의기』의 문장들을 비교해 보면 주제와 내용이 같고 표현도 비슷하여 서로 밀접한 관련을 가지고 있음을 알 수 있다. 하지만 어느 쪽이 어느 쪽의 영향을 받았는지는 구분하기 힘들다. 명확하게 한 쪽이 다른 한쪽을 축약하였다고 볼 수 있는 부분이 없고, 설명에 있어서도 어느 경우에는 『별기』가 자세하고, 다른 경우에는 『의기』가 자세하여 쉽게 어느 한쪽이 원본이라고 판단하기 힘들다. 그런데 『소』와 『별기』에 사용된 수연隨緣이라는 단어의 개념을 『의기』와 비교해 보면 『별기』가 『의기』의 영향을 받은 것으로 생각된다.

'수연'은 『소』와 『별기』에는 각기 4회와 13회 사용되고 있는데, 양자에 중복되는 것은 1회이다(㉴와 ㉺). 『소』가 『별기』보다 분량이 많은 것을 고려하면 『별기』가 『소』에 비해 수연이라는 용어를 빈번하게 사용하고 있음을 알 수 있다. 횟수에 있어서도 적지 않은 차이가 있지만 의미에 있어서도 차이가 보인다. 『소』에 사용된 수연은 대부분 '인연에 따른다'는 한자 본래의 의미로 사용되고 있는 반면 『별기』에 사용된 수연은 대부분 여래장심이 무명無明에 훈습되어 스스로 생멸을 나타낸다는 의미, 즉 여래장/본각의 생멸을 나타내는 진여수연眞如隨緣적인 의미로 사용되고 있다.[29]

| 원효의 『소』에 보이는 隨緣의 사용 사례 |
|---|
| ㉾ | 此是不生滅心, 與生滅和合, 非謂生滅, 與不生滅和合也. 非一非異者, 不生滅心, 舉體而動, 故心與生滅非異, 而恒不失不生滅性, 故生滅與心非一. 又若是一者, 生滅識相, 滅盡之時, 心神之體, 亦應隨滅, 墮於斷邊. 若是異者, 依無明風, 熏動之時, 靜心之體, 不應隨緣, 即墮常邊, 離此二邊, 故非一非異.(『疏』 T44,208b) |

---

[29] 중국 불교계에서의 隨緣 용어의 사용과 그 의미상의 차이, 중국 전통사상과의 관계 등에 대해서는 石井公成, 「隨緣の思想」, 荒牧典俊 編, 『北朝隋唐中國佛敎思想史』(京都: 法藏館, 2000) 참조.

| | |
|---|---|
| ④ | 又所相之心, 一心而來, 能相之相, 無明所起, 所起之相, 隨其所至. 其用有差別, 取塵別相, 名爲數法, 良由其根本無明違平等性故也. 其所相心, 隨所至處, 每作總主, 了塵通相 說名心王, 由其本一心是諸法之總源故也. 如**中邊論云**, 唯塵智名心, 差別名心法. 長行釋云, 若了塵通相名心, 取塵別相名爲心法. **瑜伽論**中亦同是說. 以是義故, 諸外道等, 多於心王計爲宰主作者受者, 由不能知, 其<u>無自性, 隨緣流轉</u>故也.(「疏」 T44,209c) |
| ㉑ | 第四中言依法出離故遍照衆生心者, 即彼本覺顯現之時, 等照物機, 示現萬化, 以之故言隨念示現. 此與前說不思議業有何異者, 彼明應身始覺之業, 此顯本覺法身之用, 隨起一化 有此二義. 總說雖然, 於中分別者, 若論<u>始覺所起之門, 隨緣相屬, 而得利益</u>, 由其根本隨染本覺, 從來相關有親疎故. 論其本覺所顯之門, 普遍機熟, 不簡相屬, 由其本來性淨本覺, 等通一切無親疎故.(「疏」 T44,211c) |
| ㉒ | 自然以下, 正顯用相. 此中三句, 初言不思議業種種之用者, 明用甚深也. 次言則與眞如等遍一切處者, 顯用廣大也. 又亦以下, <u>明用無相而隨緣用</u>, 如攝論言, 譬如摩尼天鼓, 無思成自事, 此之謂也.(「疏」 T44,218c) |

| | 원효의「별기」에 보이는 隨緣의 사용 사례 |
|---|---|
| ㉓ | 眞如門中所說理者, 雖曰眞如, 亦不可得而亦非得, 有佛無佛, 性相常住, 無有反(→變)異, 不可破壞. 於此門中, 假立眞如實際等名, 如大品等諸般若經所說. 生滅門內所攝理者, 雖復理體離生滅相, 而亦不守常住之性, <u>隨無明緣, 流轉生死</u>, 雖實爲所染, 而自性清淨. 於此門中, 假立佛性本覺等名, 如涅槃華嚴經等所說. 今論所述楞伽經等, 通以二門, 爲其宗體. 然此二義, 亦無有異, 以雖離生滅而常住, 性亦不可得. <u>雖曰隨緣, 而恒不動, 離生滅性故</u>.(「別記」 T44,227c-228a) |
| ㉔ | 上立義分, 眞如相中, 但說能示摩訶衍體. 生滅門中, 亦說顯示大乘相用. 就實而言, 則不如是. 故下論文, 二門皆說不空義. 問 若生滅門內二義俱有者, 其不空義, <u>可有隨緣作生滅義</u>, 空義是無. 何有隨緣而作有義. 答 二義是一, 不可說異, 而約空義 亦得作有.(「別記」 T44,228a) |
| ㉕ | 難曰, 若使心體生滅, 則眞心有盡, 以生滅時無常住故. 又若心體本靜而隨緣動, 則生死有始, 是爲大過, 以本靜時無生死故. 又若心隨緣變作生滅, 亦可一心隨緣, 反(→變)作多心. 是三難不能得離, 故知此義不可立也. 解云, 此義無妨, 今從後而答. 如說, 常心隨無明緣, 反(→變)作無常之心, 而其常性, 恒自不反(→變), 如是一心, 隨無明緣, 反作多衆生心, 而其一心常無自二. 如涅槃經云, 一味之藥, 隨其流處, 有種種味, 其眞味, 亭留在山, 正謂此也. 又<u>雖曰本靜隨緣而動, 而無生死有始之過</u>, 以如是展轉, 動靜皆無始. 如說云, 先是果報, 後反成因, 而恒展轉, 因果皆無始故. 當知, 此中道理亦爾, 又雖心體生滅, 而恒心體常住, 以不一不異故. 所謂心體不二, 而無一性, 動靜非一, 而無異性故. 如水依相續門則有流動, 依生滅門而恒不動, 以不常不斷故, 所謂不度亦不滅. 當知, 此中道理亦爾. 是故, 所設三難, 無不消也.(「別記」 T44,229b) |
| ㉖ | 問, 上言一心有二種門, 今云此識有二種義, 彼心此識, 有何差別. 解云, 上就理體, 名爲一心, <u>體含絕相隨緣二義門</u>, 故言一心有二種門. 如經本言, 寂滅者名爲一心, 一心者名如來藏, 義如上說. 今此中識者, 但就<u>一心隨緣門內</u>, 理事無二, 唯一神慮, 名爲一識, 體含覺與不覺二義, 故言此識有二種義. 是故, 心寬識狹, 以心含二門識故. 又門寬義狹, 以生滅門含二義故.(「別記」 T44,229c) |

| | |
|---|---|
| ㉠ | 問. 此本覺性, 爲當通爲染淨因性, 爲當但是諸淨法性. 若言但是淨法因者, 何故經云 如來藏者 是善不善因, 乃至廣說. 若通作染淨者, 何故 唯說具足性功德, 不說具足性染患耶. 答, 此理通 與染淨作性, 是故, 唯說具性功德. 是義云何, 以理離淨性故, 能隨緣作諸染法, 又離染性故, 能 隨緣作諸淨法, 以能作染淨法故, 通爲染淨性.(『別記』T44.230b~c) |
| ㉡ | 又所相之[心], 一心所來, 能相之相, 無相所起. 無相所起故, 隨其所生, 用有差別, 取塵別相. 名 爲數法, 由其本無明違平等性故. 一心所來故, 隨所至處, 皆作總主, 了塵總041, 說名心王, 由其 本一心諸法總原故. 由是義故, 諸外道等, 多於心王, 計爲宰主作者受者, 以不能知, 由無自性, 隨緣流轉故.(『別記』T44.231b) |
| ㉢ | 相滅之時, 其相續心, 永離識相, 轉成圓智, 故言智淳淨故. 即是應身始覺義也. 然此始覺, 無別 始起. 即本覺體隨染作染, 今自染緣還得淳淨, 名始覺耳. 是故始覺, 即是本覺之隨緣義也. … (중략)… 喩中 言水不動性者, 今雖非動, 而此動若[一者], 不由自性靜, 動但是隨他而動. 心亦 如是, 隨緣而動, 不由自性故動, 故言非動性也.(『別記』T44.233a~b) |

 이러한 여래장/본각의 생멸을 가리키는 진여수연으로서의 수연은 사상적으로는 『대승기신론』 자체의 사상에 의거한 것으로서, 초기 『대승기신론』 주석서에 이미 그러한 모습들이 보이고 있지만,[30] 진여의 속성을 불변不變과 수연隨緣으로 구분하여 체계화하고 이를 적극적으로 활용한 법장에 의해 동아시아 불교계에 널리 일반화되었다.[31] 원효의 경우도 사상적으로는 진여수연적인 경향을 보이고 있지만, 여래장/본각이 무명에 의해 생멸을 나타내는 것을 수연이라고 표현하지는 않았다. 법장이 『의기』 이외의 저술들에서도 진여수연 혹은 수연을 적극적으로 사용하고 있는 것과 달리 『별기』 이외의 원효의 저술들에는 수연이라는 용어의 사용 자체가 많지 않을 뿐 아니라 그 의미도 '인연에 따른다'는 본래의 의미로만 사용되고 있다.[32] 원효의 경우 법장과 달리 수연이라는

---

30 특히 慧遠의 『起信論義疏』와 『大乘義章』 등에 眞如隨緣的인 의미의 隨緣이 다수 보이고 있다. 특히 『起信論義疏』에는 眞如隨緣과 眞識隨緣이 1회씩, 『大乘義章』에는 佛性隨緣이 1회 보이고 있다.[石井公成(2000) pp.170~171 참조.]
31 山田亮賢, 「眞如隨緣の思想について」『印度學佛敎學硏究』 2-1(印度學佛敎學硏究會, 1953); 石井公成(2000) pp.156~163.
32 『소』와 『별기』 이외의 원효 저술에 隨緣이 사용된 사례는 『本業經疏』1회("有二法身之中 果極法身 無二無別 應化法身 隨緣衆多"), 『無量壽經宗要』1회("然夫衆生心性 融通無礙

용어의 사용에 적극적이지 않았고, 진여수연으로서의 수연이라는 용어를 거의 사용하지 않았던 것이다. 그 대신에 여래장/본각의 무명에 의한 생멸을 나타낼 때에는 주로 수염隨染이라는 말을 사용하였다. 『대승기신론』 본래의 용어에 충실하였음을 알 수 있다. 그런데 이 '수염'이라는 용어는 『소』에 9회, 『별기』에 4회로, '수연'과 반대로 『별기』에서보다 『소』에서 사용 빈도가 높다.[33]

이처럼 『소』를 비롯한 대부분의 원효의 저술에 수연이라는 용어의 사용 빈도가 높지 않을 뿐 아니라 그 의미도 진여수연이라는 의미로 사용되지 않았는데, 유독 『별기』에만 수연이라는 용어가 다수 사용되고, 그 의미도 대부분 진여수연으로 사용되는 것은 무엇 때문일까. 앞에서 살펴본 것처럼 『별기』와 『의기』의 내용과 표현에 공통점이 많다는 것을 고려할 때 그것은 『별기』가 『의기』를 비롯한 법장의 저술에 영향 받았기 때문이 아닌가 생각된다. 실제로 ㉲~㉳에 보이는 수연이隨緣而, ㉮의 수연문隨緣門, ㉰의 본각(지)수연의本覺(之)隨緣義 등은 『의기』를 비롯한 법장의 저술과 그에 영향받은 후대의 문헌에 다수 사용되는 표현법들이다. 반면 이런 표현들은 『별기』 이외의 원효의 저술들에는 거의 보이지 않고 있다.[34] 지금까지 일반적으로 이해되었던 것과 달리 『의기』가 『별

---

泰若虛空 湛猶巨海 若虛空故 其體平等 無別相而可得 何有淨穢之處 猶巨海故 其性潤滑 能隨緣而不逆"), 『金剛三昧經論』 3회("如是一心 通爲一切染淨諸法之所生止故 卽是諸法根本 本來靜門 恒沙功德 無所不備 故言備一切法 隨緣動門 恒沙染法 無所不具 故言具一切法", "第二轉釋 釋前始覺 所覺寂滅 雖諸八識 隨緣動轉 而求定性 皆無所得 故言決定本性 本無有動 本無動故 本寂滅也", "如是名爲一心之法 雖實不二 而不守一 擧體隨緣生動 擧體隨緣寂滅 由是道理 生是寂滅 寂滅是生 無障無碍 不一不異 是謂一偈摠別之義") 등이다.

33 『소』와 『별기』 이외에 隨染이 사용된 사례는 『本業經疏』 1회("動時不失本覺之性 卽是隨染本覺之義"), 『涅槃宗要』 2회("隨染之心不守一性", "如是隨染之心乃至轉作生滅識位 而恒不失神解之性 由不失故終歸心原 第四師義亦當此門也 又若隨染生滅之心依內熏力起二種業"), 『金剛三昧經論』 1회("彼能依法 依心體轉 纏自心體 令隨染故 合取能依所依之法") 등이다.

『기』의 영향을 받은 것이 아니라『별기』에『의기』의 영향이 보이고 있는 것이다.

## IV.『대승기신론기』에서『대승기신론별기』로

『별기』는『소』를 비롯하여『이장의』,『금강삼매경론』등 원효의 저술에서 '(대승기신)론기'로 언급되고 있는 원효의 이른 시기의『대승기신론』주석서로 여겨져 왔다. 하지만 앞에서 검토한 것처럼 이 책이 실제로 원효가 자신의 저술에서 언급한 '(대승기신)론기'와 동일한 문헌인지는 확실하지 않다. 현재의『별기』에는 후대에 추가로 삽입된 것으로 생각되는 내용들이 있고,『소』보다 늦게 편찬된 법장의『의기』의 영향이 보이고 있기 때문이다. 하지만 그렇다고 해서 현재의『별기』가 원효 본인이 언급한 자신의 '(대승기신)론기'와 무관하다고도 할 수 없다. 원효의『이장의』에서 '피론기彼論記(=起信論記)'의 내용으로 언급하고 있는 것과[35] 동일한 내용이 현재의『별기』에 보이고 있기 때문이다.[36] 그렇다면 현재의『별기』는 원효의『대승기신론기』를 토대로 후대에 재편집된 책일 가능성이 높다고 생각된다.

---

34 유일하게『無量壽經宗要』에 '猶巨海故 其性潤滑 能隨緣而不逆'이라는 표현이 사용되고 있지만 이때의 '而'는 다른 隨緣而의 경우와 달리 역접이 아니라 순접의 의미이다.
35 『二障義』"問 上說末那, 緣一切法. 以何道理, 而得證成. 答 證成道理, 略有二種. 先立比量, 後引聖言. …(중략)… 聖言量者, 如經言, 境界風所動, 七識波浪轉. 起信論主述此意, 以有境界緣故, 復生六種相. 何等爲六, 一者智相, 乃至廣說. 此中智相, 卽是末那, 中於一切時, 惠數相應, 故名智相. 於中委悉, 其如彼論記中已說."(H1. 812c~813a)
36 "問云何得知. 此第七識不但緣心. 亦緣境界. 答此有二證. 一依比量道理. 二依聖言量. …(중략)… 聖言量者. 如十卷經云. 彼七種識. 依諸境界念觀而生. 又云境界風吹動. 七識波浪轉. 今此論中. 釋彼經意云. 以有境界緣故. 復生六種相. 由此等文故得知乎.(T44. 234bc)

『대승기신론기』(이하 『기』)는 원효의 가장 이른 시기의 저술로 간주된다. 『기』를 토대로 한 것으로 생각되는 『별기』에서 원효 본인의 저술이 하나도 인용되지 않고 있는 반면 『소』와 『이장의』, 『금강삼매경론』 등 원효의 여러 저술에 '별기' 혹은 '(대승기신)론기'가 인용되거나 언급되고 있기 때문이다. 원효의 『기』가 언제 찬술되었는지는 확인하기 힘들다. 『기』를 모태로 한 『별기』에 언급되고 있는 문헌 중 역출 시기가 가장 늦은 것은 의정義淨이 711년에 번역한 『집량론』[37]이지만 인용된 내용은 『집량론』으로부터의 직접 인용이 아니라 649년에 역출된 『불지경론』으로부터 재인용된 것으로 보인다.[38] 만일 이 『집량론』에 대한 언급이 본래의 『기』에 있던 것이라면 이 책은 649년 이후, 즉 원효의 나이 33세 이후에 찬술되었다고 볼 수 있다. 그러나 이 『집량론』에 대한 언급이 후대에 추가된 내용이라면, 이 책의 찬술 시기는 인용되고 있는 문헌 중 『불지경론』 다음으로 시기가 늦은 『유가론』이 기준이 된다. 『별기』에 빈번하게 인용되면서 『대승기신론』과 비교하여 검토되고 있는 『유가론』은 『기』에도 당연히 있었을 것으로 생각되는데,[39] 648년, 즉 원효 32세 때에 역출되었다. 『기』는 빨라도 648년 이후에 편찬되었다고 할 수 있다.

그렇다면 『기』가 『별기』로 재편된 것은 언제일까. 상한은 『별기』에 영향을 미친 법장의 『의기』가 편찬된 690년경,[40] 하한은 원효의 『별기』가

---

37 "問 如集量論諸說(一說, 諸)心心法, 皆證自體, 是名現量, 若不爾者, 如不曾見, 不應憶念. 此中 經說云, 不自見如是,相違云何會通."(T44, 236b)
38 "集量論說, 諸心心法, 皆證自體, 名爲現量, 若不爾者, 如不曾見不應憶念."(T26, 303a) 吉津宜英은 『成唯識論』으로부터의 재인용이라고 하였지만[吉津宜英(2003) pp. 341~ 342], 『成唯識論』에 인용된 문장은 『별기』에 인용된 문장과 차이가 있다.
39 『瑜伽論』은 『별기』와 『소』에서 '新論'으로 언급되고 있다. 이 '新論'을 吉津宜英은 659년에 漢譯된 『成唯識論』이라고 하였지만[吉津宜英(2003) p.346], 원효의 저술에서 '新論'으로 언급되는 것은 모두 『瑜伽論』이다.
40 현재 전하는 『起信論義記』에는 撰者가 '京兆府魏國西寺沙門釋法藏'으로 기록되어 있는데, 魏國西寺는 기존의 西太原寺가 687년에 改稱된 것으로 690년에 다시 西崇福寺로 변

일본 도다이지(東大寺)의 사경문서에 처음 보이는 744년[41]이 될 것이다. 보다 구체적으로는 원효가 입적한 687년 이후에서 도다이지의 사경문서에 기록된 원효의 『별기』를 일본에 가져간 심상審祥이 신라에 유학하였던 시기(720~30년대 추정) 사이라고 할 수 있다. 7세기 말에서 8세기 초의 시기에 『기』가 『별기』로 재편된 것이다. 『별기』라는 책의 이름 자체가 책이 새롭게 재편된 것을 보여 주는 것이라고도 할 수 있다. 얼핏 생각하면 『소』가 완성된 이후에 『소』와 별도의 책이라는 의미에서 『별기』로 일컬어지게 되었다고 생각될 수 있지만, 새롭게 『소』가 등장했다고 해서 기존의 『기』라는 이름을 일부러 『별기』로 바꿀 필요는 없다. 그렇다면 『(대승기신론)기』라는 책의 이름을 『(대승기신론)별기』로 바꾼 것은 『소』에서 언급된 '별기'를 의식한 것일 수도 있다. 본래의 『기』를 새롭게 편집한 후 그 이름을 『소』에서 세 차례 거론되고 있는 『별기』로 바꿨을 수 있는 것이다.

『소』에서 언급하고 있는 '별기'는 본래는 책의 고유한 이름이 아니라 법장의 『의기』에 나오는 '별기'와 마찬가지로 '다른 책'이라는 의미였다고 생각된다. 『별기』라는 이름은 『소』에서 언급되고 있는 '별기'라는 명칭을 의식하면서 원효가 아닌 후대의 편집자에 의해 붙여졌을 가능성이 높은 것이다. 그렇다면 이때의 『별기』는 명명자의 의도와는 다르지만 『기』와는 다른 책이라는 의미로도 해석될 수 있을 것이다.

기존의 『기』가 『별기』로 재편집된 배경은 정확하게 알 수 없지만 앞에서 검토한 법장 사상의 영향이 중요한 이유 중 하나가 아니었을까 생각된다. 중국에서 황실의 지원하에 활발하게 활동하던 법장의 불교 사

---

경되었다.[吉津宜英, 『華嚴一乘思想の研究』(東京: 大東出版社, 1990) pp.133~134 참조.] 한편 吉津宜英은 저작 상호간의 내용으로 볼 때 『義記』는 법장 54세인 696년경에 찬술된 것으로 추정하였다.[吉津宜英(1991) p.144]

[41] 『大日本古文書』卷8(東京: 東京大學出版會, 1911) p.188.

상은 7세기 말 이후 신라에도 영향을 미치게 되었는데, 특히 그의 문하에서 수학한 승전勝詮의 귀국 이후 그러한 경향이 심화된 것으로 보인다.[42] 자연히『대승기신론』에 대한 이해에 있어서도 기존의 원효의『대승기신론』이해와 함께 법장의『의기』에 입각한『대승기신론』이해가 중시되었을 것으로 생각되는데, 이런 상황에서 일부 학인들 사이에서 양자를 결합하려는 시도가 생겨났고, 그것이『소』의 출현 이후 사람들의 주목에서 사라졌던『기』에 법장의 사상과 부합되는 혹은 그것을 부연하는 내용을 추가하여 재편집하는 형태로 나타난 것이 아닌가 생각된다.

『별기』는 출현 이후『소』보다도 더 널리 읽혔던 것으로 보인다. 그리고 그 범위는 신라만이 아니라 중국과 일본에까지 미치고 있다. 신라의 태현이 편집한『약탐기』와 8세기 후반 중국의 담광曇曠이 편찬한『대승기신론광석』, 8세기 중엽 일본의 도다이지에서 활동한 지쿄(智憬)가 편찬한『대승기신론동이약집』등에『별기』가 중요하게 인용되고 있다. 특히『약탐기』[43]와『대승기신론광석』[44]에서는『별기』의 내용을 다수 인용하면서『의기』의 내용을 보완하고 있다.『소』도 일부 인용되고 있지만 상대적으로 중시되지 않고 있는데, 이는『의기』가『소』의 내용 중 상당 부분을 수용하여 논의를 전개하고 있으므로『소』의 내용을 별도로 인용할 필요가 없어졌기 때문일 것이다. 반면『별기』는『의기』의 내용과 직접 중복되지 않으면서 보다 자세히 부연하여 설명하는 내용들이 있으

---

42 勝詮이 귀국하면서 義相에게 전한 法藏의 편지에는 두 사람이 헤어지고 20여 년이 지났다고 하였으므로(『三國遺事』권4 義解「勝詮髑髏」"一從分別 二十餘年"), 勝詮이 귀국한 것은 690년대로 생각되고 있다.
43 『略探記』의 眞如門, 覺·不覺, 始覺의 四相, 本覺, 阿賴耶識 등에 관한 설명에서『別記』의 내용을 중요하게 인용하고 있다.
44 『大乘起信論廣釋』卷3 중의 現識(T85, 1134a~b)과 分別自心(T85, 1135c~1136a)에 대한 설명은『別記』의 내용과 거의 비슷하며 그 밖에도 비슷한 내용과 표현이 보이는 부분이 확인된다.

므로,『의기』를 보완하는 문헌으로서 중시되었던 것으로 생각된다. 『대승기신론동이약집』에서는『소』를 '본기신론기本起信論記'로 칭하며『의기』와 함께 '이덕기신론기二德起信論記'로서 중시했지만 동시에『별기』의 내용도 중요하게 인용하고 있다. 8세기 이후『별기』는『의기』및『소』와 함께『대승기신론』의 대표적 주석서로서 널리 읽혀졌던 것이다.

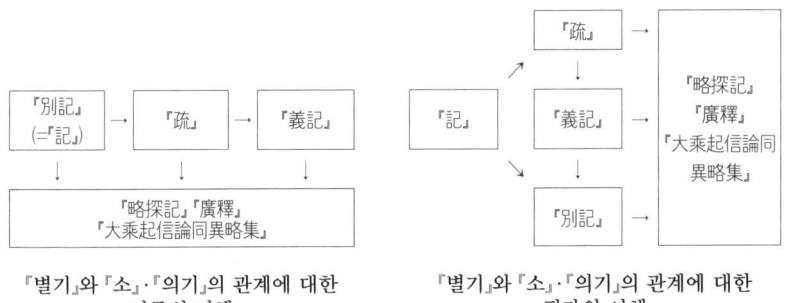

『별기』와『소』·『의기』의 관계에 대한
기존의 이해

『별기』와『소』·『의기』의 관계에 대한
필자의 이해

## V. 맺음말

지금까지 살펴본 것처럼 원효의『대승기신론』주석서 중 하나인『별기』에는 그 서술 내용 중에 전후 맥락이 잘 연결되지 않는 부자연스러운 부분이 있으며, 또한 원효보다 후대에 활동한 법장의『의기』에 영향받은 모습이 보이고 있다. 이로 볼 때 현재 전하는『별기』는 원효가『소』에 앞서 찬술한『기』가 아니라, 그『기』를 모태로 하되 법장의『의기』에 부응하는 내용들이 추가되어 새롭게 편집된 문헌일 가능성이 있다고 생각된다. 그리고 이러한『별기』의 출현은 7세기 말 이후 신라에서 법장의『의기』가 원효의『소』못지않은 영향력을 발휘하게 된 상황을 반영하는 것으로 보인다. 법장의『의기』는 본래 원효의『소』를 크게 참고한 것이지만『별기』에 이르러서는 원효의 책에 법장의 영향이 새롭게 들어온 것으로서 흥미로운 사상적 전개라고 할 수 있을 것이다.

  8세기 말 이후 신라 화엄학의 주류를 이룬 것은 의상의 문도들이었지만 그 이전에는 원효와 법장의 사상을 토대로 화엄학을 이해하는 사람들도 적지 않게 있었던 것으로 보이며, 그들은 때로 원효와 법장의 사상을 종합하는 경향도 띠었던 것으로 생각된다. 종래 8세기 중엽 이후 신라와 일본 불교계의 중요한 동향 중 하나로 원효와 법장의 사상이 융합된 형태가 제시되었는데, 『별기』는 그러한 원효-법장 융합 형태의 시발점이라고도 할 수 있을 것이다.

| 참고문헌 |

法藏.『探玄記』(T35),『梵網經菩薩戒本疏』(T40),『大乘起信論義記』(T44),『大乘法界無差別論疏』(T44).

曇曠.『大乘起信論廣釋』(T85).

元曉.『大乘起信論疏』(H1),『大乘起信論別記』(H1),『本業經疏』(H1),『涅槃宗要』(H1),『無量壽經宗要』(H1),『金剛三昧經論』(H1),『二障義』(H1).

太賢.『大乘起信論內義略探記』(H3).

김준호. 「원효의『대승기신론소/별기』의 구문대조와 《신회본》편찬의 필요성」.『한국불교학』80. 한국불교학회, 2016.

남동신. 「원효의 대중교화와 사상체계」. 서울대학교 박사학위논문, 1995.

_____. 「원효의 기신론관과 일심사상」.『한국사상사학』22. 한국사상사학회, 2004.

박태원. 「원효의『대승기신론별기』와『소』」.『가산이지관스님화갑기념논총 한국불교문화사상사』. 서울: 가산문고, 1992.[박태원.『대승기신론사상연구(Ⅰ)』. 서울: 민족사, 1994 재수록.]

석길암. 「근현대 한국의『대승기신론소』·『별기』연구사」.『불교학리뷰』2. 금강대학교 불교문화연구소, 2007.

淸水光幸. 「法藏『大乘起信論別記』について」.『印度學佛敎學硏究』33-2. 東京: 日本印度學佛敎學硏究會, 1986.

山田亮賢. 「眞如隨緣の思想について」.『印度學佛敎學硏究』2-1. 印度學佛敎學硏究會, 1953.

吉津宜英. 「元曉の起信論疏と別記との關係について」. 『韓國佛教學 SEMINAR』9. 韓國留學生印度學佛教學研究會, 2003.

_____. 『華嚴一乘思想の研究』. 東京: 大東出版社, 1990.

石井公成. 「隨緣の思想」. 荒牧典俊 編. 『北朝隋唐中國佛教思想史』. 京都: 法藏館, 2000.

『大日本古文書』卷8. 東京: 東京大學出版會, 1911.

# 원효 『기신론별기·소』의 전승과 정본화 시도

김천학

## I. 문제의 소재

원효의 저술 가운데 일반에게 가장 널리 알려진 것은 『대승기신론소』·『대승기신론별기』일 것이다. 그것은 1991년 은정희, 『원효의 대승기신론소·별기』(서울: 일지사)의 간행이 큰 역할을 했다고 생각된다. 이 『원효의 대승기신론소·별기』는 1977년 해인승가학원에서 간행한 『대승기신론소기회본』(이하 『회본』)을 텍스트로 하였다. 이후 이 해인사본을 저본으로 『한국불교전서』 1권에 『회본』이 수록된다. 이 텍스트는 『대승기신론』(이하 『기신론』) 원문과 원효의 『대승기신론소』(이하 『소』)와 『대승기신론별기』(이하 『별기』)를 회본한 것이다. 주지하다시피 『회본』에는 『별기』 내용을 일부만 수록하였다. 아마도 그 이유는 『소』와 내용 중복을 피하기 위해서일 것이다. 『회본』 텍스트가 역주되어 간행된 이후 『별기』와 『소』를 별개의 저술로 인식해야 한다는 지적이 있었다.[1] 하지만, 그 이후의 역주 작업도 대부분

『회본』을 텍스트로 삼고 있기 때문에 원효『기신론』사상의 연구에서 『소』와 『별기』의 의미를 구분하려는 의식은 여전히 미흡하다고 평가할 수 있다.

본고는 원효의 『기신론』 사상을 이해하기 위해서 먼저 『별기』와 『소』에 대해서 구분하여 논할 필요가 있다는 선행 문제의식을 계승하여, 그 일환으로 『소』와 『별기』, 『회본』세 텍스트 각각의 유통 과정과 문제점을 문헌학적 방법을 동원하여 밝히고, 아울러 각 텍스트가 지니는 의의를 밝히고자 한다. 마지막으로 『소』와 『별기』 일부분에 대한 정본화를 시도하여 전체의 정본화 필요성을 제기할 것이다.

## II. 『별기』와 『소』의 전승

### 1. 『별기』의 전승

#### 1) 『한국불교전서』본

현재 우리가 활용하고 있는 『별기』 텍스트는 『대정신수대장경』(이하 『대정장』) 제44권(1927년 간행)에 수록되어 있는 것을 저본으로 하여 『한국불교전서』 제1권(1979)에 수록된 것이다. 『대정장』본 『별기』는 만지(萬治) 2년(1659) 간 종교대학장본宗敎大學藏本을 원본으로 하며 비교본은 없다. 그리고 원본의 소재를 나타내는 각주 외에는 주기가 단 한 곳도 없다. 『한국불교전서』본은 당연히 1659년 간본을 원본으로 하지만, 오자, 탈자, 연자 등에 대한 편집자 주 73곳이 있어 『별기』 텍스트 독해에 도움이 된다.

---

1 박태원, 『大乘起信論思想硏究』(서울: 민족사, 1994) pp. 221~247.

『별기』의 전승 확인은 정창원 문서의 사경 기록과 장소목록류, 그리고 각 문헌에서의 『별기』 인용 상황을 통해 확인할 수 있다. 이 방법은 『소』의 전승을 확인할 때도 통용됨을 미리 밝혀 둔다.

2) 정창원 문서와 목록류

정창원 문서正倉院文書 가운데 사경소 기록은 동아시아 불교 문헌의 유통 과정을 파악하는 데 필요한 중요한 정보를 제공한다. 일본의 사경 사업은 일반적으로 경전류가 중심이 되지만, 덴표(天平) 15년(743)에 방침이 명확히 변경되어 별생경別生經 혹은 장소章疏를 필사하기에 이른다.[2] 『별기』가 정창원 문서에 처음 기록이 보이는 것도 덴표 15년이다. 이후 22회 정도의 필사에 관한 기록이 확인되며 진고케이운(神護景雲) 원년(768)까지 기록이 보인다.

한편, 목록류는 후쿠시 지닌(福士慈稔)의 연구를 참조하여 『별기』의 전승을 정리하면 아래 〈표 1〉과 같다.[3]

〈표 1〉 목록류로 본 『별기』의 전승

| 명칭 및 편집 연대 | 편자 | 인용 명칭 및 권수 |
|---|---|---|
| 『華嚴宗章疏竝因明錄』(914) | 圓超 | 起信別記一卷 |
| 『新編諸宗教藏總錄』(1090) | 義天 | 大乘起信論別記一卷 |
| 『東域傳燈目錄』(1094) | 永超 | 大乘起信論別記一卷 |
| 『注進法相宗藏疏』(1176) | 藏俊 | 起信論別記一卷 |
| 『華嚴宗經論章疏目錄』(?) | 凝然(1240~1321) | 起信論別記一卷 |
| 『佛典疏鈔目錄』(?) | 興隆(1691~1769) | 大乘起信論別記二卷 |
| 『密宗書籍目錄』(1734) | ? | 大乘起信論別記二卷 |

---

2 佐々田悠,「정창원문서와 광명황후원경」『書誌學硏究』 56(한국서지학회, 2013) pp. 521~544.
3 福士慈稔,『新羅元曉硏究』(東京: 大東出版社, 2004) pp. 147~171.

위 두 정보원으로부터 『별기』가 나라시대 정창원 기록, 첫 목록류인 헤이안(平安)시대의 『화엄종장소병인명록』에서부터 에도(江戶)시대까지 전승되는 것을 알 수 있다. 현재 『대정장』 및 『한국불교전서』의 원본이 본말 2권이다. 그것은 에도시대 이후의 유통본이기 때문일 것이다.

### 3) 인용 상황

원효는 『별기』가 세상에 유통되기를 원하지 않는다고 하였지만,[4] 『별기』는 위의 정창원 문서에서 볼 수 있듯이 나라(奈良)시대에 일본에 전래되었을 뿐 아니라, 인용 상황을 통해 일본보다 먼저 중국에 전래되었음을 확인할 수 있다. 이미 요시즈 요시히데(吉津宜英)가 지적했듯이 법장의 『기신론의기』(이하 『의기』)에서 『별기』를 활용하고 있는 것이 확인된다.[5] 그 외에도 『의기』에서 『별기』를 인용한 문장을 확인할 수 있고,[6] 『별기』를 참조했을 것으로 의심되는 부분도 다수 찾을 수 있다.[7] 하지만, 법장 이후 중국

---

[4] 『別記』 "爲自而記耳. 不敢望宣通世. 述大意竟."(H1.678b, T44.226b)

[5] 吉津宜英, 「元曉の起信論疏と別記との關係について」 『韓國佛敎學SEMINAR』 9(韓國留學生印度學佛敎學研究會, 2003) pp.321~339. 구체적으로는 '攬理以成事'(H1.679c, T44.227c)를 '攬理成事門'(T44.251c)으로 원용한 예와 '此今論主總括彼經始終之意故,'(H1.683b, T44.230a)라는 문장이 '今此論主總括彼楞伽經上下文意作此安立故'(T44.255b)라는 문장으로 원용된 예를 들고 있다. 그리고 이 논의 섭의, 시의 등의 사유 자체도 『별기』의 구상을 가지고 왔다. 다만, 법장이 원효를 인용하더라도 사유를 달리하는 경우도 왕왕 있으므로 이 점에 대해서는 일일이 검토할 필요가 있다. 『별기』의 섭의와 시의에 대한 원효와 법장의 입장도 다르다.

[6] 법장이 『의기』에서 원효의 『별기』를 인용한 예는 많이 찾을 수 있다. 그 한 형태에 대해서는 김천학, 「쇼묘지소장·가나자와 문고 관리 원효 『기신론별기』의 기초연구」 『한국사상사학』 56(한국사상사학회, 2017) p.266 참조.

[7] 한 예로 다음과 같은 문장을 통하여 『疏』와 『別記』를 동시에 참조했을 가능성도 볼 수 있는데, 이러한 형태의 예도 양 문헌을 꼼꼼히 비교해 보면 더 많이 나올 것이다.
- 元曉, 『疏』: 言智淨相者, 正明隨染本覺之相. 不思議業相者, 明此本覺還淨時業也.(H1.711a, T44.211a)
- 元曉, 『別記』: 智淨相者, 明本覺隨染還淨. 不思議業者, 是還淨之用.(H1.687b, T44.

에서 『별기』의 전승 혹은 인용은 후쿠시 지닌의 조사에 따르면 법장 이후 현재로서는 확인되지 않는다.[8]

한편, 신라에서는 태현太賢의 『대승기신론내의약탐기大乘起信論內義略探記』에서 『별기』의 인용이 상당수 확인된다.[9] 당의 법장은 『별기』를 참조했지만 『소』를 더 중시하였다. 그러나 태현은 『소』와 동등하게 『별기』를 중시하였다. 이후 현존 신라 문헌에서 더 이상 『별기』 인용 예를 찾을 수 없다.[10] 최연식崔鈆植의 연구에 따르면, 고려시대 초기의 대표적 화엄학승이었던 균여의 저술에서도 원효의 『별기』가 인용된 사례는 찾을 수 없다. 비록 『의천록』을 통하여 고려시대에 『별기』가 현존하였던 것을 알 수 있지만, 그 이후 한국불교 문헌에서 『별기』의 인용이 전무할 만큼,[11] 원효의 『별기』는 점점 잊혀 갔다.

일본 문헌에 『별기』가 인용된 예는 중국이나 한국에 비해 압도적으로 많다. 이것은 정창원 문서 기록으로 본 『별기』의 전승에 대해서 앞에서 언급한 것처럼, 20여 회 필사된 결과 활용할 수 있는 가능성이 높아졌기 때문이며, 일본에서 신라불교를 중시한 까닭으로 이해할 수 있다. 일본에서 『별기』가 인용된 예는 역시 후쿠시 지닌의 연구에 자세하다.[12]

---

233a)
- 『義記』: 言智淨相者, 明本覺隨染還淨之相. 不思議業相者, 明還淨本覺業用之相.(T44.259c)

8 福士慈稔(2004) 참조.
9 박인석 옮김, 『대승기신론내의약탐기』(서울: 동국대학교출판부, 2011). 특별히 인용명이 없는 경우가 많다. 또한 『疏』와 『別記』는 중복되는 내용이 많아 어느 쪽을 인용했는지 구분하기 어려우나, 옮긴이가 『別記』 문장의 인용을 다수 확인하고 있다. pp. 82~83·92~93·98·112·139~140·161~164·166~168·175·189~191 참조.
10 崔鈆植, 「均如 華嚴思想 硏究—敎判論을 중심으로」(서울대학교 박사학위논문, 1998) pp. 135~138.
11 福士慈稔(2004) 참조.
12 福士慈稔(2004) 참조. 福士는 이후 다음과 같이 네 권의 중요한 업적을 간행하였다.
- 福士慈稔, 『日本佛敎各宗の新羅·高麗·李朝佛敎認識に關する硏究—第1卷 日本天台宗にみられる海東佛敎認識—』(山梨: 身延山大學, 2011).

〈표 2〉 일본에서의 『별기』 인용 상황

| 인물 | 소속 | 문헌 | 인용명 |
|---|---|---|---|
| 壽靈(?~800~?) | 화엄 | 『五教章指事』 | 元曉, 元曉起信別記, 元曉師別記 |
| 圓珍(814~891) | 천태 | 『法華論記』 | 別記 |
| 藏俊(1104~1180) | 법상 | 『成唯識論唯量抄』 | 起信論別記* |
| 證眞(?~1201~?) | 천태 | 『止觀輔行私記』 | 元曉師起信論別記 |
| | | 『法華玄義私記』 | 元曉師 |
| 順高(?~1254~1261~?) | 화엄 | 『起信論別記聽集記』 | 元曉大師別記 |
| 凝然(1240~1321) | 화엄 | 『五教章通路記』 | 丘龍大師 |
| | | 『勝鬘經疏詳玄記』 | 海東別記 |
| 湛睿(1271~1346) | 화엄 | 『起信論義記教理抄』 | 海東別記, 元曉起信別記, 元曉別記 |
| | | 『五教章纂釋』 | 元曉起信論別記 |
| 賴瑜(1226~1304) | 진언 | 『釋摩訶衍論開解鈔』 | 曉別記, 彼師別記, 曉師別記 |
| 賴寶(1279~1330) | 진언 | 『釋摩訶衍論勘注』 | 元曉別記, 元曉起信別記, 元曉起信論別記, 起信論別記, 元曉 |
| 實英(1550~1637) | 화엄 | 『五教章不審』 | 起信別記元曉 |

〈표 2〉에서 알 수 있듯이 나라시대부터 에도시대까지 꾸준히 활용되는 것을 알 수 있다. 이 가운데 후쿠시는 *의 문장에 대해서 『별기』에는 보이지 않는다고 했는데, 아래의 〈표 3〉을 통해서 볼 때 취의 정도로 이해할 수 있을 것이다.

---

- 福士慈稔, 『日本佛教各宗の新羅·高麗·李朝佛教認識に關する研究—第2卷下 日本三論宗·法相宗にみられる海東佛教認識(法相宗の部)—』(山梨: 身延山大學, 2012).
- 福士慈稔, 『日本佛教各宗の新羅·高麗·李朝佛教認識に關する研究—第2卷上 日本三論宗·法相宗にみられる海東佛教認識(三論宗の部)—』(山梨: 身延山大學, 2012).
- 福士慈稔, 『日本佛教各宗の新羅·高麗·李朝佛教認識に關する研究—第3卷 日本華嚴宗にみられる海東佛教認識—』(山梨: 身延山大學, 2013). 위 福士의 연구 문헌을 중심으로 『別記』와 『疏』의 인용 상황을 고찰할 것이며, 위에서 거론한 福士의 연구 이외의 문헌을 참조했을 경우 별도 주기한다.

〈표 3〉『성유식론유량초』와 『별기』의 비교

| 『成唯識論唯量抄』 | 『別記』(H1.689a, T44.234b) |
|---|---|
| 元曉對護法宗立量云<br><br>第七識**意根**<br><br>**與能依**識必應**同境** 不共根故 **如眼**等五根 云云<br>起信論別記有之 | 答. 此有二證. 一依比量道理. 二依聖言量.比量道理者.<br>此**意根**. 必與意識同緣境界. 是立宗也. 爲彼意識不共所依故.是辨因也. 諸是不共所依. 必<br>**與能依同境**. **如眼根**等. 是隨同品言也. 或不同緣者. 必非不共所依. 如次第滅意根等. |

 같은 문장이 단에(湛慧, 1675~1747) 『성유식론술기집성편成唯識論述記集成編』에 '曉公立量云'으로 인용되지만 여기에는 『별기』를 지시하는 문장은 없어서 다른 문헌으로 인식했을 가능성도 충분하다.[13] 반면에 〈표 3〉에서 알 수 있듯이 헤이안시대 후기에 활동한 조순(藏俊)은 『별기』에서 취의하였다.[14]

 한편, 후쿠시는 후에 일문을 집성하면서 2004년의 저술에서 놓친 일문을 찾아내기도 하는데 그 가운데 하나가 엔친(圓珍)의 『법화론기』에서 찾은 두 곳의 『별기』 인용이다.[15] 그런데 조사 결과 그 중 한 곳은 원효의 『이장의』 문장과 일치하여 제외한다.[16] 『별기』 인용을 둘러싸고 조금 장황하

---

[13] 福士慈稔(2004) p.441.
[14] 한편, 福士가 지적하듯이 이 문장은 良算(?~1202~)의 『唯識論同學抄』에도 '……文依之新羅元曉對自宗立量云 …… 云'(T66.289b)의 형태로 그대로 인용된다. 福士는 이것을 『판비량론』의 일문으로 상정하면서, 『二障義』에 근사한 내용이 있다고 서술한다. [福士慈稔(2004) p.320] 그런데, 『唯識論同學抄』 해당 문장의 앞에는 "付之. 不共所依, 必與能依識, 同境也"(T66.289b13)라고 덧붙이는 문장이 있다. 이 문장은 『別記』와 『疏』에 공통되므로, 둘 중 한 문헌에서 가져왔을 것이다.
[15] 福士慈稔(2011) p.42.
[16] 『法華論記』(『大日本佛教全書』 25, 124下) "曉公立量云. 第七末那意識生時必與同境, 不共所依故, 凡諸所有不共所依. 能依生時必與同境. 猶如眼等. 如其未必同一境者. 見彼一切非不共所依. 如前滅等"인데, 이 문장은 元曉 『二障義』(B32.737a)의 문장과 일치한다. 이 사실에 대해서는 김천학, 「원효 저술 일문(逸文)의 실태와 의의」 『불교기록문화유산 아카이브(ABC) 구축사업의 실효와 지향』(동국대학교 불교학술원, 2016) pp.52~53에서 밝힌 바 있다.

게 서술한 이유는 후쿠시의 역작을 활용할 때 재차 확인할 필요가 있음을 제기하기 위해서이다.

이와 같이 원효의 『별기』는 화엄종의 주료(壽靈)에게 중시되면서, 헤이안, 가마쿠라, 에도시대까지 전승되면서 인용된다. 인용 명칭에 '별기'가 명시되는 경우가 많지만, 원효사, 해동, 구룡대사 등 명시되지 않는 경우도 있다. 전체적으로 화엄종과 진언종에서 중시된 듯하다.

### 4) 실물의 전승

『별기』는 1659년 간본이 저본으로 이용되고 있는데, 이것 외에도 1781년 간본이 있다. 1781년 간본은 1659년 간본의 교정본인데, 여기서 말하는 교정은 본문의 교정이 아니라 행마다 『소』와 비교하거나, 경론의 전거를 찾아 방주傍註를 붙여 놓아 교정할 준비를 해 놓은 것을 의미한다. 후에 서술하듯이 이 1781년 간본은 중국 금릉각경처에서 원효의 『소』와 『별기』 회본을 만들 때 참조한 것으로 추정된다. 이 두 전승본 외에 가나자와 문고에 가마쿠라(鎌倉)시대의 『별기』 사본이 존재한다.[17] 한편, 교토대학도 서관에도 『별기』 사본이 하나 더 존재한다. 이것은 장경서원藏經書院에서 『만속장경』을 만들기 위해 저본을 베낀 것으로 추정되는데, 그 저본은 현재로서는 1659년 혹은 1781년의 간본으로 추정된다.[18]

이렇게 『별기』 실물은 세 종류의 전승본이 있음을 알 수 있다. 이 가운

---

17 김천학(2017) pp. 245~276.
18 『大藏經報』臨時增刊 제24호(1904)에 따르면, 예상 출판 목록 제466번에 '大乘起信論別記 1卷'이 포함되어 있다. 교토대학 장경서원 소장본 사본에는 제목에 권수가 있고 없고의 차이 등도 있어 구체적으로 비교해야 하겠지만, 『大藏經報』에 간본으로 정보가 소개되어 있으며, 글자 수, 행 수, 중요한 곳의 글자 등이 현재의 간본과 동일하다. *본 자료를 제공해 준 이케다 마사노리(池田將則) 당시 금강대학교 교수(현재 중국 중앙민족대 교수)에게 감사드린다.

데 사본의 존재는 『별기』 간본과 대조를 통해 정본화를 꾀하는 데 매우 중요한 문헌이다.

## 2. 『소』의 전승

### 1) 『한국불교전서』본

현재 우리가 활용하고 있는 『소』 텍스트는 『별기』와 마찬가지로 『대정장』 44권(1927년 간행)에 수록되어 있는 것을 저본으로 하여 『한국불교전서』 1권(1979년)에 수록된 것이다. 『대정장』본 『소』는 겐로쿠(元祿) 9년(1696) 간행의 종교대학장본을 원본으로 하며 비교본은 없다. 비록 비교본은 없지만, 22곳 정도 이본 주가 있어, 1696년 개판 당시 원본은 이본을 참조했음을 알 수 있다. 『한국불교전서』본 『소』에는 원본의 이본 주 외에도 10개 정도의 편집자 주가 있다.

### 2) 정창원 문서와 목록류

『소』도 『별기』와 마찬가지로 정창원 문서 가운데 덴표(天平) 15년(743)에 처음 필사 기록이 보인 후 진고케이운(神護景雲) 원년(768)까지 이어진다. 필사 횟수는 동일한 명칭이 혼재하기 때문에 명확하지 않다. 그런데, 『소』든 『별기』든 743년에 처음 일본에 전래되었다는 의미는 아니다. 그 이전에 이미 전래되고 연구되고 있었다. 한 예로, 가시와기 히로오(柏木弘雄)가 지적하고 있듯이,[19] 『담연소(曇延疏)』에 대해서는 아래와 같은 식어(識語)가 있다.

---

19 柏木弘雄, 『大乘起信論の研究』(東京: 春秋社, 1981) pp. 27~28.

고야산 묘스이 율사가 뇨이린지에 머물 때, 보고본寶庫本으로 등사된 상하 두 권에 대해서 베껴서 교정할 수 있기를 청하였다. 그런데 하권은 『해동소』와 완전히 같아서 필사하지 않았다. 하권 말에 기록하기를 덴표 13년(743) 세차(신사) 10월 12일에 스미데라(隅寺) 온실원溫室院에서 필사해 마쳤다. 사미 고교(行曉)[20]

『담연소』 하권이 실제로는 『해동소』와 전부 같아서 필사를 그만두었다는 내용인데, 『해동소』의 하권 말에 743년에 스미데라 온실원에서 사미 고교가 필사를 마쳤다는 기록이 있다. 스미데라(隅寺)는 나라시대에 건립된 가이류오지(海龍王寺)의 별칭이다. 이로써 사경소의 필사가 시작되기 이전에 나라 지역에서 원효 『소』가 유통되고 있었음을 충분히 알 수 있다.

한편, 목록류는 『별기』를 조사할 때 참조한 목록류와 거의 차이가 없다. 인용 명칭은 기신소, 기신론소, 기신론해동소이며, 권수는 두 권으로 동일하다. 위 두 정보원으로부터 『소』도 『별기』와 마찬가지로 나라시대 정창원 기록, 첫 목록류인 헤이안시대 『화엄종장소병인명록』에서부터 에도시대에까지 전승되는 것을 알 수 있다.

### 3) 인용 상황

『소』의 인용 상황을 보면 중국에서는 『별기』보다 활용도가 높다. 후쿠시지닌(福士慈稔)의 일련의 연구를 통해 정리하면 아래와 같다.

---

[20] "高野山妙瑞律師住如意輪寺之日, 以寶庫本, 所謄寫者, 上下二卷. (予)請以寫之讎挍. 下卷仝海東疏. 故不寫之. 下卷終記云. 天平十三年歲次(辛巳)十月二日, 隅寺溫室院寫竟. 沙彌行曉."(X45.170a, 『新文豊 卍續藏經』 71.560b)

〈표 4〉 중국에서의 『소』 인용

| 인물 | 문헌 | 인용명 |
|---|---|---|
| 法藏(643~712) | 『起信論義記』 | 없음 |
| 良賁(717~777) | 『仁王護國般若波羅蜜多經疏』 | 海東法師 |
| 澄觀(738~839) | 『華嚴經隨疏演義鈔』 | 曉公起信疏序, 曉公釋 |
| 曇曠(~760~774~) | 『起信論略述』 | 없음*21 |
| | 『起信論廣釋』 | 없음22 |
| 宗密(780~841) | 『起信論疏』 | 없음 |
| | 『圓覺經略疏鈔』『圓覺經大疏釋義鈔』 | 海東曉法師**(Cbeta 검색 결과) |
| 延壽(904~975) | 『宗鏡錄』 | 曉法師釋, 曉公起信疏序 |
| 子璿(965~1038) | 『起信論筆削記』 | 海東疏, 海東疏義,海東意 |
| | 『金剛般若經疏論纂要』 | 曉公起信序 |
| 志福(~12c 初~) | 『釋摩訶衍論通玄鈔』 | 海東疏 |

위의 표에서 후쿠시 지닌이 『능가경』 주석서라고 추정한 것 가운데 『기신본소』로 판명된 두 곳이 양분良賁과 연수延壽의 저술에서 확인됨을 밝힌다.

〈표 5〉 한국에서의 『소』 인용

| 인물 | 문헌 | 인용명 |
|---|---|---|
| 太賢(~740~) | 『起信略探記』 | 有釋, 有平, 疏23 |
| 均如(923~973) | 『釋華嚴敎分記圓通鈔』 | 曉公疏24 |

후쿠시 지닌은 『화엄일승성불묘의』에서 『기신론소』를 1회 인용한다고 하지만, 법장의 『의기』와 일치하므로 제외하였다.25

---

21 *과 아래의 **는 Cbeta 검색 결과 원효 『疏』의 인용이 존재함을 새롭게 밝힌 부분이다.
22 定源, 「敦煌寫本より發見された新羅元曉の著述について」『佛敎學 리뷰』7(金剛大學校 佛敎文化硏究所, 2010) 참조.
23 박인석 옮김(2011)을 통해 확인할 수 있다.
24 崔鈆植의 1988년 박사학위논문에서 확인되며, 均如가 『釋華嚴敎分記圓通鈔』에서 元曉의 『起信論疏』를 1회만 인용한다고 조사하였다. 福士慈稔은 이를 확인하여 『新羅元曉硏究』에서 원문을 제공하였다.
25 김천학 옮김, 『화엄일승성불묘의』(서울: 동국대학교출판부, 2015) 참조.

〈표 6〉 일본에서의 『소』 인용

| 인물 | 소속 | 문헌 | 인용명 |
|---|---|---|---|
| 智憬(~750~) | 화엄 | 『起信同異略集』* | 丘龍釋, 丘龍解 |
| 壽靈(~800~) | 화엄 | 『五敎章指事』 | 元曉 |
| 願曉(~823~871) | 삼론 | 『大乘法門章』 | 曉疏, 元曉法師 |
| 覺超(960~1034) | 천태 | 『仁王經護國鈔』 | 元曉疏 |
| ?(헤이안시대 초?) | 화엄 | 『華嚴宗立敎義』[26] | 起信論疏 |
| 濟暹(1025~1115) | 진언 | 『金剛頂發菩提心論私抄』 | 元曉師起信論疏 |
| | | 『辨顯密二敎論懸鏡抄』 | 元曉元信論疏 |
| ?藏俊?(1104~80) | 법상 | 『成唯識論本文抄』 | 新羅蕃元曉法師, 曉法師 |
| 證眞(~1201~) | 천태 | 『止觀輔行私記』 | 元曉起信論疏 |
| | | 『法華玄義私記』 | 元曉師, 元曉師起信論疏 |
| | | 『法華疏私記』 | 元曉疏, 元曉師起信論疏 |
| 賴瑜(1226~1304) | 진언 | 『釋摩訶衍論開解鈔』 | 元曉疏, 曉疏, 元曉釋, 元曉 |
| 凝然(1240~1321) | 화엄 | 『五敎章通路記』 | 元曉大師起信論疏 |
| | | 『勝鬘經疏詳玄記』 | 海東起信疏, 海東 |
| | | 『三聖圓融義顯』 | 海東起信疏 |
| 順高(~1254~61~) | 화엄 | 『起信論本疏聽集記』 | 元曉疏,** 曉疏, 海東疏, 元曉之疏, 元曉釋, 元曉ノ疏 |
| | | 『起信論別記聽集記』 | 元曉師, 元曉疏 |
| 審乘(1258~1313~) | 화엄 | 『五敎章問答抄』 | 元曉大師起信論疏, 元曉 |
| 信堅(1259~1322) | 진언 | 『釋摩訶衍論私記』 | 元曉疏 |
| 順繼(1260~1308) | 진언 | 『釋摩訶衍論第十廣短册』 | 元曉法師釋, 元曉釋, 新羅元曉, 元曉 |
| 眞圓 | 진언 | 『菩薩戒本持犯要記助覽集』[27] | 彼論疏記主 |
| 湛睿(1271~1346) | 화엄 | 『起信論義記敎理抄』 | 元曉起信疏序, 元曉疏, 元曉師, 元曉, 曉公釋[28] |
| 賴寶(1279~1330) | 진언 | 『釋摩訶衍論勘注』 | 起信疏元曉, 曉疏, 元曉疏, 元曉, 元曉起信疏, 曉師 |
| 尊辨(~1307~?) | 천태 | 『起信論抄出』 | 元曉疏, 海東師, 海東師釋 |
| 託何(1314~1405) | 시종 | 『器朴論』 | 元曉起信論疏 |

26 金天鶴, 『平安期華嚴思想の硏究』(東京: 山喜房佛書林, 2015).
27 원문 확인을 위해 『日本大藏經』을 조사하였다.
28 澄觀, 『演義鈔』에서 인용한 문장이다.

| 宥快(1345~1416) | 진언 | 『釋摩訶衍論決擇集』 | 海東元曉疏, 元曉海東疏, 元曉釋, 元曉疏, 元曉起信疏, 新羅元曉, 同論疏元曉 |
|---|---|---|---|
| 鳳潭(1659~1738) | 화엄 | 『起信論義記幻虎錄』 | 海東疏, 海東, 羅國疏, 曉公釋 |
| 顯慧(~1696~) | 정토 | 『起信論義記幻虎錄辨僞』[29] | 元曉疏, 海東疏, 元曉意, 海東意, 羅國疏, 曉公釋, 海東科 |
| 基辨(1718~1791) | 법상 | 『法苑義林章師子吼抄』 | 元曉起信海東疏 |

후쿠시 지닌은 〈표 6〉의 *『기신동이약집』을 견등見登의 저술로 인식했으나, 최연식의 연구 결과를 수용하여 일본승 지쿄(智憬)의 저술로 한다.[30] 〈표 6〉의 **에 대해서는 부연 설명이 필요하다. 『기신론본소청집기起信論本疏聽集記』에서는 "元曉疏上"으로부터 『대일본불교전서大日本佛教全書』 2단 분량의 장문을 취의하여 인용하고 있다. 이 부분에 대해서 후쿠시는

又元曉疏上云。○三寶之義三句分別。第一釋名。第二辨體。其第三明說三寶意{以下略}(92,266下-267上)【引用1(『起信論疏』)】(元曉 『起信論疏』(『大正』44,203中)}

라고 인용처를 제시하였고, {以下略}으로 내용을 생략하였다. 그런데 원효의 『소』는 "이 가운데 삼보의 의미에 대해서 설해야 하나 의미는 별설과 같다.(此中應說三寶之義 義如別說)"로 되어 있고, 위 인용문의 '三句分別' 이하의 내용은 없다. 전후 문맥으로 이해할 때 인용문 "元曉疏上"이 『소』를 지칭하는 것은 틀림없고, 2단 분량의 취의가 끝날 때 "자세한 해석은 저 소에서 볼 수 있다.(委釋可見彼疏也)"라고 하기 때문에 전체 문장이 『소』 상권을 지칭하는 것도 확인할 수 있다. 그러나 현재 인용된 문장은 『소』에서 확인되지 않으며 현존 원효의 저술에서도 전혀 확인할 수 없지만, 내용

---

29 원문 확인을 위해 『日本大藏經』을 조사하였다.
30 최연식, 「신라견등의 저술과 사상경향」 『한국사연구』 115(한국사연구회, 2001) pp.1~37.

상으로는 "의미는 별설과 같다.(義如別說)"의 '별설'에 해당된다. 그렇다면 『기신론본소청집기』에 인용된 내용은 원효의 『기신론』 관련 저술 가운데 명칭만 전하는 것 가운데 하나일 가능성을 상정해 둘 수 있을 것이다.[31] 향후 다른 저술에서의 인용을 찾는 등 면밀한 검토가 요청되는 부분이다.

이와 같이 원효의 『소』는 『별기』보다 폭넓게 활용되었음을 알 수 있다. 중국에서 법장이 『소』를 활용한 사실은 너무나 유명한데, 그 외에도 징관부터 요나라까지 줄곧 활용됨을 알 수 있다. 한편 일본에서는 화엄종의 지쿄, 주료에게 중시되면서, 헤이안, 가마쿠라, 에도시대에까지 인용된다. 『별기』와 마찬가지로 전체적으로 화엄종과 진언종에서 중시된 듯하다. 특히, 진언종에서는 『석마하연론』의 연구와 깊이 관련되어 있다. 반면에 한국에서는 태현 이후 『소』의 활용을 거의 볼 수 없다.

### 4) 실물의 전승

『소』는 1696년 간본이 저본으로 이용되고 있는데, 그 외 원효 『소』의 사본 단간이 둔황 지역과 투르판 지역에서 발견되었다는 사실은 이미 딩위안(定源)의 연구에 의해서 널리 알려졌으며, 한국에서 두 번의 강연을 통해 얻은 지견을 간행하였다.[32] 이 사본은 9~10세기에 서사된 것으로 추정되는데, 그 가운데 이미 2010년의 논문에서 둔황사본 단간과 현 텍스트와의 비교 교감도 이루어졌으므로 활용 가치가 높다.[33]

현재 해인사에는 『기신효소起信曉疏』라는 제목의 판목 한 장 앞뒷면(9와 10)이 있다. 본 판목은 후지타 료사쿠(藤田亮策)에 의해 1944년 조사되었는

---

[31] 金天鶴,「順高の『起信論本疏聽集記』における元曉引用の意義」『불교학연구』57(불교학연구회, 2018)의 부록 참조.
[32] 定源,『佛敎文獻論稿』(上海: 廣西師範大學出版社, 2017).
[33] 定源(2010) pp. 155~180.

데, 그는 이 판목을 '고려고간판잔결高麗古刊板殘缺'로 분류하였다.[34] 즉 고려시대 판목으로 본 것이다. 이후 현재까지 새로운 설은 없는 듯하다.[35] 본 판목은 단간이지만, 이것을 통해 기존 텍스트의 오류 등을 수정할 수 있으며 원효『소』의 고형을 아는 데 매우 중요하다.

지금까지 검토한 것처럼 현재『소』의 실물은 둔황사본 단간들, 고려시대 판목 한 장과 에도시대 간본을 확인할 수 있다. 이 가운데 저본으로 사용된 에도시대 간본만이 완본이고 나머지 두 종류는 단간이어서 아쉬움을 남긴다.

판목9-앞면

판목10-뒷면

해인사 소재『기신효소』
사진 제공: 해인사대장경연구원

---

34 藤田亮策,「海印寺雜板攷」,『朝鮮學報』138(朝鮮學會, 1991) pp. 30·77~78.
35 합천군·법보종찰 해인사,『해인사 사간판 보수사업 보고서』(경남 : 해인사, 2006) p. 23.
  林基榮,「海印寺 私利板殿 所藏 木板研究」(경북대학교 박사학위논문, 2009) p. 83~88.

## 3. 『기신론소·별기』(회본)의 성립과 전승

앞에서 언급했듯이, 원효의 저술 가운데 일반적으로 가장 널리 알려진 것은 『대승기신론소·별기』 회본(이하 『회본』)이다. 원효 저술은 금릉각경처金陵刻經處에서 대장경 개판을 주도했던 양문회楊文會(1837~1911)가 1899년에 처음 판각하여 간행한다. 이때 판각된 『회본』은 일본에 보내진다.[36] 일본에서는 메이지시대의 축쇄 대장경 이후 장경서원藏經書院에서 『만정장卍正藏』(1902~1905)과 『대일본속장경大日本續藏經』(1905~1912)을 간행하게 되는데, 후자는 중국 찬술의 전적을 집대성하기 위한 것으로 장소류章疏類, 선적禪籍 등을 다수 수록하고 있다.[37] 여기에 『회본』이 수록된다.

『한국불교전서』에 수록된 『회본』은 『대일본속장경』본을 갑본으로 하고, 해인사본을 저본으로 하고 있다. 두 텍스트는 구성상 거의 차이가 없다. 우선, 해인사본이 "海東沙門元曉疏幷別記"라고 한 데 비해 갑본에서는 "唐海東沙門元曉疏幷別記"이라고 '당唐' 한 자가 차이나는데, 6권 전부에 이러한 상위가 있고, 그 외 교감상 글자 차이는 여덟 곳 정도에 머문다.

그렇다고 해도 차이가 나는 것은 사실이다. 그렇다면 해인사본은 금릉각경처본을 다시 판각한 것인가? '당唐' 자를 의도적으로 삭제한 것으로 보아 금릉각경처본을 조본으로 하여 한국인에 의해 다시 판각된 것으로 추정 가능하다.[38] 다만, 현재 해인사본이 어떤 경로를 통해 해인사에 보관되었는지 알 수 있는 자료가 없다. 확실한 것은 1944년 후지타 료사쿠가 해인사 잡판을 조사할 때에는 없었다는 사실이다.

---

[36] 박현규, 「금릉각경처金陵刻經處와 한국인 편저 경판」 『국학연구』 6(한국국학진흥원, 2005) pp. 473~498.
[37] 梶浦晋, 「近代における大藏經の編纂」 『常照』 51(佛敎大學圖書館, 2002) pp. 10~15.
[38] 서수정, 「백련암 소장 문헌의 현황과 가치」(백련암 소장 불서 조사 완료 기념 학술세미나 자료집 '성철 스님의 수행과 공부', 2019. 11. 22.) pp. 67~68.

『회본』에 수록된 『소』와 『별기』(이하 『회본별기』)의 내용은 일본 에도시대의 판본을 원본으로 한다. 그런데, 편집 시에 원본인 에도시대 판본 글자를 수정한다. 특히 『별기』의 내용이 많이 달라졌다. 어떤 근거로 수정하였을까? 주기가 없어 명확하게 알 수 없지만, 그 가운데 앞에서 언급했던 1781년 간행 『별기』 교정본의 존재에 의해 달라진 예가 왕왕 있음을 확인하였다. 그것을 증명하기 위해 한두 가지 예를 통해 설명하고자 한다.

〈표 7〉 『별기』와 『회본별기』의 내용 비교(1)

| 『別記』(H1,691a, T44,235c) | 『會本別記』(H1,760b~c, X45,2206b) |
|---|---|
| 中邊論云. **此**識所取四種境界. 謂塵根我及識所攝. 所取既無. 能**緣本**識. 亦**爾得生** | 中邊論云. **是**識所取四種境界. 謂塵根我及識所攝. **實無體相**. 所取既無. 能**取亂**識. 亦**復是無** |

위 비교표에서 알 수 있듯이, 『별기』와 『회본별기』의 문장이 상당히 다르다. 이미 설명했듯이 『회본별기』의 문장은 『중변분별론中邊分別論』의 문장과 일치한다.[39] 회본의 편집자가 직접 『중변분별론』의 문장을 찾아서 고쳤을까? 해답은 1781년 교정본에 있다. 오른쪽 그림 1781년 교정본(末, 16쪽, 2행)에서 확인할 수 있듯이, 두주頭註에 '舊中邊論上(二左)'으로 되어 있으며 원문과 다른 문장에 대해서는 방주傍註로 원문을 써놓았다. 『회본별기』에

1781년 간행 『별기』의 교정본
사진 제공: 국립중앙도서관

---
[39] 김천학(2017) p.270.

서는 방주를 그대로 수용한 것이다. 『회본별기』의 편집자가 직접 대장경 원문을 찾았을 경우를 배제할 수 없지만, 위에서 인용한 문구의 바로 앞 문장(1행)을 보면 그렇지 않음을 확인할 수 있다. 앞 문장(1행)의 간본 『별기』와 『회본별기』 간에는 아래와 같이 차이가 난다.

〈표 8〉 『별기』와 『회본별기』의 내용 비교(2)

| 『別記』(H1.691a, T44.235c) | 『會本別記』(H1.760b, X45.2206b) |
|---|---|
| 如是阿梨耶識, **內緣**執受境, **外緣**器世界境, 生起道理, 應知亦爾 | 如是阿棃耶識, **緣內**執受境, **緣外**器相, 生起道理, 應知亦爾 |

이 부분 역시 1781년 교정본의 방주에 따라 수정하였다. 아래 판본의 4행 아랫부분에는 '依瑜伽論'이라는 문장이 있고, 두주에는 '瑜伽論第五十一'로 되어 있다. 즉, 에도시대 판본의 간행자가 원문을 직접 확인한 것을 다시 한 번 알 수 있다. 1781년 교정본의 편집자는 아래 판본 1행의 문장도 『유가론』 문장으로 인식하였던 것 같다. 방주의 문장은 『유가론』 문장과 거의 일치한다. 즉, 『별기』의 문장이 『유가론』의 문장과 일치하지 않았기 때문에, 『유가론』에 근거해서 방주를 달았던 것이다. 그러나 『별기』 문장은 『현양성교론』(T31.566a)과 일치하는 문장으로 『유가론』의 문장이 아니다. 1781년 교정본의 간행자가 『유가론』 문장으로 잘못 알고 방주를 붙인 것이고, 『회본』의 편자가 무비판적으로 이것을 수용하였다. 따라서 『회본』의 편자가 경전을 직접 확인한 것이 아니라, 1781년 교정본을 통해서 고친 것이 된다. 한편, 이 부분은 태현의 『대승기신론내의약탐기』(T44.417c14~24)에 장문이 인용되며, 간본 『별기』 문장과 일치함을 부언해 둔다.[40]

이와 같은 결과로 보았을 때 『회본』은 원효 본래의 문장이 아닐 수도 있

---

[40] 『大乘起信論內義略探記』 "如是阿梨耶識, 內緣執受, 受境外緣, 器世界境, 生起道理, 應知亦爾, 中邊云, 此識四種 ……"(T44.417c14~)

다는 점에서 주의를 기울여야 한다는 것을 알 수 있다.

최근에 원효『별기』와『소』에 대한 신회본을 시도하고 있다.[41] 신회본을 만들 때는 에도시대 간본의『별기』와『소』만을 대상으로 해야 할 것이며,『불교대계』의 회본 형식을 최대한 참조하면 좋을 것이다. 그러나『별기』와『소』의 정본화가 선행되는 것이 무엇보다도 시급하다고 생각한다.

이상으로『회본』의 전승에 대해서 검토하였으며, 특히, 그동안 많은 역주서들이 저본으로 삼았던『회본』의 사용에는 주의가 필요하다는 것을 증명하였다. 다음 장에서는『별기』와『소』의 부분 정본화를 시도하여, 각 텍스트의 교정이 어느 정도 의의가 있는지에 대해서 검토해 보고자 한다.

## Ⅲ.『별기』와『소』정본화

### 1.『별기』의 정본화 시도

『별기』에 대해서는 비록 완본은 아니지만, 기존『별기』판본의 한계를 극복할 수 있는 사본의 존재에 대해서 앞에서 소개하였다. 본고에서는『별기』서문에 해당하는 부분에 한정하여 사본을 저본으로 하여 정본화를 시도한다. 일러두기는 아래와 같다.

〈일러두기〉
　一. 본문은 원칙적으로 정자를 사용한다.
　一. 통용자 및 이체자는 무시하거나 1회에 한정하여 표시한다. 예

---

[41] 김준호,「원효의『대승기신론소별기』의 구문대조와 ≪신회본(新會本)≫ 편찬의 필요성—『대승기신론』「입의분(立義分)」을 중심으로—」『한국불교학』80(한국불교학회, 2016) pp.7~27.

를 들면, 變과 反은 같은 글자이다. 물론 다른 글자로 쓰일 경우에는 주의를 요한다.

一. 사본을 저본으로 하고, 사본의 의미가 통하지 않을 경우, 또는 탈자로 판단되었을 경우에만 글자를 바꾼다. 예를 들어, [善]【底】는 저본에 '善' 자가 탈락되었다는 뜻이다. 그러나 각각 정보가 다를 경우에는 일일이 정보를 기록한다.

一. 각 판본은 다음과 같은 약호를 사용한다.

가나자와문고(金澤文庫) 사본寫本→【底】, 1659년 판본版本→【版】, 1781년 교정본校訂本→【校】

『속장경續藏經』本『기신론소기회본起信論疏記會本』→【會】,『불교대계佛敎大系』→【大】,『한국불교전서韓國佛敎全書』의 편집자주編集者註→【韓編】

一. 인용처 등을 교감 및 참조할 경우『기신론소起信論疏』는 *『疏』, 태현의『대승기신론내의약탐기大乘起信論內義略探記』는 *『略探記』로 하며, 그 외의 참고문헌에 대해서도 적당한 약호를 사용한다.

一. 문장부호는 마침표(.)와 쉼표(,)만을 사용한다.

一. 단락 구분은 임의로 하였다.

### 起信論別記 一卷[42] 釋元曉撰[43]

將[44]釋此論略有二門. 一者述論大意, 二即依文消息. 言大意者, 然夫[45]佛[46]之爲道也, 蕭[47]焉空寂, 湛[48]爾沖[49]玄. 玄之又玄之, 豈[50]出

---

42 寫本 表紙에 元曉起信別記 飛龍 湛睿가 縱書로 되어 있다.
　起信論別記一卷=大乘起信論別記(本)【版】【校】, 大乘起信論別記卷本【大】
43 釋元曉撰=海東沙門元曉撰【版】【校】【大】
44 거의 결자【底】
45 字痕에 의해 판명【底】

萬像之表, 寂之又寂之, 猶在百家之談. 非像表也, 五眼不能見其體.[51] 在言裏也, 四辯不能談其狀. 欲言大矣, 入無內而莫遣. 欲言微矣, 包[52]無外而有餘. 將謂有邪,[53] 一如由[54]之而空, 將謂無耶,[55] 萬物用之而生. 不知何以[56]言之強号[57]爲道.

卽[58][59]其體也曠兮, 其若大虛而無其私焉, 蕩兮其若巨海, 而有至公焉. 有至公故, 動靜隨成. 無其私故, 染淨[60]斯融. 染淨融故, 眞俗平等, 動靜成故, 昇[61]降參差. 昇降參[62]差故, 感應路通, 眞俗平[63]等故, 思議路絶. 思議絶故, 體之者,[64] 垂[65]影響而無方. 感應通故, 祈之者, 起[66]名相而有歸. 所垂[67]影響, 非形非說. 既起[68]名相. 何起[69]何

---

46 佛=佛+道【版】【校】【大】
47 蕭【底】【校】【大】, 簫【版】, *『疏』=蕭
48 湛【底】【校】【大】, 堪【版】, *『疏』=湛
49 沖【底】【大】, 冲【版】【校】, *『疏』=冲
50 豈=[豈]【版】【校】【大】, *『疏』=豈
51 體=軆【底】, 躰【版】【校】, 體【大】通用字. 以下省略.
52 包=苞【版】【校】【大】
53 邪【底】=耶【版】通用字. 以下省略.
54 *'由'疑用【韓編】
55 [耶]【底】
56 字痕에 의해 판명【底】
57 [号]【版】【校】【大】
58 '道'+'白+(아래)已'이 있다. '卽'으로 보인다. 제 판본에 없는 글자이다.
59 其體也至大然也:『會本別記』(H1.733ab, X45.200b17)
60 字痕에 의해 판명【底】
61 字痕에 의해 판명【底】
62 參=[参]【版】【校】【會】【大】
63 平=[平]【版】【校】【會】【大】
64 路絶思議絶故體之者 9字는 字痕에 의해 판명【底】
65 垂=乘【版】【校】【會】【大】
66 起=超【版】【校】【會】【大】
67 *垂=乘【海印寺本】
68 起=超【版】【校】【會】【大】
69 起=超【版】【校】【會】【大】

歸. 是謂無理之至理, 不然之大然也.

　自非杜口開士, 目撃丈夫, 誰能論大乘於無乘, 起深信於無信者哉. 所以馬鳴菩薩, 無緣大悲, 傷彼無明妄風, 動心海而易漂+寸,[70] 愍此本覺眞性, 睡長夢而難悟, 同體智力, 堪造此論, 贊述如來深經奧義. 欲使爲學者, 暫開一軸, 遍掬[71]三藏之指.[72] 爲道者, 永息萬境, 遂還一心之源.

　其爲論也,[73] 無所不立, 無所不破. 如中觀論十二門論[74]等, 遍破諸執, 亦破於破, 而不還許能破所破, 是謂往而不返[75]論也. 其瑜伽論攝大乘等, 通立深淺, 半滿[76]法門, 而不融遣自所立法, 是謂與而不奪論也. 今此論者, 既智既仁, 亦玄亦博,[77] 無不立而自遣, 無不破而還許. 而還許者, 顯彼往者往極而自返[78]立. 而自遣者, 明此與者, 與窮而並奪.[79] 是謂諸論之祖宗, 群諍之評主也.

　所述雖廣, 可略而言. 開二門於一心, 惣括[80]摩羅百八之廣語,[81] 示性淨於相染, 普綜蹂闓十五之幽致, 至如鵠林一味之宗, 鷲山 無二之趣, 金鼓同[82]性三身之極果, 花嚴瓔珞四階之深因, 大品大集曠蕩之至道, 日藏月藏祕蜜[83]之玄門. 凡此等輩衆典肝心, 一以貫之者, 其

70 漂+寸【底】【版】【校】【會】, 漂【大】, *『疏』=漂
71 *『疏』=探
72 *'指'疑'旨'【韓編】
73 其爲論至評主也:『會本別記』(H1.733b, X45200c7)
74 [論]【底】
75 返=遍【版】【校】【會】【大】
76 半滿=判於【版】【校】【會】【大】
77 博【底】【會】【大】, 傳【版】【校】 *'傳'疑'博'【韓編】
78 自返=遍【版】【校】【會】【大】
79 與窮而並奪=窮與而奪【版】【校】【會】
80 惣括=括【版】【校】【大】, *『疏』=惣括
81 語=誥【版】【校】【大】, *『疏』=誥
82 同=銅【底】, 同【版】【校】【大】
83 蜜=密【版】通用字

唯此論乎. 故下文云, 爲欲總攝如來廣大深法無邊義故, 應說此論.

然以此論. 言邇理遐. 文少義多. 從來釋者. 尟具[84]其宗. 良以[85]各守所習. 而牽文. 不能虛懷而尋旨. 由是不近論主之意. 或望源而迷[86]流. 或把葉而亡[87]幹. 或割領而補袖. 或折枝[88]而蔕[89]根. 今直依此論文屬當所述經本. 略擧綱[90]領. 爲自而記耳. 不敢望宣通也.[91] 述大意竟.

위『별기』는 짧은 서문에만『회본』에 대한 주기, 자흔 등을 제외하면 38곳에서 글자의 차이가 있다. 이 가운데 어느 텍스트를 취하느냐에 따라 의미가 상당히 달라지는 곳도 다수 있다. 현재 텍스트는 500곳 이상 차이가 난다.[92] 따라서『별기』는 정본화가 필수적임을 알 수 있을 것이다.

## 2.『소』의 정본화 시도

『소』는 현재 에도시대 판본(1696)이 유일한 완본이다. 따라서 정본화 시도가 쉽지 않음을 알 수 있다. 그런데 이번에 소개한 해인사 판목 해당 부분과 현재 에도시대 판본을 비교하면 23곳 정도 차이가 난다. 이를 통해서 기존 원효『소』가운데 내용적으로 중요한 부분을 두 곳 정도 정정할

---

84 具=得【版】【校】【大】, *『疏』=具
85 * '以'疑'由'【韓編】
86 迷【底】【校】【大】, 逃【版】, *『疏』=迷
87 亡=云【版】【校】【大】, *『疏』=亡
88 枝【底】【大】, 杖【版】【校】, *『疏』=枝, *'杖'疑'枝'【韓編】
89 蔕=帶【版】【校】【大】
90 綱=總【底】, 綱【版】【校】【大】
91 也=世【版】【校】【大】, * 也【順高『起信論別記聽集記』】(『大日本佛敎全書』93, 263上)
92 김천학(2017).

수 있게 되었으며, 징관의 『연의초』에 이 부분이 인용명 없이 활용되어 있고, 그 부분과의 비교를 통해서 볼 때 해인사 판목이 고형임을 증명할 수 있게 되었다. 판목에 해당하는 원문을 다 제시하고, 그 차이를 현 텍스트에 주기註記를 붙이는 형식으로 양쪽을 비교하였다. [ ]가 현재 해인사 판목 해당 부분이다. 각주의 '9-6行'은 해인사 판목 9번의 6행을 의미한다. 판목의 아랫부분에는 마모되어 정확히 읽기 어려운 부분이 있지만, 일일이 주기를 붙이지는 않았다. 한편, 징관의 『연의초』와 가마쿠라시대 준코(順高)의 『기신론본소청집기』에 부분적 인용이 있어 필요한 부분에 대해서는 교감 대상으로 하였다.

『大正藏』(T44. 205a16~c22) 및 『韓國佛敎全書』(H1. 702b9~703b20) 텍스트

釋分內第 [三段文而作因緣. 彼文分別發趣道相, 令利根者決定發心進趣大道, 堪任住於不退位故, 故言爲令善根乃至不退信故. 第四因者, 爲下修行信心分, 初四種信心及四修行之文 而作因緣, 故言爲令修習信心故也. 第五因者, 爲下第四修行末云, 復次若人雖修[93]信心, 以從先世來多有重[94]惡業障以[95]下, 說除障法五行許文而作因緣, 故言爲示方便消惡業障乃至出邪網故. 第六因者, 爲彼云何修行止觀以[96]下, 乃至止觀不具則[97]無能入菩提之道, 三紙許文而作因緣, 故言修習止觀乃至心過故. 第七因者, 爲彼修行信心分末云,[98] 復次衆生初學是法以[99]下, 勸生淨土八行許文而作因緣, 故言

---

93 修=修+行 9-6行
94 重=重+罪 9-6行
95 以=已 9-6行
96 以=已 9-8行
97 則=卽 9-9行
98 云=[云] 9-11行
99 以=已 9-11行

爲示專念方便生於佛前等也. 第八因者, 爲彼第五勸修利益分文而
作因緣, 故言爲示利益勸修行故. 次言有如是等因緣所以造論者,
第三總結也. 直顯因緣竟在於前. 此下遣疑. 有問有答. 問中言經中
具有此法者, 謂依前八因所說之法, 如立義分所立法義, 乃至勸修[100]
分中所示利益. 如是等[101]諸法, 經中具說. 皆爲衆生離苦得樂, 而今
更造此論, 重說彼法者, 豈非爲求名利等耶. 以之故言何須重說. 是
舉疑情而作問也. 答中有三. 略答, 廣釋, 第三略結答.[102] 答中言脩
多羅中雖有此法者, 與彼問辭也. 根行不等受解緣別者, 奪其疑情
也. 經論所說雖無別法, 而受解者根行不同. 或有依經不須論者, 或
有依論不須經者. 故爲彼人必須造論. 答意如是. 次則[103]廣顯. 於中
有二. 先明佛在世時說聽俱勝. 後顯如來滅後根緣參差. 初中言如
來在世衆生利根者, 明聽人勝. 能說之人色心業勝者, 顯說者勝. 圓
音一演者, 成說者勝. 異類等解者, 成聽人勝. 則不須論者, 結俱勝
義. 此言圓音即是一音. 一音圓音, 其義云何. 昔來諸師說者不同.
有師說云. 諸佛唯是第一義身, 永絕萬[104]像, 無形無聲. 直隨機現無
量色聲. 猶如空谷無聲, 隨呼發響. 然則[105]就佛言之, 無音是一. 約
機論之, 衆音非一. 何意說言一音圓音者. 良由一時一會異類等解,
隨其根性各得一音, 不聞餘聲, 不亂[106]不錯,[107] 顯是音[108]奇特, 故名
一音. 音遍十方, 隨機熟處無所不聞, 故名圓音, 非謂如空遍滿無別

---

100 修=修+利益 9-17行
101 等=[等] 9-18行
102 略結答=結答略 9-21行
103 則=即 9-25行
104 萬=万 10-4行 ＊萬『演義鈔』(T36.616c)
105 則=即 10-5行 ＊則『演義鈔』(T36.616c)
106 亂=乱 10-7行 ＊亂『演義鈔』(T36.616c)
107 錯=杳 10-7行 ＊杳『演義鈔』(T36.616c)
108 音=[音] 10-8行 ＊[音]『演義鈔』(T36.616c)

韻曲. 如經言隨其類音普告衆生, 斯之謂也. 或有說者. 就佛言之, 實有色聲, 其音圓滿, 無所不遍, 都無宮商之異, 何有平上之殊. 無異曲故名爲一音, 無不遍故說爲圓音. 但由是圓音作增上緣, 隨根差別現衆多聲. 猶如滿月唯一圓形, 隨器差別而現多影. 當知此中道理亦爾. 如經言, 佛以一音演說法, 衆生隨類各得解故. 或有說者. 如來實有衆多音聲. 一切衆生所有言音, 莫非如來法輪聲攝. 但此佛音無障無礙, 一即一切, 一切即一. 一切即一, 故名一音, 一即一切, 故名圓音. 如華嚴經言. 一切衆生語言法, 一言演說盡無餘. 悉欲[109]解了淨密音, 菩薩因是[110]初發心故. 又此佛音不可思議, 不[111]但一音言[112]即一切音, 亦於諸法無不等遍. 今且略擧六雙, 顯其等遍之相. 一[113]者等於一切衆生及一切法. 二者等於十方諸刹及三世諸劫. 三者等於一切應身如來及一切化身諸佛. 四者等於一切法界及虛空界. 五者等於無礙[114]相入界及無量出生界.[115] 六者等於一切行[116]界及寂靜涅槃界. 此義如華[117]嚴經三種無礙[118]中說. 隨一一聲等此六雙, 而其音韻恒不雜亂.[119] 若音於此] 六雙有所不遍, 則音非圓.

이상으로 해인사 판목과 현재 유통되는 텍스트, 즉 일본 에도시대 판본, 그리고 이에 상응하는 『연의초』, 『기신론본소청집기』와 비교하여 주

---

109 悉欲=欲悉 10-19行
110 是=此 10-20行
111 不=非 10-20行 ＊非『起信論本疏聽集記』(『大日本佛敎全書』92, 318 下)
112 言=[言] 10-21行 ＊[言]『起信論本疏聽集記』(『大日本佛敎全書』92, 318 下)
113 一 ＊第一『起信論本疏聽集記』(『大日本佛敎全書』92, 318 下)
114 礙=导 10-25行
115 出生界 ＊於世界海『起信論本疏聽集記』(『大日本佛敎全書』92, 318 下)
116 行 ＊法『起信論本疏聽集記』(『大日本佛敎全書』92, 318 下)
117 華=花 10-26行
118 礙=量 10-26行 ＊量:『起信論本疏聽集記』(『大日本佛敎全書』92, 318 下)
119 亂=乱 10-27行

93부터 주 119까지의 차이를 적시하였다. 이 가운데 단순한 이체자, 혹은 통용자를 제외하면, 16곳 정도가 다르다. 16곳에 대해서 의견을 말하면 다음과 같다.

주 93과 주 94는 『기신론』 원문 인용이며, 해인사본대로 각각 '修行', '重罪'가 되어야 할 것이다. 주 98, 주 101은 해인사본에 각각 '云'과 '等' 자字가 탈락된 것으로 보는 것이 좋을 것이다. 주 100은 과문의 명칭이므로 해인사본대로 '修利益'이 있어야 한다.

주 102는 해인사본으로 판본의 착간을 고칠 수 있는 좋은 예이다. 즉 현 텍스트인 '第三略結答. 答中'은 '第三結答. 略答中'(해인사본)이 되어야 문맥에 맞다.

주 107은 '不亂不錯'(현 텍스트)과 '不亂不沓'(해인사본)의 차이이다. 둘 다 '어지럽지도 섞이지도 않음' 정도의 뜻으로 보면 될 것이다. 그런데, 징관의 『연의초』에서 '不亂不沓'을 사용하며, 조사 결과 이 부분은 인용명 없이 T 36.616c 9행(諸佛唯是)에서 24행(類各得解)까지 원효 『소』를 인용한 부분이다. 주 108의 '音'은 징관의 『연의초』에도 없다. 이 두 가지 예로 해인사본의 문구가 시대적으로 앞서며, 원효 『소』의 처음 형태에 가깝다고 추정할 수 있다.

주 109는 판본이, 주 110은 해인사본이 경문에 맞다. 주 111은 문법적으로 해인사본이 자연스럽고, 그 경우, 주 112의 '言'도 해인사본처럼 없어야 한다. 『기신론본소청집기』가 이와 같음을 알 수 있다. 주 113은 『기신론본소청집기』와의 차이인데, '第' 자는 원래부터 없었던 것 같다. 주 115와 주 116도 『기신론본소청집기』와의 차이이며, 해인사본과 판본을 따르는 것이 무난할 것이다. 특히, 주 116은 흔히 '法'이 될 것 같지만, 이 부분은 원효가 『화엄경』 「성기품」을 참고한 것인데, 단적으로 '得一切行界等身, 得寂滅涅槃界等身'[120]을 보면 '法'이 아니라 '行'임을 알 수 있다.

주 118은 기존 텍스트의 '礙'와 해인사본의 '量' 둘 다 틀리지 않을 듯하다. 그런데, 『소』의 내용은 부처의 음성이 동일하게 모든 법에 편만하지 않음이 없음을 6쌍으로 밝히는 것이다. 이 부분 역시 「성기품」의 '삼종청정무량三種淸淨無量(身無量, 音聲無量, 無礙心無量)'을 지시한다. 특히, 이 「성기품」의 문장은 원효가 『무량수경종요』,[121] 『열반종요』,[122] 『영락본업경소』[123] 에서도 활용할 정도로 흥미를 가진 구문이었다. 따라서 '三種無量'이라고 되어 있는 해인사본이 정확하다. 이 부분은 『기신론본소청집기』에도 '量' 으로 되어 있다.

지금까지 양 판본의 차이를 검토하였다. 특히, 징관의 『연의초』나 에도시대 이전의 문헌을 통해서 볼 때 해인사본이 원효 『소』 본래 형태에 가깝다는 것이 밝혀졌으며, 현행 간본 『소』에는 수정되어야 할 곳이 다수 확인되었다.

## Ⅳ. 결론을 대신하여

이상으로 원효의 『별기』, 『소』, 『회본』이 전승되는 양상과 함께 『별기』, 『소』에 대해서 정본화를 일부 시도하였다. 우선 원효 『별기』는 중국에서 법장이 최초로 활용한다. 하지만, 그 이후 아직 그 활용 상황을 확인할 수 없다. 한국에서는 태현의 『약탐기』에 『소』와 동등한 위치를 점하면서 사용된다. 하지만, 한국에서도 그 이후에 활용 예를 찾을 수 없다. 일본에서는 나라시대 화엄학승 주료(壽靈)에게 『별기』가 존중되며, 이후 에도시대

---

[120] 『大方廣佛華嚴經』 卷35 「寶王如來性起品」(T9, 626c)
[121] 『兩卷無量壽經宗要』 卷1 "如來具足如是三種淸淨無量."(T37, 126c)
[122] 『涅槃宗要』 卷1 "如是三種淸淨無量, 是明如來成道後, 所得色身, 音聲及無礙心, 無所不等, 無所不遍."(T38, 248c~249a)
[123] 『瓔珞本業經疏』 卷2 "如來具足如是等三種淸淨無量."(X39, 255a)

까지 줄곧 이용된다. 목록상에서도 마찬가지로 나라시대 정창원 문서에 743년 필사 기록이 보이면서부터 에도시대까지 확인된다.

『소』도 중국에서는 법장이 최초로 활용한다. 이후 중국에서는 담광曇曠, 징관澄觀, 종밀宗密 등으로 이어지면서 『소』의 활용은 확인된다. 한편, 한국에서는 태현의 『약탐기』 이후 균여의 저술에서 『소』의 활용이 1회 정도 확인될 뿐이다. 반면에 일본에서는 741년의 필사 기록이 확인되며 헤이안시대, 가마쿠라시대, 에도시대를 거치면서 줄곧 활용되었다. 『소』의 활용도는 전체적으로 빈도가 높으나, 중국에서 『소』만이 활용되는 것과는 대조적으로, 일본에서는 『소』와 비등한 정도로 『별기』가 활용된다.

현재, 한국에서는 『소』와 『별기』보다도 『회본』이 선호되는 경향이 있다. 그러나 본고에서는 1781년의 『별기』 교정본의 존재를 통해서 『회본』을 활용할 때 주의를 기울여야 된다는 점을 밝혔으며, 신회본을 구상할 때 『회본』을 제외해야 한다는 것도 제기하였다. 하지만 무엇보다 중요한 것은 『별기』와 『소』에 대한 정본화라고 할 수 있다.

현재 완본으로 남아 있는 원효 『소』와 『별기』는 일본의 에도시대 판본을 원본으로 하고 있다. 정본화를 일부 시도한 결과, 『소』와 『별기』 모두 현재 판본이 선본이 아님을 확인하였다. 따라서 사본과의 엄밀한 대조, 그리고 에도시대 이전의 인용 문헌 등을 통해서 최대한 교감해야 할 것이다.

『별기』는 완본은 아니지만 상당한 분량의 사본이 가나자와문고에 보관되어 있고, 그것을 활용함으로써 정본화의 효과를 기대할 수 있다. 『소』의 완본은 『대정장』의 원본인 에도시대 판본 외에 아직 발견되지 않고 있지만, 화엄종과 진언종에서 상당히 활용한 사실을 통해 볼 때 앞으로 일본에서 발견될 가능성이 기대된다. 또한 해인사 판목의 존재를 통해서 한국 어딘가에도 원효 『소』가 존재하기를 기대해 본다. 이번 연구를 통해서 『소』와 『별기』 이외 원효의 『기신론』 관련 저술의 장문의 일문이 확인된 것도 중요한 성과일 것이다.

| 참고문헌 |

약호

『대정신수대장경』 T
『한국불교전서』 H

澄觀.『演義鈔』(T36).
元曉.『起信論別記』寫本.
＿＿＿.『起信論別記』(H1, T44).
＿＿＿.『起信論疏』(H1, T44).
＿＿＿.『起信曉疏』海印寺板木寫眞版.
順高.『大乘起信論本疏聽集記』(大日本佛教全書 93).

김준호.「원효의『대승기신론소별기』의 구문대조와 ≪신회본(新會本)≫ 편찬의 필요성—『대승기신론』「입의분(立義分)」을 중심으로—」.『한국불교학』80. 한국불교학회, 2016.
김천학.『화엄일승성불묘의』. 서울: 동국대학교출판부, 2015.
＿＿＿.「원효 저술 일문(逸文)의 실태와 의의」.『불교기록문화유산 아카이브(ABC) 구축사업의 실효와 지향』. 서울: 동국대학교 불교학술원, 2016.
＿＿＿.「쇼묘지소장·가나자와 문고 관리 원효『기신론별기』의 기초연구」.『한국사상사학』56. 한국사상사학회, 2017.
＿＿＿.「順高の『起信論本疏聽集記』における元曉引用の意義」.『불교학연구』57. 불교학연구회, 2018.
박인석 옮김.『대승기신론내의약탐기』. 서울: 동국대학교출판부, 2011.

박태원.『大乘起信論思想硏究』. 서울: 민족사, 1994.
박현규.「金陵刻經處와 한국인 편저 경판」.『국학연구』6. 한국국학진흥원, 2005.
佐々田悠.「정창원문서와 광명황후원경」.『서지학연구』56. 한국서지학회, 2013.
서수정.「백련암 소장 문헌의 현황과 가치」. 백련암 소장 불서 조사 완료 기념 학술 세미나 자료집. 2019.
林基榮.「海印寺 私利板殿 所藏 木板硏究」. 경북대학교 박사학위논문, 2009.
崔鈆植.「均如 華嚴思想 硏究-敎判論을 중심으로」. 서울대학교 박사학위논문, 1998.
_____.「신라견등의 저술과 사상경향」.『한국사연구』115. 한국사연구회, 2001.
『해인사 사간판 보수사업 보고서』. 합천: 합천군·법보종찰 해인사, 2006.

定源.「敦煌寫本より發見された新羅元曉の著述について」.『불교학리뷰』7. 금강대학교 불교문화연구소, 2010.
_____.『佛敎文獻論稿』. 廣西師範大學出版社, 2017.
柏木弘雄.『大乘起信論の硏究』. 東京: 春秋社, 1981.
梶浦晋.「近代における大蔵経の編纂」.『常照』51. 佛敎大學圖書館, 2002.
吉津宜英.「元曉の起信論疏と別記との關係について」.『韓國佛敎學 SEMINAR』9. 日本印度學佛敎學留學生會, 2003.
藤田亮策.「海印寺雜板攷」.『朝鮮學報』138. 朝鮮學會, 1990.
福士慈稔.『日本佛敎各宗の新羅·高麗·李朝佛敎認識に關する硏究—第1卷 日本天台宗にみられる海東佛敎認識—』. 山梨: 身延山大學, 2011.

\_\_\_\_\_.『日本佛敎各宗の新羅·高麗·李朝佛敎認識に關する硏究—第2卷 下 日本三論宗·法相宗にみられる海東佛敎認識(法相宗の部)—』. 山梨: 身延山大學, 2012.

\_\_\_\_\_.『日本佛敎各宗の新羅·高麗·李朝佛敎認識に關する硏究—第2卷 上 日本三論宗·法相宗にみられる海東佛敎認識(三論宗の部)—』. 山梨: 身延山大學, 2012.

\_\_\_\_\_.『日本佛敎各宗の新羅·高麗·李朝佛敎認識に關する硏究—第3卷 日本華嚴宗にみられる海東佛敎認識—』. 山梨: 身延山大學, 2013.

\_\_\_\_\_.『新羅元曉硏究』. 東京: 大東出版社, 2004.

『大藏經報』臨時增刊 第24號, 1904.

# 『금강삼매경론』

『금강삼매경론』의 성립 사정 | 이시이 코세이(石井公成)

# 『금강삼매경론』의 성립 사정

이시이 코세이(石井公成)

## I. 머리말 - 『금강삼매경론』의 재발견

『금강삼매경론』은 근년 한국에서는 『해동소海東疏』와 나란히 원효의 대표작으로 간주되고 있다. 실제 원효의 저작 가운데 가장 분량이 많아, 『해동소』의 거의 두 배이며, 『해동소』의 사상을 더욱 진전시킨 면이 있다. 그러나 『금강삼매경론』이 한국에서 중시되며 논문이 증가한 것은 1990년대에 들어와서인 것 같다. 『금강삼매경金剛三昧經』에 내포된 선종의 요소가 주목되고, 더욱이 『금강삼매경』의 신라 성립설 등장이 계기가 되어 선종이 주류인 한국에서 『금강삼매경』의 주석서인 『금강삼매경론』에 대한 관심과 평가가 높아졌다고 생각된다.

그 이전에 한국에서 『금강삼매경론』을 중시한 연구자로서는 서양중세사 연구를 위해 벨기에로 유학한 이기영이다. 그는 벨기에 루뱅대학에서 세계적인 불교학자 에티엔 라모트(Étienne Lamotte)를 만나 원효의 중요성에 대해서 지도 받고 연구를 시작하였으며, 『금강삼매경론』의 '불연지대연의不然之大然矣(부정형으로서 매우 깊은 긍정)'라는 구문에 의해 불연不然을 자호로 삼을 정도로 『금강삼매경론』을 중시하였고, 많은 제자를 배출하였다.[1] 이기영은 1972년에 『한국명저대전집』(대양서적)의 한 책으로 『금강삼매경론』을 간행하였으며, 거기에서 『금강삼매경론』을 『해동소』와 나란히 중요한 저작으로 보고 사상적으로 검토하고 주석하였다. 이 책은 불교학계뿐 아니라 일반 독자층까지 『금강삼매경론』의 중요성을 알리는 계기가 되었으며, 이 책에 의해 『금강삼매경론』에 관한 논문이 급증하였다.

근대 한국에서 원효의 이미지와 평가가 각 시기 사회 및 학계 상황에 의해 어떻게 변화되어 왔는지에 대해서는 손지혜孫知慧의 「근대일한불교의 교섭과 원효론」[2]에 잘 나타나 있다. 이와 같은 변화는 한국 이외의 여러 나라 연구자들의 원효관에도 영향을 미쳤다. 원효에 대해서 논할 때 이러한 사실을 늘 염두에 둘 필요가 있다.

『금강삼매경론』은 『송고승전』 및 『삼국유사』의 원효전에 보이는 『금강삼매경론』의 발견과 주석에 관한 일화에 의해 유명해졌다. 다만, 한국의 불교 문헌에서는 의외로 인용이 없다. 11세기 말 의천義天 『신편제종교장총록新編諸宗敎藏総錄』에 그 명칭이 보이며, 조선 전기에 편찬된 『동문선東文選』에 『금강삼매경론』 서문이 수록되긴 했어도, 원효 저작의 인용 상황을 자세히 조사한 후쿠시 지닌(福士慈稔)이 『신라원효연구新羅元曉研究』(大東出版社, 2004)에서 지적하듯이, 현존하는 근대 이전의 한국 불교 문헌에서 『금강삼매경론』은 인용되지 않는다. 신라·고려시대의 불교 문헌은 상당히 일실되었지만, 화엄종 문헌이나 선종 문헌은 어느 정도 남아 있다. 그

---

[1] 孫知慧, 「李箕永の佛敎研究と韓國現代佛敎學」 『東アジア文化交渉研究』 6(關西大學大學院東アジア文化研究科, 2013) pp. 327~342.
[2] 孫知慧, 『近代日韓佛敎の交渉と元曉論』(關西大學學位論文, 2014). (http://kuir.jm.kansai-u.ac.jp/dspace/handle/10112/9061)

가운데 균여均如는 『열반종요』, 『십문화쟁론』, 『화엄종요』, 『이장의』, 『보법기』, 『일도장』, 『기신론소』, 『금광명경소』 등 많은 원효의 저작을 인용하고 있다. 지눌知訥도 원효를 수차례 언급하며, 『화엄종요』의 문장 혹은 『대혜도경종요』의 취의로 생각되는 글을 인용하며, 『법집별행록절요병입사기法集別行錄節要並入私記』에서는 『미타증성계彌陀證性偈』가 원효의 저작이며 세간에 유포되어 있다고 서술하면서 인용하고 있다. 이렇게 볼 때 신라나 고려 승려들이 『금강삼매경론』을 매우 중시했다면 인용했을 것이다. 후술하는 것처럼 『금강삼매경론』은 신라나 고려시대에는 어느 정도 읽혀졌다고 생각되지만 점차 관심 밖으로 밀려났다고 짐작된다.

위에서 언급한 후쿠시(福土)의 연구는 매우 유익하지만, 지눌이 『권수정혜결사문勸修定慧結社文』에서 명칭을 언급하지 않은 채 『보살계본지범요기』를 인용하고 있는 것처럼,[3] 향후 원효나 그 저작명을 들지 않고 인용한 예를 더욱더 조사할 필요가 있다.

중국에서는 연수延壽가 『종경록宗鏡錄』에서 '금강삼매론'이라는 명칭으로 『금강삼매경론』을 몇 번인가 인용하였으며, 『만선동귀집萬善同歸集』에서도 그 명칭을 인용하였다. 이 두 문헌은 자주 읽혀 송대 이후 중국 선승 혹은 선을 공부하는 사람들의 교양서로 자리 잡았기 때문에 『금강삼매경론』 자체는 널리 유포되지 않았더라도 『송고승전』 원효전의 영향도 있어 그의 존재가 널리 알려졌을 것이다. 청대에는 세종世宗 『어록종경대강御錄宗鏡大綱』에 수록되어 있을 뿐 아니라, 천태승인 적진誂(=寂)震의 『금강삼매경통종기』에서도 인용되었다.

일본에서는 『대일본고문서』에 수록된 8세기 후반 정창원 문서의 사경기록 가운데 '금강삼매경론기삼권'(8~39), '금강삼매경론중하권'(8~168), '금강삼매경론삼권'(11~566), '금강삼매경론소삼권'(16~403)이 보이며, 또한 8

---

[3] 尹鮮昊, 『傳知訥撰『勸修定慧結社文』の一考察』(駒澤大學修士論文, 2016).

세기 후반을 대표하는 화엄학승이었던 도다이지(東大寺)의 주료(壽靈)가 『오교장지사五教章指事』에서 인용하였다.

더욱이 주목할 것은 원효의 손자인 설중업薛仲業이 779년에서 780년 사이에 외교 사절의 일원으로서 일본을 방문했을 때 『금강삼매경론』을 저술한 원효를 만나지 못해 아쉬워했던 당시 일본의 대표적인 문인 오미노 미후네(淡海三船)가 원효의 손자를 만난 것을 기뻐하고 교류를 더해 원효를 찬탄하는 문장을 주었는데 설중업이 귀국하자 그것이 화제가 되어 원효 평가가 높아짐으로써 「서당화상비誓幢和上碑」가 건립되었을 것이라는 점이다.[4] 미후네는 승려였다가 환속하였고, 견당사에 선발되었지만, 병이 들어 입당하지 못했어도 『기신론』 교리에 정통했기 때문에 『석마하연론釋摩訶衍論』이 일본에 전해지자 위작임을 지적하였다. 또 시기는 명확하지 않지만, 신역 『기신론』의 주석을 저술하고, 그것이 중국에서도 상찬되기도 하였다. 즉, 미후네의 경력은 입당하지 않고 환속하였고, 『기신론』을 존중하여 주석을 저술하였으며, 그것이 중국에서도 평가를 받았다는 점에서 원효와 비슷한 측면이 있었던 것이다. 미후네가 원효에 경도되었던 것은 당연한 이치일 것이다.[5]

이후에도 『금강삼매경론』은 엔초(圓超)의 『화엄종장소병인명록華嚴宗章疏幷因明錄』(914) · 에이초(永超)의 『동역전등목록東域傳燈目錄』(1094)에 수록되었으며, 가마쿠라시대에는 대학승 화엄종 교넨(凝然)이나 진언종의 라이유(賴瑜) 등이 인용하였지만 역시 점차 관심 밖으로 멀어진 듯하다.

---

4 堀池春峰, 「華嚴經講說よりみた良弁と審詳」 『南都佛教』 31(南都佛教研究會, 1973); 李基東, 「薛仲業과 淡海三船의 交歡—統一期新羅와 日本과의 문화적 교섭의 一斷面」 『歷史學報』 134·135合輯 (역사학회, 1992); 佐藤長門 譯, 「薛仲業と淡海三船の交歡—統一期新羅と日本との文化的交涉の一斷面—」 『國史學』 151(國史學會, 1993).
5 後藤昭雄, 「中國へ傳えられた日本人の著作—淡海三船の「大乘起信論注」—」 『日本歷史』 610(吉川弘文館, 1999).

## Ⅱ.『금강삼매경론』의 텍스트

『금강삼매경론』이 다시 널리 알려지게 된 것은, 일실된 신라 불교 문헌의 수집을 추구했던 이능화李能和가 조직한 조선불교회朝鮮佛敎會가 1923년에『금강삼매경론』을 간행한 이후일 것이다. 고마자와대학(駒澤大學)의 전신인 소토슈대학(曹洞宗大學)에 유학하여 일본에 남아 있는 한국 불교 문헌을 수집하던 정광진鄭晃震과 마찬가지로 조선불교회의 주요 멤버였던 오철호吳徹浩(취농거사翠農居士)는 장서가였고, 한국 불교 문헌 총집을 간행하고자 했던 최남선崔南善으로부터 그가 소유했던『금강삼매경론』을 빌려, 스승인 유경종劉敬鍾에게 교열을 부탁하였다. 그리고 조선불교회는 최남선의 자금 지원을 받아 이 교정 텍스트에 이능화의 서문을 붙여 1923년 6월에 '대성화쟁국사원효술大聖和諍國師元曉述'로 제題하여 간행한 것이다. 정광진은 그 해 12월에 이 책을 소토슈대학 도서관에 기증하였다.

다만,『금강삼매경론』이 일본에서 널리 읽히게 된 것은 1926년에『대정신수대장경大正新修大藏經』제34권에 수록된 이후이다. 한국에서도 일본에서도『금강삼매경론』은 20세기 전반에 재발견된 것이다.『대정신수대장경』의 교이校異에는 대정일체경간행회大正一切經刊行會가 소장하는 간행년 미상의 고려판을 저본으로 하고, 상기 조선불교회본에 의해 대교했다고 기록하고 있지만(T34,961 교주校注), 양 텍스트는 거의 차이가 없다. 후자는「본각리품本覺利品」을「본각리품제4本覺利品第四」로 고치는 정도로 형식을 약간 정리하거나 뚜렷한 오자를 여러 곳 정정했을 뿐이다. 대교할 텍스트가 없기 때문에 이것은 달리 방법이 없었을 것이다.

한편,『고려대장경』의 보판補版으로 칭해지는 판목에 포함되어 있던 이『금강삼매경론』에 대해서는 해인사海印寺의 해명장응海冥壯雄이 조선 고종 2년(1865)에『고려대장경』이외의 판목을 조사하였으며, 희일希一이 찬한『보유목록補遺目錄』에『종경록』,『조당집祖堂集』,『법계도기총수록』등과 함께 『금강삼매경론』의 명칭이 수록되어 있다.[6] 최남선이 소유했던 텍스트는 말미에 붙어 있는 고려 정안鄭晏의 후기를 볼 때 해인사 보판의 판목에 의한 것이라고 생각된다. 최남선이 그 보판의 판목으로 『조당집』을 인성印成했던 것이 알려졌기 때문에, 『금강삼매경론』도 마찬가지로 인성했다고 생각된다. 오야 도쿠조(大屋德城)는 1922년 3월 29일 경성京城에 있는 최남선을 방문했을 때, 인성된 『금강삼매경론』을 보고 아직 제책되지 않았던 이 활자 복각본을 얻었으며, 나중에 이 활자 복각본이 간행되었다고 들었다고 한다.[7] 이 활자 복각본이 상기 조선불교회본이고, 『대정신수대장경』의 저본은 이 전후 시기에 인성되었다고 생각되는데, 시기와 입수 경로에 대해서는 명확하지 않다. 『대정신수대장경』이 저본에 대해서 '고려○○○년간 대정일체경간행회장본'이라고 기록하고, 간행 연대가 명확하지 않다고 한 것은 저본 말미의 지어識語에 '甲申八月初五日優婆塞鄭晏誌'라고 한 것은 이 지어의 연대(고종高宗 31년)이고, 간행년은 한정할 수 없다고 보았기 때문일 것이다.

『금강삼매경론』은 저술 당초에는 '소疏'였고, 다섯 권의 광본과 세 권의 약본이 있었으며, 중국에는 약본만이 전해져 역경삼장이 '논論'이라는 서명으로 바꿨다는 『송고승전』 원효전의 일화가 유명하다. 『의천록』에서는 『금강삼매경론』에 대해서

> 논 여섯 권 혹은 세 권. 승전에서는 '소 다섯 권을 지었다. 뒤에 역경삼장에 있어, 이것을 고쳐서 논이라고 하였다.' 등으로 말하고 있다. 원효의 저술이다. 주 네 권은 승둔의 저술이다.[8]

---

6 朴鎔辰 博士의 교시에 의함. 그 외에도 『금강삼매경』의 텍스트나 논문에 대해서는 박용진 박사의 교시를 받았다.
7 大屋德城, 「朝鮮海印寺經板攷」 『東洋學報』 15-3(東洋文庫, 1926) p.292.
8 『宋高僧傳』 "論六卷或三卷. 僧傳云, 造疏五卷. 後有飜經三藏, 改之爲論云云. 元曉述, 注

라고 하여, 6권본과 3권본이 현존하고 있다고 한다. 이것은 각 권의 분량 차이일 뿐 내용이 다른 광·약의 텍스트가 존재했던 것은 아니라고 생각된다. 네 권의 '주注'를 저술한 승둔僧遁에 대해서는 알 수 없지만, 배열의 순서로 볼 때 원효 이후의 인물일 것이다.

다만, 기록에 보이는 『금강삼매경론』의 제명은 여러 가지여서 『종경록』도 『만선동귀집』도 '금강삼매론'으로 표기하고 있으며, 일본 정창원의 사경 기록에서도 볼 수 있듯이, '금강삼매론'을 포함한 여러 표기가 있었다.

현재 우리가 친근하게 접하고 있는 텍스트는 앞에서 서술한 것처럼 해인사 보판에 포함된 것이다. 이 텍스트는 같은 보판의 『증도가사실證道歌事實』, 『선문염송집禪門拈頌集』 등과 같이 책자판으로 된 작은 판목이고, 불교 신앙이 돈독했던 재상 정안鄭晏의 지어가 붙어 있는 것으로 볼 때 정안의 발원에 의해 사적으로 간행되었으며, 고려 고종 대 남해분사도감간판南海分司都鑑刊版과 관련이 있다고 한다.[9] 한국에서 널리 읽히는 『한국불교전서』의 텍스트는 조선불교회본을 저본으로 하고, 보판의 텍스트로 대교한 것이다. 즉 어느 텍스트이든 실질적으로는 보판본이며 그 이외의 오래된 사본이나 판본은 알려져 있지 않다.

## Ⅲ. 『금강삼매경』의 성립 문제와 여러 본들

『금강삼매경론』에 대해서 검토하기 위해서는, 그 전에 『금강삼매경』에 대해서 분명히 할 필요가 있다. 『금강삼매경』에 관한 연구 상황과 그 경의 성립 사정에 대해서는 이전에 「『금강삼매경』의 성립사정」(『인도학불교학연

---

四卷僧遁述."(T55,1171b)
[9] 藤田亮策,「海印寺雜版攷」『朝鮮學報』139(朝鮮學會, 1991. 1944年11月 完成한 遺稿) 第五章.

구』46-2(일본인도학불교학연구회, 1998)]에서 논한 바 있다. 최근에는 다나카 료소(田中良昭)·청정(程正)의『둔황선종문헌분류목록』(東京: 大東出版社, 2014)이『금강삼매경』의 여러 가지 본과 연구 상황에 대해서 정리한 것으로 매우 유익하다. 본고에서는 주로 이 두 문헌에 기초하고 보충하면서『금강삼매경』에 대해서 간략히 서술하고자 한다.

『금강삼매경』은『출삼장기집出三藏記集』이래 경록에서는 모두 1권 결본으로 기록되어 있다. 지승智昇의『개원석교록開元釋敎錄』(730)에 이르러 권4 북량실역北涼失譯의 부에

    金剛三昧經 二卷或一卷

으로 기록되어 있으며, 권12의 대승경단역 현존록에

    金剛三昧經二卷或一卷 北涼失譯 拾遺編入

으로 되어 있듯이 현존으로 기록되었다. 적진誅震『금강삼매경통종기』권7에서 "초조인 보리달마의 이 이입사생설을 생각해 보면, 정말로『금강삼매경』에 의해서 세워진 것이다."[10]라고 서술하여 보리달마의 이입설二入說은『금강삼매경』에 근거를 두고 있다고 일찍이 지적되었고, 스즈키 다이세쓰(鈴木大拙)나 우이 하쿠주(宇井伯壽) 등 다른 일본의 연구자들도 같은 주장을 하였다.[11]

그러나, 미즈모토 고겐(水野弘元)은『금강삼매경』에 현장玄奘의 역어가 보이는 것을 지적하고, 이 경전이 현장 귀국 후 원효의『금강삼매경론』이

---

10 『金剛三昧經通宗記』卷7 "按初祖此說(二入說), 即依此經而立也."(『續藏』1-55-3-228b)
11 필자는 二入說에 대해서『涅槃經』「師子吼菩薩品」(T12, 548b)이나 이러한 기술에 기반을 둔 북조불교를 토대로 한 측면이 있다고 생각한다.

전에 성립했다고 하면서, 구체적으로 650~665년경에 저술되었다는 종래의 상식을 뒤엎는 획기적인 연구 업적을 남겼다. 또한 이입理入·행입行入의 이입설이나 수일守一설 등에만 주의를 기울였던 풍조 가운데서 『금강삼매경』에는 그러한 선종의 교리만이 아니라, "남북조에서부터 수대에 걸쳐 중국불교에서 문제가 되었던 많은 불교 교리를 망라하고 있는 관점이 있다."(p.56)고 서술하고, 이입설에 대해서 원효는 통상의 불교학 지식에 근거하여 해설하고 있기 때문에 선종의 이입설을 이해하지 못하고 있다고 서술하는 등 매우 중요한 지적을 하였다.[12]

이 미즈노 설에 이어 발표된 기무라 센쇼(木村宣彰)의 「금강삼매경의 진위문제」(『佛敎史學硏究』18-2, 1976)에서는 이 경이 『열반경』이나 『법화경』 외 기타 경전을 얼마나 이용하고 있는지 얼마나 다양한 교리가 도입되어 있는지 밝혔고, 아울러 『송고승전』 원효전 및 『삼국유사』 「원효불기元曉不羈」 조에 보이는 일화에 주목하여, 이 경이 이설異說을 융합 회통하는 특색을 지닌 신라 불교계의 필요성에 근거하여 "신라의 대안大安이나 원효의 주변 인물에 의해서 저술되었다고 생각한다."(p.116)고 서술하였다.[13]

이 두 연구자의 논문에 의해서 『금강삼매경』 및 『금강삼매경론』에 대해서 여러 나라 학계의 관심이 높아졌다. 그 가운데 영향력이 컸던 것은 로버트 버스웰의 『금강삼매경』 해설과 역주이다.[14] 버스웰은 『금강삼매경』은 도신道信의 가르침을 넓히기 위해서 신라에서 작성된 선종 경전이라는 전제하에, 도신에게 사사하고 귀국했던 신라 승이 현존 자료로서는 법랑法朗뿐이라는 사실로부터 그가 저자로서 가장 가능성이 높다고 추측

---

12 水野弘元, 「菩提達摩の二入四行說と金剛三昧經」 『駒澤大學佛敎學部紀要』 13(駒澤大學, 1955) pp.33~57.
13 木村宣彰, 「金剛三昧經の眞僞問題」 『佛敎史學硏究』18-2(佛敎史學會, 1976) pp.106~117.
14 Robert E. Buswell, *The Formation of Ch'an Ideology in China and Korea: The Vajrasamādhi-Sutra, a Buddhist Apoocryphon* (Princeton: Princeton University Press, 1989).

하고, 그렇지 않을 경우라도 법랑과 같은 경력의 승일 것이라고 서술했다.(pp.173~177) 그러나 법랑의 행적은 미상이고, 앞의 이시이 논문에서 지적하였듯이, 버스웰의 『금강삼매경』 영역 중에서 이 경전의 이상적 실천자로 그려진 비승비속의 인물상에 관한 부분은 오역의 연속이었다. 즉, 이 경전의 성립 문제와 관련된 중요한 부분의 경문을 정확하게 이해하지 않은 채로 선종에 끌어다 붙인 상상의 결과물이었다.

버스웰의 이 연구서 이후 『송고승전』이나 『삼국유사』에 보이는 신비화가 진행된 후대의 전설을 근거로 하여 공상이 계속 등장하였다. 우선, 한국불교사의 대가인 김영태金煐泰는 『금강삼매경』이 원효의 나침반 역할을 했던 혜공慧空의 저술이라고 상정했지만,[15] 근거 자료는 제시되지 않았다. 다음으로 일본의 대표적인 선종사학자인 야나기다 세이잔(柳田聖山)은 초기 선종에 관한 획기적인 저서 『초기 선종사서의 연구』(法藏館, 1967)에서 미즈모토 설을 보다 선종으로 끌어당겨 『금강삼매경』은 달마의 이입사행설과 도신·홍인의 수심守心설을 불설로서 근거 지우려는 시도라고 여러 곳에서 설하였지만,[16] 한국에서 강연했을 때 그 주장을 바꾸었다.[17] 즉, 원효가 지은 『금강삼매경론』으로부터 대안이 경문을 뽑아 8장의 『금강삼매경』으로 만들었을 것으로 상상하고(p.440), 달마의 이입사행설에 의해서 『금강삼매경』이 창작되었다기보다는 『금강삼매경』을 답습하여 『속고승전』의 이입설의 텍스트가 탄생하고, 『능가사자기』의 『약변대승입도사행, 제자담림서略弁大乘入道四行, 弟子曇林序』가 성립했으며, 둔황본 『보리달마이입사행론』은 『금강삼매경』에 의한 것이라고 논하였다. 즉 상상으로만 계

---

15 金煐泰, 「신라에서 이룩된 금강삼매경—그 성립사적 검토」, 『佛敎學報』 25(동국대학교 불교문화연구원, 1988) pp.11~37.
16 柳田聖山, 『初期禪宗史書の研究』(京都: 法藏館, 1967).
17 柳田聖山, 「金剛三昧經의 硏究—中國佛敎에서의 頓悟思想의 텍스트」, 『백련불교논집』 3 (성철선사상연구원, 1993) pp.482~511.

속해서 가설을 쌓아올린 것이다.

나아가 한태식韓泰植은「한반도에서 작성된 위의경에 대해서」에서 이 야나기다 설을 '지금까지의 제 학설보다 진일보한 것'이라고 평가하며 실제로는 대안이『금강삼매경』을 작성하고, 원효에게 주석을 의뢰하였을 것이라고 상상하였다.[18]

그 2년 후 이시이 코세이(石井公成)는 종래의 연구사를 개설하고, 미즈모토・기무라 이후의 근거가 부족하고 상상력에 의한 점이 많은 여러 연구자의 설을 비판했다. 그리고 이 경전은 승려에게도 존숭된 부대사傅大士와 같은 비승비속의 실천자를 이상적인 지경자로 그리고 있기 때문에, 동산법문東山法門의 교설을 세상에 널리 전파하기 위해 작성된 선종 직계의 위경이 아님을 분명히 밝혔다.[19] 그러나 이후에도 지린성 출신의 중국 연구자 진순(金勳)은 야나기다의 논증이 면밀성을 결여하고 있다고 하면서도, "아시아 불교의 전개로부터 볼 때 나름의 설득력이 있다."(p.102)고 평가하고 원효와 대안 두 사람이 이 경전과 그 출현 설화를 작성했다고 하며, "대안과 원효는 동일 인물이지 않았을까?"(p.105) 하는 등 공상을 이어간다.[20]

한편, 중국의 쉬원밍(徐文明)은『금강삼매경』과 원효 해석의 차이를 적절하게 지적했지만, 2조인 혜가慧可가 지론종 남도파에 대항하기 위해서『금강삼매경』을 작성했다고 공상하고 있으며,[21] 두지원(杜継文)은『송고승전』의 전승에 기초하여 원효 혹은 대안이 작성했다고 추측했다.[22]

---

18 韓泰植,「韓半島で作られた疑僞經について」『印度學佛敎學研究』45-1(日本印度學佛敎學會, 1996) pp.322~314.
19 石井公成,「『金剛三昧經』の成立事情」『印度學佛敎學研究』46-2(日本印度學佛敎學會, 1998) pp.551~556.
20 金勳,『元曉佛學思想硏究』(大阪: 大阪經濟法科大學出版部, 2002).
21 徐文明,「金剛三昧經作者弁」『中國文化研究』1997年第04期(北京語言大學)[『中土前期禪學思想史』(北京: 北京師範大學出版社, 2004)에 재수록].

이어서 아오잉(敖英)은 『금강삼매경』이 현장의 역어를 사용했다고 한 미즈모토 설을 비판하고 그것과 비슷한 말은 이전 경전에도 보이는 예를 거론하였으며, 또한 『금강삼매경』 텍스트의 동이에 근거하여 원효 제작설을 강하게 부정하였다.[23] 아오잉의 주장은 문헌에 기초한 착실한 연구였지만, '시대신주 시대명주 시무상주 시무등등주是大神呪, 是大明呪, 是無上呪, 是無等等呪'는 불타발타라 역 『관불삼매해경』이나 기타 경전에서 유사한 어구가 보인다는 것은 반론의 근거로써 약할 것이다. 이런 형태의 주문이 유명해지고 중시된 것은 현장 이후이기 때문에 『금강삼매경』은 현장역 이후의 것으로 보는 것이 타당할 것이다.

근년 일본의 경우 이부키 아츠시(伊吹敦)는 성립 시기에 관한 이시이의 연구를 검토하고,[24] 원효가 『금강삼매경』을 안 것은 660년대 중반 이후로 보고 있으며, "『금강삼매경』을 신라에 전래한 인물로서는 우선 의상을 고려해야 할지도 모른다."(p.139)고 서술하고, 『금강삼매경』이 중국에서 성립되었다고 보았지만,[25] 동시기의 논문인 「원효와 『금강삼매경』」(『元曉學研究』 11, 2006)에서는 『금강삼매경』의 서툰 문장이나, 신라와 『금강삼매경』의 관계가 깊다는 것을 고려하여, 중국 내의 신라인이 지었을 가능성을 부정하지 않았다. 다만, 현존 여러 본 가운데에는 원효의 『금강삼매경론』에 사용된 『금강삼매경』의 텍스트가 고본 형태를 남기며, 그 외의 여러 본에서는 그 부자연스러움을 고친 문장이 된 것에 대해서 "원효는 상당히 무리한

---

22 杜繼文, 「新羅僧과 唐佛敎」 『中國佛敎與中國文化』(北京: 宗敎文化出版社, 2003).
23 敖英, 「關於《金剛三昧經》的兩個問題」 『延邊大學學報(社會科學版)』 42-3(延邊大學學報編輯部, 2009). 한국의 『佛敎學報』 51(동국대학교 불교문화연구원, 2009)에 전재됨.
24 인용 등을 검토하여 원효 제 저작의 성립 순서를 추정하여 도시한 것은 石井公成, 「佛敎の朝鮮的變容」, 鎌田茂雄 編, 『講座 佛敎の受容と變容 5 韓國篇』(東京: 佼成出版社, 1991)이 가장 먼저이며, 石井公成, 『華嚴思想の硏究』(東京: 春秋社, 1996)에 재수록.
25 伊吹敦, 「元曉の著作の成立時期について」 『東洋學論叢』 31(東洋大學東洋學硏究所, 2006a).

해석을 하면서까지 그 부자연스러운 경문을 그대로 이해하려고 노력하고 있다."고 하여 원효가 『금강삼매경』을 썼을 가능성에 대해서는 부정하였다.[26]

이부키의 논문 「원효와 『금강삼매경』」이 중요한 점은 선종계 위경으로 불리는 제 문헌, 특히 『금강삼매경』이 정말로 선종계 경전이라고 말할 수 있는지 의문을 제기하고 있다는 것이다. 이부키는 『금강삼매경』을 인용한 명확한 선종계 문헌이 『역대법보기歷代法寶記』, 『제경요초諸經要抄』, 『돈오대승정리결頓悟大乘正理決』, 『칠조법보기七祖法寶記』 등 8세기 이후의 문헌에 한정되어 있음을 지적하고, 그것은 선종계 경전으로 인정되는 『심왕경心王經』이나 『법구경法句經』이 7세기 후반부터 8세기 초에 걸쳐서 성립된 『수심요결修心要論』이나 『능가사자기楞伽師資記』에 인용되는 것과는 의미가 다름을 강조하였다. 그럼으로써 그는 『심왕경』이나 『법구경』조차 동산법문東山法門 이전의 저술이고, 선종과 공통되는 면을 지니고 있다는 것이 확실하기는 해도 명확한 선종 문헌이라고는 말할 수 없다는 것에 주의를 기울이고 있다. 또한 『금강삼매경』에서 '공空'이나 '여래장如來藏', '불이不二' 등이 자주 언급되지만, 그것을 실천하기 위한 구체적 방법에 대한 설은 거의 없으며, 이 점은 선종계 위경으로 불리는 『법구경』이나 『심왕경』과는 다르다고 지적하였다(p.46).

한편, 버스웰은 『금강삼매경론』을 연구하고 영역한 *Cultivating Original Enlightenment : Wŏnhyo's Exposition of the Vajirasamādhi-Sūtra* (Kŭmgang Sammaegyŏng Non) (Honolulu: University of Hawai'i Press, 2007)에서 법랑 저작설에 대한 이시이의 비판을 소개하면서도, 자신의 신라 성립설은 논박되지 않았다고 주장한다.[27]

---

26 伊吹敦,「원효와 『금강삼매경』」『元曉學研究』11(원효학연구원, 2006b).
27 石井가 비판한 『금강삼매경』의 오역은 정정되었지만, 石井의 지적이 있었다는 것은 명기하지 않았다. 또한 중국 연구자의 설에 대해서도 언급하지 않고 있다.

한편, 중국민족대학의 위드어롱(丁德隆)은 「《금강삼매경》진위고」를 발표하여, 미조모토 고겐(水野弘元) 설과 중국 연구자의 제설을 비판하였다.[28] 이 논문에서는 『금강삼매경』이 본각과 아말라식설을 설하고 있다는 점에서 진제삼장과 관계가 깊고, 『기신론』과 『석마하연론』의 원전이 된 경전이기 때문에 진제삼장이 번역한 것으로 보아야 하며, 이입설도 이 경의 설이 정리되어 보리달마의 이입설로 되었다고 공상을 더한다. 진제나 그 제자의 저작과 일문[29]을 정밀히 조사하여 『금강삼매경』을 이용하고 있는지 알아보는 기본적인 작업도 없이, 『기신론』은 보리유지 주변 북조의 승려가 작성한 것으로 진제 역도 지론종 남도파 등의 저작도 아니라고 하는 최신의 연구 성과,[30] 『석마하연론』은 신라의 위작으로 하는 연구 성과[31]를 무시하고 논하고 있다.

『금강삼매경론』에 대해서 논할 때는 보판에 근거한 『대정대장경』본·『한국불교전서』본을 사용하는 것이 통례지만, 그 이외의 텍스트를 사용해야 한다는 것을 시도한 것이 앞에서 언급한 이부키의 논문이고, 그 논문에서 그는 둔황사본 S2794, 궁내청서릉부본宮內廳書陵部本, 『금각대장경金刻大藏經』, 『방산석경房山石經』, 『적사판대장경磧砂版大藏經』, 『고려대장경高麗大藏經』 재조본再雕本을 비교하여 『금강삼매경론』에 인용된 경문의 본문은 둔황사본에 가깝고, 고형을 전하고 있다고 서술하여 여러 본의 특징과 계통

---

28 于德隆, 「《金剛三昧經》眞僞考」 『圓光佛學學報』 20(圓光佛學研究所, 2012).
29 眞諦三藏에 관한 최신의 연구 성과는 船山徹 編, 『眞諦三藏研究論集』(京都: 京都大學人文科學研究所, 2012).
30 예를 들어, 大竹晋, 「大乘起信論—成立問題に關する近年の動向をめぐって」 『불교학리뷰』 12(금강대학교 불교문화연구소, 2012). 현재로서는 『기신론』의 중국설을 논증한 『大乘起信論成立の研究—大乘起信論は漢文佛敎文獻からのパッチワーク—』(東京: 國書刊行会, 2017)이 간행되었으며, 필자의 서평 「大乘起信論成立問題の研究—大乘起信論は漢文佛敎文獻からのパッチワーク—」 『駒澤大學佛敎學部研究紀要』 76(駒澤大學, 2018)이 간행되었다.
31 石井公成, 『華嚴思想の研究』(東京: 春秋社, 1996).

에 대해서 간단히 논하고 있다.

돈황사본에는 그 외에 S2368V, S2445, S2610, S3615, S8246, BD593(荒93, 北6282), BD4281(玉81, 北6283)이 있다. 일본에서는 나고야 나나츠데라(名古屋七寺)에 상권 사본만 남아 있는 것 외에, 신고지(神護寺)·곤고지(金剛寺)·이시야마데라(石山寺)·고쇼지(興聖寺)·사이호지(西方寺)·신구지(新宮寺)·묘렌지(妙蓮寺) 등에 헤이안시대나 그 이후의 사본이 남아 있는데, 이에 대해서는 좀 더 조사할 필요가 있다. 기쁜 일은 이성탁李盛鐸 구장의 돈황사본『금강삼매경』이 쿄우 쇼오쿠(杏雨書屋)『돈황비급(燉煌秘笈)』5에 수록되어 아름다운 칼라 사진으로 간행되었다는 것이다.[32]

한편,『금강삼매경』은 티베트 역도 남아 있다.『덴카르마목록』(824)에는 rDo rje'i ting nge 'dzin gyi chos kyi yi ge라는 제목으로 중국에서 역출된 부류로 분류되어 있으며, 현존 북경판에서도 거의 같은 위치에 있어,

No.803, Du, 172b5-152a6, rDo rje'i ting nge 'dzin gyi chos kyi yi ge(『金剛三昧法字』)

로 되어 있다. 돈황사본에도 단간의 P623이 존재하며, 다카사키 지키도(高崎直道)는 티베트 역에 대해서 검토하고 있기 때문에『금강삼매경』을 이해할 때 참고가 된다.[33] 한국에서는 허일범의 연구가 있으며, 말미의 중요 부분에 대해서 티베트어 역, 그 한국어 역, 한문 원문을 대비해서 검토하고 있다.[34]

---

[32] 杏雨書屋,『敦煌秘笈』5 (大阪: 武田科學振興財團, 2011).
[33] 高崎直道,「チベット譯『金剛三昧經』覺え書」, 山口瑞鳳 編,『チベットの佛教と社會』(東京: 春秋社, 1986).
[34] 허일범,「티베트본『금강삼매경』연구」,『불교연구』8(한국불교연구원, 1992).

## Ⅳ. 『금강삼매경』의 사상과 성립의 배경

『금강삼매경』에 대해서 논할 때 중요한 것은 『금강삼매경론』이 『금강삼매경』의 티베트 역과 마찬가지로 어디까지나 참고문헌의 하나로서 사용되어야 하며 『금강삼매경론』에 전면적으로 의지하여 이해해서는 안 된다는 것이다. 무엇보다도 우선 경문 그 자체를 불교 한문의 어법과 교리의 양면에 주의를 기울이며 신중히 독해하고 출전을 밝힐 필요가 있으며, 각 문장의 의미와 그 배경에 있는 경전 작자의 주장, 또 그런 주장이 나온 배경을 밝힐 필요가 있을 것이다.

이것은 『기신론』과의 관계에 대해서도 마찬가지이다. 『금강삼매경』은 『기신론』 이외에 처음으로 '본각'이란 말을 사용한 문헌이며 『기신론』의 영향을 받고 있다. 그 때문에 『금강삼매경』에 대해서도, 『금강삼매경론』에 대해서도 『기신론』이나 원효의 『기신론』 해석과 연결하여 사상을 논하는 논문이 많다. 그러나 『금강삼매경』은 『기신론』에 근거하는 부분이 있지만, 『기신론』 작자가 작성한 경전이 아니기 때문에 『금강삼매경』과 『기신론』 사상을 완전히 같은 것으로 볼 수는 없다. 또한 『기신론』에 관한 원효의 해석을 그대로 『금강삼매경』을 읽어서는 안 된다. 원효의 『해동소』도 『기신론별기』도 『금강삼매경』에 대해서 언급하지 않고, 원효가 이 두 주석서를 저술할 때에는 『금강삼매경』을 알지 못했다는 것이 확실하다. 원효는 자기가 가장 중시하고, 두 권의 주석서를 남긴 『기신론』 사상의 근원이라고 생각되는 경전을 만났기 때문에 공을 들여 『금강삼매경론』을 저술한 것이다.

이 『금강삼매경』에 대해서 검토할 때, 중요한 것은 다른 경전과의 관계에 관한 연구이며, 그 좋은 예는 오키모토 가츠미(沖本克己)가 시도한 컴퓨터 분석이다.[35] 당시 PC에서 자동적으로 작성 가능한 것은 일자색인뿐이었기 때문에 오키모토는 선종과 관계가 깊은 『수능엄경』, 『원각경』, 『법왕경法王經』,『금강삼매경』,『선문경禪門經』,『(위작)법구경』,『범망경』 및 그 것들에 영향을 준『기신론』과『능가경』에서 잘 쓰인 상위 50자를 추출하여 통계적으로 검토하면서 어떤 글자가 사용되는 경향이 있는지, 경향성에서 유사한 문헌은 어떤 것인지 조사하였다. 그 결과『기신론』은 다른 텍스트와 공통성이 많고,『능가경』은 거의 완벽하게『금강삼매경』,『법왕경』,『법구경』을 포함하고 있으며,『금강삼매경』은『기신론』과 비슷한 수치를 보이지만,『법왕경』과 유사하다는 점에서『기신론』과 다르고,『법왕경』은『금강삼매경』과 유사성이 높다는 결과를 도출했다.

이후 한자문헌정보처리연구회의 멤버였던 이시이 코세이(石井公成)·모로 시게키(師茂樹)·곤도 야스히로(近藤泰弘)는 N-gram을 사용하여 복수 문헌을 비교분석하는 프로그램을 개발하고, 제안자인 이시이는 그것을 NGSM(N-Gram based System for Multiple document comparison and analysis)이라고 명명했다. 프로그램의 주요한 작업자인 모로 시게키는「N그램에 의한 비교 결과로부터 용례 자동 추출-선종계의 위경을 제재題材로 하여-」(京都大學人文科學硏究所 '東洋學에의 컴퓨터 이용' 제14회 연구세미나, 2003년 3월 28일)[36]에서 세 글자 문자예의 용례가 많은 순서를 뽑아내서 이것을 다시 비교 검토했다. 한 글자의 한자에 대한 출현 횟수를 비교하는 것보다 좀 더 정밀한 유사도 판정의 길을 열었다고 할 수 있다. 모로는 NGSM에 더하여 클러스터분석도 시도하였다.

---

35 沖本克己,「MNSURA ZOILI—禪文獻の計量語彙論的硏究の試み」『禪文化硏究所紀要』19(禪文化硏究所, 1993).
36 http://moromoro.jp/morosiki/resources/20021130NgramZen.pdf.

| ④ 自動抽出による上位 40 語 1-a | | 25.4429815798254 | 薩彌勒 | 19.3828696895764 | 行亦無 |
|---|---|---|---|---|---|
| | | 25.4429815798254 | 菩薩彌 | 19.3828696895764 | 衆皆大 |
| 27.3525916095022 | 明善男 | 25.4429815798254 | 若遇知 | 19.3828696895764 | 衆生宣 |
| 27.3525916095022 | 守護是 | 25.4429815798254 | 經巳一 | 19.3828696895764 | 處住心 |
| 27.3525916095022 | 子當知 | 25.4429815798254 | 經名及 | 19.3828696895764 | 薩若有 |
| 27.0211392503145 | 動善男 | 25.4429815798254 | 純以七 | 19.3828696895764 | 薩若化 |
| 26.7668642447423 | 男子當 | 25.4429815798254 | 癡善男 | 19.3828696895764 | 薩能以 |
| 26.742827487413 | 菩薩普 | 25.4429815798254 | 知法不 | 19.3828696895764 | 薩汝能 |
| 26.6252261937444 | 大衆及 | 25.4429815798254 | 生得開 | 19.3828696895764 | 薩名者 |
| 26.5047123535368 | 師利菩 | 25.4429815798254 | 無礙善 | 19.3828696895764 | 菩薩我 |

세 글자 문자열의 사용 빈도 자동 추출에 의한 상위 40단어

모로는 이렇게 데이터를 분석하여, 『법구경』과 『원각경』이 가까우며, 또한 『금강삼매경』·『선문경』·『법왕경』이 가깝고, 『기신론』과 『원각경』은 경향이 다르며, 역시 『기신론』과 『금강삼매경』도 경향이 다름을 지적하였다. 즉, 오키모토의 분석을 보강한 결과가 되었다. 이에 따라 『기신론』과 『금강삼매경』을 안이하게 같은 계통의 문헌으로 간주하면 안 된다는 것을 알 수 있다. 공통된 것은 일부분에 한정된다.

필자는 이번에 NGSM을 사용하여 여러 비교를 시행한 결과 몇 가지 흥미로운 점을 도출하였다. 가장 중요한 것은 『금강삼매경』과 『법왕경』은 용어뿐 아니라 표현까지 상당히 일치한다는 것이다. 그 일부를 보이면 이하와 같다. '金'은 『금강삼매경』의 약칭, '法'은 『법왕경』의 약칭이고, *이하는 발표자가 입력한 코멘트이다.

大乘決定了義　　(金:1 法:1)　＊양 문헌뿐
多文廣義　　　　(金:1 法:1)　＊양 문헌뿐
佛言菩薩若有　　(金:1 法:1)　＊양 문헌뿐
一心諦聽爲汝宣　(金:0 法:1)　＊『금강삼매경론』소인의 경과 『법왕경』뿐

첫째로, 『금강삼매경』과 『법왕경』에 각각 한 번 사용된 '大乘決定了義' 라는 문자 예는 흔히 쓰이는 표현처럼 보이지만, SAT와 CBETA의 검색에 의하면 의외로 『금강삼매경』, 『법왕경』보다 빠른 용례가 없다.

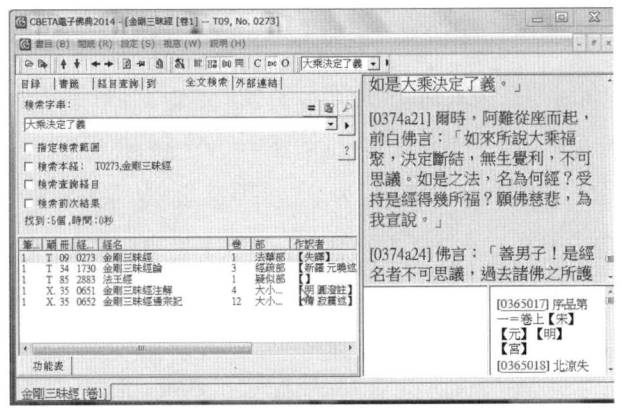

大乘決定了義 문자열에 대한 CBETA 검색 결과 화면

다만, 당연하지만, 『금강삼매경론』에는 이 표현이 사용되었기 때문에 『법왕경』은 『금강삼매경』이 아니라 『금강삼매경론』으로부터 표현을 빌렸을 가능성이 있으며, 그럴 경우 『법왕경』, 『금강삼매경』, 『금강삼매경론』의 전후 관계가 문제가 된다.

『법왕경』은 『대당내전록大唐內典錄』(664)에는 수록되어 있지 않고, 『대주간정중경목록大周刊定衆經目錄』(695) 권15 '위경 목록'에

　　　法王經一卷(T55.473a)

이라고 처음 수록되기 때문에 이 사이에 성립되었다고 추정된다.[37] 『금강삼매경』과 비슷한 내용이라는 것이 성립 사정을 추측하는 데 실마리를 제

---

37　沖本克己, 『禪思想形成史の研究』(京都: 花園大學國際禪學研究所 · 研究報告第5冊, 1997).

공한다. 『법왕경』에서는 이 경을 수지하여 그대로 수행하는 자는 범부라도 공양을 받을 수 있고, 출가인出家人이라고 부처가 설하자, 허공장보살은 다음과 같이 질문하고, 부처는 다음과 같이 대답한다.

> 허공장보살이 부처님께 사뢰었다. "세존이시며, 대체로 이 출가한 사람이 수염을 깎고 이발하며 법복을 입고 계를 갖추어 수지하고, 속세에 물들지 않는 것을 이름하여 출가라 하니, 공양을 받을 만한 자격이 있는 것입니다. 여래께서 지금 설하시길 범부는 출가인이며 공양을 얻을 수 있는데 그 뜻을 요해하지 못하니, 원컨대 부처님께서 자비로써 저를 위해 잘 설해 주시옵소서." 부처님께서 허공장보살에게 말씀하셨다. "선남자여. 수염을 깎고 이발한다는 것은 명칭과 생각을 삭발하는 것이고, 몸의 무아에 엎드리는 것이다. 법복을 입는 것은 곧은 마음으로 왜곡됨이 없이 세속을 떠나려 하기 때문이다. 계를 갖추어 지키는 것은 탐진치를 일으키지 않는 것이니 나는 저 사람을 이름하여 출가라고 설한다. 비록 범부이지만, 능히 신심을 항복시키고 아만심을 일으키지 않으며 진속에 물들지 않으며, 세속을 오래 떠나 마음은 금강과 같아 계의 본성을 파괴하지 않는다. 이 사람은 범부이지만 참 출가인 것이다."[38]

즉, 대력보살이 삭발, 법복, 구족계, 세속으로부터의 이탈 등을 출가자의 요건으로 보자, 부처는 머리털을 자르는 것은 명상名想을 제거하여 무

---

[38] 『法王經』"虛空藏菩薩白佛言. '世尊. 夫是出家之人, 剔除鬚髮, 而被法服, 受持具戒, 不染於俗, 是名出家得受供養. 如來今說, 凡夫是出家人, 得受供養. 不了其義. 願佛慈悲爲我宣說.' 佛告虛空藏菩薩言. '善男子. 剔除鬚髮者, 剔除名想, 伏身無我, 而被法服, 直心無諂曲, 欲離俗故, 持具戒者, 不起貪嗔癡. 我說彼人是名出家. 雖是凡夫, 能伏身心, 不起我慢心, 不染塵俗, 久離於俗, 心如金剛, 不壞戒性, 雖是凡夫, 是眞出家.'"(T85, 1386bc)

아無我가 되는 것이며, 법복을 입는 것은 거짓 마음이 없어 세속을 벗어나는 것이며, 계를 갖추는 것은 탐진치를 벗어나는 것으로 그러한 사람을 나는 출가인이라고 설한다고 하기 때문에 범부라고 해도 신심을 제어하고, 아만심을 일으키지 않고, 세속에 물들지 않고, 마음이 금강처럼 견고하여 계율의 본질을 깨지 않으면 범부라도 참 출가인이라고 대답하고 있다.

이것은 『금강삼매경』에서 대력보살大力菩薩이 존삼수일存三守一을 실천하는 뛰어난 이 경의 지경자는 계율을 지닐 필요가 없고, 사문을 숭경할 필요가 없을 것이라며 부처에게 질문한 부분과 매우 유사하다. 그 부분에는 다음과 같이 설해져 있다.

    부처님께서 말씀하셨다. …… 이와 같은 사람은 두 가지 모습에 존재하지 않으며 비록 출가하지는 않았지만 재가에 머물지 않고, 비록 법복을 입지 않고 바라제목차를 갖추어 지키지 않고 포살에 들어가지 않지만, 능히 자심으로써 스스로 제멋대로 함이 없어 성인의 과위를 획득한다. …… 대력보살이 말한다. 불가사의합니다. 이러한 사람은 출가도 아니고 출가가 아닌 것도 아닙니다. 왜냐하면 열반의 집에 들어가 여래의 옷을 입고 여래의 자리에 앉아 있으니 이와 같은 사람 내지는 사문은 마땅히 공경하고 공양해야 합니다. 부처님께서 말씀하셨다. 이와 같도다. 왜냐하면, 열반의 집에 들어가서 마음은 삼계를 초월하였고, 여래의 옷을 입어 법공처에 들어갔으며, 보리의 자리에 앉아 정각의 위지에 올랐다. 이와 같은 사람은 두 가지 아를 초월하였으니 어찌 사문이라도 공경하고 공양하지 않겠는가. …… 깊이 삼보를 공경하고 위의를 잃지 않으니 저 사문에 대해서는 공경하지 않을 수 없는 것이다.[39]

즉, 이러한 사람은 출가하지는 않지만 재가인도 아니고, 법복을 입지도 않고, 포살에 참가하지 않아도 스스로의 마음으로 참회하여 깨달음을 얻을 수 있기 때문에 재가 신자뿐 아니라, 사문까지도 이러한 사람들을 예배해야 하지만, 이 경의 지경자는 삼보를 깊이 공경하고, 불교도로서 걸어가야 할 길을 잃지 않기 때문에 사문에게 경의를 표하지 않는다고 하는 것이다. '착여래의著如來衣' 이하 부분은 『법화경』「법사품」(T9.31c)에 근거를 둔다. 『법왕경』과 『금강삼매경』은 선종계 위경으로 간주되지만, 이 두 경전은 도신道信 같은 선승을 모범으로 하는 것이 아니라 승려로부터도 존중되는 부대사와 같은 비승비속의 인물을 이상으로 하는 것은 분명할 것이다.

게다가 그 이상적인 인물은 단지 선정에 힘쓰는 것이 아니라, 여러 대승경전의 다양한 교리에 통달하고 그 핵심을 파악하고 있는 점도 두 경전에 공통으로 보인다. 이것을 보여 주는 것이 NGSM 분석 결과 나타난 둘째 예인 '다문광의多文廣義' 어구이다. 『법왕경法王經』에서는 첫 부분에서 이렇게 서술한다.

> 부처께서 설하신 12부경의 깊고 깊은 묘법은 많은 문장과 넓은 뜻이 있어 의취를 이해하기 어렵습니다. 그 법은 보기 어려우니, 원하옵건대, 부처님의 자비로 대승의 결정적인 진실을 설하시어 이 중생들이 진실한 묘약을 얻어서 여러 독병을 치료하고 모두 다 낫게 해주십시오.[40]

---

39 『金剛三昧經』. "佛言, ······ 如是之人, 不在二相. 雖不出家, 不住在家. 雖無法服, 而不具持波羅提木叉戒. 不入布薩, 能以自心無爲自恣, 而獲聖果. ······ 大力菩薩言. 不可思議. 如是之人, 非出家非不出家. 何以故. 入涅槃宅, 著如來衣, 坐菩提座, 如是之人, 乃至沙門宜應敬養. 佛言. 如是. 何以故. 入涅槃宅, 心越三界, 著如來衣, 入法空處, 坐菩提座, 登正覺地, 如是之人, 心超二我, 何況沙門而不敬養. ······ 深敬三寶, 不失威儀. 於彼沙門, 不無恭敬."(T9.370b)

40 『法王經』. "於佛所說十二部經甚深妙法, 多文廣義, 意趣難解, 於其法□不可□攬. 願佛慈

'부처께서 설한 12부경은 다문광의多文廣義로 난해하기 때문에 파악하기 어렵습니다. 원하옵건대 대승의 결정決定의 진실을 (간결히) 설하시고, 사람이 양약을 얻어 병을 나을 수 있게 해주십시오.'라고 한다. 한편, 『금강삼매경』에서는

> 이와 같은 진실된 뜻은 많은 문장과 넓은 뜻으로 뛰어난 근기의 중생이 이에 그것을 수행할 수 있으며, 둔근의 중생이 뜻을 두기가 어렵습니다. 어떤 방편으로 저 둔근이 이 진리에 들어가게 할 수 있습니까.[41]

라고 사리불에 묻게 한다. 즉 대승경전은 진실의를 설하지만 '다문광의'이어서 능력이 뛰어난 사람이 아니면 수행할 수 없고, 둔한 근기의 사람에게는 어렵기 때문에 어떤 방편에 의해 둔한 근기를 이 진리의 길에 들어가게 할 수 있는지를 묻고, 부처가 간결하게 게를 설하는 형태로 되어 있다. 한편, 『금강삼매경』은 말미에서 이 경의 명칭을 제 경의 요점을 정리한 것으로써 '섭대승경'이라고 이름하며, '금강삼매'라고도 이름한다고 서술한다. 즉, 『법왕경』도 『금강삼매경』도 여러 대승경전의 요의를 정리한 법을 설하는 것이 목적이었다. 따라서 『금강삼매경』에는 본각이나 암마라식庵摩羅識, 이입理入·행입行入의 이입설 등 6세기 중반 이후에 등장한 새로운 교리가 혼잡하게 섞여 있는 것이고, 그것들을 '일심'사상으로 어떻게든 정리하고자 한 것이다. 선종의 선전을 첫째 목적으로 하는 것은 아니다.

『금강삼매경』과 『법왕경』이 이렇게 용어뿐 아니라 보통의 문장까지 유

---

悲, 爲說大乘決定眞實, 令此衆生得眞妙藥, 療諸毒病, 悉令得愈."(T85.1384c)
41 『金剛三昧經』"如是實義, 多文廣義, 利根衆生乃可修之, 鈍根衆生難以措意. 云何方便令彼鈍根得入是諦."(T9.371bc)

사하다는 것을 NGSM 분석 결과의 넷째 사례가 잘 보여 준다.

一心諦聽爲汝宣 (金:0 法:1) *『금강삼매경론』소인의 경과『법왕경』뿐

위의 사례에서 코멘트(*)는 '일심제청위선一心諦聽爲汝宣'이라는 표현이 『대정대장경』본『금강삼매경』에는 보이지 않고,『금강삼매경론』이 주석하고 있는 텍스트와『법왕경』에서만 보인다는 것이다.『대정대장경』본의『금강삼매경』에서는 "너희들은 일심으로 잘 들어라. 잘 들어라. 내가 너를 위해 잘 설명하리라.(汝等一心 諦聽諦聽. 爲汝宣說)"라고 4자 구가 이어져 정리된 문장으로 되어 있다. 역으로 말하면『금강삼매경』의 오래된 텍스트는 부자연스럽고 읽기 어려운 문장이며, 앞에서 본 '다문광의'도 그 한 예이다. 이 문구의 의미는 알 수 있지만, 길장의『법화유의法華遊意』, 혜충慧忠의『반야심경주』, 징관의『화엄경소』, 각안覺岸의『석씨계고략釋氏稽古略』등에서 보이는 '문다의광文多義廣', 법장의『기신론의기』에서 보이는 '문다의막文多義邈' 등이 이런 경우에 쓰이는 문구로서는 자연스러울 것이다. 따라서 이 표현은『금강삼매경』과『법왕경』에만 보이는 것이다.『금강삼매경』에는 이렇게 한문 문장에 익숙하지 않은 표현이 많고 이것은 저자 문제와 관련된다.

## V.『금강삼매경』과 삼계교

『금강삼매경』및『금강삼매경론』에 관한 연구에서 근년 주목되는 것은 삼계교와의 관계를 강조하는 여러 논문이다. 이 관계에 주목한 논문이 느는 것은 필자가『『금강삼매경』의 성립 사정』에서『금강삼매경』에 '여래장불如來藏佛' 등의 삼계교 용어가 보이는 것을 지적한 이후이다. 그 논문에

서 필자는 모치즈키 신코(望月信亨)가 일찍이 이 점에 주목한 것에 착안하였다.[42]

졸론 이후 삼계교와 『금강삼매경』의 관계에 대해서 검토한 사람은 일본에 유학해서 삼계교 연구를 전공한 홍재성洪在成이다. 그는 '보경普敬'의 사상 등, 삼계교가 원효에게 미친 영향을 강조하고, "'보경'사상은 원효의 사상에 전반적으로 보인다."(p.815)고 설한다.[43] 이런 관점으로부터의 검토는 의의가 있지만, 원효의 모든 저작에 삼계교의 영향이 있다고 한 것은 원효 저작의 성립 순서를 고려하지 않은 주장이며 적절하지 않다. 또한 그는 위의 주장을 한 논문에서 원문을 정확히 독해하지 못하고, 유사한 단어에 착목하여 상상을 넓히는 경향이 보였다. 예를 들어, 오타니 쇼신(大谷勝眞)이 소개한 『삼계모선사행장시말기三階某禪師行狀始末記(假題)』에 기반하여[44] 환속한 삼계교의 모선사(672년 사망)와 원효의 행동이 유사함을 강조하고, 삼계교 모선사→신라 원효→일본 교키라는 영향 관계를 설정하였다. 그러나 『삼계모선사행장시말기』(p.50)에는 아비달마 논사가 그 모선사의 가르침을 계기로 환속하고, '양의 옷을 입고 하나의 표주박을 들었(着羊裝把單瓢)'기 때문에 어떤 사람이 선사에게 그 환속 승의 그러한 행동의 의도를 물었을 때 선사가 대답했다고 기록하고 있음에도 불구하고 그는 삼계교 선사 자신이 '양의 옷을 입고' '하나의 표주박'을 손에 들고 민중을 교화했다고 오독하고 있다. 게다가 표주박을 손에 들고 교화했다는 점에서 '우인무롱대호優人舞弄大瓠'를 가지고 지방을 돌아다니며 무지한 사람들에게 노래를 가르치고 불교를 교화했다고 하는 『삼국유사』의 원효

---

42 望月信亨, 『佛敎經典成立史論』(京都: 法藏館, 1946).
43 洪在成, 「三階敎の影響―元曉と行基を考える―」 『印度學佛敎學硏究』 50-2(日本印度學佛敎學會, 2002).
44 大谷勝眞, 「三階某禪師行狀始末記に就いて」 『史學論叢』 京城帝國大學文學會論纂第七輯(東京: 岩波書店, 1938).

전과 일치한다고 하며, 원효는 불교적 내용의 동요를 가르치며 교화했다고 서술하고 있다. 그러나 '하나의 표주박을 들고(把單瓢)'라는 것은 『논어』 「옹야」편에서 공자가 안회를 칭찬하며 "어질구나 회는. 한 그릇 밥과, 한 바가지 물과 남루한 거리에 있으면서 사람들은 그 근심을 참지 못하는데 회는 그 즐거움을 바꾸지 않으니. 어질구나 회는.(賢哉回也. 一簞食, 一瓢飮, 在陋巷. 人不堪其憂, 回也, 不改其樂. 賢哉回也)"이라고 서술한 문구에 근거를 둔 표현이고, 가난한 삶을 즐기는 의미이며, '하나의 표주박'이라고 말하면 그러한 생활 모습을 나타내는 것이 통례이다. 또한 '양의 옷을 입고(着羊裝)'라는 것은 양가죽 옷, 그것도 아마도 다 찢어진 옷을 몸에 걸친 것이며, 계율을 고려하지 않고, 우연히 손에 들어온 질박한 옷에 만족하는 것을 의미한다.

이에 반해 『삼국유사』에서, 원효는 '광대가 춤추고 노는 큰 호리병'을 우연히 손에 넣고는 『화엄경』에 근거하여 '무애'라고 이름하고, 각지에 갖고 돌아다니며 '노래하기도 하고 춤추기도 하면서' 교화하였다고 한다. 여기에서 '큰 호리병(大瓢)'은 '광대(優人)'가 가지고 다녔다는 것이 보여 주듯이, 우스꽝스러운 예능인의 상징이다. 금대의 벽화이므로 시대는 꽤 늦지만, 산서성 둔유송촌山西省屯留宋村의 묘지 내실에 그려진 벽화에는 오자미나 굴렁쇠 등 기타 여러 가지 예능을 하는 한 무리 가운데 왕귀王貴라고 이름이 기록되어 있는 인물이 큰 표주박을 어깨로 질질 끄는 그림이 있다. 즉, 표주박은 잡기를 잘 하는 예능인들의 중요한 소지품이고, 구역을 나누거나 춤추거나 하는 역할의 상징이다. 일본의 예로서는 1693년에 간행된 『연극백인일수(芝居百人一首)』에서 에도시대 익살스런 연기자(道化役者)의 원조로 불리는 사이고쿠 효고로(西國兵五郎, 1656~1706)가 '사루와카(猿若)'라고 칭해지는 익살스런 예능인 모습으로 나와 서서, '고마팔(こま八)'이라는 이름을 넣은 거대한 표주박을 질질 끄는 우스꽝스러운 모습이 그려져 있다.

에도시대의 연기자 사이고쿠 효고로를 묘사한 그림

『삼국유사』의 원효 기술에 보이는 표주박이 이 정도 거대한 것은 아니겠지만, 원효가 익살맞은 예능인 같은 우스꽝스러운 노래와 춤으로 사람들을 웃기면서 교화했다는 것이나, 환속한 원효가 알기 쉬운 노래를 만들어 서민을 교화한 것은 사실이겠지만, 큰 표주박을 가지고 각지를 돌아다니며 익살스런 노래나 춤으로 교화했다고는 생각하기 어렵다. 이것은 그러한 불교계의 예능인들이 원효를 자신의 원조로 삼음으로써 생긴 전설일 것이다. 『금강삼매경』을 둘러싼 전승에 대해서도 일정 부분 사실에 기반을 둔 점은 있겠지만, 현재 전해지는 것은 전설화된 이야기임에 주의를 할 필요가 있다.

홍재성의 논문 이후, 이부키 아츠시(伊吹敦)는 『금강삼매경』과 삼계교의 관계, 원효와 삼계교의 관계에 대해서 주목하고 있다.[45] 또한 앞에서 언급한 「원효 저작의 성립 시기에 대해서(元曉の著作の成立時期について)」에서도 삼계교의 영향에 대해서 다루고 있으며, 원효가 『금강삼매경』에 접하고, 삼계교의 정보를 안 것은 의상의 귀국 이후가 아닌가 추정한다.[46]

---

[45] 伊吹敦(2006a) 참조.

홍재성은 신라와 관계가 깊은 『점찰선악업보경』이나 『십륜경』에 착안하여 "그 용어의 유통경로에서 『금강삼매경』의 작자를 추출한다."(p. 1070)라고 시도하고 있고, "그러한 움직임의 담당자가 신방神昉이 아닌가?"(p. 1065)라고 서술한다.[47] 『십륜경』과의 관계를 지적한 것은 유익하지만, 이 논문도 상상을 벗어나지 않는다. 현장의 영향을 받아 유식 관련 논서를 쓴 신방도 『금강삼매경』과는 사상적 경향이 다른 것을 주의해야 한다.

이 홍재성의 논문이 게재된 『인도학불교학연구』에는 석길암도 홍재성과 나란히 「『금강삼매경』과 삼계교」라는 동명의 논문을 발표하여 '여래장해如來藏海', '사의보살四依菩薩'이라는 말로부터 『금강삼매경』이 삼계교 교단에 의해 성립했다고 추정한다.[48] 석길암은 그 이전에도 『금강삼매경』과 마찬가지로 지장보살을 높이 평가한 것은 삼계교뿐이기 때문에 『금강삼매경』은 '삼계교 교단에 의해 찬술되었다'고 논하고 있다.[49] 그러나 이러한 추정은 소수의 용어 일치를 중시한 나머지 전체 경향의 차이를 보지 않은 문제가 있다. 비승비속의 이 경전 지경자를 찬양하는 『금강삼매경』에서는 보법도, 보경도 설하지 않고 있다. 또한 극락정토에서 아미타불의 교화를 바라며 왕생을 원하는 경향을 비판하고, 이 세상에서의 인악과 참회를 강조하는 삼계교와는 달리 『금강삼매경』은 결론이 되는 말미에 진실관에 들어가는 참회에 의한 정토왕생을 권하고 있다.[50]

『금강삼매경』에는 선종의 요소도, 삼계교의 요소도 보이는 것이 사실이

---

46 伊吹敦(2006b) 참조.
47 洪在成, 「『金剛三昧經』と三階教」『印度學佛教學研究』58-2(日本印度學佛教學會, 2010).
48 石吉岩, 「『金剛三昧經』と三階教」『印度學佛教學研究』58-2(日本印度學佛教學會, 2010).
49 석길암, 「『金剛三昧經』의 성립과 유통에 대한 재고」『普照思想』31(보조사상연구회, 2009).
50 『금강삼매경』은 이곳에서 『유마경』「문질품」의 문구(T14. 544c)에 기반을 둔 관용 표현을 이용하는 듯하다.

지만, 『금강삼매경』을 선종의 위경으로 보는 것이 잘못인 것처럼, 삼계교단의 위경으로 보는 것도 견강부회이다. 공통되는 점에만 착안한다면 말법의 열등한 근기라는 것의 자각을 중시했던 점에서는 도작道綽·선당禪堂 등의 정토교도 마찬가지 입장이지만, 보경에 반대하고 오직 아미타여래에 기대야 한다고 설한 정토교는 삼계교를 격렬하게 비판하고 있다.

또한 '여래장불如來藏佛'이라는 말은 세키구치 신다이(關口眞大)가 소개한 둔황사본 『달마선사론達摩禪師論』에도 보인다.[51] 명칭이 보여 주듯이 위작의 선종 문헌이며, 도신·홍인의 가르침에 기초하는 것으로 추정된다.[52] 이 논에서는 '법계중생'을 "일체일상 평등무이一體一相, 平等無二"로 보아야 한다고 설하고, 그 이유로서 "개시여래장불고皆是如來藏佛故"(p.464)라고 설하고 있다. 더욱이 "일체시 가운데 항상 자책해야만 한다.(一切時中, 常須自責)"라고 하여 삼계교의 인악認惡에 가까운 주장을 하는 곳도 있으며 "경에서 말한다. 항상 자기의 과오를 보고, 다른 이의 단점을 말하지 않으며 항상 일심으로 여러 공덕을 구한다.(經云, 常看己過, 不誦彼短, 恒以一心, 求諸功德)"라고도 서술하고 있다. '경'은 "항상 자기의 과오를 성찰하고, 다른 이의 단점을 말하지 않으며, 항상 일심으로 여러 공덕 구한다.(常省己過, 不訟彼短, 恒以一心求諸功德)"라고 설하고 있는 『유마경』이지만(T14,553b), 『대집경』에도 "또한 한 법이 있어 항상 자기의 과오를 관찰한다.(復有一法, 常觀己過)"(T13,61a)라고 되어 있어, 가까운 내용을 설하고 있으며, 삼계교가 『대집경』을 중시한 것은 잘 알려져 있다. 이 『달마선사론』은 '수본정심守本淨心'을 설하고 있어, 『금강삼매경』의 수일守一설에 통하는 등 『금강삼매경』과의 유사점이 두드러진다.

또한 『금강삼매경』에 보이는 '형상불形像佛'이란 말은 확실히 삼계교에

---

51 關口眞大, 『達摩大師の研究』(東京: 彰國社, 1957).
52 中川孝, 「燉煌出土達摩禪師論に就いて」 『印度學佛敎學研究』 8-1(日本印度學佛敎學會, 1960).

서 사용하지만, 지론종 과격파의 문헌인 Φ180의 「삼보의三寶義」에서는 여러 가지 삼보를 설하면서 불상 등의 '형상'을 '불보'로 간주하고 기대는 사람들을 비판하며, 스스로의 자체불을 예배해야 한다고 설하고 있다.

『금강삼매경』은 삼계교 이전에 성립한 것으로 추정되기 때문에 북지의 주류 교학이고 삼계교의 모체이기도 하였던 지론종의 단계에서 이미 '형상불'이라는 표현이 있어도 이상하지 않으며, 그것이 수에서 당나라 초기에 이르는 시기에 여러 계통의 사람들 간에 사용되었다고 해도 이상하지 않다.

삼계교의 성지는 종남산에 있다. 지엄이 주석하고 의상이 배운 지상사至相寺는 그 옆길을 올라가 중턱에 위치하며, 여러 가지 면에서 삼계교와 관련이 있다.[53] 지엄이 삼계교를 초심자의 방편으로서 인정한 것, 의상 작으로 판명된 『화엄경문답』에서도 삼계교의 용어가 보이는 점은 잘 알려져 있어 화엄종과 삼계교의 교류가 있었던 것은 틀림없다. 삼계교에 대해서는 여러 번 금지되었던 것이 강조되지만, 역으로 말하면 그것이 장안이나 그 주변에서 유행했던 증거이고, 다양한 계통의 사람들에게 영향을 미쳤다고 해도 이상할 것이 없다. 정토교 승려들이 강하게 반발한 것은 그러한 영향을 염려했기 때문일 것이다.

## VI. 『금강삼매경』 독자의 용어와 원효의 해석

『금강삼매경』에서 두드러지는 점의 하나는 '결정성決定性'이란 말이 중요시되어 자주 사용된다는 것이다. 이 말은 고정적인 본질이라는 의미로

---

53 "終南山至相寺の創立與華嚴宗의形成―兼段三階教與至相寺."[李健超, 『漢唐兩京及絲綢之路歷史地理論集』(西安: 三秦出版社, 2006)]

사용되는 경우가 많고, 당연하지만, 『유마경』이나 『중론』이나 『대지도론』에서는 그러한 말이 없다고 부정되며, 길장 외에 다른 승려들도 그러한 의미에서 부정적으로 사용하고 있다. 한편, 자은慈恩·둔륜遁倫 기타 신역 유식승들은 종성에 관해서 '부정성'의 사람과 대비해서 '결정성'이란 말을 사용하고 있다. 그러나 『금강삼매경』에서는 이 말을 13회나 사용하는데, 통상 부정적인 의미로 사용하는 경우와, "제법의 실제는 모두 결정성이다.(諸法實際, 皆決定性)"(T9.367a)라는 것처럼 제법의 실상은 불변한다는 의미로 사용하는 경우가 있다. 후자의 용법은 드물고, 이 의미에서의 용례는 열반은 비공非空이며, 열반을 떠나도 비공非空이어서 이것이 "여래중도실의는 결정성의 모습이다.(如來中道實義, 決定性相)"(T13.707b)라고 하는 『십륜경』에 근접하지만, 이 경우는 '결정성상決定性相'이고 '결정성'이라는 술어는 아니다.

이처럼 특이하고 중요한 '결정성'이란 말에 대해서 『금강삼매경론』은 "부처의 소작이 아니며, 부처가 있든 부처가 없든 본성은 자연이 그렇기 때문이다.(非佛所作, 有佛無佛, 性自爾故)"(T34.564b)라고 해석하며, 부처가 세상에 출현하든 하지 않든 결정되어 있는 진리의 의미로 해석하기는 하지만, 원효는 『금강삼매경론』 이외에서는 이 '결정성'이란 말을 사용하지 않는다. 원효가 『금강삼매경』의 작자라면 만년의 다른 저작에서도 『금강삼매경』과 같은 의미에서 이 '결정성'이라는 말을 사용했을 것이다.

『금강삼매경』 특유의 말로 그 외에 주목되는 것은 '중생본각衆生本覺'이라는 『기신론』에는 보이지 않는 표현이다. 『금강삼매경』에서는

> 일체중생의 본각은 항상 일각으로써 제 중생을 깨달으며, 모든 중생의 심식이 공적하고 무생함을 깨닫는다.[54]

---

[54] 『金剛三昧經』 "一切衆生本覺, 常以一覺覺諸衆生, 令彼衆生皆得本覺, 覺諸情識空寂無

라고 하여 일체중생에게는 본각이 있고, 그 유일한 본각에 의해서 사람들을 각성시켜 본각을 체득시키며, 분별에 의한 판단이 무생無生임을 깨닫게 한다고 설하고 있다. '중생본각'이라는 말을 사용하는 원효의 저작은 많지 않다. 이 세 문헌을 NGSM으로 처리한 결과의 일부를 보이면, 아래와 같다. '涅'은 『열반종요』, '瓔'은 『영락본업경소』의 약칭이다.

衆生本覺　(金:4 涅:1 瓔:1)　＊이들 용례가 빠르다

즉 『석마하연론』이나 징관의 저작 등 후대의 문헌은 사용하고 있지만, 『기신론』의 본각에 대해서 해석한 원효 저작 『해동소』나 『기신론별기』 등에서는 사용하지 않는다. 이것은 『열반종요』와 『영락본업경소』의 성립 시기를 생각할 때 중요할 것이다. 다만, 이러한 용례에 의해서 논의할 때 신중해야 할 것이다. 예로 '수일守一'이란 말은 '존삼수일存三守一'을 설하는 『금강삼매경』의 주석인 『금강삼매경론』 이외의 원효 저작에서는 『열반종요』에서 사용할 뿐이지만, 『열반종요』에서는 "염을 따르는 마음은 한 본성을 지키지 않는다.(隨染之心, 不守一性)"(T38,249c)라고 되어 있다. 이것은 『속고승전』에서 영윤靈潤의 아리야식阿梨耶識설로서, "『섭대승론』의 아뢰야의 뜻이 진속을 아우르는 것처럼, 진은 무념성정이고, 모든 위지는 고치지 않으며, 속은 즉 한 본성을 지키지 않고 여러 의미를 갖추어 통한다.(如攝論黎耶, 義該眞俗. 眞即無念性淨, 諸位不改. 俗即不守一性, 通具諸義)"(T50,546c)라고 서술하고 있는 그러한 계통의 유식설에 기초한 것으로 생각된다. 『열반종요』가 『금강삼매경론』과 비슷한 것은 확실하지만, 그 성립 전후에 대해서는 신중한 검토가 필요하다. 또한 이부키의 「원효 저작의 성립 시기에 대해서」에서 지적한 것처럼 『영락본업경소』에서는, 『영락

生."(T9,368b)

경』에 '금강삼매'라는 말이 있음에도 불구하고, 『금강삼매경』을 원용한 해석을 하지 않는다.[55] '중생본각'이란 말뿐으로 『영락본업경소』와 『금강삼매경』의 관계를 설할 수 없다.

## Ⅶ. 결론 –『금강삼매경론』의 사상과 성립 사정

필자는 『금강삼매경론』의 사상 그 자체나 『금강삼매경』과 부대사의 관계 등의 문제에 대해서도 어느 정도 검토하였지만, 이번에는 『금강삼매경』과 『금강삼매경론』의 연구 상황이나 그 문제점을 지적하는 데 많은 지면을 할애하여, 중요한 『금강삼매경론』의 사상에 대해서는 논할 여유가 없었다. 여기서는 『금강삼매경론』의 기본이 되는 입장이 여래장사상과 결부된 유식사상이고, 이전에 원효의 『기신론』 해서을 논했을 때 지적했듯이,[56] 『장자』의 영향과 길장의 영향이 강한 것, 또 교리적인 주장이 성문계·보살계의 문제나 참회[57]의 실천과 밀접하게 연결되어 있음을 재확인하는 데 그치고자 한다. 길장의 영향 가운데는 길장이 만년에 중시했던 『법화경론』[58]의 영향도 포함된다. 『금강삼매경론』은 중요한 부분에서 『법화경론』을 자주 활용한다.

하나 더 강조하고 싶은 것은 『금강삼매경』은 비승비속의 지경자를 상찬할 뿐인데 비해, 『금강삼매경론』은 지계를 자랑하는 승려를 엄하게 비판

---

55 伊吹敦(2006a) p.140.
56 石井公成(1996) pp.200~203.
57 원효 작으로 되어 있는 『大乘六情懺悔』에 대해서는 의문점이 있지만, 金貞男, 「元曉의 三昧와 懺悔觀」『佛敎大學大學院紀要』34(佛敎大學, 2006)가 지적하는 것처럼 『大乘六情懺悔』에는 『金剛三昧經』과 관련된 내용이 포함되어 있다.
58 吉藏에게 있어 『法華經論』의 의의에 대해서는 奧野光賢, 『佛性思想의 展開—吉藏을 中心으로 한 『法華論』受容史—』(東京: 大藏出版, 2002) 참조.

한다는 것이다. 『금강삼매경론』은 이상적인 본 경의 지경자는 계를 유지해서는 안 되고, 승려를 존숭해서도 안 되지 않을까라고 묻는 대력보살의 질문에 대한 부처의 회답에 대해서 "이 답은 계율을 지키지 않아도 과실이 되지 않음을 분명히 한 것이다.(是答初問明不持戒而非過失)"(T34, 989bc)라고 명언하고 있고, 지계 승려의 교만함을 비난하는 자신의 입장을 명확히 드러내고 있다. 이것은 지계를 자랑하는 승려들의 심리까지 파고들어가 비판하고 있는 『보살계본지범요기』와 연동하는 것이고, 원효의 예리한 인간 관찰 및 당시의 신라 불교계의 모습을 보여 주고 있다. 이것은 이상적인 보살계의 입장을 철저하게 보여 준 것이라고 할 수 있지만, 『금강삼매경론』에 보이는 '일심'의 해석은 이러한 보살계·성문계의 문제, 또는 '와일여상臥一如床', '즉지본래卽知本來' 등 『금강삼매경론』과 공통의 표현이 보이는 『대승육정참회』의 참회 등과 밀접히 관련되어 있으며, 당시의 신라 불교가 존재하는 모습과도 관련되어 있다. 『금강삼매경론』은 그러한 의미에서도 당시 신라를 대표하는 불교 문헌의 하나라고 할 수 있을 것이다.

| 참고문헌 |

『涅槃經』(T12)

『宋高僧傳』(T55)

『金剛三昧經通宗記』(『大日本續藏經』1-55-3)


金煐泰. 「신라에서 이룩된 금강삼매경-그 성립사적 검토」. 『佛敎學報』 25. 동국대학교 불교문화연구원, 1988.

석길암. 「『金剛三昧經』의 성립과 유통에 대한 재고」. 『普照思想』 31. 보조사상연구회, 2009.

李基東. 「薛仲業과 淡海三船의 交歡-統一期新羅와 日本과의 문화적 교섭의 一斷面」. 『歷史學報』 134·135합집. 역사학회, 1992.

허일범. 「티베트본 『금강삼매경』 연구」. 『불교연구』 8. 한국불교연구원, 1992.


後藤昭雄. 「中國へ傳えられた日本人の著作-淡海三船の「大乘起信論注」-」. 『日本歷史』 610. 吉川弘文館, 1999.

杏雨書屋. 『敦煌秘笈』 5. 大阪: 武田科學振興財團, 2011.

木村宣彰. 「金剛三昧經の眞僞問題」. 『佛敎史學硏究』 18-2. 佛敎史學會, 1976.

金貞男. 「元曉の三昧と懺悔觀」. 『佛敎大學大學院紀要』 34. 佛敎大學, 2006.

中川孝. 「燉煌出土達摩禪師論に就いて」. 『印度學佛敎學硏究』 8-1. 日本印度學佛敎學會, 1960.

高崎直道. 「チベット譯『金剛三昧經』覺え書」. 山口瑞鳳 編. 『チベットの佛敎と社會』. 東京: 春秋社, 1986.

望月信亨.『佛敎經典成立史論』. 京都: 法藏館, 1946.

水野弘元.「菩提達摩の二入四行說と金剛三昧經」.『駒澤大學佛敎學部紀要』13. 駒澤大學, 1955.

佐藤長門 譯.「薛仲業と淡海三船の交歡－統一期新羅と日本との文化的交涉の一斷面－」.『國史學』151. 國史學會, 1993.

石吉岩.「『金剛三昧經』と三階敎」.『印度學佛敎學硏究』58-2. 日本印度學佛敎學會, 2010.

關口眞大.『達摩大師の硏究』. 東京: 彰國社, 1957.

孫知慧.「李箕永の佛敎硏究と韓國現代佛敎學」.『東アジア文化交渉硏究』6. 關西大學大學院東アジア文化硏究科, 2013.

_____.「近代日韓佛敎の交涉と元曉論」. 關西大學 學位論文, 2014.
(http://kuir.jm.kansai-u.ac.jp/dspace/handle/10112/9061)

柳田聖山.『初期禪宗史書の硏究』. 京都: 法藏館, 1967.

_____.「金剛三昧經の硏究－中國佛敎における頓悟思想のテキスト－」.『白蓮佛敎論集』3. 성철사상연구원, 1993.

大屋德城.「朝鮮海印寺經板攷」.『東洋學報』15-3. 東洋文庫, 1926.

奧野光賢.『佛性思想の展開－吉藏を中心とした『法華論』受容史－』. 東京: 大藏出版, 2002.

沖本克己.「MNSURA ZOILI－禪文獻の計量語彙論的硏究の試み」.『禪文化硏究所紀要』19. 禪文化硏究所, 1993.

_____.『禪思想形成史の硏究』硏究報告 第5冊. 京都: 花園大學國際禪學硏究所, 1997.

大谷勝眞.「三階某禪師行狀始末記に就いて」. 京城帝國大學文學會論纂 第七輯『史學論叢』. 岩波書店, 1938.

大竹晋.「大乘起信論－成立問題に關する近年の動向をめぐって」.『불교학리뷰』12. 금강대학교 불교문화연구소, 2012.

尹鮮昊.「傳知訥撰『勸修定慧結社文』の一考察」. 駒澤大學 修士學位論文, 2016.

伊吹敦.「元曉の著作の成立時期について」.『東洋學論叢』31. 東洋大學東洋學研究所, 2006a.

_____.「원효와『금강삼매경』」.『元曉學研究』11. 원효학연구원, 2006b.

石井公成.「佛教の朝鮮的變容」. 鎌田茂雄 編.『講座佛教の受容と變容 5 韓國篇』. 東京: 佼成出版社, 1991.

_____.「書評: 大竹晋『大乘起信論成立問題の研究―『大乘起信論』は漢文佛教文獻からのパッチワーク―』」.『駒澤大學佛教學部研究紀要』76. 東京: 駒澤大學, 2018.

_____.『華嚴思想の研究』. 東京: 春秋社, 1996.

_____.「『金剛三昧經』の成立事情」.『印度學佛教學研究』46-2. 日本印度學佛教學會, 1998.

金勲.『元曉佛學思想研究』. 大阪: 大阪經濟法科大學出版部, 2002.

韓泰植.「韓半島で作られた疑僞經について」.『印度學佛教學研究』45-1. 日本印度學佛教學會, 1996.

堀池春峰.「華嚴經講說よりみた良弁と審詳」.『南都佛教』31. 南都佛教研究會, 1973.

洪在成.「『金剛三昧経』と三階教」.『印度學佛教學研究』58-2. 日本印度學佛教學會, 2010.

_____.「三階教の影響―元曉と行基を考える―」.『印度學佛教學研究』50-2. 日本印度學佛教學會, 2002.

藤田亮策.「海印寺雜版攷」.『朝鮮學報』139. 朝鮮學會, 1991(1944년 11월 완성 유고).

船山徹 編.『眞諦三藏研究論集』. 京都: 京都大學人文科學研究所所, 2012.

杜継文.「新羅僧与唐佛敎」.『中國佛敎與中國文化』. 北京: 宗敎文化出版社, 2003.

李健超.「終南山至相寺的創立與華嚴宗的形成 - 兼段三階敎與至相寺」.『漢唐兩京及絲綢之路歷史地理論集』. 西安: 三秦出版社, 2006.

徐文明.「金剛三昧經作者弁」.『中國文化硏究』1997年第04期(『中土前期禪學思想史』. 北京師範大學出版社, 2004에 재수록.)

敖英.「關於《金剛三昧經》的兩個問題」.『延邊大學學報(社會科學版)』42-3. 延邊大學學報編輯部, 2009(『佛敎學報』51. 동국대학교 불교문화연구원, 2009에 전재됨)

于德隆.「《金剛三昧經》眞僞考」.『圓光佛學學報』20. 圓光佛學硏究所, 2012.


Buswell, Robert E. *THE FORMATION OF CH'AN IDEOLOGY IN CHINA AND KOREA: The Vajrasamādhi-Sutra, a Buddhist Apoocryphon*. Princeton, NJ: Princeton University Press, 1989.

_____. *Cultivating Original Enlightenment : Wŏnhyo's Exposition of the Vajirasamādhi-Sūtra(Kŭmgang Sammaegyŏng Non)*. Honolulu: University of Hawai'i Press, 2007.

# 『열반종요』

원효 『열반종요』의 무정불성설 | 장원량(張文良)

# 원효『열반종요』의 무정불성설

장원량(張文良)

## I. 문제의 소재

담장, 벽, 기와, 돌이나 산천초목과 같은 무정에 불성이 있는지 여부에 대해서는 중국불교와 일본불교에서 많은 토론이 있었다. 천태 담연湛然(711~782)의『금강비金剛錍』에서 보이는 것처럼, 무정에 불성이 있는지에 관한 문제는 중국 천태종과 화엄종 등 기타 종파 간 쟁론의 초점 가운데 하나이다. 일본에서 안넨(安然, 약 841~915)은『짐정초목성불사기斟定草木成佛私記』[1]를 지어 초목도 발심, 수행, 성불할 수 있음을 제시하였는데, 이로부터 초목성불설草木成佛說은 일본 천태종에서 영향 있는 학설이 되었고, 그것은 심지어 불교계를 넘어서 일본인의 자연관, 심미관에까지 영향을

---

[1] 安然의『斟定草木成佛私記』에 관한 최근 연구로는 末木文美士의『草木成佛の思想—安然と日本人の自然観』(東京: サンガ, 2015)이 있다.

미쳤다. 그렇다면 같은 동아시아 불교 문화권이었던 신라불교는 다시 무정불성無情佛性 문제를 어떻게 바라보았을까?

원효元曉(617~686)는 『열반종요涅槃宗要』 가운데 불성 문제를 토론한 「불성의佛性義」에서 무정불성의 문제도 다루고 있다. 『열반경』에서의 불성설은 불성이 일체제법에 보편적으로 존재한다는 해석에 대해 긍정하기도 하지만 또한 불성이 유정중생有情衆生에 한정되며 무정물(無情之物)과는 관련이 없다고 하기도 한다. 『열반경』의 모순되어 보이는 해석들에 대해서 역대 『열반경』 주석가들은 각각 다른 해석을 내놓았다. 원효는 『열반종요』에서 역대 『열반경』 주석가들의 해석에 대한 비판적 고찰을 통해 무정불성설에 관한 자신의 견해를 제시하였다. 이하, 원효의 『열반종요』를 중심으로 무정불성설에 대한 원효의 주요 관점을 고찰하고, 동시에 중국 역대 『열반경』 주석가들의 관련 해석과 결부시켜 원효 해석의 사상사적 의의를 분석하고, 이로부터 한 측면에서 원효의 불성사상의 특질을 파악해 보겠다.

## II. 정영사 혜원과 가상사 길장의 무정불성설

『열반경』 「가섭품迦葉品」에 유정불성과 담장, 벽, 기와, 돌 등 무정물의 불성 차원 구별에 관해 다음과 같은 설명이 있다.

> 선남자야! 열반이 아닌 것을 열반이라고 하고, 여래가 아닌 것을 여래라고 하고, 불성이 아닌 것을 불성이라고 한다. …… 비불성非佛性은 소위 일체의 담장, 벽, 기와, 돌과 같은 무정물이니, 이와 같은 여러 무정물을 떠난 것을 불성이라고 한다.[2]

---

[2] 『涅槃經』 卷37 "善男子! 爲非涅槃, 名爲涅槃, 爲非如來, 名爲如來, 爲非佛性, 名爲佛性.

말하자면, 불성은 단지 일체의 유정중생에 국한된 것이고, 담장, 벽, 기와, 돌 등 무정물은 불성이 없다는 것이다. 이 단락의 경문의 함의에 관해 중국불교계에서는 여러 해석이 있었는데, 이로부터 무정불성에 관한 여러 가지 입장이 형성되었다.

『열반경집해涅槃經集解』에서 승량僧亮은 『열반경』의 무정비불성無情非佛性의 경문을 해석하면서 '성性은 깨달음의 다른 명칭(性是悟解之別名)'이라고 보았는데, 무정물은 깨달음의 성품이 없기 때문에 담장, 벽, 기와, 돌 등 무정물은 비불성非佛性이라고 한 것이다. 원효는 『열반종요』에서 불성의 체體를 논하면서 역사상 육가의 학설을 거론하였다.³ 그 가운데 두 번째 광택사光宅寺 법운法雲(467~529) 논사는 '심성이 정인의 체(心性爲正因體)'이니, 중생은 목석木石과 같지 않아, 괴로움을 싫어하고 즐거움을 추구하는 본성이 있기 때문에 불성이 있다고 주장하였다. 그 세 번째 논사인 양무제梁武帝(464~549)는 '심신이 정인의 체(心神爲正因體)'이니, 사람이 신령한 성품이 불성이라고 주장하였다. 그러나 양무제가 주장한 근거는 바로 『열반경』의 "비불성은 소위 일체 담장, 벽, 기와, 돌 등 무정물이다.(非佛性者, 所謂一切牆壁瓦石等無情之物)"라는 구절이었다.⁴ 남북조 시기에는 무정불성의 존재를 부정하는 것이 사상계의 주류였다.

그렇지만 정영사淨影寺 혜원慧遠(523~592)과 가상사嘉祥寺 길장吉藏(549~623)에 이르러 『열반경』 중 무정비불성에 관한 해석에 변화가 일어났다. 이러한 변화가 발생한 까닭은 먼저 『열반경』 자체에 불성에 관한 해석이 각기 다른 부분이 있었기 때문이었다. 예를 들어 어떤 곳에서는 "마음이 있으면 모두 불성이다.(凡有心者悉是佛性)"라고 하였으나, 어떤 곳에서는 "제일의공이 불성이다.(第一義空, 名爲佛性)"라고 하였다. 전자에 근거하면

---

…… 非佛性者, 所謂一切牆壁、瓦石、無情之物, 離如是等無情之物, 是名佛性."(T12, 581a)
3 『涅槃經集解』卷68(T37, 598b).
4 『涅槃宗要』「明佛性義」(T38, 249ab).

중생을 제외한 무정물은 불성이 없다고 도출할 수 있지만, 후자에 근거하면 일체의 담장, 벽, 기와, 돌도 불성이 있다고 도출해 낼 수 있다. 그렇다면, 도대체 어떤 해석이 『열반경』의 진정한 입장을 대변하는가? 『열반경』에서 불성에 관한 여러 해석들을 어떻게 정합해 내는가는 중국불교교사상사의 이론적 과제가 되었다. 예를 들면, 정영사 혜원은 『열반경의기涅槃經義記』에서 다음과 같이 말한다.

> 담장, 벽, 기와, 돌과 같은 무정물은 불성이 아니다. 이 여러 비불성非佛性을 간별하기 위해서 불성(性)을 말해서 유有라고 하였다. 성性은 두 가지가 있는데, 하나는 능지성能知性이니, 진식심眞識心을 말한다. 이 진식심은 중생이 지닌 것으로 외법外法에는 없다. 그러므로 위에서 말하기를, 무릇 불성이라는 것은 중생을 말한다고 하였다. 또한 망심처妄心處에 이 진심眞心이 있으니 망심처가 없으면 진심도 없다. 그러므로 위에서 말하기를, 무릇 마음이 있는 것은 모두 불성이 있다. 다른 하나는 소지성所知性이니, 소위 유무有無나 비유무非有無 등의 일체 법문이다. 이것은 내외를 관통하니, 오직 안에만 있는 것이 아니다. 지금 여기서 논하는 바는 처음의 측면에서 말하는 것일 뿐이다.[5]

여기에서 정영사 혜원은 '성性'을 인식 주체('能')와 인식 대상('所')의 측면에서 '능지성能知性'과 '소지성所知性' 두 가지로 나누었으며, '능지성'은 '진식심'이라고 주장하였다. 이 '능지성'은 유정중생에 국한되기 때문에, '능지성'과 관련한 불성은 유정불성에만 존재할 뿐이고 무정물에는 존재하

---

[5] 『涅槃經義記』卷10 "牆壁瓦石, 無情之物, 非是佛性. 爲簡此等非佛性故, 說性爲有. 性有二種, 一能知性, 謂眞識心. 此眞識心, 衆生有之, 外法即無. 故上說言, 夫佛性者, 謂衆生也. 又, 妄心處, 有此眞心, 無妄心處, 即無眞心. 故上說言, 凡有心者, 悉有佛性. 二所知性, 所謂有無, 非有無等一切法門. 此通內外, 不唯在內. 今此所論, 約初言耳."(T37, 884c)

지 않는다. 『열반경』의 이른바 무정비불성설無情非佛性說은 바로 '능지성'에서 말한 것이다. 그러나 '소지성'은 '법성法性', '실제實際', '실상實相', '법상法相', '제일의공第一義空' 등의 개념이 지칭하는 공성이고 아래에서 제시한 '법불성法佛性'의 개념이다. '소지성'은 일체의 만법에 보편적으로 존재하기 때문에 이러한 의의에서 불성은 유정중생에만 존재할 뿐 아니라, 무정물에도 존재한다.

정영사 혜원과 가까운 입장으로는 가상사 길장이 있다. 길장도 대승경전 중 불성에 관한 보편성과 특수성을 어떻게 조정하여 통합할 것인지의 난제에 당면해 있었다. 그는 『대승현론大乘玄論』에서 불경의 불성에 관한 해석을 '통문通門'과 '별문別門'으로 나누고, '통문'에 관해 다음과 같이 말한다.

> 또한 『열반경』에서 "일체제법 가운데 모두 안락성安樂性이 있다."고 하였으니 이것 역시 경전의 문구이다. 『유식론』에서는 "오직 식뿐이고 경계가 없다는 것은 산하초목이 모두 심상心想이니, 마음 외에 별도의 법이 없음을 설명한다."고 하였다. 이것은 이치 안에서 일체제법의 의보와 정보가 불이(依正不二)임을 설명하였다. 의보와 정보가 불이이기 때문에 중생에게 불성이 있으면 초목도 불성이 있다. 이러한 의미이므로 비단 중생만이 불성이 있는 것이 아니라, 초목도 불성이 있는 것이다.[6]

여기에서 길장은 『열반경』과 『유식론』의 문구를 인용하여 만법은 오직 식(萬法唯識)이며 마음 외에 별도의 법이 없으며(心外無別法) 의보와 정보가 불이(依正不二)라는 이치를 설명한다. 중생으로서의 정보正報와 산하초목

---

[6] 『大乘玄論』卷3 "又涅槃云, 一切諸法中悉有安樂性, 亦是經文. 唯識論云, 唯識無境界. 明山河草木皆是心想, 心外無別法. 此明理內一切諸法依正不二. 以依正不二故, 衆生有佛性, 則草木有佛性. 以此義故, 不但衆生有佛性, 草木亦有佛性也."(T45, 40c)

으로서의 의보依報는 동일한 체이며 둘이 아닌(一體不二) 관계이기 때문에, 만약 중생에게 불성이 있다면 산천초목 등도 불성이 있다고 필연적으로 수긍할 수밖에 없다.

정영사 혜원의 '능지성', '소지성' 개념과 비교하면, 길장은 불교의 의정불이依正不二라는 개념에 의해 초목에 불성이 있다고 추론하는데 이론적으로 더 설득력이 있어 보인다.

물론, 길장은 '통문' 외에 '별문'의 존재를 수긍한다. '별문'에 관해서 길장은 다음과 같이 말한다.

> 만약 별문에서 논하면 그렇지 않다. 무슨 까닭인가? 중생은 마음이 미혹되었으므로 깨닫는 이치가 있을 수 있다. 초목은 마음이 없으므로 미혹되지 않으니, 어찌 깨닫는 의미가 있을 수 있겠는가? 비유하면 꿈이 깨는 것(夢覺)과 같으니, 꿈꾸지 않으면 깸도 없다. 이러한 까닭으로 중생이 불성이 있으므로 성불하지만, 초목은 불성이 없으므로 성불하지 못한다고 말하는 것이다.[7]

길장이 여기에서 말하는 '별문'은 불경 가운데 오직 중생에게만 불성이 있다는 해석을 강조한 것이다. 오직 중생만이 '마음(心)'이 있는데, '마음'이 있어야 번뇌가 있고, 번뇌가 있어야 수행해서 깨달을 수 있다. 그러나 초목은 '마음'이 없어서, 수행하여 성불할 수 없기 때문에 불성이 없다.

중국의 『열반경』 주석사를 고찰하면, 절대 다수의 중국 『열반경』 주석가들이 '불성' 개념을 유형화한 구분을 시도하고 있음을 발견하게 된다. 그들은 『열반경』이나 기타 대승경론 가운데 무정불성에 관련하여 서로 모

---

[7] 『大乘玄論』卷3 "若論別門者, 則不得然. 何以故? 明衆生有心迷, 故得有覺悟之理. 草木無心, 故不迷, 寧得有覺悟之義? 喻如夢覺, 不夢則不覺. 以是義故, 云衆生有佛性, 故成佛, 草木無佛性, 故不成佛也."(T45, 40c)

순되어 보이는 해석들을 통일된 불성사상의 체계 속으로 편입시키고, 이로써 불성의 보편성(유정과 무정에 보편적으로 존재)과 특수성(유정중생에만 존재) 간의 모순을 해소시켰다. 정영사 혜원의 '능지성'과 '소지성' 구분이나 길장의 '통문'과 '별문'설은 모두 일정한 범위 안에서 무정불성의 존재를 수긍하였다.

## Ⅲ. 『열반종요』 중 법불성과 보불성

『열반경』「가섭품」의 "비불성非佛性은 소위 일체의 담장, 벽, 기와, 돌 등 무정물이니, 이와 같은 여러 무정물을 떠난 것을 불성이라고 한다.(非佛性者, 所謂一切牆壁瓦石無情之物, 離如是等無情之物, 是名佛性)"에 관해, 원효는 『열반종요』에서 다음과 같이 해석한다.

> 이 경문은 바로 보불성을 설명하는 구절이다. 염오를 따라서 마음이 움직이니, 비록 삼성三性에 공통되지만 다시 신해神解의 성품을 잃어버리지 않으므로, 이것을 보불성이라고 한다. 다만 법불성의 문이 일체의 유정과 무정에 보편적으로 존재하는 것과 간별하기 위해, 보불성에서 무정물을 취하지 않을 뿐이다.[8]

여기에서 원효는 '법불성'과 '보불성'의 개념을 사용하여 유정중생과 무정물의 불성을 구별하고, 유정중생은 갖추었으나 무정물이 없는 것은 '보불성'이며 유정중생과 무정물이 모두 갖춘 것은 '법불성'이라고 주장했다.

---

8 『涅槃宗要』,「明佛性義」 "是文正明報佛之性. 以隨染動心, 雖通三性而亦不失神解之性故, 說此爲報佛性. 但爲簡別法佛性門遍一切有情無情, 是故於報佛性, 不取無情物也."(T38. 250a)

그렇다면, '법불성'과 '보불성'의 개념은 어디에서 온 것인가? 원효 자신이 명확하게 설명하지는 않았지만 이러한 해석은 바로 정영사 혜원에서 온 것임을 알 수 있다. 『대승의장大乘義章』에서 혜원은 다음과 같이 말한다.

> 불성에는 두 가지가 있으니, 하나는 법불성이고 다른 하나는 보불성이다. 법불성은 성종인性種因이고, 보불성은 습종인習種因이다. 두 가지 불성이 어떻게 구별되는가? 법불성은 본유의 법체法體이며, 저 과보와 더불어 체에 증감이 없다. 오직 숨고 드러남(隱顯), 깨끗하고 더러움(淨穢)이 다를 뿐이다. 보불성은 본래 법체가 없고 다만 방편적으로 발생하는 뜻이 있을 뿐이다.[9]

중국불교사에서 혜원은 우선 '법불성'과 '보불성'의 개념으로 불성의 다른 함의를 설명하였다. 다만 주의할 점은 혜원이 유정중생과 무정물의 관계에 대해 설명할 때 이 개념을 사용한 것이 아니라, 『열반경』에 나온 '요인了因'과 '생인生因'을 설명할 때 이 개념을 설명했다는 것이다. 즉, 단지 '보불성'만이 열반을 발생시킬 수 있으니 열반의 '생인生因'이며, '법불성'은 범부와 성인에게 본질적으로 구별되지 않고 다만 숨고 드러나는(隱顯) 차별이 있을 뿐이다. 혜원은 '법불성'과 열반의 관계는 마치 금광이 함유한 황금과 제련된 황금의 관계와 같다고 묘사하였으나, '보불성'과 열반의 관계는 마치 금광이 함유한 황금과 황금으로 제작된 각종 장엄한 법구의 관계와 같다고 묘사하였다. 하나는 존재하는 상태의 깨끗하고 더러움(淨穢)과 숨고 드러남(隱顯)에 관한 개념이고, 다른 하나는 생성시키는 것과 생성되는 것에 관한 개념이다. 어떤 사람은 하나는 존재론적 개념이고 다

---

[9] 『大乘義章』卷9 "佛性有二, 一法佛性, 二報佛性. 法佛性者, 是性種因, 報佛性者, 是習種因. 二性何別? 法佛性者, 本有法體, 與彼果時, 體無增減, 唯有隱顯, 淨穢爲異. 報佛性者, 本無法體, 但有方便可生之義."(T44, 652b)

른 하나는 발생론적 개념이라고 말한다.[10]

원효는 혜원의 이러한 개념을 확장해서 유정중생과 무정물이 불성의 함의가 구별됨을 설명하고, 이 두 개념의 함의를 풍부하게 하였다고 할 수 있다. 원효의 무정불성설에서는 길장과 유사한 사상도 보인다. 위에서 언급하였듯이 길장은 『대승현론』에서 여러 대승경론 속의 불성설을 '통문'과 '별문' 두 가지로 나누었는데, '통문'에서 무정은 불성이 있다고 강조하고 『유식론唯識論』의 학설을 인용하여 논증하였다. 원효의 『열반종요』에서도 유사한 해석을 찾아볼 수 있다.

> 문: 체상문體相門에서 인용한 문구에서 말한 바와 같이, 비불성은 소위 일체의 담장, 벽, 기와, 돌과 같은 무정물이다. 또 다시 「가섭품」에서 혹자는 불성이 오음 속에 머무르는 과보라고 하고, 혹자는 불성의 성품은 오음을 떠나서 있으니 마치 허공과 같다고 말한다. 그러므로 여래께서 중도를 설법하셨다. 중생의 불성은 내육입內六入도 아니고 외육입外六入도 아니며, 내외가 합쳐졌으므로 중도라고 한다. 뒤의 문구에 의거하면, 기와와 돌 등의 사물은 외육입에 포섭되어 불성이 된다. 이와 같이 서로 상반되는데, 어떻게 회통한단 말인가?
>
> 회통하여 답하길: 만약 유정과 무정의 다른 문(有情無情異門)에 의거하면, 기와와 돌 등의 사물은 불성이라고 하지 않는다. 만약 오직 식이 전변하여 나타난 문(唯識所變現門)에 입각하면, 내외가 둘이 아니니 합하여 불성이 된다.[11]

---

10 '법불성'과 '보불성'의 차이에 관해서, 淨影寺 慧遠은 『起信論義疏』에서 다음과 같이 말한다. "言智淨相者, 是法佛性也. 不增不減, 古今湛然, 非先染後淨, 名智淨. 言不思議業相者, 是報佛性也. 本無法體, 以不思議修習力故, 有始生義. 造作令成, 無而令有, 名不思議."(T44, 184c)

11 『涅槃宗要』「明佛性義」"問. 如體相門所引文言, 非佛性者所謂一切牆壁瓦石無情之物. 又復迦葉品中說云, 或云佛性住五陰中果, 或言佛性性離陰而有, 猶如虛空. 是故如來說於

여기에서 원효도 『열반경』의 해석을 '유정과 무정의 다른 문'과 '오직 식이 전변하여 나타난 문'의 두 가지 '문'으로 나누었다. 앞의 '문'에서 기와와 돌 등의 무정물은 불성이라 지칭할 수 없지만, 뒤의 '문'에서는 무정과 유정이 모두 불성이라 지칭할 수 있다. 그리고 원효가 무정에 불성이 있다는 이론적 근거로 제시한 것은 유식의 이론으로, 이는 길장과 동일하다. 만법은 모두 식의 변현이고, 주체인 심식의 세계와 외부에 있는 무정의 세계는 본질적으로 동일한 체이며 둘이 아니므로, 만약 중생에 불성이 있다고 수긍한다면 무정물도 불성이 있다.

## IV. 『열반종요』 중 일심이문과 무정유성

위의 내용을 종합하면, 정영사 혜원이 무정불성의 존재를 수긍한 까닭은 주로 불성 개념에 대한 확장된 해석을 통해 그 함의를 '법성', '법계', '공성', '실제' 등의 궁극 실재實在의 차원으로 전개하고, 이로써 불성이 유정중생에 국한된다는 입장을 극복하고, 또한 『열반경』의 불성에 관한 다른 해석들이 통합되도록 하기 위해서이다. '법성', '법계', '공성', '실제' 등의 개념은 『반야경』과 『대지도론』 등에서 유래했다. 그렇다면 정영사 혜원은 대승공종의 중관 이론을 빌려서 불성의 함의를 확충시켰음을 알 수 있다.

그러나 가상사 길장은 오직 식뿐이고 경계는 없고(唯識無境界), 의보와 정보가 둘이 아니라는(依正不二) 『유식론』 이론에서 출발하여, 불성은 유정중생에 존재할 뿐 아니라 무정물에도 존재한다고 논증하였다. 그러므로

---

中道. 衆生佛性非內六入, 非外六入, 內外合故, 名爲中道. 若依後文, 瓦石等物外六入所攝而爲佛性. 如是相違云何會通? 通者解云. 若依有情無情異門, 瓦石等物, 不名佛性. 若就唯識所變現門, 內外無二, 合爲佛性."(T38. 253b)

길장은 대승유종大乘有宗에서 사상적 요소를 흡수하여 불성에 대해 해석한 것이다.

원효는 정영사 혜원에서 계승된 '법불성'과 '보불성'의 개념을 차용하여 무정유성無情有性의 존재를 설명한다. 즉, 통상적으로 이해되는 '보불성'을 제외한 '법불성'의 개념을 수립하였고, '법불성'의 의미에서 무정이 불성이 있다고 수긍하였다. 원효는 동시에 유식의 입장에서 '안'과 '밖'이 둘이 아니라고 논증하였고, 이로써 무정불성이 존재한다는 결론을 도출시켰다. 원효는 정영사 혜원과 가상사 길장의 학설을 전면적으로 참고하였음을 알 수 있는데, 그가 세운 논리와 결론은 대체적으로 혜원, 길장과 일치한다.

그렇다면, '법불성'과 '보불성'은 어떤 관계인가? 서로 떨어져 격절된 것인가 아니면 상호 관련된 것인가? 관련하여, 정영사 혜원은 여래장연기의 입장에서 이를 설명하였다.

> 원인에는 두 가지가 있으니, 하나는 법불성이고 다른 하나는 보불성이다. 여래장체는 법불성인데, 이 체 위에서 보불이 출생할 수 있는 뜻이 있어 보불성이라고 한다.[12]

즉 '법불성'과 '보불성'은 각각 여래장의 '체'와 '용'에 해당하고, 양자는 상즉하여 떨어지지 않고, 동일한 체이며 둘이 아닌 관계이다. 혜원은 양자의 관계에 대해서 설명하였지만, 그가 논의하는 중점은 양자의 구별에 있지 양자의 관련성은 아니었다. 혜원의 사상체계에서 '법불성'과 '보불성'은 기본적으로 서로가 상대적이고 성질이 다른 개념이었고, 그들 간의

---

[12] 『涅槃經義記』卷8 "因有二種, 一法佛性, 二報佛性. 如來藏體是法佛性, 於此體上有可出生報佛之義, 名報佛性."(T37, 834c)

동태적이고 필연적인 관계까지는 아직 논의하지 못하였다.

『열반종요』에서 원효는 '법불성'과 '보불성'의 구별에 주의하였을 뿐 아니라, 더 나아가 『대승기신론』의 일심이문一心二門설과 결부시켜 '법불성'과 '보불성'의 관계를 논술하였는데, 이로써 무정불성설은 더욱 명확하게 이론적으로 증명되었다.

먼저, 원효는 '불성의 체(佛性之體)'를 '일심一心'으로 규정한다. 이 '일심'은 궁극적 실재를 가리키는 것으로 중생이 갖춘 '심식'이 아니다. 따라서 원효는 "일심의 성품이 제변을 멀리 떠난다.(一心之性, 遠離諸邊)"라고 강조하였다. 그것은 어떠한 구체적인 규정성도 지니고 있지 않다. 바로 일심이 어떠한 구체적인 규정성도 지니지 않으므로, 만법이 존재하는 근거가 될 수 있으며 제연諸緣을 따라 어떠한 규정성으로도 나타날 수 있다. '일심'의 이러한 초월성과 실재성에 대해 원효는 각각 '불염이염不染而染'과 '염이불염染而不染'으로 지칭하였다.

구체적으로 『열반종요』에서 제시한 역사상 여섯 논사들의 불성설에서 여섯 번째 논사가 말한 '진여불성眞如佛性'은 바로 '일심'과 '법불성'인데, '법성', '실제', '공성' 등과 동일한 차원의 개념이다. 다른 다섯 논사의 학설에서 네 번째 논사가 말한 '신해의 성품(神解之性)'은 원효의 관점에서는 염오를 따르는 마음(隨染之心)이 생멸의식으로 나타나면서도 여전히 그 신해의 성품을 잃어버리지 않는 것이다. 세 번째 논사가 말한 '괴로움을 싫어하고 즐거움을 추구하는 성품'은 생멸의 마음이 내적인 훈습의 힘에 의해서 일으키는 두 가지 업이다. 이와 같이, '법불성'으로서의 '일심'은 '보불성'으로서의 중생의 심식과 서로 격절된 존재가 아니라 동일한 체이며 둘이 아닌 존재이다.

원효는 다시 '법불성'과 '보불성' 개념을 '성정문性淨門'과 '수염문隨染門' 개념과 함께 연관지어, '법불성'은 중생의 청정한 본성을 말하는 것이나 '보불성'은 이 체성體性이 인연을 따라서 염오가 있음을 말하는 것이라고 주장하였다.

법불성은 성정문性淨門에 있는 것이다. 보불성은 수염문隨染門에 있는 것이다. 예를 들면,「사자후보살품」에서 말하기를, "선남자야, 내가 널리 설법한 열반의 원인은 소위 불성의 성품이다. 열반을 발생시키지 않으므로 무인無因이며, 번뇌를 타파할 수 있기 때문에 대과大果라고 한다. 수행을 따라서 발생하는 것이 아니므로 무과無果라고 한다. 그러므로 열반은 무인무과無因無果이다."라고 하였다. 이 경문에서 법불성이 오직 숨고 드러나는(隱顯) 측면에서 말해 원인과 결과라고 하였음이 바로 드러난다. 「가섭품」에서 말하기를, "불성은 한 가지 법이라고도 하지 않고 온갖 법이라고도 하지 않는다. 아뇩보리阿耨菩提를 얻기 전에 일체의 선과 불선과 무기법 전부를 불성이라고 한다."라고 하였으며, "비불성非佛性은 수위 인체의 담장, 벽, 기아, 돌과 같은 무정물이다. 이와 같은 여러 무정물을 떠난 것을 불성이라고 한다."라고 하였다.[13]

원효는 이곳에서『대승기신론』가운데 일심이문설의 논리를 차용하여 법불성과 보불성 간의 관계를 설명하였다. 법불성은 '성정문'에 속하고『대승기신론』의 '진여문'에 해당하며, 보불성은 '수염문'에 속하고『대승기신론』의 '수연문'에 해당한다. 바로『대승기신론』의 '일심'이 '진여문'과 '수연문'으로 전개되는 것과 같이, 불성도 '법불성'과 '보불성'으로 구분된다.

---

[13] 『涅槃宗要』「明佛性義」"法佛性者, 在性淨門. 報佛性者, 在隨染門. 如師子吼中言, 善男子. 我所宣說涅槃因者, 所謂佛性之性不生涅槃, 是故無因. 能破煩惱, 故名大果. 不從道生, 故名無果, 是故涅槃無因無果. 是文正顯法佛之性. 唯約隱顯, 說爲因果也. 迦葉品云, 夫佛性者, 不名一法, 不名萬法. 未得阿耨菩提之時, 一切善不善無記法, 盡名佛性. 非佛性者, 所謂一切牆壁瓦石無情之物. 離如是等無情之物, 是名佛性."(T38, 250a)

『기신론소』에서 원효는 『대승기신론』 가운데 '일심'을 불성과 여래장으로 명확하게 규정하였다. 이로써 원효가 의식적으로 『대승기신론』의 논리를 차용하여 『열반경』의 불성설을 해설하였음을 알 수 있다.

## V. 법보, 법장, 징관의 무정불성설과 비교

무정불성의 문제는 정영사 혜원과 길장 이후 당대唐代에도 여전히 중시되었고, 중국불교 여러 종파에서 광범위하게 논의되었다. 예를 들면, 당초唐初 법보法寶(627~705?)의 『일승불성구경론一乘佛性究竟論』에는 다음과 같은 문답이 있다.

> 문: 진여가 불체이기 때문에 불성이라고 한다면, 무정의 진여도 불체이다. 불인佛因이기 때문에 불성이라고 한다면, 무정의 진여도 불인이다. 성공덕이기 때문에 불성이라고 한다면, 무정의 진여도 성공덕이 있다. 무엇 때문에 유정은 불성이 있다고 하고, 무정은 불성이 있다고 하지 않는가?[14]

이 문제가 말하는 바는 유정중생과 무정물이 진여의 차원에서 평등하다면, 무정의 진여도 불체佛體와 불인佛因으로 지칭되고 성공덕性功德을 갖출 수 있어야 하는데, 이러하다면 어찌하여 "유정은 불성이 있다고 하고, 무정은 불성이 있다고 하지 않는다.(有情名有佛性, 無情不名有佛性)"라고 할 수 있는가라는 내용이다. 이 질문의 핵심 문제를 법보가 명확히 지

---

[14] 『一乘佛性究竟論』"問. 眞如若是佛體, 故名佛性, 無情眞如, 亦是佛體. 若佛因故, 名佛性者, 無情眞如, 亦是佛因. 若以是性功德, 故名佛性, 無情眞如, 亦有性功德. 因何有情名有佛性, 無情不名有佛性邪?"(『續藏經』55. 495a)

적하지는 않았지만, 『열반경』「가섭품」의 '비불성은 소위 일체의 담장, 벽, 기와, 돌과 같은 무정물'의 해석과 관련되었다는 것은 분명하다.

법보는 이 문제에 대해 '진'과 '속' 그리고 '여'와 '법'의 측면에서 다층적으로 해석한다. '진'은 만법의 진실한 본질이고, '속'은 만법 각각의 규정성이다. '진'의 측면에서 색과 비색, 유정과 무정 간에 차이가 없다면, 그것들은 본질적으로 모두 '진여'이다. 그러나 '속'의 측면에서 보면, 색과 비색, 중생과 부처, 무정과 유정은 다시 서로 구별되는 것이다. 만약 '진여'의 입장에서 만법을 보면, 만법은 상호 통섭하여 들어가고 중중무진하니, 마치 인다라망과 같다. 불성에 입각하여 말하면, 유정이 불성일 뿐만 아니라 무정도 불성이다.[15]

법보의 무정불성에 관한 해석은 전반적으로 가상사 길장의 해석을 뛰어넘지 못했다. 그가 말한 '진'과 '속'은 길장이 말한 '통문'과 '별문'에 해당하는데, 즉 무정불성이 있는지 없는지 이 문제를 만법을 관찰하는 시각의 문제로 귀결시켰다. '진'의 시각에서 관찰하면 무정과 유정은 구별이 없고 무정도 불성이라 할 수 있지만, '속'의 시각에서 관찰하면 무정과 유정은 서로 구별되어 무정은 불성이라 하지 않는다. 법보는 '진'과 '속', '여'와 '법' 사이의 상호 관계를 깊이 고찰하지 않았고, 따라서 이론적으로 유정과 무정 간의 동일성과 차이성에 대한 체계적인 해석도 없었다.

법보의 이론적 독창성은 '불성'의 다층적 어의에 대한 독특한 해석에 있다.

진여는 동일하지만, 상대하는 바가 같지 않으므로 명칭에 차이가

---

15 『一乘佛性究竟論』「佛性同異章」 "答. 若眞俗翻覆相攝, 即一法中, 有一切法, 如一切法中, 有一法, 如如無二故. 若攝眞從俗, 即色如, 非色如, 衆生如, 彌勒如, 有情如, 無情如不同. 若攝俗從眞, 即色非色無異, 情非情無異. 若就如辨法, 一切法中, 有一切法如, 故一切法中, 有一法, 似因陀羅網. 若以此言之, 即情無情, 皆名有佛性."(『續藏經』 55. 495b)

있다. 시방의 여러 불보신에 상대해서 불성이라고 하는 것은 속주석屬主釋이다. 법신이 불성이라고 하는 것은 지업석持業釋이다. 일체중생에 상대하여 불성이라고 하는 것은 유재석有財釋이니, 원인이 결과의 이름을 취한다. 따라서 무정에 상대해서는 비불성이니, 해당하는 결과가 없기 때문이다.[16]

여기에서 법보는 먼저 불성 개념의 여러 함의를 구별한다. 보신불에 상대해서 말한 불성은 불교에서 말한 여섯 가지 이름을 정하는(定名) 원칙 가운데 '속주석'에 속하니, 불성은 보신불이 지닌 성품이다. 법신불에 상대해서 말한 불성은 '지업석'에 속하니, 불성은 법신이 발생시킨 성품이다. 중생에 상대해서 말한 불성은 '유재석'에 속하니, 중생에게 성불의 체와 성불의 인因이 있음을 가리킨다. 무정에 상대해서 말하면, 무정은 성불의 과보가 없기 때문에 '비불성非佛性'이라고 지칭한다.

일반적으로 불성은 불교의 수행론 및 성불론과 연관되는 개념이다. 성불론의 입장에서 보면 담장, 벽, 기와, 돌 등은 수행해서 성불할 수 없기 때문에 무정물은 불성이 없다. 가상사 길장 등은 비록 특정한 의미에서 무정불성의 존재를 수긍하였지만, 무정이 성불할 수 있다는 것은 분명하게 부정하였다.[17] 법보도 이 문제에서 부정적인 입장을 견지한다. 그는 '진'의 시각에서 보면 무정도 불성이 있다고 수긍하지만 성불론의 의미에서는 무정은 수행해서 성불할 수 없기 때문에 무정은 비불성이다.

법보는 '보신불성'과 '법신불성'의 개념을 제시하였지만, 이 개념은 정

---

[16] 『一乘佛性究竟論』 "眞如是一, 所望不同, 得名有異. 若望十方, 諸佛報身名佛性, 屬主釋也. 法身名佛性, 持業釋也. 若望一切衆生名佛性, 有財釋也, 因取果名. 故若望無情, 非佛性也, 無當果故."(『續藏經』55.459b)
[17] 『勝鬘寶窟』卷3 "又爲斷見衆生, 謂衆生之性, 同於草木, 盡在一期, 無復後世. 爲破此故, 是故今明如來藏, 必當作佛, 不同草木, 盡在一期. 故涅槃云, 佛性者, 非如牆壁瓦石也."(T37.67a)

영사 혜원 및 원효의 '보불성', '법불성' 개념과는 이론적인 연관성은 없는 듯하다. 왜냐하면 법보는 양자를 서로 내재적으로 관련된 개념으로 사용하지 않았고, 특히 이 두 개념으로 유정불성과 무정불성의 관계를 분석하지 않았기 때문이다. 사상적 계승 관계에서 보면, 화엄종 징관의 '법성' 및 '불성' 개념과 원효의 '법불성' 및 '보불성' 개념이 더욱 유사하다.

'법성'과 '불성'은 법장法藏(643~712)의 『기신론의기起信論義記』에서 최초로 짝을 이룬 개념으로 나타난다.

> 법성은 이 진여의 체(眞體)가 보편적으로 존재하는 뜻을 설명한다. 비단 앞의 불보와 함께 체가 될 뿐만 아니라, 또한 일체법을 모두 아울러서 법성이 된다는 것이다. 즉, 진여는 더러움과 깨끗함에 두루 퍼져 있으며 유정과 무정을 관통하는 심오하고 광대한 뜻을 나타낸다. 『논』에서 "중생성에서는 불성이라고 하지만, 중생성이 아닌 것에서는 법성이라고 한다."고 말했다.[18]

주의할 점은 법장이 비록 『논』의 해석을 인용하여 '법성'과 '불성'이라는 한 짝의 개념을 제시하였지만, 이곳에서 법장이 논의하는 중점은 '진여'의 의미에서의 '법성'이며, '불성'도 '법성'의 한 가지 표현 형식임을 강조하였던 것이지, 양자 간의 구별을 강조한 것은 아니었다는 것이다.

무정불성의 문제에서 법장은 교판론의 시각에서 '삼승교'와 '원교'의 입장이 다름을 설명한다. '삼승교'에서 진여로서의 불성이 일체의 유정중생과 무정물에 보편적으로 존재한다는 것은 수긍하지만 성불은 유정불성에만 한정하고 무정물도 성불할 수 있다고 수긍하지는 않는다. 그

---

[18] 『起信論義記』 卷1 "法性者, 明此眞體普遍義. 謂非直與前佛寶爲體, 亦乃通與一切法爲性. 卽顯眞如遍於染淨, 通情非情, 深廣之義. 論云, 在衆生數中, 名爲佛性, 在非衆生數中, 名爲法性."(T44, 247c)

러나 '원교'에서는 불성과 성기는 모두 유정과 무정에 통하니, 즉 불성이 무정물에 보편적으로 존재할 뿐 아니라 무정물도 성불할 수 있다. 이것이 바로 법장이 말한 "성불이 삼세간을 구족한다."는 것이다. 즉, 성불은 지정각세간과 유정세간에서 일어날 뿐만 아니라, 기세간에서도 일어난다. 무정물도 성불할 수 있다고 분명하게 긍정하는 것은 중국 불성사상의 발전사에서 비약적인 발전이었다고 할 수 있다.

징관澄觀(738~839)은 법장이 제시한 '법성'과 '불성' 해석을 계승하였지만, 법장처럼 양자가 모두 진여의 성품이라고 보지 않았고 양자의 차이를 강조하였으며, 이것으로 무정물에 불성이 없다고 설명했다는 점이 다르다.

> 『논』에서 "비정의 성품에서는 법성이라고 하지만, 유정의 성품에서는 불성이라고 한다."고 말했다. 유정이 아니면 깨닫는 성품이 있지 않음을 분명히 알 수 있다. 그러므로 성으로 인연을 따르면, 유정과 비정이 달라서 성을 이루는 것도 다르니, 열반 등과 같다. 인연을 없애서 성을 따르면 각이나 불각이 아니라고 해석해야 할 것이다.[19]

법장은 비록 『논』의 해석을 인용하여 '법성'과 '불성'을 구별하였으나, 이 『논』이 무슨 논서인지를 명확하게 말하지 않았다. 징관은 『연의초演義鈔』에서 이 『논』은 『대지도론』이라고 분명하게 밝혔다. 그러나 『대지도론』을 검색하면 실제는 이 단락이 없는데, 후에 천태종은 다시 이 점에 근거하여 화엄종의 불성설을 공격하였다. '법성'과 '불성'의 구별이 경론에서 근거가 없을지라도, 징관은 법장의 이 개념을 계승하여, 이것으로

---

[19] 『華嚴經疏』卷30 "論云, 在非情數中, 名爲法性, 在有情數中, 名爲佛性. 明知非情非有覺性. 故應釋言, 以性從緣, 則情非情異, 爲性亦殊, 如涅槃等. 泯緣從性, 則非覺不覺."(T35. 726ab)

유정중생과 무정물이 불성에서 차이가 있다고 논증하였다. 이것은 징관 불성이론의 큰 특징이라고 할 수 있다. '법성'과 '불성' 개념이 비록 원효의 '법불성'과 '보불성'과는 다르지만, 양자는 모두 불성 개념의 함의를 구별하여 무정불성의 유무를 논증한 것이고, 사유 방식도 서로 밀접하다. 징관의 저작에서 원효의 저작을 대거 인용하고 있는 점을 고려하면, 징관의 '법성'과 '불성' 개념이 원효의 사상에 영향을 받았을 가능성을 배제할 수 없다.

## VI. 맺음말

종합하면, 원효의 무정불성설은 두 가지 중요한 특징이 있다. 하나는 정영사 혜원의 '법불성'과 '보불성'의 개념을 계승하여 유정중생과 무정물이 모두 갖춘 것은 '법불성'이고, 유정중생은 갖추었으나 무정인 담장, 벽, 기와, 돌이 갖추지 않은 것은 '보불성'이라고 주장한 점이다. 다른 하나는 '불성의 체'를 '일심'으로 규정하고 '법불성'과 '보불성'을 '청정문'과 '수염문'으로 각각 규정하며, 『대승기신론』의 일심이문의 논리를 차용하여 '법불성'과 '보불성'의 관계를 논증하여, 이것으로써 무정이 갖춘 '법불성'과 유정이 갖춘 '보불성'이 '일심'의 기초 위에서 통일되게 한 점이다. 이러한 여래장연기사상과 법성설을 결합시킨 방법은 원효 불성설의 주요 특징이다.

무정불성의 문제에 관해 정영사 혜원은 주로 대승공종의 입장에서, 즉 '법계', '법성', '진여', '실제' 등의 공성의 입장에서 그 존재를 논증하였다. 가상사 길장은 주로 유식학의 입장에서, 유식무경과 의정불이의 시각에서 무정불성의 존재를 논증하였다. 원효는 양자의 사상을 계승하는 동시에 『대승기신론』의 여래장연기 입장에서 그것을 논증하여 이론적인 독창성을 나타냈다.

　당대, 열반종의 법보와 화엄종의 법장과 징관 등은 모두 무정불성의 문제에 관심을 가졌다. 법보는 불성의 함의에 대해서 더 진전된 분석을 하였으며 '법신불성'과 '보신불성'의 문제를 제기하였지만, 이러한 개념적 구분은 무정불성 문제와는 관계가 없는 듯하다. 법장은 무정불성 문제를 화엄의 교판론과 결부시켜서 논의하였는데, 원교에서 무정은 불성이 있을 뿐만 아니라 성불도 할 수 있다고 주장하였다. 징관의 '법성'과 '불성'설은 비록 직접적으로는 법장을 답습하였지만, 징관이 두 개념을 구분하고 이 두 개념으로 무정불성을 분석하는 방법은 원효의 '법불성'과 '보불성'설과 유사하며, 양자는 사상적 연관성이 존재할 것으로 생각된다.

| 참고문헌 |

『涅槃經』(T12).
澄觀.『華嚴經疏』(T35).
寶亮 等 集.『涅槃經集解』(T37).
吉藏.『勝鬘寶窟』(T37).
\_\_\_\_.『大乘玄論』(T45).
慧遠.『涅槃經義記』(T37).
\_\_\_\_.『大乘義章』(T44).
\_\_\_\_.『起信論義疏』(T44).
元曉.『涅槃宗要』(T38).
法寶.『一乘佛性究竟論』(『續藏經』55).

末木文美士.『草木成佛の思想−安然と日本人の自然観』. 東京: サンガ, 2015.

# 제2부 유식파 화엄

# 『이장의』

원효의 『이장의』 '현료문'에 나타난 해석상의 특징 | 안성두

# 원효의 『이장의』 '현료문'에 나타난 해석상의 특징

안성두

## I. 들어가는 말

원효가 살았던 7세기 동아시아는 정치적으로 매우 격변의 시기였고 사상사적으로도 인도에서 도입된 불교사상을 새로운 교판 해석을 통해 종합적 이해를 모색하던 시기였다. 구체적으로 여래장사상과 구유식, 그리고 현장에 의해 인도에서 직수입된 신유식 사상 중에서 어떤 사상이 붓다의 최고 교법에 해당되는지를 둘러싸고 동아시아 불교계가 직면했던 사상적 전환기였다. 원효의 관심이 주로 여래장사상과 유식사상 사이에서 움직이고 있었다고 본다면 당시 불교계의 관심과 맥을 같이한다고 말할 수 있을 것이다.

그의 독립 저작인 『이장의二障義』는 바로 이런 사상적 전환기에 원효가 이에 대해 어떻게 대응하고 수용해 갔는지 잘 보여 주는 문헌이라고 생각된다. 『이장의』는 여러 불교학파의 번뇌설에 대한 일종의 독립된 논문으로 볼 수 있는데, 어떤 특정한 불전에 대한 주석서나 해설서가 아니기 때문에 원효의 독자적 이해를 보다 구체적으로 표현할 수 있다는 장점이 있었을 것이다.

원효 저작의 상호 인용에 의거해서 저술 연도를 추정해 본다면, 『이장의』는 그의 중기에 찬술된 것으로 보인다. 왜냐하면 『이장의』에서 『일도장一道章』과 『기신론별기』가 언급되는데, 특히 후자의 경우 현장이 647년 번역한 『유가사지론』(이하 『유가론』)이 인용되고 있기 때문이다. 또 『이장의』에는 현장이 번역한 『유가론』과 『현양성교론』, 『아비달마잡집론』 등이 많이 인용되고 있는데, 『유가론』의 전래 시기와 그것을 집중 연구하기에 필요한 시간 등을 고려할 때, 또한 동아시아 불교학에 커다란 영향을 주었던, 659년 번역된 『성유식론』이 인용되고 있지 않다는 점에서 『이장의』 찬술은 660년대 전후에 이루어졌다고 추정된다. 반면 『이장의』를 명시적으로 언급하고 있는 원효의 저작도 많다. 『기신론소』는 세 차례, 『금강삼매경론』은 네 차례 언급하고 있으며, 그 외에도 『열반종요』에서 『이장의』에 설명을 미룬 부분도 보인다. 또한 현재 산실된 원효의 『승만경소』가 『이장의』를 여러 차례 언급하고 있다는 점도 지적될 수 있다.[1] 이와 같이 『이장의』는 원효의 중기 저작으로서, 이후에 저작된 『기신론소』와 『금강삼매경론』 등에 나타난 원효의 성숙한 불교 이해가 이미 깊이 있게 진행되고 있음을 보여 준다.

『이장의』에서 이장二障이란 번뇌장煩惱障과 소지장所知障이다. 두 가지 장애 중에서 번뇌장은 심을 염오시키는 여러 요소들을 지칭하는 개념으로서 이것들을 묶는 일종의 상위 범주로 사용된 반면, 소지장은 유식학파

---

[1] 김상현, 「輯逸勝鬘經疏: 勝鬘經疏詳玄記 所引 元曉疏의 編輯」『불교학보』30(동국대학교 불교문화연구원, 1993)은 凝然이 편집한 『勝鬘經疏詳玄記』에 원효의 『勝鬘經疏』의 내용이 많이 인용되고 있다고 지적한다. 최근 『勝鬘經疏』의 연구에 대해서는 김홍미, 「『승만경』 일승장에 대한 원효의 해설」『한국불교학』80(한국불교학회, 2016) 참조.

에 의해 『보살지』에서 처음으로 전문 술어로 사용된 것이다. 원효는 이 두 가지 개념을 통해 대소승 일체의 번뇌를 종합해서 논의하고자 한다. 그런 시도는 유식학의 일반적인 번뇌설 구성에서 보이는 특징이기 때문에 원효만의 고유한 것은 아니지만, 원효는 『이장의』의 특징적인 구성을 통해 그의 독자적이고도 체계적인 이해를 유감없이 보여 주고 있다. 그 특징이란 일체 번뇌를 '이장二障'의 주제로 묶고, 이를 각기 '현료문顯了門'과 '은밀문隱密門'으로 나누어 설명하면서, 각기 번뇌장과 소지장, 그리고 번뇌애煩惱碍와 지애智碍로 명명하는 것이다. 여기서 '현료문'은 『유가론』을 위시한 유식 문헌에서 설명한 방식이고, '은밀문'은 『승만경』이나 『기신론』 등의 여래장계 문헌에서 설명한 방식이다. 원효의 설명의 특징은 두 문을 위계적인 방식으로 구성하면서 '은밀문'의 번뇌애에 '현료문'의 번뇌장과 소지장이 포섭되는 것으로 해석하고 있다는 점이다. 이는 그가 여래장사상, 아니 정확히 말해 『기신론』 사상을 유식사상에 비해 상위의 심오한 가르침으로 보았다는 것을 의미할 것이다.

이와 같이 두 문의 설명에서 사용된 구별적인 경전의 인용에 의거해서 기존 연구에서는 원효가 『이장의』에서 제시된 '현료문'과 '은밀문'을 각기 어떤 특정한 학파의 체계와 관련시켜 일반적으로 논의하고 있다. 예를 들어 양자를 각기 신유식과 구유식의 체계를 반영하는 것으로서 해석하는 것이다. '현료문'의 경우 인용하는 문헌이 대부분 『유가론』을 위시한 현장의 번역서라는 점에서 이런 해석에 의문을 제기할 여지는 적지만, '은밀문' 이애二碍의 교설에 대해서는 여러 다른 견해가 제기되어 왔다. 오초 에니치가 이애의 교설이 구유식의 여래장사상에 의거하고 있다고 주장한 이래, 이를 발전시켜 정영사 혜원慧遠의 『대승의장』「이장의」의 영향을 받았을 것이라고 보거나 또는 『기신론』에 대한 독자적 이해에서 나왔을 것이라는 견해가 그것이다. 최근 최연식은 원효의 『이장의』와 혜원의 『대승의장』「이장의」 사이의 구성상의 차이를 명확하게 보여 주면서, 『이장의』

에서 이애의 내용과 조직이 사상계에서 당시까지는 크게 주목되지 않았던 『기신론』의 설명을 토대로 하고 있다고 지적하고 있는데,[2] 이는 『이장의』의 사상사적 위치를 자리매김하는 데 있어 주목할 만한 지적이다. 이는 『이장의』에서 시도된, 『기신론』을 중심으로 불교사상을 이해하는 방식이 후기 원효의 성숙한 불교 이해의 토대가 되었음을 보여 주는 것이라 생각된다.

하지만 본고에서는 이미 국내외 많은 학자들에 의해 주목되고 여러 차례 논의되었던 '은밀문'의 특징 대신에 '현료문'에 대한 원효의 이해가 어떠한 것인지를 논의해 보고자 한다. 우리가 '현료문'의 설명에 나타난 원효의 이해에 더 주목하는 이유는 그의 설명이 현장 문하의 학승들에 의해 편찬된 해설서보다 시기적으로 앞선, 현장 역서에 나타난 신유식사상에 대한 최초의 반응이라는 점에 있을 것이다. 본고는 원효가 현장 문하의 해석에 의존하지 않고 『유가론』 등의 신역 문헌에 대한 독자적 탐구를 통해 인도 유식사상을 이해하고 정리하고자 시도했던 사상가였다는 점을 보여 주고자 한다.

## Ⅱ. 『이장의』 이전 문헌에서 번뇌설의 구성과 조직

『이장의』에서 설해진 번뇌설의 의미를 적절히 평가하기 위해서는 먼저 불교사상사에서 번뇌설의 전개에 대한 선행적인 이해가 필요할 것이다. 『이장의』에 이르기까지 인도나 동아시아 불교에서 번뇌가 어떤 방식으로 체계적으로 논의되었는지를 아는 것은 원효의 주제 의식을 이해하는 데

---

[2] 최연식, 「元曉『二障義』隱密門의 사상적 특징―『大乘義章』 煩惱說과의 비교를 중심으로―」 『동악미술사학』 19(동악미술사학회, 2016) p.117 참조.

매우 필요할 것이다. 하지만 어떤 의미에서 번뇌설 자체가 불교의 교학 자체이기 때문에 여기서는 무엇보다 원효가 참조했을 것이라 추정되며, 또한 번뇌에 대해 체계적으로 기술한 두 개의 대승 텍스트에 한정해서 그 특징을 약설하겠다.

먼저 언급되어야 할 문헌은 진제眞諦(499~569)가 번역한 『중변분별론』 제2장 「장품障品」(T31.452b8~455a23)이다. 「장품」은 『이장의』와 유사하게 번뇌장과 소지장을 주제로 다루면서 양자를 보살과 성문에 대응시키고 있지만 여기서의 설명은 체계 구성에 목적을 두기보다는 번뇌와 관련된 전통적 주제인 구결九結 등과 번뇌를 제거하는 삼십칠보리분법과 십바라밀, 십지 등을 설할 뿐이다. 여기서 이장이 이들 여러 요소들과 어떤 포섭 관계가 있는지에 대해서는 상세히 언급되고 있지 않다. 『이장의』는 「장품」을 인용하고 있지 않으며, 따라서 내용이나 체재 구성의 측면에서도 거의 참조하지 않았다고 보인다.

다음으로 정영사淨影寺 혜원慧遠(523~592)의 『대승의장』 중의 「이장의」(T44.561b~564b)가 있다. 먼저 「이장의」의 전체적 구성을 요약해 보자. 「이장의」는 먼저 '1. 제목 해석'에서 12개 장障의 동의어를 나열하고 그 동의어들에 대해 정의내리고 있다. 그리고 '2. (장애) 자체의 설명'에서 내용을 두 부분으로 나누어 2.1에서는 『승만경』에서 설하는 견일처주지見一處住地, 욕애주지欲愛住地, 색애주지色愛住地, 유애주지有愛住地, 무명주지無明住地의 오주五住의 특징을 요약해서 제시하고 있다. 2.2에서는 그에 대한 개별적인 논의로서 번뇌장과 지장의 구별이 도입되고 있다. 첫 번째 구별에서는 사주번뇌가 번뇌장에 배속되고 무명주지는 지장에 배속된다. 두 번째 구별에서는 오주성결五住性結이 번뇌장에, 사중무명事中無明이 지장에 배속된다. 세 번째 구별에서는 오주성결과 사중무명이 번뇌장에, 분별연지分別緣智가 지장에 배속된다. 이를 도표로 나타내면 다음과 같다.[3]

| 제1번 | 煩惱藏=四住煩惱 | 智障 =無明住地<br>(=迷理無明) | |
|---|---|---|---|
| 제2번 | 煩惱障=五住性結 | | 智障=事中無明 |
| 제3번 | 煩惱障=五住性結及事無明 | | 智障=分別緣智 |

    제1번에서 이장의 구분 기준은 먼저 이승과 보살의 차이에서 설명할 경우, 이승은 번뇌장으로서 사주번뇌를 단하고 보살은 지장으로서 무명주지[4]를 단한다고 설명된다. 보살의 경우에 한정해서 설명할 경우 세간, 출세간과 관련하여 구분한다. 제2번에서 이장의 구분 기준은 번뇌장을 자성적으로 결結(saṃyojana)로서의 오주번뇌로 간주하고, 지장을 무명주지 중의 사중무명으로 보는 것이다. 여기서 사중무명은『잡심론』을 인용해서 말하고 있듯이 '불염무지不染無知'이다. 즉 염오되지 않았지만, 소지사所知事에 대해 명확히 알지 못하기 때문에 생겨나는 무지이다. 제3번에서 번뇌장은 제2번의 번뇌장과 지장을 포괄하며, 지장은 분별연지分別緣智로 제시되고 있다. 분별연지는 분별지지分別之智로 언급되기에 '대상을 분별하는 지' 정도를 의미할 것이다.

    형식적인 면에서 이장을 이와 같이 3중으로 중층 구성하는 방식이 「이장의」의 가장 커다란 특징일 것이다. 혜원은 각각의 구별에 대한 경중을 제시하면서 후자가 전자를 포괄하는 방식으로 이해하고 있다.『이장의』와 동일한 명칭을 가진 「이장의」의 이러한 중층 구조에 의거해서 이평래(1995: 355~372)는 '은밀문'의 이론 체계가 혜원의 번뇌설의 영향을 받

---

3 이 도표는 최연식(2016) p.106에 나오는 '그림 2'를 변형시킨 것이다.
4 위 도표의 제1번 지장의 분류에서 최연식의 도표와는 달리 단지 迷理無明만이 무명주지에 포함되는 것으로 도식화했다. 왜냐하면 제1번의 단계에서 지장으로서의 무명주지는 미리무명에 한정된 것으로서, 오직 '迷相'과 '迷實'로서만 설명되고 있기 때문이다.『大乘義章』(T44) 562b11 이하 참조. 문제는 무명이 미리무명으로 한정된다면 이를 지장으로 말할 수 있을까 하는 점이다.

았다고 주장하며, 또한 김수정(2013: 105~111)도 번뇌를 중층적으로 구분하는 방식의 유사성을 통해 영향 관계를 인정하고 있다. 양자의 유사성을 인정하는 이들 주장을 비판적으로 검토하면서 최연식(2016)은 두 '이장의' 사이에 형태상의 유사성이 보이는 것은 사실이지만, "『대승기신론』을 그대로 따르는 『이장의』와 달리 『대승의장』「이장의」는 『대승기신론』과 일부 비슷한 측면이 있기는 하지만 구체적인 번뇌의 구분에 있어서는 그와는 다른 기준을 제시하고 있는 것"이라고 강조한다. 그는 나아가 형태상의 유사성이 있다는 주장에도 비판적이다. 그에 의하면 "『대승의장』「이장의」의 경우 제3단계의 번뇌장은 제2단계의 번뇌장을 토대로 해서 거기에 새로운 요소가 추가되는 부가적 형식이지만[A'=A+B], 『이장의』의 경우 은밀문의 번뇌애는 현료문의 번뇌장을 토대로 새로운 요소가 추가된 것이 아니라 전혀 이질적인 현료문의 번뇌장과 소지장을 포섭하고 있는 형식이다."[5] 그리고 「이장이」와 「이장외」 두 텍스트에서 중요한 역할을 수행하는 무명이 오주번뇌와 어떤 포섭 관계를 맺는가 하는 문제에 대해서도 다른 이해를 보여 주는 점도 중요한 차이로서 지적될 수 있을 것이다.[6]

내용적인 면에서 고찰해 보아도 혜원의 중층적 이해 방식은 적어도 원효의 『이장의』가 깊이 의거하고 있는 『유가론』 등의 초기 유식 문헌에 따르는 한, 문제의 소지가 많은 해석으로 보이며 서로 일치하지 않는다고 보인다.

제1번에서 무명을 미리무명迷理無明으로 설명하는 경우 이 개념이 전통적인 아비달마의 무명 개념과 어떤 차이를 보여 주는지 불분명하며, 따라서 과연 이를 번뇌장과 구별된 지장으로 파악하는 것이 타당한가 하

---

5 최연식(2016) p.107.
6 두 문헌에서 무명 개념과 관련한 여러 논의에 대해서는 최연식(2016) p.112 참조.

는 문제를 제기할 수 있을 것이다. 이와 관련하여 주목되는 것은 제목 해석에서 장障의 동의어로 11개의 번뇌들을 나열하고 마지막에 다시 장障을 첨가한 설명이다. 여기서 나열되는 12개의 요소는 번뇌煩惱(kleśa), 사使(anuśaya), 결結(saṃyajana), 전纏(paryavasthāna), 박縛(bandhana), 류流(āsrava),[7] 와柂(*yoga), 취取(upādāna), 루漏(āsrava), 구垢(mala), 혹惑(kleśa), 장障(āvaraṇa/nīvaraṇa)이다. 이들 개념들은 모두 번뇌의 동의어로 사용되어 왔다. 그런데 여기서 장을 번뇌의 요소에 포함시킨 것이 혜원의 독특한 이해일 것이다. 왜냐하면 장은 후대 유식학파에 의해 번뇌장과 지장으로 이분되어 정형화되기 이전에는 일반적으로 번뇌장과 업장, 이숙장을 묶는 상위 개념으로서, 여기에는 단지 번뇌뿐 아니라 업과 그 과보까지 포함하는 개념이기 때문이다. 따라서 번뇌장뿐 아니라 지장도 번뇌로서의 장 개념에 포함시킨다면 이는 유식학파의 이해와 상위할 수밖에 없을 것이다.

제2번에서 이장의 해석은 온건하며 특히 사중무명으로서의 지장智障을 염오되지 않은 무명으로 해석하는 것은 지장이 보살도의 맥락에서 일체종지를 획득하기 위해 도입된 것임을 고려할 때 지장의 원래 맥락과 근접한 것이라 생각된다. 왜냐하면 지장이란 이 개념이 처음 정의된 「보살지」에서 지장, 즉 현장의 역어로 소지장所知障이란 "인식 대상(=所知)에 대한 지의 막힘이 (소지)장障"[8]으로 설명되고 있다. 이는 보살이 이타행을 완성시키기 위해 필요한 여러 인식 대상에 대한 '염오되지 않은' 무지를 의미하기 때문이다.

하지만 제3번에서의 번뇌장과 지장의 해석은 매우 독특하며 이장의 맥락을 벗어난 것으로 보인다. 여기서 번뇌장은 사중무명을 포괄하는 것으로 설명되고 있는데, 혜원은 『승만경』에서 말하는 오주와 기起가 모두 번

---

7 '流' 개념은 예를 들어 眞諦의 『三無性論』에서 '漏'와 혼용되어 사용되고 있다.
8 BoBh 38,19: jñeye jñānasya pratighāta āvaraṇam ity ucyate.

뇌장으로서 각기 오주번뇌와 사무지事無知를 가리킨다고 해석하고 있다.[9] 그렇지만 어떻게 염오되지 않은 무명이 번뇌장에 속할 수 있는지 납득이 되지 않는다고 고백해야 할 것이다. 또한 분별연지分別緣智를 지장이라고 설하는 것도 지장의 맥락을 넘어선 것으로 보인다. 분별연지가 분별지지分別之智로서 '(대상을) 분별하는 지'라고 한다면, 이는 대상을 분별하는 모든 의식작용이 바로 지장이라고 설하는 것으로 이장二障의 맥락이라기보다는 무분별지를 획득하기 위한 방식이라고 보인다. 사실 이런 해석은 "분별하는 지가 무분별혜를 증득하는 것을 장애한다."[10]고 하는 어의 해석이나 또는 "마치 약이 병을 치유하지만, (병이 난 후에도) 약을 제거하지 않으면 약이 도리어 병환이 되는 것과 같다."[11]는 비유에서도 분명히 드러난다. 여기서 지장이란 인식 활동 자체가 장애가 된다는 의미로 이해되고 있다. jñeya-āvaraṇa를 소지장 대신에 지장으로 번역함에 의해 촉발되었던 것으로 보이는 이런 이해가 분명 무분별지의 맥락에서나 심심실의 맥락에서 의미를 갖고 있음은 분명하지만, 이를 이장의 맥락에서 지장에 적용시키는 혜원의 해석은 과도한 것이다.

위에서 원효의 『이장의』와 제명이나 사상사적 영향 관계의 측면에서 관련이 깊을 것이라 추정되는 『중변분별론』 「장품障品」의 내용이나 『대승의장』 「이장의」의 구성상의 특징 등을 살펴보았다. 최연식(2016)은 '은밀문'의 연구에서 『이장의』가 비록 「이장의」와 유사한 용어를 사용하고 있지만 구성상의 측면이나 무명주지에 대한 새로운 이해, 그리고 『기신론』의 직접적 수용 등을 고려할 때 두 문헌 사이의 직접적 영향 관계는 과대평가될 수 없다고 지적하는데, 이는 '현료문'의 측면에서 두 문헌 사이의 관계를 고찰했을 경우에도 비슷하다고 생각된다.

---

[9] 『大乘義章』 "如勝鬘中. 五住及起. 同名煩惱. 明知五住及事無知. 是煩惱障." (T44. 563b)
[10] 『大乘義章』 "分別之智. 能礙眞證無分別慧. 故名智障." (T44. 563b)
[11] 『大乘義章』 "如藥治病. 若藥不去藥復成患. 此亦如是." (T44. 563b)

앞에서 「이장의」의 3중 구조에 대한 해석상의 문제 제기에서 보았듯이 혜원의 이장二障 이해는 혼란스러운 면이 없지 않다. 특히 이를 현장이 번역한 신역 유식 문헌의 관점에서 보았을 경우에는 더욱 그럴 것이다. 우리는 원효가 『유가론』의 연구를 통해 이런 문제점들을 명확히 의식했으며, 이를 해결하기 위해 '현료문'의 이장설은 현장이 번역한 『유가론』 등의 유식경론에 따라 구성하고, 오주번뇌설을 토대로 한 이애二礙설은 주로 『기신론』에 의거하면서 체계화시킨 것은 아닐까 생각한다. 여기에 「이장의二障義」의 위계적 해석 방식이 당시의 교판적 사고와 어우러져 영향을 주었을 것이다.

그럼 이하에서는 『이장의』 '현료문'의 설명이 얼마나 깊이 『유가론』 등에 의거해 있는지를 보자.

## Ⅲ. 『이장의』의 구성과 설명상의 특징

『이장의』의 특색을 한마디로 규정하자면 불교의 번뇌설을 '현료문'과 '은밀문'으로 구분한 뒤에 각각에 번뇌장과 소지장 및 번뇌애와 지애의 두 장애에 배대하면서, 이장二障을 번뇌애에 포함시킨 점에 있다.[12] 그렇다면 원효가 두 문을 구별한 이유는 무엇일까? 그 이유를 알기 위해 우리는 먼저 두 문의 설명을 확정하기 위해 원효가 인용했던 경증을 검토할 필요가 있다.

앞에서 말했듯이 '은밀문'의 설명이 오주번뇌설을 토대로 하면서 그 해석에 있어서는 주로 『기신론』에 의거하고 있다면, '현료문'의 해석은 전적

---

12 원효는 이장을 '은밀문'의 번뇌애에 포함시킨 이유를 설하는 대신 번뇌애를 『기신론』의 6종 染心으로 간주하는 해석을 제시한다. 이 해석은 원효가 '현료문'의 설명에서 각각의 번뇌가 어떤 識과 상응하는가를 상세히 설명하는 것과 관련이 깊을 것이다.

으로 현장의 신역, 특히 『유가론』에서 설해진 번뇌의 설명에 의거하고 있다. 이는 그가 '현료문'의 번뇌설을 설명하는 데 있어 무려 49차례나 『유가론』을 직간접적으로 인용하고 있다는 사실에서도 드러난다. 더욱 『유가론』과 깊은 관련이 있는 『현양성교론顯揚聖教論』을 일곱 차례 인용한 것을 더하면 실제 '현료문'의 설명 방식은 거의 『유가론』에 의거하고 있다고 해도 과언은 아닐 것이다.

인용 횟수보다 더욱 인상적인 것은 『유가론』을 인용할 때, 이를 대부분 문의에 의거해서 축약해서 제시하고 있다는 점이다. 예를 들면 제4장 '섭제문攝諸門'에서 원효는 『유가론』에 산설되어 있는 128종의 번뇌설이나 104종의 번뇌설, 98종의 번뇌설 등을 각기 다른 기준을 갖고 구별해서 설명하고 있는데, 만일 『유가론』 자체에 대한 원효의 깊은 독서와 사색이 없었다면 이런 해명은 가능하지 않았을 것이다. 왜냐하면 『이장의』가 집필될 당시,[13] 현장 문하에서 『유가론』에 대한 이해는 비록 현장의 직제자들에게 설법의 형태로 전해졌을지는 몰라도 아직 주석서의 형태로 편찬되지는 않았기 때문에, 원효가 이를 참조했을 가능성은 없을 것이다. 따라서 『이장의』 '현료문'에 나타난 원효의 번뇌설 해석은 사실상 『유가론』에 대한 그의 독자적 이해의 결과라고 생각된다.

그럼 원효가 『유가론』을 중시한 이유는 무엇 때문일까? 먼저 텍스트 외

---

[13] 원효 저작의 상호 인용에 의거해서 추정해 본다면, 『二障義』는 대략 원효의 중기 저작일 것이라 추정된다. 『二障義』에는 자신의 저작인 『一道章』과 『기신론별기』가 언급되고 있는데, 특히 후자의 경우 현장이 647년 번역한 『유가론』이 인용되고 있기 때문에 적어도 650년대 이후의 저작임에 틀림없을 것이다. 나아가 『二障義』에는 현장이 번역한 『유가론』과 『현양성교론』, 『아비달마잡집론』 등이 많이 인용되고 있는데, 『유가론』의 전래 시기와 그것을 집중연구하기에 필요한 시간 등을 고려할 때, 『이장의』 찬술은 적어도 660년 전후일 것이다. 여기서 고려해야 할 또 하나의 중요한 사실은 『이장의』에 659년 번역된 『성유식론』이 인용되고 있지 않으며 그 주요 술어도 언급되고 있지 않다는 점이다. 『성유식론』이 동아시아 불교학에 주었던 커다란 영향을 고려하면, 『이장의』 집필 당시 원효는 이 저작을 접하지 못했던 것이 확실할 것이다.

적인 이유로서 당시 불교계에 현장의 번역이 불러온 인도의 최신 유식사상에 대한 신드롬을 들 수 있을 것이다. 당시 중국불교의 섭론학파에서는 진제의 『섭대승론』 해석에 나타난 대로 유식설을 여래장사상과 관련시켜 해석하려는 경향이 나타나지만,[14] 이런 해석이 새로운 현장의 유식 문헌 번역에 의해 비판되었고 이는 원효에게도 알려졌을 것이다. 현장의 번역을 접하기 이전에 원효는 분명 구유식의 문헌들을 통해 유식과 여래장사상 등에 대해 연구해 나갔을 것이지만, 적어도 최신 유식학에 대한 정보를 섭렵하려는 입장에서 신유식에 대한 연구는 불가피했을 것이다.

다음으로 텍스트 내적인 이유로서 『유가론』이 가진 사상사적 특성을 거론할 수 있을 것이다. 슈미트하우젠 등이 우리에게 보여 주었듯이 『유가론』은 다수인에 의해 편찬된 텍스트로서, 여기에 초기 유식사상을 형성한 여러 이질적인 흐름들이 내포되어 있다. 원효는 『유가론』에 대한 연구를 통해 이들 이질적이고 상호 모순된 것처럼 보이는 진술들을 하나의 해석학적 관점에서 회통시켜 이해할 필요성을 느꼈을 것이다. 이는 이미 『기신론별기』에서 공·유의 회통에 의해 드러나는 원효 사상의 특징이지만, 『이장의』에서는 보다 구체적인 교학적인 문제의 해석에서 텍스트 상호간의 모순을 회통시키려는 태도가 두드러진다. 예를 들어 8식과 3성에 따른 소지장의 구별에서 법집무명이 소지장이며 제6식과 제7식에만 있다고 하는 '해석1'과 법집의 분별은 8식 전체에 통한다고 보는 '해석2'를 각기 별문別門의 거친 관점과 통문通門의 미세한 관점에 선 해석이라고 평가하면서 두 가지 설명에 모두 도리가 있다고 회통하는 '해석3'의 방식이 그것이다.[15] 이러한 회통적 사유를 적용하기 위한 가장 좋은 경우가 동일한 문제에 대한 다양한 의견이 개진된 『유가론』과 같은 문헌이었을 것이다.

---

14 이에 대해서는 吉村誠, 『中國唯識思想史硏究』(東京: 大藏出版, 2013) pp. 69~70 참조.
15 『二障義』(H1. 792c~793a).

그렇지만 『이장의』의 번뇌설이 구성과 내용의 두 측면에서 혜원의 「이장의」와 갈라지게 된 가장 큰 이유는 소지장에 대한 이해에 있다고 생각된다. 앞에서 보았듯이 세 단계의 중층적 구성에 나타난 지장의 특징은 그것이 번뇌장과 같은 종류의 성질을 가진 보다 심층적인 번뇌라는 것이다. 적어도 지장으로서의 제1번의 미리迷理무명의 경우 혜원은 지장을 인지적 번뇌로서 간주하며, 제3번의 분별연지의 경우에는 모든 종류의 인지적 지혜 자체를 지장으로 보는 것이다. 하지만 원효는 소지장을 '법집 등의 망상분별'로 간주한다. 즉 대상이 자체적으로 자성을 갖고 실재한다고 파악하는 그러한 분별적 사고 작용을 소지장이라고 보는 것이다. 여기에는 지智 자체가 장애라는 의미는 없고, 다만 대상이 존재한다고 하는 그런 파악이 문제되는 것이다. 이러한 원효의 '소지장' 개념에는 『유가론』의 이해가 저변에 놓여 있다고 생각된다. 왜냐하면 『유가론』에서 소지장이란 법집을 일으키는 분별로 간주되기 때문이다. 실제 원효는 여러 번뇌설의 설명에서 8종 분별을 소지장에 대한 설명이라고 간주함으로써[16] 이를 분명하게 보여 준다. 이렇게 소지장을 이해한다면 혜원의 세 단계의 중층적 이해가 『이장의』에 적용될 여지는 거의 없게 될 것이며, 따라서 『이장의』의 구성이 혜원의 「이장의」와 직접적 관련이 없다고 하는 최연식(2016)의 주장은 내용적으로 지지될 수 있을 것이다.

위에서 우리는 원효가 『유가론』의 이해를 토대로 해서 『이장의』의 '현료문'의 번뇌설을 구축하고 있다고 주장했다. 하지만 그가 『유가론』의 설명을 그대로 수용한 것은 아니라 이를 문헌 전체의 맥락에서 의미에 맞게 보완해서 이해했다고 생각되며, 그 단적인 예가 '일심一心'에 대한 『이장의』의 해석일 것이다. '일심'이 원효의 사상에서, 특히 『기신론소』에서 차지하는 위치를 고려할 때, 그것에 선행하는 『이장의』에서 이 개념이 어떻

---

[16] 『二障義』 "如是八種妄想分別, 是顯了門 所知障攝." (H1, 800c)

게 사용되고 어떤 의미를 갖는지를 논구하는 것도 매우 중요할 것이다.

'일심'이 언급되는 곳은 견도見道의 안립安立을 2종으로 구별하는 맥락에서 나온다. 여기서 견도는 (i) 성교안립도리聖敎安立道理 (ii) 내증승의도리內證勝義道理에 따라 구별된다. (i)은 이승에 있어서는 16심 찰나의 견도설로서, 보살에 있어서는 3심 찰나의 견도설로서 다시 구분된다. (ii)에서 '일심'이 "삼승의 성인이 견도에 들어갈 때에 오직 일심에 내적으로 진여를 증득하는 것으로, (이승의) 16심과 (보살의) 3심의 차이는 없다. 일심이란 관에 들어간 (심)에게는 오직 하나의 품류만이 있어 전후 유사하여 차이가 없기 때문에 '일심'이라고 부르는 것이지, 찰나의 관점에서 일심이라고 부르는 것은 아니다."[17]라고 정의되고 있다.

이 설명에서 흥미로운 것은 먼저 「섭결택분」(T30, 625a6~16)과 동일한 용어를 사용해서 성교안립도리와 내증승의도리라는 두 방식으로 견도를 구별하는 점이다. 「섭결택분」의 경우 전자를 9심 찰나의 견도설로 배대하고 있어 차이를 보여 주지만, 후자의 경우 동일하게 '일심'이란 단어를 사용하고 있다. 여기서 "일심이란 진여를 증득하는 지智와 상응하는 심의 종류로서 불리며, 견도의 구경"[18]이라고 정의되고 있다.

여기서 주목되는 것은 일심에 대한 『이장의』의 규정이 「섭결택분」과 미묘하게 다르다는 점이다. 두 텍스트 모두 일심이 진여를 대상으로 하는 심이라고 생각하는 점은 비슷하지만, 『이장의』는 보다 적극적으로 '일심'이 모든 삼승에 공통된 견도에서의 심 작용이며, 나아가 '일심' 즉 하나의 심은 시간적인 찰나의 맥락이 아니라고 강조하는 점이다. 진여의 인식이 반드시 보살에게만 고유한 것이 아니라는 점은 『해심밀경』 등에서 7종 진여 중 뒤의 네 진여가 사성제에 배대된다는 점에서[19] 이미 초기 유식 문헌

---

[17] 『二障義』 "次明內證勝義道理者, 三乘聖人入見道時, 唯有一心內證眞如, 無有十六及三差別, 言一心者, 入觀之內唯有一品前後相似無差別, 故說名一心, 非約刹那名爲一心." (H1, 803a)
[18] 『瑜伽論』 "第二建立增上力故說有一心, 謂唯依一證眞如智相應心類, 見道究竟." (T30, 625a)

에서 확인되는 바이지만, 원효의 뛰어남은 그 차이를 자신의 사유에 의해 보완, 설명하고 있다는 점이다. 원효는 삼승이 모두 일심에서 진여를 증득한다면 그 차이는 어디에 있는지 물으면서, 『유가론』을 인용하면서 그 차이점을 상세하게 밝히는데, 그 해석의 바탕에 자신의 깊은 교학적 성찰이 놓여 있음을 보여 준다.

여기서 원효는 세 가지 점에서 이승의 견도와 보살의 견도를 구별하고 있는데, 특히 흥미로운 것은 두 번째 구별이다. 여기서 원효는 「섭결택분」의 소위 '오사장五事章'을 축약, 인용하는데, 이를 다시 요약해 보자.[20] 법계에는 차별상과 자상 2종의 상이 있다. 차별상은 다시 본래 생기함이 없는 성질(法性)과 소멸함이 없는 성질로서의 상주상과 번뇌의 때를 여읜 성질로서의 적정상으로 나뉜다. 반면 자상이란 상相·명名·분별分別·진여眞如·정지正智[21]에 포섭되는 일체의 법에 변계소집자성이 자성적으로 존재하지 않는 것으로서의 법무아성이다. 전자는 (이승만의) 법계통달이고, 후자는 보살의 법계통달인데 양자를 모두 포함한다고 설명된다. 여기서 흥미로운 것은 자상을 '오사에 포함되는 일체법에 변계소집자성이 자성적으로 존재하지 않는 것으로서의 법무아성'으로 정의하는 것이다. 법무아성이 원성실성의 동의어이기 때문에, 이 정의는 Tr 21cd에서 "원성

---

19 『해심밀경』(SNS VIII. 20. 2)에서 7종 진여는 다음과 같이 정의되고 있다. ① 流轉眞如는 일체제행에 선후가 없는 것이다. ② 實相眞如는 모든 법이 개아의 무아와 법의 무아라는 사실이다. ③ 了別眞如는 제행이 단지 唯識이라는 것이다. ④ 安立眞如는 사제 중에서 苦諦이다. ⑤ 邪行眞如는 集諦이다. ⑥ 淸淨眞如는 滅諦이다. ⑦ 正行眞如는 道諦이다.

20 『유가론』「섭결택분」(T30. 738a=VinSg (D) Zi 100b7~101b1)을 축약한 것이다.

21 相(nimitta)·名(nāman)·分別(vikalpa)·眞如(tathatā)·正智(samyagjñāna)의 이 다섯 요소는 五事(pañca-vastu) 또는 五法(pañca-dharma)의 범주하에서 심적 이미지와 언어, 의식 작용과 의식을 벗어난 있는 그대로의 존재, 그리고 이를 인식하는 지혜의 관계를 설한 것이다. 오사의 범주는 「보살지」 '진실의품'에 대한 「섭결택분」에서 조직적으로 설해지고 있으며, 유식학파의 삼성설의 선행 이론으로 평가되고 있다. 이에 대해서는 Jowita Kramer, *Kategorien der Wirklichkeit im frühen Yogācāra* (Wiesbaden: Reichert, 2005) 참조.

실성이란 후자(=의타기성)가 전자(=변계소집성)을 항시 여읜 것"이라는 세친의 정의와 크게 다르지 않을 것이다. 이런 원성실성의 측면에 대해 안혜 安慧(Sthiramati)는 무변이성(avikāra)으로서의 원성실성, 즉 자성청정自性淸淨으로서의 원성실성을 가리키고 있다고 주석한다.[22] 만일 이런 대응 관계가 정확하다면, '오사장五事章'이 말하는 자상이란 불변이성으로서의 원성실성을 가리킨다고 보인다. 원효는 바로 이 무변이로서의 원성실성을 보살이 견도에서 증득하는 '일심'이라 해석하는 것이다.

## IV. 『이장의』'현료문'에 나타난 원효의 이해의 특징

이하에서는 『이장의』의 번뇌장과 소지장의 설명과 관련하여 원효의 이해에 나타난 독자성을 보여 주기 위해 『이장의』의 설명을 『유가론』에 산설된 여러 번뇌설과 비교해 볼 것이다. 이 설명은 특히 제4장 '섭제문攝諸門'에서 번뇌의 상호 포섭 관계를 보여 주는 해석에 잘 나타나 있다. 여기서 여섯 가지 번뇌설을 소개하고 있는데, 마지막 둘은 '은밀문'의 설명이기 때문에 본 논의에서는 제외하고 '현료문'의 관점에서 제시된 앞의 네 가지 번뇌설에 대해 다루겠다. 네 가지 중에서 앞의 셋, 즉 128종과 104종, 98종의 번뇌설은 '번뇌장'과 관련된 것이며, 네 번째 8종 분별은 '소지장'과 관련된 설명이다. 이 개소들과 관련해서는 기基(632~682)의 『유가론약찬瑜伽論略纂』과 도륜道倫의 『유가론기瑜伽論記』에 유식 논사들의 해석이 보이기

---

[22] Tr 21cd: niṣpannasya tasya pūrveṇa sadā rahitatā tu yā. 이에 대한 Sthiramati의 주석은 "무변이의 성취에 의해서 그것은 완전히 성취되었다."(TrBh 124,8: avikārapariniṣpattyā sa pariniṣpannaḥ)이다. 유식 문헌에서 이 개념의 의미에 대해서는 안성두, 「眞諦의 『三無性論』에 나타난 삼성설 해석의 특색_인도유식문헌과 관련하여 (I)」『인도철학』 41(인도철학회, 2014) pp. 337~344 참조.

때문에[23] 원효의 해석상의 특징을 파악하기 좋다고 보인다.

## 1. 번뇌장과 관련된 분류: 128종, 104종 및 98종의 번뇌설

128종 번뇌는 『유가론』「본지분」(T30,313b21 이하)에서 제시된 번뇌설로서, 『현양성교론』, 『아비달마집론』 등에 채택된 유식학파의 정통 번뇌설이다. 기본적으로 128종 번뇌의 구분은 삼계와 사성제, 그리고 견도와 수도에 따른 분류라는 점에서 104종이나 98종 번뇌의 구분과 같은 분류 체계에 의거하고 있으며, 따라서 비슷한 분류 유형이라고 간주할 수 있을 것이다. 각 단계에서 제거되어야 할 번뇌 수의 차이는 형태적으로는 유신견과 변집견, 그리고 계금취를 사성제와 수도의 다섯 영역에 모두 배열하느냐, 아니면 어느 특정한 영역에만 배정하느냐의 문제로 환원될 것이지만, 내용적으로는 그 차이에 의해 특히 유신견과 변집견의 성격과 기능에 대한 판이한 이해가 도출되기 때문에 학파적 이해의 시금석 역할을 했을 것이다. 그럼 먼저 『이장의』의 설명을 보자.

앞부분에서 원효는 128종 번뇌설의 도식을 10종 번뇌와 삼계, 5부와 관련하여 압축해서 제시하고 있다. 그리고 10종 번뇌를 전도의 근본과 전도, 전도의 등류에 따라 구분하면서, 전도의 근본인 무명 때문에 심이 어두워져서 그것에 의거해 아견 등을 일으키고, 이에 따라 다른 모든 번뇌가 일어나서 각각의 사제에 대해 미혹하게 된다고 설명한다. 그리고 욕계에서 수소단의 번뇌가 6종인 이유를 유신견과 변집견의 구생俱生(sahaja)과 관련하여 "내적으로 자체에 대한 계탁이 빈번히 일어나고 자발적으로 현행하기 때문(以彼二見, 內計自體恒時數習, 是故亦有任運現行)"(H1,799a11~12)이라

---

[23] 『瑜伽論略纂』과 『二障義』 중에서 어떤 것이 이른 저작인지는 확정할 수 없지만, 『瑜伽論略纂』이 『成唯識論』을 인용하고 있다는 점에서 『二障義』보다 후대라고 생각된다.

고 설명한다. 그리고 수소단의 다른 네 번뇌는 육식에 의해 일어난 것뿐 아니라 제7식과 상응하는 네 번뇌와 같은 것이라고 해석하는데, 비록 이 문제가 『유가론』의 해당 구절에서 논의되고 있지는 않지만 원효는 이를 마나스와 상응하는 혹을 지칭한다고 해석하고 있다.

이러한 원효의 설명이 결코 친절한 것은 아니지만, 128종의 분류의 의미와 기준을 명확하게 『유가론』의 취지에 따라 이해하여 요약한 것이라고 생각된다.[24] 수소단에 유신견과 변집견을 포함시킨 이유를 두 견에 구생의 측면이 있기 때문이라고 보는 원효의 해석이 『성유식론』(T31.33a6~7)의 설명과 일치한다는 것은 말할 나위도 없지만, 그 이유로서 '내적으로 자체에 대한 계탁이 빈번히 일어나고 자발적으로 현행하기 때문'이라는 것은 오히려 『유가론』 자체의 해독에서 나왔을 것이라고 생각된다. 왜냐하면 이 이유는 128종 번뇌설이 처음 제시되는 「본지분」(YBh 162, 11~13)의 살가야견薩迦耶見과 변집견의 정의에 나오는 '임운실념任運失念(naisargikaṃvā punaḥsmṛtisaṃpramoṣam)' 및 '불분별不分別(anirdhārita)' 개념에서 직접 파생되는 것이기 때문이다. 이 용어를 사용함으로써 「본지분」은 살가야견에 구생의 측면을 인정하고, 그럼으로써 번뇌의 수를 유부의 98종의 분류를 넘어 확장할 수 있었기 때문이다.

두 번째 번뇌장에 속하는 설명으로서 「섭결택분」에 나오는 104종의 번뇌설이 제시된다. 이 설명은 『유가론기』(T42.677b28~29)에 따르면 원래 경량부의 번뇌설로 판정되지만, 원효는 이에 대해 언급하지 않고 다만 어떤 방식으로 104종의 분류가 도출되는지를 설명한다. 128종 번뇌설과의 형

---

[24] 번뇌의 분류와 설명에서 원효는 대부분 『瑜伽論』의 취지에 따르고 있지만 한 가지 예외는 邪見에 대한 설명이다. 『二障義』에서 원효는 사견이 미혹한 인식 대상을 진여와 불성 등의 진리라고 함으로써, 『瑜伽論』(T30. 313c)이 사견을 원인과 결과, 작용 및 실재하는 사태의 부정(撥因, 撥果, 或撥作用, 壞眞實事)이라고 보는 것과 달리 해석하고 있다. 뒤따르는 구절에서 이승의 사견과 비교하는 것으로 보아 원효는 여기서의 사견을 대승인의 사견이라고 보기 때문에 다른 해석을 제시했다고 생각된다.

태상의 차이는 살가야견과 변집견의 두 번뇌가 단지 견고소단으로만 간주된다는 점이다. 그 이유는 '두 가지 견은 바로 고제의 무아와 무상의 두 행상과 반대되기 때문에' 잘못된 이해를 일으키지만, 다른 세 가지 진리에 대해서는 잘못된 이해를 일으키지 않기 때문이다. 원효는 두 가지 견이 수소단修所斷의 번뇌에 포함되지 않는 이유에 대하여 '견도를 얻은 후에 이것들을 일으키는 자가 적기 때문에 이 설명 방식(門)에서는 생략하여 설하지 않았다.'고 한다.

이에 비해 『유가론약찬』은 128종 번뇌설과 차이가 나는 이유를 설하는 방식의 차이 때문이라고 하면서, 128종 번뇌설은 번뇌미제문煩惱迷諦門의 관점에서 설한 것이고, 104종은 제행대치문諸行對治門의 관점에서 설한 것이라고 구별한다. 대치의 관점에서 고제 아래에만 공과 무상의 행상이 있고, 이들 각각이 아견과 변집견의 대치가 되기 때문이라고 설명한다. 나머지 진리에는 이들 (행상)이 없기 때문에 설하지 않은 것이다. 그리면시 『유가론약찬』은 '상견도相見道'라는 술어를 사용하여 이 번뇌설 역시 견도에 대한 임의적 규정에 지나지 않는 것이라고 보면서, 모든 번뇌는 모두 공과 무아의 행상에 의해 끊어지며, 미혹된 상황에 따라 설해진 것이기 때문에 '견소단見所斷'이라고 부른다고 하면서, 실제로는 사제의 이치를 개별적 대상으로 해서 번뇌를 제거하는 것은 아니라고 부연, 설명하고 있다.

이상과 같은 104종 번뇌의 설명에서 『유가론약찬』의 제행대치문에 따른 살가야견과 변집견에 대한 설명은 '무아'가 '공'의 행상으로 대체된 것을 제외하면 의미상으로 『이장의』와 큰 차이는 없을 것이다. 가장 큰 차이는 '상견도'라는 술어의 사용이다. 이 술어가 『성유식론』(T31,50a20~b11)에서 진견도眞見道(*tattva-darśanamārga)와 상견도相見道(*nimitta-)라는 용어로 견도를 구분할 때 사용된 것을 고려할 때, 여기서 『유가론약찬』은 이들 번뇌설 자체가 견도를 상相(nimitta)에 따라 구분한 것에 지나지 않는다고 보는 것이다. 흥미롭게도 『이장의』는 동일한 이해를 다른 방식으로[25] 풀어 설명하고 있는데, 이는 원효가 당시 『성유식론』을 보지 못했다고 하는 강력한 증거일 것이다.

세 번째로 98종 수면설이 있다. 사실 이 번뇌설은 유부의 번뇌설로 알려진 것이지만,[26] 원효는 이런 학파적 유래에 대해서는 설명하지 않고, 여기서도 98종의 숫자가 어떻게 도출되는가를 명확히 하려는 데 초점을 맞추고 있다. 원효는 이를 세 가지 번뇌가 다르게 해석되고 있기 때문이라고 올바르게 지적한다. (i) 먼저 살가야견과 변집견을 다만 견고소단으로 규정하는 방식이다. 이런 파악 자체는 104종 번뇌설과 같지만 원효는 그 차이를 다음과 같이 설명한다. "이 설명 방식에서 모든 번뇌는 아견을 근본으로 삼는다고 설했다. 자아가 존재한다는 견해 때문에 사제를 두루 비방하고, (변견·사견·견취·계금취의) 네 가지 잘못된 견해에 의거하여 상응하는 대로 나머지 번뇌를 일으킨다. 그러므로 사제에 대한 미혹의 구별이 있다." (ii) 두 번째 차이는 계금취를 모든 사제에 미혹된 것으로 보는 것이 아니라, 단지 고제와 도제에 미혹된 것으로 보는 방식이다. 이를 위해 『이장의』는 독두계취獨頭戒取와 족상계취足上戒取[27]라는 용어를 사용

---

[25] 『二障義』(H1.799c) "上來三門. 直是顯了門內 煩惱障攝. 然此三門. 但隨一相 說其邪行 迷執差別. 未必一向定爲然也."[이상의 (번뇌의 종류에 대한) 세 설명 방식은 직접 '현료문' 내의 번뇌장을 포함한 것이다. 그러나 이 세 설명 방식은 다만 하나의 특징에 따라서 그 사행과 미혹의 구별을 설한 것이지, 반드시 한결같이 그렇게 정해졌다는 것은 아니다.]

[26] 98종 수면설은 설일체유부의 정통적인 번뇌설로서, 여기에 10종의 纏을 더하면 108번뇌설이 된다. 이 교설은 아비달마 초기 문헌인 『법온족론』에서 견소단의 88종의 번뇌의 숫자가 제시되고 있기 때문에 유부의 최초기에 이미 형성되었다고 보인다. 여기에 수소단의 10종을 더하면 유부가 확정한 98종의 수면설이 형성되기 때문이다. 이에 대해서는 櫻部健,「九十八 隨眠說의 成立에 ついて」『大谷學報』35-3(大谷大學, 1955) 참조.

[27] 현존 자료에 대한 CBETA 검색에 의거하는 한, 계금취를 獨頭戒取와 足上戒取의 두 종류로 분류하는 가장 오랜 자료는 668년 道世가 편찬한 『法苑珠林』(T53.834c7 이하)이다. 하지만 이럴 경우 『二障義』의 저작 연도를 670년 이후로 잡아야 하는데, 원효 저작의 상호 인용에서 볼 때 받아들이기 어려울 것이다. 따라서 이들 용어가 진제의 『구사

하여 계금취가 왜 고제와 도제에만 미혹되었는지 이유를 설명하고 있다. (iii) 마지막으로 수도소단에서 구생의 신견과 변견을 설하지 않는 이유는 양자가 탐진 등과 비교해 오류가 적기 때문에, 번뇌에 포함시키지 않고 수소단의 삿된 지혜에 포함시키는 것이라고 해석한다.

98종의 번뇌설의 특징에 대한 원효의 해석에서 주목되는 점은 두 가지이다. (i)의 해석에서 주목되는 것은 98수면설의 특징을 아견이 모든 번뇌의 근본이라고 말하는 점이다. 아견 때문에 다른 네 가지 견해도 따라 생겨난다는 의미이다. 유부의 번뇌설에서 아견의 핵심적 역할에 대한 후라우발너(2007)의 연구도 있지만, 원효는 그 이유를 보다 부연해서 '아견은 반드시 현재 자신의 오온을 대상으로 하기 때문'이라고 해석하고 있다. 여하튼 이 설명은 무명을 중심으로 다른 번뇌가 일어난다고 설하는 128종의 번뇌설이나 10종 번뇌가 각기 사제에 미혹되어 있기 때문에 일어난다고 말하는 104종의 번뇌설과 대조된다.

(ii)에서 계금취가 모든 사제에 대해 미혹된 것이 아니라 고제와 도제에 대해서만 미혹되었다고 하는 이유를『구사론』은 다음과 같이 설명한다. "만일 계금취가 원인이 아닌 것을 원인이라고 보는 견해라면 왜 그것은 견집소단이 아닌가? 답: 자재천(Iśvara)이나 생주生主(Prajāpati) 또는 다른 존재를 원인이라고 보는 자는 그것을 영원하고 단일한 아트만이나 행위자로 보는 것이다. …… 그러한 상집常執과 아집我執은 오직 고제를 봄에 의해 제거된다. 따라서 그 (두 집착에) 의해 형성된 원인에 대한 집착도 바로 (고제를 봄)에서부터 제거된다."[28] 이 설명은 원효의 설명과 취지가 완전히 다르기 때문에 원효가 이에 의거하여 해설했다고 생각되지는 않는다. 그렇다면 원효의 이 설명은 어디서 유래한 것일까? CBETA 검

론』이래 계금취의 설명을 위해 당시 일반적으로 사용된 것이라고 보는 편이 합당할 것이다.

[28] AKBh 282,13~19.

색에 따르면, 현존 문헌 중에서 독두獨頭와 족상足上이란 용어는 『법원주림法苑珠林』(T53.834c7~23)에서 처음으로 검색된다. 여기서 이 개념들의 유래를 밝히는 등 친절히 설명하고 있지만, 2종 계금취를 모두 도道와 관련된 집착으로 설명하기 때문에 원효의 이해와 내용적으로 직접 연관되지 않으며, 시기적으로도 『이장의』와 관련이 없다고 생각된다. 따라서 현존 자료에 의거하는 한, 원효의 이해는 계금취 자체의 정의와 그 의미를 고찰함에 의해 도출된 것이 아닐까 생각한다.[29]

## 2. 소지장과 관련된 8종 분별

원래 8종 분별설은 「보살지」에서 처음으로 설해지지만, 원효는 『현양성교론』에 따라 8종 분별과 3종 사태를 설명한다. 8종 분별이란 자성분별自性分別, 차별분별差別分別, 총집분별總執分別, 아분별我分別, 아소분별我所分別, 애분별愛分別, 불애분별不愛分別, (애불애) 양자와 다른 분별이다. 앞의 세 분별은 분별과 희론의 근거(所依)이며 대상(所緣)이라는 사태(事, vastu)를, 다음 두 분별은 유신견과 아만이라는 사태를, 뒤의 세 분별은 탐·진·치라는 사태를 산출한다.

이에 대한 원효의 해석은 매우 명확하고 독창적이다. 그는 앞의 세 가지 분별이 내육처內六處로서의 토대와 외육처外六處로서의 대상이라는 사태를 산출하며, 그리고 이것에 의해 훈습된 명언종자名言種子[30]라는 것이다. 이러한 사태는 18계의 법이 3종 분별의 훈습에 의하여 생긴 (사태)를 총체적으로 포함하고 있는 것을 보여 준다고 해석하는 것이다. 여기서 분별의 근거와 대상인 내육처와 외육처는 당연히 번뇌장에 포함되지는 않

---

29 日本 東大寺 승려인 壽靈이 찬술한 『華嚴五教章指事』(T72.270ab)에 이 부분 전체가 한 글자도 빠지지 않고 인용되고 있는 것도 언급될 가치가 있을 것이다.
30 명언종자에 대해서는 앞의 각주 참조.

을 것이다. 나아가 원효는 뒤의 5종 분별을 제시한 이유에 대해 소지장이 번뇌장을 일으키는 증상연의 작용을 한다는 것을 보여 주기 위한 것이며, 이들 5종 분별에 의해 번뇌, 즉 아견과 아만 및 탐진치가 생겨난다고 말한다. 이와 같이 그는 8종 분별은 모두 '현료문'에 속한 소지장이며, 뒤의 5종 분별에 의해 산출된 사태는 번뇌장이라고 설명한다. 원효가 8종 분별을 원래 텍스트의 맥락을 충분히 고려해서 이해하고자 했다는 것은 이를 「본지분」'진실의품' 앞부분에서 설하는 4종 진실 중 네 번째 소지장정지소행진실所知障淨智所行眞實에 미혹된 것으로 간주하는 데에서도 확인할 수 있다. 왜냐하면 네 번째 진실이 지향하는 것은 진여이며, 8종 분별은 바로 진여를 변지하지 못했기 때문에 일어나는 것으로 '진실의품'[31]에서 설명하기 때문이다.

8종 분별을 설하고 있는 다른 주석과 원효의 설명을 비교해 보면 그의 해석의 탁월함이 잘 드러날 것이다. 먼저 『유가론약찬』(T43.138a7 이하)을 보면, 8종 분별을 법집 및 인집과 관련하여 두 가지로 배정하는 해석을 제시한다. 하나는 앞의 셋을 법집방편法執方便, 넷째와 다섯째를 오직 인집방편人執方便으로, 뒤의 셋을 삼독방편三毒方便으로 배정하는 해석이다. 다른 하나는 앞의 셋을 2집방편 양자에, 넷째와 다섯째를 오직 인집방편에 배정하는 해석이다. 이러한 『유가론약찬』 해석의 근거는 현장에 있을 것이며, 실제 우리는 『유가론기』(T42.511b26~513c2)의 장황한 설명 중에서[32] 8종 분별의 주제(出體)가 무엇인지에 대한 현장의 언급을 통해 적어도 8종 분별과 3종 사태의 주제가 법집과 인집으로 구별해 해석하는 것임을 본다. 혜경에 따르면 삼장, 즉 현장은 여기서의 주제는 "(8종 분별이)

---

[31] BoBh 50,22~24: tasyā eva tathatāyāḥ evam aparijñātatvād bālānāṃ tannidānato 'ṣṭavidho vikalpaḥ pravartate trivastujanakaḥ. sarvasattvabhājanalokānāṃ nirvartakaḥ.
[32] 『瑜伽論記』(T42.512b)에서 5종 주지와 8종 분별의 상호 포섭 관계의 언급은 『二障義』의 분류와 관련해 흥미로운 점이다.

근본법집과 인집을 일으킨다는 의미를 취한 것이다."³³ 이어지는 글에서 법집과 인집을 각기 보살과 이승에 관련시키면서,³⁴ 앞의 세 분별이 세 법집을 일으킬 때에 각기 심신의 복합체를 토대로 하고, 기세간을 소연所緣으로 하며, 그것들의 종자라고 설한다. 이는 위의 원효의 해석과 크게 다르지 않은 것이다.

 그렇지만 이러한 원효의 8종 분별에 대한 해석이 『이장의』 이전에 찬술된 다른 문헌에서 빌려왔다고 보이지 않는다. 8종 분별에 대한 추가 설명은 진제의 『삼무성론』(T31,869c29 이하)에 보이는데, 원효의 해석은 진제의 설명과도 다르기 때문이다. 그럼 진제의 해당 개소를 요약해 보자. 『삼무성론』은 분별을 크게 분별의 토대와 분별의 영역으로 대분하면서, 8종 분별에서 앞의 셋이 각기 희론분별戲論分別의 토대를 이루고, 희론분별의 영역을 만들며, 또 이런 사태에 의거해서 명名·상想·언言에 의해 일어나고 훈습된 희론분별이다. (희론분별의) 토대와 영역이 분별성(parikalpita-svabhāva)이고, 희론분별이 의타성(paratantra-svabhāva)이라고 설명한다.³⁵ 진제는 '석釋'에서 이를 능能-소所 관계로 부연해서 설명한다. 즉, 능能이란 희론 자체이며, 소所란 (3종 분별의 토대로서의) 사태와 (이것들의 영역으로서의) 명칭이다. 진제는 분별이 이 사태에 의거한다는 말을 「보살지」에 의거해서 명칭(名, nāman)과 관념(想, saṃjñā), 언어(言, abhilāpa)에 의해 일어난 분별과 관련된다는 의미라고 해설하면서,³⁶ 이들 셋을 각기 세細·

---

33 『瑜伽論記』. "出體者. 景述三藏言. 並取欲起根本法執人執."(T42,511c)
34 『瑜伽論記』. "此文即說八種分別. 但方便非雜染故. 根本法執望彼二乘雖非雜染. 若望菩薩即是雜染. 是故八分別心所生根本皆名雜染."(T42,511c) (이 문장은 바로 8종 분별이 염오된 것이 아니기 때문에 단지 방편일 뿐이다. 근본법집은 이승과 관련해서는 비록 염오된 것이 아니지만 보살과 관련해서는 바로 염오된 것이다. 따라서 심에서 생겨난 근본으로서의 8종 분별을 염오된 것이라 부른다.)
35 『三無性論』(T31,869c-870a).
36 名·想·言이 분별 작용과 관련해 수행하는 역할은 「보살지」 '力種姓品'[BoBh(D) 69,4~5]에서 '言說因(anuvyavahārahetu)'을 다룰 때 언급되고 있다. 여기서 세 개념의 관계는 명

추麤에 따라 세 분별에 대응시킨다. 그리고 "명칭과 관념과 언어에 의해 훈습된 분별을 희론분별이라고 하는 것은 이들 세 명칭을 영역으로 하여 분별을 일으키기 때문이다. 분별된 것은 훈습을 수반한 능분별의 대상이며, 능분별이란 곧 희론분별이다."[37]

이와 같이 『삼무성론』에서 8종 분별의 작용은 『이장의』와는 달리 삼성설의 관점에서 달리 해석되고 있기 때문에, 원효가 이 텍스트의 해석을 고려하지 않고 있다는 것은 분명할 것이다. 이렇게 볼 때, 원효가 제시한 해석이 비록 신유식의 해석과 비슷한 점도 있지만, 문헌 성립의 순서에서 볼 때, 이를 직접 참조한 것이라기보다는 원 텍스트 자체의 이해를 통해 도달한 독자적인 해석이라고 보는 것이 타당할 것이다.

## V. 맺는 말

위에서 설명했듯이 『이장의』는 『기신론별기』와 『기신론소』 사이의 문헌으로 660년 전후에 지어졌을 것이다. 원효는 이 저작에서 현장에 의해 번역된 『유가론』을 위시한 신유식 문헌에 대한 깊은 이해를 보여 주며, 여기서 제시된 번뇌설을 '현료문'의 번뇌설로 부르며, 이를 『기신론』을 중심으로 한 '은밀문'의 번뇌애에 포함시키고 있다. 원효는 이런 포함 관계를 번뇌와 식의 상응 관계 여부에 따라 규정하고자 했다고 보이며, 이것이 『이장의』 '현료문'의 서술상에 나타난 특징의 하나일 것이다. 이런 포섭 관계는 분명 중층적인 성격을 갖고 있지만, 최연식이 지적했듯이 이를 반드시

---

칭이 근본이 되고, 그것에 의존해서 관념이, 또 관념에 의존해서 언어가 나오는 것으로 설명되고 있다. 이들 셋이 언설인의 구성 요소이다.

[37] 『三無性論』 "名想言所熏習分別 名戱論分別者. 由緣此三名爲境界起於分別. 所分別卽有熏習能分別義. 能分別卽 是戱論分別."(T31, 8670a)

혜원의 『대승의장』의 영향으로 돌릴 필요는 없을 것이며, 오히려 교판적 해석이라는 당시 불교계의 조류를 반영하는 것이라 보는 것이 더 타당할 것이다.

필자가 보는 한, 『이장의』의 가장 큰 특징은 '현료문'의 이장의 설명에서 보이는 현장 역 유식 문헌에 대한 원효의 독자적 이해이다. 여기서 원효는 현장 문하의 어떤 주석서의 설명에 의거하지 않고 『유가론』에 대한 매우 깊이 있는 해석을 이끌어 내고 있다. 따라서 우리는 비록 『이장의』가 『유가론』에 대한 최초의 주석서는 아닐지라도 여기서 제출된 원효의 번뇌설 이해는 『유가론』에서 제시된 번뇌설에 대한 동아시아 최초의 체계적 반응이었다고 생각한다. 본고에서는 원효의 이런 독자적인 이해를 '현료문'의 번뇌설을 통해 보여 주고자 했고, 그런 독자적 해석의 특징을 다른 주석서와 비교해서 제시하고자 했다.

여기서 우리는 몇 가지 점을 논구함으로써 원효의 해석이 현장 문하의 그것과 다르다고 하는 점을 보여 주고자 했다. 필자는 그 해석상의 차이가 원전(Urtext)에 대한 그의 철저한 문헌읽기와 사색에서 나왔으며, 이런 점에서 그는 사혜思慧의 힘을 성공적으로 과시한 사상가라고 생각된다. 그가 『유가론』뿐 아니라 대승 불전 전반에 대해 매우 치밀한 독해를 수행한 사상가였음은 의심할 여지가 없을 것이다. 『이장의』에 나타나는 하나의 단적인 예가 '은밀문'에 따른 발업發業과 결생結生의 공능을 설명하는 개소이다. '은밀문'에 따른 발업의 공능이란 삼세 밖의 변역생사變易生死를 받는 것이다. 여기서 원효는 변역생사를 받아 3종의 의생신意生身이 생겨난다고 할 때, 방편도 중의 도道를 일으킬 수 있는 무루의 의생신과 집제에 속한 유루의 의생신의 의미를 대승경전에 따라 구별하고 있다. 후자의 설명은 『보성론』과 『승만경』에 따른 것이지만, 전자의 설명이 어디에 의거하는가는 명시적으로 언급하지는 않지만, 교넨(凝然)의 『승만경소상현기勝鬘經疏詳玄記』에서 원효가 이를 『능가경』의 설명으로 해설하는 문장이 인용되고 있다. 양자의 차이는 『승만경』이 '무명의 힘에 의거하여 이숙식이 일어나는 것'을 의생신이라고 보는 반면에 『능가경』의 의생신은 '삼매 등에 의거하여 자유자재한 것으로 도제에 포함된 것'으로 구별하기 때문에,[38] 『이장의』에서 설하는 방편도 중의 도를 일으킬 수 있는 무루의 의생신의 의미와 통할 것이다.

이와 같이 원효는 『이장의』에서 치밀한 읽기와 깊은 사색의 결과를 유감없이 보여 주면서, 문헌의 내용상의 차이를 통通-별別의 방식으로 회통시키고자 시도한다. 그러한 회통의 원숙한 결과가 『기신론소』 등의 후대 저작에서 불교사상사를 관통하는 방식으로 자재하게 펼쳐졌을 것이다.

이런 방법론적 특징 이외에도 『이장의』에는 몇 가지 흥미로운 해석이 있다. 가장 중요한 것으로서 지적해야 할 것은 본론에서도 언급했던 '일심一心'에 대한 해석이다. 이 개념이 원효사상의 핵심을 이루고 있다면, 『이장의』의 맥락은 원효가 이 개념을 어떤 의미에서 사용하고자 했는지를 보여 주는 중요한 전거일 것이다. 본고에서 언급하지 않았지만 탐구할 만한 또 다른 중요한 언급이 『이장의』 마지막 부분에 나온다. 여기서 원효는 마지막 일곱 번째 논란과 그 회통에서 다섯 가지 점으로 개아와 법의 유-무를 둘러싸고 벌어진 문제들을 다루면서 이들 교설의 문제를 일종의 '응병여약' 방식으로 이해하면서 점층적인 방식으로 회통하고 있다. 이 단락은 당시의 불교교학을 둘러싼 문제점들에 대한 원효의 일종의 교판적 이해 방식을 보여 준다는 점에서 주목받을 가치가 있을 것이다.

---

[38] 이에 대해서는 김홍미(2016) p. 39 참조.

| 참고문헌 |

1차 자료

| | |
|---|---|
| BoBh | Bodhisattvabhūmi. Ed. Nalinaksha Dutt. Patna 1978. (=菩薩地) |
| CBETA | Chinese Buddhist Electronic Text Association |
| MAVBh | Madhyānta-vibhāga-Bhāṣya. Ed. G. Nagao. Tokyo 1964. (=中邊分別論) |
| MSA | Mahāyāna-sūtrālaṃkāra. Ed. S. Lévi. Kyoto: Rinsen Book 1983 (원판 Paris 1907). (=大乘莊嚴經論) |
| MSg | 攝大乘論 上 [長尾雅人], 東京: 講談社 1982. |
| RGV | Ratnagotravibhāga. Ed. E. H. Johnston, Patna: The Vihar Research Society 1950. (=實性論) |
| SNS | Saṃdhinirmocana-sūtra. Ed. E. Lamotte. Louvain: Universite de Louvain 1935 (=解深密經) |
| T | 大正新修大藏經. |
| TrBh | Triṃśikā-bhāṣya. Ed. Hartmut Buescher, Wien: University of Wien 2007. |
| VinSg | Viniścaya-saṃgrahaṇī (瑜伽師地論 攝決擇分) |
| YBh | Yogācārabhūmi of Ācārya Asaṅga. Ed. Bhattacharya, Calcutta: University of Culcutta 1957. |

| | |
|---|---|
| 구사론 | 阿毘達磨俱舍論 T29. 玄奘 역 |
| 대승의장 | 大乘義章 T44. 淨影寺慧遠 |
| 대지도론 | 大智度論 T25. 鳩摩羅什 역 |

| 법원주림 | 法苑珠林 T53. 道世 찬 |
| 보성론 | 究竟一乘寶性論 T31. 勒那摩提 역 |
| 삼무성론 | 三無性論 T31. 眞諦三藏 |
| 섭대승론 | 攝大乘論釋 T31. 玄奘 역 |
| 유가론 | 瑜伽師地論 T30. 玄奘 역 |
| 유가론기 | 瑜伽論記 遁倫 집찬. 한국불교전서 13+14 |
| 약찬 | 瑜伽師地論略纂 T43. 窺基 찬 |
| 이장의 | 二障義. 한국불교전서 I |

2차 자료

권오민 2002,『아비달마구사론』. 서울: 동국역경원.
김상현 1993,「輯逸勝鬘經疏: 勝鬘經疏祥玄記 所引 元曉疏의 編輯」.『불교학보』30.
김성철 2003,『원효의 판비량론 기초연구』. 서울: 지식산업사.
김수정 2013,「원효의『이장의』성립 배경에 대한 일 고찰」.『불교연구』39.
김홍미 2016,「『승만경』일승장에 대한 원효의 해설」.『한국불교학』80.
석길암 2001,「元曉『二障義』의 思想史的 考察」.『한국불교학』28.
슈미트하우젠 2006,「성문지에서의 선정수행과 해탈경험」(안성두역).『불교학리뷰』1. (원본: Lambert Schmithausen, "Versenkungspraxis und erlösende Erfahrung in der Śrāvakabhūmi", *Epiphanie des Heils* (ed. Gerhard Oberhammer) Wien 1982).
안성두 2002a,「유가행파에 있어 견도설 (I)」.『인도철학』12-1.
_____ 2002b,「유가사지론의 연기설」.『불교학연구』5.
_____ 2003,「유가사지론에 있어 128종 수면(anuśaya)설의 성립과 그 특

      징」,『인도철학』12.

\_\_\_\_ 2004,「유가행파의 견도설 (II)」,『보조사상』22.

\_\_\_\_ 2014,「眞諦의『三無性論』에 나타난 삼성설 해석의 특색 _인도유식 문헌과 관련하여 (I)」,『인도철학』41.

\_\_\_\_ 2015,『보살지』(역서). 서울: 세명출판사.

은정희 2004,『이장의』. 서울: 소명출판사.

이태승 2012,「현장의 유식비량 논란에 대한 중관학적 고찰」,『인도철학』35.

이평래 1995,『新羅佛敎 如來藏思想硏究』. 서울: 민족사.

최연식 2016,「元曉『二障義』隱密門의 사상적 특징 －『大乘義章』煩惱說과의 비교를 중심으로 －」,『동악미술사학』19.

후라우발너 2007,「아비다르마 연구 III: 現觀論(Abhisamayavāda)」,『불교학리뷰』2. (원본: E. Frauwallner, "Abhidharma-Studien III. Der Abhisamayavādaḥ", *Wiener Zeitschrift für die Kunde Süd- und Ostasiens* 1971).


高橋晃一 2005,『『菩薩地』「眞實義品から「攝決擇分中菩薩地」への思想展開』. 東京.

高崎直道 1999,『大乘起信論 楞伽經』. 東京.

吉村誠 2013,『中國唯識思想史硏究』. 東京.

松田和信 1983,「Abhidharmasamuccaya における 十二支緣起の解釋」,『大谷大學眞宗綜合硏究所紀要』1: 29-50.

櫻部健 1955,「九十八 隨眠說の 成立に ついて」,『大谷學報』35.3.

宇都宮啓吾 2014,「智積院藏『二障義』に ついて」,『智山學報』63.

橫超慧日・松村法文 1979,『二障義 1, 2』. 京都.

Kramer, Jowita 2005, *Kategorien der Wirklichkeit im frühen Yogācāra*. Wiesbaden.

Kritzer, Robert 1999, *Rebirth and Causation in the Yogācāra Abhidharma*. Wiener Studien zur Tibetologie und Buddhismuskunde Heft 44, Wien.

Muller, Charles 2004, "The Yogācāra Two Hindrances and Their Reinterpretations in East Asia", *Journal of the International Association of Buddhist Studies 27-1*.

Schmithausen, Lambert 1987, *Ālayavijñāna: On the Origin and Early Development of a Central Concept of a Yogācāra Philosophy*, Part I, II. Tokyo: The International Institute for Buddhist Studies.

# 『중변분별론소』

원효 『중변분별론소』의 사상사적 위상과 그 의의 | 모로 시게키(師茂樹)

# 원효『중변분별론소』의
# 사상사적 위상과 그 의의

모로 시게키(師茂樹)

## I. 시작하며

지금까지 원효는『대승기신론大乘起信論』을 주축으로 한 여래장계 사상가로 여겨졌고, 그의 사상을 나타내는 키워드로서 '일심一心'과 '화쟁和諍' 등이 널리 알려져 있다. 물론 이러한 인식이 잘못된 것은 아니나, 한편으로 원효는 그의 저작 목록 등으로 추측할 수 있는 것처럼, 현장玄奘과 동시대에 활동했고, 신구新舊 아비달마 문헌과 유식 문헌, 인명因明 문헌 등에 통효했던 주석가이며, 대승아비달마 논사[1]이고, 논리학자이기도 했다.

---

1 師茂樹,「義寂과 新羅의 唯識思想」『東國史學』56(동국사학회, 2014)에서 필자는, 龍樹 등에 적용되는 대승아비달마 논사라고 하는 호칭을 동아시아에도 확장하고, 남북조시대에서 수당에 걸쳐 만들어진 '테마별로 경론에서 발췌한 인용을 정리하고, 그것들을 비교 검토하며 교의에 관해 연구하고 있는 문헌'[岡本一平,「新羅唯識派의 芬皇寺玄隆『玄隆師章』の逸文研究」『韓國佛敎學 SEMINAR』8(韓國留學生印度學佛敎學硏究會, 2000)에서 말하는 '불교에서 몇 개의 테마(義)를 장章이라는 형식으로 집성한 문헌'이라는 사고방식을 많

다만, 아쉽게도 아비달마·유식·인명에 관한 다수의 문헌이 산일되어 현재 우리들은 원효의 박식과 논리의 일단만을 접할 수 있다.

본고에서 다루는 원효『중변분별론소中邊分別論疏』는 안타깝게도 부분적으로만 남아 있지만, 유식학자로서의 원효를 알기 위한 귀중한 자료라고 할 수 있다. 본고에서는 원효 이전의『중변분별론中邊分別論』에 관한 연구 상황을 확인한 후,『중변분별론소』의 사상사 속 위치에 대해서 검토하겠다.

## II.『중변분별론』과 그 주석서[2]

### 1.『중변분별론』의 여러 본들

"허망분별虛妄分別[3]은 있다."는 서두의 일절이 인상적인 *Madhyāntavibhāga*(한역 서명에는『중변분별론』,『변중변론辯中邊論』등이 있는데, 이하 이 문헌

---

이 의식하고 있다.]을 대승아비달마 문헌이라 부르자고 제안하고 있다. 원효의『二障義』와『一道章』,『二諦章』(모두 산일됨) 등은 대승아비달마 문헌이 아닌가 생각한다.

2  이하의 설명 중 많은 부분은 結城出聞,『唯識學典籍志』(東京: 大藏出版, 1962); 塚本啓祥 et al.,『梵語佛典の硏究III 論書篇』(京都: 平樂寺書店, 1990); 小谷信千代,『虛妄分別とは何か—唯識說における言葉と世界』(京都: 法藏館, 2017)에 의거한다. 산스크리트 사본·교정본 등에 관한 정보는 塚本 et al. (1990); 小谷(2017); Mario D'Amato, *Maitreya's Distinguishing the Middle from the Extremes (Madhyāntavibhāga) Along with Vasubandhu's Commentary(Madhyāntavibhāga-bhāṣya): A Study and Annotated Translation* (New York: American Institute of Buddhist Studies, 2012) 등을 참조하기 바란다.

3  지금까지 허망분별(abhūta-parikalpa)이라는 복합어는 '허망한 분별'[長尾雅人,『中邊分別論』, 長尾雅人·梶山雄一·荒牧典俊,『大乘佛典第十五卷 世親論集』(東京: 中央公論社, 1976)], "unreal imagination"[D'Amato(2012)]과 같이 持業釋(karmadhāraya)으로 이해되는 경우가 많았는데, 허망한 것을 분별하는 것', 즉 依士釋(tatpuruṣa)으로 이해해야 한다는 지적도 있다. [金俊佑,「複合語abhūtaparikalpaはkarmadhārayaか」『印度學佛教學研究』65-1(日本印度學佛敎學會, 2016)]

전체를 가리키는 경우에는 『중변분별론』으로 통일한다.)는 유식파를 대표하는 논서 중 하나로 알려져 있다. 이 책은 미륵彌勒(Maitreya)이 설한 게偈에 세친世親(천친天親이라고도 한다, Vasubandhu)이 붙인 주석이 한 세트로 되어 있고,[4] 또한 이 논서에 대한 복주複註가 몇 편 존재한다.[5] 이 중에서 세친의 주석과 관련해서는, 산스크리트 사본(Madhyāntavibhāga-bhāṣya)이 남아 있고 거기에서 미륵의 게를 회수할 수 있다. 한역은,

- 천친보살天親菩薩 지음 · 진제眞諦(Paramārtha) 역 『중변분별론中邊分別論』 2권(T.1599)
- 세친보살世親菩薩 지음 · 현장玄奘 역 『변중변론辯中邊論』 3권(T.1600)
- 미륵보살彌勒菩薩 지음 · 현장玄奘 역 『변중변론송辯中邊論頌』 1권(T.1601)

이 남아 있다.[6] 또 미륵의 게와 세친의 주석에 대한 티베트어 역도 있다.

---

[4] 동아시아에서는, 基, 『辯中邊論述記』 서두의 기술["佛滅度後九百年間, 無著菩薩挺生於世, 往慈氏所 …(중략)… 慈氏爲說此論本頌, 名『辯中邊頌』. 無著旣受得已, 便付世親使爲廣釋, 故此長行世親所造, 名『辯中邊論』"(T44.1a)]에 따라, 無著이 전한 彌勒의 게송이 『辯中邊頌』이고, 거기에 세친이 해설을 붙인 것이 『변중변론』이라는 설이 정착된 것 같다(안혜의 주석도 동일). 그러나, 勝呂信靜은 "이 책은 세친 석과 함께 읽혀 왔는데, 실제로는 세친 석을 제외하고 本頌만으로는 그 의미를 이해할 수 없다. 이 책(=본송? 인용자註)에 대한 주석은 세친 석뿐이고 다른 것은 없으며 복주도 안혜의 복주만 존재한다. 세친 석밖에 존재하지 않는다는 것은, 원래 본송이 석을 수반하고 있었고 본송과 석은 동시에 작성되었을 가능성이 높다는 것을 의미한다고 생각한다."고 기술하고, 또 "이 책은 오히려 무착과 세친의 공동 작업에 의해 성립됐다고 보는 것이 실태에 합치한다고 생각한다."고 기술하였다. [勝呂信靜, 『初期唯識思想の硏究』(東京: 春秋社, 1989) pp. 43~44]

[5] 산스크리트본 세친 석의 전체 번역으로, 長尾(1976); D'Amato(2012); Stefan Anacker, *Seven Works of Vasubandhu: The Buddhist Psychological Doctor* (Delhi: Motial Banarsidass, 1984) 등이 있다. 부분역은 다수 존재하는데 전반부 특히 제1장에 편중되어 있는 것 같다. [최신 번역으로는 小谷(2017) 등이 있다.]

[6] 일본 古寫經에서 확인되는 이들 문헌의 현존 상황은, 진제 역 『중변분별론』은 聖語藏 · 金

## 2. 주석서

세친 석에 대한 인도계 주석서로는 안혜의 *Madhyāntavibhāga-ṭīkā*(이하, 안혜 복주)가 산스크리트 사본 및 티베트어 역으로 현존하고, 인도불교 연구 영역에서는 많은 연구를 축적하고 있다. 그러나, 한역은 남아 있지 않기 때문에 동아시아 불교 연구의 문맥에서는 주목되는 일이 별로 없었다. 안혜安慧(Sthiramati) 이외의 것으로는, 기基의 『유식이십론술기唯識二十論述記』에 "변중변론호월석운辨中邊論護月釋云 ……"(T43,1009c2~3)이라는 기술이 있어 호월護月의 주석서가 있었다고 시사하고 있지만 그 실재성에 대해서는 현 시점에서 확증하기 어렵다.[7]

『중변분별론』의 번역자인 진제에게도 주석서가 있었다고 알려져 있고, 기의 『성유식론술기成唯識論述記』[8]와 원측圓測의 『해심밀경소解深密經疏』[9] 등에 몇 개의 인용과 언급이 확인되어 있다. 또, 우이 하쿠주(宇井伯壽)는 용수龍樹보살의 저작으로 전해지는 진제 역 『십팔공론十八空論』 1권(T.1616)을 『중변분별론』과 비교 검토한 후, "누군가가 평석강술評釋講述해서 『중변분별론소』를 지었고, 그의 『중변분별론소』를 삼장(=진제)이 번역하였고, 그

---

剛寺·七寺·石山寺·興聖寺·新宮寺에, 현장 역 『변중변론』은 聖語藏·金剛寺·七寺·石山寺·興聖寺·西方寺·妙蓮寺에 사본이 남아 있다[國際佛敎學大學院大學 「日本古寫經データベース」(https://koshakyo-database.icabs.ac.jp)에 따름]. 앞으로 이들 사본에 근거한 교정 연구가 요구될 것이다.

7 그 외 인도계 문헌으로서 Vairocanarakṣita의 주석이 알려져 있는데[V. V. Gokhale, "Yogācāra Works Annotated by Vairocanarakṣita(discovered in the Tibetan photographic materials at the K. P. Jayaswal Research Institute at Patna)," *Annals of the Bhandarkar Oriental Research Institute* 58/59, Diamond Jubilee Volume (1977/78)], 11세기의 인물이기 때문에[石田貴道, 「後傳期におけるVairocanarakṣitaの役割について―『入菩提行論』流傳の一斷面―」 『日本西藏學會々報』50(日本西藏學會, 2004)] 여기에서는 논하지 않는다.

8 "眞諦法師中邊疏亦云, 九百年中天親生也. 同時唯有親勝·火辨二大論師造此頌釋. 千一百年後, 餘八論師方造斯釋. ……"(T43,231c)

9 "若依眞諦梁朝攝論記第一卷, 出五散體不異論文. 若廣分別如部執記第四卷中邊論記, 恐繁不述."(H1,356b)

잔간殘簡이 『십팔공론』이 되었을 것이다."라고 기술하고 있다.[10] 우이는 『십팔공론』의 근간이 된, 『중변분별론』에 관한 주석서의 저자가 호월일 가능성을 지적하고 있지만 단정하지는 않는다.

원효 전후의 동아시아에 주목해 보면, 목록 등을 통해 진제 역에 대한 주석서로는 길장吉藏(산일)·승변僧辯(산일)·원효(전 4권 중 권3만 현존, 『중변분별론소』)의 저작이 있었다는 것을 알 수 있다. 또 현장 역에 대한 주석서로는 현응玄應(산일)·현범玄範(산일)·기(현존, 『변중변론술기』 3권)·혜찬惠讃(산일)·현일玄一(산일)·도증道證(산일)·대현大賢(산일)·거사據師(산일) 등이 알려져 있다. 원효를 비롯하여 현일·도증·대현 등의 주석이 있었던 것을 고려하면 신라에서 연구가 비교적 왕성했던 것처럼 생각되기도 한다. 한편으로, 당과 신라의 영향을 받은 고대 일본에서는 주석서 등이 저작되는 일은 없었던 것 같다. 그런데, 나중에 기술하는 것처럼 일본을 포함한 동아시아 전역에서 왕성하게 행해진 이른바 '공유空有 논쟁'이라는 문맥에서 『중변분별론』이 주목을 받게 되었다.

## Ⅲ. 원효 『중변분별론소』와 사상사적 위상

### 1. 성립 연대

지금까지 원효 『중변분별론소』의 성립 연대에 관해서는 현장 역 경론의 인용 경향 등을 바탕으로 추정해 왔다.[11] 예를 들면 오타케 스스무(大竹晋)는, 원효 『중변분별론소』(전 3권)는 권3이 현존하고 그 외에 약간의 일문佚

---

10  宇井伯壽, 「十八空論の研究」, 『印度哲學研究 第六』(東京: 岩波書店, 1965b) p.198.
11  福士慈稔, 『新羅元曉研究』(東京: 大東出版社, 2004) pp.172~181; 伊吹敦, 「元曉著作の成立時期について」, 『東洋學論叢』 31(東洋大學東洋學研究所, 2006) 등.

文이 알려져 있는데, 거기에서 인용하고 있는 현장 역 경론은 현장 역 최초기에 속하는『현양성교론顯揚聖教論』(645년 번역 완료),『아비달마잡집론阿毘達磨雜集論』(646년 번역 완료),『유가사지론瑜伽師地論』(648년 번역 완료) 등 셋이고,『섭대승론석攝大乘論釋』,『아비달마구사론阿毘達磨俱舍論』,『아비달마대비바사론阿毘達磨大毘婆沙論』에 대해서는 구역舊譯을 사용하고 있다. 원효가 후년의 저작에서 자주 인용하는『성유식론』은 사용하고 있지 않다.『섭대승론석』에 관해서는, 원효는 항상 구역을 인용하기 때문에 기준이 되지 않지만, 현장 역『아비달마구사론』(651년 번역 완료),『아비달마대비바사론』(659년 번역 완료),『성유식론』(659년 번역 완료)을 인용하지 않는 것은『중변분별론소』가 이 저작들을 알기 전에 저술되었음을 시사한다[12]고 기술하고 있다.

여기에서 주의해야 할 점은, 원효『중변분별론소』와 현장 역『변중변론』(661년 번역 완료)의 관계이다. 원효『중변분별론소』가 앞에서 기술한 것처럼[13] 진제 역에 대한 주석인 것을 생각하면 현장이『변중변론』을 번역하기 이전(혹은, 신역이 신라에 도달하기 전)에 저술된 것 같기도 하다. 그러나, 이제까지 몇 차례 지적된 것처럼,『중변분별론소』속에서 원효는『변중변론』을 참조해서 어의 해석을 했을 가능성이 있다. 예를 들면 원효는, 진제 역에서 '삼십칠도품三十七道品'으로 거론하는 사념처四念處·사정근四正勤·사여의족四如意足·오근五根·오력五力·칠각분七覺分·팔도분八道分 등의 번역어를 사용하지 않고,

어떤 이름을 37종 보리분법이라고 하는가. 즉, 사념주, 사정단, 사

---

[12] 大竹晋,「眞諦『九識章』をめぐって」, 船山徹 編,『眞諦三藏研究論集』(京都: 京都大學人文科學硏究所, 2012) pp. 137~138.

[13] 小野玄妙 編,『佛書解說大辞典 第8卷』(東京: 大東出版社, 1934) pp. 36~37(水野弘元 집필); 岡本(2000) 등.

신종, 오근, 오력, 칠각지, 팔지성도이다.[14]

라고 현장 역의 번역어를 사용해서 해설하고 있다. 이들 번역어는 『유가사지론』 등에서도 이미 사용하고 있기 때문에 이것만으로 『변중변론』을 참조했다고는 단정할 수 없겠지만, 『변중변론』 번역 이후에 쓰였을 가능성도 있다는 점을 확인해 두고 싶다.

## 2. 일문을 통해서 보는 사상사적 위치

위에서 본 것처럼, 원효 이전 혹은 원효와 동시대의 『중변분별론』에 관한 현존 문헌은 많다고는 할 수 없다. 또 원효 『중변분별론소』가 후반밖에 남아 있지 않은 것과는 대조적으로, 종래의 『중변분별론』 연구는 허망분별, 공사상, 아뢰야시설 등을 언급하고 있는 전반에 집중해 있고, 그러한 의미에서도 수도론이 중심인 현존 『중변분별론소』가 연구사에서 어떠한 위치에 있는지 정하기가 용이하지 않다.

일반적으로 원효의 일서逸書에 관해서는, 중국·한국·일본의 문헌에서 많은 일문逸文을 회수할 수 있는데,[15] 안타깝게도 『중변분별론소』와 관련해서는 매우 적은 예밖에 보이지 않는다. 그 중에서도 교넨(凝然) 『화엄공목장발오기華嚴孔目章發悟記』 권16에 장문으로 인용되어 있는 원효 『중변분별론소』의 일문은 허망분별에 관한 진제 역 『중변분별론』의 이하 부분에 대한 것인데, 사상사에서도 귀중한 의미를 가진다고 생각된다.

塵根我及識　本識生似彼

---

**14** "何等名爲三十七種菩提分法, 謂四念住, 四正斷, 四神足, 五根, 五力, 七覺支, 八支聖道."(H1. 817b10~12)
**15** 福士(2004) 등 참조.

  但識有無彼 彼無故識無
  似'塵'者, 謂本識顯現相似色等. 似'根'者, 謂識似五根於自他相續中顯現. 似'我'者, 謂意識與我見無明等相應故. 似'識'者, 謂六種識. '本識'者, 謂阿黎耶識. '生似彼'者, 謂似塵等四物. '但識有'者, 謂但有亂識. '無彼'者, 謂無四物. 何以故, 似塵似根非實形識故, 似我似識顯現不如境故. '彼無故識無'者, 謂塵既是無, 識亦是無. 是識所取四種境界. 謂'塵根我及識'所攝實無體相. 所取既無, 能取亂識亦復是無.[16]

이 부분에 대한 원효의 주석은 아래와 같다.

  元曉大師釋舊論文云, '塵根我及識'者, 是擧亂識所取四物. 如眼病者所見空花, 唯妄情有理永無. 約情言之, 是物非'似'. 就理論之, 永無似物. 故知亂識所取四物. 約亂識說是物非似. 是故不言似虛等也. 『楞伽經』言'阿黎耶識知名識相, 所有體相如虛空中有毛輪故'.[17] 此言'名'者, 此論中'我'. '識'者即'識'. '相'謂'塵根'. 如是四物梨耶所取. 如眼瞖者所取'毛輪'也.
  次言'本識生似彼'者, 亂識顯現似彼四物. 此明亂識所現四識之相, 似彼所取四物之境. 如是四識, 唯似非物. 物是倒境, 非聖所照. 似是聖境, 非凡所達. 爲顯是異, 故言'似彼'. 此中意者, 能取四物之本識體, 能似於彼所取四物. 此能似相, 即是四識. 唯是本識, 似彼相故. 一切虛妄不出四識. 四識[18]之相不離本識, 是爲虛空自體相也.

---

16 T31. 451b. 현대어 번역은 長尾(1976) pp. 221~222; D'Amato(2012) pp. 118~119 등.
17 菩提流支 譯『入楞伽經』卷1(T16. 518b).
18 '四識四識'의 원문은 '四々識々'.

問. 本識心行無別作意. 那得緣似而取實物. 答. 雖非作意作是物, □而不達似賓[19]取物相所取四物, 不異'衆中毛輪'. 若不爾者, 不應名'亂'. 猶如眼識, 雖非作意作是色, 緣而不達, 如幻賓取色相, 所取色相不異衆花. 若不爾者, 不應名例. 當知本識取相云爾.

乃至釋初句中, 言'似塵'等者, 是擧第二句中能似, 以釋初句中所似物. 以後不明四物□無體相故, 擧融似以顯其相.

言'本識顯現似色等'者, 等取餘五, 攝六塵也.

言'識似五根於自他相續中顯現'者, 以是文證本識亦緣自他相續.

言'意識與我見無明等相應故'者, 謂末那識於一切時我見相應. 就通立名故名'似我'也. 何故, 六塵合爲一物, 五根定根別爲二者, 以法塵內亦有色法有同五等故合爲一. 意根無色一向欲五故別立也.

以識中言'謂六種識'者, 以是證本識通緣十八界法. 而『瑜伽』中不說緣於六識等者, 彼論別說自分境界, 此論通說通他境界, 由是義故不相違背. 此義委悉如彼『楞伽料簡』中說也.

問. 此中四直顯本識所生之果, □謂本識所取境界. 所以知然者, 此文意說其自體相. 唯明能顯四物之體以爲本識. 不說本識四物爲境故. 此項言'本識生似彼', 釋中又言'顯現似色'等, 不言'本識緣於色'等. 又『瑜伽』說不緣心心法等, 故知此論所說四物, 是明生所非說所緣. 如是無違, 何勞會通.

解云, 汝等取文甚爲髣髴. 何者彼論『瑜伽論』直說是識了別二種境, 不緣心心法等耶, 得執爲說不緣那. 又此論中下文說言'是

---

[19] 글자 뜻이 명확하지 않다.

識所取四種境界, 謂塵根我及識所攝'. 耶得直者前文之說, 執爲不說所執境耶. 已上.[20]

【현대어 역】

　　원효대사가 구역『(중변분별)론』을 주석해서 (다음과 같이) 기술하고 있다. (미륵의 게송에서 말하는) '대상(塵), 감각기관(根), 자아(我), 그리고 인식 작용(識)'이란, 착란된 인식 작용(亂識)(인 아뢰야식)이 인식하는 네 개의 존재(物)를 열거하고 있다. 눈병을 앓고 있는 사람에게 보이는 공화空花는 단순한 망상이고, (이들 네 개의 존재는) 진리로서는 결코 존재하지 않는다. 상식(情)에 즉해서 말하면 이들 대상은 '유사한 것'이 아니고 (실제로 존재한다). 진리에 즉해서 논하면 (이들) 대상과 유사한 것은 결코 존재하지 않는다. 그러므로 착란된 인식 작용이 인식하는 네 개의 존재는, 착란된 인식 작용의 입장에서 보면 이들 대상은 '유사한 것'이 아니고 (실제로 존재한다). 그러므로 '허공과 유사하다.'고는 말하지 않는다.『능가경楞伽經』에서 말하기를, '아뢰야식은 정신 활동(名)과 인식(識)과 현상(相)을 안다. 모든 특질은 허공의 모륜毛輪이다.' 여기에서 말하는 '정신 활동'이란 이『(중변분별)론』에서는 '자아'이다. (『능가경』의) '인식'은 (이『중변분별론』에서도) '인식'이다. (『능가경』에서 말하는) '현상'이란 (이『중변분별론』에서는) '대상, 감각기관'이다. 이와 같이 (『중변분별론』에서 말하는) 네 개의 존재는 아뢰야식이 인식하는 것이고, 눈병을 앓고 있는 사람이 인식한 '모륜'과 같은 것이다.

　　다음 (구)에서 '근본 인식 작용(本識)(인 아뢰야식)이 그것들과 유사하게 발생한다.'고 하는 것은, 착란된 인식 작용이 그들 네 개의 존재

---

[20]『大日本佛教全書』122, 385a~386a. 구두점의 위치를 고치고, 'ヶ'은 한자로 되돌려 놓았다.

와 유사한 것을 현현顯現한다는 의미이다. 여기에서는, 착란된 인식 작용이 현현한 네 개의 인식의 모습이, 인식된 그 네 개의 존재와 유사한 것을 밝히고 있다. 이와 같이 네 개의 인식은 (네 개의 존재와) 유사하나 다른 것에 지나지 않는다. (네 개의) 존재는 도착倒錯된 인식 대상(境)이고 성자가 보는 것이 아니다. (이들이 실재하는 것이 아니고) '유사한 것이다.'라고 하는 것은 성자의 인식 대상이지 범부가 도달할 수 있는 것이 아니다. 이러한 차이를 밝히기 위해서 '그것들과 유사하게'라고 말한 것이다. 그 의미는, 네 개의 존재를 인식할 수 있는 근본 인식 작용의 본질은 인식 대상인 네 개의 존재와 유사할 수 있다는 것이다. 이 '유사할 수 있다(能似)'라는 특징이 네 개의 인식이다. 단, 이 근본 인식 작용만이 이들 (네 개의 대상)의 모습과 유사할 수 있기 때문이다. 모든 허망한 것은 네 개의 인식 이외는 없다. 네 개의 인식의 모습은 근본 인식 작용과 불가분不可分이다. 이것은 허공(과 같이 존재하지 않는 것)을 스스로의 특질로 하고 있는 것이다.

질문: 근본 인식 작용(인 아뢰야식)의 심 작용에는 따로 마음을 작용하게 하는 것(作意)이 없다. 어째서 '유사한 것'을 대상으로 하는 것(緣)이 가능하고, 실체가 있는 대상으로서 인식할 수 있을까?

답변: 마음을 작용하게 하는 것은 없어도 대상을 만드는 것이다. 인식 대상으로 해도 도달하지 않는 것은, 유사한 것으로서 존재의 모습을 인식하고, 인식된 네 개의 존재는 (『능가경』에서 말하는) '허공의 모륜'과 다르지 않다. 만약 그렇지 않다면, '착란했다'고는 말할 수 없다. 눈의 인식 작용(眼識)이라면 마음을 작용하게 하는 것은 없어도 색깔·형태(色)를 만든다. 대상으로 하는 것은 가능해도 (그것에) 도달하는 일이 없는 것은, 마치 환영과 같이 색깔(色)·형태(形)의 모습을 인식하고, 그 인식된 색깔·형태의 모습은 (존재하지 않는) 공화와 다르지 않다. 만약 그렇지 않다면, '착란했다'고는 말할 수 없다. 근본 인식

작용(인 아뢰야식)이 대상을 인식하는 것에 관해 알아야 한다. ……
…… (미륵의 게송) 제1구에 대해 설명할 때, (세친이) '대상과 유사하게 ……' 등 말하는 것은, 제2구 중 (근본 인식 작용=아뢰야식)의 '유사할 수 있다(能似)'로 제1구 중의 '유사한 대상'에 관해 설명하고 있는 것이다(이후 불명). 네 개의 존재에는 특질이 없기 때문에, 착란(한 인식 작용이 대상과) 유사한 것을 들어 그 특질을 밝히고 있는 것이다.

(세친이) '근본 인식 작용이 색깔·형태 등과 유사한 것을 현현한다.'고 하는 것은, 그 외의 (음성 등의) 다섯 가지 (대상)도 (언외言外에) 동일하게 거론하여 여섯 가지 대상(六塵)을 포괄하고 있는 것이다.

(세친이) '(아뢰야)식이 다섯 가지 감각기관과 유사하게, 자신과 타인의 계속(되는 신체)에 현현한다.'고 하는 것은, 이 증거에 의해, 근본 인식 작용(인 아뢰야식)이 자신과 타인의 계속(되는 신체)도 대상으로 한다(는 것을 안다는 것이다).

(세친이) '마나스(意識)는 "자아는 존재한다."고 하는 견해(我見) 등과 같은 근본적인 무지(無明)를 동반(相應)하기 때문이다.'라고 하는 것은, 말나식末那識[21]이 모든 때에 '자아는 존재한다.'고 하는 견해를 동반하는 것을 말한다. (자아에 관한 오인이라고 하는) 통시적인 성질(通)에 근거해서 이름을 붙였기 때문에 '자아와 유사한 것'이라고 부르는 것이다. 어째서 여섯 가지 대상(六塵)에 관해서는 모두 합쳐서 하나의 대상으로 하고, (여섯 가지 대상에 대응하는 여섯 가지 감각기관에 관해서는 안·이·비·설·신, 즉) 다섯 가지 감각기관(五根)과 의근意根

---

[21] 이 일문에 이어지는 부분에서는, 진제 역『중변분별론』의 '意識'이라는 말을, 원효가 현장 역『변중변론』의 술어인 '末那識'으로 설명하고 있는 것에 관해서, 玄隆과 道基를 비교하고 있다.["是故玄隆法師判此意識爲第六識. 道基法師意似指第六識. 然丘龍大師判爲末那. 又新譯中邊分明既云染末那也."『大日本佛敎全書』122, 386b)] 岡本(2000)은 이것도 원효가 현장 역『변중변론』에 의거하고 있었다는 사실을 보여 주는 근거라고 한다.

(즉 전 찰나의 6식, 이) 두 가지로 나누고 있는가? (그것은, 의근에 대응하는) 법法이라고 하는 대상(法塵) 속에는 (무표색無表色과 같은) 색깔·형태라고 하는 법(色法)이 존재하고 (다른) 다섯 가지와 같기 때문에 합쳐서 하나로 하고 있는 것이다. (한편) 의근은 (실질적으로는 전 찰나의 6식이고, 안근과 같은) 색깔·형태는 가지고 있지 않으며, 오로지 다섯 가지 (식)을 (대상으로서) 바라기 때문에 따로 취급하고 있는 것이다.

(세친이) '인식 작용과 유사한 것'에 관해서 '여섯 종류의 인식이다.'라고 말하고 있는 것에서, 근본 인식 작용(인 아뢰야식)이 열여덟의 존재 영역(十八界法) 전부를 인식 대상으로 한다는 것이 증명된다. 그런데,『유가사지론』에서 (아뢰야식이) 여섯 가지 인식 작용(六識) 등을 대상으로 한다고 설해지지 않는 것은, 그『(유가사지)론』에서는 자기 인식의 대상(自分境界)에 관해 한정해서 기술하고 있는 것이고, 이『(중변분별)론』에서는 타자 인식의 대상(他境界)에 관해서도 기술하고 있기 때문에, 이상과 같은 의미에서 서로 모순되는 것은 없다. 이에 관해서는 모두『능가요간楞伽料簡』에서 자세하게 설명하고 있다.

질문: 이상(의 설명에 있는) 네 가지 (존재(四物)는) 단지 근본 인식 작용(本識)(인 아뢰야식)에 의해 생긴 결과이지, 근본 인식 작용에 의해 인식되는 대상이 아니다. 그와 같이 안다면, 이 ('여섯 종류의 인식이다.' 등의) 문장의 의미는 그 (아뢰야식) 자체의 특질을 설하고 있는 것이다. 단지 단순히 네 가지 존재(四物)를 현현할 수 있다고 하는 본질을 근본 인식 작용(本識)이라고 설명하고 있고, 근본 인식 작용이 네 가지 존재를 인식 대상으로 한다고는 설하고 있지 않기 때문이다. 위의 (미륵의) 게송에서는 '근본 인식은 그들 (네 가지 존재)와 유사하게 발생한다.'고 기술하고, (세친의) 주석에서도 '색깔·형태와 유사하게 현현한다.'고 기술하고 있고, '근본 인식 작용은 색깔·형태를 대상

으로 한다.'고는 말하고 있지 않다. 또 『유가(사지론)』에서는 (아뢰야식이) 심心과 심에 동반되는 존재(心法) 등을 인식 대상으로 하는 (즉, 십팔계十八界 전체를 인식 대상으로 한다)고는 설하고 있지 않은 점에서, 이 『(중변분별)론』이 설하는 네 가지 존재에 관해서도, 발생하는 것이라고 설명하고 있지 인식 대상으로 한다고는 설명하고 있지 않다. 이와 같이 (해석한다면) 모순이 없는데, 어째서 굳이 <u>회통하는가?</u>
해설하겠다: 그대들이 인용하는 글은 애매한 것이다. 왜냐하면, 그 『유가사지론』에서는, 실제로는 (아뢰야)식이 두 가지 대상을 인식한다고만 기술하고 있고,[22] 심과 심에 동반되는 존재 등을 인식 대상으로 하지 않는다고 기술하고 있는 것인데 (그러한데 그대들은) 어째서 '인식 대상으로 하지 않는다.'고 고집하는가. 또 이 논의 뒷부분에서 (세친이) '이 인식 작용에 의해 인식되는 네 종류의 인식 대상이란, 대상(塵), 감각기관(根), 자아(我), 그리고 인식 작용(識)에 포함되는 것을 말한다.'고 기술하고 있다. 어째서 전반부의 글만을 들어서, (네 가지 존재는 아뢰야식이) 집착하고 있는 인식 대상이 설해져 있지 않다는 둥 고집하는가. 이상.

여기서 주목할 점은, 밑줄을 그은 부분이다(점선 부분에 관해서는 나중에 기술). 오타케는 이 부분과 동일한 설명이 진제『구식장九識章』과 한역이 없는 안혜『유식삼십송석唯識三十頌釋』에 공통적으로 보이는 점에 주목하고, "안혜『유식삼십송석』을 전혀 알지 못하는 원효가 '제팔식연십팔계第八識緣十八界'를 설하고 있는 것은, 원효가 현장 귀국 이전에 『구식장』의 '제팔식연십팔계'를 알고 있었던 것을 시사한다."[23]고 기술하고, 『구식장』을 중

---

[22] "阿賴耶識, 由於二種所緣境轉. 一由了別內執受故. 二由了別外無分別器相故."(T30, 580a) 大竹(2012) pp. 134~135도 참조.
[23] 大竹(2012) p. 138.

국인에 의한 찬술이 아닌 '인도 진제의 찬술'로 보는 증거의 하나로 삼고 있다.

오타케의 추측은, 원효『중변분별론소』가『성유식론』번역 이전에 쓰였고, 그러므로『성유식론』이 참조했을 안혜『유식삼십송석』이 아직 동아시아에 소개되어 있지 않다는 것이 전제가 되어 있다. 그러나 앞서 기술한 것처럼, 원효는 현장 역『변중변론』을 이용했을 가능성이 있고, 만약 그렇다면 원효가 '안혜『유식삼십송석』을 전혀 모른다'고는 말할 수 없게 된다.

오타케는 이 외에도 다른 증거를 들고 있는데, 본래 이 원고의 목적은 진제『구식장』의 성립에 관해 논하는 것이 아니기 때문에, 오타케가 논의하는 문제의 시비에 관해 이 이상 언급하지 않겠다. 하지만, 원효가 진제와 안혜의 설을 참조했을 가능성, 혹은 원효가 진제의 저작을 통해 안혜의 설에 접촉했을 가능성이 있다고 하는 오타케의 지적은, 원효가 유식학자로서 어떤 위치에 있는지 고려할 때에도 중요하다고 생각한다.

### 3. 안혜 복주와의 관계

이와 관련해서 안혜 복주와의 관계에 대해서도 조금 고찰해 두겠다. 지금까지 원효『중변분별론소』는 안혜 복주에 대한 언급이 없다고 알려져 왔다.[24] 그러나 안혜 복주와 공통된다고 생각되는 예가 없지는 않기 때문에 여기에서 지적해 두겠다.

『중변분별론』제5「수주품修住品」(현장 역「변수분위품辯修分位品」제5) 서두에서는 수행에 의해 도달하는 열여덟 계위를 게송으로 열거하고 그 하나하

---

[24] Cuong T. Nguyen, "Commentary on the Discrimination between the Middle and the Extremes(Chungbyŏn punbyŏllon so): Fascicle Three," in *Wŏnhyo's Philosophy of Mind*, ed. A. Charles Muller and Cuong T. Nguyen (Honolulu: University of Hawai'i Press, 2012) p.186.

나에 대한 세친의 간단한 설명이 이어진다. 이하의 표는 진제 역과 현장 역의 해당 부분을 비교한 것이다.

〈표 1〉 진제 역과 현장 역의 비교

| 眞諦 譯(T31.459b28~c17) | 玄奘 譯(T31.472c24~473a11) |
|---|---|
| <u>修住有四種</u> 因入行至得<br>有作不作意 有上亦無上<br>願樂位入位 出位受記位<br>說者位灌位 至位功德位<br>作事位已說<br>修住位有十八. 何者十八.<br>一因位修住, 若人已住自性中.<br>二入位修住, 已發心.<br>三行位修住, 從發心後未至果.<br>四果位修住, 已得時.<br>五有功用位修住, 有學聖人.<br>六無功用位修住, 無學聖人.<br>七勝德位修住, 求行得六神通人.<br>八有上位修住, 過聲聞等位未入初地菩薩人.<br>九無上位修住, 諸佛如來. 此位後無別位故.<br>十願樂位修住, 諸菩薩人, 一切願樂行位中.<br>十一入位修住者, 初菩薩地.<br>十二出離位修住, 初地後六地.<br>十三受記位修住, 第八地.<br>十四能說師位修住, 第九地.<br>十五灌頂位修住, 第十地.<br>十六至得位修住, 諸佛法身.<br>十七功德位修住, 諸佛應身.<br>十八作事位修住. 諸佛化身. 一切諸住無量應知. | 所說修對治 分位有十八<br>　謂因入行果 作無作殊勝<br>　上無上解行 入出離記說<br>　灌頂及證得 勝利成所作<br><br>論曰, 如前所說修諸對治, 差別分位有十八種.<br>一因位, 謂住種性補特伽羅.<br>二入位, 謂已發心.<br>三加行位, 謂發心已未得果證.<br>四果位, 謂已得果.<br>五有所作位, 謂住有學.<br>六無所作位, 謂住無學.<br>七殊勝位, 謂已成就諸神通等殊勝功德.<br>八有上位, 謂超聲聞等已入菩薩地.<br>九無上位, 謂已成佛, 從此以上無勝位故.<br>十勝解行位, 謂勝解行地一切菩薩.<br>十一證入位, 謂極喜地.<br>十二出離位, 謂次六地.<br>十三受記位, 謂第八地.<br>十四辯說位, 謂第九地.<br>十五灌頂位, 謂第十地.<br>十六證得位, 謂佛法身.<br>十七勝利位, 謂受用身.<br>十八成所作位, 謂變化身.<br>此諸分位差別雖多應知. |

표를 보면 알 수 있듯이 진제 역과 현장 역은 대체로 일치한다. 다만, 진제 역에는 서두에 '修住有四種'이라고 현장 역에 없는 구가 하나 존재하는데, 이 점에는 주의하기를 바란다(〈표 1〉의 밑줄 부분). 이 구는 산스크리트본에도 존재하지 않고 본래부터 진제가 한역한 세친 석에도 이에 대한 설명은 없기 때문에, 원본에 있던 것이 아니고 진제가 번역하는 과정에서 삽입되었을 가능성도 있다.

진제 역에도 세친에 의한 설명이 없기 때문에 이것만으로는 '4종'의 내용을 알 수 없는데, 원효의 주석에서는 '修住有四種'에 대해 아래와 같이 설명하고 있다.

　　言「脩住有四種」, 謂下所說有十八位安立之意, 唯有四種, 故言「有四」. 何等爲四. 一者前之七種, 立共通位, 共通三乘故. 次有二種, 立不共位, 不共二處故. 其次六種, 立前後位, 前後立六故. 最後三種, 立同時位, 同時說三故. 爲顯道品脩行有共不共, 故立前二. 爲顯因行果德有漸有頓, 故立後二. 是謂安立四種位意, 文中即四. 初之二句立共通位, 次有一句立不共位. 其次三句立前後位, 後一句餘, 立同時位.[25]

【현대어 역】
　'계위(修住)에 네 종류가 있다.'고 하는 것은, 이하에서 설해지는 열여덟 계위(십팔위)로 설명되는 의미는 (크게 나누면) 네 종류밖에 없기 때문에 '네 (종류가) 있다'고 하는 것이다. 무엇을 네 종류라 하는가? 첫 번째는 (18의 계위 중) 처음 7종을, 공통된 계위라고 한다. 삼승에 공통하기 때문이다. 다음의 2종을 공통되지 않는 계위라고 한다. (이 2종은 보살만의 계위로) 이승과는 공통되지 않기 때문이다. 그다음의 6종을, 단계적인(전후) 계위라고 한다. 단계에 여섯 가지가 있다고 하기 때문이다. 마지막 3종을 동시적 계위라고 한다. (붓다가) 동시(에 가지는) 세 가지 (신체)에 관해서 설해지기 때문이다. (37종의) 수행 방법에 의한 수행에는 (삼승에) 공통되는 것과 공통되지 않는 것이 있기 때문에 앞의 둘을 세운 것이다. (깨달음의) 원인으로서의 수행과

---

[25] H1.833a9~19.

그 결과로서의 덕德에는 단계적인 것(漸)과 단계가 없는 것(頓)이 있기 때문에 뒤의 둘을 세운 것이다. 이것이야말로 네 종류의 계위를 설명하는 의미이다. (이에 따라) 게송도 네 가지(로 나뉜다). 최초의 2구는 공통된 계위라 하고, 다음의 1구는 공통되지 않는 계위라 하고, 그다음의 3구는 단계적인 계위라 하고, 마지막 1구와 나머지는 동시 계위라고 한다.

즉 원효는, 『중변분별론』에서 설명하는 18계위를 ① 공통위, ② 불공위, ③ 전후위, ④ 동시위 등 네 종류로 분류할 수 있다는 것이다(명칭에서도 알 수 있듯이 ①과 ②, ③과 ④는 쌍을 이루고 있다). 이 원효의 주석을 정리하면 아래의 표와 같다.

| 十八位 | 四種位 | 偈頌과의 대응 |
|---|---|---|
| 一因位修住 | 共通位 | 因入行至得<br>有作不作意(初二句) |
| 二入位修住 | | |
| 三行位修住 | | |
| 四果位修住 | | |
| 五有功用位修住 | | |
| 六無功用位修住 | | |
| 七勝德位修住 | | |
| 八有上位修住 | 不共位 | 有上亦無上(次一句) |
| 九無上位修住 | | |
| 十願樂位修住 | 前後位 | 願樂位入位<br>出位受記位<br>說者位灌位(其次三句) |
| 十一入位修住者 | | |
| 十二出離位修住 | | |
| 十三受記位修住 | | |
| 十四能說師位修住 | | |
| 十五灌頂位修住 | | |
| 十六至得位修住 | 同時位 | 至位功德位<br>作事位已說(後一句餘) |
| 十七功德位修住 | | |
| 十八作事位修住 | | |

좁은 소견으로는 안혜 복주에도 이와 같은 설명은 보이지 않는데, '구무상위수주九無上位修住'의 설명 후에 다음과 같은 설명을 부가하고 있는 점은 주목된다.

> 이상의 설로 일체 계위에 관한 설명은 끝나는데, (a) <u>모든 보살의 십일지十一地의 구별</u>을 알기 쉽게 설명하기 위해서, 원락위願樂位에서 관정위灌頂位까지를 더 설하고 있는 것이다. 또 (b) <u>모든 부처의 삼신三身</u>의 구별을 설명하기 위해 지득위至得位 등의 세 가지가 설해지고 있는 것이다. 그 중 [위에서 설한] (c) <u>인因과 입入의 위는 보살과 다른 이에게 공통된다</u>고 알아야 한다.[26]

여기에 원효의 설명과는 다소 차이가 있지만 유사한 표현이 보인다. 특히 밑줄 친 (c) 부분은, 인위수주·입위수주 등이 보살과 이승二乘 사이에서 공통된다(sādhāraṇa)고 기술하고 있는 점에서 원효가 말하는 '공통위'와 가까운 것으로 생각된다. 한편, 밑줄 친 (a)의 '구별(prabheda)'과 원효가 말하는 '전후前後'는 의미가 다르지만 유사하다고 못할 것도 없다. 단, 밑줄 친 (b)를 보면 원효가 말하는 '동시同時'와 의미가 크게 다르기 때문에 병행하는 부분이라고는 말하기 어렵다. 그렇기는 하지만, 밑줄 친 (a), (b) 부분은 십원악위수주~십오관정위수주라는 그룹과 십육지득위수주~십팔작사위수주라는 그룹이 한 쌍이 되어 있음을 시사하고 있고, 원효가 말

---

[26] iya*duktavāt parisamāptāpi niravaśeṣāvasthā bodhisattivānām eka*daśabhūmiprabhedasandarśanārtham adhimukticaryādyavasthābhiṣekādyavasthāvasānāḥ punar uktāḥ | buddhānāṁ tu kāyatrayaprabhedapradarśanārthaṁ prāptyavasthādikāḥ punas tisro nirdiṣṭāḥ | tatra hetvavatārāvasthā bodhisattvasyānyena sādhāraṇatvaṁ veditavyā |(60, a)  山口益, *Madhyāntavibhāgaṭīkā*(名古屋: 破塵閣, 1934; 東京: 鈴木學術財団, 1966) pp.189~190; 山口益, 『安慧阿遮梨耶造·中邊分別論釋疏』(名古屋: 破塵閣, 1935; 東京: 鈴木學術財団, 1961) pp.302~303 참조.

하는 '4종四種'의 후반부와 동일한 분류로 되어 있다.

이 정도의 유사성만으로는, 원효가 안혜 복주를 참조하고 있었다고 단정할 수는 없다. 그러나 앞 절에서도 본 것처럼, 원효가 안혜 설을 진제 경유로 알고 있었을 가능성이 있다면, 18위를 네 종류로 분류하는 것과 관련해서도 안혜·진제·원효는 무엇인가 공통된 정보원을 가지고 있었을지도 모르겠다.

## 4. 구성상의 특징

진제 역『중변분별론』의 장명章名을 열거하면 아래와 같은데(괄호 안은 현장 역), 현존하는 원효『중변분별론소』권3은 제4~제6에 대한 주석이다.

상품相品(변상품辯相品) 제1第一
장품障品(변장품辯障品) 제2第二
진실품眞實品(변진실품辯眞實品) 제3第三
대치수주품對治修住品(변수대치품辯修對治品) 제4第四
수주품修住品(변수분위품辯修分位品) 제5第五
득과품得果品(변득과품辯得果品) 제6第六
무상승품無上乘品(변무상승품辯無上乘品) 제7第七

이 가운데, 「대치수주품」 제4에서는 수행 방법으로서 삼십칠보리분법(사념주·사정단·사신족·오근·오력·칠각지·팔성도)을 설명하고,[27] 「수주품」 제

---

[27] 한종만, 「元曉는 三十七助道 수행을 어떻게 보았는가: 중변분별론소를 中心으로」, 『元曉學研究』 8(원효학회, 2003)은, 삼칠보리분법을 '소승의 수행법', '북방불교의 선법'이라고 한정적으로 파악하고 있는 것 같은데, 설일체유부와 밀접한 관계가 있고 일체승의 통합을 지향한 유식파에서는 그러한 한정적인 수행관이 아니었다고 생각한다.

5에서는 수행 계위로서 18위, 「득과품」제6에서는 수행으로 획득되는 오과五果 혹은 십과十果를 설명한다. (한역에서는 세 개의 장으로 되어 있는데, 산스크리트본에서는 이것을 합해서 하나의 장으로 하고 있다.)

원효는 「대치수주품」본문을 주석하기 전에 삼십칠보리분법의 각 항목에 관해 신역·구역의 문헌을 인용해 가며 개설한 뒤 본문을 따라서 주석하고 있다. 삼십칠보리분법은 『중변분별론』본문 속에서도 해설하고 있기 때문에 전반부의 개설부터 이어서 읽으면 장황한 인상을 받는다. 원효 『중변분별론소』의 이러한 서술 방식에 관해 응우옌(Cuong T. Nguyen)은, 다른 문헌과의 관계 속에서 『중변분별론』을 읽는 맥락(contextual) 읽기와, (말하자면) 『중변분별론』본문에 입각해서 읽는 글자 그대로(textual) 읽기를 병행해야 한다고 원효가 제안하고 있다고 해석한다.[28]

또 원효는, 전반부의 개설 속에서 『아비달마잡집론』등의 신역 유식 문헌에 의거한 해설과 함께 『대지도론』등의 구역 문헌에서도 해설을 인용해서 회통을 시도하고 있다. 응우옌은 이 책의 특징에 관해서, 원효의 다른 저작보다 읽기 어렵고 다른 문헌의 인용으로 이루어진 잡다한 패치워크(a jumbled patchwork of quotations from other canonical sources)의 영역을 벗어나지 않는다고 기술한다.[29] 확실히 그러한 인상을 주는 부분도 있는데, 신역과 구역을 회통하는 태도는 필자로서는 오히려 『이장의二障義』등과 동

---

[28] Nguyen(2012) pp.188~189. 응우옌의 이 해석은, 그 시비는 향후의 과제로 한다고 해도 Dominick LaCapra에 의한 사상사 연구의 방법론에 관한 논의를 상기시키는 점에서 매우 흥미롭다. LaCapra는, 사상사 연구에 텍스트를 자기 완결의 작품으로 보고 텍스트의 의미를 작품 내에서 해석하려고 하는 입장과, 텍스트의 의미를 텍스트 외부(콘텍스트)로 환원해서 해석하려고 하는 입장(≒構築主義적인 입장)이 있다고 기술하고, 그 분열을 비판하고 있다. [Dominik LaCapra, *Rethinking Intellectual History: Texts, Contexts, Language* (Ithaca: Cornell University Press, 1983)] Nguyen이 말하는 contextually/textually를 '섞어서'라는 말은, LaCapra의 비판과 사정 거리가 다르기는 하지만 공통되는 부분이 있는 것 같다.

[29] Nguyen(2012) p.187.

일한 서술 스타일이 아닌가 생각한다. 즉, 오초 에니치(橫超慧日)가 원효의 사상적 태도에 관해 "각각 모두 경론의 성증誠證이 있기 때문에, 두 가지 설이 있다고 해도 모두 진실하지 않은 것은 없다고 보고, 회통 융화를 그 사명으로 하고 있었다."[30]고 기술하고 있는 것처럼, 원효는 오히려 적극적으로 '패치워크'를 시도한 것이 아닌가 하는 생각이 든다. 앞에서 인용한 교넨『화엄공목장발오기』에 수록된 일문에서는, 마지막 단락에 "어째서 굳이 회통하는가?(何勞會通)"라고 원효의 주석 태도를 힐문하는 듯한 문답이 보인다(점선 표시 부분). 여기에서 원효의 회통을 비판하는 '여汝'가 누구인지는 알 수 없는데(자작자연自作自演일 가능성도 배제할 수 없다), 이와 같은 문답을 기술하고 있는 것을 보더라도 회통에 대한 원효의 집념을 읽어 낼 수 있다고 생각한다.

## 5. 공유 논쟁과『중변분별론』

마지막으로, 원효『중변분별론소』에서는 벗어나게 되지만, 원효와『중변분별론』의 관계를 시사하는 사례에 대해서 지적해 두겠다.

원효가 활동했던 시대에 동아시아에서는 이른바 '공유空有 논쟁'에 관한 논의가 활발했다.[31] 이 논쟁은,『해심밀경解深密經』의 '삼전법륜설三轉法輪說'과 이에 근거해서 기가 주장한 삼시교판三時敎判에서, 제2시에 반야경과 용수龍樹(Nāgārjuna)·청변淸辨(Bhāviveka) 등 중관파를 배정하고, 제3시에 유식파의 경론과 미륵·무착·세친 등을 배정한 것을 둘러싸고 발생한 일련의 논쟁이다.[32] 기를 비롯한 유식파의 사람들은, 제2시를 일향공一向空,

---

30 橫超慧日,「元曉の二障義について」, 橫超慧日·村松法文 編著,『新羅元曉撰 二障義』(京都: 平樂寺書店, 1979) pp. 13~14.
31 이하의 논술은 師茂樹,『論理と歷史: 東アジア佛敎論理學の形成と展開』(京都: ナカニシヤ出版, 2015)에 의거한다.

즉 한쪽으로 치우친 입장이라 하고, '비공비유중도非空非有中道'의 제3시보다도 열등하게 여겨, 특히 청변을 '악취공惡取空' 등으로 부르며 강하게 비판했다.

이때, 기는 아마도 『중변분별론』의 '중변中邊'에 근거하여, 제2시의 그룹을 '변주邊主(한쪽으로 치우친 생각을 가진 논사·경론)'라 부르고, 제3시를 '중주中主(중도에 적합한 논사·경론)'라 부르며, 『중변분별론』 서두에서 말하는 '비공비불공非空非不空'을 중도의 내용으로 하였다.

> 列邊主者, 謂淸辨等朋輔龍猛, 般若經意說諸法空. …… 列中主者, 謂天親等輔從慈氏, 深密等經, 依眞俗諦說一切法有空不空. …… 故引慈氏所說頌言 "虛妄分別有, 於此二都無, 此中唯有空, 於彼亦有此. 故說一切法, 非空非不空, 有無及有故, 是卽契中道".[33]

【현대어역】
변주를 열거하자면 청변 등이고, 용맹(Nāgārjuna)과 『반야경』이 설하는, 모든 존재가 공이라는 것에 찬성했다. …… 중주를 열거하자면 천친 등이고, 미륵(Maitreya)과 『해심밀경』 등, 궁극의 진리와 세속적인 진리에 의거해 모든 존재는 공이면서, 공이 아니라고 하는 것에 따랐다. …… 그러므로, 미륵이 설하신 게송에는 "허망한 것에 대한 분별은 존재하지만, 거기에 두 가지는 전혀 존재하지 않고, 거기에는 '공이다'라고 하는 것이 존재하고, 그 ('공이다'라고 하는 것) 가운데 또한

---

32 김성철, 「원효의 논리사상」, 『보조사상』 26(보조사상연구원, 2006)은, 원효 『중변분별론소』에는 인명(논리학) 요소가 없다고 기술한다. 확실히 현존하는 부분에는 보이지 않지만, 이하에서 기술하는 공유 논쟁에서 현장과 청변이 세운 比量을 둘러싼 논쟁과도 접속하고 있는 것을 생각하면, (단순한 억측에 지나지 않지만) 『중변분별론』 서두 부분의 주석에서는 인명의 문제가 거론되었을 가능성도 있을 것이다.
33 『大乘法苑義林章』(T45, 250c~251a).

이 (허망에 대한 분별)도 있다. 그러므로 모든 존재는 공도 아니고 공이 아닌 것도 아니다. 존재하고, 존재하지 않고, 존재하기 때문에 이것이야말로 중도에 적합한 것이다."라고 하였다.

매우 흥미로운 것은, 이『중변분별론』게송의 마지막 구 '시즉계중도是則契中道'에 대한 세친의 주석이다.

> '是則契中道'者, 謂一切法非一向空, 亦非一向不空. 如是理趣妙契中道, 亦善符順般若等經說一切法非空非有.[34]

이에 따르면, 제2시에 해당하는『반야경』에야말로 '비공비유'=중도가 설해져 있는 것이 된다. 기가 구상한 제2시 '변주'=일향공/제3시 '중주'=비공비유중도라고 하는 우열 구조는 그 전거인『중변분별론』에 의해 무효화되어 버리는 것이다. 그래서, 기의 입장에 반대하는 사람들 중에는 이 점을 비판해서 제2시·제3시 사이에 우열이 없다고 주장하는 사람도 있었다.[35] 어쨌든, 공유 논쟁을 언급할 때『중변분별론』서두 부분은 중요한 위치를 점하고 있었다.

이러한 사상적 환경에서 원효는 어떠한 태도를 취했을까? 원효는『중변분별론』을 이용하지는 않지만,『대혜도경종요大慧度經宗要』에서 반야계 경전이『해심밀경』등에 비해 열등하지 않다고 주장하고, 삼전법륜설·삼시교판을 비판하고 있다.[36] 또 인도에서 공유 논쟁을 했다고 전해지는 호

---

[34] 『辯中邊論』(T31, 464c). 현대어 번역은 長尾(1976) p. 221, D'Amato(2012) p. 118 등.
[35] 最澄이 인용하는 12권본『大乘義林章』등[師(2015) pp. 256~267].『大乘義林章』의 저자에 관해서는 師(2014)에서 논한 적이 있다. 일본 삼론종의 智光도 또한 같은 비판을 하고 있는데, 智光에게는 원효의 영향이 강하게 보인다.[師(2015) pp. 294~300; 師茂樹, "Chiko's Criticism of the Hosso Sect, and Wonhyo's Influence"『印度學佛教學研究』50-2(日本印度學佛教學會, 2002)]

법護法(Dharmapāla)과 청변의 논쟁에 관해서도, 원효는 '언어상으로는 논쟁하고 있는 것처럼 보이지만 의도는 같다.(語諍意同)'고 기술했다고, 대현大賢『성유식론학기成唯識論學記』가 전하고 있다.37 어쨌든 앞 장에서 본 것과 같은 회통의 태도와 동일한 정신이 근저에 흐르고 있다고 생각한다.

원효『중변분별론소』의 서두 부분은 남아 있지 않지만, 만약 남아 있다면 위와 같은 설을 전개하고 있었을지도 모르고, 더 넓은 문맥에 놓이지 않았을까 생각한다.

## Ⅳ. 정리

이상, 자료적 제약과 제한된 분량 속에서 원효『중변분별론소』의 사상사적 위치에 관해 검토를 시도했다. 대부분은 선행 연구 소개로 시종일관했고 필자가 추가한 내용은 매우 적은데, 지금까지의 논의를 정리하면 아래와 같다.

첫째, 원효『중변분별론소』에 보이는 유식사상이 진제·안혜의 사상을 계승하고 있을 가능성이 있다.

둘째, 원효『중변분별론소』에는『이장의』등과 동일한 회통의 정신이 보인다.

이 가운데 특히 첫째에 관해서는, 진제와 안혜의 문헌과 비교함으로써 더욱 분명해질 가능성도 있을 것이다.

최근 금강대학교의 지론종 연구38와, 교토대학 인문과학연구소의 진제

---

36 師(2015) pp. 246~253.
37 H3. 484a; 師(2015) pp. 152~153. 원효에게는『清辨護法空有諍論』이라는 저작(산일)도 있었다고 한다.
38 최근의 성과로서 金剛大學佛敎文化研究所,『地論宗の研究』(東京: 國書刊行會, 2017)가

삼장 연구[39] 등에 힘입어 현장 이전의 유식 연구, 혹은 대승아비달마 연구에 관한 시야가 크게 넓어졌다. 한편, 그에 비해 당대唐代의 유식 연구·대승아비달마 연구는 현재도 규기와 원측 등에 한정되어 있는 듯한 인상을 준다. 덧붙여서 말하면, 동아시아의 지론종·섭론종·법상종 등의 연구는 이제까지 한문 자료의 독해를 전문으로 하는 동아시아 불교 연구자가 축적해 왔지만, 근래에는 인도 유식 연구자와의 공동 연구 기회도 늘어나고 있다.[40]

원효의 유식 문헌을 '화쟁'이나 '일심'과 같은 영역에만 한정하지 않고 인도까지 포함한 문맥 속에서 새롭게 파악한다면, 당대·신라시대의 유식·대승아비달마의 다양성도 드러나게 되지 않을까.

---

있다.
[39] 船山徹 編, 『眞諦三藏硏究論集』(京都: 京都大學人文科學硏究所, 2012).
[40] 일례로서 Chen-kuo Lin, Michael Radich eds., *A Distant Mirror: Articulating Indic Ideas in Sixth and Seventh Century Chinese Buddhism* (Hamburg: Hamburg University Press, 2014)이 있다.

| 참고문헌 |

김성철. 「원효의 논리사상」. 『보조사상』 26. 보조사상연구원, 2006.
李萬. 「元曉의 중변분별론소에 관한 硏究」. 『元曉學硏究』 4. 원효학회, 1999.
한종만. 「元曉는 三十七助道 수행을 어떻게 보았는가: 중변분별론소를 中心으로」. 『元曉學硏究』 8. 원효학회, 2003.

金剛大學佛教文化硏究所. 『地論宗の硏究』. 國書刊行會, 2017.
金俊佑. 「複合語abhūtaparikalpaはkarmadhārayaか」. 『印度學佛教學硏究』 65-1. 日本印度學佛教學會, 2016.
長尾雅人. 「中邊分別論」(中央公論社, 1976). 長尾雅人·梶山雄一·荒牧典俊. 『大乘佛典第十五卷 世親論集』 中公文庫. 東京: 中央公論社, 2005.
師茂樹. 「義寂과 新羅의 唯識思想」. 『東國史學』 56. 동국사학회, 2014.
_____. 『論理と歷史 東アジア佛教論理學の形成と展開』. 京都: ナカニシヤ出版, 2015.
勝呂信靜. 『初期唯識思想の硏究』. 東京: 春秋社, 1989.
山口益. *Madhyāntavibhāgaṭīkā*. 名古屋: 破塵閣, 1934; 東京: 鈴木學術財團, 1966.
_____. 『安慧阿遮梨耶造·中邊分別論釋疏』. 名古屋: 破塵閣, 1935; 東京: 鈴木學術財團, 1961.
小野玄妙 編. 『佛書解說大辭典 第8卷』. 東京: 大東出版社, 1934.
小谷信千代. 『虛妄分別とは何か 唯識說における言葉と世界』. 京都: 法藏館, 2017.
大竹晋. 「眞諦『九識章』をめぐって」. 船山徹 編. 『眞諦三藏硏究論集』. 京

都: 京都大學人文科學硏究所, 2012.

橫超慧日. 「元曉の二障義について」. 橫超慧日·村松法文 編著. 『新羅元曉撰 二障義』. 京都: 平樂寺書店, 1979.

岡本一平. 「新羅唯識派の芬皇寺玄隆『玄隆師章』の逸文硏究」. 『韓國佛敎學 SEMINAR』 8. 韓國留學生印度學佛敎學硏究會, 2000.

宇井伯壽. 「眞諦三藏傳の硏究」. 『印度哲學硏究 第六』. 東京: 岩波書店, 1965a.

_____. 「十八空論の硏究」. 『印度哲學硏究 第六』. 東京: 岩波書店, 1965b.

結城令聞. 『唯識學典籍志』. 東京: 大藏出版, 1962.

伊吹敦. 「元曉著作の成立時期について」. 『東洋學論叢』 31. 東京: 東洋大學東洋學硏究所, 2006.

石田貴道. 「後傳期におけるVairocanarakṣitaの役割について―『入菩提行論』流傳の一斷面―」. 『日本西藏學會々報』 50. 日本西藏學會, 2004.

塚本啓祥 外. 『梵語佛典の硏究III 論書篇』. 京都: 平樂寺書店, 1990.

船山徹 編. 『眞諦三藏硏究論集』. 京都: 京都大學人文科學硏究所, 2012a.

船山徹. 「眞諦の活動と著作の基本的特徵」. 『眞諦三藏硏究論集』. 京都: 京都大學人文科學硏究所, 2012b.

福士慈稔. 『新羅元曉硏究』. 東京: 大東出版社, 2004.


Anacker, Stefan. *Seven Works of Vasubandhu: The Buddhist Psychological Doctor*. Delhi: Motilal Banarsidass, 1984.

Cuong T. Nguyen. "Commentary on the Discrimination between the Middle and the Extremes(Chungbyŏn punbyŏllon so): Fascicle Three." Edited by A. Charles Muller and Cuong T. Nguyen.

*Wŏnhyo's Philosophy of Mind*. Honolulu: University of Hawai'i Press, 2012.

D'Amato, Mario. *Maitreya's Distinguishing the Middle from the Extremes(Madhyāntavibhāga) Along with Vasubandhu's Commentary(Madhyāntavibhāga-bhāṣya): A Study and Annotated Translation*. New York: American Institute of Buddhist Studies, 2012.

LaCapra, Dominick. *Rethinking Intellectual History: Texts, Contexts, Language*. Ithaca, NY: Cornell University Press, 1983.

Lin Chen-kuo et al. *A Distant Mirror: Articulating Indic Ideas in Sixth and Seventh Century Chinese Buddhism*. Edityed by Lin Chen-kuo, Michael Radich. Hamburg: Hamburg University Press, 2014.

Moro Shigeki "Chiko's Criticism of the Hosso Sect, and Wonhyo's Influence." 『印度學佛教學研究』 50-2. 日本印度學佛教學會, 2002.

V. V. Gokhale. "Yogācāra Works Annotated by Vairocanarakṣita (discovered in the Tibetan photographic materials at the K. P. Jayaswal Research Institute at Patna)." *Annals of the Bhandarkar Oriental Research Institute* Vol. 58/59, Diamond Jubilee Volume. Bhandarkar Oriental Research Institute, 1977/78.

# 『화엄경소』

원효 『광명각품소』의 해석상의 특징 | 김천학

# 원효『광명각품소』의
# 해석상의 특징

김천학

## I. 서론

동아시아 불교에서 원효가 차지하는 비중에 대해서는 더 이상 논할 필요가 없을 정도이다. 특히, 원효 문헌의 동아시아 유통 및 인용 상황에 대한 연구 성과가 종합적으로 제시되기도 하였다.[1] 원효의 저술 가운데는 『화엄경소』도 포함되어 있으나, 현재 원효『화엄경소』의 구체적 모습은 유

---

1 • 福士慈稔,『新羅元曉研究』(東京: 大東出版社, 2004).
  • 福士慈稔,『日本佛教 各宗の新羅・高麗・李朝佛教 認識に關する硏究』第1卷(山梨: 身延山大學, 2011).
  • 福士慈稔,『日本佛教 各宗の新羅・高麗・李朝佛教 認識に關する硏究』第2卷上(山梨: 身延山大學, 2012).
  • 福士慈稔,『日本佛教 各宗の新羅・高麗・李朝佛教 認識に關する硏究』第2卷下(山梨: 身延山大學, 2012).
  • 福士慈稔,『日本佛教 各宗の新羅・高麗・李朝佛教 認識に關する硏究』第3卷(山梨: 身延山大學, 2013).

일하게 남아 있는 단간 「광명각품소光明覺品疏」로서만 접근 가능하다.

원효에 대한 많은 연구 논문 가운데 「광명각품소」를 언급하는 논문은 많지만, 「광명각품소」만을 대상으로 저술된 논문은 없는 것으로 생각된다.[2] 본고는 비록 짧지만 원효『화엄경소』의 한 경향을 볼 수 있는 단간 「광명각품소」를 다른 「광명각품소」와 비교하는 방법을 통해서, 원효의 해석상의 특징을 찾아보고자 한다.

현재 「광명각품소」 주석을 볼 수 있는 문헌은 결국 '원효 소'의 단간을 포함하여, 혜광 「광명각품소」 단간, 영변『화엄경론』, 지엄『수현기』, 법장『탐현기』, 혜원『간정기』, 이통현『신화엄경론』, 징관『화엄경소』로 여덟 종류이다.

이에 본고에서는 원효 이전까지『화엄경』이 주석되는 동향을 고찰하고, 원효『화엄경소』의 권수 등을 고찰하며, 이후 「광명각품소」를 원효 이전과 이후로 나누어 그 과문과 경전 해석을 비교하는 방법을 동원한다.

## Ⅱ.『화엄경』주석의 역사와 원효

### 1.『화엄경』주석의 역사

한역『화엄경』의 완본은 이른바『육십화엄』과『팔십화엄』이다. 물론『육십화엄』이 번역되기 이전 화엄경류의 번역은 후한시대부터 시작된다. 그것은『개원석교록』에 기록된 축법란竺法蘭에 의한『십지단결경十地斷結經』8권(또는 4권)의 역출이다.[3] 이것은『화엄경』「십지품」의 이역異譯 경전으로

---

[2] 박서연, 「『화엄경』「여래광명각품」의 주석학적 이해」『천태학연구』제11집(천태불교문화연구원, 2008) pp.353~377은 경문 이해를 위해 각 '소'를 비교 분석할 필요성을 제기하였다는 점에서 선구적 문제의식을 가진 논문이다.
[3] 『開元釋教錄』(T55, 478b).

추정되고 있다.[4] 이후 다수의 이역 경전이 역출되지만, 본격적인 『화엄경』 주석사는 『육십화엄』의 역출을 기점으로 시작한다.[5]

『화엄경』 대경에 대한 주석의 효시는 불타발타라佛馱跋陀羅가 『화엄경』을 역출할 때 필수筆受를 담당했던 법업法業의 『지귀旨歸』 두 권이다. 법장은 이 저술에 대해서 "희유한 소리로써 처음 열었으나 곡진하게 할 겨를이 없어 다만 큰 이치를 들어 올렸을 뿐이다."[6]라고 서술한다. 따라서 법업의 『지귀』는 『화엄경』의 요점만을 정리했을 것으로 추측된다. 『화엄경』 전체를 대상으로 하여 문장을 따라 해석한 주석은 아마도 현창玄暢(416~484)이 효시일 것이다. 『고승전』에 따르면, "처음에 화엄대부는 문장과 뜻이 넓고 커서, 고래로 해석이 없었다. 현창이 이에 생각을 다해서 깊이 연구하여, 문장을 들어 문구를 비교 검토하였다. 『화엄경』 강의가 지금까지 이어져오는 것은 현창이 그 선구이다."[7]라고 한다. 이 문구를 통해 현창이 축자적으로 주석했다고 해석한다.[8] 경전에 대한 축자저인 해서이 언제부터 시작되었는지는 알 수 없지만,[9] 도안道安(314~385)은 '문장을 찾아 문구를 비교 검토해서 처음부터 끝까지 통하게' 경전을 주석했다고 한다.[10] 당시 주석풍을 고려할 때. 현창 역시 처음부터 끝까지 경전을 주석했다고 해야 할 것이다. 현창이 『화엄경』을 접한 것은 이미 지적되었듯이

---

[4] 木村淸孝, 『初期中國華嚴思想の硏究』(東京: 春秋社, 1977) p.6.
[5] 『육십화엄』이 역출되기 전의 주석은 僧衛의 『십주경』 주석서 한 건에 그친다. 木村淸孝 (1977) p.34.
[6] 『華嚴經傳記』 "以希聲初啓, 未遑曲盡, 但標擧大致而已."(T51.158b).
[7] 『高僧傳』 "初華嚴大部文旨浩博. 終古以來未有宣釋. 暢乃竭思. 硏尋, 提章, 比句. 傳講迄今, 暢其始也."(T50.377a)
[8] 木村淸孝(1977) p.36에서는 '逐文'의 주석이라고 표현하고 있는데, 수문 해석을 의미할 것이다.
[9] 橫超慧日, 「釋經史考」 『中國佛敎の硏究』(東京: 法藏館, 1979) p.167[초출: 『支那佛敎史學』 1-1(支那佛敎史學會, 1937)]에서는 도안의 기록에 처음 축자적 주석 방법이 거론되지만, 史實로서 긍정하기를 주저한다.
[10] 『高僧傳』(T50.352a).

스승 현고玄高의 영향으로 생각된다.[11] 현고는 『고승전』 권11 「습선편」에 정전이 있는데 부타발타浮馱跋陀 선사에게 배웠다고 한다.[12] 부타발타가 『육십화엄』을 번역한 불타발타라인지는 현재로서 확실하지 않지만,[13] 가능성은 여전히 남아 있다.[14] 현고의 제자인 현창이 『화엄경』 전체를 주석했다는 것은, 그만큼 『화엄경』에 통효해야 하고, 그런 전제에서 불타발타라→현고→현창의 관계를 상정할 수 있기 때문이다. 현창이 『화엄경』 문문구구를 해석하는 풍조는 뒤에도 이어진다.

『화엄경』이 처음 번역된 것은 420년이다. 법업은 아마 이때 『지귀』를 저술했을 것이다. 현창이 언제 『화엄경』 주석을 했는지는 알 수 없지만, 445년 이후가 될 것이다.[15] 이후 477년경 유겸지劉謙之가 오대산에 들어가 『화엄론』 600권을 저술했다.[16]

509년 『십지경론』이 번역되고 나서 『십지경론』과 아울러 그 본경인 『화엄경』에 대한 연구가 성행한다. 지론종 가운데 초조라고 할 수 있는 혜광이 『화엄경소』를 저술한 것도 그러한 사정을 반영한다. 특히 지론종 가운데는 『화엄경』 지상주의가 출현하였는데,[17] 이것은 지론종에서 『화엄경』을 존숭하였으며 그 연구가 축적되었음을 의미하기도 할 것이다. 그러한 사정으로 볼 때 혜광 이외에 『화엄경』 주석서를 저술한 사람들은 적지 않았을 것이다. 이에 대해서는 기무라 기요타카(木村淸孝)에 의해 잘 정리되어 있다.[18] 여기서 『화엄경』을 주석한 인물만 명시하면 다음과 같다. 우선, 지

---

[11] 木村淸孝(1977) p. 41.
[12] 『高僧傳』(T50.397a)[吉川忠夫·船山徹 譯, 『高僧傳』(2)(東京: 岩波文庫, 2009) p. 1113].
[13] 吉川忠夫·船山徹 譯, 『高僧傳』(4)(東京: 岩波文庫, 2009) pp. 53~54.
[14] 木村淸孝(1977) p. 41에서는 현고가 불타발타라에게 사사했다고 본다.
[15] 『高僧傳』「玄暢傳」에 따르면 그는 445년 북위의 폐불을 피해 揚州(建康)로 피신한다. 아마 이 시기까지는 저술할 틈이 없었을 것이다.
[16] 『華嚴經傳記』(T51.156c).
[17] 石井公成, 『華嚴思想の研究』(東京: 春秋社, 1996) 제1장 참조.
[18] 木村淸孝(1977) pp. 36~48.

론종 남도파의 인물로는,

> 승범僧範(478~555) 『화엄소』 5권/ 혜순慧順(487~558?) 『화엄소기』/ 담준曇遵(480~564?) 『화엄경소』 7권/ 담연曇衍(503~581) 『화엄경소』 7권/ 영유靈裕(518~605) 『화엄소』/ 혜원慧遠(523~592) 『화엄소』 7권

을 들 수 있다. 그 외 인물로는 담무참曇無最(520년경)의 제자 지거智炬가 혼자서 『화엄경』을 이해하려고 노력하여 꿈에 '선재동자가 총명약을 주어' 그것을 계기로 『화엄경소』 10권을 저술하며, 50여 회 강의하였다고 한다.[19] 또 영변靈辯(477~522)과 혜장慧藏(522~605)이 각각 『화엄경론』 100권, 『화엄의소』를 찬하였다. 또 섭론학파의 인물로서 법상法常(567~645)이 있다.

이상 기무라 기요타카의 저술을 통해 정리하였다. 당시에는 이미 과문을 통한 석경이 유행하였다.[20] 위의 『화엄경』 주석서는 거의 남아 있지 않아 어떤 방식에 의해 주석하였는지는 자세히 알 수 없으나, 다행히 일부가 남아 있는 영변과 영유의 저술을 통해 볼 때, 영변의 저술은 뒤에서 상술하듯이 분과를 하지는 않지만, 본문에 들어가서는 분과 형식을 상기시킬 수 있는 방법을 동원하고 있고, 영유의 저술에서는 분과를 볼 수 있다. 즉, 『화엄경』의 주석 방법 역시 당시 주석 방법의 유행과 동떨어진 방법은 아니었다는 것을 추정할 수 있다.

화엄종으로 오면, 지엄은 지론사 지정智正에게 『화엄경』 강의를 들었으나 의심이 풀리지 않고 있다가 광통율사 혜광(468~537)의 『화엄소』에서 「별교일승의 무진연기」의 내용을 보고 기뻐하여 새로운 화엄세계를 경험

---

19 『探玄記』(T35, 123a).
20 橫超慧日(1979) pp. 170~174; 靑木孝彰, 「經典解釈方法における科文の成立について」 『天台學報』 15(天台學會, 1973) pp. 118~124.

한 듯하다.[21] 이후 저술된 것이 지엄의 『수현기』이기 때문에 그에게 혜광의 영향이 많을 것은 충분히 예상된다. 다만, 현재 『수현기』를 통해 볼 때 혜광을 직접 언급한 곳은 몇 군데 없다. 이것은 그가 혜광의 『화엄경소』를 소화해서 저술했기 때문일 것이다. 여기까지가 원효 이전의 『화엄경』 주석의 동향이다.

## 2. 원효의 『화엄경소』에 대해서

신라에서는 유일하게 원효가 『화엄경소』를 저술한다. 이 저술은 의상이 귀국한 후 지엄에 관한 정보를 얻은 후에 이루어진 저술로 본다.[22] 균여에 따르면, 원효의 『보법기』와 『화엄종요』에서 지엄이 수전의를 처음 말했다고 진술하기 때문에 의상 귀국 후의 저술이 된다.[23] 현재 지엄의 저술에서 수전의를 볼 수 있는 곳은 없지만, 의상이 『법계도』의 내용을 전하면서, 그것의 근원을 지엄으로 전했을 가능성이 크며, 이러한 관점으로 볼 때 『화엄경소』 역시 의상 귀국 후에 저술되었을 가능성이 높다. 그리고 뒤에서도 언급되지만, 이전 『화엄경』 주석서의 경향을 이어받아 원효의 『화엄경소』는 수문 해석에 과문을 동원한다.

또 하나의 문제는 원효가 『화엄경』 「십회향품」에서 절필하였다는 것의 사실성이다. 정영사 혜원이 만년에 『화엄경』 주석을 저술하는데, 「십회향품」에 이르러 갑자기 심장이 아파서 보니 심장 부분의 모공으로부터 피가 흐르는 것을 투시하였다고 한다. 또 꿈에서는 낫을 들고 산에 올랐으나 반쯤 가서 도저히 힘이 부치는 꿈을 꾸고 『화엄경』 주석을 중지했다.[24] 『삼

---

21 木村清孝(1977) p.374.
22 石井公成(1996) pp.292~298.
23 균여 지음·최연식 옮김, 『일승법계도원통기』(서울: 동국대학교출판부, 2010) p.147.
24 木村清孝(1977) p.38에서는 이 전승을 통해 혜원의 『화엄경소』가 불완전하다고 추정했다.

『국유사』의 원효 절필 기사는, 원효의 대중 교화를 강조하기 위해 혜원의 이 고사를 원용한 것인지도 모른다.

결론적으로 말하자면 원효는 마지막 품까지 주석했을 것으로 추정된다. 우선, 일본의 고문서 기록 가운데 저자명과 권수를 알 수 있는 기록을 볼 수 있다. 제일 빠른 것은 덴표(天平) 15년(743) 기록인데 『화엄경소』가 1부 10권, 또는 1질 10권으로 되어 있다.[25] 덴표 16년(744)에도 역시 10권으로 기록되어 있다.[26] 914년에 칙명으로 작성된 제일 빠른 목록집인 일본 도다이지 엔초(圓超)의 『화엄종장소병인명록』에는 10권으로 되어 있으며, 나머지 일본의 장소 목록에서도 예외 없이 10권으로 되어 있다.[27] 또한 일본 교넨(凝然)의 『화엄법계의경華嚴法界義鏡』에는 "『화엄경소』 10권은 60권을 해석한 것이다. 원효대사 찬이다.(華嚴經疏十卷解六十卷元曉大師撰)"[28]라는 기록이 있다. 의천의 『신편제종교장총록』에 따르면 『화엄경소』는 전체 10권이다. 의천은 『화엄경소』가 원래 8권이 있지만, 그 가운데 제5권을 두 권으로 하고, 『화엄종요』를 더해서 10권을 만들었다고 한다.[29]

일본 고문서 기록에는 『화엄종요』가 독립적으로 전해진 예가 없고, 고문서 기록에도 특기 사항이 없다. 다만, 덴표 16년 기록에는 8권이라는 내용이 보인다.[30] 그런데 여기에는 "『화엄경소』 1부 20권 법장사찬 용지 1057지 또 8권 원효사 용지 230매(華嚴經疏一部二十卷 法藏師撰 用紙 一千五十七紙 又八卷 元曉師 用紙二百三十枚)"라고 되어 있다. 과연 여기에서의 8권 기록을 일부 8권으로 이해해야 할지는 좀 더 생각해 봐야 하지만, 같은 해 다른 기록에 10권으로 되어 있는 것으로 보아, 굳이 일부 8권으

---

25 『大日本古文書』 8-169·195.
26 『大日本古文書』 8-534.
27 福士慈稔(2004) pp. 138~168.
28 福士慈稔(2013) p. 80.
29 『新編諸宗教章總錄』 "疏十卷(本是八卷. 今開第五卷并宗要均作十卷也) 元曉述."
30 『大日本古文書』 2-355.

로 읽을 필요는 없다고 본다. 따라서 처음부터 10권이었던 것으로 생각된다. 또 권수가 늘어나는 예는 있어도 줄어드는 예는 거의 찾을 수 없다. 과연 10권인 『화엄경소』가 언제 8권으로 변화했는지는 알 수 없다. 하지만, 목록류나 기타 문헌에 특기 사항이 없는 것으로 보아, '원효 소'가 『화엄경』 전체에 대한 주석서일 가능성이 더 높다.

원효의 『화엄경소』는 중국과 일본에 영향을 미치지만, 다른 저술에 비해 많은 영향을 미치지는 못한다. 예를 들어 원효의 『화엄경소』를 최초로 인용하는 법장의 『탐현기』에는 사교판의 내용이 소개되어 있는데,[31] 이 내용은 이후 중국과 일본에서 원효 인용의 전형이 될 정도로 빈번히 소개되고 인용된다.[32] 일본에서는 지쿄(智憬)의 『대승기신론동이약집』에 원효 『화엄경소』로 추정되는 내용이 최초로 인용된다. 한편 주료(壽靈)의 『오교장지사』에서는 10불에 관한 내용이 장문에 걸쳐 인용되는데, 이곳을 『화엄경소』의 문장이라고 단정하기는 어렵지만, 가능성을 부정할 수도 없다.[33] 신라에서는 표원表員이 최초로 원효의 『화엄경소』로 추정되는 내용을 인

---

[31] 『探玄記』(T35, 111a).
[32] 「夜摩天宮菩薩說偈」에 대한 원효의 주석으로 추정된다. 구체적으로는 如來林菩薩의 "心如工畫師畫"로 시작하는 게송으로서, 원효는 이에 대해 『大乘起信論同異略集』 "丘龍解云. 當知諸法佛心所作, 無有一法離佛心者. 但諸凡夫未解自作, 而計爲外故是顚倒. 佛知諸法唯自心作, 不計爲外故 …(中略)… 始終相故言無始. 是故理爲心作而無始有之過(丘龍云爾)"(X45, 258c) 중략 부분에서 '論本'으로서 『대승기신론』을 인용하지만, 그 내용을 『기신론소』 등에서는 볼 수 없다. 따라서 전체를 『화엄경소』의 인용으로 봐도 무방할 것이다.
[33] 『五教章指事』 T72, 202c~203a·240ab에 나오는 내용 가운데 "此數錢法. 嚴法師出. 亦有道理. 故今取之"(T72, 240b)는 균여가 『석화엄교분기원통초』 권8에서 인용한 『화엄종요』 문구 "謂曉公. 華嚴宗要云. 此數錢法門. 儼法師所出. 亦有道理. 故今取之"(H4, 448c)와 일치한다. 따라서 『화엄경소』라고 단정할 수 없다. 다만, 이 부분에 대해서 凝然은 "日域先德. 指事等主. 亦擧離世間品十佛. 依元曉疏. 廣明其相"(T72, 304a)라고 하여 『오교장지사』에서 원효의 『화엄경소』를 인용했다고 본다. 『화엄종요』와 『화엄경소』의 문구가 일치하지 않으리라는 단정을 할 수 없다. 일례로 『기신론별기』와 『기신론소』에 일치하는 문장이 빈출하는 것으로도 알 수 있다. 『화엄종요』의 필사 기록이 없는 것으로 보아서도 『화엄경소』의 가능성을 부정할 수 없으며, 그렇다면 「십회향품」 이후의 '소'가 될 것이다.

용한다. 그러나 이들 인용에서도 명확히 「십회향품」 이후를 인용하는 예를 현재로서는 찾을 수 없다. 그럼에도 불구하고 앞에서 언급했듯이, 『화엄종요』의 필사 기록이 없는 것, '원효 소'에 대한 특이 사항에 기술이 없는 것, 그리고 교넨의 진술 등을 통해 볼 때 '원효 소'가 『육십화엄』 전체라고 볼 수 있는 가능성을 부정할 수 없을 것이다.

## Ⅲ. 원효 「광명각품소」의 해석상의 특징

### 1. 원효 이전의 해석

1) 「광명각품」의 구조

『화엄경』 「광명각품」은 『육십화엄』에서는 권5 「여래광명각품 제5」이고, 『팔십화엄』에서는 권13 「광명각품 제9」이다. 원효가 본 『육십화엄』을 통해 그 내용을 다음과 같이 절요할 수 있다.

세존이 두 발바닥으로부터 백억 광명을 내어 삼천대천세계의 삼종세간을 비추자 모든 세계가 나타난다. 그리하여 이 세계에 부처가 연화장사자좌에 앉아 계시며 십불十佛 세계의 수많은 보살이 부처를 에워싸고 있고 백억의 세계가 모두 이와 같음을 보이신다. 이때 부처의 위신력으로 백억 염부제의 시방十方에 각각 한 보살이 있어 10세계 미진수 보살 권속과 함께 부처의 처소를 예방하는 것을 보이시는데, 그들 보살의 이름은 문수보살, 각수보살에서 현수보살에 이르는 십보살이다. 이들이 있었던 곳은 금색세계 등의 세계이며 그곳의 부처의 명호는 부동지불 등인데, 십보살은 각기 부처의 처소에서 범행을 깨끗이 닦았다. 이때 문수보살이 대표가 되어 게송을 외운다. 이곳의 문수보살이 게송을 외우자 일체처에서도 모두 그와 같았다.

문수보살의 게송이 끝나고 다시 광명이 점점 멀리 비춤에 따라 긴 문장의 패턴이 반복되고 문수보살의 게송도 중첩되면서 총 10중으로 되어 있다. 이것이 「광명각품」의 구성이다. 그런데, 『육십화엄』과 『팔십화엄』 간에는 게송 수와 게송 구에 차이가 있다. 게송 수와 게송 구의 동이는 〈표 1〉과 같다.

아래의 〈표 1〉과 같이 양 경전의 게송 수는 6중의 게송부터 전혀 일치하지 않음을 알 수 있다. 이로 인해 주석가에 따라 해석이 달라질 수 있는 것은 충분히 예상할 수 있을 것이다.

〈표 1〉 문수보살의 게송 수

| 각 중 | 『육십화엄』(게송 수/연구글句) | 『팔십화엄』(게송 수/연구글句) |
| --- | --- | --- |
| 1 | 10/5 | 10/5 |
| 2 | 10/5 | 10/5 |
| 3 | 10/5 | 10/5 |
| 4 | 10/5 | 10/5 |
| 5 | 10/5 | 10/5 |
| 6 | 6/7, 5/5=총 11게송 | 5/7, 5/5=총 10게송 |
| 7 | 10/7 | 10/5 |
| 8 | 20/5 | 10/7 |
| 9 | 20/5 | 10/7 |
| 10 | 20/5 | 10/7 |

2) 혜광과 영변의 주석 특징

우선 현재 볼 수 있는 최고의 『화엄경』 주석서는 혜광慧光(468~537)의 「광명각품소」 단간일 것이다. 훗날 혜광의 주석을 통해 지엄의 화엄사상이 계발된 것은 이미 밝혀져 있다.[34] 비록 『수현기』에서는 「명호품소」와 「십주품소」에서 각각 '대광사大光師', '광사光師'로 약간 인용되어 있는 정도이지만, 인용명 없이 인용되는 예가 충분히 예상된다.[35]

혜광의 「광명각품소」 단간은 문수보살의 게송 전까지로 추정되는데, 과문의 형태를 취하지도 않고, 그렇다고 수문 해석의 형태를 취하는 것도 아니며, 경문의 내용을 필요한 대로 뽑아서 해석을 붙이고 있다. 혜광의 해석 가운데 이후 중요한 영향을 미치는 사항을 간추리면 아래와 같다.

첫째, 「광명각품」이 여래 삼업 가운데 의업의 교화임.[36]

둘째, 광명의 장소가 발바닥으로부터 미간에 이르기까지 달라지는 것은 여래의 자체 지혜의 실천(自體智行)이 수행 대상에 따라 달라지기 때문임.[37]

셋째, 문수보살에서 현수보살에 이르는 보살 이름과 열거된 순서의 이유가 있음.[38]

다음으로 영변靈辯(477~522)의 『화엄경론』 「광명각품」 주석은 전모를 알 수 있다. 영변은 제목 해석 다음에 수문 해석을 시도한다. 제목의 해석에서는 「명호품」과 「사제품」의 법문을 4종의 권도로 규정하는 것이 특징이다.[39] 이러한 권도를 통해 「광명각품」에 이르러 여래의 4종 권도를 보게 하는 것이다.[40] 구체적으로는 광명의 장소가 발바닥으로부터 미간에 이

---

[34] 木村淸孝(1977) p.374.
[35] 지엄이 혜광 「광명각품소」를 참조한 흔적은 확실히 보인다. 예를 들어 혜광은 "開曉於緣故名爲覺"(T85.234a)이라 하는데, 지엄은 경명을 해석하면서 "覺者開曉於緣耳"(T35.26b)로 변형시키고 있기 때문이다. 이 외에도 지엄은 교판 등에서 혜광을 계승하였다. 또, 혜광의 짧은 단간 안에는 自體因行과 自體果行이라는 개념이 대가 되어 사용된다. 특히, '자체인행'이란 개념은 지엄의 『수현기』에 영향을 주었다.
[36] 법장, 『탐현기』 「광명각품」 來意에 수용된다.
[37] 발바닥으로부터의 방광에 대해서는 모든 주석서에서 관심을 보인다.
[38] 보살 명칭에 대한 관심은 이후 지엄, 원효 주석서에 나타난다.
[39] 4종의 권도는 身權, 依果權, 名號權, 法門權.(X3.1a)
[40] 『華嚴經論』 "令諸大衆, 尋光開覺, 覩見如來四種道."(X3.1b)

르기까지 달라지는 것은 각각 깊은 법을 설하여 널리 세간에 응하기 위함이고, 발바닥의 광명은 4종의 권도로 군생을 섭수하기 위해서라고 설명한다.[41] 영변 역시 혜광처럼 광명이 깊어지는 것을 염두에 두었음을 알 수 있다. 10중의 게송은 특별한 법수에 의해서 해석을 시도한다. 예를 들어 제1중의 10게송에 대해서는 문수보살이 법신을 찬탄하는 것을 5종의 관법으로 나누어 설명한다.[42] 이러한 해석법은 과문이라고는 할 수 없지만, 게송의 의미를 구분한다는 점에서는 과문 형태의 해석과 유사하다. 영변은 이 외에 칠식이 멸하면 진심의 본체가 청정해진다고 한다. 칠식은 칠심 혹은 의근이라고도 표현되는 망상식인데, 이미 지적되었듯이 4권『능가경』에 근거한 식설로서,[43] 팔식설에 근거한 것이고,[44] 팔식을 진식으로 보는 지론사와 상통하는 바가 있다. 이러한 점에서 영변의『화엄경론』이 동아시아 화엄사상사의 흐름 속에서 저술되었다고 볼 수 있다.[45]

### 3) 지엄의 주석 특징[46]

「광명각품」에 대한 과문이 정확하게 나타나는 것은 지엄의『수현기』에서이다.[47] 지엄은 4문으로 품을 분석한다. 즉, 변명辨名(명칭을 분별함), 내의

---

[41] 『華嚴經論』"答曰. 上放光明, 顯示演說甚深法. 故從面門眉間放, 是中開示普應世間, 以四種權道, 下攝群生. 是故從於兩足相輪放光."(X3.1b)
[42] "行平等觀, 依正平等觀, 陰平等觀, 見平等觀, 無我平等觀"(X3.1c)이 그것이다.
[43] 崔鈆植,「靈辯撰『華嚴經論』과 思想의 特徵」, 보조사상연구원 편,『華嚴經論』(서울: 불일출판사, 2003).
[44] 木村淸孝(1977) p. 278.
[45] 木村淸孝(1977) pp. 281~283에서는 동아시아 화엄사상, 즉 지엄과 법장 등의 선구로 보는 관점을 제시하고 있다.
[46] 이후 논의의 편의를 위해 원효와의 과문 비교를 통해 지엄 해석의 특징을 논할 것이다. 원효 이전「광명각품소」과문은 지엄『수현기』에서 명확히 볼 수 있기 때문이다.
[47] 이것은『화엄경』해석에서의 과문이 지엄에서 비로소 시작된다는 것을 의미하지 않는다. 현재「입법계품」주석 일부가 남아 있는 靈裕의『華嚴經文義記』(X03)에서도 과문이 보이

來義(품이 설해진 이유), 종宗(핵심 사상), 분문석分文釋(문장의 해석)이다. 이러한 경전 해석 방법은 이후 원효뿐 아니라, 법장 등의 『화엄경』 주석서에 수용된다. 예를 들어 원효는 내의와 석문釋文으로 나누어 서술하는데, 내의 앞에서 경의 명칭을 해석하기 때문에 실질적으로는 3문으로 나누었다고 볼 수 있다. 이 역시 『수현기』를 통한 경전 해석 방법의 수용이라고 볼 수 있을 것이다. 『수현기』와 원효의 「광명각품소」 과문의 일부를 비교하면 〈표 2〉와 같다.

〈표 2〉 지엄과 원효의 「광명각품」 경문에 대한 과문

| 지엄 『수현기』 | 원효 『화엄경소』 |
|---|---|
| 初文(6) | 1 明光從出處(爾時) |
| 1 初佛兩足放光(爾時) | 2 序光所照處所見之事(2) |
| 2 明光所照處(遍照) | 2.1 顯光照百億世界(遍照) |
| 3 結分齊(此世) | 2.2 明普見佛及大衆(以佛) |
| 4 見諸菩薩來集(2) | 3 明濡首菩薩說偈讚佛(2) |
| 4.1 初總(以佛) | 3.1 明一處(爾時) |
| 4.2 次別(百億) | 3.2 例餘處(一切) |
| 5 歎佛一乘(爾時) | |
| 6 結類餘方(一切) | |
| (餘九同然) | 4 頌(2) |
| 7 偈云總明般若(初地行)(3) | 4.1 二頌讚佛不動相(2) |
| 7.1 初一辨取相不應眞法 | 4.1.1 反顯 |
| 7.2 八偈辨離取應實法(3) | 4.1.2 順明 |
| 7.2.1 三辨分別無性 | 4.2 八頌顯無住無得智(4雙) |
| 7.2.2 三辨依他不生 | 4.2.1 初頌達俗無實. 次頌入眞無二 |
| 7.2.3 二眞實離相 | 4.2.2 先明於人無住. 後顯於法久得 |
| 7.3 一歎解者有勝能 | 4.2.3 先明於法離有無. 後顯於佛無減增 |
| | 4.2.4 先明人法無所得門轉化衆生. 後顯一多無障礙門得無所畏 |
| 第二覺首偈文 總明知善惡等慈化物益(二地戒行) | (後之九重科文亦爾) |

위 〈표 2〉에서 보이는 것처럼 장항과 게송으로 나누어 분과를 하면서,

---

기 때문이다. 또한 경문을 주석함에 있어 과문을 치는 예는 이미 육조시대부터 나타난다.

지엄은 "나머지 아홉은 같다.(餘九同然)"라고 하여 이후 장항은 과문상 똑같다고 보았다. 한편 원효는 게송까지 다 분과를 한 다음 "뒤의 9중의 과문은 역시 마찬가지이다.(後之九重科文亦爾)"라고 하는데, 아마도 『수현기』의 과문 방법을 원용한 것으로 생각된다.

지엄의 과문에서 볼 수 있는 또 하나의 특징은 『수현기』 과문 마지막 부분 제2 각수보살 명칭에서 볼 수 있듯이, 10중 각각의 게송에 경전 자체에는 없는 보살명을 붙인 것을 들 수 있다. 이와 같은 방식은 원효에게 계승된다. 〈표 2〉 원효의 과문에서도 과문 3에 유수보살(=문수보살)의 명칭이 있는데, 이어서 제2 게송이 지엄과 마찬가지로 각수보살 법문이며 이러한 순으로 마지막은 현수보살의 이름을 든다.

## 2. 원효의 해석

다음은 원효 이전의 해석 가운데 중요하다고 판단되는 구문에 대한 해석을 비교한다.

우선, 장항에 대해서 고찰한다. 여기에 두 가지를 들 수 있다. 첫째, 혜광과 영변이 발바닥으로부터의 방광의 이유에 대해서 관심을 기울였는데, 원효는 이에 대해서 "믿음과 실천(信行)을 표시하기 위함이다. 처음으로 발심을 일으키는 자는 처음에 십심十心을 일으켜서 점점 증가하여 백천의 마음에 이르고, 지관을 쌍으로 수행하여 현수위賢首位에 들어간다."[48]라고 주석한다. 여기서 현수위에 들어간다 함은 십심의 마지막인 신만위信滿位에 들어감을 의미할 것이다.[49] 즉, 발바닥에서 비추는 광명을 통해 성불의 도정에 올라 완성을 할 수 있다는 해석이다. 원효에게 '지관

---

[48] 『華嚴經疏』 "爲表信行. 始發起者, 初起十心, 增至百千, 止觀雙運, 入賢首位故."(T85, 234c)
[49] 法藏, 『探玄記』「賢首菩薩品釋」에서는 "以信滿成此賢首位故"(T35, 188c)라고 하여 이때의 현수위를 신만으로 보고 있음을 알 수 있다.

쌍운'이 의미하는 것은 『금강삼매경론』에서 말하듯 부처의 경계에 일치하는 지혜(正體智)로써 '수행하는 양상(修相)'이며,[50] 『기신론소』에서 말하듯이 만행이 갖추어지는 올바른 관법이다.[51] 즉, 부처의 경계와 일치하는 보살의 실천이 된다. 지관쌍운하여 현수위에 들어간다는 것은 바로 이러한 것을 의미한다. 발바닥의 방광은 이처럼 지관을 쌍으로 하여 수행을 완성시키게 한다.

앞에서 서술했듯이, 혜광과 영변은 각각 불보살의 관점에서 발바닥의 방광을 풀이하였다. 지엄도 "부처는 족상륜足相輪의 광명을 놓아 십신을 보였는데, 실천이 원만하게 갖추어져 있기 때문이다."[52]라고 하여 불보살의 실천 관점을 강조하는 것은 마찬가지이다.

한편, 지엄은 『섭대승론』에 근거하여 각 보살의 게송을 십지에 배당하여 보살 실천의 계위가 상승하는 것을 표현하였다.[53] 원효는 이와는 달리 보살마다 법문의 명칭 및 내용을 부여하였다.

〈표 3〉 보살법문의 내용

| 게송(중) | 보살명 | 법문 내용 |
|---|---|---|
| 1 | 濡首菩薩 | 顯無住無得智 |
| 2 | 覺首菩薩 | 自覺覺他法門 |
| 3 | 財首菩薩 | 明現種種功德之則饒益一切衆生法門 |
| 4 | 寶首菩薩 | 顯如鍊金淸淨法門 |
| 5 | 德首菩薩 | 明自利利他功德 |

---

50 『金剛三昧經論』"言修相者, 謂正體智, 止觀雙運, 更無出入故. 言常起."(T34, 993c)
51 『起信論疏』"依生滅門而起觀行, 止觀雙運, 萬行斯備."(T44, 204b)
52 『華嚴經疏』"佛足相輪放光示十信. 是行足圓備故也."(T35, 26c)
53 笈多三藏 등 역, 세친 석, 『섭대승론석』에서 4지~8지, 10지의를 인용하였다. 第四寶首偈(四地無攝義), 第五德首偈(五地中相續不異義), 第六目首偈(六地無染淨義), 第七進首偈(七地中種種法無別異義), 第八法首偈(八地無增減法界義), 第十賢首偈(十地業自在後智用).

| 6:7언<br>5언 | 目首菩薩 | 反顯淨目所見妙色<br>嘆佛淨眼自在法門 |
|---|---|---|
| 7 | 進首菩薩 | 顯其進入佛智境界 |
| 8 | 法首菩薩 | 嘆於法義隨順智力 |
| 9 | 智首菩薩 | 嘆其却闇智燈法門 |
| 10 | 賢首菩薩 | 廣說賢首勝能法門 |

위 원효의 보살마다의 법문은 상승 구조는 아니지만, 각 보살의 특징을 서술한다는 점에 중심을 둔다면 지엄과 일맥상통한다고 볼 수 있다.

앞에서 지엄이 십보살을 드는 것을 원효가 수용했을 것으로 추정했다. 장항에서는 『수현기』와 유사성을 한 곳 더 찾을 수 있다. 원효는 「광명각품」이 두 가지 질문에 대한 답이라고 하며, 그 의미는 앞에서 설한 바와 같다고 한다.[54] 지엄은 "이 품은 위의 제8 공덕 세력 및 제10 시성정각의 두 가지 질문에 대한 답이다."[55]라고 구체적으로 명시한다. 이것은 「명호품」에 나오는 질문을 가리킨다.[56] 원효가 의미하는 두 질문이 무엇을 가리키는지 구체적으로 알 수 없지만, 지엄이 게송에 사용한 보살명에 착안하여 이를 더 발전시켰다고 한다면, 「광명각품」이 「명호품」의 질문에 대한 대답이라는 해석은 지엄을 따른 것임을 염두에 둘 수 있을 것이다.

둘째, 영변은 「명호품」, 「사제품」, 「광명각품」을 묶어서 4종의 권도를 밝히는 법문으로 보았다. 원효는 「명호품」 이하 네 품을 '신심분'으로 묶었다. 이것은 영변과 다른 원효의 해석법이다. 한편, 지엄은 「명호품」부터 「광명각품」까지를 '거과권락생신분擧果勸樂生信分'이라고 한다. 즉, 결과를 들어 즐거움을 권하여 믿음을 내게 하는 부문이다. 원효는 신심분을 '거

---

[54] 『華嚴經疏』 "是答二問. 義如前說." (T85, 234c)
[55] 『搜玄記』 "此品答上第八佛功德勢力, 及第十示成正覺二問." (T35, 27b)
[56] 이것은 『華嚴經』 「名號品」의 "時, 諸菩薩咸作是念, 唯願世尊哀愍我等, 隨所志樂, 示現佛刹, 示佛所住, 示佛國莊嚴, 示諸佛法, 示佛土淸淨, 示佛所說法, 示佛刹體, 示佛功德勢力, 示隨佛起, 示成正覺 (後略)…"(T9, 418b)이다.

소득과기원락심擧所得果起願樂心'이라고 하는데, 이러한 해석은 지엄과 상통한다.

다음은 게송에 대한 특징적인 해석을 비교한다. 여기에는 중요하다고 판단되는 세 게송을 자의적으로 선택하여 설명하고자 한다.

첫째, 문수사리 게송의 첫 구는 "지정각을 알고자 하면 모든 번뇌를 동반하는 행위로부터 해탈해야 한다. 일체세간에 집착하지 않는다고 해도 그는 저 깨끗한 도의 눈을 소유한 자가 아니다."라는 사구게이다.[57] 이 가운데 "일체세간에 집착하지 않는다고 해도 그는 저 깨끗한 도의 눈을 소유한 자가 아니다."라는 말은 상식과는 다른 문구이다. 보통은 집착을 벗어나라고 설할 텐데, 그 반대로 의미가 되기 때문이다. 『화엄경』「이세간품」이야말로 '세간의 집착을 벗어나라'는 취지의 품명이다. 또 「이세간품」에서는 "일체의 세간 삼매에 집착하지 말라."[58]고 설하기도 한다. 이러한 이해가 가장 일반적일 것이다. 그런데 이와는 반대되는 게송이다.

혜광의 단간에서는 이에 대한 해석을 찾을 수 없다. 영변의 『화엄경론』에서는 제1중의 5종관 가운데 '행평등관行平等觀'에서

> 모습에 의해 실천하면 곧 취하고 수용하는 마음이 생겨서 일체법에 대해서 버리고 증득할 것을 분별한다. 생사는 버릴 것이라고 보고 여래의 열반과 해탈은 증득할 것이라고 보는 것은 성정반야의 진여지가 아니다. 이와 같이 보는 자는 청정한 혜안이 아니다. 법성열반은 버리고 증득할 것이 없기 때문이다.[59]

---

57 『華嚴經』 "若有知正覺, 解脫離諸漏, 不著一切世, 彼非淨道眼."(T9. 422c)
58 『華嚴經』 "不著一切世間三昧."(T9. 650c)
59 『華嚴經論』 "依相行則有取受心生, 於一切法, 分別捨證. 見生死可捨, 見如來涅槃解脫可證, 非性淨般若眞如智. 如是見者, 非淨慧眼. 以法性涅槃無捨證故."(X3. 1c)

라고 하였다. 일체법에 대해 분별하여 취사하는 것은 올바른 방법이 아니라고 하며, 실천의 장에서 버리고 증득할 것도 없는 평등한 관찰이 필요함을 역설하는 구문으로 해석한 것이다. 세간에 집착하지 않는 것조차도 '모습에 의한 실천'이라고 풀이한 것이다. 특기할 것은 성정반야를 진여의 지혜로, 법성열반을 근본적 해탈로 본 것이다. 법성열반은『화엄경』에 근거하지만, 성정반야라는 용어는 영변의 조어로 생각된다.[60] 『수현기』에서는 〈표 2〉 소과목 7.1 취상불응진법取相不應眞法처럼 '모습을 취하면 진법에 상응하지 못한다.'라고 간단히 풀었다. 이것은 영변의 해석과 상통한다.

한편, 원효는 〈표 2〉의 소과목 4.1.1 반현反顯과 같이 '반대로 드러냄'이라고 하며 구체적으로 "만약 여래가 속박을 벗어나고 유루를 벗어난다고 알면, 즉 여래에 움직임과 나옴이 있다고 말하는 것이니 이미 얻는 바가 있어 정안이 아니기 때문이다."[61]로 풀이했다. 원효는 그 아래 게송에 대해서 4.12 순명順明 즉 '수순하여 밝힘'이라고 하며, "만약 여래가 일체법에 소유할 바가 없음을 관찰한다고 알면, 즉 여래의 부동한 지혜에 수순하는 것이니 머무르지 않고 빨리 부처가 되기 때문이다."[62]라고 풀이한다. 즉, 원효는 여래가 속박을 완전히 벗어나서 유루의 세계를 벗어나 있다고 알면 여래의 움직임과 경계에 대한 출입이 있어 청정한 인식이 아니라는 취지로 풀이한 것이다. 이것은 지엄이 말한 것처럼 '취할 상이 있다고 보면 진리의 법에 상응하지 못한다.'는 취지와 결론적으로 크게 다를

---

60 『大寶積經』"以此般若體性淨故, 知菩提體性淨"(T11, 145c) 정도가 연원을 밝힐 수 있는 자료인 듯하다.
61 元曉, 『華嚴經疏』"若知如來脫縛離漏, *則謂如來有動有出, 旣有所得非淨眼故."(T85, 235a) * '漏'는 원문에 '滿'이다. 초세체가 비슷한데서 오는 誤寫로 생각하여, '漏'로 고쳐야 뜻이 옳다. 즉, 첫 게송에 "若有知正覺, 解脫離諸漏"을 보면 알 수 있다.
62 元曉, 『華嚴經疏』"若知如來觀一切法皆無所有. 則順如來不動之智. 旣非有住疾作佛故."(T85, 235a)

바가 없지만, 원효의 주석이 갖는 특징은 여래의 부동한 지혜를 따라 성불이라는 실천적 목적에 맞추어 해석한다는 데서 증득이 있음에 대한 집착을 부정하는 영변의 '행평등관'의 사유와 문맥을 같이한다는 것이다.

둘째, 첫 단의 마지막은 "하나 가운데서 무량을 이해하고, 무량 가운데서 하나를 이해하며 전전하여 생기하되 실제가 아님을 지혜가 있는 자는 두려워하지 않는다."[63]는 게송으로 일견 화엄의 상입 논리를 나타내는 게송임을 알 수 있다. 영변은 이에 대해서 5종관의 하나로서 '무아평등관'으로 보고 다음과 같이 해석한다.

> 오온의 집합체는 존재하지 않는다. 본성이 없으므로 공이다. 법이 적멸함을 이해하면, 불이법문不二法門에 들어가 곧 여래지如來智에 두려움이 없음을 본다. 편안하게 해탈했기 때문이다. 무엇 때문에 법신이 상주함이 일체지의 들어감과 같다는 것을 드러내는가? 모든 대중들로 하여금 광명으로 4종의 권도를 목도하여 마음에 염착함이 없어 일체의 모습에서 벗어나도록 하기 위해서이다.[64]

이처럼 영변은 상입의 논리가 아닌 공의 논리로 해석하고 있다. 그리고 중생의 수도를 위한 구문으로 해석한다.

한편, 『수현기』에서는 〈표 2〉의 7.3 탄해자유승능歎解者有勝能이라고 소과목을 설정하듯이 보살이 뛰어난 능력을 갖고 있음을 찬탄하는 구문으로 보았다. 하나 가운데 많은 것을 이해하고 역도 마찬가지라는 것을 이해하는 것은 뛰어난 보살만이 가능한 것으로 본 것이다.

---

63 『華嚴經』 "一中解無量, 無量中解一. 展轉生非實, 智者無所畏." (T9. 423a)
64 靈辯, 『華嚴經論』 "陰集非有, 無性故空. 解法寂滅, 入不二法門. 則見如來智無有畏. 安穩解脫故. 何故顯示法身常住. 如一切智入. 令諸大衆, 尋光覩見, 四種權道. 心無染著, 離一切相故." (X3. 1c)

이에 대해서 원효는 "먼저 인과 법의 무소득문으로써 전전하여 중생을 교화함을 밝히고, 후에 일다무애문으로 두려움이 없음을 얻는 것을 밝혔다."[65]고 해석한다. 그리고 이것에 대해서는,

> 일체법이 일법에 들어가기 때문에 하나 가운데 무량을 이해하고, 일법이 일체법 가운데 들어가기 때문에 무량 가운데 하나를 이해한다. 능히 상호 상입할 수 있는 이유는 전전하되 상호 거울에 비추어 생하는 것처럼 실제가 아니면서 생하므로 장애가 없기 때문이다.[66]

라고 부연 설명한다. 지엄의 해석이 보살의 능력을 찬탄하였다면, 원효는 중생 교화의 의도와 상입 논리로 구체화하여 법의 무장애문으로 풀이했음을 알 수 있다. 이렇게 장애 없이 상호 거울에 비친다는 비유는 원효의 보법과 상통한다.[67] 원효가 이 구문을 보법의 논리로써 풀이하는 것은 「광명각품소」가 원효 논리적 사유의 정점에 이르러 저술된 것임을 시사한다.

셋째, 제7중에 있는 "많은 법 가운데는 하나의 모습도 없으며, 한 법 가운데는 많음도 없다. 모든 법이 이와 같음을 명확히 알면, 이것이 모든 부처의 무량한 공덕을 아는 것이다."[68]라는 게송에 대해서 영변은 '청정에 상주하는' 가운데 법의 모습이 여실한 앎에 머무는 것과 같이 부처가 요익 중생하는 구문으로 보았다.[69] 본 게송은 『육십화엄』에 10게송으로 되어

---

65 元曉, 『華嚴經疏』 "先明人法無所得門轉化衆生, 後顯一多無障礙門得無所畏."(T85, 235a)
66 元曉, 『華嚴經疏』 "一切法入一法故一中解無量, 一法入一切法故無量中解一也, 所以能得互相入者, 展轉互爲鏡影而生, 非實而生故無障礙."(T85, 235a)
67 石吉岩, 「元曉의 普法華嚴思想 硏究」(東國大學校 博士學位論文, 2003) pp. 106~111. 『화엄경소서』에서는 '무장애법계법문'이라고 일컬어진다.
68 『華嚴經』 "衆多法中無一相, 於一法中亦無多, 若能如是了諸法, 是知諸佛無量德."(T9, 425a13)
69 靈辯, 『華嚴經論』 "法相如住應如實知者, 法非一二, 假名說量無量, 而能流布, 餘益群生故."(X3, 4a)

있으나, 지엄은 20게송으로 된 경전을 본 듯하다.[70] 따라서 지엄의 경우 정확히 이 구문이 어디에 있었는지 알 수 없으나, "이理와 양量의 두 가지 경계로 들어가 얻는 뛰어난 법을 밝힌다."[71]에 해당하는 듯하다. 즉, 이와 양은 깨달은 지혜와 그로 인한 교화의 지혜 정도에 해당한다. 이러한 두 가지 경계에 들어가는 법을 밝혔다고 풀이한 것이다.

한편, 원효는 "부처의 진실한 교법에 따라서 부처의 진실한 공덕을 아는 것"[72]이라고 한다. 따라서 영변은 부처, 지엄은 법, 원효는 보살 및 중생을 중심에 두고 게송을 이해하였음을 알 수 있다.

이상으로 원효 이전의 혜광, 영변, 지엄 3사와 원효의 「광명각품」해석을 간략히 비교하였다. 원효는 혜광과 영변의 주석서를 본 것 같지 않다. 지엄의 『수현기』를 참고했을 가능성을 염두에 둘 수 있지만 과문상의 공통성은 찾을 수 없다. 중요한 구문에 대한 해석을 보았을 때, 문수보살설 제1게에 대한 해석에서 알 수 있듯이 둘 다 실천에 중심을 두지만, 원효는 '지관쌍운'이라는 구체적 수행법을 제시한다. 제10게에 대해서는 지엄이 보살의 능력을 찬탄하는 것으로 간단히 풀이한 대신에, 원효는 인과법의 상입설과 그에 따른 무장애설로 풀어낸다. 제7중의 게송에 대해서는 영변, 지엄과는 달리 중생 측에서 해석하고 있다. 원효의 해석이 아주 특별하지는 않지만, '지관쌍운'처럼 구체적 수행법을 제시한 것에 대해서는 이전의 화엄사와 차이를 둘 수 있을 것이다.

---

70 智儼, 『搜玄記』 "第七進首偈相同七地中種種法無別異義. 偈文中三. 初六辨空中方便智有中殊勝行. 即歎德也. 次十勸觀實性顯解方儀. 次四明於理量二境入得勝法也."(T35, 27b)
71 智儼, 『搜玄記』(T35, 27b).
72 元曉, 『華嚴經疏』 "順佛眞敎知佛實德."(T85, 235c)

## 3. 원효 이후의 해석

### 1) 과문의 동이

중국 화엄종에서는 지엄이 『화엄경』 과문을 정립하지만, 법장은 지엄과 상당히 다른 과문을 구성하였고, 법장의 과문이 혜원과 징관에게 계승된다. 이통현은 각 중의 게송에 대해 묶어 하나의 해석으로 일관한다. 이 가운데 원효와 법장의 과문을 비교하면 거의 유사성을 찾을 수 없다는 결론에 이른다.

법장이 「광명각품소」를 구성할 때, 석명釋名, 내의來意, 종취宗趣, 석문釋文으로 한 것은, 지엄을 답습한 것인데, 앞에서도 언급했듯이 원효는 내의來意와 석문釋文으로 크게 구분 짓는다. 그런데, 법장의 내의 가운데 5, 6번째에서 원효의 영향을 볼 수 있다. 원효와 법장의 '내의'를 대비하면 다음과 같다.

〈표 4〉 원효와 법장의 내의 비교

| 원효 소(T85,234c) | 법장 소(T35,171c) |
|---|---|
| 此中四品. 科爲二分. 謂前二品.遣諸ⓐ疑難以生信解. 其後二品. 正說行德而令進修. 初中亦二. 初品遣疑. 次品通難.通難者. 於法難解.生諸難故. 遣疑者. 於佛未信. 起諸疑故. 此疑因. 何而得起者. ⓑ前二品說. 佛號諦名, 遍布十方一切世界.(後略)… | 五. 爲斷疑故. 謂前品文殊說佛名, 法名, 差別, 普遍, 恐衆疑故. 佛以身光, 照現彼事, 令衆目覩疑網自消故. 來.<br>六. 非直如前, 但佛名, 諦名, 遍虛空法界等世界. 而今如來卽, 此說華嚴時, 亦如是遍一切盡空世界.(後略)… |

〈표 4〉에서 보는 바와 같이 원효는 앞의 두 품은 의심을 없애서 믿음과 이해를 생기게 하기 위해, 뒤의 두 품(「광명각품」 포함)은 실천의 공덕을 설하여 앞으로 나아가게 하기 위해 설해졌다고 한다. 법장은 이 원효의 설명을 가져와서 의심에 관한 것(ⓐ)은 다섯 번째에, 편만(ⓑ)에 관한 것은

여섯 번째 내의로 나누어 설명하고 있다고 볼 수 있다.

한편, 법장 이후 혜원과 징관은 법장의 과문을 모범으로 하여 조금씩 변형시킨다. 원효는 『육십화엄』, 혜원 이후는 『팔십화엄』을 주석하였기 때문에 게송에 차이가 있고, 따라서 두 과문이 같을 수 있는 개연성이 떨어진다. 그럼에도 불구하고 과문의 유사성을 찾을 수 있다. 그 유사한 부분만 추출한다.

우선, 앞의 〈표 2〉에서 원효의 과문 4.1.1 반현反顯과 4.1.2 순명順明이 혜원의 과문에서는 각각 '반현기의反顯其義', '순석順釋'[73]으로 표현된다. 이 예를 통해 볼 때 원효의 과문 명칭을 혜원이 계승한 것으로 보아야 할 것이다. 징관도 4.1.1 반현反顯, 4.1.2 순명順明에 대해서는 그대로 수용하고 있다.[74] 한편, 이통현의 『신화엄경론』은 10중의 게송에 대해서 총괄해서 해석할 뿐 원효 과문과의 유사성은 찾을 수 없다.

2) 해석의 동이

우선, 방광의 의미를 고찰한다. 법장은 발바닥에서 비추는 광명의 의미를 세 가지로 논한다. 앞에서 보았듯이 지엄은 신행이 근본임을 나타내는 것이라고 했다. 법장은 방광의 의미를 논할 때 지엄을 답습한다. 그리고 혜원과 징관은 법장을 답습한다. 그런데, 이통현은 "불과로써 믿음을 성취하여 항상 불과의 체(果體)를 수행하여 성숙하도록 하는 것"[75]으로 해석했다. 이통현의 해석은 자신이 원래 부동지불이라는 전제에서 그것을 닦아 나가는 것으로 본 것이다. 뒤에서 설명하는 것처럼 원효도 부동지불을

---

[73] 慧苑, 『刊定記』(X3, 639a).
[74] 澄觀, 『華嚴經疏』 "初一反顯, 餘九順釋."(T35, 596a)
[75] 『新華嚴經論』 "更明今此放兩足輪中之光, 明以果成信故. 乃至修行常修果體, 使慣習成熟故."(T36, 819a)

강조한다는 점에서 상통한다.

둘째, 원효는 신심분(2회 네 품) 중 「명호품」과 「사제품」에 대해서 '얻어진 결과를 들어 서원하고 즐거워하는 마음을 일으킨다.'고 주석하였다. 이러한 해석이 지엄 『수현기』의 해석에서 영향을 받았을 가능성에 대해서는 앞에서 서술하였다. 법장은 지엄의 해석을 변형시키며,[76] 그의 해석은 혜원과 징관에게 수용된다. 한편, 이통현은 초회부터 「현수품」까지를 통틀어서 '거과권수생신분擧果勸修生信分'으로 본다. 따라서 네 품을 신심분으로 규정하고, 그 해석에 있어 '소득과所得果'를 운운하는 것은 원효만의 해석이다.

다음, 제1중의 첫 게송에 대해서 법장은 경계와 마음에 입각하여 2중으로 해석한다. 우선, 경계에 의해서 본다면, 법이 미혹(情謂)[77]을 벗어났음을 밝히는 것이라고 한다. 마음에 입각하면, 대중이 앞의 광명이 비추는 것을 보고 모습에 따라 취착할 것을 염려하여, 첫 게송은 부처의 입장에서 그것을 부정한 것이다. 이로써 대중이 상을 버리게 하여 도리에 어긋나는 과실을 벗어나도록 한 것이라고 설명한다. 그리고 이것을 증명하기 위해 『열반경』과 『불지경론』의 문장을 인용하였다. 인용의 취지는 여래가 유루도 무루도 아니라고 인식해야 한다는 것이다. 두 번째 게는 부처의 법을 무루법이라고 보는 것이 왜 과실인가를 알게 하기 위한 것으로, 부처가 무소유임을 관찰하면 과실이 없다고 한다. 이것을 순법이라고 해석한다. 즉 부처도 법도 모두 무성임을 관찰하는 것을 말한다. 그것은 일정한 견해를 벗어나는 것이기도 하다.

---

[76] 『探玄記』 "二舍那品中一周問答名擧果勸樂生信分. 三從第二會至第六會來一周問答名修因契果生解分"(T35, 125b)이라고 하여 지엄의 해석을 「노사나품」에 배당하며, 「명호품」 이후는 '원인을 수행하여 결과에 계합함으로써 이해를 내는 부분'으로 하여 달리 해석한다.

[77] 『화엄일승교의분제장』 '如情所謂'의 준말로 생각되나, '정위'를 단독으로 사용하는 예는 동 문헌뿐 아니라, 『화엄일승십현문』, 『탐현기』, 『삼보장』 등에서 확인된다.

법장이 순법이라고 해석한 부분은 원효의 영향을 통해 성립된 해석으로 추정된다. 그러나 원효는 문수 수행처의 부처인 부동지불의 '부동상'을 강조하였다. 그리고 그것을 통해 무소유를 밝힌 것을 순명이라고 하였다. 따라서 단지 상에 집착하는 것을 부정만 하지는 않은 것으로 이해된다. 이런 점에서 법장은 '모습'에 관한 해석은 지엄을 따르면서도 원효의 '순명'에 대한 해석을 도입해서 양 사의 입장을 조합한 것으로 이해할 수 있다.

혜원은 더러움을 벗어나서 밖에서 해탈을 하고 세간의 더러움에 집착하지 않는 것은 도리를 증득한 지혜의 눈이 아니라고 해석하면서, 범본에는 '피성도안彼聖道眼'이라고 되었다고 한다. 현재 「광명각품」에 해당하는 범본은 없다. 이와 같은 혜원의 진술을 이해하기 위해 이에 대한 티베트어본의 경문에 대해서 티베트어 『화엄경』을 중점적으로 연구하는 박보람 박사에게 도움을 요청하여 아래와 같은 번역 결과를 얻었다.

일체세계를 지니지 않고 / 여의었으며, 실체가 없음의 / 정각을 아는 이 / 그들은 눈의 길(眼道)에 머무르지 않는다./[78]

여기서 눈의 길이란 시각의 범위를 가리킨다.[79] 즉, 통상의 인식으로는 볼 수 없다는 의미일 것이다. 티베트어 모든 본에는 '세간에 집착하지 않

---

[78] 충북대학교 박보람 교수 제공 sTog palace 29, 273b
'jig rten kun dang mi ldan zhing
bral bar gyur te dngos med ba'i
yang dag sangs rgyas sus shes pa
de dag mig gi lam mi gnas
[79] 충북대학교 박보람 교수에 따르면, 눈의 길(眼道): (T) mig gi lam=mig lam, (S) caksuspatha로서 시각의 범위, 눈이 볼 수 있는 범위, the range of sight 등의 뜻이다. 이를 통해 보면, 위 구는 '① (그들을) 눈으로는 볼 수 없다, 또는 ② (그들은) 시각으로 (어떤 현상, 사물을) 파악하지 않는다.'의 두 가지로 해석이 가능하다고 한다.

는다'는 구문이 없다. 그리고 마지막은 '부정구'이다. 『간정기』에서 범본을 참조하여 제시한 '피성도안彼聖道眼'은 이 '피비성도안彼非聖道眼'인지 '피성도안彼聖道眼'인지 애매하지만, 제1중에 대한 혜원의 해석이 '반현기의反顯其義'임을 볼 때 전자가 타당할 듯하다. 징관은 첫 구가 도리에 어긋나는 과실을 반대로 드러낸 것으로 보리체와 덕은 일체를 초월하여 끊었음을 밝히는 구문으로 보면서, 법장과 마찬가지로 『불지경론』 문장을 인용한다.

제1중 마지막 게송에 대해서 법장은 연기상유문과 법성융통문으로 나누어 상즉과 상용을 통해 길게 주석한다. 다만, 법장은 원래 이것이 한 회좌 가운데 무량의 회좌가 있고, 무량의 회좌 가운데 한 회좌가 있을 수 있음을 증명하기 위한 문구라고 한다. 논리적으로는 원효와 일치하지만, 본래 이것이 나타내는 바가 회좌를 염두에 두었다는 해석은 원효로서는 생각하지 않았을 것이다.

한편, 혜원은 이것을 많음과 하나의 관계로 설명하지만, 이사무애로서 사사무애가 아니라고 설명한다.[80] 혜원이 원리적 입장에 서 있음을 알 수 있다. 반면에 징관은 혜원의 이와 같은 입장을 비판하고, 일다상용부동문과 연기상유문으로 해석하면서 사사무애를 드러낸다고 본다. 법장이나 원효도 이른바 사사무애적인 사태를 설명한 것으로 생각된다.

또한 제7중의 게송을 풀이할 때 법장은 이것이 '하나 가운데 많음을 이해한다.'는 제1중의 게송과 취지가 다르다는 질문에 대해서, 연기를 불괴不壞의 입장(제7중)과 무성無性의 입장(제1중)에서 풀이한 것뿐으로 상위하지 않는다고 한다. 혜원은 체성에 근거한 연기법으로 이해한다. 이에 반해서 징관은 부처의 체성에 상호가 구족했음을 찬탄하는 게송으로 이해

---

[80] 『刊定記』 "謂解多由一起. 解一由多生. 無一不成. 無一不成來多無多. 亦無一多. 彼一多相由生盡故. 一多之念息. 一多相平等. 此會差別歸平等性. 是理事無礙. 非事事無礙. 應審其文. 勿謬解也."(X3, 639a) 이에 대한 평가는 『탐현기』(國譯一切經)를 참조 바람.

한다. 원효는 단순히 연기법이나 부처를 중심으로 두지 않고, 상입법으로 해석하면서 중심은 보살과 중생에 두었다.

## Ⅳ. 결론

지금까지 원효의 「광명각품소」를 여덟 종류의 주석서와 비교하며 고찰하였다. 그 결과 문헌의 수용과 전파의 면에서 원효의 「광명각품소」에서 지엄을 수용한 흔적이 있고, 나중에 법장과 혜원, 징관에게 수용된 흔적을 찾을 수 있다. 이러한 점은 향후 연구에 하나의 시사점을 줄 것이다.

원효의 「광명각품소」에서 볼 수 있는 해석적 특징은 다음과 같이 정리할 수 있을 것이다.

우선, 과문의 성격을 보자면, 지엄의 경전 주석 방식인 4문이 해서은 법장, 혜원, 징관으로 계승되고 이통현도 일부 수용하지만 원효 역시 그 중에 내의來意와 석문釋文만을 정확히 수용하고, 석명은 내의 안에 포함시켰다.

둘째, 게송의 해석을 지엄은 각 보살의 명칭과 그 수행이 깊어지는 것을 나타냈는데, 원효는 각 보살의 법문을 나타냈다. 본문에서는 언급하지 않았지만, 원효는 불호명, 부처의 법문도 구분한다. 예를 들어, 제1중에 대해서 "동방불호에 의해서, 부처의 부동상을 찬탄하고 뒤의 여덟 게송은 유수보살법문이다."라는 식의 설명을 계속하여 제10중에 이르면, "상방불호에 의해서, 복원지법문伏怨智法門을 찬탄하며, 나머지 16송은 현수보살의 법문이다."로 끝을 맺는다. 이러한 원효의 게송 해석 방법을 보면, 게송이 부처를 찬탄하는 법문과 보살 자신의 법문으로 나뉨을 알 수 있다. 부처의 법문을 찬탄하는 것은 보살들 각 처소의 부처의 명칭에 근거한다. 예를 들어 동방의 부처는 부동지불不動智佛이고, 상방의 부처는 복원지불伏怨智佛이다. 보살의 법문을 구분하는 것을 포함하여 부처를 방위 등으로 설명하는 방법은 현재로서는 원효의 창안으로 볼 수 있다.

그런데, 보살과 법문 사이의 관계를 보면, 원효는 자리이타를 덕수보살과 연관시키는데, 혜광의「광명각품소」에서 "능히 자리이타의 덕을 자세히 갖추었기 때문에 덕수라고 한다.(能自利利他德備具足. 故云德首)"라고 되어 있어, 혜광과 원효를 연결시킬 수 있다. 한편 원효는 각수보살에 대해서는 '스스로 깨닫고 남을 깨닫게 하는 법문(自覺覺他法門)'이라고 정의하는데, 이통현『신화엄경론』「문명품석」에 '스스로 깨닫고 남을 깨닫게 하는 것'을 각수라고 명명하고 있어,[81] 이통현과도 연관시킬 수 있을 것이다. 다만, 우연의 일치 혹은 당시의 상식적 수준에서의 일치일 수도 있다.

셋째, 원효는「명호품」,「사제품」,「광명각품」,「명난품」의 네 품을 신심분信心分으로 규정한다. 이 네 품만을 묶는 해석은 원효만이 제시하는『화엄경』해석인데, 예를 들어 지엄은「광명각품」과「명난품」을 각각 '생신분生信分'과 '생해분生解分'으로 나눈다.[82] 따라서 원효가 지엄의 영향을 받으면서도, 지엄과는 다른 독자의 해석법을 구사했다고 추정할 수 있을 것이다.

한편, 게송에 대해서 보면, 제1중의 첫 구에서 '부동지'를 매개로 하여 그것이 무소유임을 밝힌 것은 '부동'과 '무소유'의 등치를 의미한다. 지엄의 경우 모습에 집착하는 것을 경계하고, 법장은 여래가 유루, 무루가 규정되지 않음을 밝히고 있는데, 원효는 여래의 본래 존재 모습을 강조했다. 그것이 '반현'이라는 과목명으로 드러난 것이다.

제1중의 마지막 구, 제7중의 게송은 화엄의 상입 논법을 나타냈다고 볼 수 있는데, 원효는 제1중에 대해서는 지엄 이래의 여러 화엄사와 마찬가

---

81 『新華嚴經論』"自覺覺他令知法界自性眞理眞妄兩亡名爲覺首."(T36, 820b)
82 『搜玄記』"初至光覺等來, 擧果勸樂生信分. 二明難下明修因契果生解分."(T35, 19c)

지로 일과 일체의 관계를 논하지만, 거울의 영상이라는 비유를 통해 그것들이 모두 비실재이므로 상입의 연기법이 성립됨을 서술하고 있다. 이것은 원효 보법의 근거이기도 하였다. 한편, 제7중에서는 중심을 보살 및 중생 측으로 옮겨 실천적 해석을 하고 있다.

 원효의「광명각품」해석상의 특징은 광명을 놓는 이유에 대한 해석에서 보듯이 '지관쌍운'의 실천적 측면을 기본에 두고 부처의 본래 모습을 드러내는 데 있다고 보인다. 한편, 상호 영향 관계를 보면, 원효가 영변과 혜광의 문헌을 참조했는지 불분명하지만 영변, 혜광과 문맥상의 유사성이 드러난다. 원효와 법장, 혜원, 징관, 이통현과의 관계도 볼 수 있다. 동아시아 화엄사상사에서 원효 화엄사상을 연구하기 위해 향후 상호 관련에 대해서는 면밀한 검토가 요구된다.

| 참고문헌 |

약호

『한국불교전서』　H
『대정신수대장경』　T
『대일본불교전서』『日佛全』
『일본대장경』『日藏』
『소화신찬속장경』　X


眞諦 譯.『攝大乘論釋』(T31).
智儼.『搜玄記』(T35).
法藏.『探玄記』(T35).
\_\_\_\_.『華嚴一乘敎義分齊章』(T45).
\_\_\_\_.『華嚴經傳記』(T51).
慧皎.『高僧傳』(T50).
智昇.『開元釋敎錄』(T55).
壽靈.『華嚴五敎章指事』(T72).
凝然.『華嚴五敎章通路記』(T72).
\_\_\_\_.『華嚴法界義鏡』(『日佛全』13).
慧光.『華嚴經義記』(T85).
元曉.『華嚴經疏』(T85).
均如.『一乘法界圖圓通記』(H4).
靈辯.『華嚴經論』(X3).
智憬.『大乘起信論同異略集』(X45).

박서연. 「『화엄경』「여래광명각품」의 주석학적 이해」. 『천태학연구』 11. 천태불교문화연구원, 2008.

石吉岩. 「元曉의 普法華嚴思想 硏究」. 동국대학교 박사학위논문, 2003.

崔鈆植. 「靈辯撰『華嚴經論』과 思想의 特徵」. 보조사상연구원 편. 『華嚴經論』. 서울: 불일출판사, 2003.

_____ 옮김(균여 지음). 『일승법계도원통기』. 서울: 동국대학교출판부, 2010.


木村淸孝. 『初期中國華嚴思想の硏究』. 東京: 春秋社, 1977.

坂本幸男 譯註. 『探玄記』. 東京: 大東出版社, 1937(초판)·1980(개정판).

靑木孝彰. 「經典解釋方法における科文の成立について」. 『天台學報』 15. 天台學會, 1973.

橫超慧日. 「釋經史考」. 『中國佛敎の硏究』. 京都: 法藏館, 1979. (초출: 『支那佛敎史學』 1-1. 支那佛敎史學, 1937).

吉川忠夫·船山徹 譯. 『高僧傳』 3. 東京: 岩波文庫, 2009.

石井公成. 『華嚴思想の硏究』. 東京: 春秋社, 1996.

_____. 『高僧傳』 4. 東京: 岩波文庫, 2010.

福士慈稔. 『新羅元曉硏究』. 東京: 大東出版社, 2004.

_____. 『日本佛敎 各宗の新羅·高麗·李朝佛敎 認識に關する硏究』 第1卷. 山梨: 身延山大學, 2011.

_____. 『日本佛敎 各宗の新羅·高麗·李朝佛敎 認識に關する硏究』 第2卷上. 山梨: 身延山大學, 2012.

_____. 『日本佛敎 各宗の新羅·高麗·李朝佛敎 認識に關する硏究』 第2卷下. 山梨: 身延山大學, 2012.

_____. 『日本佛敎 各宗の新羅·高麗·李朝佛敎 認識に關する硏究』 第3卷. 山梨: 身延山大學, 2013.

제3부

계율과 반야

戒律
般若

#  『보살계본지범요기』

동아시아 보살계 사상의 전개와 원효 『보살계본지범요기』의 성격 | 박광연
원효의 『보살계본지범요기』가 일본불교에 미친 영향 | 김병곤

# 동아시아 보살계 사상의 전개와
# 원효『보살계본지범요기』의 성격

박광연

## I. 머리말

누가 자루 없는 도끼를 허락하겠는가? 내 하늘을 받치는 기둥을 베리라.

실성한 듯 거리에서 노래를 불렀다. 태종이 이 노래의 의미를 알아채고 원효(617~686)를 요석궁으로 모셨고, 원효는 요석궁의 공주와의 사이에서 설총을 얻었다. 원효는 계율을 어긴(失戒) 뒤 세속 옷으로 바꿔 입고 스스로 소성거사小姓居士라 불렀다고 한다.[1]

『삼국유사』에 전하는 이야기다. 원효와 요석공주와의 만남, 그리고 아들 설총. 원효는 분명 파계破戒하였다. 그런 원효가 쓴 계율 관련 저술이

---

1 『三國遺事』卷4, 義解5,「元曉不羈」.

많다. 『범망경소』, 『범망경보살계본사기』(이하 『사기』), 『범망경약소』, 『보살계본지법요기菩薩戒本持犯要記』(이하 『지범요기』), 『보살영락본업경소』의 이름이 전하고, 『사기』(일부. 『만속장』 38 No.683), 『지범요기』(『대정장』 45 No.1907), 『보살영락본업경소』(일부. 『만속장』 39 No.705)가 남아 있다.[2] 원효의 파계와 계율서, 그 상관관계는 어떻게 되는 것일까?

요시즈 요시히데(吉津宜英)는 『지범요기』를 "원효의 육성이 들리는 듯한, 유니크한 문헌"이라고 하였다.[3] 그의 말처럼 『지범요기』는 분량은 짧지만[4] 전체가 온전하게 전하고, 원효의 메시지가 분명하다. 그런데 『지범요기』의 메시지 자체에 대한 조명은 많이 이루어지지 못하였다. 그동안 『지범요기』는 원효의 계율관이라는 주제하에 『사기』[5] 또는 『금강삼매경론』· 『기신론소』 등에 나오는 계율 인식과 함께 다루어져 왔다.[6] 특히 『사기』에 대해서는 일찍이 위찬설僞撰說이 제기되었음에도 불구하고,[7] 원효의 계율관 분석에서 빠지지 않고 있다. 이는 『사기』가 진찬이라는 확신이 있기 때문이기도 하겠지만, 『지범요기』가 '자찬훼타自讚毁他' 하나의 계조戒條만 집중 분석하고 있기 때문에 다른 보살계 논서와 비교가 힘들다는 현실적인 이유도 있는 것 같다. 최근 다시금 『사기』 진찬·위찬 논쟁이 있

---

2 南東信, 「元曉의 戒律思想」 『韓國思想史學』 17(한국사상사학회, 2001) p. 256에서는 元曉 撰으로 분류되던 『四分律』 관련 문헌들(『四分律羯磨疏』, 『四分律行宗記』, 『四分律濟緣紀』, 『四分律科』)을 모두 원효의 것이 아니라고 보았다.
3 吉津宜英, 『華嚴一乘思想の研究』(東京: 大東出版社, 1991) p. 572.
4 『大正藏』 편집 체제로 10단 분량이다(T45.918b3~921b24).
5 『私記』를 주텍스트로 원효의 계율관을 분석한 논문은 다음과 같다. 吉津宜英, 「法藏以前의 『梵網經』諸註釋書について」 『駒澤大學佛敎學部研究紀要』 44(駒澤大學, 1989); 吉津宜英 (1991) pp. 563~680; 崔源植, 「元曉의 菩薩戒 인식경향과 그 특성」 『동국사학』 6(동국역사문화연구소, 1994); 이병학, 「원효의 대승보살계사상과 그 의미」 『한국고대사연구』 24(한국고대사학회, 2001); 南東信(2001); 法長, 「智顗『菩薩戒義疏』と元曉『梵網經』註釋書의 比較研究」(東アジア佛敎研究會發表文, 2015).
6 南東信(2001); 최유진, 「원효의 계율관」 『불교연구』 38(한국불교연구원, 2013).
7 木村宣彰, 「菩薩戒本持犯要記について」 『印度學佛敎學研究』 56(日本印度學佛敎學研究, 1980).

었는데,[8] 필자는 이에 대해 의견을 개진할 만한 실력이 되지 않아 판단하기 어렵다. 다만, 『사기』의 진위 여부를 떠나, 그동안 『사기』와 『지범요기』를 함께 다룸으로써 『지범요기』 본연의 성격에 대한 조명이 부족하지 않았나 하는 생각이 든다. 『사기』는 『범망경』 주석서이지만, 『지범요기』는 그렇지 않다.[9] 그러므로 『지범요기』에 대한 별도의 이해가 필요하다.[10]

『지범요기』에 대한 연구는 원효가 기본으로 삼은 계율이 무엇인가를 밝히는 것이 핵심 주제였다.[11] 즉 원효가 중시한 보살계가 범망계인지, 유가계인지 여부를 판가름하는 것이었다. 선행 연구들은 『지범요기』 내에서, 또는 원효의 교판 인식에서 그 답을 찾고자 하였는데, 필자는 동아시아 보살계 전개에 대한 역사적 고찰을 통해 『지범요기』에서 다루는 '보살계본'의 성격을 이해해 보고자 한다. 『지범요기』에서 말하는 원효의 메시지를 정확하게 파악하고, 이를 바탕으로 이 책의 찬술 목적과 신라 불교계에서의 역할을 이해하는 것이 본고의 목표이다.[12]

---

[8] 한명숙, 「元曉『梵網經菩薩戒本私記』의 진찬여부 논쟁에 대한 연구(1): 선행연구에 대한 비판적 검토」 『佛敎硏究』 42(한국불교연구원, 2015); 최유진, 「『범망경보살계본사기』의 저자 문제」 『동아시아불교문화』 25(동아시아불교문화학회, 2016); 한명숙, 「元曉『梵網經菩薩戒本私記』의 진찬여부 논쟁에 대한 연구(2)」 『불교학보』 75(동국대학교 불교문화연구원, 2016).

[9] 蔡印幻은 『新編諸宗教藏總錄』에서 '梵網經持犯', 『東域傳燈目錄』·『律宗章疏』 등에서 '梵網經持犯要記'라고 기록한 것은 후대 목록 작성자들의 잘못이라고 하였다. [蔡印幻, 『新羅佛敎戒律思想硏究』(東京: 國書刊行會, 1977) pp. 302~304] 船山徹, 『東アジア佛敎の生活規則 梵網經-最古の形と發展の歷史』(京都: 臨川書店, 2017) pp. 19~28에서 『범망경』 주석서를 정리하고 있는데, 『지범요기』는 없다.

[10] 『지범요기』만 대상으로 다룬 논문은 다음과 같다. 李箕永, 「원효의 보살계관」 『불교학보』 5(동국대학교 불교문화연구원, 1967); 蔡印幻(1977), 「元曉の戒律思想―『菩薩戒本持犯要記』に見られる戒律思想」 pp. 294~305; 木村宣彰(1980); 김호성, 「『보살계본지범요기』의 성격론에 대한 재검토」 『원효학연구』 9(원효학연구원, 2004).

[11] 선행 연구의 구체적인 주장은 Ⅱ. 계본의 전개와 『지범요기』의 성격에서 소개하도록 하겠다.

[12] 본고에서 사용한 『지범요기』 원문은 『대정장』본을 東大寺 사본, 海印寺 사본, 大谷大·高野山大 간본들과 대교한 필자의 교감본이다. 원문 인용처는 『대정장』본 쪽수를 사용하고, 교정 내용을 해당 부분에서 간략히 밝히도록 하겠다. 東大寺 사본을 제공해 주신 東大寺

## II. 계본의 전개와 『지범요기』의 성격

### 1. 『지범요기』의 구조와 문제 제기

『지범요기』는 『범망경』 10중계 가운데 일곱 번째인 자탄훼타계自讚毀他戒 한 조를 예를 들어 보살계의 중요성을 설명하는 독특한 방식을 취하고 있지만, 전체 구조가 매우 논리적이다. 크게 서론, 본론, 결론 세 부분으로 구분할 수 있다. 먼저 서론에서 원효는 보살계를 통해 추구하는 것이 사邪에서 정正으로, 죄罪에서 복福으로, 사似 아닌 실實, 표업表業 아닌 중심中心, 적迹 아닌 의意임을 대비되는 개념을 통해 명약관화하게 드러내고 있다. 본론에서는 지범持犯의 대상인 계조(경계輕戒·중계重戒)에 대한 다양한 계본을 소개하고, 계조戒條의 성상性相을 달마계본達摩戒本을 중심으로 설명하였다. 이어서 다라계본多羅戒本의 문장을 4구로 설명함으로써 계조에 대해 보다 깊이 있게 이해할 것을 요청한 뒤 궁극적으로 지범해야 할 것이 무엇인가에 대한 자신의 의견을 피력하고 있다. 그리고 게송으로 마무리하였다. 이를 표로 정리해 보면 다음의 〈표 1〉과 같다.

〈표 1〉『보살계본지범요기菩薩戒本持犯要記』의 구조

| 서론 | | | | | | |
|---|---|---|---|---|---|---|
| 본론 | 輕重門 | 總判 | 輕垢罪 | 達摩戒本 | | |
| | | | | 多羅戒本 | | |
| | | | | 別解脫戒經 | | |
| | | | 重戒 | 共小 | | |
| | | | | 不共 | | |
| | | | | 在家菩薩 | | |
| | | 別顯差別 (by.達摩戒本) | 犯 | 重 | 上 | |
| | | | | | 中 | |
| | | | | | 下 | |

史硏究所의 坂東俊彦 선생님께 감사드린다.

| | | | | | | |
|---|---|---|---|---|---|---|
| 본론 | 輕重門 | 別顯差別 (by.達摩戒本) | 犯 | 輕 | 染―煩惱, 輕慢에 의해 | |
| | | | | | 非染―無知, 放逸에 의해 | |
| | | | 無犯 | 一切戒 | | |
| | | | | 別論 | | |
| | | | 相의 차별 (自讚毀他) | 福 | | |
| | | | | 犯 | | |
| | | | | 染 | | |
| | | | | 重*13 | | |
| | | 問答1 | | | | |
| | | 問答2 | | | | |
| | 淺深門 (by.多羅戒本) | 4句 | 第1 | | | |
| | | | 第2 | | | |
| | | | 第3 | | | |
| | | | 第4 | | | |
| | 究竟持犯門 | 戒相 | | | | |
| | | 罪相 | | | | |
| | | 菩薩의 修戒 | | | | |
| | | 問答3 | | | | |
| 결론 | 偈 | | | | | |

『지범요기』에는 계본이라는 표현이 여러 차례 등장한다.

    A ① 言總判者, 輕*垢罪中, 細論支別, 頭數**乃有八萬四千, 括
       舉其要, 別有三類.
       或四十四, 如達摩戒本所說,
       或四十八, 如多羅戒本所判,
       或有二百四十六輕, 如別解脫戒經所立.[14]

---

[13] 自讚毀他戒의 重罪(*)에 대해서는 다음 Ⅲ. 『지범요기』 찬술 목적과 신라의 보살계에서 자세히 설명할 예정이다.
[14] 『菩薩戒本持犯要記』卷1(T45.918b). *『대정장』은 輕重垢罪이지만 東大寺 사본에 의거하여 輕垢罪로 수정하였다. **『대정장』은 頭類이지만 東大寺 사본에 의거하여 頭數로 수정하였다.

② 若明差別者, 今依達摩戒本, 辨其性相差別.[15]

③ 次第二明持犯淺深者, 乘前所說讚毁之戒, 以顯持犯淺深之相.
   如多羅戒本云, "常代衆生 受加毁辱, 惡事自向己, 好事與他
   人. 若自讚揚己德, 隱他人好事, 令他受毁辱者, 是爲
   波羅夷罪." 依此一文, 淺深異*解.[16]

④ 如經言, "罪非罪不可得故, 應具足戒波羅蜜."
   戒本云, "戒光從口出, 有緣非無因, 非色非心, 非有非無, 非
   因果法, 諸佛之本原, 菩薩之根本."[17]

A-①에서 경구죄輕垢罪에 해당하는 계조가 달마계본에는 44조, 다라계본에는 48조, 별해탈계경에는 246조라고 하였다. 달마계본·다라계본이 원효가 만든 용어임은 일찍이 밝혀졌다.[18] 달마계본은 아미달마, 즉 현장이 번역한 『유가사지론』에 나오는 계(瑜伽戒)이고, 다라계본은 수다라, 즉 『범망경』(범망계)이라고 보고 있다.[19] 그런데 1967년 이기영李箕永을 필두로,

---

15 『菩薩戒本持犯要記』 卷1(T45, 918b).
16 『菩薩戒本持犯要記』 卷1 (T45, 920b). * 『대정장』은 淺深解이지만 東大寺 사본에 의거하여 淺深異解로 수정하였다.
17 『菩薩戒本持犯要記』 卷1(T45, 921a25~29).
18 木村宣彰(1980) p.814; 木村宣彰, 「多羅戒本と達摩戒本」 『中國佛教思想研究』(京都 : 法藏館, 2009) pp. 398~422.
19 木村宣彰(1980) p.814; 南東信(2001) p. 265. 한편 달마계본이 현장이 번역한 『菩薩戒本』일 가능성은 없을까? 현장은 647년(정관 21)에는 『보살계본』을 번역하였고, 649년(정관 23)에는 『菩薩羯磨』를 번역하였다. ["菩薩戒本(十六紙) 唐貞觀二十一年玄奘於翠微宮譯 / 菩薩羯磨(六紙) 唐貞觀二十三年玄奘於翠微宮譯."(『大唐內典錄』 卷6, T55, 294b)] 『유가사지론』 本地分中 菩薩地에서 초출하긴 하였지만, 현장이 改編한 텍스트이다. [吉村誠, 「玄奘の菩薩戒―『菩薩戒羯磨文』を中心に」 『印度學佛教學研究』 52-2(日本印度學佛教學會, 2006) p.611] 『지범요기』에서 인용한 문장이 『유가사지론』에도 물론 나오긴 하지만 『보살계본』과 일치하는 사례도 많다.

『지범요기』 연구자들은 원효가 중시한 것이 유가계인지 범망계인지를 둘러싸고 다른 견해들을 제시해 왔다.

이기영은 원효가 당시 전래된 어떤 불교윤리사상보다 가장 현실적이고 발전된 유가계에 입각한 보살계사상을 가지고 있었다고 보았고,[20] 채인환도 원효가 달마계본에 의거해 성상의 차별을 밝히고 있고 또 자찬훼타계가 유가계의 '초계初戒'이므로 달마계본 중심으로 보살계 지범의 추요를 서술하고 있다고 보았다.[21] 기무라 센쇼(木村宣彰)는 현장 유가계와 구래의 범망계를 어떻게 화회할 것인가가 『지범요기』의 목적이었다고 보면서도, 논문 마지막에서 '달마계본을 인용하고 있다고 해도 범망다라계본을 주로 하였다'고 서술하고 있다.[22] 최원식崔源植도 기무라 센쇼와 마찬가지로 결론은 범망계를 토대로 하여 범망계와 유가계를 종합하고 융화시킨 저술이라고 맺었지만, 원효가 유가계를 알고 있었음에도 불구하고 얼마나 『범망경』에 집중하였었나를 논증하기 위해 여러 주장을 펼치고 있다.[23] 남동신南東信은 원효 당시, 불교 대중화를 위한 이념적 지주로서 대승보살계가 요청되었고, 원효는 『범망경』의 대승보살계에 의해 교단을 비판하였다고 보았다.[24] 『보살계본지범요기조람집菩薩戒本持犯要記助覽集』에서 원효의 보살계를 범망계라고 하였음이 밝혀진 후[25] 남동신은 다시 원효가 범망계 정신을 우위로 하여 유가계의 법상을 빌려와서 보완하였다고 하였다.[26] 이병학은 원효가 출가에 따른 사회 문제(효)를 인식하면서 『범망경』에 주목하였고, 삼취계를 통해 대·소승을 통합하고자 하였다고 보았다.[27]

---

[20] 李箕永(1967) pp. 106~107.
[21] 蔡印幻(1977) p. 303.
[22] 木村宣彰(1980) p. 817.
[23] 崔源植(1994) pp. 7~16.
[24] 南東信,「원효의 교판론과 그 불교사적 위치」『한국사론』20(서울대학교 국사학과, 1998) pp. 44~47.
[25] 金相鉉(2000) p. 174.
[26] 南東信(2001) pp. 266~267.

이처럼 '범망계설'이 이어지고 있을 때, 다시 유가계를 강조한 이는 김호성으로, 『지범요기』에서 가장 중핵을 이루는 부분은 경중문輕重門의 별현차별別顯差別이고, 여기서 달마계본을 집중적으로 다루고 있다고 하였다.[28]

이런 연구 경향에 대해 최근 최유진은 '원효는 범망계와 유가계를 대립적으로 보지 않았고, 둘을 화해시켜 이해하려 하였다.'라고 하였다.[29] 범망계와 유가계의 화회를 말한 것은 기무라 센쇼·최원식과 같지만, 어느 하나의 우위를 강조하지 않았다는 점에서 최유진의 주장은 차별성을 지닌다. 다만 이를 논증하는 과정이 '~라고 해서 ~를 더 중시했다고 보기는 어렵다'는 식의 부정의 연속이지, 원효가 구체적으로 어떻게 범망계와 유가계를 화회시켰는가에 대한 설명은 없다.

원효 이전 중국에서 유행한 보살계 및 계본의 성격을 살펴본 결과, 필자는 원효가 범망계와 유가계를 대립적으로 보지 않았다는 것은 인정할 수 있지만, 이들을 화회시키려 하였다는 주장은 재고의 여지가 있다고 생각한다. 이에 대해 설명해 보도록 하겠다.

## 2. 계본의 등장과 보살계본

『지범요기』의 달마계본·다라계본이 『유가사지론』·『범망경』에 나오는 계율 부분을 가리키는데, 논운論云 또는 경운經云이라 하지 않고 계본戒本이라 표현하고 있다. A-④의 '戒本云'은 『범망경』에서 그대로 인용한 구절인데,[30] 이는 바로 위 문장에서 『반야경』을 인용하면서 경언經言이라고

---

[27] 이병학(2001) pp.234~244.
[28] 김호성(2004) pp.65~75.
[29] 최유진(2013) p.134.
[30] 『梵網經』卷2 "佛告諸菩薩言, 我今半月半月, 自誦諸佛法戒. 汝等一切發心菩薩亦誦, 乃至十發趣·十長養·十金剛·十地諸菩薩亦誦. 是故戒光從口出, 有緣非無因故. 光光非青黃赤白黑·非色非心·非有非無·非因果法. 是諸佛之本源, 菩薩之根本."(T24, 1004ab)

한 것과 대비된다. 계본이 과연 무엇이고, 원효가 말하는 보살계본이 어떠한 것일까.

중국에서 계본의 등장은 수계갈마受戒羯磨가 정비되던 3세기 중반경으로 거슬러 올라간다. 가평嘉平 연간(249~254)에 낙양洛陽에서 활동하던 담가가라曇柯迦羅가 『승지계심僧祇戒心』이라는 계본 한 권을 번역하고, 정원正元 연간(254~256)에 담제曇諦가 『담무덕갈마曇無德羯磨』를 번역함으로써 구족계 수계의 필수 요건인 계본과 갈마문이 갖추어졌다. 담가가라는 당시 승려들이 계율을 역출해 달라고 요청하자, 율부는 너무 자세하여 수용하지 못할 것이라 생각하여 『승지계심』을 번역하였다고 한다.[31] 이를 볼 때, 계본은 수계갈마를 행하는 데 필요한 핵심 내용을 짧게 정리한 문헌임을 알 수 있다. 담마시曇摩侍가 장안長安에서 번역한 비구계본·비구니계본을 비롯하여 4세기 중후반에 이미 많은 종류의 계본이 유통되고 있었다.[32] 인도 부파部派교단들의 광률廣律이 번역되던[33] 5세기 전후에도 별도의 계본이 다수 등장한다.

- 『미사새오분계본彌沙塞五分戒本』 권1(송宋 불타집佛陀什 등)　　　T22
- 『오분계본五分戒本(=彌沙塞戒本)』 권1(송宋 불타집 등)　　　T22
- 『오분비구니계본五分比丘尼戒本』 권1(양梁 명휘明徽 집集)　　　T22
- 『마하승기율대비구계본摩訶僧祇律大比丘戒本』 권1(불타발타라佛陀跋陀羅 역譯)　T22

---

31 『高僧傳』 卷1 "時有諸僧共請迦羅, 譯出戒律. 迦羅以律部曲制, 文言繁廣, 佛敎未昌, 必不承用, 乃譯出僧祇戒心. 止備朝夕, 更請梵僧, 立羯磨法受戒. 中夏戒律, 始自于此."(T50. 325a)
32 李慈郞, 「중국불교에서 수계갈마의 변천—육조시대를 중심으로」 『불교학연구』 49(불교학연구회, 2016) pp. 118~124.
33 『十誦律』은 鳩摩羅什과 弗若多羅가 시작하고 曇摩流支가 404~409년에 번역을 완성하였고, 『四分律』은 410~412년에 佛陀耶舍가 竺佛念의 도움을 얻어 번역하였다. 法顯(337?~422?)이 인도에 가서 大衆部의 『摩訶僧祇律』과 化地部의 『五分律』을 구해왔는데, 『摩訶僧祇律』은 418년에 佛馱跋陀羅가, 『五分律』은 424년에 佛陀什이 建康에서 번역하였다.

- 『마하승기비구니계본摩訶僧祇比丘尼戒本』 권1(법현法顯·각현覺賢 역)   T22
- 『사분율비구계본四分律比丘戒本』 권1(불타야사佛陀耶舍 역)   T22
- 『사분승계본四分僧戒本』 권1(불타야사 역)   T22
- 『사분비구니계본四分比丘尼戒本』 권1(불타야사 역)   T22
- 『십송비구바라제목차계본十誦比丘波羅提木叉戒本』 권1(구마라집鳩摩羅什 역)   T23
- 『십송비구니바라제목차계본十誦比丘尼波羅提木叉戒本』 권1(법현 편찬)   T23

광률이 번역되고 이에 대한 계본이 등장하던 때에 보살계 관련 문헌도 출현하고 있다. 보살계라는 이름이 가장 먼저 나오는 문헌은 『대반열반경』으로, 계를 성문계와 보살계 등으로 구분하여, 보살은 이로움만을 위해서가 아니라 정법을 위하여 계를 지킴으로써 아뇩다라삼먁삼보리를 이룰 것을 말하고 있다.[34] 『열반경』을 번역한 담무참曇無讖(385~433)은 보살계경인 『보살지지경菩薩地持經』 10권, 『우바새계경優婆塞戒經』 10권(430)도 번역하였는데,[35] 이 가운데 『보살지지경』은 『유가사지론』 고역본에 나오는 계에 관한 내용을 별도의 경으로 엮은 것으로, 보살계 확산에 결정적인 역할을 한 문헌이다. 『보살지지경』에 의거한 보살계를 '지지계地持戒'라고 명명하는데, 삼취(정)계와 4중重 42범사犯事의 계조를 설정하고 있다. 삼취계

---

34 『大般涅槃經』卷28 「師子吼菩薩品」11 "復有二種, 一爲利養, 二爲正法. 爲利養故受持禁戒, 當知是戒不見佛性及以如來, 雖聞佛性及如來名, 猶不得名爲聞見也. 若爲正法受持禁戒, 當知是戒能見佛性及以如來, 是名眼見, 亦名聞見. …(중략)… 戒復有二, 一聲聞戒, 二菩薩戒. 從初發心乃至得成阿耨多羅三藐三菩提, 是名菩薩戒. 若觀白骨乃至證得阿羅漢果, 是名聲聞戒. 若有受持聲聞戒者, 當知是人不見佛性及以如來. 若有受持菩薩戒者, 當知是人得阿耨多羅三藐三菩提, 能見佛性·如來·涅槃."(T12, 528c~529b)

35 『歷代三寶紀』卷9 "大般涅槃經四十卷(玄始三年於姑臧出, 至十年方訖. 此經凡有三萬五千偈, 於涼減百萬言, 今所譯者正萬餘偈, 三分始一耳. 見竺道祖錄) …(중략)… 菩薩地持經十卷(或稱論亦八卷, 見竺道祖河西錄) 優婆塞戒經十卷(承玄元年四月二十三日, 於涼州城內出. 道俗等五百餘人同聽. 沙門道養筆受, 或六卷七卷, 大小不定) …(중략)… 菩薩戒經八卷 菩薩戒本一卷(第二出) 菩薩戒壇文一卷(亦云優婆塞戒壇文見寶唱錄) 右二十四部合一百五十一卷."(T49, 84ac)

는 『심밀해탈경』에서 시라바라밀을 이제악행계離諸惡行戒, 수제선행계修諸善行戒, 이익중생계利益衆生戒로 나눈 것을[36] 율의계, 섭선법계, 섭중생계라는 이름으로 명명한 것이다. 지지계는 삼취계가 핵심이다. 이후 대승경론에서 삼취계의 형식을 따르는 경우가 많아졌고 보살계의 전형으로 자리를 잡아갔다.[37]

성문계가 『사분율』, 『십송률』 등 율장에 의거한 반면, 보살계는 『보살지지경』과 『우바새계경』, 『보살선계경菩薩善戒經』(431년 구나발마求那跋摩 역)을 비롯하여 중국에서 찬술된 『범망경』, 『보살영락본업경』 등과 같은 계경에 의거하고 있다.[38] 『범망경』의 경우, 『보살지지경』 및 『보살선계경』에 나오는 축어逐語를 다수 사용하고 있는 것으로 보아 위경임이 분명하고, 특히 하권은 『인왕반야경』과 동시 또는 약간 늦은 시기인 450~480년경에 편찬되었다고 한다. 『보살영락본업경』의 성립 연대는 그보다 늦은 480~500년으로 추정하고 있다.[39] 5세기 계경의 등장 이후 보살계를 다룬 보살계본들도 다수 만들어졌다.

법경法經의 『중경목록衆經目錄』에는 2종의 『보살계본』이 나오는데, 하나는 구마라집(344~413)이 번역한 것이고, 또 하나는 담무참과 혜숭惠嵩이 함께 번역한 것으로 두 본이 동본이역이라고 한다.[40] 담무참의 『보살계본』은

---

[36] 『深密解脫經』 卷4 「聖者觀世自在菩薩問品」 "尸羅波羅蜜有三種, 所謂離諸惡行戒·修諸善行戒·利益衆生戒."(T16, 682a)
[37] 宮林昭彦, 「菩薩戒について」 『淨土敎-その傳統と創造』(東京 : 山喜房佛書林, 1972) pp. 387~389.
[38] 靜泰의 『衆經目錄』에 실려 있는 大乘律單本은 모두 19부 35권으로, 참회문, 계본, 갈마를 제외하고는 모두 經名을 가지고 있다. 19부 35권은 다음과 같다. "優婆塞戒經, 佛藏經, 大方廣三戒經, 寶梁經, 梵網經, 菩薩藏經, 決定毘尼經, 文殊師利悔過經, 舍利弗悔過經, 法律三昧經, 菩薩內戒經, 三曼陀颰陀羅菩薩經, 菩薩受齋經, 淨業障經, 大乘三聚懺悔經, 菩薩善戒經, 菩薩五法懺悔文, 菩薩戒本, 菩薩羯磨."(T55, 185ab)
[39] 船山徹(2017) pp. 17~18.
[40] 法經, 『衆經目錄』 卷5 "菩薩戒本一卷(後秦弘始年羅什譯) 菩薩戒本一卷(北涼世曇無讖與惠嵩等譯) 右二戒經同本異譯."(T55, 139b)

그가 실제 번역하였고 현재도 전하는 것인데,[41] 구마라집이 번역한『보살계본』은 실체가 분명하지 않다.[42]『범망경』하권을 가리킨다는 해석도 있지만,[43] 연대가 맞지 않는 것 같다.

## 3. 지지계와 범망계의 결합

6세기 중국에서의 보살계 현황을 보여 주는 자료로는 지의智顗(583~597)가 강술하고 관정灌頂이 기록한『보살계의소』가 있다.[44]『보살계의소』에는 보살계본으로 ⓐ 범망본 ⓑ 지지본 ⓒ 고창본高昌本 ⓓ 영락본 ⓔ 신찬본新撰本 ⓕ 제지본制旨本과 ⓖ 우바새계본優婆塞戒本 ⓗ 관보현행본觀普賢行本이 소개되어 있다.[45] 이 가운데 주목되는 것이 ⓒ 고창본이다. 고창본은 담무참曇無讖의 제자 도진道進(또는 법진法進)이 고창 지역에 머물 때 제자가 된 승준僧遵·담경曇景에 의해 전해진 것으로,『보살계의소』에 나오는 고창본의 수계 절차는 다음과 같다

청사請師-걸계乞戒-문차법問遮法-계사계청戒師啓請-삼취계三聚戒-갈마羯磨-증명證明-십중상十重相-결찰結撮-찬탄讚嘆

ⓐ 범망본이나 ⓑ 지지본과는 달리 ⓒ 고창본에는 지지계地持戒와 범망계梵網戒가 결합되어 있다. 정수계正受戒에서 삼취계를 받는다는 점에서

---

41 『菩薩戒本(出地持戒品中)』卷1(T24, 1107a~1110a).
42 "(鳩摩羅什)勅入逍遙園參正詳譯. 因請什出菩薩戒本. 今行於世."(『高僧傳』卷6, T50, 363b)
43 佐藤達玄,「菩薩戒の一考察」『駒澤大學佛敎學部研究紀要』34(駒澤大學, 1976) p.4.
44 『菩薩戒義疏』찬자에 대한 의심도 있다. 村上明也,「『菩薩戒義疏』の天台大師說を疑う」『印度學佛敎學硏究』57-2(日本印度學佛敎學會, 2009) pp.790~793.
45 『菩薩戒義疏』卷1 "次論法緣. 道俗共用方法不同, 略出六種. 一梵網本, 二地持本, 三高昌本, 四瓔珞本, 五新撰本, 六制旨本. 優婆塞戒經, 偏受在家, 普賢觀受戒法, 身似高位人自誓受法."(T40, 568a)

지지본의 흐름을 이으면서도 설상에서는 범망의 십중계상十重戒相을 설하고 있다.⁴⁶ 지지계와 범망계의 결합이 일찍이 고창에서 이루어졌고, 『고승전』을 쓴 혜교慧皎 당시(6세기 중엽)에 고창본에 의한 수계법이 꽤 광범위한 영향력을 가지고 있었다고 한다.⁴⁷ 『보살계의소』에서는 고창본 설명에 이어 현창玄暢(416~484)의 보살계법이 나오는데, "고창본과 대략 비슷하지만 작은 차이가 없지 않아 별도로 창법사본暢法師本이라고 한다."⁴⁸고 하였다. 작은 차이가 무엇인지 정확히 알 수 없지만, 삼취계·십중상이라는 주요 절차를 가리키는 것이 아니라면, 현창본도 지지계와 범망계의 융합으로 볼 수 있다. 현창玄暢은 평성平城[현 산시성(山西省) 다퉁시(大同市)]에서 활동하다가 북위 무제의 폐불을 피해 445년 양주揚州로 와서 말년에는 승주僧主를 역임할 정도로 남조 불교계에서 영향력이 있었으므로, 지지계와 범망계가 결합된 보살계 수계가 남조에도 전해졌을 가능성이 있다.

한편 『보살계의소』이 ⓕ 제지본制旨本에 해당하는 것이 양 무제(464~549) 재위기인 519년에 서사한 『출가인수보살계법出家人受菩薩戒法』 권1(P.2196)이라고 한다.⁴⁹ 이 『출가인수보살계법』에는 ① 라집본羅什本(범망) ② 고창담경본高昌曇景本(미륵) ③ 현창본 ④ 우바새계본 ⑤ 영락본 ⑥ 관보현행본 등 6가의 보살계본이 있다. 고창담경본의 성격에 대해 수계 후에 10중상을 설한다는 점에서 범망계라고 보는 견해도 있고,⁵⁰ 미륵이 보살계법을

---

46 土橋秀高, 「敦煌本受菩薩戒儀考」『印度學佛教學研究』 15(日本印度學佛教學會, 1960) p.33; 土橋秀高, 「ペリオ本「出家人受菩薩戒法」について」『戒律の研究』(京都: 永田文昌堂, 1980) pp.841~842; 池田魯參, 「菩薩戒思想の形成と展開」『駒澤大學佛教學部研究紀要』 28(駒澤大學, 1970) pp.106~108.
47 佐藤達玄(1976) pp.2~3.
48 『菩薩戒義疏』卷1 "又元嘉末, 有玄暢法師, 從魏國度在荊囑之門. 宣授菩薩戒法, 大略相似, 不無小異, 故別有暢法師本."(T40.568c)
49 土橋秀高(1980) pp.843~885.
50 金英美, 「新羅 僧侶 義寂과 菩薩戒 受戒 儀禮」『사학연구』 126(한국사학회, 2017) 각주 67 참조.

모았다고 담경이 말했다는 점에서 지지계라고 보는 견해도 있다. 그 성격이 모호한데, 『출가인수보살계법』에서 보다 중요한 것은 양 무제가 ①~⑥의 계본을 각자 보살계법의 테두리에서 벗어나지 못하고 있다고 비판하고, 스스로 여러 경문에 의거하여 보살계의 순서를 정하였다는 것이다.[51] 여러 계본을 종합적으로 활용한 사례라는 점에서 의미를 찾을 수 있다.

이처럼 6세기 전후 중국의 보살계 수계에서 지지계와 범망계의 결합은 빈번하였다. 『범망경』 이후 위찬된 『보살영락본업경』에 삼취계가 수용되었고,[52] 혜사가 쓴 것으로 전해지는[53] 『수보살계의受菩薩戒儀』에서도 지지계와 범망계를 함께 설하고 있고,[54] 지의가 설하였다고 하는 『보살계의소』에서는 『범망경』을 중심으로 하면서도 내용적으로는 지지본과 영락본을 고려하고, 특히 삼취계에 의해 대승의 계율을 통합하고 있다.[55] 원효와 동시대인 도세道世(?~683)는 『법원주림法苑珠林』(666~668경) 「수계편受戒篇」 '삼취부三聚部'에서 삼취계를 중심으로 보살정계菩薩淨戒를 설명하면서 "『범망경』・『지지론』에 의거하여 이 보살계를 받음에 있어 범해서는 안 되는 42경구계輕垢戒가 있다."고 하였다.[56] 구체적 내용은 좀 더 따져봐야 하지만, 보살계 수계에 범망계와 지지계를 동시에 거론하고 있다는 사실을 주목할 필요가 있다.

이와 같은 중국에서의 보살계 흐름을 이해한 뒤 『지범요기』를 읽자, 원

---

51 조윤경, 「양 무제의 정교결합과 대승사상」 『동국대학교 HK 제6회 아젠다 학술대회 자료집』(2017) p. 75.
52 『菩薩瓔珞本業經』卷2「大衆受學品」 "佛子, 今爲諸菩薩結一切戒根本, 所謂三受門. 攝善法戒, 所謂八萬四千法門. 攝衆生戒, 所謂慈悲喜捨化及一切衆生皆得安樂. 攝律儀戒, 所謂十波羅夷."(T24, 1020bc)
53 平了照는 慧思 찬술이 아니라 玄奘 이후의 찬술이라고 하였다. [平了照, 「傳慧思本受菩薩戒儀について」『大正大學研究紀要』40(大正大學, 1955)]
54 宮林昭彦(1972) p. 392.
55 吉津宜英(1991) p. 567.
56 『法苑珠林』卷89 "若依梵網經地持論, 有受是菩薩戒, 有四十二輕垢戒不得犯. 且逐要略述三五, 餘在廣文."(T53, 942a)

효가 달마계본과 다라계본을 동시에 거론한 사정을 다시금 생각하게 되었다. 달마계본이 지지계가 아니라 현장 역『유가사지론』에 의거한 유가계라는 차이가 있지만, 이는 시간에서 오는 차이일 뿐, 유가계와 범망계의 결합이 원효의 독특한 사유가 아니라는 점이 중요하다. 『범망경』의 출현 이후 곧바로 지지계(유가계)와 범망계를 결합시킨 보살계 수계가 행해졌고, 유행하고 있었던 것이다.

이러한 상황에서 원효가 지지계와 범망계를 동시에 거론하는 것은 매우 자연스럽다. 원효뿐만 아니라 의적도『범망경』의 계조를 설명하면서 삼취계(의적은 삼종계三種戒라고 함)를 논하고『유가사지론』을 인용하고 있다.[57] 원효는 『지범요기』에서 범망계를 강조하지 않았을 뿐만 아니라 범망계·유가계의 의도적인 화회도 시도하지 않았다. 원효는 단지 보살계를 어떻게 지킬 것인가, 어떻게 닦을 것인가를 당시 유통되고 있던 달마계본과 다라계본을 통해 말하였을 뿐이다.

여기서 물론『범망경』과『유가사지론』은 사상적 맥락이 다르다는 반론이 가능하다. 『범망경』은 '순대승純大乘'을 지향한 반면,『유가사지론』은 출가자의 수행 계위에 관한 책이기 때문이다. 원효가『범망경』은 일승분교一乘分敎, 유식은 삼승통교三乘通敎라 규정하였으므로,『범망경』을 더 높게 평가했다고 볼 수 있다. 하지만『지범요기』는『범망경』,『유가사지론』자체를 평가한 것이 아니라, 다라계본과 달마계본의 계조에 대해 설명한 글이다. 『범망경』하권을 7세기 신라에서는 경이라기보다 계본으로 인식하고 있었다. 의적은 『범망경』에 대해 "본명을 자세하게 남기면 응당 '범망경노사나불설보살십중사십팔경계심지품제10'이라고 해야 하지만, 뒷사람이 단순하게 하여 계본만 남겼기 때문에 고쳐서 '대승보살계본'이라 하였다."고 하면서[58]『범망경』을 계본, 그 가운데 광본廣本이라고 하였다.[59]『지

---

[57] 박광연,「義寂『菩薩戒本疏』의 기초 연구」『한국사상사학』56(한국사상사학회, 2017) 참조.

범요기』에서 가장 많은 분량을 차지하고 있는 본론의 경중문輕重門과 심천문淺深門은 모두 계조戒條의 이해에 대한 설명이다. 그러므로 『범망경』이 일승이고 『유가사지론』이 삼승이라는 교판은 『지범요기』의 성격을 이해하는 데 반드시 필요한 사안은 아닌 것 같다.

## III. 『지범요기』 찬술 목적과 신라의 보살계

### 1. 성문계만 지키는 출가자 비판

『지범요기』의 목적이 범망계와 유가계를 화회시키려는 것이 아니라면,[60] 원효가 『지범요기』를 통해 궁극적으로 말하고자 했던 바는 무엇일까? 선행 연구들에서는 깨달음을 위한 수행, 그리고 기존 불교 교단의 비판이라는 두 측면을 말하고 있다. 후자의 측면을 강조하여 실제 원효가 계율에 의해 교단을 통제하려는 세력과 갈등을 빚었고, 『지범요기』는 교단의 계율 관행에 일대 파문을 일으켰을 것이라 보기도 한다.[61] 필자도 『지범요기』를 처음 읽었을 때는 원효가 특별히 자찬훼타계自讚毀他戒를 선택하여 보살계의 지범을 논한 것은 그가 파계할 수밖에 없었던 당시 불교계에 대한 문제의식이나 파계 후 교단에서 배척받은 데 대한 불만에서 비

---

58 『菩薩戒本疏』卷1 "言大乘菩薩戒本者, 若具存本名, 應云'梵網經盧舍那佛說菩薩十重卌八輕戒心地品第十'. 後人爲單, 存戒本故, 改云'大乘菩薩戒本'."(T40, 660c)
59 『菩薩戒本疏』卷1 "所言大乘菩薩戒本者, 今此十重四十八輕. 約法則唯大乘所制, 就人則唯菩薩所持. 戒本者, 今此戒經爲戒行本也, 又此戒行是菩提本. 如經云, 戒此無上菩提本, 應當一心持淨戒, 又though略說爲廣本也."(T40, 661a)
60 木村宣彰은 "원효에게는 하나의 계본을 옳다 하고, 다른 계본을 틀렸다고 하는 것이 아니라, 양자의 화회가 목적이었다."라고 하였다.
61 南東信(2001) p. 276.

롯된 것이 아닐까 하는 생각을 하였다. 그런데 거듭 읽을수록, 원효에게 교단에 대한 비판의식이 있었겠지만, 『지범요기』의 직접적인 찬술 목적은 다른 데 있었던 것이 아닐까 하는 생각이 들었다.

『지범요기』에서 원효가 중점을 두어 설명한 것은 보살계에서 계를 범한 것 가운데 '무거운 죄(중죄)'가 무엇인가였다. 자찬훼타계를 예로 들었는데, 앞의 〈표 1〉에서 ★에 해당하는 부분이다. 이 부분을 상세히 정리해 보면 다음의 〈표 2〉와 같다.

〈표 2〉 『지범요기』의 자찬훼타계

| 福 (×犯) | 신심을 일으키게 하기 위해 자찬훼타하는 경우 | | | | | |
|---|---|---|---|---|---|---|
| 犯 (×染) | 방일, 無記心 때문에 자찬훼타하는 경우 | | | | | |
| 染 (×重) | 다른 사람에게 愛恚心을 갖게 하기 위해 자찬훼타하는 경우 | | | | | |
| 重 (×輕) 利養·恭敬을 탐해 자찬훼타하는 경우 | 번뇌 | 하 | 맹렬하지 않지만 부끄러워 함 | | | |
| | | 중 | 맹렬한데 부끄러움이 없음. but, 덕이라 생각하지 않음 | | | |
| | | 상 | 부끄럼이 없고, 공덕이라 생각함 | | | |
| | 事 | 하 | 개인을 비방함 | | | |
| | | 중 | 一衆을 비방함 | | | |
| | | 상 | 衆多를 비방함 | 심학 | 탐 | |
| | | | | | 만(自高心) B-① | |
| | | | | 계학 | 邪戒 | |
| | | | | | 正戒(自高陵他, 獨情) B-② | |
| | | | | 혜학 | 增益(남을 이기기 위해 널리 익힘) | |
| | | | | | 損減(한 분야만 깊이 연구하여 자기 견해만 믿음) | 擧下爲高愚 |
| | | | | | | 侍少誹多愚 |

자찬훼타, 즉 자신을 칭찬하고 남을 비방하는 것이 중죄에 해당하는 경우는 이양利養이나 공경을 탐해서 하는 것으로, 이를 번뇌나 사事(행위)의 정도에 따라 상·중·하로 나누고 있다. 원효는 죄가 되는 다양한 경우의 수를 제시하는데, 각 항목에서 마지막에 언급한 것이 원효가 생각한 가장 무거운 죄이다. 번뇌에 의해 자찬훼타하는 경우 부끄럼이 없고 오히려 공덕이라 생각하는 것이 중죄이다. 사事에 의한 경우에는 많은 사람들을 비

방하는 것이 가장 중죄인데, 이를 다시 심·계·혜의 세 항목으로 나누어 설명하고 있다.

> B ① 그 사람은 이로 말미암아 <u>스스로 높다는 마음</u>(自高心)을 일으켜 널리 여러 승려들을 억누르며, "인간 세상에 머무르는 이들이 누가 마땅히 너희들의 행동을 칭찬하겠는가?"라고 한다. 이 사람의 죄는 앞의 것보다 더욱 무거우니, 이를 보살의 전다라(인도에서 수다라보다 하위에 있는 종족을 가리킴)라고 한다.[62]
>
> ② 정계正戒를 지킨다는 사람은, 만약 한 무리가 성품이 천박하여 세상의 대운에 대해 많이 교만하고 느슨해진 때에, 홀로 그 몸을 바르게 하고 위의威儀에 결함이 없게 하고서는 문득 <u>스스로를 높이고 남을 업신여기는 마음</u>을 일으켜서, 승乘은 급하게 하나 계는 느슨하게 하는 무리를 교만하게 비방한다. 이 사람은 작은 선을 온전히 해서 큰 금계禁戒를 무너뜨렸으니, 복이 바뀌어서 화가 되는 것이 이보다 심한 것은 없다.[63]

심 가운데 만심慢心을 지니는 것, 즉 스스로 높다는 마음에 다른 사람들을 무시하는 마음, 그리고 계 가운데 정계를 지키는 것, 즉 자신만 계를 바르게 지키고 위의 있다고 생각하여 남을 업신여기는 것이 가장 무거운 죄라고 하였다. 원효가 가장 경계한 것은 한마디로 '자고심自高心'이었

---

[62] 『菩薩戒本持犯要記』卷1 "其人由是, 起自高心, 普抑諸僧, 住人間者, 誰當稱美爾等所行. 此人罪過重於前者, 是謂菩薩旃陀羅也."(T45.919a)

[63] 『菩薩戒本持犯要記』卷1 "坐正戒者, 如有一類, 性是淺近, 於世大運, 多慢緩時, 獨正其身, 威儀無缺, 便起自高陵他之心, 慢毀乘急戒緩之衆. 此人全其小\*善, 以毀大禁, 轉福爲禍, 莫斯爲甚也."(T45.919a) \*다른 판본들은 모두 不이지만, 해인사본에 의거하여 小로 판독함.

다.⁶⁴

원효가 말하는 자기가 높다고 여기고, 자기가 높아지기를 구하는 이들이 당시 신라에서 실제 교단의 고위직을 차지하고 있던 승려들일 수도 있지만, 개인의 이양利養을 위해 교단을 벗어나 고고하게 계를 지키며 수행에만 전념하는 승려들일 수도 있다. 어쩌면 신라 불교계의 실상이라기보다 『열반경』에서도 말했던 '이양을 위해서가 아니라 정법正法을 위하여 계를 지켜야 한다'는 보살계의 정신을 보다 극대화시켜 말한 것일 수도 있다. 분명한 것은 원효가 '정계를 지키고 있지만 외도보다 못한 자'⁶⁵들이라며 출가자의 태도를 비판하고 있다는 것이다. 여기서 말하는 정계는 출가자들이 지켜야 하는 성문계일 것이다. 원효는 출가자들이 '성문(自度心)계'에만 머물러 있지 말고, '보살(廣大心)계'를 항상 마음에 새겨야 한다고 말하고 있다.⁶⁶

## 2. 학도에게 보살계 촉구

C ① 지금 비속한 일은 떨쳐 버리고 심오한 것을 온전히 하며, 유사한 행적(似迹)은 버리고 진실됨(實)을 좇고자 한다. 스스로 잊지 말자고 핵심(要)을 뽑아서 별도로 기록한다. 다행히 뜻을 같이 하는 자라면 자세히 살펴 결단하기를 바란다.⁶⁷

---

64 『菩薩戒本持犯要記』卷1 "由此知故, 巧求自高, 自毀讚他, 是爲重罪."(T45.920c)
65 『菩薩戒本持犯要記』卷1 "第一愚者, 此損減見, 於諸見中, 最在底下, 亦復不如外道我見."(T45.919b)
66 『菩薩戒本持犯要記』卷1 "若由獨淨, 令諸世人, 普於諸僧, 謂非福田. 利養尊重, 偏歸於己者, 雖順聲聞自度心戒, 而逆菩薩廣大心戒."(T45.919a)
67 『菩薩戒本持犯要記』卷1 "今將遣淺事而全深, 去似迹而逐實. 爲自勿*忘, 撮要記別, 幸同趣者, 詳而取決矣."(T45.918b12~14) *『대정장』은 忽이지만, 東大寺本, 身延本에 의거하여 勿로 수정하였다.

② 지금 우리 학도들(今我學徒)은 저 하나의 다른 이들과 함께, 이제 명예와 이익을 탐하지 않고 세속의 일을 버리고 불법을 깊게 믿으며 오로지 적정만을 구하여 오직 분수에 따라 즐기어 마음을 닦고 행동을 정결히 함으로써 이해한 것이 삿되지 않고 옳다는 것을 증험證驗하여 알아야 한다.[68]

C-①에서 말한 버리고자 한 '유사한 행적'은 성문계를 형식적으로만 지키는 태도이고, 좇고자 한 '진실됨'은 보살계의 정신을 깨닫는 것이다. 이를 스스로 잊지 말자고 다짐하고 있을 뿐만 아니라, '지금 우리 학도들'에게 당부하고 있다. ②는 중죄에 대한 설명(〈표 1〉의 *)에 이어 문답으로 원효의 주장을 개진하는 부분에 나오는 문장이다. 해당 문답 1·2의 내용을 간단히 말하면, 약을 복용하는(계를 바르게 지키는) 것이 오히려 병이 될 수 있으니, 성전聖典(『해심밀경』과『유가사지론』)에 의거하여 스스로 마음의 병을 관찰하라는 것이다.

②의 '학도'라는 표현은 의미상 구경지범문究竟持犯門의 문답 3에서 말하는 '신발의新發意', '초발의初發意' 보살과 연결된다. 계상戒相(계의 무자성無自性)은 이해하기 어려워 대지보살大地菩薩만 닦는 것이 아닌가 하는 '그대의 질문(汝問)'에 대해『대지도론』의 "보살이 처음 뜻을 일으킨 이래로 항상 무소득법을 행한다."는 구절을 인용하여 처음에 어렵다고 닦지 않으면 뒤에도 못하게 되고 조금씩 익혀 가면 점차 쉬워질 것이라고 '친절하게' 말하고 있다.[69]

---

[68] 『菩薩戒本持犯要記』卷1 "今我學徒, 與彼一殊, 不殉名利, 捐棄俗事, 深信佛法, 專求寂靜, 唯樂隨分, 修心潔行, 驗知所解, 非邪是正."(T45, 919c)
[69] 『菩薩戒本持犯要記』卷1 "問. 戒相如是, 甚深難解. 解之尙難, 況修行乎. 故如前所說行相, 唯是大地菩薩所修, 不關諸新發意所行. 答. 經中正答如汝問言, '菩薩從初發意已來, 常行無所得法, 因無所得法, 故修布施持戒, 乃至因無所得法, 故修智慧.' 此答意者, 若使彼行, 由未曾修, 難可行故, 今不修者, 今不習故, 後亦不修. 如是久久, 彌在其難. 故

이상의 내용을 종합해 보면, 『지범요기』는 신라 교단에 대한 원효의 비판 의식이 깔려 있긴 하지만 비판에 그치지 않고 스스로를 경계하고 나아가 뜻을 같이하는 후학들에게 조언을 하기 위해 찬술한 책임을 알 수 있다. 원효가 말하고자 했던 조언의 내용은, "계 또한 조건(緣)에 의해 생기는 무자성임을 깨달을 것! 오랫동안 심은 선근으로 품성을 바르고 곧게 하고 아만을 깊이 누를 것! 선지식을 가까이하고 성전에 의지하여 자신의 내면을 관찰하여 마음의 거울로 삼을 것!"이었다.[70]

## 3. 신라 불교계에서 『지범요기』의 역할

한편 『지범요기』에는 일반적으로 보살계 정신이라고 하는 '출가와 재가를 구분하지 않는 평등', '중생을 위한 배려' 등이 직접 드러나진 않는다.[71] 『지범요기』에서 재가에 대한 언급은 "혹은 재가 보살이 6중계를 세웠으니, 10중계 내의 앞의 여섯을 말한다.(或立在家菩薩六重 謂十重內在前六也)"는 구절밖에 없다. 왜일까?

머리말에서 언급했던 요석궁 공주와의 만남, 파계, 그 이후의 무애행. 오늘날 원효에 대한 이미지는 『삼국유사』가 만들어 주었다고 해도 과언이 아니다. 그런데 『삼국유사』 찬자는 원효를 기록하면서 "그가 다닌 장소의 처음과 끝, 불교를 널리 교화한 무수한 자취가 『당전(唐傳)』과 행장(行狀)에 자

---

令從初仰習其難, 習行漸增, 轉成其易. 是謂新行發趣大意. 究竟持犯, 略明如是."(T45, 921b)

70 『菩薩戒本持犯要記』卷1 "唯有宿殖善根, 稟性質直, 深伏我慢, 近善知識者, 仰依聖典, 以爲心鏡, 自內審觀, 熟微心行. 是知. 行者持犯之要, 只應微察自之得失, 不可輒判他之德患. 持犯淺深意趣然矣."(T45, 920a)

71 원효가 "재가의 계율도 함께 아울러서 보고자 했고, 훌륭한 사람은 재가자라 해도 사문도 마땅히 존경하여야 한다고 생각하였고,"[최유진(2013) pp. 144~147] "종래 불교교단과 세속사회를 엄격히 구분 짓고 출가 우위를 표방하던 사분율에 반대하여 재가자도 아우르는 새로운 대승보살계로서 범망계를 중시하였다."[南東信(2001) p. 269]는 견해도 있다.

세한데 다 실을 수가 없다. 향전鄕傳에 기록된 한두 가지 기이한 일만 적도록 하겠다."[72]고 하였다. 행장에 자세히 적혀 있었을 원효의 생애에 대해 우리는 잘 알지 못한다. 원효에게는 분명 교단에 속하여 당에서 수입한 경론들을 수학하던 시기가 있었다.

자장이 643년 당에서 귀국하여 분황사芬皇寺에 주석했을 때, 당시 27세였던 원효도 분황사에 있었을지 모른다. 자장은 교단 내 모든 승들에게 보름마다 포살布薩을 행하고 봄·가을로 계에 관한 시험도 보게 하였다. 『사분율』에 의거하여 교단이 위의威儀를 갖춰가던 이때에, 보살계 수계갈마도 갖추어져 있었을까? 600년에 귀국하여 진평왕 때 활동한 원광圓光이 "불계에 보살계가 있는데, 조목이 열 가지다. ……"[73]라며 범망계를 거론하였고, 자장이 황룡사에서 『보살계본』을 강의하자 이적異蹟이 나타나 4중 즉 남녀 출가자·재가자가 모두 감복하였다고 한다.[74] 이처럼 7세기 신라의 승들은 보살계를 인지하고 있었고, 자장은 재가자들에게 보살계 수계를 행하였다는 것이다. 하지만 출가자들이 보살계를 수지하였는지 여부는 미지수다.

7세기 중반~8세기 초반, 원효보다 약간 늦은 시기에 신라에서 활동한 의적의 『보살계본소』를 보면, 본문을 풀이하기에 앞서 보살계 수지의 기본적인 사항에 대해 많은 쪽에 걸쳐 설명하고 있다. 보살계와 성문계의 선후 문제라든지,[75] 성문의 수법受法에서는 종성種姓이나 서원誓願에 대해 묻지 않는데 보살계에서는 묻는 이유라든지[76] 성문계에 익숙한 이들에게

---

72 『三國遺事』卷4, 義解5, 「元曉不羈」 "其遊方始末弘通茂跡, 具載唐傳與行狀. 不可具載, 唯鄕傳所記有一二段異事."
73 『三國史記』卷45, 列傳5 "法師曰, 佛戒有菩薩戒, 其別有十. 若等爲人臣子, 恐不能堪."
74 『三國遺事』卷4, 義解5, 「慈藏定律」 "又於皇龍寺演菩薩戒本七日七夜, 天降甘澍雲霧暗靄覆所講堂, 四衆咸服其異."
75 『菩薩戒本疏』卷1 "大小先後者, 於中有二, 一先小後大, 二先大後小."(T40, 658a29~b1)
76 『菩薩戒本疏』卷1 "問 聲聞受法中, 不問種姓與願, 何故此中問此二事?"(T40, 658c24~26)

보살계에 대해 설명해 주고 있는 듯한 인상이 강하다. 이것이 신라에서는 출가자의 보살계 수계가 초창기였음을 반증하는 것은 아닐까?[77] 이러한 추정이 맞다면, 원효나 의적이 활동하던 무렵, 출가자의 보살계 수지가 일반적이지는 않았다고 볼 수 있다. 형식적이나마 보살계 수계가 행해지고 있었더라도, 원효는 출가자들이 여전히 성문계의 태도에서 벗어나지 못하고 있다고 판단했던 것 같다.

파계를 하여 소성거사로서 생을 마감하였지만 한때 교단에 몸담았던 원효이기에, 교단에 대한 비판과 조언이 가능했던 것이 아닐까.『지범요기』는 교단에 속한 신라의 출가자들에게 보살계의 올바른 수지를 촉구하고자 하는 의도가 담겨 있다. 보살계의 중계를 범하는 것은 겉모습이 아니라 자고심自高心 등 마음가짐에서 비롯된다고 하여 기존 성문계와의 차별성을 강조하였다.『지범요기』에 재가자에 대한 언급이 없는 것은 그들을 외면해서가 아니라,『지범요기』의 대상을 출가자로 설정하였기 때문이라고 생각한다. 원효는 유가계의 4중계重戒를 '불공지중不共之重'이라고 하였다.[78] 성문과 함께하지 않는 공통되지 않은 계, 그 가운데 첫 번째인 자찬훼타계를 예로 들어 보살계를 설명한 까닭은 성문계를 지닌 이들에게 성문계가 아닌 보살계의 정신을 보다 강조하기 위함이 아니었을까.

## IV. 맺음말

지계持戒와 파계破戒, 분황사와 저잣거리. 어쩌면 상반되어 보이는 두

---

[77] 박광연(2017) 참조.
[78] 『菩薩戒本持犯要記』卷1 "重戒之中, 總說有十. 論其類別, 亦有三種. 或有共小之重, 謂前四也, 或有不共之重, 謂後四也, 或立在家菩薩六重, 謂十重內在前六也. 此中合有共與不共. 總判輕重義類如是."(T40, 918b)

단어가 모두 원효를 설명하는 단어이다. '파계한 원효가 과연 계를 어떻게 설명할까' 하는 궁금함에서『지범요기』를 펼쳤다.『지범요기』를 덮은 지금, 이 질문 자체가 어리석었음을 깨닫는다.『삼국유사』찬자가 소개한 향촌에 전해지던 원효의 모습,『송고승전』의 찬자가 중요하게 생각한『금강삼매경론』찬술 과정에 관한 이야기. 이는 어쩌면 원효의 삶의 일부에 불과할지도 모르겠다. 원효의 삶에서 지계와 파계는 무애하였던 것이 아닐까 싶다.

본고에서는 우선『지범요기』연구에서 줄곧 논의되어 왔던 보살계본의 성격에 대해 비판적으로 검토하고, 원효가『지범요기』에서 전하는 메시지가 무엇인가를 찾아보았다.『지범요기』에서 원효는 자찬훼타계를 예로 들어 무엇이 보살계의 '중죄'인가를 설명하고 있다. 원효가 가장 경계한 것은 정계(성문계)를 잘 지키는 자신을 높다고 여겨 남을 업신여기는 마음이었다. 원효에게 당시 신라 교단에 대한 비판의식이 있었겠지만, 그렇다고『지범요기』가 직접 교단을 비판하기 위해 쓴 것은 아니었다. 이보다는 스스로 보살계 정신을 잊지 말자고 다짐하고, 학도들에게 계가 무자성임을 깨닫고 보살계를 항상 마음에 새기라는 조언을 남기고 있다.

『지범요기』에는 교단에 속한 신라의 출가자들에게 보살계를 올바르게 수지受持하라고 촉구하는 메시지가 담겨 있다. 이는 출가자들의 보살계 수지가 일반적이지 않던 신라 교단 내에서 보살계에 대한 관심을 증대시키는 역할을 하였으리라 생각한다.

| 참고문헌 |

약호 및 1차 자료

『大正藏』 T
『三國遺事』・『三國史記』(한국사데이터베이스 http://db.history.go.kr/)
『大般涅槃經』(T12)
『深密解脫經』(T16)
『菩薩戒本』(T24)
『菩薩瓔珞本業經』(T24)
『菩薩戒義疏』(T40)
『菩薩戒本疏』(T40)
『菩薩戒本持犯要記』(T45)
『歷代三寶紀』(T49)
『高僧傳』(T50)
『法苑珠林』(T53)

2차 자료

金相鉉, 「『菩薩戒本持犯要記助覽集』의 검토」, 『원효연구』. 서울:민족사, 2000.
金英美, 「新羅 僧侶 義寂과 菩薩戒 受戒 儀禮」, 『사학연구』 126. 한국사학회, 2017.
김호성, 「『보살계본지범요기』의 성격론에 대한 재검토」, 『원효학연구』 9. 원효학연구원, 2004.

南東信. 「원효의 교판론과 그 불교사적 위치」. 『한국사론』 20. 서울대학교 국사학과, 1998.

_____. 「원효의 계율사상」. 『한국사상사학』 17. 한국사상사학회, 2001.

박광연. 「義寂『菩薩戒本疏』의 기초 연구」. 『한국사상사학』 56. 한국사상사학회, 2017.

李箕永. 「원효의 보살계관」. 『불교학보』 5. 한국불교학회, 1967.

이병욱. 「원효 無碍行의 이론적 근거―『보살계본지범요기』를 중심으로」. 『원효학연구』 6. 원효학연구회, 2001.

이병학. 「원효의 대승보살계사상과 그 의미」. 『한국고대사연구』 24. 한국고대사학회, 2001.

李慈郎. 「중국불교에서 수계갈마의 변천―육조시대를 중심으로」. 『불교학연구』 49. 불교학연구회, 2016.

林基榮. 「海印寺 寺刊板殿 所藏 木板 硏究」. 경북대학교 박사학위논문, 2009.

崔源植. 「元曉의 菩薩戒 인식경향과 그 특성」. 『동국사학』 6. 동국역사문화연구소, 1994.

_____. 『新羅菩薩戒思想史硏究』. 서울: 民族社, 1994.

최유진. 「원효의 계율관」. 『불교연구』 38. 한국불교연구원, 2013.

木村宣彰. 「菩薩戒本持犯要記について」. 『印度學佛教學硏究』 56. 日本印度學佛教學會, 1980.

_____. 「多羅戒本と達摩戒本」. 『中國佛教思想硏究』. 京都: 法藏館, 2009.

平了照. 「傳慧思本受菩薩戒儀について」. 『大正大學硏究紀要』 40. 大正大學, 1955.

宮林昭彦. 「菩薩戒について」. 『淨土教―その傳統と創造』. 東京: 山喜房

佛書林, 1972.

佐藤達玄.「菩薩戒の一考察」.『駒澤大學佛敎學部硏究紀要』34. 駒澤大學, 1976.

吉村誠.「玄奘の菩薩戒-『菩薩戒羯磨文』を中心に」.『印度學佛敎學硏究』 52-2. 日本印度學佛敎學會, 2006.

吉津宜英.「法藏以前の『梵網經』諸註釋書について」.『駒澤大學佛敎學部 硏究紀要』44. 駒澤大學, 1989.

_____.『華嚴一乘思想の硏究』. 東京: 大東出版社, 1991.

池田魯參.「菩薩戒思想の形成と展開」.『駒澤大學佛敎學部硏究紀要』28. 東京: 駒澤大學, 1970.

土橋秀高.「敦煌本受菩薩戒儀考」.『印度學佛敎學硏究』15. 日本印度學 佛敎學會, 1960.

_____.『戒律の硏究』. 京都: 永田文昌堂, 1980.

蔡印幻.「元曉の戒律思想」.『新羅佛敎戒律思想硏究』. 東京: 國書刊行會, 1977.

船山徹.『東アジア佛敎の生活規則 梵網經—最古の形と發展の歷史』. 京都: 臨川書店, 2017.

# 원효의 『보살계본지범요기』가
# 일본불교에 미친 영향

김병곤

## I. 서언

본고는 지금으로부터 대략 1400년 전에 신라 원효 법사(617~686)가 쓴 『보살계본지범요기菩薩戒本持犯要記』(이하, 『지범요기』)의 정본화定本化 작업(제본 대조『지범요기』)을 위한 자료 구축(관련 자료의 조사 및 수집)을 목적으로 하고 있다.[1] 그와 동시에 『대일본고문서』(이하, 『편년문서』)로 미루어볼 때, 늦

---

1 본서의 제본 대조에 대하여는 선행하는 두 개의 자료가 존재한다. 中央僧伽大學校佛敎史學硏究所 編, 『大乘起信論別記; 兩卷無量壽經宗要; 菩薩戒本持犯要記: 高野山大學所藏本(元曉硏究叢書 3)』(金浦: 中央僧伽大學校 佛敎史學硏究所, 1996) pp. 21~22에 수록된 '대조표'[이하, 대조표(A)]는 네 개의 자료(L1, L2, L3, W4)를 대조하여 22건("同意異體字는 제외하였음"이라고 함)의 상이한 부분을 지적하고 있다. 또한 박광연, 「보살계 사상의 전개와 『菩薩戒本持犯要記』」, 동국대학교 불교문화연구원 HK연구단 [편], 『21世紀 元曉學의 意味와 展望: 元曉 撰述文獻의 系譜學的 省察』(서울: 동국대학교 불교문화연구원 HK연구단, 2017) pp.108~109에 수록된 '『持犯要記』판본 대조'[이하, 대조표(B)]는 8개(L2, M4, M7, M8, W2, W3, W4, W5)의 자료를 대조하여 83건의 상이한 부분을 지적하고 있다. 다

어도 덴표(天平) 20년(748) 이전에 심상審祥에 의해 일본에 전래된 것으로 보이는[2]『지범요기』의 그 이후의 전개, 즉『지범요기』의 제본諸本(장경, 판본, 사본)과 주석서, 그리고 인용 문헌의 고찰을 통해 본서가 일본불교에 미친 영향에 대해 살펴보고자 한다. 본고에서 다루고 있는『지범요기』관련 자료는 장경류가 4종, 텍스트 데이터베이스가 3종, 국역(역주 포함)이 3편, 판본이 5종, 사본이 8점, 주석서는 5점 중 현존하는 3점, 그리고 인용문헌이 27부이다.

## Ⅱ. 장경류 등

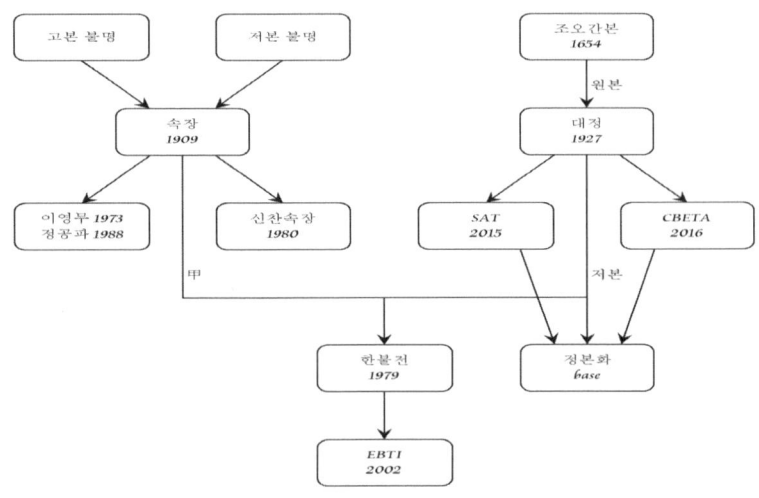

〈그림 1〉 장경류 등의 계보

---

만, 대조표(A)는 전체의 반 정도(47.16%—T45.919c20까지)밖에 대조하고 있지 않은 불완전한 것이며, 대조표(B) 또한 완전하다고 보기 어렵다.

2 「菩薩李持犯要記一卷(請)」(『編年文書』3, 87); 中林隆之, 「日本古代の「知」の編成と佛典・漢籍:更可請章疏等目錄の檢討より」『國立歷史民俗博物館研究報告』194(千葉縣 佐倉市: 國立歷史民俗博物館, 2015) p.151 참조.

『지범요기』가 수록된 장경류는 다음의 4종이다.

> 장경류(Letterpress printing) 4종(간행연도순)
> L1: 『대일본속장경大日本續藏經: 야스쿠니(靖國) 기념紀念』 제1집 제61투 제3책(장경서원藏經書院, 1909)
> L2: 『대정신수대장경大正新脩大藏經』 제45권 제종부諸宗部 2(대정일체경간행회大正一切經刊行會, 1927)
> L3: 『한국불교전서韓國佛教全書』 제1책(동국대학교출판부, 1979)
> L4: 『신찬대일본속장경新纂大日本續藏經』 제39권(국서간행회國書刊行會, 1980)

한국에서 편찬된 (L3)『한국불교전서』(이하, 『한불전』) 수록본(H1, 581a2~585c17)은 일본이 (L2)『대정신수대장경』(이하, 『대정』) 수록본(T45, 918b4~921c1)과 (L1)『대일본속장경』(이하, 『속장』) 수록본(Z1.61.3, 183ra1~186rb12)을 저본[3]으로 사용하고 있으며, 이 단계에서 여덟 건의 번각 오류가 발생하였고 정자正字와 속자俗字가 혼재하는 등 결점이 많은 텍스트라고 할 수 있다. (L4)『신찬대일본속장경』(이하, 『신찬속장』) 수록본(X39.176b7~179c12)은 『속장』을 계승한 것으로, 이 단계에서 한 글자('有所得心' X39.177a6, 『속장』에서는 공백)가 추가되었다.

『속장』(일종의 교정 텍스트인가)의 저본은 명확하지 않으며(후술), 두주頭注에는 고본古本(불명, 조오간본이 아닌 것은 확실함)에서의 이독異讀 정보가 9건 기재되어 있다. 『대정』은 조오(承應) 3년(1654)의 판본(이하, **조오간본**)을 원본[4]으로 사용하고 있으며, 이 단계에서 11건의 번각 오류가 발생하였다. 즉, 현

---
[3] "㊋新修大藏經 第四十五卷(承應三年刊宗教大學藏本) ㊌續藏經 第一編六十一套第三冊." [H1, 581 (n. 1)] 참조.
[4] "㊋承應三年刊宗教大學藏本" [T45.918 (n. 1)] 참조.

재 가장 보편적으로 이용되고 있는 『대정』 또한 불완전한 텍스트인 것이다.

필자가 아는 한 『지범요기』를 최초로 국역 완역한 **이영무**[5]는 20세기에 출판된 장경류 중 가장 성립이 빠른 『속장』을 저본으로 사용하고 있지만, 오탈자가 상당수 눈에 띄며, **장공파**[6]도 『속장』을 저본으로 사용하고 있으나, 곳곳에 불필요한 교정이 포함되어 있다.

그리고 현재 인터넷상에서 이용 가능한 『지범요기』의 텍스트 데이터베이스는 다음의 3종이 있다.

> 텍스트 데이터베이스 3종
> SAT: 대장경 텍스트 데이터베이스 연구회의 SAT 『대정신수대장경』 텍스트 데이터베이스 2015판 (SAT, 2015)
> CBETA: 중화전자불전협회의 CBETA 전자불전집성(2016)
> EBTI: 동국대학교 전자불전문화재콘텐츠연구소의 한국불교전서 검색시스템 2002[7]

SAT와 CBETA는 『대정』, EBTI는 『한불전』의 텍스트 데이터베이스이다. 『대정』에 충실하다는 점에서 보자면, SAT의 완성도가 높다고 할 수 있으며, 입력 오류는 겨우 6건(글자 3, 구두점 3)뿐이다. CBETA의 입력 오류는 11건(글자 2, 구두점 9)으로 SAT보다 많지만, 적색으로 『대정』과 SAT의 오류(4건)를 지적·정정하고 있다는 점에서 평가할 수 있다. 구두점을 사용하지 않는 EBTI에서의 입력 오류는 16건으로 그다지 정확도가 높은 데이터라고는 할 수 없다. 또한 이미지 파일이기 때문에 검색이 되지 않

---

5 이영무 역, 「菩薩戒本持犯要記」 월간 『法施』 99~104(法施舍, 1973).
6 張空波 역, 「國譯菩薩戒本持犯要記」 『國譯元曉聖師全書』 卷4(서울: 大韓佛敎元曉宗 元曉全書國譯刊行會, 1988) pp. 439~534.
7 『한국불교전서』 검색시스템(Hanguk Bulgyo Chonso Retrieval System, http://ebti.dongguk.ac.kr/ebti_en/keyword/index_keyword.asp) 참조. 다만 현재는 접속되지 않는다.

는 글자가 SAT에는 1건, EBTI에는 5건이 있으므로 검색할 때에는 주의할 필요가 있다.

그 밖에 국내에는 『지범요기』의 교정 텍스트를 이용한 역주가 있는데 『정선 원효』(대한불교조계종 한국전통사상서 간행위원회 출판부, 2009. 이하, 『정선』)에 수록되어 있다. 교정에 사용된 텍스트에 대해서는 『정선』에 "저본(底本)은 『한국불교전서』 제1책(동국대학교출판부, 1979)에 수록(pp. 581a1~585c17)된 『보살계본지범요기(菩薩戒本持犯要記)』이다. 이에 대한 교감본으로 갑본(甲本)은 고야산대학(高野山大學) 도서관에서 소장하고 있는 『보살계본지범요기』이고, 을본(乙本)은 『대정신수대장경』 제45권에 수록된 『보살계본지범요기』이고, 병본(丙本)은 『대일본속장경』 제1편 61투 3책에 수록된 『보살계본지범요기』이다. 『한국불교전서』에서는 을본(乙本)을 저본으로 하였다."[p.297 (n.1)]라고 기술되어 있으며, 정리하면 아래의 도표와 같다.

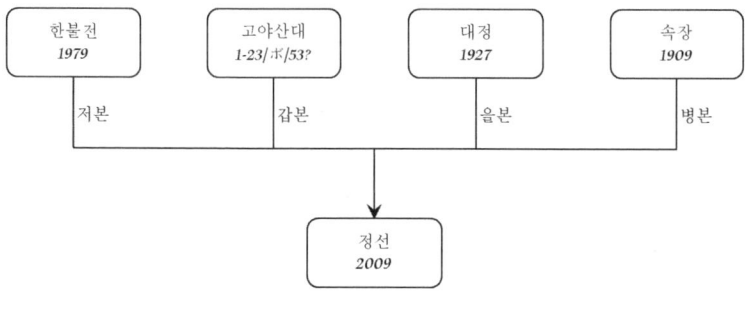

〈그림 2〉 『정선』의 저본

다만 『정선』은 세 가지 아쉬움을 남기고 있다. 첫째는 선본이라고 할 수 없는 『한불전』을 저본으로 선정하였다는 것, 둘째는 갑본(W4인가, 고야산대학 도서관은 복수의 『지범요기』를 소장함)의 저본을 명기하지 않았다는 것, 셋째는 일방적인 재료만을 채택해 자의적인 교정을 행하였기 때문에 각주에서 지적하고 있는 24건의 교감기(校勘記)의 내용이 불충분하다는 것이다.

# III. 고려·가마쿠라·에도시대의 판본

## 1. 일본 판본의 계통

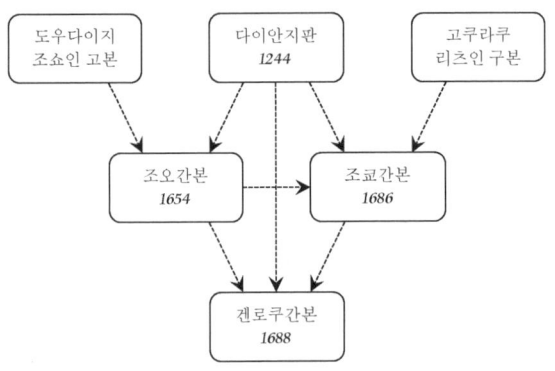

〈그림 3〉 일본 판본의 계통

에도시대의 판본은 앞서 서술한 조오간본을 포함해, 조쿄(貞享) 3년 판본(1686. 이하, **조쿄간본**), 겐로쿠(元祿) 원년 판본(1688. 이하, **겐로쿠간본**)의 3종이 알려져 있다.[8]

이들 3종 판본 모두의 간기에 간겐(寬元) 2년(1244)의 다이안지판(大安寺版)[9]이 마치 저본인 것처럼 기록되어 있지만, 판본 간의 비교에 의하면 각각 독자적인 교정이 이루어지고 있음이 확인되므로 실제 저본이 다이안지판이었는지에 대해서는 의문이 남는다.

---

[8] 고야산대학도서관의 정보관 WebOPAC(http://lib-s.koyasan-u.ac.jp/jhkweb_JPN/service/b_detail.asp?RGTN=000136016)에는 출판년을 1639년으로 하는 본서의 자료(421/ホ/千-1)가 등록되어 있다. 아마도 조오간본의 오류이겠지만, 다른 종류의 판본일 가능성도 있기에 현재 소장 확인을 의뢰 중이다.

[9] 다이안지판에 대해서는 大屋德城, 『寧樂刊經史』(京都: 內外出版, 1923a) pp. 200~202; 井上宗雄[ほか] 編著, 『日本古典籍書誌學辭典』(東京: 岩波書店, 1999) p. 363 참조.

무엇보다도 조오간본의 간기에는 특별히 간에이(寬永) 16년(1639)에 도다이지(東大寺) 상생원上生院에서 서사된 고본에 대해 언급되어 있으며, 또한 조쿄간본의 간기에는 앞선 간행본(W1 또는 W3인가)에 오탈자가 적지 않다고 한 점이나, 극락율원(極樂律院)의 구본舊本은 대체로 이치에 맞다고 하는 점이 기록되어 있는 것으로 보아 간겐 2년이라는 기록은 일종의 권위를 나타내기 위한 형식적인 것에 불과하며, 실제로는 조오간본은 도다이지 상생원의 고본이, 조쿄간본은 극락율원의 구본이 저본으로 사용된 것으로 보인다.

그리고 3종 판본 중 가장 성립이 늦은 겐로쿠간본은, 형식적인 면에서는 조오간본의 판식版式을 모방하였으며, 간기·부호·기호 등은 조쿄간본의 것을 채용하였다. 또한 본문은 조오간본과 조쿄간본을 취사선택한 것으로 보이며, 조오간본과 겐로쿠간본의 상이한 부분은 대부분이 조쿄간본에서 확인되므로 선행히는 2종의 판본(W3, W4)이 그 저본이었던 것으로 짐작된다.

또한 겐로쿠 5년(1692)의 간기가 있는 『본조조각광익서적목록대전本朝彫刻廣益書籍目錄大全』 1권에는 "持犯要記 / 同新校正 원효元曉"(34r6~7)라고 『지범요기』의 판본 2종이 기재되어 있다. '신新'이라고 하는 점에서 보자면 후자는 겐로쿠간본이 되겠지만, 전자에 관해서는 상기의 판본 3종 중 어느 판본을 지칭하는지 특정하기 어렵다.

특히 국내에는 발간 시기가 고려 후기(13~14세기)로 추정되는 해인사 사간본(3~4정, T45.919a9~c17, 전체의 약 23.76%. 이하, **해인사판**)이 현존하고 있으며, 판심版心에는 '지범종요持犯宗要'라고 새겨져 있다. 해인사판은 이 판본이 유통된 지역이 다른 만큼 일본의 제본과는 상이한 부분이 상당수 확인된다.

판본(Woodblock printing) 5종의 현존 현황(간행연도순·추정)
- W1: 다이안지판(1244): 4점[10]

    W1-1. 사이다이지(西大寺) 소장

    W1-2. 호류지(法隆寺) 소장

    W1-3. 나카노 다츠에(中野達慧) 구장舊藏(소재지 미상)

    W1-4. 쇼묘지(稱名寺) 소장·가나자와문고(金澤文庫) 보관(460함函 4호號)

참고로 다이안지판(좌)과 『속장』(우)의 미제尾題와 간기를 비교하면 아래와 같다.

| 持犯要記一卷 | 持犯要記一卷(**終**) |
|---|---|
| 寬元二**年**(甲辰)十一月廿四日摸功畢 | 寬元二甲辰十一月二十四日摸功畢 |
| 勸進大安寺僧信忍 | 勸進大安寺僧信忍 |

- W2: 해인사판(12~13세기): 1점[11]

---

[10] W1-1에 대해서는 大屋德城(1923a) pp. 191~192에 언급되었고, 大屋德城, 『寧樂刊經史附圖』(京都: 內外出版, 1923b) pl. 21에서 도판을 볼 수 있다. T45.921b22~26 참조.
　　W1-2에 대해서는 大屋德城, 『日本佛敎史の研究 2』(京都: 東方文獻刊行會, 1929) pp. 173~174에 언급되었고, 大屋德城 編, 『寧樂古經選 下』(京都: 便利堂コロタイプ印刷所, 1926) pl. 22에서 도판을 볼 수 있다. T45.921 b13~26, 전체의 약 4.96%.
　　W1-4에 대해서는 神奈川縣立金澤文庫 編, 『稱名寺所藏聖敎(斷簡類)史料調査報告書』(橫浜: 神奈川縣立金澤文庫, 2015) P.162에 "菩薩戒本持犯要記刊記 一葉 鎌倉時代中期 (寬元二年(一二四四)) 斷簡 首尾缺 楮紙 二五·七糎×八·三糎 一紙 一行·八字【備考】版本. 小破, 虫損·濕損"이라고 기술되어 있다. 가나가와현립 가나자와문고 주임학예원 道津綾乃에 의하면, 大塚紀弘의 조사에 의해 다이안지판(T45.921b26)인 것이 밝혀졌다고 한다.
　　더불어 필자는 미확인이며, 아마도 오류로 여겨지기 때문에 본문에서는 거론하지 않았지만, 高麗大藏經研究所 高麗 敎藏結集 및 DB構築事業研究팀 編, 『高麗 諸宗敎藏 章疏目錄 및 現況』(서울: (社)藏經道場 高麗大藏經研究所, 2013) p.7에서는 고야산대(高野山大)에 '1244(寬元2年)刊本'이 소장되어 있다고 기술하고 있다.

[11] W2에 대해서는 高麗大藏經研究所(2013) p.5 참조. 이 자료는 『海印寺寺刊本印集 3』에 수록되어 있고, 동국대학교 중앙도서관 디지털 컬렉션(http://dcollection.dgu.ac.kr/

- W3: 조오간본(1654): 5점[12]

    W3-1. 오타니(大谷)대학 도서관(여대餘大4331)

    W3-2. 다이쇼(大正)대학 부속도서관(1184-1)

    W3-3. [교토후카쿠사(京都深草)]즈이코지(瑞光寺)(B1858)

    W3-4. 미노부산(身延山)대학 부속도서관 소장 묘초지(妙長寺)
    문고(No. 31)

    W3-5. 고야산대학 도서관(12/센코지(千光寺)/233-1)

조오간본(좌)과 『대정』(우)의 미제와 간기[13]를 비교하면 아래와 같다

| 持犯要記一卷 | 持犯要記一卷 |
|---|---|
| 寬元二(甲辰)十一月廿四日摸功畢 | 寬元二甲辰十一月二十四日摸功畢 |
| 勸進大安寺僧信忍 | 勸進大安寺僧信忍 |
| 般若寺轉法輪藏 | 般若寺轉法輪藏 |
| 寬永十六之天南京遊學之時以東大寺 | 寬永丨六之天南京遊學之時以東人寺上生 |
| 上生院古本書寫施冀令律灯傳諸無 | 院古本書寫施冀令律灯傳諸無窮矣 |
| 窮矣 | |
| 寓泉涌小比丘二記焉 | 寓泉涌小比丘記焉 |
| **承應三年(甲午)八月吉辰** | |

---

jsp/common/DcLoOrgPer.jsp?sItemId=000000073175)을 통해 열람할 수 있다.

12 W3-1은 오타니대학도서관 고전적데이터베이스(시행판, http://bib.otani.ac.jp/cat/itemview.php?id=22/004331) 참조.
　大野法道,「菩薩戒本持犯要記」, 小野玄妙 編,『佛書解說大辭典 9』(東京: 大東出版社, 1935) p.393에서는 W3-1과 W3-2를, 岡雅彦 [ほか] 編,『江戶時代初期出版年表』(東京: 版勉誠出, 2011) p.535에서는 W3-3과 W3-2를 들고 있다.
　W3-4는 미노부산대학 부속도서관 blabo(http://blabo.min.ac.jp/blabo/AllSch.htm)(등록번호: 30042768) 참조.
　W3-5는 고야산대학 도서관 WebOPAC(http://lib-s.koyasan-u.ac.jp/jhkweb_JPN/service/b_detail.asp?RGTN=000137298) 참조.

13 『대정』의 간기에 대해서는『대정신수대장경색인大正新脩大藏經索引 25』p.15에 "末尾에 寬元 2 甲辰(1244) 11월 24일 大安寺 僧 信忍이 勸進이 되어 필사되었고, 般若寺轉〈法〉輪藏〈眞圓의『持犯要記助覽集』과의 비교가 필요하다〉에 소장되었다는 것, 寬永 16

- W4: 조쿄간본(1686): 1점·고야산대학 도서관(1-23/ボ/53)[14]
- W5: 겐로쿠간본(1688): 1점·오타니대학 도서관(여대餘大2736)[15]

조쿄간본(좌)과 겐로쿠간본(우)의 미제와 간기[16]를 비교하면 아래와 같다.(□은 파손 부분)

| 持犯要記一卷<br>寬元二(甲辰)十一月廿四日摸功畢<br>　　　　勸進大安寺僧信忍<br>　　　　　般若寺轉法輪藏<br>先所刊行脫誤不少平城極樂律院<br>所藏舊本殆乎允當屬剞劂氏令壽<br>于梓願共萬方等湌一味<br>貞享三年龍次丙寅五月端午日 | 持犯要記一卷<br>寬元二(甲辰)十一月廿四日摸功畢<br>　　　　勸進大安寺僧信忍<br>　　　　　般若寺轉法輪藏<br>先所刊行脫誤不□平城極樂律院<br>所藏舊本殆乎允當屬剞劂氏令壽<br>于梓願□□方等湌一味<br>元祿元年(戊辰)十一月吉日<br>　　　　　　田中庄兵衛梓 |

---

(1639) 東大寺 上生院의 古本을 서사하였다<도다이지 도서관 소장본과의 비교가 필요하다>라고 하는 泉涌 小 比丘의 기록이라는 두 개가 있다."(<>와 그 안의 내용은 필자에 의한 것, 이하 동일)라고 기술되어 있다. 추가해야 할 내용으로는 『대정』은 조오간본의 마지막 부분에 있는 "承應三年(甲午)八月吉辰"이라는 문장을 채용하고 있지 않은 것, 더불어 "般若寺轉法輪藏"이라고 하는 문장은 조오간본이 初出이라고 하는 것이다. 또한 『江戶時代初期出版年表』p.535에는 "…… 吉辰 瀧庄三郞"라고 기술되어 있다. 판권이 양도되면서 추가된 것일지도 모르겠다.

14　W4는 고야산대학도서관의 WebOPAC(http://lib-s.koyasan-u.ac.jp/jhkweb_JPN/)에서는 검색되지 않는다. 본 자료는 국내에서 영인 출판되었다. 中央僧伽大學校佛敎史學硏究所(1996) 참조.

15　W5에 대해서는 오타니대학도서관 고전적데이터베이스(시행판, http://bib.otani.ac.jp/cat/itemview.php?id=22/002736) 참조.

16　조쿄간본의 간기에 대해서는 中央僧伽大學校佛敎史學硏究所(1996)에 "大正大藏經은 承應 3年(1654年) 刊本을 底本으로 하지만 本書는 貞享 3年(1686年) 刊本이며 寬元 2年([sic]1243年)의 책을 底本으로 앞의 刊本의 오류를 바르게 하여 再版한 것"이라고 책의 末尾에 기록하고 있다. 더불어 추가해야 할 것으로는 앞의 刊本에는 脫誤가 적지 않기 때문에 대체로 이치에 맞는 平城 極樂律院(나라의 元興寺 內?) 소장의 舊本을 이용해 剞劂氏에게 판각을 부탁했다고 하는 내용이 있지만, 앞선 간행(W1, W3)이 무엇을 지칭하는지는 특정하기 어렵다. 가령 다이안지판으로 보고, 더욱이 미노부 문고 사본이 다이안지판의 필사라고 한다면, 거기에 오류가 많은 것도 납득이 간다.

## 2. 『속장』의 저본에 대하여

본고에 앞서 필자는 『속장』의 저본에 대해 "조쿄간본을 저본으로 하고 있는 것이 판별되었다."[17]라고 기술하였으나, 그 이후의 재검토를 통해 반드시 그렇다고는 할 수 없다는 사실이 새롭게 판명되었다. 따라서 다음의 사례를 제시하여 이 오류를 바로잡고자 한다.

즉, 『속장』의 미제에는 '持犯要記一卷(終)'이라고 되어 있으나, 조쿄간본은 말할 것도 없고, 다이안지판을 비롯한 나머지 에도시대의 판본 2종의 미제에도 '(終)'은 보이지 않는다. 김상현[18]은 구체적인 근거를 제시하지 않은 채 『속장』의 저본이 다이안지판이라고 지적하고 있다. 아마도 에도시대의 판본 3종의 간기에 공통적으로 보이는 '반야사전법륜장般若寺轉法輪藏'이 다이안지판과 『속장』에는 보이지 않는 것을 이유로 한 판단이라고 생각된다. 하지만 그럴 경우 상기의 사례에 대한 설명은 어떻게 해야 할 것인가.

당초 필자는 다음과 같은 이유로 다이안지판을 『속장』의 저본에서 제외하였다. 앞서 서술한 바와 같이, 에도시대의 판본 3종의 간기에는 각각 '寬元二'부터 '信忍'까지의 다이안지판의 간기가 답습되어 있다. 이것은 다이안지판의 '甲辰'이 쌍행雙行이 아니며, '卄'이 '二十'으로 표기된 것을 제외하고는 『속장』과도 같다고 할 수 있다. 그러나 다이안지판의 간기에는 '寬元二年'으로 기재되어 있는 반면, 『속장』은 물론 에도시대의 판본 3종의 간기에는 이 중 '年'의 한 글자가 빠져 있다. 즉, 다이안지판과 『속장』은 미제와 간기에서 두 글자의 상이점이 확인되는 것이다.

---

17 金炳坤,「身延山の海東佛敎關連資料について」『印度學佛敎學硏究』65-1(日本印度學佛敎學會, 2016b) p. 496.
18 김상현,「『菩薩戒本持犯要記助覽集』의 검토」『元曉硏究』(서울: 민족사, 2000) pp. 167~188.

여하간에 양자의 관계를 명확하게 하기 위해서는 다이안지판도 문헌 전체에 걸친 면밀한 검토가 이루어져야 할 것이다. 하지만 그것을 실현하는 것은 현 상황에서는 어려움이 따른다. 오야 도쿠조(大屋德城)[19]는 다이안지판의 (W1-2) 호류지 장본(法隆寺藏本)에 대하여 "앞부분이 없는 동서 同書의 접본揷本을 얻었다."라고 기술하고 있을 뿐이다. 때문에 오야(1926, pl. 22)에 게재되어 있는 호류지 장본의 도판(卷子本 竪八寸八分) 이외에 어느 정도의 분량이 잔존하고 있는지에 대해서는 실제로 조사를 해 볼 필요가 있다. 어쨌든 현재 그 소재가 명확한 다이안지판의 전본傳本 3점(W1-1, W1-2, W1-4)은 모두가 권말의 몇 행밖에 전하지 않기 때문에 다이안지판이 『속장』의 저본이었는지 판단하기에는 분량이 매우 불충분하다고 할 수밖에 없다.

그런데 『대일본사료大日本史料』에서 양자의 관계를 재고할 수 있는 기록을 찾게 되었다. 따라서 이 점에 대해 고찰을 더해 보고자 한다.

『대일본사료』(5-18, 281)에는 "〔持犯要記〕(○中野達慧氏所藏) 一卷 / (奧書)寬元二年(甲辰,)十一月廿四日摸功畢, (異筆)'中正院') 勸進大安寺僧信忍"이라고 기재되어 있으며,[20] 간기를 통해 볼 때, 이 자료는 다이안지판일 가능성이 매우 높다.

소장자인 나카노 다츠에(中野達慧, 1871~1934)에 대해서는 "나카노본(나카노 다츠에) ……『대일본속장경大日本續藏經』, 『일본대장경日本大藏經』등의 편찬·간행에 종사하였고, 나아가 인도·중국·조선·일본의 4개국의 불교 종합 저작 목록의 작성을 목표로 중국이나 일본의 오래된 사찰을 돌며 불서를 수집하였다. 본 문고는 관동대지진 후의 도서관 부흥비에 의해 구입되었다. 또한 『대일본속장경』, 『일본대장경』의 저본이 되었던 불서는 교토

---

19 大屋德城(1929) p.174.
20 W1-3. 도쿄대학 사료 편찬소 대일본사료 종합 데이터베이스(http://wwwap.hi.u-tokyo.ac.jp/ships/shipscontroller) 참조.

대학 부속도서관에 소장되어 있다."라는 사실이 알려져 있다.[21] 이를 통해 (W1-3) 다이안지판(이하, 나카노본)이 『속장』의 저본이었을 가능성이 시사된 것이다. 만약 그렇다면, 저본 그대로가 아닌 『속장』은 일종의 교정 텍스트로 보아야 할 것이다. 하지만 이 문제의 핵심이 되는 나카노본은 현재 그 소재를 알 수 없다.[22]

## Ⅳ. 사본

필자가 아는 한 『지범요기』 사본은 다음의 여덟 점을 들 수 있다.

현존하는 사본(Manuscript) 8점(서사연도순·임의)
- M1: 대동급기념문고大東急記念文庫(24함函 38가架 976번호番號), 겐포(建保) 6년(1218)[23]

---

[21] 일본의대학소장특수문고데이터베이스(http://tksosa.dijtokyo.org/?page=collection_detail.php&p_id=409&lang=ja) 참조. 인용문 중 '본 문고'란 도쿄대학 부속도서관이 소장하는 문고(http://www.lib.u-tokyo.ac.jp/ja/library/contents/about/all_collection)를 지칭한다.

[22] 교토대학 장서 검색 KULINE(https://kuline.kulib.kyoto-u.ac.jp/), 도쿄대학 OPAC (https:// opac.dl.itc.u-tokyo.ac.jp)에서는 검색되지 않는다. 미정리·미등록의 가능성이 있으므로 재조사가 필요하다.

[23] 大東急記念文庫 編, 『大東急記念文庫書目』(東京: 大東急記念文庫, 1955) p.491; 高山寺典籍文書綜合調査團 編, 『高山寺經藏古目錄』(東京: 東京大學出版會, 1985) p.285 참조. 大東急記念文庫 編, 『大東急記念文庫貴重書解題』(東京: 大東急記念文庫, 1956)에 "134 菩薩戒本持犯要記 建保六年寫 一帖 九七六 / 建保六年寫. 元曉造. 粘葉裝. 斐楮交漉厚樣料紙. 每半葉七行白界, 兩面書寫. 界高約七寸二分五厘. 界幅約六分强."라는 내용이 있다. 卷首에 '高山寺' 朱古印記를 찍고, 卷末에 "建保六年(丙寅)五月卄五日未剋許 / 於梅尾書之了 照壯"의 서사 지어가 있으며, 본문은 행서풍의 상당히 훌륭한 서체이다. 본문과 종이 표지에 '持犯要記'라는 외제가 있다. 조금 벌레를 먹었고 크기는 "縱九寸二分, 橫五寸三分五厘"(p.75)라고 기술되어 있다. (필자의 조사로는 세로 27.7cm, 가로 16.4cm) 다만, 建保 6년의 干支는 '戊寅'이다. 필자에게는 '酉寅'으로 읽히지만 이러한 간지는 없

- M2: 쇼묘지 소장·가나자와문고 보관(286함函 10호號), 분에이(文永) 4년(1267) 전후?[24]

- M3: 사이쿄지(西敎寺) 정교장문고正敎藏文庫(국문학연구자료관國文學研究資料館 마이크로 청구기호請求記號 312-239-6), 고안(弘安) 6년(1283)[25]

- M4: 도다이지 도서관(111부部 198호號), 쇼안(正安) 3년(1301)[26]

- M5: 쇼묘지 소장·가나자와문고 보관(454함函 2호號), 14세기 이전?[27]

- M6: 사이쿄지 정교장문고(국문학자료연구관 마이크로 청구기호 312-239-5), 간에이(寬永) 20년(1643)[28]

---

다. 帙에는 "古梓堂文庫"라고 적혀 있다. 대동급기념문고 학예과장 木村敬子에 의하면 대동급기념문고 내의 고재당문고본은 교토대학에서 구입한 것이라고 한다. 이와 관련해서는 反町茂雄, 『日本の古典籍: その面白さその尊さ』(東京: 八木書店, 1984) p.347에서 언급되고 있다.

24 神奈川縣立金澤文庫 編, 『金澤文庫古書目錄』(東京: 巖松堂書店, 1939) p.449에는 "○菩薩戒本持犯要記 新羅·元曉撰 一卷一冊 二八六 / 寫"라고 기술되어 있을 뿐이지만, 納富常天, 『金澤文庫資料の硏究 [本編]』(京都: 法藏館, 1982) p.316·341에서는 稱名寺의 開山 審海의 手澤本으로 구분되고 있다. 審海의 稱名寺 주지 취임 연도는 文永 4년(1267)으로 알려지므로 그 전후로 보아야 할 듯하다.

25 澁谷亮泰 編, 『昭和現存天台書籍綜合目錄 上 增補版』(京都: 法藏館, 1978) p. 342; 국문학연구자료관 일본고전적종합목록 데이터베이스(http://dbrec.nijl.ac.jp/KTG_B_wakoku0001523) 참조.

26 東大寺圖書館, 「東大寺圖書館藏貴重書寫眞帳目錄(1)」 『南都佛敎』 86(東大寺圖書館, 2005) p.17; 高麗大藏經硏究所(2013) p.6 참조.

27 神奈川縣立金澤文庫 編(2015) p.126에 "菩薩戒本持犯要記 一帖 鎌倉時代後期 粘葉裝 首尾缺 楮紙(杉原) 黑點(句切點·傍訓·送假名) 二三·六糎×一五·○糎 三紙 一頁八行·一八字【備考】中破"라고 기술되어 있고, 가마쿠라시대 후기(13~14세기)로 추정된다. 金炳坤, 「菩薩戒本持犯要記」, 神奈川縣立金澤文庫 編, 『特別展 アンニョンハセヨ! 元曉法師: 日本がみつめた新羅·高麗佛敎』(橫浜: 神奈川縣立金澤文庫, 2017) p.39에 '13세기'라고 한 것은, 도츠 아야노(편집 담당)의 추정이다.

28 국문학연구자료관 일본고전적종합목록 데이터베이스(http://dbrec.nijl.ac.jp/KTG_B_wakoku0001522) 참조.

- M7, M8: 미노부문고(여종餘宗1-15, 여종餘宗1-16), 17세기 이전?[29]

**미노부문고**(身延文庫)의 두 점(M7: 여종1-15, M8: 여종1-16)은 모두 완본(본문은 12정)으로 (W1) 다이안지판의 판식과 유사하며,[30] 서사 연대를 알 수 있는 지어는 없으며, 면지에 미노부산(身延山) 제27세 츠신인(通心院) 닛쿄(日境, 1601~1659)[31]의 자서화압自署花押의 목판 날인이 있으므로, 17세기나 그 이전의 사본인 것으로 추정된다. 필적이 다른 두 점은 어느 한 쪽이 다른 한 쪽을 필사했다기보다는, 저마다 같은 저본을 필사한 것으로 보인다.

**정교장문고**正敎藏文庫의 두 점(M6, M3)은 모두 고슈(江州) 아시우라(芦浦) 칸논지(觀音寺)의 슌코(舜興, 1593~1662) 구장본[32]으로, 완본(본문은 14정)인 전자는 면지에 "觀音寺 / 舜興藏"(117 프레임)이, 권말에 '江州芦浦 / 觀音寺 / 寛永廿年三月日 / 舜興藏'(132 프레임)이라는 간에이(寛永) 20년(1643)이 지어가 있으며, 완본(본문은 19정)으로 난정亂丁[33]이 있는 후자는 면지에 "觀

---

[29] 身延文庫典籍調査會 編, 『身延文庫典籍目錄 下』(身延: 身延山久遠寺, 2005) pp. 303~304 참조.

[30] 金炳坤(2016b) pp. 496~495 참조. 참고로 미노부문고 및 미노부산대학 부속도서관이 소장하고 있는 해동 찬술 불교 문헌 '21종 65점'에 대해서는 金炳坤, 「身延山大學東洋文化研究所所報 總目次 1997~2015」『東洋文化研究所所報』20(身延山大學東洋文化研究所, 2016a) pp. 36~37 및 金炳坤(2016b)를 함께 참조 바람.

[31] 室住一妙 編, 『身延文庫略沿革』(身延: 久遠寺身延文庫, 1941) p. 39에 "文庫印: 또한 다수의 장서에 날인되어 있는 黑印「身延文庫」패형도 필시 師〈日境〉의 창의에 의한 것일 것이다."라고 기술되어 있는 것처럼, 日境는 내외 전적의 수집과 정비에 진력하였고, 미노부문고의 충실을 도모한 인물로 알려져 있다.

[32] 舜興의 舊藏에 대해서는 宇都宮啓吾, 「西敎寺正敎藏の訓點資料について」, 小林芳規博士喜壽記念會 編, 『國語學論集: 小林芳規博士喜壽記念』(東京: 汲古書院, 2006)에서 자세히 다루고 있다.

[33] M3의 亂丁은 다음과 같다. (① 등의 기호는 사본에서의 순서를, 1r 등은 丁付를, 918b 등은 T45의 페이지 수를 나타낸다. 이하 동일.) ①1r-9v: 918b4~919c28, ②14r-15v: 920c1~24, ③10r-13v: 919c28~920c1, ④16r-19v: 920c24~921b23.

音寺舜興 / 監者舜度"가 적혀 있고, 미제는 없으며, 본문 말미에 "此書者是元曉釋也"(云云) / 弘安六年九月十三日於●山西塔小尾谷西方院 / 小西學宣●筆功畢 雲惠"(●는 판독 불가 글자)이라는 고안(弘安) 6년(1283)의 지어가 있으며, 뒷면 말미에 "江州栗太郡芦浦 / 觀音寺 / 舜興藏"이라고 적혀 있다.

M3, M6, 그리고 후술할 M1의 세 점은 고형古形에 속하는 같은 계통의 사본으로 보이며, 같은 부분의 오자·탈자·연자·이체자 등 여러 가지 요소를 종합해 볼 때, M3, M6의 저본은 M1의 저본보다 오래된 것일 가능성이 있다.

**가나자와문고**(金澤文庫)의 두 점(M2, M5)은 모두 잔결본殘缺本으로 낙정落丁(6~11정의 6정인가) 및 착간錯簡이 있는 전자(1장 4쪽)는 전체의 약 37.59%가, 후자는 약 25.89%(12~15정의 4정?)가 현존하며,[34] 서사 연대를 알 수 있는 지어는 없으며, 전자는 신카이(審海, 1229~1304)의 수택본手澤本이라 하며, 후자는 13~14세기로 추정되고 있다.

그렇다면, 단에이(湛睿, 1271~1346)의 『기신론의기교리초起信論義記敎理抄』(『신판일장』 42, 313a2-5)에서의 『지범요기』 인용(T45,919b29~c1)은 이들 사본을 직접 보았을 가능성도 추측케 하지만, 아쉽게도 두 점 모두 결손 부분에 해당하기 때문에 서로 비교해 볼 수는 없다.

그런데 가나자와문고의 고문서 중에는 단에이와 『지범요기』의 관계에 대하여 알 수 있는 도서 대출에 관한 기록이 존재한다. 양자를 직접 연결 짓는 것은 아니지만, 류카쿠지(龍角寺)의 로우카이(朗海)가 토젠지(東禪寺)

---

**34** M2, M5의 현존 분량에 대한 金炳坤(2017) p.39의 기술에 오류가 있었기에 다음과 같이 정정(錯簡을 포함)하고자 한다. 稱名寺가 소장하는 사본 2점은 모두 완본이 아니라 『대정신수대장경』(T45,918b4~921c1)을 기준으로 하면, No. 21[286함 10회]은 전체의 대략 6〈→3,8〉할 정도(918b3-920a27〈→①1a-5d: 918b4~919b3, ②12a-12d3: 920b28~920c15, ③12d3-4: 920a26-27〉)가, No. 22[454함 2회]는 2,5〈→2,6〉할 정도(920b29~921b14)가 현존함을 알 수 있다.

의 단에이 앞으로 보낸 것(1326년 이후?)으로 보이는 서장書狀 속에는 '持犯要記抄物兩卷'의 반납을 받은 것, '持犯篇之分二卷'을 대여할 의도가 있는 것에 대한 기록이 있고,[35] 또한 직접 연결 지을 수 있는 것으로는, 젠슌(禪春)이 단에이 앞으로 보낸 것으로 보이는 서장 속에는 '持犯要記二卷' 및 '抄物本末'은 확실히 반납을 받았다는 기록이,[36] 그리고 단에이의 수택본『율종요의초律宗要義抄』의 지배 문서紙背文書에 보이는 서장 속에는 고우쇼(高性)가 단에이에게 '持犯要記一卷' '同抄出一帖'을 반납한다는 취지가 기록되어 있다.[37] 또한 자세한 사항은 후술하지만, 가나자와문고에는 분오(文應) 2년(1261)의 지어가 있는 단에이의『지범요기』에 대한 주석서(269함20호)가 소장되어 있다.[38]

20정 중 2정(4~5정, 전체의 약 10.99%)의 낙정落丁이 있으며 난정[39]도 있는 (M4) **도다이지 도서관**(東大寺圖書館, 111부 198호)의 1점은 말미에 '正安三年正月八日於南都三學院書寫了'라는 쇼안(正安) 3년(1301)의 지어가 있다.

이 시기를 전후로 도다이지에서는 겐지(建治) 원년(1275)에 교넨(凝然, 1240~1321)이 이요(伊予)로 귀향할 때 본서를 휴대하였고,[40] 돌아온 뒤 이듬

---

35 結城陸郎,『金澤文庫の教育史的硏究』(東京: 吉川弘文館, 1962) p.182·202·713·760 참조.
36 結城陸郎(1962) p.683·721·722·769 참조.
37 結城陸郎(1962) p.729·781 참조.
38 하지만, 文應 2년(1261)에 湛睿는 아직 태어나지도 않았기 때문에 湛睿의 주석서일 수는 없다.
39 M4의 亂丁은 다음과 같다. ①1rv: 918b4~17, ②6r-17v: 919a19~921a15, ③2r-3v: 918b17~c17, ④18r-20v: 921a15~b24.
40 越智通敏,『沙門凝然 (愛媛文化雙書 14)』(松山: 愛媛文化雙書刊行會, 1972) pp.107~108 참조. 원문은 竹内理三 編,『鎌倉遺文古文書編 16』(東京: 東京堂出版, 1979) p.312에 "○ 一二四四一 凝然書狀(○東大寺所藏梵網本疏日珠鈔卷十裏文書) / (便宜令狀候間, 先者加樣令申候, 構御他行不可有候,) / 其後何事候哉, 久不承御音信候, 抑今秋下向候如長老, 日比之依仰, 梵網疏三□·戒律□三部·定賓戒本疏二部·持犯要記等, 此等ヲ隨身候て, 書續候, 同加樣(に)文(ヲ)隨身候也, 愚身(ハ)今年々之內(ニ), 構可上洛之由存候か, 隨躰春にとや成候ハんすらん, 此戒壇無人(に)候, 鷲尾方丈定下受候はんすらん, □の田舎用事候間, 加樣下向候也, 恐々謹言, / (建治二年)八月四日 示觀 / (切封墨引) / トモ

해부터는 『범망계본소일주초梵網戒本疏日珠鈔』의 집필에 착수하고 있다. 수정에 수정을 거듭해 42년 후인 분포(文保) 2년(1318)에 완성[41]된 『범망계본소일주초』에는 본서의 약 37.23%가 인용되어 있으며, 이는 본서를 인용하는 문헌 중 최다이다. 본 사본의 서사가 이 기간 중에(도다이지의 누군가가 면학을 위해 들여온 것이라고도 볼 수 있을 것이다.) 해당하는 것은 흥미롭다고 할 수 있다.

교넨에게는 이 밖에 산일서散逸書 『지범요기약술持犯要記略述』(『대일본불교전서大日本佛教全書』 1, 117b2)이 있으며,[42] 『율종경감장律宗瓊鑑章』(『증보개정일본대장경增補改訂日本大藏經』 70, 3b15)과 『유마경소암라기維摩經疏菴羅記』(『대일본불교전서』 5, 205b6)에서는 본서에 대해 언급하고 있다.

겐포(建保) 6년(1218) 5월 25일의 지어가 있는 (M1) **대동급기념문고大東急記念文庫**(24함 152가 976번호)의 한 점은 고잔지(高山寺) 구장으로 지어가 확인되는 사본 중 현재 전하는 가장 오래된 것이다. 완본(1장 4쪽의 본문은 11장)으로 정수(丁付)가 기입되어 있으며, 미제는 없으며, 후대의 것으로 추정되는 이본에 의한 교정(이독 정보)이 되어 있다.

같은 해 5월 22일에는 기카이(喜海, 1178~1251)가 도가노산(栂尾山) 고잔지 십무진원十無盡院에서 본서를 서사하고 있으며, 같은 달 25일에는 고잔지 석수원石水院에서 묘에(明惠, 1173~1232)를 중심으로 여러 명의 동학同學들 간에 본서의 강술(談義)이 이루어지고 있는데,[43] 본 사본은 이 강술에서 직

---

備後照律御房"이라고 기술되어 있다. 도쿄대학사료편찬소 가마쿠라유문 풀텍스트 데이터베이스(http://wwwap.hi.u-tokyo.ac.jp/ships/shipscontroller) 참조.

[41] 越智通敏(1972) p.19·176 참조.

[42] 納富常天, 『金澤文庫資料の研究 稀覯資料篇』(京都: 法藏館, 1995) pp.588~591에 의하면 '什藏가 입적한 후, 그 遺書를 湛睿가 전해올 때 본인이 기록한 것'으로 알려진 湛睿 자필 수택본 『聖教目錄(什藏)』에 "持犯要記一ヽ", "持犯要記略述上下"가 기재되어 있고, 納富常天(1995) p.698에서는 이 중 후자가 東大寺 凝然의 散逸書 『持犯要記述』일 것으로 보고 있다.

[43] 田中久夫, 『鎌倉佛教雜考』(京都: 思文閣出版, 1982) p.597에 "建保 6년에는 「持犯要記

접 사용되었을 가능성이 있다고 생각한다.[44]

## V. 주석서

본서에 대한 주석서는 존存·실失을 합쳐 다섯 점이 알려져 있다.

주석서 5종(성립연도순·추정)

- C1: 라이유(賴瑜, 1226~1304) 『지범요기약초持犯要記略鈔』(실失, 『제종장소록諸宗章疏錄』 권3에 기재됨)

- C2: 교넨(凝然, 1240~1321) 『지범요기약술持犯要記略述』(실失, 『제종장소록』 권2에 기재됨)

- C3: 신엔(眞圓, ~1282~) 『지범요기조람집持犯要記助覽集』(존存, 교토대학 부속도서관: 일장日藏/기간旣刊/82,[45] 도다이지 도서관: 114부部 244호號)[46]

- C4: 나카노리(仲範, ~1319~1362~) 『지범요기속서감문초持犯要記俗

---

(新羅元曉撰一卷)을 서사했다(法鼓五). / 點本云 / 建保六年五月廿二日於梅尾十無盡院書了 / 花嚴宗喜海 / 同月廿五日於石水院奉對明惠御房與數輩同學談義了同學文次爲防後日廢忘受彼口決切文句加點了 / 喜海法師 / 栂尾高山寺에 石水院 외에 十無盡院이 있었고, 明惠를 중심으로 「菩薩戒本持犯要記」가 강설되었던 모습을 상상할 수 있다."라고 기술되어 있다. 다만, 柴崎照和, 「明惠における修學と華嚴教學」『密敎文化』197(密敎研究會, 1997) p. 47에서는 "(년월일) ○ 建保 5년(1217) 5·25 (연령) 45 (사항) 세키수이인에서 기카이 등 여러 명을 대상으로 원효 「보살계본지범요기」를 강설함. (史料編纂所本 『法鼓台聖教目錄』五)"이라고 기술해, 1년 앞선 것으로 본다.

44 M1에 대한 기술 내용은 金炳坤, 「菩薩戒本持犯要記」の日本的展開」『宗教研究』91 別冊 (日本宗教學會, 2018) p. 288을 일부 정정한 것이다.
45 교토대학 장서 검색 KULINE(https://m.kulib.kyoto-u.ac.jp/webopac/RB00019129) 참조.
46 東大寺圖書館, 「東大寺圖書館藏貴重書寫眞帳目錄(4)」『南都佛教』91(東大寺圖書館, 2008) p. 7 참조.

書勘文抄』(존存, 도다이지 도서관: 114부部 243호號)[47]

- C5: 단에이(湛睿, 1271~1346) 『*지범요기견문집持犯要記見聞集』(존存, 소묘지 소장 · 가나자와문고 보관: 269함函 20호號)

이 중, (C1) 라이유(賴瑜)의 『**지범요기약초**持犯要記略鈔』(『대일본불교전서』1, 190b15)와,[48] 앞서 서술한 (C2) 교넨의 『**지범요기약술**』은 목록에서밖에 확인되지 않는 산일서이며, 뒤의 세 점은 현존서이다.

주목해야 할 점은, 교넨, 진원(眞圓), 후지와라 나카노리(藤原仲範, 또는 藤原忠範) 이 세 사람과 단에이가 깊은 관련을 맺고 있었다고 하는 사실이다. 단에이는 일찍부터 교넨에게 사사師事하여 계율 등의 연구에 힘썼으며, 단에이가 스승이라고 표현하는 존도방尊道房 신엔에게는 23세 때, 나라의 한야지(般若寺)에서 계율의 밀의秘儀를 받았다. 또한 나카노리와는 사제 관계에 있었던 것으로 알려져 있다.[49]

---

**47** 東大寺圖書館(2008) p.7 참조.
**48** 賴瑜에 대해서는 結城陸郎(1962) p.175에 "新義眞言宗 紀伊 大傳法院의 중흥조. 어릴 때 득도하여 '兩部瑜伽'의 대법을 받았고, 성장함에 따라 高野山·大傳法院·東大寺·醍醐寺를 歷遊하며 諸宗을 겸학하였고, 文永 6년(1269) 大傳法院으로 돌아와, 동 9년 大傳法院을 재건하여 中性院이라 칭했다. 그후 法印을 따르며 고야산에서 傳法灌頂을 받았다. 嘉元 3년(1304) 정월, 79세로 시적하였다. 37세의 弘長 2년(1262) 10월 22일에 서사한 「薄鈔」(1권 1책)이 있다."라고 기술되어 있다. 또한 가나자와문고에는 賴瑜의 『即身成佛義聞書』, 『卽身成佛義顯得抄』, 『卽身成佛義愚草』가 소장되어 있다.
**49** 仲範에 대해서는 井原今朝男, 「鎌倉期の諏訪神社關係史料にみる神道と佛道: 中世御記文の時代的特質について」, 『國立歷史民俗博物館研究報告』 139(國立歷史民俗博物館, 2008) p.174에 "이미 納富常天의 연구가 있으며, 藤原仲範는 南家儒者 출신으로, 丹後守 保憲의 자식이지만, 가마쿠라로 내려와 佐助谷大藏로 이주, 太子傳을 강설하였고, 中嚴圓月와 친교가 있었으며, 가나자와 稱名寺 3대 장로 湛睿와 元應 원년(1319) 이전부터 사제 관계에 있었던 것을 지적하고 있다. 국문학 분야에서도 나카노리가 가마쿠라에서 학식이 알려진 『太平記』에 등장하는 '미나미케의 유자' 후지와라 나카노리이며, 足利直義의 측근인 藤原有範의 일문으로, 藏人大夫 나카노리와 藤範·東宮學士 季範 등이 關東祗候廷臣으로 활약하였고, 貞治 무렵에 나카노리가 鎌倉佐介ケ谷에서 80살임에도 아무렇지 않게 노구를 부양하고 있었던 것을 밝히고 있다."라고 기술되어 있다.

현존하는 주석서 중 가장 널리 알려져 있는 (C3) 신엔의 **『지범요기조람집持犯要記助覽集』**은 말미의 "弘安五年 …… 南都般若寺遍學行芯蒻 眞圓 脣道識"(『신판일장』 40, 33a7~11)이라는 기록을 통해 고안(弘安) 5년(1282)에 성립된 것을 알 수 있다. 선행 연구에 대해서 후쿠시 지닌(福士慈稔)에서 "이미 김상현 씨의 상세한 연구가 발표되어 있다. 현재로서는 김씨의 연구에 지적을 더할 부분이 없다."[50]라고 소개하는 것처럼, 김상현의 연구[51]가 가장 뛰어나다는 평가를 받고 있지만, 이 밖에 본서에 대한 적극적인 연구는 그다지 보이지 않는다.

본서의 자료적 가치를 『지범요기』의 정본화에 도움이 되는 자료인가라는 부분에서 보자면, 에타니 류카이(惠谷隆戒)가 "본서는 『요기』에 적힌 중요 사항에 대하여 주석을 하고 있는 것으로 전문에 대한 수문 해석隨文解釋이 아니다."[52]라고 지적하고 있는 것처럼, 본서에서 『지범요기』는 주로 '記(본문)者', '記(본문)等者', '記(본문)等', '(본문)等者', '(본문)者' 등의 형식으로 그 본문이 인용되고 있기 때문에, 본문 전체를 추출할 수 없다고 하는 관점에서 보자면 정본화에 적합한 자료라고는 말하기 어렵다. 필자의 조사로는 본서에서 『지범요기』의 본문은 약 15.58%밖에 추출할 수 없었다. 하지만 다른 관점에서 보자면, 본서에는 『지범요기』가 의거하는 전거를 밝히고 있으며, 법장法藏(643~712)의 『범망경보살계본소梵網經菩薩戒本疏』와의 비교가 이루어져 있는 등 시사가 풍부한 다각적인 고찰이 이루어져 있

---

貞治는 1362년부터 1367년까지의 기간을 가리키므로, 나카노리는 湛睿보다 10살 정도 어렸을 것으로 생각되지만, 納富常天(1982) p.157에 "적어도 建武 2년(1334)까지는 師事하고 있던 것이 알려져 있다."라고 기술되어 있기 때문에, 학문상의 교제는 대등한 관계였을지도 모르겠다. 또한 『續天全』 顯敎 3에 수록된 『法華玄義外勘鈔』, 『文句外典要勘鈔』가 나카노리의 저작으로 알려지고 있으므로 그는 천태에도 정통하였던 것으로 보인다.
50 福士慈稔, 『新羅元曉硏究』(東京: 大東出版社, 2004) p.423.
51 김상현(2000).
52 『신판일대장경』 해제 97 p.289.

다. 그러한 의미에서는 확실히 도움이 되는 부분이 있다고 생각한다.

(C4) **나카노리**의 『**지범요기속서감문초**持犯要記俗書勘文抄』는 마키노 가즈오(牧野和夫)에 번각이 게재되어 있으며,[53] 현재 본서에 대한 논고는 이 한 편밖에 없는 것으로 보인다. 전체 10정 중 1정의 뒷면 5행부터 6정의 앞면 3행까지가 '원효'에 대한 코멘트로, 이 안에 『송고승전宋高僧傳』 권4에 수록된 「당신라국황룡사원효전唐新羅國黃龍寺元曉傳」(T50.730a6~b29)이 그대로 인용되어 있다. 이를 포함해 도합 20개의 어구에 대한 코멘트가 있으며,[54] 곳곳에 "교넨 공의 초에 이르기를(然公抄云)"이라는 인용도 보이지만, 이는 교넨의 『범망계본소일주초』와 동일한 곳이 아니므로 향후의 검토를 필요로 한다.

본서의 주석 방식에 대해 마키노는 "『보살계본지범요기』 중의 어구에 대한 속서俗書에 의거한 감문勘文으로 '계율' 관계의 초물抄物이다."라고 지적하고 있지만,[55] 곳곳에 난독자구難讀字句에 대한 어주語注도 포함되어 있기 때문에, 필자는 『지범요기』의 제본 중에 보이는 이독의 시비를 판단할 수 있는 비교 자료로서의 가치도 있다고 본다.

본서 연구의 방향성 내지 전망에 대해서는 마키노가 "가마쿠라 지역에서 나카노리와 교류가 있었던 가나자와 쇼묘지(稱名寺) 3세 단에이에게도 『지범요기』의 문서聞書가 있고, 가나가와현립 가나자와문고에 보관·현존한다. 비교·고찰의 기회를 얻어보고자 생각하고 있다."[56]라고 한다. 향후

---

53 牧野和夫, 「仲範撰述の一書『持犯要記俗書勘文抄』: 紹介と翻印, 附二十二卷本『表白集』目錄一覽 等」, 『實踐國文學』 42 (實踐女子大學, 1992) pp. 69~90.
54 '記', '新羅國', '元曉', '述', '尨私沙門', '每尨深戒', '不食五穀', '由獨淨居雜染間', '愼莫爲善', '宗狗逐兎', '猶如有人', '擧一隅', '皆歎哀貶', '如有高士性是弘懿放神苞朴不知端倪混福而歸一忘彼我爲無二', '苞朴', '端倪禍福', '又有下愚稟性鈍朴', '莫知是非', '難別菽麥', '不識善之爲善' 이상 20개 어구에 대한 코멘트가 있다.
55 牧野和夫 (1992) p. 69.
56 牧野和夫 (1992) pp. 69~70.

단에이와의 관계를 포함하여 연구할 필요가 있다.

(C5) 단에이의 문서는 『가나자와문고고서목록(金澤文庫古書目錄)』에 '지범요기持犯要記'로 기재되어 있는 것이 이에 해당한다.[57] 노토미 조텐(納富常天)에 의해 단에이의 저서(자필 원고)로 재분류된 본서에는 『**지범요기견문집**持犯要記見聞集』이라는 가제가 붙어 있다.[58] 본서에 대한 본격적인 연구는 아직까지 이루어지지 않았으며, 겨우 노토미의 해설이 있는 정도이다. 본서는 향후 『지범요기』에 대한 제 주석서의 상호관계를 논함에 있어 중심적인 역할을 수행할 것으로 예상된다. 이하 노토미의 해설 전문을 인용해 두고자 한다.[59]

> 다음으로 『지범요기』 1권 1책은 신라 원효가 대승보살의 율의律儀를 호지護持하기 위해 거사취정去邪就正의 요문要門에 대해 서술한 『보살계본지범요기』의 주석이다. 세로 13.0cm 가로 17.8cm, 열첩장列帖裝으로 권수卷首는 파손이 심해 불분명한 부분도 있으나, 앞표지 오른쪽 하단에 수택명手澤名 '湛睿', 왼쪽에 서명이 있었던 것 같고, 그 아래에 '文應二年[ ]'이라고 기술되어 있다. 또한 내제內題인 「지범요기」의 아래에 두 줄의 작은 글씨로 "[ ]年正月十五日始之[ ]七日始開講廿二日結願"이라는 지어가 있고, 강의를 행하였던 것으로 추정된다. 내용은 본문 중의 '返流歸源之大津'(『대정신수대장경』 45, 918b)에서 '故緣戒光'(상동 921b)까지 36개의 주요한 어구를 들어 주석하고 있다. 주석함에 있어서는 화엄의 대학장大學匠답게 『기신론』, 『연의초』, 『화엄경소』,

---

[57] 神奈川縣立金澤文庫 編(1939) p.313에는 "○持犯要記 一卷一册 二六九 / 寫 湛睿手澤本 / (首) / 文應(カ)二年正月十五日始之 / 同十七日始開講廿二日結願"이라고 기술되어 있다.
[58] 納富常天(1982) pp.465~466·517·518 참조.
[59] 納富常天(1995) pp.630~631.

『원각약초圓覺略抄』, 『십지론』, 『유가사지론』, 『중변분별론소』, 『화엄칠과장華嚴七科章』, 『화엄오십요문답』, 법장의 『범망보살계본소』, 『원오심요圓悟心要』 등 화엄을 중심으로 한 많은 경론을 인용하고 있으며, 한야지 신엔이 고안(弘安) 5년(1282)에 저술한 『보살계본지범요기조람집』을 인용하고 있을 뿐 아니라, 『문선주文選注』, 『백씨문집白氏文集』, 『노자경老子經』, 『옥편玉篇』, 『용감龍龕』 등의 외전外典도 인용하고 있다.

## Ⅵ. 인용 문헌

지금까지의 조사에 의하면 본서는 9~19세기까지의 일본불교 각 종파 **25명**의 승려에 의해 **30부**의 문헌(주석서를 포함, 산일서는 제외)에 인용(취의·언급·어주語注를 포함)되어 있으며, 또한 그것이 종파나 시대에 편중되거나 치우침 없이 두루 분포하고 있는 것으로 확인되었다.[60]

인용 문헌 일람(성립연도순·임의)

| 인수 | 부수 | 종파 | 인물 | 생몰[성립]년대 | 서명 | 비고 |
|---|---|---|---|---|---|---|
| - | - | | 元曉 | 617~686 | 『菩薩戒本持犯要記』 | |
| 1 | 1 | 천태종 | 最澄 | 767~822[820] | 『顯戒論』 | |
| 2 | 2 | 천태종 | 圓琳 | 1174~1237~[1237] | 『菩薩戒義疏鈔』 | |
| - | - | 진언종 | 賴瑜 | 1226~1304 | 『持犯要記略鈔』 | 주석서(失) |
| 3 | 3 | 진언종 | 眞圓 | ~1282~1313~[1282] | 『持犯要記助覽集』 | 주석서(存) |
| 4 | 4 | 정토종 | 良忠 | 1199~1287[1282] | 『安樂集私記』 | |
|   | 5 | | | [?] | 『淨土宗要集』 | |
| 5 | - | 화엄종 | 凝然 | 1240~1321[?] | 『持犯要記略述』 | 주석서(失) |
|   | 6 | | | [1306] | 『律宗瓊鑑章』 | |
|   | 7 | | | [1318] | 『梵網戒本疏日珠鈔』 | |
|   | 8 | | | [1320] | 『維摩經疏菴羅記』 | |
| 6 | 9 | 율종 | 英心 | 1289~1354~[1308] | 『菩薩戒問答洞義抄』 | |

---

[60] 참고로 제 목록에서의 본서의 기재 유무에 대해서는 福士慈稔의 일련의 연구 성과 (2007a·b·c, 2008a·b·c. 참고문헌 참조)가 있으며, 후쿠시는 25종의 목록 중 11종에서 본서가 기재되어 있음을 지적하고 있다.

| | | | | | | |
|---|---|---|---|---|---|---|
| 7 | 10 | 율종 | 定泉 | 1273~1312~[1310] | 「表无表章顯業抄」 | |
| | 11 | | | [1312~] | 「梵網經古迹補忘抄」 | |
| 8 | 12 | 정토종 | 寂慧? | 1251~1328 | 「淨土宗要集見聞」 | |
| 9 | 13 | 천태종? | 仲範 | ~1289~1362~ | 「持犯要記俗書勘文抄」 | 주석서(存) |
| 10 | 14 | 화엄종 | 湛睿 | 1271~1346[1322~] | 「起信論義記敎理抄」 | |
| | 15 | | | [1261~] | 「*持犯要記見聞集」 | 주석서(存) |
| 11 | 16 | 율종 | 照遠 | ~1361~[1333] | 「述迹抄」 | |
| 12 | 17 | 정토종 | 良榮 | 1342~1428 | 「淨土宗要集見聞」 | |
| 13 | 18 | 일련종 | 日朝 | 1422~1500 | 「撰時抄私見聞」 | |
| 14 | 19 | - | 失名 | [1644刻] | 「梵網古迹抄」 | |
| 15 | 20 | 율종 | 行性 | ~1690~[1680] | 「菩薩戒經箋解」 | |
| 16 | 21 | 정토종 | 圓諦 | [1680~] | 「安樂集纂釋」 | |
| 17 | 22 | 정토종 | 湛澄 | 1651~1712[1688] | 「標註一言芳談抄」 | |
| 18 | 23 | 천태종 | 隆長 | [1696] | 「一枚起請但信鈔」 | |
| 19 | 24 | 천태종 | 可透 | 1682~1734[1718] | 「顯戒論贊宗鈔」 | |
| 20 | 25 | 화엄종 | 鳳潭 | 1654~1738[1724] | 「梵網經菩薩戒本疏紀要」 | |
| 21 | 26 | 천태종 | 眞流 | 1711~1774 | 「顯戒論闡幽記」 | |
| 22 | 27 | 율종? | 諦忍 | 1705~1786[1769跋] | 「梵網經要解或問」 | |
| 23 | 28 | 정토종 | 普寂 | 1707~1781[1779] | 「菩薩三聚戒辨要」 | |
| 24 | 29 | 천태종 | 敬光 | 1740~1795[1786] | 「圓戒指掌」 | |
| 25 | 30 | 천태종 | 覺寶 | 1808~1890[1885] | 「顯戒論講辨」 | |

　굳이 두 시기로 나누어 보자면, 신(선택選擇·이행易行)·구(겸학兼學·계율중시戒律重視) 양 불교가 서로 경쟁하며 성장해 나갔던 일본불교의 황금시대라고도 말할 수 있는 13~14세기 무렵과, 독자층이 넓어져 출판 사업이 성립되었던 17세기 무렵으로 구분해 볼 수 있다. 종파별로 보면, 천태종에서는 사이쵸(最澄), 진언종에서는 라이유, 정토종에서는 료우추(良忠), 화엄종에서는 교넨(凝然), 율종에서는 조우센(定泉), 일련종에서는 닛쵸(日朝)(다만, 『현계론』의 재인용)가 각각 본서에 처음으로 주목하고 있으며, 이를 통해 말하자면 선구자에 의한 파급 효과와 그 연쇄 반응의 일환으로 그 후에도 위의 각 종파의 문도들에 의해 재인용되는 등 일정한 영향을 미치고 있는 것이 밝혀졌다.

## 인용 문헌 일람(『지범요기』에서의 서술순)

### 1. 最澄 撰 『顯戒論』【인용 6회】

| 卷下 | 謹案. **梵網經持犯要記**云. 如有一類閑居靜慮. 離諸散亂. 攝心禪門. 由心澄靜. 髣髴有見. 或由邪神加力令識. 于時由自少聞不別邪正. 又欲引致名利恭敬. 隨所見識. 令他聞知. 耀諸世人. 咸疑是聖. 此由獨揚似聖之迹. 普抑諸僧. 爲無可歸. 以破佛法. 故得重罪. 是謂諸僧之大賊也(已上記文)第一蟲竟. (T74,615c19～26)【인용 1(T45,918c24～29)】 |
|---|---|
| 卷下 | 如有一類長住深山. 有所得心. 修寂靜業. 魔知彼心可以動壞. 發空中聲. 讚其所行. 其人由是起自高心. 普抑諸僧住人間者. 誰當稱美儕等所行. 此人罪過. 重於前者. 是諸菩薩旃陀羅也(已上記文)第二蟲竟. [616n1: 諸＝謂乙)](T74,615c26～616a1)【인용 1(T45,919a1～5)】 |
| 卷下 | 如有一類性非質直. 或承邪戒. 或自邪念. 不衣絲麻. 不食五穀. 反欲貪求利養恭敬. 自揚無比. 詃諸癡類. 希望群愚咸仰己德. 普抑一切無異迹者. 由是內以傷眞. 外以亂人. 傷亂之罪. 莫是²先也(已上記文)第三蟲竟. [616n2: (爲)＋先乙)](T74,616a2～7)【인용 1(T45,919a7～11)】 |
| 卷下 | 如有一類性是淺近. 於世大運多³慢緩時. 獨正其身. 威儀無缺. 便起自高⁴陵他之心.⁵ 漫毀乘急戒緩之衆. 此人全其不善. 以毀大禁. 轉福爲禍. 莫斯爲甚也. 問邪戒之罪. 應如所說. 持正戒者. 何必是罪. 所以然者. 如有一類內無諸纏. 不觀餘人作⁶與不作. 唯察自心. 獨持正戒. 如是菩薩. 何由成犯. 答若無染心. 不在前說. 而於此人. 亦當分別. 若由獨淨. 令諸世人普於諸僧. 謂非福田. 利養尊重. 偏歸於己者. 雖順聲聞自度心戒. 而逆菩薩廣大心戒. 如似聲聞無常等觀. 雖於淺事是無顚倒. 而於法身卽是顚倒. 當知. 此中順逆亦爾. 若由獨淨. 令諸世間者未信者信. 信者增長. 普於諸僧. 平等供養. 者. 非直無犯. 乃生多福. 然由獨淨居雜染間. 以此望得不抑染衆. 又欲令他生等敬心者. 猶⁷頭戴日月而行. 而欲不却其暗者矣. 自非知機大聖. 何能得其然也. 以是⁸此之故. 古之大賢. 誡其子云. 愼莫爲善. 其子對曰. 當爲惡乎. 責言. 善⁹當莫爲. 況爲惡乎(已上記文)第四蟲竟. [616n3: 乙本冠註曰慢記作漫, 616n4: 陵＝淩甲), 616n5: 乙本冠註曰漫記作慢, 616n6: [與]―甲), 616n7: (如)＋頭乙), 616n8: [此]―乙), 616n9: 當＝尙甲)] (T74,616a7～28)【인용 1(T45,919a11～b1)】 |
| 卷下 | 如有一類性是邪聰. 爲勝他故. 廣習諸論. 不解諸法皆離言說. 執有如言. 自性差別. 爲得名利. 作如是言. 我得三世諸佛意說. 若異此者. 皆是漫也. 此人於一讚毀. 具四顚倒. 以亂佛法. 故成重罪. 謂其妄執有所得見. 去佛意遠. 如天與地. 而謂我近佛意. 是一顚倒也. 佛意甚深. 絕諸戲論. 於一切法. 都無所得. 而引同已妄見. 是二倒也. 揚此二倒之見. 加於四部之上. 是三倒也. 抑諸離邊說者. 置其偏執之下. 是¹⁰門倒也(已上記文)第五蟲竟. [616n10: 門＝四乙)](T74,616a28～b9)【인용 1(T45,919b3～12)】 |
| 卷下 | 如有一類. 稟性狹劣. 不近善友. 不廣學問. 偏習¹¹執一分甚深經論. 不解密意. 如言取義. 誹撥諸法依他道理. 起如是見. 作如是言. 三性二諦. 但是敎門. 無所有中. 施設假名. 如是解者. 乃爲眞實. 異此說者. 皆是戲論. 由是獨恃自見. 不受他言. 設遇鈍根少聞之人. 墮其所破. 從其所言者. 卽云. 此人神明正直. 若値聰明解文義者. 巧能立義不 |

| 卷下 | 隨其破者. 便言脫失. 謂是心惑. 未識自解味鈍. 不能[12]逐意謂彼心不正. 未及我意. [13]此猶謂彼心不正未及我意. 此猶家狗逐兔. 望不能及. 便謂已超. 止而顧[14]是. 此損減人. 略由二愚失壞佛法. 故成重罪也(已上**記文**)第六蟲竟. [616n11: [執]—②, 616n12: 逐+(破)②, 616n13: (此猶謂彼心不正未及我意)—②, 616n14: 是＝見②](T74,616b9~22)【인용 1(T45,919 b13~24)】 |

## 2. 圓琳 集『菩薩戒義疏鈔』【인용 6회】

| 卷上中 | **元曉**. 亦釋彼論文云. 重中應知. 奭中上品. (云云) (『大日本佛敎全書』71.42a~b)【인용 1(T45,918c3~4)】 |
|---|---|
| 卷下上 | **元曉**云. 於一讚毀. 有四差別. 若爲令彼起信心故. 是福非犯. 若由放逸無記心故. 是犯非染. 若於他人有愛患心. 是染非重. 若爲貪求利養恭敬. 是重非輕. 第四之中. 有其三品. 成三之由. 亦有二途. 謂由事故. 及由纏故. 由纏現者. 若纏現行. 非極猛利. 或發慚愧. 是爲奭品. 雖極猛利. 無慚無愧. 未見愛德. 猶在中品. 都無慚愧. 深生愛樂. 見是功德. 是名上品. 爲事故者. 若毀別人. 是爲奭品. 若毀一衆. 卽是中品. 普毀衆多. 乃爲上品. 上品之內. 罪非一端. 隨其難別. 略示三雙. 佛法內. 人多依三學. 起似佛道之魔事故. 猶如師子身內之蟲. 乃食師子. 餘無能故.『大日本佛敎全書』71.101a4~15)【인용 1(T45,918c8~22)】 |
| 卷下上 | 第一雙者. 依於心事學. 有二類蟲. 食滅佛法. 一由貪故. 二由慢故.『大日本佛敎全書』71.101a15~16)【인용 1(T45,918c22~23)】 |
| 卷下上 | 第二雙者. 依於戒學. 有二類蟲. 食滅佛法. 一坐邪戒. 二坐正戒. (『大日本佛敎全書』71.101a16~17)【인용 1(T45,919a5~6)】 |
| 卷下上 | 第三雙者. 依於習學. 亦有二輩自讚毀他. 一由增益. 二由損減. (至) (『大日本佛敎全書』71.101a17~b1)【인용 1(T45,919b1~3)】 |
| 卷下上 | 又戒本云. 常代衆生. 受加毀辱. (乃至)是爲波羅夷罪. 依此一文. 淺深異解. 下士聞之. 隨言取解. 自毀讚他. 必是福業. 自讚毀他. 定爲犯罪. 將修其福. 行小而罪多. 欲捨其罪. 却罪一而除福三. 上士聞之. 便就一文用四句判. 由是審別無所濫故. 無福而遺. 無罪而辨. 言四句者. 或有自毀讚他是福. 自讚毀他是罪. 或有自讚讚他是罪. 自讚毀他是福. 或有若毀讚. 若讚毀. 或罪或福. 或有非毀讚. 非讚毀. 或福或罪. (畧抄) (『大日本佛敎全書』71.101b1~9)【인용 1(T45,920b25~c9)】 |

## 4.1. 良忠 述『安樂集私記』【인용 1회】

| 卷下 | **持犯要記(元曉)**云如有一類(乃至)獨恃自見不受他言設遇鈍根少聞之人隨其所破從其所言者卽言此人神明正直等(已上) (『淨土宗全書』1,741b5~7)【인용 1회(T45,919b13~19)】 |

## 4.2. 良忠 述『淨土宗要集』【취의 1회】

| 卷第四 | 答持犯要記云戒定慧三學各有貪慢二蟲(云云) (『淨土宗全書』 11,82a16~17)【취의 1(T45, 918c20f)】 |

## 5.1. 凝然 述『律宗瓊鑑章』【언급 1회】

| 卷第六 | 彼師別作菩薩戒本持犯要記一卷明菩薩戒行相. (『增補改訂日本大藏經』 70, 3b15~16)【언급 1(T45,921b10f)】 |

## 5.2. 凝然 述『梵網戒本疏日珠鈔』【인용 16회・언급 10회】

| 卷第九 | 是故諸師各明其相. 元曉大師持犯記中. 別立持犯淺深・究竟持犯之門. (T62,60a3~4)【언급 1(T45,918b14~15)】 |
| 卷第九 | 丘龍大師持犯記中. 別立一門明菩薩戒輕重相. 其中總相分判輕重. 故彼文云. 言總判者輕垢罪中細論支別. 頭數乃有八萬四千. 括擧其要別有三類. 或四十八如達摩戒本所說. 或四十八如多羅戒本所判. 有二百四十六輕. 如別解脫戒經所立. 此第二中有共不共. 共不共相依文²可. 重戒之中總說有十. 論其類似亦有三種. 或有共小之重. 謂前四也. 或有不共之重. 謂後四也. 或立在家菩薩六重. 謂十重內在前六也. 此中合有共與不共. 總判輕重義類如是(已上) 此文之中卽有二重. 一總束分判以爲輕重. 二輕重二篇各有種類. 彼依種類卽屬下門諸部種類. 今此要義唯有分判輕重而已. [56n2: 可+(知)?](T62,56b22~c7)【언급 2・인용 1(T45,918b14~16, 918b16~25)】 |
| 卷第三十二 | 疏主大師瑜伽輕戒旣判以爲四十四輕. 加之元曉大師處判亦爾. 故持犯要記云. 或四十四. 如達磨戒本所說(已上) (T62,165b17~19)【언급 1・인용 1(T45,918b18)】 |
| 卷第九 | 元曉師云. 有或二百四十六輕. 如別解脫戒經所說(已上) (T62,57b2~3)【인용 1(T45,918b19~20)】 |
| 卷第二十七 | 丘龍大師持犯記云. 若明差別者. 今依達摩戒本辨其性相差別. 文言於有違犯及無違犯是染非染. 爰中上品應當了知. 欲・悲雖所作業固. 而家無犯異. 言有犯者. 謂由四因所犯諸事. 無違犯者. 謂由三緣所作諸事. 三緣是何. 謂若彼心增上狂亂. 若重苦受之所逼切. 若未曾受淨戒律儀. 此三無犯通一切戒. 別論無犯如文廣說. 於有犯中有其二聚. 重內應知. 爰中上品輕中當識是染非染. 通而論之. 四因之. 中若無知及由放逸所犯衆罪是不染汚. 若煩惱盛¹乃由輕慢所犯衆罪是其染汚. 別論染不染者. 亦依本文可知. 凡說雖然. 一二而論者. 且就初戒以示其相. 於一毀讚有四差別. 若爲令彼起信心故自讚毁他. 是福非犯. 若由放逸無記心故自讚毁他. 是犯非染. 若於他人有愛恚心自讚毁他. 是染非重. 若爲貪求利養恭敬自讚毁他. 是重非輕. (已上) 要記之文雖厭繁廣. [T62, 142n1: 乃＝及?](T62,142a7~25)【인용 1・언급 1(T45,918b25~c13)】 |
| 卷第二十七 | 持犯要記爲利養等自讚毁他. 是波羅夷. 此是大判. 若細論之. 卽如已前所引疏文(T62,138c27~29)【언급 1(T45,918c12f)】 |
| 卷第二十七 | 元曉師云. 若纏現行. 今疏替云若由煩惱現行是也. (T62,142c2~3)【인용 1(T45,918c14~15)】 |

| | |
|---|---|
| 卷第二十七 | **持犯記**云. 若纏現行非極猛利. 或發慚愧. 是爲㝹品. 雖極猛利無慚無愧. 未見爲德. 猶在中品. 都無慚愧. 深生愛樂見是功德者名上品(已上) (T62,143a1~4)【인용 1(T45,918c14~17)】 |
| 卷第二十七 | **持犯要記** 讚毀四句第四貪利讚毀是重非輕之中. 總有三品. 成三之由亦有二途. 謂由事故及由纏故. 纏之三品如前已引. 事三品者. 彼文云. 若毀別人是爲㝹品. 若毀一衆卽是中品. 普毀衆多乃爲上品(已上) 今約行者當彼上品成罪之人所修行業. 故彼文云. 上品之內罪非一端. 隨其離別略樂三雙. 佛法內人多依三學起似佛道之魔事故. 猶如師子身內之虫乃食師子. 餘無能故(已上) 彼唯就三學行明相. 三學各二卽成六句. 今立四位. 三學之上加雜行故. 三學之分各下引彼以爲潤色其相極備 (T62,143b13~24)【인용 3・언급 3(T45,918c12~14・918c17~19・918c19~22)】 |
| 卷第二十八 | **持犯記**. 依於心學有二類虫. 食滅佛法. 一由貪故. 二由慢故由貪故者. 如有一類閑居靜慮. 離諸散亂攝心禪門. 由心澄淨䒷髴有見. 或由邪神加力令識. 于時由自少聞不別邪正. 又欲引致名利恭敬. 隨所見識令他聞知. 耀諸世人盛疑是聖. 此由獨揚似聖之迹. 普抑諸僧爲無可錄. 以破佛法故得重罪. 是謂諸僧之大賊也(已上) (T62,144b8~16)【인용 1(T45,918c22~29)】 |
| 卷第二十八 | **要記**云. 由慢故者. 如有一類. 長住深山. 有所得心修寂靜業. 魔知彼心可以動壞. 發空中聲讚其所行. 其人由是起自高心. 普抑諸僧住人間者. 誰當稱美儔等所行. 此人罪過重於前者. 是謂菩薩旃陀羅也(已上) (T62,144b23~28)【인용 1(T45,918c29~919a5)】 |
| 卷第二十七 | **持犯記**. 依於戒學有二類虫食滅佛法. 一坐邪戒. 二坐正戒. 坐邪戒者. 如有一類忄非雙直. 或承邪戒或自邪念. 不衣絲麻不食五穀. 反觀貪求利養恭敬自揚無比. 訌諸疑類. 希望群惡咸仰已德. 普抑一切無異迹者. 由是內以傷眞外以亂人. 傷亂之罪. 眞是爲先也(已上) (T62,143b26~c3)【인용 1(T45,919a5~11)】 |
| 卷第二十七 | **要記**云. 坐正戒者. 如有一類. 性是淺近. 於世大運多漫綾時. 獨正其身威儀無缺. 便起自高凌. 他之心慢毀乘急戒緩之衆. 此人全其不善以毀大禁. 轉禍爲禍斯爲甚也. 問. 邪戒罪應如所說. 持正戒者何必是罪. 所以然者. 如有一類. 內無諸纏. 不觀餘人作與不作. 唯察自心獨持正戒. 如是菩薩何由犯戒 答. 無染心不在前說. 而於此人亦當分別. 若由獨淨令諸世人普於諸僧非謂福田. 利養尊重偏歸於己者. 雖順聲聞自度心戒. 而逆菩薩廣大心戒. 如似聲聞門無常等觀. 雖於淺事是無顚倒. 而於法身卽是顚倒. 當知此中順逆亦爾. 若由獨淨令諸世間未信之者信. 信者增長普於諸僧平等供養者. 非直無犯乃生多福然由獨淨居雜染間. 以此望得不抑染衆. 又欲令他生等敬心者. 猶如頂戴日月而行. 而欲不却其暗者矣. 自非知機. 大聖孰能得其然也. 以是之故古之大賢誡其子云. 塡莫爲善. 其子對曰. 當爲惡乎. 親言善尚莫爲. 況爲惡乎(已上) (T62,143c7~27)【인용 1(T45,919a11~b1)】 |
| 卷第二十八 | 依於惠學亦有二輩讚毀他. 一由僧盆. 二由損減. 由增益者. 如有一類. 性是斜聰. 爲勝他故廣習諸論. 不解諸法皆離言說. 執有如言自性差別. 爲得名利作如是言. 我得三世諸佛意說. 若異此者皆是慢說. 此人於一讚毀具四顚倒. 以亂佛法. 故成重罪. 謂其妄執有所見見. 去佛意遠如天與地. 而謂我近佛意. 是一倒也. 佛意甚深. 絶諸戲論. 於一切法都無所得. 而引同妄見. 是二倒也. 揚此二倒之見. 加於四部之上. 是三倒也. 抑諸離邊說者. 置其偏執之下. 是四倒也(已上) (T62,144c3~14)【인용 1(T45,919b1~12)】 |

| 卷第二十八 | **要記**云. 由損減者. 如有一類. 稟性狹劣不近善友不廣學問. 偏習一分甚深經論不解密意. 如言取義誹諸法. 依他道理起如是見. 作如是言. 三性二諦但是敎門. 無所有中施設假名. 如是解者乃爲眞實. 異此說者皆是戲論. 由是獨恃自見不受他言. 設遇鈍根少聞之人. 隨其所破從其所言者. 卽云此人神明正直. 若値聰明解文義者. 巧能立義不隨其破者. 便言脫失. 謂是心惑未識自解昧鈍不能逐破. 意謂彼心不正未及我意. 猶宗狗逐兎望不能及. 便謂已超止而顧見. 此損減人略由二愚失壞佛法. 故成重罪. 一擧下爲高愚. 二恃小誹多愚(云云如彼) **要記**之文約空見明. (T62,144c24~145a8)【인용 1 · 언급 1(T45,919b12~25)】 |
|---|---|
| 卷第二十八 | **要記**云. 此人服最深藥反成重病. 重病之狀極似無病. 是故更無醫術能治此病. 亦勘有人自覺是患. 猶如根本無明極闇. 與般若明其狀極似同. 無能所故. 俱無能所故. 故彼無明最難可滅. 此病難治當知亦爾. 如偈說云. 爲除有執故如來說其空. 若人復執空諸佛所不化(已上) (T62,145a12~18)【인용 1(T45,919b26~c4)】 |

### 5.3. 凝然 述『維摩經疏菴羅記』【언급 1회】

| 卷第八 | 言癡直者. 心識頑鈍. 无所分別. 不知菽麥. 不辨黑白. 是癡直相也. 如**元曉大師**. **持犯要記**. 明癡直相. (『大日本佛敎全書』5,205b6~7)【언급 1(T45,921a1)】 |
|---|---|

### 6. 英心 述『菩薩戒問答洞義抄』【인용 1회】

| | 則**元曉大師持犯要記**如上問竟答曰. 若使彼行由未曾修難可行故今不修者. 今不習故後亦不修. 如是久久彌在其難. 故今從初仰習其難. 習行漸增轉成其果. 是謂新好發趣大意(已上) (T74,97b11~15)【인용 1(T45,921b15~19)】 |
|---|---|

### 7.1. 定泉談英心 記『表无表章顯業抄』【인용 1회 · 언급 3회】

| 卷第五 | **持犯要記**. 若纏現行非極猛利或發慙愧. 是爲輭品. 雖極猛利无慙无愧未見爲德. 猶在中品. 都无慙愧深生愛樂見是功德. 是名上品. (文) 或**持犯要記**. 三句之義云料簡有之. 都无慙愧. (一句) 深生愛樂. (二句) 見是功德. (三句) 如此料簡恐不足言. 能能應思之. 問. 三句四句以何義爲實義哉. 答. 菩薩御義以四句爲正. 文段四句依義寂疏. 中下品簡別依**元曉**太賢等意也. 寂疏但云不具足四是中下品. 中品下品分明不分別之. **持犯要記**依慙愧有无分別中下見. 是以數數現行者後三句必具足. 都无慙愧已下俱缺不定也. (『增補改訂日本大藏經』67,266b16~267a8)【인용 1 · 언급 3 (T45,918c14~17)】 |
|---|---|

### 7.2. 定泉復 談『梵網經古迹補忘抄』【인용 6회 · 언급 4회】

| 第一 | 故知新羅國別國有靑丘國歟. 如**元曉大師持犯要記**標新羅國. 遊心安樂抄云靑丘也. 相列可知. (文)(『增補改訂日本大藏經』37,212a11~13)【언급 1(T45,918b4~5)】 |
|---|---|
| 第七 | 然**元曉持犯要記**云. 於有犯中有其二種. 重內應知粟中上品. 輕中當識是染非染. (文)(『增補改訂日本大藏經』37,326b9~11)【인용 1(T45,918c3~4)】 |

| 第七 | **持犯要記**云. 且就初中以示其相. 於一讚毀有四差別. 若爲令彼起信心故自讚毀他是福非犯. 若由放逸無記心故自讚毀他是犯非染. 若於他人有愛恚心自讚毀他是染非重. 若爲貪求利養恭敬自讚毀他是重非輕. (文)(『增補改訂日本大藏經』37, 326b16~327a3)【인용 1(T45, 918c8~13)】 |
|---|---|
| 第三 | 由之**元曉大師釋**云. 若纏現行非極猛利. 或發慙愧. 是爲下品. (文) 則下品纏闕都无慙愧句分明也. 又云. 雖極猛利无慙无愧未見爲德. 猶在中品. (文) 則中品纏具都无慙愧句亦分明也. 又云. 都无慙愧深生愛樂見是功德. 是名上品. (文) 問. 上品纏必具數數現行. (云云) 而**元曉釋**出上品纏但出都无慙愧已下三句如何. 答. 於上纏必具數數現行句. 中下必暫一現行闕數數現行論文分明. 所以略不擧. 實具四句方名上品. 其義如寂疏. (云云) 有人云. 依**元曉釋**以上三句爲總句. 都无慙愧已下三句當分三纏. (云云) 此義大不明文相大意. 故如是料簡出來也. (恐繁不具破之.) 法藏疏中云. 一若由煩惱現行非極猛利或發慙愧. 是爲下品. 二雖或猛利无無慙愧未見爲德. 猶在中品. 三都无慙愧. 深生愛樂見爲功德. 是名上品. 最重也. (文) 則與**持犯要記釋**大同也. (『增補改訂日本大藏經』37, 250a7~b4)【인용 3 · 언급 3(T45, 918c14~17)】 |
| 第二 | **持犯要記(元曉)**云. 今不修者. 今不習故. 後亦不修. 如是久久. 彌在其難. 故令從初仰習其難. 習行漸增. 轉成其易. 是謂新行發趣大意. 究竟持犯略明如是. (文) (『增補改訂日本大藏經』37, 244b14~17)【인용 1(T45, 921b16~19)】 |

## 8. 寂慧 述?『淨土宗要集見聞』【취의 1회】

| 第四 | **持犯要記**戒定慧三學各有貪慢二蟲云 (『淨土宗全書』11, 193a10~11)【취의 1(T45, 918c20f)】 (『淨土宗要集』의 재인용) |
|---|---|

## 10. 湛睿 述『起信論義記敎理抄』【인용 1회 · 언급 1회】

| 卷第十四 | **元曉持犯要記**云. 猶如根本無明極闇與般若明其狀極似. 同無能所故. 俱無能所故. 故彼無明最難可滅. (已上)(『增補改訂日本大藏經』42, 313a2~5)【인용 1(T45, 919b29~c1)】 |
|---|---|
| 卷第十五 | 問. 筆云無覺不覺異者其意如何. 答. **元曉持犯要記**如上所引. 准彼可知. (『增補改訂日本大藏經』42, 319a7~8)【언급 1(T45, 919b29~c1)】 |

## 11. 照遠 述『述迹抄』【인용 3회 · 언급 3회】

| 卷第四上 | 凝公云. 瑜伽論戒數諸師異說. 遁倫師三十三爲本. **元曉**賢首兩師以四十四戒爲正. 委細如**持犯要記**抄出引也. (云云)(『增補改訂日本大藏經』39, 93b10~13)【언급 2(T45, 918b18)】(『梵網戒本疏日珠鈔』 참조) |
|---|---|
| 卷第四上 | 依之**持犯要記**云. 於一讚毀有差別. 若由放逸無犯心故自讚毀他是犯非染. 若於他人有愛恚心自讚毀他是染非染. (文)(『增補改訂日本大藏經』39, 89b16~90a1)【인용 1(T45, 918c8~12)】 |

| | |
|---|---|
| 卷第一下 | **持犯要記**云. 若纏現行非極猛利. 或發慚愧是爲褧品. 雖極猛利無慚無愧未見功德. 猶在中品. 都無慚愧深生愛樂見. 是功德是名上品. (文)(『增補改訂日本大藏經』38,283a14~17)【인용 1(T45,918c14~17)】 |
| 卷第一下 | 一都無慚愧不生愛樂不見功德二都無慚愧深生愛樂不見功德. …… 宗要且述初一句. **持犯要記**述第二句. 各述一義也. (『增補改訂日本大藏經』38,284b3~6)【언급 1(T45,918c16~17)】 |
| 卷第一下 | **持犯要記**云. 問. 戒相如是甚深難解. 解之尙難. 況乎修行. 故知如前所說行相唯是大地菩薩所修. 不開諸新發意所行. 答. 經中正答如汝問言. 菩薩從初發意已來常行無所得法. 因無所得法故修布施持戒. 乃至因無所得故修智慧. 此答意者. 若使彼行由來曾修難可行故. 今不脅者. 今不脅故後亦不修. 如是久久彌在其難. 故令從初仰脅其難脅行漸增轉成其易. 是謂新行發趣大意. (云云)(『增補改訂日本大藏經』38,278a3~11)【인용 1(T45,921b10~19)】 |

### 12. 良榮 述 『淨土宗要集見聞』【취의 1회】

| | |
|---|---|
| 第四 | 答引**持犯要記**戒定惠三學各有貪慢二蟲(已上)(『淨土宗要集』11,483b13~14)【취의 1(T45,918c2 아)】(『淨土宗要集』의 재인용) |

### 13. 日朝 撰 『撰時抄私見聞』【인용 6회】

| | |
|---|---|
| 第二 | 顯戒論下云謹案**梵網經持犯要記**云, 如有一類閑居靜處. 離諸散亂攝心禪門由心澄靜髣髴有見, 或由邪神加力令識. 于時自少聞不別邪正, 又欲引致名利恭敬, 隨所見識令他聞知. 耀諸世人咸疑是聖, 此由獨揚似聖之迹普抑諸僧爲無可歸. 以破佛法故得重罪, 是謂諸僧之大賊也(已上記文)第一蟲竟. 〔428n1: 處作慮〕(『日蓮宗宗學全書』15,428a9~13)【인용 1(T45,918c24~29)】(『顯戒論』의 재인용) |
| 第二 | 如有一類長住深山, 有所得心修寂靜業, 魔知彼心可以動壞. 發空中聲讚其所行, 其人由是起自高心普抑諸僧住人間者誰當稱美儕等所行. 此人罪過重於前者, 是謂菩薩旃陀羅(已上記文)第二蟲竟. (『日蓮宗宗學全書』15,428a13~429a1)【인용 1(T45,919a1~5)】(『顯戒論』의 재인용) |
| 第二 | 如有一類性非質直, 或承邪戒或自邪念, 不衣絲麻不食五穀, 反欲貪求利養恭敬自揚無比. 誑諸癡類悕望群愚咸仰己德, 普抑一切無異迹者, 由是內以傷眞外以亂人, 傷亂之罪莫是爲先也(已上記文)第三蟲竟. (『日蓮宗宗學全書』15,429a1~3)【인용 1(T45,919a7~11)】(『顯戒論』의 재인용) |
| 第二 | 如有一類性是淺近, 於世大運多慢緩時, 獨正其身威儀無缺. 便起自高陵他之心漫毁乘急戒緩之衆, 此人全其不善以毁大禁轉福爲禍莫斯爲甚也, (乃至)古之大賢誠其子云, 愼莫爲善, 其子對曰, 當爲惡乎, 責言, 善當莫爲, 況爲惡乎(已上記文)第四蟲竟. 〔429n1: 起當作尙〕(『日蓮宗宗學全書』15,429a3~6)【인용 1(T45,919a11b1)】(『顯戒論』의 재인용) |

| 第二 | 如有一類性是邪聰, 爲勝佗故廣習諸論, 不解諸法皆離言說, 執有如言自性差別, 爲得名利作如是言, 我得三世諸佛意說, 若異此者, 皆是漫說, 此人於一讚發具四顚倒, 以亂佛法故成重罪, 謂其妄執有所得見去佛意遠如天與地, 而謂我近佛意是一顚倒也, 佛意甚深絶諸戲論, 於一切法都無所得, 而引同己妄見是二倒也, 揚也二倒之見加於四部之上是三倒也, 抑諸離邊說者置其偏執之下是四倒也, (已上記文)第五蠱竟,(『日蓮宗學全書』15.429a6~11)【인용 1(T45.919b3~12)】(『顯戒論』의 재인용) |
|---|---|
| 第二 | 如有一類稟性狹劣, 不近善友不廣學問, 偏²執一分甚深經論不解密意, 如言取義誹撥諸法依他道理, 起如是見作如是言, 三性二諦但是教門, 無所有中施設假名, 如是解者乃爲眞實, 異此說者皆是戲論, 由是獨恃自見不受他言, 設遇鈍根少聞之人墮其所破從其所言者卽云此人神明正直, 若値聰明解文義者巧能立義不墮其破者便言脫失, 謂是心惑, 未識自解昧鈍不能遂破, 意謂彼心不正未及我意, 此猶家狗逐兎望不能及便謂已超止而顧也, 此損減人罟由二愚失壞佛法故成重罪也(已上記文)第六蠱竟,〔429n2: 執作習〕(『日蓮宗學全書』15.429a11~430a3)【인용 1(T45.919b13~24)】(『顯戒論』의 재인용) |

## 14. 失名『梵網古迹抄』【인용 5회 · 언급 4회】

| 第一 | 故知新羅國別國有青丘國歟**持犯要記**揀新羅國遊心安樂抄云靑丘也相例可知(云云)(『國家圖書館善本佛典』15.11a6~7)【언급 1(T45.918b4~5)】(『梵網古迹補忘抄』의 재인용) |
|---|---|
| 第五 | 然**元曉持犯要記**云於有犯中有其二種重內應知麁中上輕中當識是染非染(文)(『國家圖書館善本佛典』15.227a1~2)【인용 1(T45.918c3~4)】(『梵網古迹補忘抄』의 재인용) |
| 第五 | **持犯要記**云且就初中以示其相於一讚毁有四差別若令彼起信心故自讚毁他是福非犯若由放逸無記心故自讚毁他是犯非染若於他人有愛憙心自讚毁他是染非重若爲貪求利養恭敬自讚毁他是重非輕(文)(『國家圖書館善本佛典』15.227a4~6)【인용 1(T45.918c8~13)】(『梵網古迹補忘抄』의 재인용) |
| 第二 | 依之**元曉大師釋**云若纏現行非極猛利或發慚愧 爲下品(文) 則下品纏闕都無慚愧句分明也 又 云雖極猛利無慚無愧未見爲德猶在中品(文) 則中品纏具都無慚愧句亦分明也 又 云都無慚愧深生愛樂見是功德是名上品(文) 問上品纏必具數々現行(云云) 而**元曉釋**出上品纏但出都無慚愧已下三句何 答於上纏必具數々現行句中下必暫一現行闕數々現行論文分明所以略不擧實具四句方名上品其義如寂疏(云云) 有人云依**元曉釋**以上三句爲摠句都無慚愧已下三句當分三纏(云云) 此義大不明文相大意故如是料簡出來也(云云) 法藏疏云一若由煩惱現行非極猛利或發慚愧 爲夷品二雖或猛利亦無慚愧未見功德猶在中品三都無慚愧深生愛樂見爲功德是名上品最重也(文) 則與**持犯要記釋**同也(『國家圖書館善本佛典』15.58b6~59b1)【인용 3 · 언급 3(T45.918c14~17)】(『梵網古迹補忘抄』참조) |

## 15. 行性 述『菩薩戒經箋解』【인용 1회】

| 卷上 | 亦**持犯要記**曰. 於有犯中有其二種. 重內應知輭中上品. 輕中當識是染非染. (『增補改訂日本大藏經』40.110b15~17)【인용 1(T45.918c3~4)】 |
|---|---|

## 16. 圓諦 撰『安樂集纂釋』【언급 1회】

| 下卷 | ○神明者. …… 又**持犯要記**引可見. (『淨土宗全書(續篇)』 6, 264b16~17)【언급 1(T45, 919b19)】 |
|---|---|

## 17. 澁澄 纂『標註一言芳談抄』【언급 1회】

| 卷第三 | **元曉法師**の**持犯要記**にも, 内淨外染をほめられたり. (『淨土宗全書(續篇)』 8, 405b1~2)【언급 1(T4 5, 918b7~9)】 |
|---|---|

## 18. 隆長 述『一枚起請但信鈔』【인용 1회·언급 1회】

| 卷下 | 又佛道を行する人に, 外染内淨の人あり, 内外俱淨の人あり, (此四句見**持犯要記**) (『淨土宗全書』 9, 100a15~16)【언급 1(T45, 918b7~9)】 (『標註一言芳談抄』 참조) |
|---|---|
| 卷上 | **持犯要記**に曰. 如有一類, 乃至獨恃自見不受他言, 設遇純根少聞之人, 隨其所破, 從其所言者. 卽此人神明正直云云. (『淨土宗全書』 9, 77b17~78a2)【인용 1(T45, 919b13~19)】 (『安樂集私記』 참조) |

## 19. 可透 集『顯戒論贊宗鈔』【언급 2회】

| 釋下卷 | ○**梵網經持犯要記**. 新羅**元曉**撰. 印本則題**菩薩戒本持犯要記** (『天台宗全書』 5, 25b5~6)【언급 2(T45, 918b4~5)】 (『顯戒論』 참조) |
|---|---|

## 20. 鳳潭 輯『梵網經菩薩戒本疏紀要』【인용 1회】

| 卷一 | **持犯要記**云. 雖能識輕重淺深而於戒相不如實解. 於罪非罪未離二邊者不能究竟持而無犯故. (『增補改訂日本大藏經』 35, 9a6~8)【인용 1(T45, 921a9~12)】 |
|---|---|

## 21. 眞流 撰『顯戒論闡幽記』【인용 4회·언급 3회】

| 卷下 | **持犯要記**海東**元曉**述之. (『天台宗全書』 5, 188a7~8)【언급 1(T45, 918b4~5)】 |
|---|---|
| 卷下 | 記(三號)就戒定慧作三雙釋. 初一雙定學之二蟲. 次一雙戒學之二蟲. 次一雙慧學之二蟲也. (『天台宗全書』 5, 188a8~10)【언급 1(T45, 918c20f)】 |
| 卷下 | 定學之二蟲者記云第一雙者依於心學有二類蟲食滅佛法. 一由貪故. 二由慢故(文) 已下如論所引. (『天台宗全書』 5, 188a10~12)【인용 1(T45, 918c22~23)】 |
| 卷下 | 戒學之二蟲者. 記云第二雙者依於戒學有二類蟲食滅佛法. 一坐邪戒. 二坐正戒(文) 已下如論所引. (『天台宗全書』 5, 188a12~14)【인용 1(T45, 919a5~6)】 |
| 卷下 | 古之大賢誡其子者見淮南子(第十六說山訓) (『天台宗全書』 5, 188a15~16)【언급 1(T45, 919a28~29)】 |
| 卷下 | 慧學之二蟲記云. 第三雙依於慧學. 亦有二輩自讚毁他. 一由增益. 二由損減(文) 已下如論所引. (『天台宗全書』 5, 188a14~15)【인용 1(T45, 919b1~3)】 |

| | |
|---|---|
| 卷下 | 略由二愚者**持犯要記**云一擧下爲高愚. 二恃少誹多愚(文) (『天台宗全書』5,188a16～17) 【인용 1(T45,919b23～25)】 |

## 22. 諦忍 著 『梵網經要解或問』【인용 2회】

| | |
|---|---|
| | **持犯要記**曰. 第三明究竟持犯者. 雖依如前所說法門能識輕重之性兼知淺深之狀. 而於戒相不如實解. 於罪非罪未離二邊者不能究竟持而無犯. 不趣淸淨戒波羅蜜其故何耶. 然戒不自生. 必託衆緣. 故決無自相. 卽緣非戒. 離緣無戒. 除卽除離不得中間. 如是求戒永不是有. 可言自性不成就故. 而託衆緣亦不無戒. 非如兎角無因緣故. 如說戒相. 罪相亦爾. 如戒罪相. 人相亦然. 若於此中依不是. 有見都無者. 雖謂無犯而失戒. 誹撥戒之唯事相故. 又於此中依其不無計是有者. 雖曰能持卽犯. 違逆戒之如實相故. 菩薩修戒則不如是. 雖不計有能持所持. 而不誹撥戒之唯事. 是故終無失戒巨過. 雖不見無罪與非罪. 而不違逆戒之實相. 是故永離犯戒細罪. 由是巧便深智方便永亡三輪不墮二邊. 方趣具足戒波羅蜜. 如經言. 罪非罪云不可得故應具足戒波羅蜜. 戒本. 戒光從口出有緣. 非無因. 非色非心. 非有非無. 非因果法. 諸佛之本原. 菩薩之根本. 此中言戒光者. 爲顯戒之與光無二無別明淨雜染同一味故. 故緣戒光顯戒實相. 戒無自性必藉他緣. 故曰有緣. 有緣之言非據是有直顯不無其從因. 故曰非無因. 非無因 |
| | 戒性非質礙. 亦非緣慮. 故曰非色非心. 雖非色心而離色心永不可得. 雖不可得而無戒. 故曰非有非無. 雖非無戒而離果無因. 離因無果. 故曰非因果法. 戒爲因性. 雖不可得而諸佛必藉以因. 故言諸佛之本原也. 戒爲果性. 雖ㄱ叶得而戒要藉菩提心因. 故言菩薩之根本也. 問. 戒相如是. 甚深難解. 解之尙難. 況修行乎. 故知如前所說行相唯是大地菩薩所修. 不關諸新發意所行. 答. 經中正答如汝問言. 菩薩從初發意已來常行無所得法. 因無所得法故修布施持戒. 乃至因無所得法故修智慧. 此答意者. 若使彼行由從未曾修難可行. 今不修者. 今不習故後亦不修. 如是久久彌在其難. 故令從初仰習其難. 習行漸增轉成其易是謂新行發趣大意. (『增補改訂日本大藏經』36,243b15～244b15) 【인용 1(T45,921a9～b19)】 |
| | **元曉持犯要記**曰. 令從初仰習其難. 習行漸增轉成其易. 是謂新行發趣大意. (『增補改訂日本大藏經』36,243a3～5) 【인용 1(T45,921b17～19)】 |

## 23. 普寂 撰 『菩薩三聚戒辨要』【취의 1회】

| | |
|---|---|
| | また世に外染内淨のものあり. 新羅の元曉法師等のごとし. ゆへに世情を以て. 輒く僧の過を說は. 大にあたらめことあり. 思ひの外の重罪を結することあり. しるべし. (『淨土宗全書(續篇)』12,320a5～8) 【취의 1(T45,918b7～9)】『一枚起請但信鈔』(『淨土宗全書』9,100a15～16) 참조】 |

## 24. 敬光 撰 『圓戒指掌』【언급 1회】

| | |
|---|---|
| 卷上幷序 | (**持犯要記**目順新論現文. 重說三品. 輕中獨說是染非染.) (T74,802b29) 【언급1(T45,918c3～4)】 |

25. 覺寶 述『顯戒論講辨』【인용 4회·언급 4회·어주語注 14회】

| | |
|---|---|
| 卷下 | 持犯要記 海東新羅元曉撰ナリ. 印本ニハ則題菩薩戒本持犯要記. 此レ一卷物也 (『天台宗全書』5,384b11~12)【언급 2(T45,918b4~5)】『顯戒論贊宗鈔』참조) |
| 卷下 | (三丁)就戒定惠三學作三雙釋初一雙定學之二蟲. 次一雙慧學之二蟲也. (『天台宗全書』5,384b12~14)【언급 1(T45,918c20f)】『顯戒論闡幽記』의 재인용) |
| 卷下 | 定學二蟲者要記云. 第一雙者依於心學有二類蟲食滅佛法. 一由貪故. 二由慢故(文) 已下如今論所引. (『天台宗全書』5,384b14~16)【인용 1(T45,918c22~23)】『顯戒論闡幽記』의 재인용) |
| 卷下 | 髣髴 句瑞不分明貌詩格註見不審貌. 猶依佈 (『天台宗全書』5,385a4)【어주 1(T45,918c25)】 |
| 卷下 | 楊似聖之迹 楊は自分カラアゲルコト. 似聖ハ聖者ニモ相似スルホドノ足跡ヲ上ゲテ見セル事ナリ (『天台宗全書』5,385a5~7)【어주 1 (T45,918c28)】 |
| 卷下 | 有所得心 自分ヘ得モノヲセント求メル心ナリ. 利養ヲ己レニ付ケントスル心ナリ (『天台宗全書』5,385a8~9)【어주 1(T45,919a1)】 |
| 卷下 | 戒學二蟲者要記云. 第二雙者依於戒學有二類蟲食滅佛法. 一生邪戒. 二坐正戒(文) 已下如今論所引. (『天台宗全書』5,384b16~385a1)【인용 1(T45,919a5~6)】『顯戒論闡幽記』의 재인용) |
| 卷下 | 承邪戒 四敎儀集註中(五右) 雖狗等戒事出. 狗ヤ雞ガ丸ハダカナリ. 夫ヲ結構ト思フテ眞似ヲスル人也 (『天台宗全書』5,385a10~12)【어주 1(T45,919a7)】 |
| 卷下 | 雜染間 雜染ハ娑婆. 間ハ世間ナリ (『天台宗全書』5,385a14)【어주 1(T45,919a25~26)】 |
| 卷下 | 古之賢誠其子 見淮南子(第十六說山訓) (『天台宗全書』5,385a13)【언급 1(T45,919a28~29)】『顯戒論闡幽記』의 재인용) |
| 卷下 | 慧學二蟲者要記云. 第三雙依於慧學. 此又有二. 自贊毀他ナリ. 一由增益. 二由損減(文) 已下如今論所引 (『天台宗全書』5,385a1~3)【인용 1(T45,919b1~3)】『顯戒論闡幽記』의 재인용) |
| 卷下 | 離言說 一切諸法言說ヲ離ルトハ. 空ト云ヘバ有ナリ. 有ト云ヘバ空ナリ. 空有不二不異不盡ニシテ四句百非ヲ絶ス. 實ニ不可思議ノ法ナリ (『天台宗全書』5,385a15~b1)【어주 1(T45,919b4)】 |
| 卷下 | 執有如言 自分如所言 (『天台宗全書』5,385b2)【어주 1(T45,919b4~5)】 |
| 卷下 | 四部之衆 比丘. 比丘尼. 優婆塞. 優婆夷ノ四部也. 四部トモ四衆トモ云フ (『天台宗全書』5,385b3~4)【어주 1(T45,919b11)】 |
| 卷下 | 離邊說者 空トカ有トカ一方ヘ片ヨル事ヲ偏說ト云フ. 夫レヲ離レタ人ハ中ノ歷タナリ. ソレヲ偏執者ノ下ニオクハ倒ナリ. 邊ハ偏ナリ. 偏見ノ偏ニ通ズ (『天台宗全書』5,385b5~8)【어주 1(T45,919b11~12)】 |
| 卷下 | 諸法依他 諸法ハ都て他境ヨリ生起スルモノナリ. 風ガ吹イテガタリト云フトソリヤ何ニカ來タサウナド思フ. 風ノガタリガ無クバ何ニモ來タサウナド云念ハ生起セザル也. 大乘止觀ニハ依他起生ト云フ是ナリ (『天台宗全書』5,385b9~13)【어주 1(T45,919b15)】 |

| | |
|---|---|
| 卷下 | 三性二諦 三性ハ善. 惡. 無記. 二諦ハ眞俗二諦ナリ(『天台宗全書』5,385b14~15)【어주 1(T45,919b15~16)】 |
| 卷下 | 無所有中 無所有ハ空也. 空中ニ於テ假ノ名ヲ立テル事ヲ無所有中ニ假名ヲ施設スト云フナリ(『天台宗全書』5,385b16~386a1)【어주 1(T45,919b16)】 |
| 卷下 | 脱失 俗ニ云ヒ ヌケノ事也. 無得脱有失謬之意ナリ(『天台宗全書』5,386a2~3)【어주 1(T45,919b20~21)】 |
| 卷下 | 己超 超ハ超越ナリ. 己レスデニコヘタリト云フテ自分免許デ止ム事實ハ不及也(『天台宗全書』5,386a4~5)【어주 1(T45,919b23)】 |
| 卷下 | 由二愚 **持犯要記**ノ文云. 一擧下(自分)爲高愚. 二恃少(自分)誹他人愚也(『天台宗全書』5,386a6~7)【인용 1(T45,919b23~24)】 |

이 중에서도 최초의 인용으로 보이며, 약 20.21%로『범망계본소일주초』에 다음가는 사이초의『현계론』(820년 성립)은 현존하는 가장 오래된 사본보다 선행하고 있다는 점에서, 본서의 약 12.77%가 인용되는 엔린(圓琳)의『보살계의소초菩薩戒義疏鈔』(1237년 성립)는 현존하는 가장 오래된 판본보다 선행하고 있다는 점에서, 다이닌(諦忍)외『범망경요해혹문梵網經要解或問』(1769년 발跋)은 판본이 아닌 M1과 가까운 사본을 참조했을 가능성이 있으며, 「구경지범문究竟持犯門」이 전문 인용(약 14.18%)되고 있다고 하는 점에서 주목할 만하지만, 상세한 논의는 새로운 논고에서 다루도록 하겠다.

## VII. 결어

이상과 같이 본고에서는『지범요기』의 정본화 작업을 위한 기초적 연구로서 본서의 제본(장경, 판본, 사본)과 주석서, 그리고 인용 문헌을 조사하여 현 단계에서의 조사 결과를 정리하였다. 현재 필자는 본고에서 제시한 모든 자료를 망라하여 본서의 정본화 작업을 진행 중에 있다. 그

성과는 차후 『속 가나자와문고자료전서 · 불전편(續金澤文庫資料全書 · 佛典篇)』(가제)의 한 권으로 간행될 예정이다.

| 참고문헌 |

高麗大藏經研究所 高麗 敎藏結集 및 DB構築事業硏究팀 編.『高麗 諸宗 敎藏 章疏目錄 및 現況(高麗諸宗敎藏 Project 資料集)』. 서울: (社)藏 經道場 高麗大藏經研究所, 2013.

김상현.「『菩薩戒本持犯要記助覽集』의 검토」.『元曉硏究』, pp.165~188. 서울: 민족사, 2000.

박광연.「보살계 사상의 전개와『菩薩戒本持犯要記』」. 동국대학교 불교 문화연구원 HK연구단 편.『21世紀 元曉學의 意味와 展望: 元曉 撰述文獻의 系譜學的 省察』, pp.87~111. 서울: 동국대학교 불 교문화연구원 HK연구단, 2017.

『불교춘추』특별취재팀.「본지 독점 발굴; 800년만에 햇빛본 원효의 「보살계본지범요기」」.『佛敎春秋』7. 불교춘추사, 1997: pp. 22~25.

守眞·韓定燮.『元曉全書: 縮譯』. 가평: 佛敎精神文化院, 2012.

이영무 역.「菩薩戒本持犯要記」. 월간『法施』99~104. 法施舍, 1973.

張空波 역.「國譯菩薩戒本持犯要記」.『國譯元曉聖師全書 4』, pp.439~534. 大韓佛敎元曉宗元曉全書國譯刊行會, 1988.

中央僧伽大學校佛敎史學硏究所 編.『大乘起信論別記; 兩卷無量壽經宗 要; 菩薩戒本持犯要記: 高野山大學所藏本 (元曉硏究叢書 3)』. 金 浦: 中央僧伽大學校佛敎史學硏究所, 1996.

퇴설일타 편.『毗尼律藏 3』. 합천: 海印僧伽學院, 1978.

海印寺 소장『海印寺寺刊本印集 3』n.p. cf. http://www.riss.kr/link? id=M3103229.

海住 외 역주.『정선 원효』, pp.297~335. 서울: 대한불교조계종 한국전 통사상서 간행위원회 출판부, 2009.

神奈川縣立金澤文庫 編.『金澤文庫古書目錄』. 東京: 巖松堂書店, 1939.

\_\_\_\_\_ 編.『金澤文庫資料全書 佛典 第五卷 戒律篇(1)』. 横浜: 神奈川縣立金澤文庫, 1981.

\_\_\_\_\_ 編.『金澤文庫文書目錄』. 横浜: 神奈川縣立金澤文庫, 1990a.

\_\_\_\_\_ 編.『金澤文庫文書聖敎復元目錄; 金澤文庫文書關係聖敎殘闕: 金澤文庫文書·附』. 横浜: 神奈川縣立金澤文庫, 1990b.

\_\_\_\_\_ 編.『金澤文庫資料全書 第十卷 戒律篇(2)』. 横浜: 神奈川縣立金澤文庫, 1991.

\_\_\_\_\_ 編.『稱名寺所藏聖敎(斷簡類)史料調査報告書』. 横浜: 神奈川縣立金澤文庫, 2015.

高山寺典籍文書綜合調査團 編.『高山寺經藏古目錄(高山寺資料叢書 14)』. 東京: 東京大學出版會, 1985.

木村宣彰.「菩薩戒本持犯要記について」.『印度學佛敎學研究』28-2. 日本印度學佛敎學會, 1980: pp.813~817.

金炳坤.「『菩薩戒本持犯要記』の基礎的研究」.『身延山大學佛敎學部紀要』19. 身延山大學, 2018: pp.15~61.

\_\_\_\_\_.「身延山大學東洋文化研究所所報 總目次 1997~2015」.『東洋文化研究所所報』20. 身延山大學東洋文化研究所, 2016a: pp.35~56.

\_\_\_\_\_.「身延山の海東佛敎關連資料について」.『印度學佛敎學研究』65-1. 日本印度學佛敎學會, 2016b: pp.499~493.

\_\_\_\_\_.「菩薩戒本持犯要記」神奈川縣立金澤文庫 編『特別展 アンニョンハセヨ！元曉法師: 日本がみつめた新羅·高麗佛敎』(神奈川縣立金澤文庫, 2017) p.39

\_\_\_\_\_.「『菩薩戒本持犯要記』の日本的展開」.『宗敎研究』91 別冊. 日本宗敎學會, 2018: pp.287~288.

中野達慧.『中野蒐集佛敎幷三敎及各部繪入板本目錄』. 東京: 東京帝國大學附屬圖書館, 1926.

中林隆之.「日本古代の「知」の編成と佛典·漢籍:更可請章疏等目錄の檢討より」.『國立歷史民俗博物館硏究報告』194. 國立歷史民俗博物館, 2015: pp.147~170.

納富常天.『金澤文庫資料の硏究 [本編]』. 京都: 法藏館, 1982.

_____.『金澤文庫資料の硏究 稀覯資料篇』. 京都: 法藏館, 1995.

田中久夫.『明惠』. 東京: 吉川弘文館, 1961.

_____.『鎌倉佛敎雜考』. 京都: 思文閣出版, 1982.

大藏經學術用語硏究會 編.『大正新脩大藏經索引 第25卷 諸宗部1』. 大正新脩大藏經刊行會, 1983.

大東急記念文庫 編.『大東急記念文庫書目』. 東京: 大東急記念文庫, 1955.

_____ 編.『大東急記念文庫貴重書解題 第2卷 佛書之部』. 東京: 大東急記念文庫, 1956.

竹內理三 編.『鎌倉遺文 古文書編 16』. 東京: 東京堂出版, 1979.

東大寺圖書館.「東大寺圖書館藏貴重書寫眞帳目錄(1)」.『南都佛敎』86. 東大寺圖書館, 2005: pp.1~17.

_____.「東大寺圖書館藏貴重書寫眞帳目錄(4)」.『南都佛敎』91. 東大寺圖書館, 2008: pp.1~7.

東京帝國大學文科大學史料編纂掛 編纂.『大日本史料 第5編之18』. 東京: 東京帝國大學, 1901.

_____ 編纂.『大日本古文書 編年之3』. 東京: 東京帝國大學, 1902.

牧野和夫.「仲範撰述の一書『持犯要記俗書勘文抄』: 紹介と翻印, 附二十二卷本『表白集』目錄一覽等」.『實踐國文學』42. 實踐女子大學, 1992: pp.69~90.

村上素道編 著.『栂尾山高山寺明惠上人』. 京都: 栂尾山高山寺, 1929.

室住一妙 編.『身延文庫略沿革』. 身延: 久遠寺身延文庫, 1941.
身延文庫典籍調査會 編.『身延文庫典籍目錄 下』. 身延: 身延山久遠寺, 2005.
反町茂雄.『日本の古典籍: その面白さその尊さ』. 東京: 八木書店, 1984.
孫知慧.「近代日韓佛敎の交涉と元曉論」. 關西大學博士學位論文, 2014.
柴崎照和.「明惠における修學と華嚴敎學」.『密敎文化』197. 密敎硏究會, 1997: pp.29~65.
澁谷亮泰 編.『昭和現存天台書籍綜合目錄 上 增補版』. 京都: 法藏館, 1978.
鹽田義遜.「金澤文庫と身延文庫」.『鄕土硏究』4. 甲府: 山梨鄕土硏究會, 1948: pp.4~5.
大野法道.「菩薩戒本持犯要記」. 小野玄妙 編.『佛書解說大辭典 9』, p.393. 東京: 大東出版社, 1935.
大屋德城.『寧樂刊經史』. 京都: 內外出版, 1923a.
____.『寧樂刊經史 附圖』. 京都: 內外出版, 1923b.
____.『日本佛敎史の硏究 2』. 京都: 東方文獻刊行會, 1929.
____ 編.『寧樂古經選 下』. 京都: 便利堂コロタイプ印刷所, 1926.
越智通敏.『沙門凝然 (愛媛文化雙書 14)』. 松山: 愛媛文化雙書刊行會, 1972.
岡雅彦[ほか] 編.『江戶時代初期出版年表:「天正十九年~明曆四年」』. 東京: 勉誠出版, 2011.
吉津宜英.「法藏以前の『梵網經』諸注釋書について」.『駒澤大學佛敎學部硏究紀要』47. 駒澤大學, 1989: pp.94~119.
宇都宮啓吾.「西敎寺正敎藏の訓點資料について」. 小林芳規博士喜壽記念會 編.『國語學論集: 小林芳規博士喜壽記念』, pp.440~462. 東京: 汲古書院, 2006.
____ 編.『比叡山西塔北谷正敎坊聖敎を巡る訓點資料の基礎的硏究硏

究成果報告書(科學研究費補助金(基盤研究C)硏究成果報告書, 平成17年度-平成19年度)』, 2008.

結城陸郎. 『金澤文庫の敎育史的硏究』. 東京: 吉川弘文館, 1962.

井上宗雄[ほか] 編著. 『日本古典籍書誌學辭典』. 東京: 岩波書店, 1999.

井原今朝男. 「鎌倉期の諏訪神社關係史料にみる神道と佛道: 中世御記文の時代的特質について」. 『國立歷史民俗博物館硏究報告』139. 國立歷史民俗博物館, 2008: pp.157~185.

福士慈稔. 『新羅元曉硏究』. 東京: 大東出版社, 2004.

＿＿＿. 「十世紀初までの日本各宗に於ける新羅佛敎の影響について」. 『身延論叢』12. 身延山大學佛敎學會, 2007a: pp.65~79.

＿＿＿. 「『大日本古文書—正倉院編年文書』にみられる新羅佛敎の二・三の問題」. 『東洋文化硏究所所報』11. 身延山大學東洋文化硏究所, 2007b: pp.1~26.

＿＿＿. 「十二世紀末までの日本各宗に於ける朝鮮佛敎の影響について」. 『身延山大學佛敎學部紀要』8. 身延山大學佛敎學部, 2007c: pp.1~21.

＿＿＿. 「日本佛敎にみられる朝鮮佛敎の影響: 13世紀から江戶末期までの目錄類を中心として」. 坂輪宣敬博士古稀記念論文集刊行會 編集. 『佛敎文化の諸相: 坂輪宣敬博士古稀記念論文集』, pp.273~288. 東京: 山喜房佛書林, 2008a.

＿＿＿. 「新羅・高麗佛敎硏究に於ける日本佛敎硏究の重要性と問題點」. 『大崎學報』164. 立正大學宗學硏究所, 2008b: pp.1~18.

＿＿＿. 「日本三論宗と新羅佛敎」. 『印度學佛敎學硏究』57-1. 日本印度學佛敎學會, 2008c: pp.531~538.

＿＿＿. 『日本天台宗にみられる海東佛敎認識(日本佛敎各宗の新羅・高麗・李朝佛敎認識に關する硏究 1)』. 山梨: 身延山大學東アジア佛敎硏究

室, 2011.

_____. 『日本華嚴宗にみられる海東佛教認識(日本佛教各宗の新羅·高麗·李朝佛教認識に關する硏究 3)』. 山梨: 身延山大學東アジア佛敎研究室, 2013.

# 『본업경소』

원효의 『본업경소』 중 '사십이위설' | 아오잉(敖英)

# 원효의 『본업경소』 중 '사십이위설'

아오잉(敖英)

## I. 머리말

원효元曉(617~686)의 『본업경소本業經疏』는 『보살영락본업경菩薩瓔珞本業經』(이하 『본업경』으로 약칭)¹에 대한 주석으로 전체 상·하 두 권으로 이루어졌으나, 현재는 '서'(『동문선』 권 83)와 하권(『만자속장경卍字續藏經』 제39책)만 남아있을 뿐이다. 상권에는 「집중품集衆品」 제1, 「현성명자품賢聖名字品」 제2와 「현성학관품賢聖學觀品」 제3('십관심제구十觀心第九' 앞까지)이, 하권에는 「현성학관품십관심賢聖學觀品十觀心」 제9의 일부분, 「석의품釋義品」 제4, 「불모품佛母品」 제5, 「인과품因果品」 제6, 「대중수학품大衆受學品」 제7과 「집산품集散品」 제8이 포함되어 있다. 본 서에서는 보살의 '사십이위四十二位설', '이제

---

1 일본 학자인 望月信亨은 『菩薩瓔珞本業經』이 南朝 梁 이전에 중국에서 편찬되었고, 학계에서 이를 보편적으로 받아들인다고 하였다. [望月信亨 編, 『佛教大辭典』(世界聖典刊行協會, 1974년 5월 改定版) p. 4663]

론'과 '보살계' 등의 사상을 중요하게 서술하였다.

본고에서 '사십이위설'[2]에 대해 집중적으로 논의하는 이유는 다음과 같다. 첫째, 원효가 『본업경소』에서 '사십이위설'을 비교적 중시했기 때문이다. 즉 상권의 세 품 중에서, 서품에 해당하는 「석집중품」 제1을 제외하고, 나머지 두 품에서 보살의 '사십이위설'을 해석하였다. 또한 하권의 18쪽 분량 중에서도 조사 결과 2/3의 분량을 '사십이위설' 논의에 할당하고 있다. 다시 말해 『본업경소』에서 원효는 최소 2/3 이상의 분량을 보살 '사십이위설'에 할애한 것이다. 둘째, 원효가 지은 『화엄경소華嚴經疏』 대부분이 일실되었기 때문에 원효가 보살의 계위를 어떻게 이해했는지 알기 위해서는 오로지 이 『본업경소』에 의지할 수밖에 없기 때문이다. 셋째, 현재까지 『본업경소』에 대한 전문적 연구[3]로 이기영의 연구가 있지만, 이것은 원효의 '윤리관' 중심이기 때문에 사십이위설에 대해서는 자세하지 않다.

## II. 원효와 『본업경』

### 1. 『본업경』에 대한 원효의 평가

원효는 『본업경소』에서 "지금 이 경전은 일승교이다.(今此經者, 是一乘敎)"[4]라고 분명하게 지적하였다. 더 구체적으로, 원효는 『본업경』과 『범망경』을 모두 '일승분교一乘分敎'로 이해하였다. 여기에서 '일승'은 본 경전의

---

2 『菩薩瓔珞本業經』의 보살의 계위에 대해서 智者大師는 '五十二位'를 주장했다. 즉 十信, 十住, 十行, 十迴向, 十地, 等覺과 妙覺位이다. 그러나 경문에서 반복적으로 강조하고 있는 것은 사십이위설이다. 원효의 『本業經疏』에서도 사십이위설로 설명하고 있다.
3 이기영, 『元曉思想: 2 倫理觀』(한국불교연구원, 1986).
4 X39.258a10. 이하 『대정장』 및 『대일본속장경』의 한문 원문은 CBETA에서 인용한다.

법이 이승과 공유하지 않는 것이며, '분교分敎'는 본 경전의 법이 '보법普法', 즉 주변원융周遍圓融의 법이 아니라는 의미이다.[5] 따라서 원효에게 『본업경』은 가장 원융한 것은 아니었다. 그러나 원효는 『본업경소』 '서'에서 이 경전을 "문장과 이치가 함께 정미하다", "행위는 계위마다 덕을 갖추었고, 일은 넓지만 도리를 궁구하였으며", "원인과 결과의 원류를 궁구하여 범부와 성인의 처음과 끝을 연찬하였다"[6]라는 등의 표현으로 높이 평가하였으며, 또한 중요한 경전으로 인식하였다.

또한, 원효의 저작 대부분이 이미 산일되었지만, 현존하는 원효의 저작 중에서 『본업경』이 인용된 상황을 통해 『본업경』에 대한 원효의 태도를 일부 알 수 있다.

〈표 1〉 현존 원효의 저술 가운데 『본업경』 인용 상황

| | 출처 | 인용문 | 주요사상 |
|---|---|---|---|
| 1 | 『金剛三昧經論』 卷2 「入實際品」 (T34,987a12~18) | 經曰: 大力菩薩言: 云何六行? 願爲說之. 佛言: 一者十信行, 二者十住行, 三者十行行, 四者十迴向行, 五者十地行, 六者等覺行. 如是行者, 乃能知之. 論曰: 此是第三別顯階位. 唯顯行位, 除其果位, 所以不取妙覺之地. 此六行中前四位是理入階降, 後二位者行入差別. 于中略義在本業經. 廣分別義出華嚴敎. | 菩薩階位 |
| 2 | 『金剛三昧經論』 卷2 「入實際品」 (T34,987c4~15) | 論曰: 此下第二廣顯方便. 有三問爲. 此初番中擧數總標守一心如者. …… 如本業經十行中言: 十爲自在轉大法輪故. 所謂菩薩三寶. 菩薩爾時於第一中道智爲覺寶, 一切法無生動與則爲法寶, 常行六道與六道衆生和合名僧寶. 轉一切衆生流入佛海故. …… | 十行 |

---

5 法藏, 『華嚴經探玄記』 "七, 唐朝海東新羅國元曉法師造此經疏, 亦立四敎. 一, 三乘別敎, 謂如四諦敎, 緣起經等; 二, 三乘通敎, 謂如般若經, 深密經等; 三, 一乘分敎, 如瓔珞經及梵網等; 四, 一乘滿敎, 謂華嚴經, 普賢敎. 釋此四別如彼疏中."(T35.111ab); 澄觀, 『華嚴經疏鈔玄談』 "不共二乘名一乘敎; 十中未顯普法名隨分敎."(X05.751a)
6 徐居正 編, 『東文選』 卷83, p.35 "其爲敎也, 文理俱精. 旨極妙而辭逸, 文længe括而語詳. 行階階而德備, 事洋洋而理窮. 窮因果之源流, 究凡聖之始終. 照千條之森羅, 明一味之洪通." [한국고전번역원 홈페이지(한국고전번역원-한국고전종합DB>고전원문>동문선>東文選卷之八十三>序>本業經疏序) 참조.]

| | | | |
|---|---|---|---|
| 3 | 『金剛三昧經論』卷2 「入實際品」 (T34,987c21～988b25) | 論曰: 此二問答別顯觀行. 初答中言三解脫者, 則是三慧攝八解脫故名解脫. 如本業經十住中言: 六爲諸佛所護 所謂八解脫觀. 聞慧得內假, 外假二相不可得故一解脫; 思慧內五陰法, 外一切法不可得故二解脫; 修慧六觀具足色界五陰空三解脫; 四空五陰及滅定觀皆不可得故; 五解脫如故. …… 是觀始修在十信位, 存用得成在十住位. 如本業經十住位中立此觀. 故. 內行已下答第二問以明觀相. …… 如本業經十向中言: 十以自在慧化一切衆生. 所謂中道第一義諦. 般若處中而觀, 達一切法而無二. 其慧轉轉入聖地故名相似第一義諦觀. 而非眞中道第一義諦觀. 乃至廣說故. 不住一相者. …… 如彼經: 言三觀者, 從假入空名二諦觀. 從空入假名平等觀. 是二觀方便道. 因是二空觀, 得入中道第一義諦觀. 雙照二諦, 心心寂滅, 進入初地法流水中. 乃至廣說. …… | 菩薩階位; 八解脫; 三諦; 三觀 |
| 4 | 『金剛三昧經論』卷3 「眞性空品」 (T34,993a16～18) | 此中先明五位分齊. 第一信位在十行, 雖未不退發大心故. 本業經名信相菩薩. | 信相菩薩 |
| 5 | 『金剛三昧經論』卷3 「眞性空品」 (T34,993c20～22) | 大般涅槃唯性空大者, 寂滅無爲一相無相故. 如本業經言: 入金剛三昧, 一相無相, 寂滅無爲, 名無垢地故. | 無垢地 |
| 6 | 『金剛三昧經論』卷3 「眞性空品」 (T34,994b28～c15) | 經曰: 佛言: 如是, 如是. 眞如空性, 性空智火燒滅諸結. 平等平等. 等覺三地, 妙覺三身. 于九識中, 皎然明淨, 無有諸影. 論曰: 此下如來述成. 于中有三 …… 一者百劫位. 二者千劫位. 三者萬劫位. 如本業經言: 佛子！摩尼瓔珞字者, 等覺性中一人, 其名金剛慧菩薩. 住頂寂定以大願力住壽百劫, 修千三昧已入金剛三昧. 同一切法性, 二諦一諦合一相. 復住壽千劫學佛威儀, 乃至入佛行處爲坐佛道場, 超度三魔. 復住壽萬劫化現成佛, 乃至現同古昔諸佛常行中道. …… | 等覺位 |
| 7 | 『金剛三昧經論』卷3 「眞性空品」 (T34,994c22～995a8) | 言三身者, 一名法身, 二者應身, 三者化身. …… 如本業經言: 佛子! 水精瓔珞內外明徹, 妙覺常住, 湛然淨淨, 名一切智地. 常處中道, 一切法上越過四魔. 非有非無一切相盡, 頓解大覺窮化體神, 二身常住爲化有緣. 案云: 彼經立二身者, 一法性身, 二應化法身. 合金二身爲一身故. …… | 妙覺地; 二身 |
| 8 | 『兩卷無量壽經宗要』 卷1(T37,126b29～c5) | 自受用土, 說者不同. 或有說者, 自受用身, 遠離色形. 法性淨土, 爲所住處. 是故都無色相可得. 如本業經說: 佛子! 果體圓滿, 無德不備. 理無不周, 居中道第一義諦. 清淨國土, 無極無名無相. 非一切法可得. 非有體, 非無體. 乃至廣說. | 二土 |

| | | | |
|---|---|---|---|
| 9 | 『兩卷無量壽經宗要』 卷1(T37,127a1~12) | 土有二種, 一者內土, 二者外土. 言外土者, 是共果. 言內土者, 是不共果. 內土之中, 亦有二種. …… 如本業經云: 土名一切賢聖所居之處. 是故一切眾生賢聖, 各自居果報之土. 若凡夫眾生住五陰中, 爲正報之土. 山林大地共有, 爲依報之土. 初地聖人, 亦有二土, 一實智土. 前智住後智爲土. 二變化淨穢, 逕劫數量, 應現之土. 乃至無垢地土, 亦復如是. …… | 二土 |
| 10 | 『起信論疏』卷1 (T44,214c28~29) | 如本業經言: 四住地前更無法起, 故名無始無明住地. | 無明 |
| 11 | 『起信論疏』卷2 (T44,220a1~7) | 初中言至一萬劫信心成就者, 謂于十信逕十千劫, 信心成就, 即入十住. 如本業經云: 是信想菩薩, 于十千劫行十戒法, 當入十住心, 入初住位. | 信相菩薩 |
| 12 | 『起信論疏』卷2 (T44,220b15~19) | 如修多羅以下, 第三會通權教. 如本業經云: 七住以前爲退分. 若不值善知識者, 若一劫乃至十劫, 退菩提心. 如淨目天子, 法才王子, 舍利弗等, 欲入第七住, 其間值惡知識因緣故, 退入凡夫不善惡中, 乃至廣說. | 退不退轉 |
| 13 | 『大乘起信論別記』 卷1 (T44,232a5~6) | 菩薩盡地者,謂無垢地. 是總舉一位. 如本業經說: 無垢地菩薩, 逕百千劫住. | 無垢地 |
| 14 | 『大乘起信論別記』 卷1 (T44,240a27~b3) | 發趣分中, 信成就發心, 位在十解前在不定聚時. 修習信心, 逕一萬劫. 信心成就. 入正定位. 即是十解, 亦名十住, 亦名十信, 亦名習種性. 如本業經云: 是信相善菩薩, 于十千劫, 行十戒法, 當入十住心. 入初住位. | 信相菩薩 |
| 15 | 『金光明最勝王經疏』 (勝莊 著, 安啟賢 輯佚) (H2,203) | 曉云: 本業經云: 如十里石, 方廣亦然. 以天衣重三銖, 人中日月歲三年一拂, 此石乃盡, 名一小劫. 又八十里石, 方廣亦然. 以梵天衣重三銖, 梵天中百寶光明珠爲日月歲數三年一拂, 此石乃盡, 名一中劫. 又八百里石, 方廣亦然. 以淨居天衣重三銖, 卽淨居天千寶光明鏡爲日月歲數三年一拂, 此石乃至盡, 名一大阿僧祇劫. 案云: 如是三大阿僧祇劫遠難量, 故言無量無邊阿僧祇劫也. | 菩薩道久遠修行 |

위의 표에 있는 15단락의 인용문을 살펴보면, 원효가 다른 불교경전을 주석하거나, 다른 문제를 논술할 때도 모두『본업경』으로 경증했음을 알 수 있으며, 인용한 내용 중의 '보살계위', '이토二土', '이신二身', '이제二諦' 등은 모두『본업경』의 주요 내용이다. 이 점은 원효『본업경소』서문에서도 알 수 있다. 원효는 서문에서 "삼관과 삼제는 육백의 현종을 꿰뚫고 이토와 이신은 시방을 띠고 널리 드러나며, 일도와 일과는 만덕을 포

함하면서 모두 융합한다."[7]고 언급하였다. 물론 현존하는 원효의 주소에서 『본업경』을 가장 많이 인용한 경우는 바로 보살계위를 논할 때이며, 그것은 위의 표에서 인용문 1, 2, 3, 4, 5, 6, 7과 인용문 11, 13, 14까지 모두 10곳에 달한다. 이를 통해 원효가 『본업경』의 사십이위설을 매우 중시했음을 알 수 있다. 그렇다면 『본업경』의 사십이위설은 어떤 방식으로 서술되는가 검토해 본다.

## 2. 원효의 『본업경』 사십이위설에 대한 해석

보살계위란 보살이 처음 보리심을 발심한 뒤 불과를 증득할 때까지 거치는 수행의 단계를 일컫는다. '위位'를 때로 '심心'이라고 지칭하는데, 예를 들어, '십주'를 '십주심', '십회향'을 '십회향심'으로 지칭하는 것 등이다. 그리고 지의가 설명하듯이 보살계위는 경전마다 다르다.[8] 각 경전의 보살계위를 비교하는 것도 의미가 있지만, 본고에서는 주제에 한정하여 『본업경』의 계위만을 고찰하고자 한다. 원효는 『금강삼매경론』에서, 『본업경』과 『화엄경』의 보살계위설은 비슷하지만, "이 가운데 간략한 내용은 『본업경』에 있고, 자세하게 분별한 내용은 화엄교에 나타난다."[9]라고 평가하고 있을 만큼 『본업경』의 계위설은 『화엄경』과 밀접한 관계가 있는 것으로 인식되고 있음을 지적해 두고자 한다.

---

7 徐居正 編, 『東文選』 卷83, p.35. "三觀三諦, 貫六百之玄宗. 二土二身, 帶十方而普現. 一道一果, 含萬德而都融."[한국고전번역원 홈페이지(한국고전번역원-한국고전종합DB〉고전원문〉동문선〉東文選卷之八十三〉序〉本業經疏序) 참조.]

8 智顗, 『妙法蓮華經玄義』 "若『華嚴』明四十一地, 謂三十心, 十地, 佛地. 『瓔珞』明五十二位. 『仁王』明五十一位. 『新金光明經』但出十地, 佛果. 『勝天王般若』明十四忍. 『大品』但明十地. 『涅槃』明五行, 十功德. 約義配位, 似開三十心, 十地, 佛地, 而文不出名. 又『十地論』, 『攝大乘論』, 『地持論』, 『十住毘婆沙論』, 『大智度論』, 並釋菩薩地位, 而多少出沒不同(云云)." (T33, 731c)

9 "于中略義在本業經, 廣分別義出華嚴敎."(T34, 987a)

『본업경』은 첫 부분에서 부처께서 42광명을 놓으며, 그것이 영락이 된다고 서술하고 있다.[10] 이 42광인 '부처의 근본업으로서의 영락'이 바로 십주, 십행, 십향, 십지, 무구지無垢地, 묘각지妙覺地를 가리킨다. 그리고 불보살이 이 명칭을 통해서 들어간다고 설명한다.[11] 이뿐만 아니라, 이 "42현성의 명칭과 문은 결정적으로 완전한 의미이며, 시방 삼세의 일체 제불이 공통으로 설법하는 유일무이한 법문으로 보살이 반드시 자세하게 배워야만 하는 것"이라고도 한다.[12]

『본업경』의 십주, 십행, 십회향, 십지, 등각위와 묘각위의 구분은, 습종성習種性, 성종성性種性, 도종성道種性, 성종성聖種性, 등각성等覺性, 그리고 묘각성妙覺性에 대응한다. 이 육종성에 대해서는 다른 해석도 있다. 자세한 내용은 아래의 〈표 2〉와 같다.

〈표 2〉 사십이위의 여러 명칭

| 階位/別名 | 六性 | 六堅 | 六忍 | 六慧 | 六定 | 六觀 | 六瓔珞 |
|---|---|---|---|---|---|---|---|
| 十住 | 習種性 | 堅信 | 信忍 | 聞慧 | 習相定 | 住觀 | 銅瓔珞 |
| 十行 | 性種性 | 堅法 | 法忍 | 思慧 | 性定 | 行觀 | 銀瓔珞 |
| 十迴向 | 道種性 | 堅修 | 修忍 | 修慧 | 道慧定 | 向觀 | 金瓔珞 |
| 十地 | 聖種性 | 堅德 | 正忍 | 無相慧 | 道種慧定 | 地觀 | 琉璃瓔珞 |
| 等覺位 | 等覺性 | 堅頂 | 無垢忍 | 照寂慧 | 大慧定 | 無相觀 | 摩尼瓔珞 |
| 妙覺位 | 妙覺性 | 堅覺 | 一切智忍 | 寂照慧 | 正觀定 | 一切種智觀 | 水精瓔珞 |

위와 같은 『본업경』의 사십이위에 대해서 원효는 『본업경소』 첫머리에서 사십이위를 우선 인행(因)과 과보(果)의 두 부분으로 나누었다. 앞의 41위, 즉 십주, 십행, 십회향, 십지와 무구지는 인행인데, 마치 계단처럼 오르고 내림이 있기 때문이다. 뒤의 1위인 묘각지妙覺地는 과보이다. 이 과

---

10 "今復放四十二光, 光光皆有百萬阿僧祇功德光爲瓔珞, 嚴好佛身彌滿法界."(T24, 1010b)
11 "是故名門攝一切功德行, 佛及菩薩無不入此名門, 一切神通, 一切因果, 一切境界亦入此名門."(T24, 1011b)
12 T24, 1011b.

보는 증감이 없기 때문에 오직 한 단계만 있을 뿐이다.[13]

다음으로 원효는 이 42계위를 세 단계로 나누었다. 앞의 30위(십주, 십행, 십회향)는 '단지 현인일 뿐 성인은 아니다.(唯賢非聖)' 앞의 30위는 삼현위라고 하며, 30위의 보살 수행자는 오직 범부법이 다시 발생하지 않게만 할 뿐 아직 완전히 끊어 버리지 못했기 때문이다. 중간의 11위(십지, 무구지)는 '현인이면서 성인이다.(亦賢亦聖)' 이 11지의 보살이 운용하는 갖가지 성법聖法은 번뇌를 조복하고 번뇌를 끊어 버렸기 때문이다. 최후의 1위인 묘각지는 '오직 성인일 뿐 현인은 아니다.(唯聖非賢)' 이미 범부법을 완전히 끊어 버리고 깨달음을 얻었기 때문이다. 이하 위 세 가지 층위로 원효의 사십이위설을 구체적으로 고찰하고자 한다.

### 1) 단지 현인일 뿐 성인은 아닌 삼현위: 십주, 십행, 십회향

『본업경소』 상권은 대부분 결실되었기 때문에, 부득이 하권의 제4품인 「석의품」을 통해 원효의 십주, 십행, 십회향의 삼현위에 대해 살펴보도록 하겠다.

### (1) 십주

원효는 경에서 설명한 십주를 '소입위所入位', '능입인能入人', '발심發心', '입명立名', '수행修行', '수보受報', '득실得失'과 '진퇴進退' 등 8개 부분으로 나누어 분석하고 상세히 해석했다. 제1주는 발심주이다. '발심주'는 들어가는 계위(소입위)이며, 이에 들어가는 사람(능입인)은 '구박범부'이다. 이들

---

13 安澄, 『中論疏記』 "曉法師瓔珞經疏上卷開前因, 立四十一. 于中加果, 爲四十二. 果無增減, 故立爲一. 因有階降, 立四十一, 謂十住, 十行, 十迴向十地, 無垢地. 四十二道名賢聖. 別門而言, 即有三句. 則三十唯賢非聖, 于凡夫法, 但伏非斷故. 二最後一, 唯聖非賢. 于凡夫法, 但斷非伏故. 三者十一, 亦賢亦聖, 于諸聖法惑伏惑斷故." (T65, 77c)

은 외범의 계위(外凡位)에 있는 사람으로 불·법·승의 삼보를 알지 못하거나, 선지식을 이해하지 못하는 사람으로, 호오의 원인과 고락의 결과를 정확하게 판별하지 못한다. 그러나 이러한 사람이 부처나 보살을 만나거나, 불법이나 보살의 교법을 만난 후에는 삼경三境에 대해 신심을 일으키고, 수행할 만한 불도가 있다고 믿기 때문에, 내범부의 계위(內凡位)에 들어가게 된다. 그 후에 보리심을 일으킨다(발심). 이때의 보살은 아직 초주에 들어가지 않은 상태이므로, '신상보살이라고 하고, 가명보살이라고도 하고, 명자보살이라고도 한다(立名).'

원효는 이러한 사람은 십신심十信心을 수행할 수 있다고 여기므로 '신상보살信想菩薩'이라 지칭하였지만, 그 마음이 아직 견실하지 않아서 마치 깃털과 터럭처럼 가볍기 때문에, '가명보살假名菩薩'이라고도 부르며 또한 '명자보살名字菩薩'이라 부르기도 하는데, 이 사람의 수행과 이름이 서로 부합하지 않아 보살의 의義와 상相을 아지 얻지 못했기 때문이다. 원효는 십신을 보살의 42계위에 포함시키지 않았다.

초발심주지初發心住地에서 수행해야 하는 법문은 '십선', '오계', '팔계', '십계', '육바라밀계'이다. 이러한 수행을 마친 후에 얻는 과보로는 상품上品은 철위왕鐵圍王이 되고, 중품中品은 속산왕粟散王이 되고, 하품下品은 인중왕人中王이 된다. 여기에서 '얻는다(得)'는 것은 '무량한 선업을 모으는 것(集無量善業)'을 가리키며, '잃는다(失)'는 것은 '일체의 번뇌를 구족하는 것(具足一切煩惱)'을 가리킨다. 십신위의 보살이 수행할 때는 득과 실만 있는 것이 아니라, 나아감과 물러남도 있다. 즉 "만약 선지식을 만나 불법을 배우면, 일겁이나 이겁이 지나 주위住位로 들어간다. 만약 그렇지 않으면 항상 빠져서 나올 수 없다."[14]고 하였다.

---

[14] 『菩薩瓔珞本業經』卷2「釋義品」4 "亦退亦出. 若值善知識學佛法, 若一劫二劫方入住位. 若不爾者, 常沒不出."(T24, 1017a)

그렇다면 발심주의 계위에 들어간다는 것은 어떠한 형상을 갖추는 것을 말하는가? 원효는 '공계에 들어가 공성의 계위에 머무르기 시작한다.(始入空界住空性位)'라는 경문에 대해서 '인공이 다하는 문에 의하여 종성을 드러낼 수 있다(依人空盡門, 得顯種性)', '인공의 통로에 의해서 처음 발심한다(依人空門初發心)', '인공의 지혜에 의하여 유를 발하는 가운데의 행위(依人空智發有中行)'라고 주석하였다. 여기에서 '공空'이라는 글자를 '인공人空'으로 해석하여, 초발심주지에서 보살이 의지하는 것은 단지 '인공'일 뿐 아직 '법공'까지는 도달하지 못하였다는 점을 강조하였다. 이 계위에서 보살은 "불교법에 의거하여 일체의 공덕을 수습하려 해야 한다."[15] 이것이 바로 '주'의 함의이다. '지地'에서는 분별을 떠나고 자유자재로 일체공덕을 생기한다.[16] 그러나 이 계위에서 보살은 아직 이러한 정도에 도달하지 못했기 때문에 다만 '주'라고 부를 뿐 '지'라고는 부르지 않는다.[17]

제2주는 치지주治地住이다. 원효는 "팔만사천법문에 의하여 모든 병을 치료하고, 심지가 맑고 맑아지는 것을 치지주라고 한다."[18]고 설명한다. 원효는 『현겁경賢劫經』을 통해 팔만사천법문의 구체적 함의를 설명하였다.[19] 다만, 원효가 인용한 부분은 경문이 아니라, 정영사 혜원의 『승만경의기勝鬘經義記』[20] 혹은 길장吉藏의 『승만보굴勝鬘寶窟』[21]과 일치하기 때문에

---

[15] 『瓔珞本業經疏』卷2 "依佛敎法作意脩習一切功德, 是爲住義."(X39, 245b)
[16] 『瓔珞本業經疏』卷2 "離諸分別不自造心, 任運生起一切功德, 是爲地義."(X39, 245b)
[17] 『瓔珞本業經疏』卷2(X39, 245ab).
[18] 『瓔珞本業經疏』卷2 "依前八萬四千法門, 能治四大六衰四患. 所以心地淸白. 故名治地住也."(X39, 245b)
[19] "彼經中說 : 諸佛功德, 凡有三百五十種門. 于彼三百五十種德, 各修六度以之爲因, 便有二千一百諸度. 對治四大六衰之愚. 便有二萬一千諸度. 言四大者, 謂內四大. 言六衰者, 謂外六塵. 六塵之賊衰耗善法. 故名爲衰. 彼前二萬一千諸度, 各對衆生四種心患, 便有八萬四千諸度."(X39, 245b)
[20] 『勝鬘經義記』卷1(X19, 874c~875a).
[21] 『勝鬘寶窟』卷2(T37, 30a).

둘 중 누군가의 문헌을 인용한 것으로 보인다.

제3주인 수행주修行住부터 원효의 해석은 모두 매우 간략하다. 수행주는 두 번째인 치지주에서 수행하여 얻은 '청백심지淸白心地'에 의하여 수행이 발생하고 길러진다는 의미이다. 제4주 생귀주生貴住에서는 자신의 수행에 의하여 불가에 태어나고, 부처가 가르치는 힘에 의해 점차적으로 '공'에 대한 이해가 증가한다. 제5주 방편구족주方便具足住에서 보살은 갖가지 선법善法을 운용할 수 있다. 제6주는 정심주正心住라고 부르는데, 보살이 이 계위에서 사집邪執을 대치할 수 있기 때문이다. 제7주는 불퇴주不退住인데, 보살이 반야 지혜의 힘에 의하여 삼해탈문三解脫門에 들어가서 '나아감은 있고 물러남은 없기' 때문에 '불퇴주'라고 한다. 제8주는 동진주童眞住인데, 보살이 초발심에서부터 부처의 교의를 따라 전도 망상을 멀리하여 번뇌 사집이 발생하지 않으므로, 여기에서 보리심을 발할 수 있기 때문에 '동진주'라고 부른다. 마치 소년 사미가 태어나서부터 색욕이 발생하지 않은 것과 같다. 원효는 여기에서 『앙굴마라경央掘魔羅經』을 인용하여 경증으로 삼았다.²² 제9주는 법왕자주法王子住인데, 보살이 앞의 동진주에서의 수순하는 힘에 의하여, 부처의 교리에 대해 이해하고 장래에 성불할 수 있기 때문에 '법왕자주'라고 부른다. 그리고 제10주를 관정주灌頂住라 부르는 이유에 대해 원효는 보살이 이 계위에서 '공'에 대한 이해가 가장 수승하기 때문이라고 보았다.²³

(2) 십행

원효는 보살이 십주에서 이미 '내인공內人空'(=무아)을 증득했고, 십행 위에서 '내법공內法空'(=오음법공)을 증득하며, 이 '내법공'에 의하여 팔만사천

---

22 『央掘魔羅經』 "爾時世尊告央掘魔, 汝當受持童眞. 淨戒子注中言, 童眞是沙彌別名. 胡本云式叉, 宋言學. 亦言隨順無違."(X39, 245c)
23 X39, 245b.

법문을 수행해야 한다고 보았다. 따라서 이를 십행 위라고 불렀다.

제1행은 환희행歡喜行이다. 원효는 보살이 앞의 십주에서 이미 증득한 '내인공內人空'을 여전히 '내법유內法有'로 여기기 때문에 환희행이라고 생각했다. 이 계위에서 보살은 '내법공'을 다시 증득하기 때문에 마음에 환희가 생겨나기 시작한다. '내인공'과 '내법공'의 구분은 원효 독자의 설이라고 할 수 있다. 제2행을 요익행饒益行이라 부르는 것은, 이 계위에서 보살이 중생을 교화·인도해야 하기 때문이다. 원효는 여기에 '내지계행內持戒行'을 더하였다. 즉 두 번째 요익행 위에서 보살은 스스로 계행을 지키는 한편, 중생을 교화해야 한다. 제3행은 무진한행無瞋恨行이다. 보살은 이 계위에서 제법실성(=공)에 대해 두려워하는 마음이 생겨나지 않으며, 법인法忍을 얻고, 또한 이 법인에 의하여 중생인衆生忍, 즉 중생에 화내지도 않고 미워하지도 않음이 생겨나는데, '나도 없고, 나의 마음 작용도 없기(無我我所)' 때문에 무진한행이라고 부른다. 제4행은 무진행無盡行이다. 보살인 이 계위에서 쉼 없이 수행에 정진하여 공덕이 상주하게 된다. 나아가 수행을 멈추지 않기 때문에 '무진행'이라 부르는 것이다. 제5행은 무치란행無癡亂行이다. 원효는 보살이 선정禪定의 힘에 의하여 '치란지심癡亂之心'이 일어나지 않게 하기 때문에 임종할 때 마음이 혼탁하지 않다고 여겼다. 따라서 이 계위를 '무치란행'이라 부른 것이다. 경전에서는 이 '무치란행'에 대해 서술하면서 팔정도를 수행할 것을 강조하였으나,[24] 원효는 선정만을 언급하였다. 제6행은 선현행善現行이다. 원효는 이 계위에서의 보살은 반야의 힘에 의해서 깨달음을 수순하는 자이므로, 언제나 불토에서 태어날 수 있기 때문에 이를 '선현행'이라 부른다고 하였다. 제7행은 '무착행無著行'이다. 보살은 이 위에서 갖가지 선교 방편의 힘에 의하여

---

[24] 『菩薩瓔珞本業經』卷1 "佛子! 五爲化一切衆生故. 所謂八正道: 從師生慧名正知見; 得法生思名正思惟; 策勵不倦名正精進; 出家受道得三道分, 名正語, 正業, 正命; 入法性空名正定, 正慧. 于無生無二觀, 一合相故."(T24, 1013c)

'유무이변有無二邊'을 멀리 할 뿐만 아니라, 일체 제법에 대한 염착도 없으므로 이를 '무착행'이라 부른다고 하였다. 제8행은 존중행尊重行이다. 보살은 이 위에서 원력에 의하여 언제나 삼세불법을 수순하고 존경할 수 있다고 여겼다. 제9행은 선법행善法行이다. 보살은 이 계위에서 다른 이를 위해 설법하고 설법의 힘으로 타인을 구제할 수 있고, 아울러 이것을 규범으로 삼아 악에서 멀어지고 선을 행할 수 있다는 것을 가리킨다. 제10행은 진실행眞實行이다. 이 계위에 있는 보살은 이제의 설이 실제 둘이 아니지만 '둘이 있는' 것과 같음을 분명하게 이해할 수 있다. 이제는 '모습도 아니고 모습이 아닌 것도 아니기' 때문에 '이제가 있다는 언설과 같지 않고(非如有諦之言)', 또한 '이제가 없다는 것과도 같지 않다.(非如無諦之稱)' 따라서 이 계위에서 보살은 이미 '허망한 언설을 떠났으므로' 이를 '진실행'이라 부르는 것이다. 그런데 제10행 진실행은 제6행 선현행과 구별된다. 원효는 제6행 선현행이 반야 지혜의 힘에 의하여 '모습을 버리고 공에 들어가며(遣相入空)' '부처의 법신을 수순하지만' 제10행 진실행은 '모습을 버릴' 뿐만 아니라 '모습이 아님도 버린다'고 보았다. 따라서 제10행 진실행이 제6행 선현행보다 경지가 높은 것이다.[25]

### (3) 십회향

원효는 십회향을 총괄하여 설명한 뒤에 다시 하나하나 나누어 설명하였다. 보살은 앞의 십주, 십행을 통해 인공(=중생공), 법공(=무아공)을 얻을 수 있고, 2공이 평등하여 차별이 없음을 분명히 안다. 다시 말해, 만약 십주 위에서 '인공'을 수행 방편으로 삼는다고 하면 십행 위에서는 '법공'을 수행 방편으로 삼고, 이 십회향 위에서는 '인공'과 '법공'의 평등관을 방편으로 삼는다고 할 수 있다. 이 수행 방편을 통해 삼심三心[26]을 세울 수 있

---

[25] X39, 245c~246a.

고, 백만억의 법문을 수학할 수 있기 때문이다. 회향보다 앞서 나오는 2현 위, 즉 십지와 십행의 공관은 뒤에 등장하는 계위의 공관으로 연결된다. 이처럼 계위는 점점 순서대로 나아가며 서로 끊어지지 않는다. 그리고 이러할 수 있는 이유에 대해 원효는 전심前心(십주, 십행)과 후심後心(십지)이 모두 '모든 경계는 오직 마음뿐임諸境唯心'을 관찰하기 때문이라고 생각했다. 그리고 전관前觀에서는 생기지상生起之相을 취하지 않고, 후관後觀에서도 훤열지상喧熱之相을 제거한다. 십회향위에 있는 보살은 이 심을 이용하여 십지의 정관을 능히 배양하고 생기할 수 있다. 그러므로 십회향에서의 수행 방편은 인이며, 십지에서의 정관, 즉 불지佛地의 일체공덕은 모두 과가 되는 것이다. 이러한 의미에서 이 열 개의 계위를 십회향이라고 부르는 것이다. 그러나 십회향에서의 보살은 자비희사의 사무량심으로 비록 삼계수생三界受生하지만 집착을 제거하지 못한다.[27] 이처럼 총설한 후에 원효는 다시 십회향을 나누어 설명하였다. 개별 설명은 생략한다.

## 2) 현인이면서 성인이기도 한 계위 : 십지와 무구지

뒤의 20위에 대한 원효의 해석과 설명은 앞에서 서술한 삼현위三賢位보다 비교적 많고 상세하다. 십지와 무구지를 설명하기 위해서는 우선 무엇이 '지'인지 이해할 필요가 있다. 우선 경에 따르면, '지'에는 '가지고 있다(持有)'의 의미가 내포되어 있다. 이것은 무수한 공덕을 지니고 있음을 의미한다. 또한 '생기'의 의미도 있다. 이 지로 인해 일체의 인과가 생성될 수 있기 때문이다.[28] 원효는 경전의 문구에 대해서, 일체공덕을 가지고

---

26 三心은 內遣有情假緣智, 內遣諸法假緣智, 遍遣一切有情諸法假緣智이다.
27 X39, 246a.
28 『菩薩瓔珞本業經』卷2「釋義品」4 "佛子! 地名持, 持一切百萬阿僧祇功德; 亦名生, 成一

있는 것은 '법계의 체'이며, 마치 대지가 산과 바다를 능히 포함할 수 있는 것처럼 모든 곳에 두루 퍼져 있다고 해석하였다.[29] 그리고 "일체의 인과를 생성한다는 것은, 일체의 선인을 생성하며 일체의 선과를 성숙시키는 것이다. 대지가 능히 싹을 태어나게 하고 꽃을 피우고 열매를 맺는 것과 같다. 이러한 두 가지 뜻으로 지라고 이름하기 때문이다."[30]라고 하였다. 원효는 여기에서 경문의 '인과'를 '선인'과 '선과'에 한정하고, '악인'과 '악과'는 포함시키지 않았다. 원효의 해석은 '지'가 보살 수행의 비교적 높은 계위, 즉 '지'가 '현인이면서 성인'인 수승한 계위라는 점을 더 잘 드러내고 있다. 아래에서는 원효의 십지 및 무구지 해석의 요점만을 살펴보도록 하겠다.

(1) 십지

제1지 환희지歡喜地에 들어간 후 보살은 성법聖法을 획득하여 범부의 성품을 버리게 된다. 원효는 이 지에 있는 보살은 열 가지 측면에서 범부를 뛰어넘는다고 하였다. 첫째는 '가과家過'이다. 즉 경문의 '불가에 태어남(生在佛家)'을 의미한다. 원효는 '불가佛家'란 '청정 법계'를 가리키며 초지보살初地菩薩은 청정 법계를 집(家)으로 삼는다고 하였다. 둘째는 '위과位過'이다. 원효는 경문에서 '보살위를 계승한다(紹菩薩位)'라고 한 이유에 대해, '무소득심'이 바로 '보살위'인데 초지보살은 이미 '무소득의 마음'을 증득하였기 때문이라 생각했다. 셋째는 '성중과聖衆過'이다. 경문의 '성인의 무리 가운데 들어갔다(入聖衆中)'이다. 원효는 '성중'을 '대보살'로 해석했

---

切因果, 故名地."(T24, 1017c)
[29] 『瓔珞本業經疏』卷2 "持一切功德者, 謂法界體周遍攝持一切功德. 猶如大地持山海等."(X39, 705b)
[30] 『瓔珞本業經疏』卷2 "生成一切因果者, 能生一切善因, 成熟一切善果. 猶如大地能生牙等, 成花菓. 以是二義名爲地故."(X39, 246b~c)

다. 넷째는 '이사과離邪過'이다. 경의 '네 가지 마장이 몰려오지 못한다(四魔不到)'에 해당한다. 원효는 『본업경소』에서 경에서 설명한 신마身魔, 욕마欲魔, 사마死魔, 그리고 천마天魔의 '사마'를 '제마사의 장애(諸魔邪障)'로 확대 해석했다. 다시 말해 사마뿐만 아니라 일체의 마장이 초지보살에게 손상을 입힐 수 없다는 것이다. 다섯째는 '정관과正觀過'이다. 초지보살은 이미 유무이변을 융합하여 '평등하게 함께 관조(平等雙照)'한다. 여섯째는 '승진과勝進過'이다. 즉 경문에 따르면 초지보살은 '큰 믿음이 비로소 완성되며(大信始滿)', 무생중도인 제일의제관을 배우고 익힌다고 한다. 원효는 여기에서 더 나아가 초지보살이 '불지의 중도관을 믿고 배운다(信學佛地中道觀)'고 강조하였는데, '믿고(信)' '배우는(學)' 것이 모두 '불지의 중도관'이다. 일곱째는 '겸조과兼照過'이다. 원효는 초지보살이 '최승 등의 나머지 문의 법계를 겸하여 비춘다(最勝等餘門法界)'고 해석했다. 여덟째는 '당분과當分過'로, 경문의 '심심적멸하고 법류수 가운데 일상이며 무상이다(心心寂滅, 法流水中, 一相無相)'가 여기에 해당되며, 원효는 이를 해석하면서 '편만', '항류'를 강조하였다.[31] 아홉째는 '법신과法身過'로 '두 몸이 방위가 없기(二身無方)' 때문이다. 열째는 '불토과佛土過'로 초지에서 '불토와 공통되기(通同佛土)' 때문이다. 원효는 이와 같이 초지에는 10종의 매우 뛰어난 공덕이 있기 때문에 즐거워하지 않는 사람이 없고 그래서 초지를 환희지歡喜地라고 부른다고 하였다.[32]

　제2지의 이구지보살離垢地菩薩은 비록 정계正戒를 구족하면서도 계戒와 지범持犯의 모습에 집착하지 않는다고 설명한다. 또한 유무이변有無二邊의 티끌(垢)을 멀리하기 때문에 이구지라고 부르는 것이다. 제3지부터 원효는 『인왕경』의 '신인信忍', '순인順忍', '무생인無生忍', '적멸인寂滅忍'의 상·

---

[31] 『瓔珞本業經疏』卷2 "遍滿法中界心心恒流故."(X39, 705, 246c)
[32] X39, 246c.

중·하 세 품으로 나누어 제3지부터 제11지까지 구분하여 대응시켰다. 그 가운데 중요한 설명에 주목하고자 한다.

제3지의 보살은 여래의 12부광명을 우러러 중생의 12근을 비추므로 명지明地이다. 제4지에서는 일곱 종류의 관행觀行이 밝게 빛나기 때문에 염지炎地이다. 순인順忍의 하품에 속한다. 제5지는 난승지難勝地이다. 원효는 순인의 중품에 속한다고 여겼다. 제5지의 보살은 팔변八辯, 오술五術(=五明)로써 모든 세간을 이길 수 있기 때문에 붙여진 이름이다. 제6지 현전지現前地는 순인의 상품에 속한다. 보살은 이 지에서 현전하는 삼세 제법이 '적조무이寂照無二'함을 잘 관찰한다.

제7지는 원행지遠行地로, 무생인無生忍의 하품에 속한다. 원효는 이 지의 보살에게는 일체 번뇌가 현행하지 않는다고 주장한다. 제8지 부동지不動地는 무생인의 중품에 속한다. 보살은 이 지에서 이미 삼계의 과보를 버렸으며, 분단생사分段生死를 버렸고 변역생사變易生死만 있을 뿐이라고 한다. 이는 대력보살大力菩薩의 의생신意生身에 해당한다. 제9지는 무생인의 상품에 속한다. 이 지의 보살이 지광智光, 색광色光을 관찰함에 있어 오묘하지 않음이 없기 때문에 이를 묘혜지妙慧地라고 부른다.[33] 제10지 법운지法雲地이다. 원효는 보살이 법운지에서 중도제일제관中道第一諦觀에 들어가 10종 공덕의 법으로 육도중생의 선근을 풍부하게 할 수 있다고 보았다.[34]

### (2) 무구지

제11지인 무구지는 적멸인의 중품에 속한다. 원효는 무구지에 대해 '현덕顯德', '입인칭立人稱', '석지명釋地名'의 세 가지 측면에서 서술하였다. 우

---

33 X39.247c.
34 10종 공덕은 '行入', '受入', '學入', '斷入', '信入', '證入', '平等入', '差別入', '內敎入', '外形入'이다. 『瓔珞本業經疏』卷2(X39.247c) 참조.

선 '현덕'에 대해 설명하면서 원효는 무구지의 보살에게는 '만주滿住' 등 10종의 공덕이 있다고 한다. 다음으로 '입인칭'이라고 하는 것은 무구지보살이 부처와 유사하여 '학불學佛'이라 함을 뜻한다. 이 무구지보살은 부처와 비교해 보면 보살이지만, 아래 계위의 보살과 비교해 보면 부처라 할 수 있다. 이는 무구지보살이 신통력을 지니고 있고 백·천·만겁의 시간을 거쳐 '이승을 위해 유작사제의 법륜을 굴리고, 보살을 위해 무작사제의 법륜을 굴리고', '부처와 유사하나 부처는 아니어서' 그 이름을 학불이라 하는 것이다. 마지막으로 '석지명'에서는 무구지보살이 앞의 백천 종의 삼매에 의하여 최후의 금강삼매金剛三昧에 진입하기 때문에 무구지라고 부른다고 하였다.[35]

### (3) 오직 성인일 뿐 현인은 아님: 묘각지

묘각지는 적멸인의 상품에 속한다. 원효는 보살이 이 계위에서 일체법을 능히 적조寂照할 수 있기 때문에 이를 묘각위라고 부른다고 하였다. 그는 '비록 공용은 없지만, 두루 비춤이 있다(雖無功用, 而有遍照)'고 하였다. 여기서 '적조'의 '적寂'의 의미는 '묘妙'와 같은데, 이는 '생멸하고 일어나 움직이는 소동(生滅起動之亂)'을 떠났기 때문이다. '조照'는 '각覺'을 의미한다. 무명을 영원히 끊어 버렸기 때문이다.[36] 원효는 묘각지가 갖추는 공덕에 대해 두 가지 측면에서 서술하고 있다. 첫째는 상덕常德, 지덕智德, 불가사의덕不可思議德, 독재무이덕獨在無二德이라는 사덕이다. 이 가운데 넷째 독재무이덕에 대해서, 원효는 여래는 이미 일심이라는 근원으로 돌아 갔기 때문에, 유도 아니고 무도 아니며, 허도 아니고 실도 아니며, 유위도 아니고 무위도 아니며, 차별도 아니고 평등도 아닌 것을 '독재무이獨在

---

35 X39, 247c~248a.
36 X39, 248b.

無二'라고 한다고 설명한다.[37] 둘째는 자리와 이타의 측면에서 묘각지(부처)의 공덕을 구분하였다.[38] 이처럼 원효는 사십이위를 '단지 현인일 뿐 성인이 아님(唯賢非聖)', '현인이면서 성인임(亦賢亦聖)', '오직 성인일 뿐 현인이 아님(唯聖非賢)'이라는 세 단계로 나누어 설명하였다.

이상으로 원효『본업경소』의 '사십이위'설을 요약하였다. 지금까지의 서술을 바탕으로 원효『본업경소』 사십이위설의 특징을 밝히면 다음과 같다.

첫째, 경전의 설명에 비교적 충실하다. 원효는 보살의 계위를 설명하면서 경설의 설명에 충실하게 '오십이위'가 아닌 '사십이위'에 대해 논의했다. 이는 지자대사智者大師와 다른 점이다.

둘째, 자신 고유의 해석이 있다. 원효는 경문에 충실하면서도 자신만의 발전된 해석도 드러내고 있다. 예를 들어 그는 경문 가운데 '공'을 인공과 법공으로 세분하여, 수행 계위의 차이를 보여 주었다. 또한 원효는 경문의 '지'의 공덕 관련 부분의 인과를 설명할 때, '선인'과 '선과'로 한정하고 '악인'과 '악과'를 포함시키지 않음으로써 '지'가 보살 수행 계위에서 비교적 높은 위치인 '현인이면서 성인인' 계위로서 수승한 경지임을 보다 구체적으로 드러냈다. 뿐만 아니라, 그는 경문의 초지 부분의 '사마四魔'를 제마사장諸魔邪障으로 확대하여 초지보살의 능력을 증강하였다.

셋째, 보살의 자리·이타 정신을 중시하였다. 사십이위는 본래 보살의 수행 계위이며 보살의 대자대비함은 자리·이타에 있다. 원효는 '사십이위설'에서 특히 이 점을 강조하였다. 예를 들어, 그는 '법운지'를 해석하면서 '중생에게 무량한 법우를 내릴 수 있다(能注衆生無量法雨)'는 함의를 선택하여 이타의 측면을 강조하였다. 뿐만 아니라, 그는 묘각지에서의 부처

---

[37] X39.242bc.
[38] X39.248ab.

의 공덕을 이타공덕과 자리공덕으로 나누어 해석하였다.

넷째, 여러 설을 화회했다. 원효는 『본업경소』에서 자신의 일관된 사상을 이어갔는데, 불설의 다름을 화회하는 것이다. 예를 들어 「인과품因果品」에서 '사섭四攝'을 해석하면서 『유가사지론』의 설명을 인용한 뒤에 계속해서 "논설이 이렇고, 차제가 다르긴 해도 실천행의 실제는 동일하다."[39]고 하는 것 등이다.

다섯째, 『화엄경』, 『십주경』, 『십지경론』 등 화엄 경전을 중시하였다. 원효는 사십이위설을 설명하면서 『화엄경』, 『십주경』과 『십지경론』의 설명을 인용하여 경증하였다. 필자의 간략한 통계에 따르면, 이 세 부의 경전을 인용한 곳이 대략 26곳으로, 그 중에서 『화엄경』을 가장 많이 인용하였다. 이는 아마도 원효가 『화엄경』의 보살계위를 더욱 중시했기 때문인 것으로 보인다.

여섯째, 인용한 경전이 매우 광범위하다. 원효는 『인왕경』, 『무상의경無上依經』, 『십주단결경十住斷結經』, 『앙굴마라경央掘魔羅經』, 『능가경』, 『대비경大悲經』, 『방광경方廣經』 등의 경전과 『대지도론』, 『대법론』, 『성실론』과 『현양성교론』 등의 경론을 인용하였다.[40]

## 3. 둔황본 『본업영락경소』의 '사십이위설'과 원효

둔황본 『본업영락경소』(S.2748)는 『본업경』 주소의 현존하는 또 다른 판본으로 작자는 알려져 있지 않았으며, 남아 있는 내용은 세 품도 채 안 된다. 제1품은 첫머리가 결실되었고, 제3품은 '明衆惑之原' 이하 부분이 유실되어 전체가 대략 14쪽 분량으로, 제1품은 대략 3쪽, 제2품은 4쪽, 제3

---

39 "論說如是. 今此經言利益濡語施法同事, 次第雖異, 行實應同."(X39, 252a)
40 본문에서 언급한 경전의 인용 상황은 모두 경전의 현존하는 부분에 근거한 것이다. 『本業瓔珞經疏』의 상황도 역시 이와 같다.

품의 현존하는 부분은 대략 7쪽이다. 이 주석서의 편찬 시기를 후지타니 마사노리(藤谷昌紀)는 6세기 중반 무렵으로 보고 있으며, 지론종地論宗 문헌으로 보고 있다.[41] 이 주석서는 확실히 중국 남북조 시기의 저술로 보이며 문체 또한 뛰어나다. 그러나 그 문장에서 '군기群幾'라는 단어가 등장하는 것을 고려하면, 『수능엄경首楞嚴經』(『대불정여래밀인수증료의제보살만행수능엄경大佛頂如來密因修證瞭義諸菩薩萬行首楞嚴經』)의 출현보다 빠를 수가 없다. 왜냐하면 필자가 CBETA에서 '군기'를 검색했을 때, 이 '군기'라는 단어가 출현하는 불교경전은 이 소를 제외하고는 『능엄경』과 송의 장수자선長水子璿의 『수능엄의소주경首楞嚴義疏注經』뿐이기 때문이다.[42] 이 문제에 대해 앞으로 학계에서 후속 연구가 진행되기를 희망한다.

이 주소는 원효의 것과 마찬가지로, 사십이위를 '단지 현인일 뿐 성인은 아님(唯賢非聖)', '현인이면서 성인임(亦賢亦聖)'과 '오직 성인일 뿐 현인은 아님(唯聖非賢)'의 세 개 층위로 구분하였고, 동시에 복인, 신인, 순인, 무생인과 적멸인의 상·중·하 세 품을 이 사십이위와 일일이 대응시켰다. 원효의 『본업경소』와 이 돈황본 『본업영락경소』 간에 어떠한 관계가 있는지, 그리고 무엇이 먼저 제작되었는지 상호 영향이 있었는지 여부는 알 수 없다. 지면 관계상 둔황본 『본업보살영락경소』의 사십이위설의 특

---

[41] 藤谷昌紀, 「『菩薩瓔珞本業經』の二十四願偈について」『印度學佛教學研究』52-1(日本印度學佛教學會, 2003) pp. 220~222. 여기에서 藤谷昌紀는 일본의 青木隆의 설명을 수용하였다.

[42] 『大佛頂如來密因修證了義諸菩薩萬行首楞嚴經』卷9 "究竟群幾, 窮色性性入, 無邊際, 如是一類名色究竟天."(T19.146b); 子璿, 『首楞嚴義疏注經』卷9 "究竟群幾, 窮色性性, 入無邊際, 如是一類名色究竟天. 究竟, 鞠窮也. 群幾者, 群有之幾微也. 即至無入有, 有理未形之謂也. 今此一天, 窮到色理未形之際. 故云究竟群幾."(T39.944c); 懷遠, 『楞嚴經義疏釋要鈔』卷6 "群幾者, 幾者, 動之微也. 即窮及萬有將形之際也. 此欲形未形之時."(X11.c);『本業瓔珞經疏』卷1"體神者, 深察群幾, 冥而難測. 故言體神, 大用無方者, 真實妙德, 用周法界, 殊能之謂也. 法王者, 道統於大千, 名爲法王. 娑婆之首, 以爲法主. 乘於群幾, 以大悲濟物. 故云於一切衆生而作父母也."(T85.745c)

징만을 정리하면 다음과 같다.

첫째, 원효와 마찬가지로 경전의 설명을 충실히 따라 42계위를 설정하였다. 또한 원효와 마찬가지로 『인왕경』의 '오인五忍'의 상·중·하 세 품으로 42계위를 나누어 대응시켰다.[43]

둘째, 경문의 해석이 매우 상세하다. 원효의 것보다 더욱 상세한데, 한 쪽 분량의 제1품 경문 해석이 세 쪽으로 늘어났다는 점으로 충분히 알 수 있다. 이 소는 경문을 구절마다 해석했을 뿐만 아니라, '팔정도', '십육제十六諦', '십이인연', '선禪' 등의 명칭과 양상에 대해서도 상세하게 해석하였다. 이는 불교 초학자에게 매우 도움이 될 것이다.

셋째, 십계, 십바라밀과 선정에 주목했다. 이 주석서가 경문에 대해 매우 상세하게 해석하기는 했지만 편중된 점이 있다. 주석자는 '십계十戒,'[44] '십바라밀'[45]과 '선정'[46]의 내용을 비교적 중시했고, 이 세 가지 문제에 매우 많은 지면을 할애했다.

넷째, 원효의 주소에 비해 『화엄경』 인용이 비교적 적으며, 『십지경론』의 인용도 몇 곳에 지나지 않는다. 그리고 『인왕경』은 인용하지 않았다. 이 주소에서 상대적으로 많이 인용한 것은 『보운경』, 『범망경』, 『승만경』이며, 또한 『유마힐경』, 『열반경』과 『사분율』, 『선비보살경』(축불념竺佛念 역)도 인용하였다. 또한 비교적 생소한 『천해경天海經』과 『칠비공장경七非空藏經』도 인용하였다.[47]

---

[43] T85, 747c.
[44] T85, 751bc.
[45] T85, 749c~751a.
[46] T85, 755c~756b.
[47] 이 경소에 인용된 경전에 대해서는 藤谷昌紀, 「敦煌本『本業瓔珞經疏』の引用經論について」『大谷大學大學院研究紀要』19(大谷大學大學院, 2002) pp. 101~125 참조.

## Ⅲ. 결론

 이상에서 필자는 원효의 『본업경소』의 사십이위설을 간략하게나마 고찰하였다. 필자가 본문에서 언급한 바와 같이 원효는 『본업경』의 보살계 위설을 매우 중시하여, 일찍이 『본업경』의 관련 내용을 여러 차례에 걸쳐 인용하였다. 그리고 원효의 『화엄경소』가 산실되었기 때문에 보살 사십이위설에 대한 원효의 견해를 이해하기 위해서는 오로지 『본업경소』에서 설명한 내용을 참고할 수밖에 없다. 또 다른 주석서인 『본업영락경소』의 설명과 비교하면, 원효의 설명이 더욱 조리 있고 훨씬 정련되어 있으며, 보살의 이타적인 측면을 더욱 강조하고 있다. 또한 『화엄경』, 『십주경』 등의 『화엄경』류의 경전의 설명을 더욱 중시하고 있다. 그러나 지면이 한정되어 있고 필자의 능력도 한계가 있어서, 여기에서 미처 다루지 못한 문제는 후속 과제로 남겨 둔다.

| 참고문헌 |

徐居正 編. 『東文選』 卷83.

『菩薩瓔珞本業經』(T24)

『金剛三昧經論』(T34)

『勝鬘寶窟』(T37)

『兩卷無量壽經宗要』(T37)

『大乘起信論別記』(T44)

『大乘起信論疏』(T44)

安澄. 『中論疏記』(T65).

勝莊 著, 安啓賢 輯逸. 『金光明最勝王經疏』(H2).

『勝鬘經義記』(X19)

『菩薩瓔珞本業經疏』(X39)

이기영. 『元曉思想2: 倫理觀』. 서울: 한국불교연구원, 1986.

望月信亨 編. 『佛敎大辭典』. 世界聖典刊行協會, 1974(改定版).

藤谷昌紀. 「敦煌本『本業瓔珞經疏』の引用經論について」. 『大谷大學大學院研究紀要』19. 大谷大學大學院, 2002.

_____. 「『菩薩瓔珞本業經』の二十四願偈について」. 『印度學佛敎學硏究』 52-1. 日本印度學佛敎學會, 2003.

『대혜도경종요』

원효『대혜도경종요』의 기초 연구 | 오카모토 잇페이(岡本一平)

# 원효 『대혜도경종요』의
# 기초 연구

오카모토 잇페이(岡本一平)

## I. 문제의 소재

본 논문의 목적은, 일본에 전재되어 현존하는 원효元曉(617~686) 『대혜도경종요大慧度經宗要』의 고사본을 소개하고, 아울러 본 문헌에 관한 기초연구를 소개하는 것이다. 원효는 저명한 불교사상가의 한 사람이지만, 사본을 수집하거나, 문헌 교정 등의 텍스트 연구에 대해서 많은 연구가 진행되었다고는 말할 수 없다. 필자는 개인적 인연으로 아이치(愛知)현 미카와 안조(三河安城)시 혼쇼지(本證寺) 주지 오야마 쇼분(小山正文)의 개인 소장인 『대혜도경종요』(가마쿠라 중기의 고사본)을 열람할 기회를 얻고 본 문헌에 관심을 갖게 되었다.[1]

---

1 당초, 2014년 여름 무렵, 김천학 씨가 필자에게 원효 사본의 정보를 문의하여 일본에 존재하는 신라·고려 사본의 공동 연구가 시작되었다. 그때, 필자는 혼쇼지 주지 개인 소장의 『대혜도경종요』 사본에 대해 정보를 입수하고 있었다. 그리고, 필자와 김천학 씨의 합의하

다만, 번거로운 문제가 있다. 그것은 『대혜도경종요』가 종래의 원효 연구에서 그다지 중시되지 않았다는 것이다. 사본 연구는 기본적으로 잘 읽히는 문헌, 혹은 번각되지 않은 문헌을 대상으로 해야 그 중요성이 보다 잘 인지된다. 『대혜도경종요』와 같이, 활자본(『대정장』본 등)이 있고, 게다가 그다지 읽히지 않는 문헌의 경우, 문자의 이동을 포함한 정밀한 독해보다 문헌의 사상적 특징을 해명하는 것이 가치가 있다고 생각되는 경우가 많다. 그래서 본 발표에서는 현재, 필자가 수집한 『대혜도경종요』를 소개하고 아울러 본 문헌의 기초적인 독해를 제시하고자 한다.

## II. 텍스트의 유전

### 1. 유전에 대해서

후쿠시 지닌(福土慈稔)은 원효 저작의 유전流傳 상황을 고문서 기록, 목록을 통해 조사하였다.[2] 그 성과에 의거하여 『대혜도경종요大慧度經宗要』의 유전을 확인해 두고자 한다. 후쿠시는 『대일본고문서편년문서』(이하 『고문서』로 약칭함)를 이용한 선행 연구로서 이시다 모사쿠(石田茂作)의 『나라조현재일체경소목록奈良朝現在一切經疏目錄』(이하 『나라록』으로 약칭함)과 호리이케 슌포(堀池春峰)의 『다이안지심상사경록(大安寺審祥師經錄)』, 히라오카 조카이(平岡定海)의 『심상사경록審祥師經錄』을 참조했다. 여기서는 후쿠시가 정

---

에 공동 연구를 개시하게 되었다. 그 후 가나가와현립 가나자와문고에도 신라·고려의 불교 사본(원효를 포함)이 수정 보관되어 있는 것을 확인하고, 동 문고의 도츠 아야노에게 협력을 얻어 가나자와문고와 동국대학교 불교문화연구원 HK연구단의 공동 연구가 준비되었다. 2014년 9월에는, 주지 오야마의 후의로 김천학, 도츠 아야노와 필자가 함께 본 문헌의 원본을 조사했다. 오야마 쇼분 주지에게는 진심으로 감사의 말씀을 전한다.
2 福土慈稔, 『新羅元曉研究』(東京: 大東出版社, 2004) pp.129~171 참조.

리한 것에 의거하여 소개한다.

『나라록』에 기재된 것은 다음의 세 점이다[3](정리 번호는 이시다 『나라록』의 번호임).

    2023 대혜도경종요大惠度經宗要 1권 3—86
    2024 반야종요般若宗要 1권 11—70(71의 잘못임)
    2025 대혜도경추요大惠度經樞要 1권 12—195

제목이 다르지만, 세 점은 같은 『대혜도경종요』를 지시한다고 생각된다. 다음으로 『심상사경록』은 아래와 같다[4](정리 번호는 히라오카에 따름).

    45 대혜도(경)종요大惠度(經)宗要

다음으로 『다이안지심상사경록』은 아래와 같다[5](정리 번호는 호리이케를 따름).

    122 대반야경종요大般若經宗要(대혜도경종요大惠度經宗要) 17—136

이와 같은 기록으로 볼 때 『대혜도경종요』의 일본 전래는 심상審祥이 관여한 것은 확실하다. 후쿠시는 위 세 연구자의 성과에서 더 나아가 기모토 요시노부(木本好信)의 성과를 감안하여 『고문서』에서의 원효 저작을 정리하고 있다. 그 가운데 『대혜도경종요』 부분을 발췌하면 다음과 같다[6](숫

---

[3] 福土慈稔(2004) p. 132.
[4] 福土慈稔(2004) p. 136.
[5] 福土慈稔(2004) p. 136.
[6] 福土慈稔(2004) p. 141.

자는『고문서』의 권수, 쪽수는 순번).

> 대혜도경종요大惠度經宗要 3-86, 1-429, 16-402, 17-136・139
> 반야종요般若宗要 1-171
> 대반야종요大般若宗要 11-156
> 대혜도경종요大惠度經宗要 12-295

후쿠시의 조사에 의하면, 『고문서』의 『대혜도경종요』 기록에는 모두 저자명이 없다. 필자로서는 그 이유를 잘 알 수 없다. 우연히 기록이 없는 것인지, 아니면 나라시대에 유포된 『대혜도경종요』에는 저자명이 없었던 것인지, 어느 쪽인지 확정은 할 수 없다. 목록의 기록으로부터 보자면 1094년의 『동역전등목록』에서 비로소 『대혜도경종요』의 저자를 원효라고 명기하고 있다(아래 문헌 인용 번호 [1]).

그런데, 후쿠시는 『고문서』에 기록된 원효 저작에 대해서, 이용 빈도를 근거로 4종으로 정리한다.[7] 그것에 따르면, 『대혜도경종요』는 분류4='1, 2회의 필사나 대출 기록'이다. 즉, 『고문서』에 의하면, 본 문헌은 원효의 저작 중에서도, 적어도 나라시대에는 그다지 주목되지 않은 문헌이라고 말할 수 있다. 이 상황은 시대가 내려가도 변화는 없다. 그 이유는 역시 후쿠시의 조사에 의하면, 일본에서의 『대혜도경종요』의 인용 내지 언급은 다른 저작과 비교해 지극히 적기 때문이다.

다음으로 후쿠시의 조사에 의거하여 『대혜도경종요』의 목록상 기록을 확인해 둔다.[8] 본 문헌에 대한 목록류의 기록은 겨우 세 종류에 불과하다.

---

7　福士慈稔(2004) p.146.
8　福士慈稔(2004) pp.151・153~134・156~157 참조.

에이초(永超, 1014~1095)『동역전등목록東域傳燈目錄』(1094년, 2회)

교넨(凝然, 1240~1321)『화엄종경론장소목록華嚴宗經論章疏目錄』(13세기 후반에서 14세기 전반 무렵, 1회)

겐준(謙順, 1740~1812)『제종장소록諸宗章疏錄』 권2 「증보제종장소록增補諸宗章疏錄」(1790년, 1회)

이하 차례로 문제점을 지적한다.

『대혜도경종요』에 관한 목록상 최초의 기록은 『동역전등목록』이고, 본 목록의 「반야부般若部」에 그 명칭이 두 곳에서 보인다(《 》은 세주).

[1] 大慧度經宗要一卷〈元曉撰依大品等〉(T55, 1148a16)

[2] 大惠度經宗要一卷〈元曉撰依古錄〉(T55, 1148b1)

[1]의 기록은 세 가지 점에서 중요하다. 우선, '惠' 자가 아니라 '慧' 자를 사용하고 있다('慧'와 '惠'를 구별함). 이 慧 자는 『나라록』에서는 사용되지 않는다. 둘째, '元曉撰'이라고 기록되어 있으며 저자를 원효로 명기하는 최초의 기록이다(다만, 세주에 있음). 인용 번호 [1]의 사본에는 원효의 이름이 있었다고 생각된다. 셋째 '依大品等'이라고 기록되어 있는 점으로부터 『대혜도경종요』를 구마라집 역 『대품반야경』 등의 해석으로 간주한다. 이것은 본 문헌에 관한 독해가 어느 정도 진행되었다는 증거이다.

다음으로 [2]의 기록이다. 이 '元曉撰依古錄'은, '고기록에 의하면 원효의 찬술이다.'라는 의미이다. [1]에서는 '고기록'을 참조하지 않았는데, [2]에서 '고기록'을 근거로 제시하는 이유를 잘 이해할 수 없다. 아마, 에이초는 [1]의 『대혜도경종요』 1권의 사본을 알고 있었지만, [2]의 『대혜도경종요』 1권의 사본을 직접 보지 못했다고 추정된다.[9] 그는 양 본을 유사한 명칭의 별본으로 판단한 결과, 두 번 기록했을 것이다. 『동역전등목록』

[2]의 기술은, 본 문헌의 저자에 대해서 의문을 남긴다.

교넨(凝然)의 『화엄종경론장소목록華嚴宗經論章疏目錄』에는 원효의 저작으로 27부를 소개하는데, 그 가운데 『대혜도경종요』는 『대반야경종요大般若經宗要』1권으로 소개되어 있다.

[3] 大般若經宗要一卷

이 제목이 교넨이 직접 본 사본의 제목을 충실히 반영한 것이라면, 13세기 후반부터 14세기 전반 무렵까지 본 문헌은 『대반야경종요』라는 제목으로 유포된 것이 된다. 예를 들면, 본 문헌의 존승원본尊勝院本(후술)은 표지 좌측 상단에 '대혜도경종요大惠度經宗要'로 외제外題를 명기한 후에 '惠度'에 방주傍注로 '般若'를 더하고 있다(아마도 별필일 것이다). 이 방주 부분은 별본을 참조한 것인지, 번역어를 기록했는지 확정할 수 없지만, '대반야경종요'라는 제목의 텍스트가 가마쿠라시대 이후에 유포되고 있었음을 시사한다. 이하 존승원본의 외제를 소개한다(괄호 및 그 안의 문자는 필자가 보충함).

[4] 般若(傍注)
(外題)大惠度經宗要

겐준(謙順)의 『제종장소록諸宗章疏錄』 권2 「증보제종장소록增補諸宗章疏錄」

---

9 『東域傳燈目錄』에 '古錄'이라는 예는 일곱 곳(T55, 1147b5・1148b1・1154c1・1155a13・1156a22・1156c20・1164c9)에 보인다. 차례대로 ① 放光經記一卷, ② 大惠度經宗要一卷, ③ 摩道經記一卷을 포함한 수점, ④ 菩薩波羅提木叉記一卷, ⑤ 同(大智度)論記一卷, ⑥ 十住毘婆沙抄一卷, ⑦ 西域諸賢著述一卷이다. 이 용례로부터 판단하자면, '古錄'(=『東域傳燈目錄』이전의 목록)을 지시하는 경우 永超는 사본 자체를 직접 보지 않았던 것으로 보인다.

에는 '법상종法相宗' '경소부經疏部'에 본 문헌이 다음과 같이 기록되어 있다.

[5] 大惠度經宗要 一卷梵云摩訶般若波羅蜜 元曉述

겐준이 본 문헌을 법상종 항목에 분류한 것은 그 근거가 있을 것이다. 그렇게 보는 이유는『대혜도경종요』제5「판교」에서 원효는『해심밀경』의 삼종법륜에 대한 어떤 사람(有人)의 해석(제2시에『반야경』을 분류하는 설)을 비판하면서 원효 자신은 본 경을 제3시에 분류하고,[10] 삼종법륜 자체를 활용한다. 이 점이 본 문헌을 '법상종'으로 분류하는 일단의 근거가 될 것이다. 이 문제는『대혜도경종요』사상에 관한 문제이기 때문에 후술하고자 한다.

마지막으로 후쿠시의 연구에 근거하여 중국·한국·일본 3국의『대혜도경종요』인용례를 확인해 둔다. 우선, 중국에서『대혜도경종요』는 인용되지 않았다(실제로는 인용 가능성이 확인된다).[11] 또 한국의 문헌으로서는 고려시대 지눌知訥(1158~1210)의『원돈성불론』,[12] 조선시대 명안明眼(1646~1710)의『반야바라밀다심경약소연주기회편般若波羅蜜多心經略疏連珠記會編』[13](이하『회

---

10 '本經'에 대해서는 이 논문, 제4절 참조.
11 주13 참조.
12 知訥『圓頓成佛論』에 "曉公所謂, 寂照無明不無明. 詎滅癡闇得慧明是也"(H4. 729c)라고 되어 있다.『대혜도경종요』에 "眞照無明故無不爲明. 無明無不明者誰滅癡闇而得慧明"(T 33. 68b)이라고 되어 있어, 확실히 밑줄친 부분이 일치한다. 福士慈稔(2004) p. 279 참조.
13 明眼『會編』에 "曉公曰. 此中即顯三種般若說. 智者, 文字般若. 及智處者, 實相般若. 智智者, 即觀照般若. 是三皆此經之宗"(H9. 179b)이라고 되어 있다. 후쿠시는 "『대혜도경종요』등에 '二種般若'는 보이지만, '三種般若'는 보이지 않아 전거는 명확하지 않다."고 한다. [福士慈稔(2004) p. 285] 이것은 사실과 다르다.『대혜도경종요』(T33. 68c27~69a1)와『열반종요』(T38. 240a)에서는 '三種般若'를 설한다. 다만,『대혜도경종요』에서는, '三種般若' 가운데 '實相般若'와 '觀照般若'를 '宗'으로 규정하고, '文字般若'를 제외한다. 따라서『會編』"曉公曰"의 문장은『대혜도경종요』혹은『열반종요』를 참조했을 가능성이 있다. 다

편』이라 약칭함)에 본 문헌의 인용·언급을 추정하고 있다(『회편』의 용례는 중국에서의 인용으로 간주해야 한다). 다만, 양 문헌에서 『대혜도경종요』를 인용했다고 특정하기에는 결정적인 근거가 빈약하다.

의문은 의천(1055~1101)의 『신편제종교장총록』에 44부에 달하는 원효의 저작이 기록되어 있는데, 거기에는 『대혜도경종요』가 없다는 사실이다. 지눌의 용례도 지금으로는 확정할 수 없기 때문에, 본 문헌이 전승대로 원효의 저작이라면 고려시대까지 본 문헌은 일실되었든가 아니면 그다지 주목받지 못했을 것이다.

따라서 『대혜도경종요』 1권을 원효 저작으로 인정할 수 있는 근거는 현 시점에서는 일본의 전승, 즉 일본에서의 서사 등의 기록, 목록([1], [2], [3], [5]), 사본·판본, 인용 등에 크게 의존하고 있는 셈이 된다. 그리고 후쿠시의 성과에 의하면, 일본에서 『대혜도경종요』를 인용하는 예는 준코(順高, ~1254~1261~)의 『기신론본소청집기起信論本疏聽集記』(이하 『청집기』로 약칭함), 손벤(尊辨, ~1307~)의 『기신론초출起信論抄出』(이하 『초출』로 약칭함) 2부 두 번 뿐이다.[14] 이로부터 일본에서 『대혜도경종요』가 특히 주목된 형적은 찾을 수 없다.

이외에 필자의 조사에서 원효 및 『대혜도경종요』의 명칭은 확인되지 않지만, 이미 나라시대의 간고지(元興寺) 지코(智光, ~722~752~)[15]의 『반야심경

---

만, 후쿠시가 지적하는 것처럼 이것은 『會編』 가운데의 '記', 즉 師會의 『般若心經略疏連珠記』(T33.560b5)의 문장이기 때문에 중국에서의 인용 예로 보아야 할 것이다.

14 福士慈稔(2004) p.344·409. 『聽集記』(『大日本佛教全書』 92.103a), 『抄出』(T69.538bc) 둘 다 '第五判敎' 가운데 원효 이전 二種敎判에 관한 부분이다.

15 智光의 생몰년은 확정할 수 없지만, 『般若心經述義并序』 「序」에 "然自志學, 至于天平勝寶四年, 合三十箇年."(T57.3c22~23)으로 되어 있다. 이 '天平勝寶四年(752)에 이르기까지 30년간'이라는 기술로부터, 생몰년을 추정한 井上光貞는 智光의 생몰년을 和銅二年(709)으로부터 寶龜年間(770~780)으로 한다. 井上光貞, 『新訂 日本淨土敎成立史の硏究』(東京: 山川出版社, 1975; 舊版 1956) p.49 참조. 元興寺 智光에 대해서는 伊藤隆壽, 「智光の撰述書について」『駒澤大學佛敎學部論集』 7(駒澤大學, 1976); 末木文美土, 「元

술의병서般若心經述義幷序』 1권(이하 『술의』로 약칭함)은 '대혜도大慧度'란 말로 '반야바라밀다般若波羅蜜多'를 해석하고 있다('서」 부분).

> [6] 所言摩訶般若波羅蜜多者, 此翻曰大慧度. 大者, 廣博·包含·莫先之義. 由無所知, 無所不知, 故名爲慧, 無所到故, 無所不到, 乃名爲度. 由如是故, 無所不能能證無窮之理, 能感無上之果. 以是義故, 名大慧度.(T57.3c13~18)

'마하반야바라밀다摩訶般若波羅蜜多'는 일본에서 '대혜도大慧度'라고 번역한다. '大'는 넓음·포함·최우선의 의미이다. 아는 것이 없음으로 인해 알지 못함이 없는 것(의 이름)을 '혜慧'라고 이름한다. 도달하는 곳이 없음으로 인해 도달하지 못하는 곳이 없음을 '도度'라고 이름한다. 이러한 이유로 불가능한 것이 없고, 무궁의 진리를 증득하여, 위 없는 결과를 감득한다. 이런 의미로 '대혜도大慧度'라고 이름한다.

『술의』 [6]의 밑줄 부분은 '대혜도'라는 역어를 포함해서, 『대혜도경종요』 [10]과 완전히 일치한다.[16] 따라서 지코가 직접 본 『대혜도경종요』 사

---

興寺智光の生涯と著述」『佛教學』14(佛教思想學會, 1982); 奥野光賢, 『佛性思想の展開―吉藏を中心とした『法華論』受容史―』(東京: 大藏出版, 2002) p.63·74 주 8·372 참조. 선행 연구에 대해서는 奥野(2002) p.74, 주 8을 특히 참조했다.

[16] 智光은 元興寺 '三論宗'에 속하지만, 밑줄 친 부분이 길장의 문체와 비슷한 것도 『大慧度經宗要』를 인용한 이유라고 생각된다. 이와 관련하여 '大'의 語義 解釋 '廣博·包含·莫先之義'는 吉藏 『大品遊意』에 '大者, 廣博·苞容·莫先爲義'(T33.63b16~17)라고 되어 있다. 이 외에도 두 가지 예가 있다. (T63b4.68b10~11) 伊藤隆壽는 『大品遊意』의 이 부분도 포함하여 經題釋을 고찰하였고, 그런 가운데 『大品遊意』가 길장의 저작이라는 것에 의문을 제기하였으며, 慧均 『四論玄義』의 '般若義'일 가능성을 추론하고 있다. 伊藤隆壽, 「大品遊意考(續)―經題釋を中心に―」『駒澤大學佛教學部論集』 6(駒澤大學, 1975) pp.97~120 참조. 『四論玄義』는 新羅撰述說, 百濟撰述說이 제기되었다. 伊藤隆壽, 「『大乘四論玄義記』に關する諸問題」 『駒澤大學佛教學部論集』 40(駒澤大學, 2009); 崔鈆植, 「『大乘四論

본에 원효의 이름이 명기되었는지 여부는 확정할 수 없지만, 그는 본 문헌을 인용하고 있다고 추정된다(혹은 재인용했을 가능성도 있다). 이 점으로부터 나라시대에 『대혜도경종요』는 어느 정도 주목되었다고 할 수 있을 것이다.

## 2. 사본의 개요

『대정장』 제33권에 수록되어 있는 『대혜도경종요』(No.1697)는 『대일본속장경大日本續藏經』(이하 『속장續藏』으로 약칭함)을 저본으로 한다. 『속장』본의 저본(원래의 원고)은 아마도 이하에 소개하는 교토대본(京大本)이다. 『대정장』본은 『속장』본의 이본에 대한 주기注記를 'イ'로써 각주로 돌리고 있지만, 특별히 대교본은 사용하지 않는다.

필자는 현재 이하의 『대혜도경종요』 4종의 사본을 확인하였다.

> ① 도다이지 존승원(또는 연승원蓮乘院)본(약칭 존승원본 또는 연승원본)
> 현재 아이치(愛知)현 미카와안조(三河安城)시 혼쇼지(本證寺) 주지 오야마 쇼분(小山正文) 개인 소장. 겐지(建治) 3년(1277) 서사. 소쇼(宗性) 수택手澤.
> ② 교토(京都)대학 도서관 소장본(약칭 교토대학본)
> 장경서원藏經書院 구장본舊藏本. 메이지(明治)·다이쇼(T)의 사본. 청구 번호 藏/14/タ/1. 『속장』 제38권의 저본.(교정 원고)
> ③ 류코쿠(龍谷)대학 도서관 소장본A(약칭 류코쿠대 A본)
> 마에다 헤운(前田慧雲)의 구장본. 메이지 34년(1901) 필사. 청구 번

---

玄義記』と韓國古代佛敎思想の再檢討」『東アジア佛敎硏究』8(東アジア佛敎硏究會, 2010) 참고. 이 점으로부터 보자면, 元曉는 그 이전의 한국의 해석을 답습하고 있다.

호 227-1 또는 241.2-203w.

　④ 류코쿠(龍谷)대학 도서관 소장본 B(약칭 류코쿠대 B본)

　　서사년대 미상. 청구 번호 241.2-24w.

　이 가운데 필자가 직접 본 것은 ① 존승원본뿐이고, 나머지는 흑백 복사본을 참조했다. 위 사본들을 간단하게 소개해 둔다.

　① 존승원본은, 현재, 아이치현 미카와안조시에 위치한 혼쇼지[本證寺, 정토진종淨土眞宗 오타니파(大谷派)]의 주지, 오야마 쇼분(小山正文) 개인 소장이다. 표지 오른쪽 하단에 '연승원경장蓮乘院經藏'이라고 되어 있지만, '연승' 두 자는 '존승尊勝' 두 자를 지운 것으로 추정된다. 이 추정의 타당성은 금후 검증할 필요가 있지만, 본 사본의 내력에 대해서는 의심할 바 없다. 그 이유는 식어識語에 의하면, 존승원본은 겐치(建治) 3년(1277)에 도다이지 존승원을 대표하는 학승 소쇼(宗性, 1202~1292)가 제자에게 의뢰하여 서사한 사본이기 때문이다.[17] 그 원본은 발문(奧書)으로부터 고잔지(高山寺) 조카이(靜海) 소지본으로 판명된다. 조카이는 기카이(喜海, 묘에보코벤明惠房高辨의 제자)의 제자이다. 또한 종이도 소쇼 자필본에 사용되는 바탕이 두꺼운 저지楮紙여서 소쇼가 발주한 것임을 뒷받침한다. 따라서 존승원본의 유전임은 틀림없다. 따라서 일본 화엄종의 본류에 전승된 귀중한 텍스트라고 할 수 있다. 위 네 사본 가운데 서사 연대를 명기하고, 13세기 후반까지 소급할 수 있는 유일한 텍스트이다.

---

[17] 후쿠시는 宗性의 『俱舍論本義抄』를 조사하고, '宗性에게 元曉의 影響이 보이지 않는다.' 고 결론지었다. [福士慈稔(2004) p.353] 그러나 본 사본의 존재보다는 宗性의 저작을 전부 조사하지 않으면 확정할 수 없다고 생각한다. 또 후쿠시는 宗性의 『華嚴宗香薰抄』와 『法華經上宮王義疏抄』에 대해서도 元曉의 인용을 조사하였지만, 이 두 저술에서도 원효 인용은 없다고 하였다. 福士慈稔, 『日本佛敎各宗の新羅·高麗·李朝佛敎認識に關する硏究: 第三卷 日本華嚴宗にみられる海東佛敎認識』(山梨: 身延山大學東アジア佛敎硏究室, 2013) pp.63~70 참조.

② 교토대학본은 장경서원이 『속장』(1905~1912)을 간행하기 위해 서사한 사본이다.[18] 정확히 말하면 교토대학본에는 교정 기호가 있기 때문에 『속장』 제38권(香港版)에 수록된 『대혜도경종요』의 수필 단계인 최종 원고라고 생각된다.[19] 즉 교토대학본의 중요성은 현재 유포본으로서 이용되고 있는 『속장』본의 저본이라는 점에 있다. 나아가 이 『속장』본은 『대정장』 제33권, 『한국불교전서』 제1권에 수록되어 있는 『대혜도경종요』의 저본이기도 하다. 따라서 교토대학본은 근대의 사본이면서, 『속장』본뿐 아니라, 『대정장』본, 『한국불교전서』본이라는 유포본의 근간이 된 사본이다. 다만, 교토대학본은 식어識語 등의 기록이 없기 때문에, 원본(직접 이용한 사본)이나 조본祖本(기원이 된 사본)을 특정할 수 없다.

③ 류코쿠대 A본은 첫 표지 앞면 하부에 '前田慧雲藏所藏'으로 되어 있고, 상부에는 '明治三十四年一月令人寫'라고 되어 있다. 이로부터 메이지 34년(1901) 1월에 마에다 헤운(前田慧雲)이 다른 사람에게 의뢰하여 서사한 사본임을 알 수 있다. 류코쿠대 A본에도 식어 등이 없기 때문에 그 원본이나 조본은 알 수 없다. 또한 최대의 특징으로서 저자를 가리키는 찬호, 즉 원효의 이름이 없다. 근대에 이르기까지 원효의 이름이 없는 『대혜도경종요』 사본이 전승된 것이 된다.

④ 류코쿠대 B본은 본문 첫 표지 오른쪽 하단에 '龍谷學寮大藏書' 도장이 있지만, 그 외 전래 경위를 알 수 있는 기록이 없다. 또한 지어 등도 없어 역시 그 원본이나 조본을 특정할 수 없다. 류코쿠대 B본의 최대 특

---

[18] 전형적인 예로 撰號 '釋元曉撰'의 각 문자 간에 '釋□元曉□撰'이라고 하여 칸 띄움 기호를 두 곳 삽입하라는 지시가 있다. 이 교정 기호는 『속장』본에 반영되어 '釋 元曉 撰'으로 활자화되었다. (『續藏』 38. 159c2) 그 외 줄바꿈 기호도 있다.
[19] '수필 단계인 최종 원고'의 의미는 다음과 같다. 『속장』본은 두주 등이 京大本과 약간 다르다. 아마도 『속장』본은 京大本에 의거하여 활자를 조정하고, 시험 인쇄를 한 다음 그 시험 인쇄본에 최종적인 교정을 한 것으로 추정된다. 따라서 수필이라고는 해도 京大本이 마지막 원고이다.

징은 문자의 출입이 있고, 필적은 다르지만, 그 본문이 교토대학본과 글자 간격, 행수가 완전히 일치하는 것이다. 즉 류코쿠대 B본은 교토대학본과 마찬가지 형식의 사본이다. 이와 같이 같은 형식이 사본이 있는 것은 극히 드문 예이다. 단, 류코쿠대 B본이 교토대학본의 저본인지, 대교본인지에 대해서는 현재까지의 조사로는 확정할 수 없다. 금후 과제로 삼는다.

이상으로 사본들에 대해서 간단히 소개했다. 이로부터 『대혜도경종요』의 사본 가운데 현재 확인되는 한 그 전승을 명확히 알 수 있는 것은 존승원본뿐임을 알 수 있다. 따라서 현 시점에서는 존승원본을 가장 오래된 형태로서 존중해야 할 것이다. 다만, 존승원본이 선본인지에 대해서는 교정 텍스트를 작성하는 과정에서 상세하게 검토할 필요가 있다.

## III. '대혜도'라는 역어에 대해서

『대혜도경종요』에서 주목되는 것은 '대혜도大慧度'라는 역어이다. 본 문헌에서는 '마하반야바라밀'의 역어도 사용하지만, 무엇보다 '대혜도'라는 특수한 역어에 주의를 기울일 필요가 있다.[20] 특히 이 역어는 본 문헌의 제목에도 채용되었다.[21] 그런 의미에서 아주 특징적이면서도 중요한 '대혜도'라는 역어에 대해서 고찰하고자 한다.

이 역어의 용례는 아주 적다. 필자가 아는 한 현장 역 『현양성교론』 권4 「섭사품攝事品」과 역시 현장이 번역한 『대승광백론석론大乘廣百論釋論』 권10

---

[20] '慧' 자는 옛 尊勝院本, 京大本 본문에서 '惠'로 표기되었다. 본 논문에서는 사본의 글자를 배제하고, 통례에 따라 '慧'로 표기한다.
[21] 다만, 이미 확인한 것처럼 서사 등의 기록, 목록에서는 '大般若'의 역어를 본 문헌의 제목으로 채용한 것이 있고 원효 자신이 쓴 제목은 엄밀히 말해 확정할 수 없다.

「교계제자품教誡弟子品」에 각 한 번, 합계 두 번밖에 없다. 다만, 『대승광백론석론』은 '혜도경慧度經'이고 '대혜도경大慧度經'은 아니다.

> [7] 如大慧度經說.(『顯揚聖教論』T31.498c19)
> [8] 又慧度經作如是說.(『大乘廣百論釋論』T30.248a11)

즉 '대혜도' 및 '대혜도경'이라는 역어는 현장 역을 채용한 것이지만, 현장 역으로서도 매우 특수한 역어이며, 완전하게 일치하는 것은 [7]의 한 가지 예이다. 따라서 이 역어는 『현양성교론』[7]에 의거했다고 상정된다.[22] 그렇다면 왜 원효는 '대혜도'라는 역어를 사용할까. 『대혜도경종요』라는 제목 자체에도 문제가 남아 있음을 염두에 두면서 검토하고자 한다.

우선, 『대혜도경종요』 제3 「석제명釋題名」에서 해석 대상인 경의 제목에 대한 어의 해석 부분을 고찰하고자 한다.

> [9] 第三釋題名者. 摩訶言大. 般若云慧. 波羅蜜者, 名到彼岸. 如論說也. 將釋此名即作三門. 先大, 次慧, 後到彼岸.(『大慧度經宗要』, 『續藏』38.161c; T33.70c)
> 셋째, (경전의) 제명을 해석한다. '마하'는 '대'이다. '반야'는 '혜'이다. '바라밀'은 '도피안'이라고 이름한다. 『(대지도)론』의 설과 같다. 이 명칭을 세 문으로 해석한다. 처음은 '대', 다음은 '혜', 마지막으로 '도피안'이다.

이 [9]에 의하면, 원효는 해석 대상인 경전의 정식 명칭을 『마하반야바라

---

22 伊吹敦, 「元曉の著作の成立時期について」, 『東洋學論叢』 31(東洋學硏究所, 2006)의 지적에 따르면, 원효가 이용한 현장 역어는 8종이고, 그 가운데 『顯揚聖教論』과 『大乘廣百論釋論』이 포함된다. 주 36 참조.

밀(경)』으로 보았고,[23] 그것을 '대혜도피안'이라고 해석하고 있다. 이 『마하반야바라밀(경)』은 구마라집 역의 『대품반야경』과 『소품반야경』에 대한 정식 명칭이고, 현장 역 『대반야경』(또는 『마하반야바라밀다경』) 600권의 정식 명칭을 지시하지는 않는다. '마하반야바라밀'의 어의 해석도 아마도 구마라집 역 『대지도론』 권29 「석반야상의釋般若相義」 제30에 의거했을 것이다.

[10] 問曰. 何以獨稱般若波羅蜜爲摩訶, 而不稱五波羅蜜. 答曰. 摩訶, 秦言大. 般若言慧. 波羅蜜言到彼岸.(후략)….(『大智度論』 T26.191a)

문: 무엇 때문에 반야바라밀만을 '마하'로 부르고, (다른) 다섯 바라밀은 그렇게 부르지 않는가. 답: '마하'는 진秦에서는 '대'라고 한다. '반야'는 '혜'라고 한다. '바라밀'은 '도피안'이라고 한다.(후략)…

따라서 이 '대혜도피안'은 구마라집 역을 답습한 것임을 알 수 있다. 실제로 『대혜도경종요』 제3 「석제명」은 [10]의 '선대先大, 차혜次慧, 후도피안後到彼岸'과 마찬가지로 그 차례대로 상세한 해석을 제시한다. 이 점으로 볼 때 원효는 현장 역 '대혜도'만을 따른 것은 아니다.

다음으로 『대혜도경종요』의 '대혜도'를 전부 사용한 세 가지 예를 소개한다([11] 두 번의 예와 [12] 한 번의 예).

[11] 所言摩訶般若波羅蜜者, 皆是彼語. 此土譯之, 云大慧度. 由無所知, 無所不知, 故名爲慧. 無所到故, 無所不到, 乃名爲

---

[23] 『大慧度經宗要』에서는 『摩訶般若波羅蜜經』이란 말을 두 번 언급한다[第四 「明說經因緣」 (『續藏』 38.163b2; T33.72a20), 第五 「判敎」(『續藏』 38.164d2; T33.73c2)].

度. 由如是故, 無所不能能生無上, 大人能顯無邊大果. 以此
義故名大慧度.(『大慧度經宗要』T33, 68c)

이른바 '마하반야바라밀'이라는 것은 모두 인도 말이다. 중국에서는 이것을 번역하여 '대혜도'라고 한다. 아는 것이 없음으로 인해 알지 못하는 것이 없음을 혜라고 이름한다. 도달하는 곳이 없는 것으로 인해 도달하지 못하는 곳이 없음을 '도'라고 이름한다. 이러한 이유로 불가능한 것이 없고, 무상(의 과)을 생기할 수 있고, 보살은 무변의 대과를 현현한다. 이런 의미로 '대혜도'라고 이름한다.

이 [11]은 『대혜도경종요』 제1 「술대의述大意」의 일부이고, [10]과 마찬가지로 '마하반야바라밀'에 대한 해석이다. 그러나 그 해석은 '대혜도피안'이 아니라 '대혜도'이다. 우선, '차토역지此土譯之'라고 하는 것처럼 원효는 '대혜도'를 역어로 인식하고 있다. 다만, 이 역어여야 하는 이유가 명기되어 있지 않다. "아는 것이 없음으로 인해 알지 못하는 것이 없다.(由無所知 無所不知)"나 "도달하는 곳이 없음으로 인해 도달하지 못하는 곳이 없다.(無所到故, 無所不到)"는 길장을 상기시키는 반어적 표현이다.[24] 그러나 이 '혜'와 '도'의 어의 해석은 '혜'나 '도'라는 역어를 대상으로 할 필요성은 특별히 없을 것이다. 다음의 용례를 검토해 보자.

[12] 此四義中, 第一第三, 因中說果. 是有財釋. 第二第四, 說其

---

24 '無所知無所不知'는 竺法護 譯, 『持心梵天所問經』 卷4(T15, 30a29); 『肇論』 「般若無知論」 3(T45, 153a); 吉藏, 『法華統略』(『新纂大日本續藏經』 27, 472b); 『大乘玄論』 卷2 「佛性義」(T45, 42a); 元曉, 『金剛三昧經論』(T34, 977c25)에 나온다. 그리고 '無所到故, 無所不到'는 吉藏, 『大品經義疏』 卷5 「出到品(亦名出乘品)」 21에 '而大能出, 不到無所不到'(『新纂大日本續藏經』 24, 251b9)의 형태로, 그리고 元曉, 『涅槃宗要』(T38, 239b)에 나온다.

已到. 是持業釋也. 若以此大慧度之名, 目能詮者是依主釋
也.(『續藏』38.163ab; T33.72a)

이 네 종의 (도피안의) 의미 가운데 첫째와 셋째(의 해석)는 인
중설과이다. 이것은 유재석이다. 둘째와 넷째(의 해석)는 도달
해 마친 것을 말한다. 이것은 지업석이다. 만약 '대혜도'의 명
칭에 의해서 능전(의 경)을 이름하면, 이것은 의주석이다.

이 [12]는 제3「석제명」가운데 '제삼도피안의'의 일부이다. 여기에서
는 '도피안'의 네 가지 의미를 제시하고, 그것을 유재석(첫째와 셋째)과 지
업석(둘째와 넷째)으로 2분 한다. 그런 다음 "만약 '대혜도'의 명칭에 의해서
능전(의 경)을 이름하면, 이것은 의주석이다."라고 한다. 아마도 이 부분
은 어의 해석을 서술하는 것이 아니라,[25] 경제의 복합어 해석이다. 구체적
으로는 원효는 '대혜도(라는 이름)의 경'으로 간주한 것이라고 생각한다.
유사한 예로 원효의『금강삼매경론』에는 다음과 같은 해석이 있다.

[13] 是故名爲金剛三昧. 六種釋中, 是持業釋. 取譬名者, 是隣近
釋. 即以是名, 目此經者是依主釋. 定爲主故.(T34.962a)

그러므로 금강삼매라고 이름한다. 6종석 가운데 지업석이다.
비유로 이름을 취하면, 이것은 인근석이다. 이 (금강삼매라는)
이름에 의해서 이 경을 이름하면, 이것은 의주석이다. 반드시
(금강삼매라는 말이) 주이기 때문이다.

『금강삼매경론』[13]은, '금강삼매'와 '경'의 관계를 의주석으로 해석하고

---

25 '般若波羅蜜多'라는 말에 대해서는 渡邊章悟,「prajñāpāramitāの四つの語源解釋」『印度
學佛敎學研究』46-2(日本印度學佛敎學會, 1998) pp.130~137 참조.

있다. 이 예로부터 볼 때, 『대혜도경종요』[12]도 '대혜도'라는 말과 '능전(의 경)'이란 말을 의주석으로 해석했다고 생각된다.[26] 즉 [12]도 특히 '대혜도'라는 역어일 필요성은 없다고 생각한다. 따라서 『대혜도경종요』에서 '대혜도'의 용례로부터 원효가 이 역어를 사용하는 사상적 이유는 찾을 수 없다.

마지막으로 원효 저작에서 '대혜도'라는 용례를 확인하고자 한다. 우선 주목할 것은 『대혜도경종요』를 제외하면, 원효의 현존 저작에서 '대혜도'는 전혀 사용되지 않는다. 즉, '대혜도'라는 말은 원효에 한정해서 볼 때조차 특이한 용례라고 할 수 있다.[27] 따라서 원효가 이 말을 사용하는 이유를 확실하게 판단할 수는 없다. 그런 전제하에 한 가지 가능성을 제시하고자 한다.

그 가능성은 '대혜도'가 원효가 사용하는 특이한 경전명의 용례에 속한다는 것이다. 예를 들면, 원효는 『금고경金鼓經』(=『금광명경』), 『부인경夫人經』(=『승만경』)이라는 명칭을 사용한다. 원효 저작에서 『금고경』의 용례는 『대혜도경종요』, 『열반종요』, 『기신론소』, 『금강삼매경론』에서 확인되지만,[28] 그 이전에는 길장 찬으로 되어 있는 『대승현론』에서 한 번 사용되었을 뿐이다.[29] 그 외는 원효 이후의 용례이다. 신라에서는 서명에도 사용하

---

26 『大慧度經宗要』[16]과 『金剛三昧經論』[17]을 비교하면, [17]의 해석은 구체적이고, [16]의 해석은 간략하다. 저작 순서를 추정하는 근거가 될 수도 있다.
27 원효가 『반야경』을 지시하는 경우, 『반야경』으로 총칭하거나 『대품경』 등의 개별 경전의 통칭을 사용한다. 예를 들면 『반야경』의 용례로서는 『대승기신론별기』(개별 경전과 병기함), 『법화종요』, 『열반종요』 등이 있다. 『반야경』의 개별 명칭을 사용하는 사례로는 『열반종요』, 『금강삼매경론』, 『기신론소』 등이 있다.
28 구체적으로 열거하면 『大慧度經宗要』(T33. 72a14), 『涅槃宗要』(T38. 244a24), 『起信論疏』(T44. 210b29·211b17·218c28·221c23), 『金剛三昧經論』(T34. 962c4)이다.
29 구체적으로는 『大乘玄論』 卷5 『論迹五門』(T45. 725c). 단, 伊藤隆壽는, 『大乘玄論』 「八不義」를 혜균의 저작이라고 논증했다. 伊藤隆壽, 「『大乘玄論』八不義の眞疑問題」 『印度學佛教學研究』 19-2(日本印度學佛教學會, 1971); 伊藤隆壽, 「『大乘玄論』八不義の眞疑問題(二)」 『駒澤大學佛教學部論集』 3(駒澤大學, 1972) 참조. 『金鼓經』의 용례가 「論迹五門」에 있는 것은 이것도 新羅, 혹은 百濟 撰述의 가능성을 시사하는지도 모른다.

고 있어,³⁰ 『금고경』은 신라 전승의 가능성도 있다. 원효가 사용하는『부인경』의 용례는『대승기신론별기』,『기신론소』,『열반종요』,『금강삼매경론』에 보인다.³¹ 그러나 이미 혜영慧影의『대지도론소』등³² 원효 이전의 저작에서도 사용된다. 이 두 예를 생각하면, '대혜도'는『금고경』의 예에 가깝다고 할 수 있다. 그러나 '대혜도'는 원효 이외에 용례가 없기 때문에 현 상황에서는 역시 특수한 용례로 간주할 수밖에 없다. '대혜도경'은 일반적인 약칭으로 기능하지는 못했다고 생각된다.

## Ⅳ.『대혜도경종요』의 개요

### 1. 성립 연대와 구성

『대혜도경종요』는 현장 역『대반야경』600권을 인용·언급하고 있기 때문에 그 성립 연대는『대반야경』역출 이후, 즉 원효 47세 이후이다. 이 연대는 현장의 역출 직후, 신라에『대반야경』이 전파되었다는 전제에서 본

---

30 『東域傳燈目錄』"金鼓經疏一卷〈興師可詳〉", "同經疏七卷〈興金鼓經〉", "同經疏八卷〈元曉外題云. 金光明經疏. 內題云. 金鼓經疏〉."(T55, 1153b) '興師'의 '興'은 新羅의 憬興(620~700경)으로 추정된다. 憬興의 생몰년은 福士慈稔(2004) p. 237·291 주 19 참조. 憬興의『金光明經』주석에 대해서는 金相鉉,「輯逸金光明最勝王經憬興疏」『新羅文化』第17·18合輯(新羅文化研究所, 2000) 참조. [福士慈稔(2004) p. 292 주 22에 의하여 金相鉉 논문을 재인용.]
31 구체적으로 열거하면『大乘起信論別記』(T44, 232c24·234a29),『起信論疏』(T44, 212 c3·214c10),『涅槃宗要』(T38, 249a25·249b29),『金剛三昧經論』(T34, 968 c19·984c4)이다. 이외에 신라 찬술서로서 大賢『大乘起信論內義略探記』(T44, 412a16·412b8·415b24)가 있다. 한국 찬술의 가능성이 있는 문헌 가운데에서는『大乘玄論』卷3「涅槃義」(T45, 47b11·47c19·47c22·48c15·48c16),『大乘四論玄義』(『新纂大日本續藏經』46, 558c11 등 대략 25사례) 등에 보인다.
32 구체적으로 열거하면 慧影『大智度論疏』卷14(『新纂大日本續藏經』46, 822c19·823a5·823b20), 卷15(847c5·847c13,), 卷17(862b16·863c7), 卷24(905b20) 등이 있다.

성립 상한이다. 하한은 확정할 수 없다. 원효의 저작 성립 순서에 관해서는 이시이 코세이(石井公成)의 선구적인 성과를 비롯하여,[33] 남동신南東信,[34] 후쿠시 지닌(福士慈稔),[35] 이부키 아츠시(伊吹敦)[36]의 연구가 있다. 이시이, 남동신, 이부키의 추정은 모두 현장 역『대반야경』의 인용을 근거로 하고 있다. 이 근거는 필자도 지지한다. 그러나 필자는 현 시점에서는 성립 순서에 대한 명확한 지견을 갖고 있지 못하기 때문에 상한의 확인에 머문다.[37]

다음으로 『대혜도경종요』는 다음과 같은 6문으로 구성된다.

第一 述大意
第二 顯經宗

---

[33] 石井公成,「新羅佛教における『大乘起信論』の意義—元曉の解釋を中心として」, 平川彰編,『如來藏と大乘起信論』(東京: 春秋社, 1990) pp. 545~579. [이 논문은 石井公成,『華嚴思想の硏究』(東京: 春秋社, 1996) pp. 191~216에「元曉の教學」으로 재수록.] 이하 『華嚴思想の硏究』를 인용한다. 石井는『大慧度經宗要』의 찬술 시기를 현장 역『대반야경』(663)의 인용에 의해 그 해부터 수년 후, 의상의 귀국 직후일 가능성을 지적한다. (p. 294)

[34] 南東信,「元曉의 大衆教化와 思想體系」(서울대학교 박사학위논문, 1995) pp. 113~115. 南東信은『大慧度經宗要』에 대해서『大般若經』600권을 주석하고 있다고 서술한다 (p. 115).

[35] 福士慈稔(2004) pp. 173~184. 후쿠시는『大慧度經宗要』를 '新譯 가운데 비교적 초기의 경론을 인용하는 것'으로 간주한다. (pp. 172~174) 그 근거로는 본 문헌에서『瑜伽師地論』과『解深密經』을 인용한 것을 든다. 그러나 본 문헌이 현장 역『大般若經』(663)을 인용하기 때문에 타당성을 잃게 된다.

[36] 伊吹敦(2006) pp. 150~ 132. 伊吹는『大慧度經宗要』의 찬술 시기를 대체로 665년 이후로 추정한다. 그 근거는 현장 역『대반야경』(663)의 인용이고, 따라서『대반야경』입수 이후『大慧度經宗要』가 찬술되었다고 간주한다. 石井와 다른 점은 입수 시기를 의상의 귀국 이전(671)으로 간주하는 것이다. (p. 143)

[37] 네 연구자의 고찰을 보면, 이시이 코세이와 남동신이 원효 저작에서 자신의 저술을 언급한 것에 착안한 부분을 높게 평가할 수 있다. 특히, 두 연구자는 저자의 언급과 현장 역출서의 이용이라는 두 관점에서 가설을 제시하고 있다. 그 가운데 현장 역출서의 이용은 상한을 한정하는 점에서는 유효하다.

第三 釋題名
第四 明說經因緣
第五 判敎
第六 消文

  항목은 다르지만, 원효 저작 가운데 『법화종요』도 6문이다. 그 외 『열반종요』는 2문, 『아미타경소』는 3문, 『금강삼매경론』은 4문, 『양권무량수경종요』도 4문, 『미륵상생경종요』는 10문이다. 이 구성은 원효 저작 순서에는 대응하지 않는 듯하다.

## 2. 소석 경전

  다음으로 『대혜도경종요』[38]의 소석所釋 경전에 대해 고찰하고자 한다. 모로 시게키(師茂樹)는, 구마라집 역 『대품반야경』에 대해서 6문(제6문은 불설)에 걸쳐 개설한 『대혜도경종요』로 이해하고 있지만, 본 문헌의 소석 경전이, 구마라집 역 『대품반야경』이라고 특정하기는 어렵다. 모로 시게키의 판단은, 주로 '삼종법륜'의 해석으로 보이는 '차경'이, 『대품반야경』인 것을 근거로 한다고 추정된다. 그러나, 『대혜도경종요』에서 '차경'으로 지시되는 경전은, 구마라집 역 『대품반야경』으로 한정되지 않는다.
  이 문제는 에이초(永超)가 간단히 지적하고 있다. 즉 [1]에 '元曉撰依大品經等'의 등等이란 말이다. 왜 '등'일까. 『대혜도경종요』 제1 「술대의述大意」에는 다음과 같은 부분이 있다.

---

[38] 師茂樹, 「元曉の三時敎判批判―『大慧度經宗要』を中心に―」 『印度學佛敎學硏究』 49-1 (日本印度學佛敎學會, 2000) p. 107 참조.

[14] 此經六百, 有十六分. 在前四百以爲初分. 初分之內有七十八品. 於中在前明起經之緣故言初分緣起品第一.(T33, 68c23~26)
이『대반야』경은 600(권)이고, 16분이 있다. 전반에는 400(권)이 있어, '초분'으로 규정한다. '초분' 내에 78품이 있다. (그) 가운데 처음에 경전의 유래를 밝히고 있기 때문에 '초분연기품' 제1이라고 한다.

[14]의 주어는 '이 경(此經)'이고, 이하의 기술은 '이 경'에 대한 해설이다. 그리고 그 내용으로부터 보건대 '이 경'은 현장 역『대반야경』600권을 의미한다. 초분「연기품」은『대반야경』권1 초분 제1장의 품명이다. '在前四百以爲初分'이라는 것은 '전반 400(권)을 초분으로 규정한다.'라는 의미이며, 구체적으로는 초분「연기품」제1부터 초분「결권품結勸品」제79까지를 지시한다.(T5·6) 원효가 '초분'을 78품으로 세는 이유는 잘 알 수 없다.[39] '此經六百'의 육백六百은 현장 역『대반야경』의 총수인 600권을 가리킨다. 또한 '有十六分'은 권1 '초분'에서 권600 '제십육반야바라밀다분'을 의미한다.『대혜도경종요』에서 '이 경', 즉 '차경'의 용례는 저자 표시인 '석원효釋元曉' 직후 지시 목차의 '장설차경육문분별將說此經六門分別'에서 처음 나온다. 그리고 두 번째 예가 [14]이다. 이로부터 볼 때도 [14] '차경'은 현장 역『대반야경』600권이며,『대혜도경종요』의 소석 경전을 지시한다.

그 외에 제2「현경종顯經宗」에서는 '차경'의 '종'(근본적 입장)으로 규정되는 '이종반야二種般若'(실상반야實相般若, 관조반야觀照般若) 가운데,[40] '실상반야'에

---

39 尊勝院本, 京大本, 龍大A本과 B本도 78품이다. 반면『開元釋教錄』卷11 "唐譯四百卷, 七十九品. 從第一卷至四百卷."(T55, 594a21~22);『法苑珠林』卷100「雜集部」3 "右翻成四百卷七十九品單譯."(T53, 1024b23); 子璿 錄,『金剛般若經纂定記』"即初分, 七十九品."(T33, 176b1)에서는 모두『大般若經』초분을 '七十九品'으로 기록한다.
40 文字般若도 보이지만, 원효는 이것을 宗으로는 간주하지 않는다.『大慧度經宗要』의 선행 연구에서는 三種般若에 관한 것이 많다. 木村清孝,「金剛經略疏の三種般若思想」『印

관한 유설有說을 다음과 같이 소개한다.

> [15] 或有說者依此大般若經以如來藏爲實相般若. 如下理趣分中言.(後略)…(T33.69b)
> 
> 혹은 어떤 설에서는 이『대반야경』에 의하여 여래장을 실상반야로 규정한다. 아래의 (『대반야경』) 이취분理趣分 가운데 말하는 대로이다.(후략)…

이 [15]에 의하면 원효는 '어떤 설(有說)'[41]이 실상반야를 여래장으로 규정한다는 문증을 '此大般若經'이라고 해서 '차此'란 말을 사용하여 소개한다. '차'의 의미는 '지금 해석하고 있는'이라고 생각된다. 그리고 그 문증은 '下理趣分'으로 표기되어 있다. 인용은 생략했지만, 이 '이취분理趣分'의 경무은 현장 역『대반야경』권578 제10 「반야이취분般若理趣分」에서 인용한 것이다.[42] 따라서 [15]는 원효 이전에 현장 역『대반야경』'이취분'에 의거하여 실상반야를 여래장으로 규정한 설을 소개한 것이고, '차대반야경此大般若經'은 현장 역『대반야경』을 의미한다.

이 [15]로부터 생각해도, '차경'을 구마라집 역『대품반야경』으로 특정할 수 없다. 그러나 모로(師)가 말하는 것처럼, '차경'이『대품반야경』을 지시하는 경우도 있기 때문에 소석 경전을 현장 역『대반야경』이라고 특정할

---

度學佛敎學硏究』18-2(日本印度學佛敎學會, 1970); 李箕永,「元曉の實相般若觀」『韓國佛敎硏究』(서울: 한국불교연구원, 1982); 平井俊榮,「三種般若說の成立と展開」『駒澤大學佛敎學部硏究紀要』41(駒澤大學, 1983) 참조. 元曉가 實相과 觀照의 二種般若에 대해서 네 가지 의의를 논하는 부분(T33.69c)은 慧遠(523~592)의『大乘義章』卷10「三種般若義」(T44.669b)의 여섯 가지 의의를 전부 의용한 것이다.

41 實相般若를 如來藏으로 간주하는 인물은 알 수 없다. 법상종의 基가 아닐까 생각지만, 적절한 용례를 확인하지 못했다.
42『大般若經』卷578 "第十般若理趣分"(T7.990b) 이하.

수 없다. 이러한 점으로 보아『대혜도경종요』의 소석 경전은 그 전체상을 현장 역『대반야경』으로 상정하면서도 구마라집 역『대품반야경』도 포함하는 복합적인 것으로 간주해야 할 것이다.

### 3. 삼종법륜설

『대혜도경종요』 제5「판교判敎」에서 원효는 돈점오시설과 삼종법륜설의 두 가지 설을 소개한 후에 두 설을 비판하고, 자설을 제시한다. 원효의 이 비판에 대해서는 모로 시게키(師茂樹)의 연구가 있다.[43] 모로는 두 설에 대한 비판은 실질적으로 삼종법륜설에 대한 비판이고, 그 삼종법륜설은 기基의 삼시교판(『반야경』을 제2법륜으로 간주하는 설)을 지시한다고 결론 내렸다. 모로가 말하는 것처럼 확실히 기는『반야경』을 두 번째로 간주하지만, 원효의 비판 대상을 기로 한정해도 좋을지에 대해서는 금후 음미해야 할 것이다.[44] 또한 모로는 원효의 비판 대상을 기에 한정하기 때문에 원효가 돈

---

[43] 師茂樹(2000) 참조. 아쉽게도 師의 논문은 金昌奭의 논문(아래의 주46)을 참조하지 않고 있다.
[44] 삼종법륜 해석 가운데『반야경』을 두 번째로 간주하는 학설은 眞諦(499~569)와 圓測(613~696), 基(632~682)가 주장한다. 이 설은 현장 역『해심밀경』을 전제로 하기 때문에 원효의 소개가 정확하다면, 진제는 아니다. 원측이나 기일 가능성이 남는데, 다른 인물일 수도 있다. 진제 설에 대해서는 圓測,『解深密經疏』卷5 "依眞諦三藏『解節經疏』云, …(中略)… 卽是第二時, …(中略)… 是法輪不了義. 亦有上有難有諍. 去孤獨園五里有江. 人飮浴去. 悉得智慧. 時人號云施智慧所. 故佛於此地, 說『大乘般若』."(『新纂大日本續藏經』21. 292b) 참조. 원측 설에 대해서는, 圓測,『解深密經疏』卷1 "約時辨宗, 有其三種. 一四諦法輪. 如四阿笈摩. 雖有諸部, 四諦爲宗. 二無相大乘. 如諸般若. 遣所執性, 無相爲宗. 三了義大乘. 如此經等. 用三性等. 爲所詮宗. 三種法輪."(『新纂大日本續藏經』21. 178a) 참조. 기 설에 대해서는, 基,『大乘法苑義林章』"略示敎者, 四阿笈摩等, 是初時敎. 諸說空經, 是第二時敎. 以隱密言總說諸法無自性. 故花嚴·深密·唯識敎等第三時也. 以顯了言, 說三無性非空非有中道敎故."(T45. 249a); 基,『無垢稱經疏』"二唯說法空宗. 卽般若等第二時敎. 逗彼大機. 破於法執. 說一切法本空性故."(T38. 999a) 참조. 삼종법륜에 대해서는 大竹晉(京都大學人文科學硏究所, 共同硏究班 '眞諦三藏とその時代'에서 활동했기 때문에)에게 조언을 얻었다. 감사의 뜻을 전한다. 大竹晉은 眞諦三藏의 일문을 수집하고, 일본어 역도 제시했다고 한다. 眞諦 설에 대해서는 坂本幸男,『華

점오시설을 비판하는 것을 설명하고 있지 않다. 그러나 이 부분도 재검토의 필요가 있다.[45]

여기서는 원효의 비판 대상을 특정하지 않고, 원효가 『해심밀경』의 삼종법륜설을 지지하고 있음을 지적하고자 한다. 이 점에 대해서는 이미 김창석의 연구가 있지만, 필자의 이해와 약간 다르다.[46] 우선 원효가 『반야경』을 제3법륜으로 간주하는 용례를 열거한다.

[16] 今此經者, 同於第三顯了法輪. 非諸諍論安足處故.(T33.73c2~3)
지금 이 『(반야)경』은 제3의 현료법륜과 같다. 여러 논쟁이 있지

---

嚴教學の研究』(京都: 平樂寺書店, 1956) pp.209~216 참조. 法相宗의 해석에 대해서는 吉村誠, 『中國唯識思想史研究—玄奘と唯識學派—』(東京: 大藏出版, 2013) pp.257~296 참조. 다만, 吉村의 저서에서 坂本의 저서를 참조한 흔적이 없는 것은 유감이다. 또한 필자도 二種法輪의 고전적인 연구를 참조하지 못한 점 부끄럽게 생각한다.

[45] 師茂樹(2000) p.109 참조. 이 문제는 『大慧度經宗要』에서 第二時와 第二法輪의 명칭에 대해서도 고려해야 할 것이다. 그 이유는 모로는 원효의 비판 대상을 기의 三時教判이라고 하지만, 원효는 일관되게 돈점오시의 第二時와 삼종법륜의 第二法輪 호칭을 구별하고 있다고 생각된다. 만약 필자의 견해가 타당하다면, 모로가 A기호에서 인용하는 부분은 '即示第二時者, 不應道理也'로 결론짓기 때문에 돈점오시설에 대한 비판이다(『大智度論』『釋畢定品』을 근거로 『법화경』 이후에 『반야경』을 설시하고 있다고 하는 비판). 이 두 표현의 구별이 타당하다면, 『大正藏』本 "然其判此大品經等皆屬第二時攝. 第二法輪者理必不然."라는 구두점도 새로 읽어야 할 것이다. 이것은 『續藏』本의 가에리텐(返り點)을 근거로 하며(『新纂大日本續藏經』本에는 구두점이 없다), 나아가 京大本, 龍大A本, 龍大B本, 尊勝院本까지 소급된다. 그러나 '~攝.' 부분은 '.攝~'으로 읽어야 하지 않을까. 즉 "그러나 이 『大品經』 등은 모두 第二時에 속하고, 第二法輪에 속한다면, 도리로써 반드시 적절하지 않다."라는 의미일 것이다. 『大正藏』本의 구두점으로는, '第二時의 攝에 속한다.'는 것을 긍정하고, '第二法輪은 道理로서 적절하지 않다.'라고 부정하게 되어, 의미가 불명확하다.

[46] 金昌奭, 「元曉の敎判觀」『駒澤大學大學院佛敎學硏究會年報』13(駒澤大學, 1979) pp.15~16 참조. 金昌奭의 해석상 특징은 원효의 삼종법륜설의 배경을 길장에게서 찾는 것이다. 확실히 두 설에 대한 비판 부분에서 원효는 길장과 공통되는 경론을 사용한다. 그 의미에서는 원효가 길장을 참조하는 듯하다. 그러나 이하 본문에서 논하는 것처럼 원효의 삼종법륜은 『반야경』과 현장 역 『해심밀경』의 동일성을 논증하는 것이고, 『반야경』을 제3법륜으로 해석하지 않는다.

만, 의거할 바가 되지 못하기 때문이다.

[17] 如『解深密經』中, 亦言 "一切聲聞獨覺菩薩皆是一妙清淨道". 當知. 此『經』同彼第三, 普爲發趣一切乘者, 以顯了相轉正法輪.(T33.73c)
『해심밀경』 가운데 또한 "모든 성문과 독각과 보살은 전원이 하나의 부사의한 청정한 도리이다."라고 한다. 마땅히 이『(반야)경』은 저 제3(현료법륜)과 같고, 모두 일체승의 사람들을 발취시키므로 (제3의) 현료상전법륜顯了相轉法輪이다.

[18] 第三了義法輪中, 言 "一切諸法無生無滅乃至涅槃無自性性". 以是故知. 今此『經』宗超過第二, 同第三也.(T33.73c)
제3요의법륜 가운데 "일체제법은 무생이고, 무멸이며, 내지는 열반은 무자성성이다."라고 말한다. 이러한 이유로 알 필요가 있다. 지금 이『(반야)경』의 근본적 입장은 제2(법륜)을 넘은 제3(법륜)과 같다.

이 [16]~[18]은 모두『반야경』을 제2법륜으로 간주하는 설에 대한 반론으로 제시된 부분이다. [18]에서는『해심밀경』「무자성상품」[47]과『대지도론』설[48]이 일치한다는 이유로『반야경』을 제3법륜으로 판단하고 있다. 그

---

**47**『解深密經』卷2「無自性相品」 "世尊. 於今第三時中, 普爲發趣一切乘者, ① 依一切法皆無自性, 無生, 無滅, 本來寂靜, 自性涅槃, 無自性性, 以顯了相轉正法輪. 第一甚奇, 最爲希有. 于今世尊所轉法輪無上無容, 是眞了義, ② 非諸諍論安足處所."(T16.697b)이 가운데 경문 ②.

**48**『大智度論』卷1「序品中緣起義」 "復次, 有二種說法. 一者諍處. 二者不諍處. 諍處者如餘經中說. 今欲明無諍處故, 是說『般若波羅蜜經』."(T25.62b) 金昌奭(1979) p.16, 師茂樹(2000) p.108에 전거에 대한 지적이 있다.

근거는 『반야경』도 또한 '비제쟁론안족처非諸諍論安足處=부쟁처不諍處'라는 것이다. [17]에서는 역시 『해심밀경』「무자성상품」[49]과 『대품반야경』「방편품」[50]이 이 일치하므로 『반야경』을 제3법륜으로 해석한다. 그 근거는 『반야경』도 또한 삼승에 공통되는 '일묘도청정一妙道清淨=당학반야바라밀當學般若波羅蜜'을 설시하기 때문이다. [18]에서는 『해심밀경』「무자성상품」[51]과 『대품반야경』「여화품如化品」[52]이 일치하기 때문에 『반야경』을 제3법륜이라고 주장한다. 그 근거는 『반야경』이 '일체제법무생무멸'='제법무생무멸'과 '열반무자성성'='불광상열반不誑相涅槃'을 설시하기 때문이다. 원효는 『대품반야경』과 『해심밀경』의 공통 특질로 '불생불멸하며 상주하는 법'을 인정하고, 그것을 제3법륜의 근거로 삼는다.

이와 같이 원효는 일관되게 『반야경』은 『해심밀경』「무자성상품」의 설시와 일치한다.'는 것을 논거로 하여 『반야경』은 제3의 현료상전정법륜顯了相轉正法輪(제3요의법륜)이다.'라고 주장한다. 즉 원효는 『반야경』을 제2법륜으로 분류하는 설을 비판하면서도 『해심밀경』의 삼종법륜설에 반대하지 않는다. 오히려 원효는 삼종법륜설의 의의를 승인하고 그 위에 『반야경』을 제3법륜으로 분류하며 교판으로서 적극적으로 이용하고 있다. 종

---

49 『解深密經』卷2「無自性相品」"一切聲聞·獨覺·菩薩皆共此一妙清淨道."(T16, 695a)
50 『大品般若經』卷21「方便品」"以是故, 諸欲求聲聞, 辟支佛及菩薩道, 應當學般若波羅蜜."(T8, 371b) 師茂樹(2000) p. 108에 전거에 대한 지적이 있다.
51 앞의 주 47, 『解深密經』의 경문 ①.
52 『大品般若經』卷26「如化品」"佛告須菩提. '若有法生滅相者, 皆是變化.' 須菩提言. '世尊. 何等法非變化.' 佛言. '若法無生無滅, 是非變化.' 須菩提言. '何等是不生不滅非變化.' 佛言 '不誑相涅槃, 是法非變化.' 世尊. 如佛自說諸法平等, 非聲聞作, 非辟支佛作, 非諸菩薩摩訶薩作, 非諸佛作. 有佛無佛, 諸法性常空. 性空即是涅槃. 云何言涅槃一法非如化.' 佛告須菩提. '如是, 如是. 諸法平等, 非聲聞所作, 乃至, 性空即是涅槃. 若新發意菩薩聞是一切法畢竟空. 乃至, 涅槃亦皆如化. 心則驚怖. 為是新發意菩薩故. 分別生滅者如化. 不生不滅者不如化.' 須菩提白佛言. '世尊. 云何教新發意菩薩令知性空.' 佛告須菩提. '諸法本有今無耶.'"(T8, 416a) 이 경문에서는 法의 '無生無滅'='非變化'='不如化'와, '生滅相'='變化'='如化'가 대비되어 있다. 그리고 전자의 대표가 '不誑相涅槃'이다. 金昌奭(1979) p. 16; 師茂樹(2000) p. 108에 전거가 있다.

래 원효의 교판 연구에서는 삼종법륜을 적극적으로 평가하지 않는 듯하다.[53] 그 배경에는 이른바 '일승가'와 '삼승가'의 분류가 존재하고, 그 가운데 원효를 '일승가'로 간주하는 풍조가 있다고 추정된다.[54] 그러나 『대혜도경종요』[16]~[18]로부터 생각하면, 원효가 지지한 교판으로서 『해심밀경』의 삼종법륜설을 승인해도 좋다.

또한 사견으로는 기 등의 삼종법륜의 해석이 옳고, 원효의 해석이 틀렸다고는 말할 수 없다고 생각한다. 그 이유는 인도에서 『반야경』 자체가 증광 발전하고 있는 점,[55] 그리고 『해심밀경』 자체의 역할을 생각해 보면, 『해심밀경』이 『반야경』을 단순히 제2법륜이라고 간주했다고 생각하기 어렵기 때문이다. 이 점에 대해서 하카마야 노리아키(袴谷憲昭)는 쫑카파의 『선설심수善說心髓』를 요약하고 다음과 같이 서술하고 있다.[56]

> 제2법륜도 제3법륜도 무자성을 설하는 점에서 경전의 의도는 동일하다. 그럼에도 문제가 되는 제2법륜에 대해서 말하자면, 그 대표격

---

[53] 元曉의 교판에 대해서는 삼종법륜설을 인정하는 논문, 金昌奭 「元曉の教判資料に現れた吉藏との關係」 『印度學佛教學研究』 28-2(日本印度學佛教學會, 1980) p.318 참조.

[54] 이 풍조가 옳다고만은 말할 수 없다. 藤能成는 『無量壽經宗要』에서는 五姓各別을 승인하고('決定性의 二乘'은 왕생할 수 없다), 『涅槃宗要』에서는 一乘皆成을 승인하고('決定性의 二乘'을 포함하여 일체중생의 성불 가능성을 인정함), 전자로부터 후자에로 '심화했다'고 논한다. 藤能成, 「元曉と五姓各別說」 『印度學佛教學研究』 47-1(日本印度學佛教學會, 1998) pp.131~134 참조. 藤能成의 견해는 매우 중요하고, 『涅槃宗要』에 대해서 재검토하고자 한다. 또한 金昌奭(1979); 橘川智昭, 「元曉と基―眞如觀と衆生論―」 『印度學佛教學研究』 51-2(日本印度學佛教學會, 2003) pp.23~27에서도 같은 문제가 다루어졌다. 필자의 사견으로 원효는 五姓各別과 一切皆成의 양 설을 인정하고 있다.

[55] 이 전형적인 문제는 주로 두 가지이다. 원효도 주목하는 『大般若經』 理趣分에, "一切有情皆如來藏"이라고 여래장설이 도입되어 있는 것으로서 인용 [15]의 생략 부분이다. 그리고 또 하나는 「彌勒請問章」의 성립이다. 袴谷憲昭, 「彌勒請問章和譯」과 「史的觀點による「彌勒請求問章」の一考察」, 袴谷憲昭, 『唯識文獻硏究』(東京: 大藏出版, 2009) pp.322~350·351~367; 袴谷憲昭, 『唯識の解釋學―『解深密經』を讀む―』(東京: 春秋社, 1994) pp.16~19 참조.

[56] 袴谷憲昭(1994) p.218.

인 『반야경』을 문자 그대로 파악하는 것은 미료의未了義이지만, 그와 같은 것을 『해심밀경』의 입장으로부터 읽어 내어 해석하는 것은 그것 자체가 요의了義가 된다. 중요한 것은 그 의도를 해석하는 주체인 이 쪽 편에서 그 결정권을 쥐게 되는 것이다.

원효의 『반야경』 해석도 마찬가지이다. 그는 『대품반야경』과 『대지도론』에 의해서 이 경이 『해심밀경』과 모순되지 않음을 주장한다. 이것은 단순한 '화쟁'이 아니라, 『해심밀경』의 '숨겨진 의도를 개방하는 것'[57]이라는 의도와도 일치하는 것이다. 제5 「판교判敎」 마지막에 원효는 다음과 같이 서술한다.

> [19] 但其敎門, 各各異一耳(T33.74a)
> 다만, 그 가르침의 해석은 각각 (사람)이 다르다고 간주하든지 하나라고 간주하는 것뿐이다.

이에 따르면 원효는 어떤 경전과 다르다고 간주하는지, 한 가지라고 간주하는지는 사람 각자에 달린 것이라고 말한다. 그 의미에서 원효는 『반야경』을 제2법륜으로 간주하는 설도 하나의 입장이라면 용인하는 것으로 볼 수 있다. 『대혜도경종요』에서는 다음과 같이 말한다.

> [20] 問. 是二師說, 何者爲實. 答. 二種敎門, 三種法輪, 是就一途亦有道理. (T33.73b11~12)
> 문: 이 두 스님의 학설 중 어느 쪽이 진실인가.

---

[57] '숨겨진 의도를 개방하는 것'이란 解深密이라는 경명에 대한 袴谷憲昭의 해석이다. 袴谷憲昭(1994) p.5 참조.

답: (돈점의) 이종교문과 삼종법륜이 하나의 입장이라면 도리에 맞는다.

## V. 결론

본 논문의 고찰 결과를 정리하면 다음과 같다.

우선, 『대혜도경종요』의 유전에는 확정하기 어려운 부분이 있다. 큰 문제는 작자와 제목이다. 본 문헌의 작자를 원효로 하는 최초의 기록은 『동역전등목록』 [1]이고, 나라시대에는 아마도 심상審祥을 매개로 한국에서 일본에 전래되었지만, 그 시기의 기록에는 작자명이 없다. 본 문헌은 전통대로 원효의 저작이라고 생각되지만, 또한 주의를 필요로 한다. 제목에 대해서는 『대혜도경종요大惠(慧)度經宗要』와 『대반야경종요大般若經宗要』의 두 종류가 있었을 가능성이 있다. 그러나 이것도 기록상 확정할 수 없다. 관례에 따라 『대혜도경종요』로 하는 것이 무난하리라 생각된다.

다음으로 사본의 문제이다. 『대혜도경종요』는 현재 4종의 사본이 확인된다. 그러나 유전이 명확한 것은 존승원본尊勝院本(1277년 필사)뿐이다. 다른 3종은 모두 근대의 사본이지만, 이것들은 유포본의 저본=『속장』본을 작성할 목적으로 서사된 것으로 유포본의 형성을 생각할 때 중요하다. 이후 『대혜도경종요』의 교정본을 발표하고자 한다.

'대혜도(경)大慧度(經)'이란 말의 전거는 현장 역 『현양성교론』으로 소급된다. 그러나 원효가 이 특이한 말을 사용한 이유에 대해서는 사상의 관점에서는 찾을 수 없다.

『대혜도경종요』 이외의 용례는, 원효의 다른 저작까지 포함하여 전혀 없다. 아마, 경명의 약칭을 만들 때 채용되었다고 추정되지만 일반화되지는 못했던 것 같다.

『대혜도경종요』의 찬술 시기는, 현장 역 『대반야경』의 역출(663)을 근거로 하면, 원효 47세 이후가 상한이 된다. 그러나 이 외의 근거를 찾아낼 수 없기 때문에 하한은 결정할 수 없다. 그리고, 본 문헌의 소석 경전은 현장 역 『대반야경』을 큰 범위로 놓고 구마라집 역 『대품반야경』을 포함하기 때문에 복합적이다.

그리고, 『대혜도경종요』는 현장 역 『해심밀경』과 『반야경』이 일치하는 부분이 있음을 주장하는 것으로 『반야경』을 제3법륜이라고 해석한다. 필자가 특히 주목했던 것은 원효가 양 경의 공통성에 '불생불멸인 상주법'을 인정하는 점이다. 또, 원효는 현장 역에 대해 호의적이고, '일승가'와 '삼승가'의 어느 쪽에도 분류할 수 없다고 생각한다. 또, 그 자신의 한 판교로써 삼종법륜을 인정해도 좋을 것이다. 원효가, 3종법륜에 의해서 『반야경』을 제3법륜이라고 주장하는 것은, 『해심밀경』의 의도에 따르는 것이어서 적절하다고 생각한다.

이상의 고찰에 의해, 『대혜도경종요』의 텍스트와 기본적 입장을 분명히 할 수 있었다고 생각한다. 향후의 과제로서 교정본의 작성, 그리고 원효 저작의 성립 순서에서 본 문헌이 지닌 위치를 생각해 보고자 한다. 또 충분히 고찰할 수 없었지만, 『대혜도경종요』는 몇가지 사실로부터 한국 찬술(미확정을 포함함)의 『대품유의』, 『대승현론』, 『사론현의기』의 영향을 받고 있을 가능성이 있다. 이 문제를 논증하려면, 길장의 저작의 진위를 생각할 필요가 있어, 이토 다카토시(伊藤隆壽)의 연구를 기초로 하고 재검토할 필요가 있을 것이다.

| 참고문헌 |

子璿 錄, 『金剛般若經纂定記』(T33).
永超, 『東域傳燈目錄』(T55).
智光, 『般若心經述義並序』(T57).
尊辨, 『起信論抄』(T69).
元曉, 『大惠度經宗要』(H1).
知訥, 『圓頓成佛論』(H4).
明眼, 『般若波羅蜜多心經略疏連珠記會編』(H9).
順高, 『起信論聽集記』(『大日本佛教全書』92).

金相鉉, 「輯逸金光明最勝王經憬興疏」, 『新羅文化』第17·18合輯. 新羅文化研究所, 2000.
南東信, 『元曉의 大衆敎化와 思想体系』. 서울대학교 박사학위논문, 1995.
李箕永, 「원효의 실상반야관」, 『한국불교연구』. 서울: 한국불교연구원, 1982.

木村淸孝, 「金剛經略疏の三種般若思想」, 『印度學佛敎學硏究』18-2. 日本印度學佛敎學會, 1970.
橘川智昭, 「元曉と基-眞如觀と衆生論-」, 『印度學佛敎學硏究』51-2. 日本印度學佛敎學會, 2003.
金昌奭, 「元曉の敎判觀」, 『駒澤大學大學院佛敎學硏究會年報』13. 駒澤大學, 1979.
_____, 「元曉の敎判資料に現れた吉藏との關係」, 『印度學佛敎學硏究』28-2. 日本印度學佛敎學會, 1980.

師茂樹. 「元曉の三時敎判批判―『大慧度經宗要』を中心に―」. 『印度學佛敎學硏究』9-1. 日本印度學佛敎學會, 2000.

坂本幸男. 『華嚴敎學の硏究』. 京都: 平樂寺書店, 1956.

末木文美士. 「元興寺智光の生涯と著述」. 『佛敎學』14. 佛敎思想學會, 1982.

奧野光賢. 『佛性思想の展開―吉藏を中心とした『法華論』受容史―』. 東京: 大藏出版, 2002.

渡辺章悟. 「prajñāpāramitāの四つの語源解釋」. 『印度學佛敎學硏究』46-2. 日本印度學佛敎學會, 1998.

吉村誠. 『中國唯識思想史硏究―玄奘と唯識學派―』. 東京: 大藏出版, 2013.

井上光貞. 『新訂日本淨土敎成立史の硏究』. 東京: 山川出版社, 1975(구판 1956).

伊吹敦. 「元曉の著作の成立時期について」. 『東洋學論叢』31. 東洋學硏究所, 2006.

石井公成. 「新羅佛敎における『大乘起信論』の意義―元曉の解釋を中心として」. 平川彰 編. 『如來藏と大乘起信論』. 東京: 春秋社, 1990.

＿＿＿＿. 『華嚴思想の硏究』. 東京: 春秋社, 1996.

伊藤隆壽. 「大品遊意考(續)―經題釋を中心に―」. 『駒澤大學佛敎學部論集』6. 駒澤大學, 1975.

＿＿＿＿. 「智光の撰述書について」. 『駒澤大學佛敎學部論集』7. 駒澤大學, 1976.

＿＿＿＿. 「『大乘四論玄義記』に關する諸問題」. 『駒澤大學佛敎學部論集』40. 駒澤大學, 2009.

崔鈆植. 「『大乘四論玄義記』と韓國古代佛敎思想の再檢討」. 『東アジア佛敎硏究』8. 東アジア佛敎硏究會, 2010.

袴谷憲昭.『唯識の解釋學―『解深密經』を讀む―』. 東京: 春秋社, 1994.

_____.「彌勒請問章和訳」と「史的觀點による「彌勒請求問章」の一考察」. 袴谷憲昭.『唯識文獻研究』. 東京: 大藏出版, 2009.

藤能成.「元曉と五姓各別說」.『印度學佛敎學硏究』47-1. 日本印度學佛敎學會, 1998.

福士慈稔.『新羅元曉研究』. 東京: 大東出版社, 2004.

_____.『日本華嚴宗にみられる海東佛敎認識(日本佛敎各宗の新羅·高麗·李朝佛敎認識に關する研究 3)』. 山梨: 身延山大學東アジア佛敎研究室, 2013.

平井俊榮.「三種般若說の成立と展開」.『駒澤大學佛敎學部研究紀要』41. 駒澤大學, 1983.

## 제4부 호국과 정토

淨土護國

# 『금광명경소』

원효『금광명경소』집일의 현황과 그에 대한 비판적 검토 | 한명숙

『금광명경』삼신설에 대한 원효의 이해 | 이수미

# 원효『금광명경소』집일의 현황과 그에 대한 비판적 검토[1]

한명숙

## I. 서론

원효의 『금광명경소金光明經疏』는 우리나라에서 찬술된 최초의 『금광명경』 주석서이지만 현재 전해지지 않는다. 후대의 학자인 승장勝莊·경흥憬興·둔륜遁倫·태현太賢 등도 주석서를 찬술했다는 기록은 있지만 역시 현재 전해지지 않는다. 『금광명경』이 신라·고려 전반에 걸쳐서 미친 영향력이 매우 컸음[2]에도 불구하고 본 경에 대한 연구가 그다지 활발하게 이

---

[1] 본 논문은 필자가 이미 발표한 두 편의 논문, 곧「元曉『金光明經疏』輯逸의 현황과 그에 대한 비판적 검토(Ⅰ)」『普照思想』49(보조사상연구원, 2017);「元曉『金光明經疏』輯逸의 현황과 그에 대한 비판적 검토(Ⅱ)」『普照思想』50(보조사상연구원, 2018)를 묶은 것이다.
[2] 김상현,「輯逸金光明經疏」『동양학』24(단국대학교 동양학연구소, 1994) p.205; 최연식,「8세기 신라 불교의 동향과 동아시아 불교계」『불교학연구』12(불교학연구회, 2005) p.245; 김복순,「신라와 고려의 사상적 연속성과 독자성」『한국고대사연구』54(한국고대사학회, 2009) p.375; 김용태,「한국불교사의 호국 사례와 호국불교 인식」『대각사상』17(대각사상

루어지지 않은 것은 이러한 문헌 부재도 원인일 것으로 생각된다.

원효의 『금광명경소』는 후대의 학자들이 찬술한 글에 종종 인용되었기 때문에 이것에 의거하여 두 차례에 걸쳐서 그 집일문(輯逸文)을 추출하는 작업이 행해졌다. 첫 번째 것은 김상현에 의해 「집일금광명경소」(身延山大學東アジア佛敎硏究室, 1994)라는 이름으로 발표되었다. 두 번째 것은 후쿠시 지닌에 의해 이루어졌다. 그는 『일본불교 각종의 신라·고려·조선 불교 인식에 관한 연구(日本佛敎各宗の新羅·高麗·李朝佛敎認識に關する硏究)』(身延山大學, 2011~2013)에서 19세기 말까지 일본불교 각 종파의 문헌에서 우리나라 출신 논사의 이름 혹은 문헌이 언급된 것을 모두 추출하여 정리하였다.

필자는 애초에 이렇게 두 차례의 작업을 통해서 이루어진 집일문을 통합한 집일본을 만들어 그 번역서를 출간하고자 하였다. 그런데 두 집일본을 편찬하는 과정에서 다양한 문제가 있음을 확인하게 되었고, 번역 이전에 본 서의 신 집일본을 편찬하는 작업을 행해야 할 필요성에 직면하였다. 본 논문에서 필자는 『금광명경소』 신 집일본의 편찬을 위해 했던 작업을 가감 없이 서술하고자 한다. 이는 앞으로 이루어질 다양한 집일본 편찬에 있어서 보편적 방법론을 마련하기 위한 시론으로서의 의미를 가질 수 있을 것으로 생각된다.

본 논문은 먼저 신 집일본의 정립을 위한 선행 연구로서 『금광명경』이라는 문헌의 한역 및 그 사상적 특성을 고찰하고 『금광명경』에 대한 다양한 주석서가 유통된 행적을 살펴본다. 다음은 이미 서술한 선행 작업, 곧 김상현과 후쿠시 지닌에 의해 이루어진 『금광명경소』 집일 작업의 현황을 살펴보고 그것들을 비판적으로 검토하여 문제점을 제시한다. 다음에 필자가 선행 작업의 미비점을 보충하여 새롭게 『금광명경소』 집일본을 편찬

---

연구원, 2012) p. 50.

한 작업 과정을 서술하고 더 완정한 형태의 집일본을 만들기 위해 향후 더 검토되어야 할 문제에 대한 필자의 견해를 제시한다.

## Ⅱ. 원효『금광명경소』신 집일본 편찬을 위한 선행 연구: 관련 문헌 및 전승 현황 검토

### 1.『금광명경』의 발생과 전파

『금광명경』은 인도에서 찬술된 대승불교의 주요 경전 중 하나이다. 이 경의 정확한 성립 연대를 알 수 있는 자료는 남아 있지 않다. 중인도 출신의 담무참曇無讖이 412년 중국으로 와서 수년 후 본 경을 한역한 것에 의거하여 중기의 대승경전으로 파악하는 것이 일반적이다.[3]

본 경은 범본梵本이 완전한 상태로 전해지고 있다. 또한 중국에서는 5세기 초 처음 한역되었고 이후 다섯 차례 한역되었는데 현재 그중 세 가지가 전해지고 있다.[4] 또한 세 가지 한역본 중 가장 늦게 성립된 의정의『금광명최승왕경』을 저본으로 한 티베트어 번역본(704~755 성립)과 이것을 저본으로 한 몽고어 번역본(1293~1328 성립)이 전해지고 있으며, 코탄(Khotan)어 번역본·위구르(Uighur)어 번역본 등도 전해지고 있다. 이러한 정황은 본 경이 중앙아시아를 비롯한 아시아 전반에 두루 전파되어 영향력을 미쳤음을 보여 준다.

본 경은 여래의 수명에 대한 논의, 삼신설三身說, 여래장설如來藏說, 참

---

3 藤谷厚生,「金光明經の敎學史的展開について」『四天王寺國際佛敎大學紀要』大學院 第4(四天王寺國際佛敎大學, 2005) p.1; 烏力吉吉日嘎拉,「『金光明經』の思想的硏究」(東洋大學大學院 博士學位論文, 2014) p.3.
4 烏力吉吉日嘎拉(2014) p.3.

회법, 공사상空思想, 여러 가지 다라니, 방생放生의 공덕, 사천왕四天王이 나라를 보호하는 것, 왕이 나라를 다스리는 법, 계절에 따라 발생하는 병의 내용과 그것을 다스리는 법 등의 다양한 내용을 담고 있다. 따라서 사상적으로 대승의 근본교리를 두루 담고 있으며 밀교적인 요소도 포함하고 있음을 알 수 있다.[5] 동아시아 여러 나라에서는 특히 호국적인 측면을 중시하여『법화경』·『인왕반야경』과 함께 호국삼부경전護國三部經典으로 일컬어지며 널리 유포되고 신앙되어 왔다.[6]

## 2.『금광명경』한역본과 원효『금광명경소』의 대본 검토

이미 서술한 것처럼 경록의 기록에 따르면『금광명경』은 모두 여섯 차례 한역되었고[7] 현재 세 가지가 전해지는데 그 자세한 내역은 다음과 같다. 첫째, 북량北涼 담무참曇無讖(385~433)이 한역하였다. 모두 4권 18품[8]으로 이루어졌다. 이 책은 현재『금광명경』이라는 이름으로 전해지고 있다. 현존하는 범어 고사본과 가장 일치하는 내용을 담은 것으로 평가된다.[9] 둘째, 후주後周 무제武帝(560~578 재위) 때 우파국優婆國 출신의 사야굴다耶舍

---

5 藤谷厚生(2005) pp. 5~6.
6 김상현(1976) p. 194.
7 『역대삼보기』12(T49. 104a·105c);『대당내전록』4(T55. 266a);『대당내전록』5(T55. 276b·278a);『대주간정중경목록』3(T55. 388a);『개원석교록』4(T55. 519c);『개원석교록』6(T55. 538a);『개원석교록』7(T55. 545a·548b·550c);『개원석교록』11(T55. 592a);『개원석교록』17(T55. 665a) 등에 여러 차례 언급되었는데, 이를 일목요연하게 정리한 것이 明一의『金光明最勝王經註釋』(T56. 717b)과 常藤의『주금광명최승왕경』(N4) p. 457a이다.
8 본 경의 18품을 순서대로 나열하면, 1. 서품; 2. 수량품; 3. 참회품; 4. 찬탄품; 5. 공품; 6. 사천왕품; 7. 대변천신품; 8. 공덕천품; 9. 견뢰지신품; 10. 산지귀신품; 11. 정론품; 12. 선집품; 13. 귀신품; 14. 수기품; 15. 제병품; 16. 유수장자자품; 17. 사신품; 18. 찬불품이다.
9 범본은 모두 20품으로 이루어졌는데, 한역본의 제3「참회품」이 범본에서는 제3과 제4의 두 품으로 이루어졌고, 범본의 제11품이 한역본에는 없다. 다른 한역본과 대조할 때 구조적으로 가장 변형이 적다. [藤谷厚生(2005) p. 1·25]

崛多가 동학인 사나굴다闍那崛多(523~600)와 함께 4권본을 재정비하고 품을 추가하였다. 곧 4권본 「참회품懺悔品」에서 장항長行을 「몽금고품夢金鼓品」이라 하고 게송을 「참회품懺悔品」이라고 하여 두 품으로 나누었고, 「사신품捨身品」에서 장항을 분리하여 「현보탑품現寶塔品」이라고 하였다. 또한 「수량품壽量品」과 「대변천신품大辯天神品」은 분량을 늘려서 한역하였다. 모두 5권 20품으로 이루어졌다. 이 책은 현재 전해지지 않는다. 셋째, 우선니국優禪尼國 출신의 진제眞諦가 552년 4권본에 「삼신분별품三身分別品」[10]·「업장멸품業障滅品」·「다라니최정지품陀羅尼最淨地品」·「의공만원품依空滿願品」의 네 품[11]을 추가하였다. 모두 6권 22품으로 이루어졌다. 이 책은 현재 전해지지 않는다. 넷째, 진제眞諦가 「다라니최정지품」의 빠진 부분을 보충하였다. 모두 7권으로 이루어졌다. 이 책은 현재 전해지지 않는다. 다섯째, 수나라 때 사나굴다闍那崛多가 「은주다라니품銀主陀羅尼品」과 「촉루품囑累品」을 한역하였고 이 두 품이 기존의 한역본에는 없었기 때문에 대흥선사大興善寺 보귀寶貴가 597년 기존의 한역본에 이것을 첨가하였다. 모두 8권 24품으로 이루어졌다. 이 책은 현재 『합부금광명경合部金光明經』이라는 이름으로 전해지고 있다. 여섯째, 의정삼장義淨三藏이 703년 한역하였다. 『합부금광명경』과 비교할 때, 「금승다라니품金勝陀羅尼品」·「여의보주품如意寶珠

---

10 「三身分別品」이 진제의 한역본에 처음 보이는 것은 三身說의 발생 시기를 추정할 수 있는 유일한 근거가 된다. 또한 야사굴다는 진제와 거의 동시대에 중국에 왔는데 그의 한역본에는 「삼신분별품」이 없는 것과 진제는 西印度 출신으로 남방 루트를 통해 중국에 왔고 야사굴다는 中北印度 출신으로 북방 루트를 통해 중국에 왔다는 것을 근거로 하여, 본 경이 지역적인 차이에 따라 다른 사상적 전개를 보였다고 주장하는 학자도 있다. [藤谷厚生 (2005) pp. 4~5]

11 Radich는 이 네 품의 원천 자료가 『菩薩藏經』·『大乘三聚懺悔經』·『莊嚴菩提心經』·『大方廣菩薩十地經』·『解節經』·『深密解脫經』·『孔雀王呪經』·*Kāyatrayāvamukhaśāstra*(D3980; P5290)일 가능성을 제시하였다. [Michael Radich, "On the Sources, Style and Authorship of Chapters of the Synoptic Suvarṇaprabhāsottama-sūtra T664 Ascribed to Paramārtha (Part1)," *Annual Report of The International Research Institute for Advanced Buddhology at Soka University* 17 (2014): pp. 207~244. 烏力吉吉日嘎拉(2014) p. 29 재인용.]

品」의 두 품을 추가하였고, 『합부금광명경』의 「사천왕품」은 「사천왕관찰인 왕품四天王觀察人王品」·「사천왕호국품四天王護國品」으로 열었고, 『합부금광 명경』의 「공덕천품功德天品」은 「대길상천녀품大吉祥天女品」·「대길상천녀증 장재물품大吉祥天女增長財物品」으로 열었으며, 『합부금광명경』의 「찬불품讚 佛品」은 「시방보살찬탄품十方菩薩讚歎品」·「묘당보살찬탄품」·「보리수신찬탄 품」·「대변재천녀찬탄품」으로 열었다. 또한 「서품」의 처음과 「사천왕품」· 「수량품」의 끝을 보충하였고, 「대변재천녀품」을 확대하였다. 모두 10권 31 품으로 이루어졌다. 이 책은 현재 『금광명최승왕경』이라는 이름으로 전해 지고 있다.

후지타니 아츠오(藤谷厚生)는 어떤 근거도 제시하지 않고 원효의 『금광 명경소』를 담무참 한역본에 대한 주석서라고 하였는데[12] 이는 타당하지 않다. 반면 김상현은 일찍이 본 서가 『합부금광명경』에 대한 주석서임을 밝혔다.[13] 이것도 역시 특별한 근거를 제시하고 있지는 않지만 현재 『금광 명최승왕경현추』(이하 『현추』로 약칭)에 인용된 원효의 글을 살펴보면 『금광 명경』 원문이 대부분 『합부금광명경』과 일치하고, 특히 담무참본에는 없 는 품, 예를 들면 「삼신분별품」·「업장멸품」·「다라니최정지품」 등과 관련 된 인용문이 매우 많다. 따라서 김상현의 견해가 타당하다.

## 3. 『금광명경』 관련 저술의 성립 및 전승 현황

본 경은 동아시아에서 사상적인 면이나 신앙적인 면에서 두루 중요한 역할을 하였다. 따라서 저명한 학자들이 대부분 이에 대한 주석서를 남겼 다. 본 장에서는 이 경에 대한 후대 학자의 연구 성과·현재 전해지는 문

---

12 藤谷厚生(2005) p.9.
13 김상현(1976) p.260.

헌의 현황 등을 살펴보겠다.[14]

## 1) 중국

후지타니 아츠오의 조사 결과에 따르면 중국에서는 본 경과 관련하여 진제의 『금광명경소』를 시초로 하여 모두 50부[15]에 달하는 문헌이 찬술되었는데, 이 가운데 현재 전해지고 있는 것은 다음과 같다.[16]

① 길장吉藏(549~623), 『금광명경소金光明經疏』(T39)

② 지의智顗(538~597)·관정灌頂(561~632), 『금광명경현의金光明經玄義』(T39)·『금광명경문구金光明經文句』(T39)·『금광명참법金光明懺法』(T46)·『국청백록國淸百錄』 일부(T46)

③ 혜소慧沼(651~714), 『금광명최승왕경소金光明最勝王經疏』(714)

④ 지례知禮(960~1028), 『사명십의서四明十義書』(T46, 1006)[17]·『금광명경

---

[14] 전반적으로 藤谷厚生(2005)가 정리한 목록에 의지하고(pp. 26~28) 문제의 소지가 있는 부분은 필자의 견해를 제시하는 방식으로 서술한다. 단 서술 형식은 목록을 참조하여 필자가 임의로 조정한 것이다.

[15] 藤谷厚生는 50부를 실었는데 필자가 말한 50부와 그 내용은 차이가 있다. 필자는 藤谷厚生가 목록에서 제시한 50부 가운데 勝莊의 것은 신라 출신이기 때문에 한국에서 찬술된 문헌으로 분류하기 위해 제외하였고, 그 자신이 본문에서 서술하였으나 목록에서 제외한 有則의 『金光明經正辨』을 첨가하여, 50부라고 하였다.

[16] 藤谷厚生는 연대별로 나열하였는데 이 가운데 驚韶의 『금광명경소』는 그 연대를 측정하지 못하고, 『신편제종교장총록』(T55. 1170a)에서 "『금광명경소』 4권. 경소 지음. (金光明經疏四卷. 驚韶述.)"이라고 한 것에 의거하여, 본 경록이 성립된 1090년보다는 이전일 것이라고 하여 뒷부분에 놓았다. 그런데 『수대사천태별전』(T50. 192c)에서 백마사 警韶를 驚韶라고 쓴 것, 『續高僧傳』 7(T50. 479c)에 실린 전기에서 진제삼장이 『금광명경』을 새롭게 번역하는 계기를 만들어 주고 그 자신이 본 경을 중시하고 강의한 것 등을 고려할 때, 경소는 陳의 警韶(508~583)를 가리키는 것으로 보인다.

[17] 藤谷厚生는 『金光明經十義書』라고 명명하고 현재 존재하지 않는다고 하였다. 그런데 『대정신수대장경』에 실린 『四明十義書』는 지례가 『금광명경』과 관련된 논의를 서술한 것, 여러 경록에서 『사명십의서』라는 명칭이 존재하지 않는 것, 『四明尊者敎行錄』에 실린 목록

현의습유기金光明經玄義拾遺記』(T39, 1023) · 『금광명경문구기金光明
經文句記』(T39, 1027) · 『금광명최승참의金光明最勝懺儀』(T46) · 『광명현
당체장문답게光明玄當體章問答偈』(T46) · 『사명존자교행록四明尊者
敎行錄』 일부(T46) · 『석난부종기釋難扶宗記』(X56)

⑤ 준식遵式(964~1032), 『금광명참법보조의金光明懺法補助儀』(T46) · 『금
광명현의문구과金光明玄義文句科』(1832년 간행 사본)

⑥ 종의從義(1042~1091), 『금광명현의순정기金光明玄義順正記』(X20,
1078) · 『금광명경문구신기金光明經文句新記』(X20)

⑦ 종효宗曉(1151~1214), 『금광명경조해金光明經照解』(X20, 1190)

⑧ 명득明得(1531~1588), 『금광명경문구과金光明經文句科』(X20) · 『금광
명경현의과金光明經玄義科』(X20)[18]

현재 전하지 않는 것 가운데 후대에 많은 영향을 미친 학자와 그 주석
서는 다음과 같다.

① 양梁 진제眞諦(499~569), 『금광명경소』(『금광명경문구金光明經文句』)

② 진陳 경소警韶(508~583), 『금광명경소』

③ 수隋 혜원慧遠(523~592), 『금광명경의소金光明經義疏』

④ 수隋 사나굴다闍那崛多(佛德·志德, 523~600), 『금광명경소』

---

에 『十義書』 3권이라고만 나와 있는 것 등을 고려할 때, 『사명십의서』와 『금광명경십의서』
는 동일한 문헌으로 보아도 무방할 것으로 생각되어 여기에 집어넣었다. 다만 『신편제종
교장총록』에서는 5권이라고 하였는데 현재 전해지는 것은 2권으로 이루어졌다.

[18] 藤谷厚生는 목록에서는 "玄暢, 『합부금광명경소』(3권 중 1권 존재)(700년 이전)"(p. 26)이
라고 했지만 본문의 研究史를 서술하는 부분에서는 "현창의 주석서는 전하지 않는
다."(p. 7)라고 하여, 모순된 면을 보인다. 필자는 본 서를 찾지 못하였기 때문에 전자를 오
류로 보아서 현존 목록에 집어넣지 않았다. 참고로 『金光明經玄義拾遺記』도 본문에서는
현존한다고 하고 목록에서는 결본이라고 했는데 실제로는 현존한다.

⑤ 당唐 도선道宣(596~667), 『금광명경소』[19]
⑥ 현창玄暢,[20] 『금광명합부경소』(『합부금광명경소』)(600~700)
⑦ 당唐 유측有則, 『금광명경소』·『금광명경정변金光明經正辨』

 이상의 문헌에서 ③을 제외한 나머지 학자의 글은 모두 『현추』에서 자주 거론되는 것이다. 따라서 그 저자인 간교(願曉, 835~871)의 시대까지 이들 문헌 가운데 저자별로 적어도 한 부씩은 모두 전해지고 있었음을 알 수 있다.

## 2) 한국

 본 경이 우리나라에 전해진 것은 7세기 중기 혹은 말기경이다. 이것은 본 경의 「사천왕품」에서 유래한 사천왕사가 679년 창건된 것과 본 경에 대한 우리나라 최초의 주석서라고 할 수 있는 원효의 『금광명경소』가 찬술된 기록과 그 문헌의 유통 행적이 보이는 것을 통해 추정한 것이다. 신라의 저명한 학자 대부분이 본 경에 대한 주석서를 남겼지만 현재 전해지

---

[19] 김상현과 藤谷厚生는 모두 남산율종의 개조인 道宣(596~667)이라고 하였다. 그런데 본서의 찬술 사실을 전하고 있는 『東域傳燈目錄』(T55, 1153b)에서 "寶積寺 사문 도선 지음"이라고 했는데 도선의 생존 시기 혹은 그 이전의 문헌에서 보적사라는 절을 찾을 수 없는 점, 도선의 전기 등을 비롯한 여타 문헌에 본 서가 그의 저술로 언급된 적이 없는 것 등을 고려할 때, 남산율종의 개조인 도선과 동일한 인물이라고 확정짓기에는 주의가 요구되는 것 같다.

[20] 『동역전등목록』(T55, 1153b)에서 "『금광명합부경소』 3권【현창 지음. 7권 경을 '합부'라고 한다.】(金光明合部經疏三卷【玄暢述, 七卷經云合部】)"라고 한 것에 의거하면, 眞諦가 한역한 7권본 『금광명』에 대한 주석서를 쓴 것이기 때문에, 위진시대의 현창(416~484)보다 뒤의 시대의 인물이어야 한다. 또한 당나라 때 스님 현창(797~875)이라면 『현추』의 인용문에서 警韶(508~583)가 현창의 글을 비판하고 있기 때문에 이것도 성립될 수 없다. 藤谷厚生는 주석서의 명칭에 의해서 의정의 10권본이 역출되기 이전의 저술로 보고 있다. [藤谷厚生(2005) p. 7]

는 것은 한 부도 없다.[21]

경록에 따르면 우리나라 학자가 찬술한 본 경과 관련된 문헌은 다음과 같다.

① 원효元曉(617~686), 『금광명경소』(『금고경소金鼓經疏』·『금고경의기金鼓經義記』[22]) 8권

② 승장勝莊(700~703 행적 보임), 『금광명최승왕경소金光明最勝王經疏』 8권

③ 경흥憬興(620?~713?), 『금광명경약의金光明經略意』 1권·『금광명경술찬金光明經述贊』 7권·『금광명최승왕경약찬金光明最勝王經略贊』 5권·『금광명최승왕경소金光明最勝王經疏』 5권 혹은 10권[23]

④ 둔륜遁倫(650~730), 『금광명경약기金光明經略記』 1권

⑤ 태현太賢(742~765 행적 보임), 『금광명경술기金光明經述記』 4권·『금광명경요간金光明經料簡』 1권

이미 밝힌 것처럼 이 가운데 남아 있는 문헌은 하나도 없다. 그러나 후대 학자들의 글에서 이들 문헌이 인용된 사례를 찾기는 어렵지 않다. 현대의 학자들에 의해 이러한 후대의 문헌에 실린 인용문을 모은 집일본이

---

21 김상현(1994)은 민영규의 논문을 인용하여 "경흥의 『金光明最勝王經略贊』 5권이 대정신수대장경간행회 소장본으로 현존하고 있지만 아직 학계에 소개되지 못하고 있다."(p. 260)라고 하였지만 藤谷厚生는 현존하지 않는 것으로 분류하였고 여타의 자료에서도 본 서의 존재를 언급한 것을 보지 못하였기 때문에 후자를 따랐다.
22 『금고경의기』를 『금광명경소』와 동일한 문헌으로 볼 것인지의 여부에 대해서는 논란이 있다, 자세한 것은 뒤에서 서술할 것이다.
23 藤谷厚生는 『동역전등목록』(T55, 1153b)에서 "金鼓經疏一卷【興師可詳】)"이라고 한 것에 의거하여 『금고경소』를 경흥의 저술로 집어넣었지만 이것 이외의 근거가 없으므로 수용하지 않았다.

만들어지기도 하였다. 이미 서술한 것처럼 김상현과 후쿠시 지닌이 원효의 『금광명경소』 집일문을 만들었고 또한 안계현에 의해 승장의 『금광명최승왕경소』(『한불전』 수록) 집일본이 만들어졌으며, 김상현에 의해 경흥의 『금광명최승왕경소』 집일본(『신라문화』 17·18집에 발표한 것[24]으로 아직 수록되지는 않았음)이 만들어졌다.

### 3) 일본

후지타니 아츠오의 조사 결과에 따르면 본 경과 관련하여 젠주(善珠, 724~797)의 『최승왕경유심결最勝王經遊心決』을 시초로 하여 모두 40부의 문헌이 찬술되었는데 이 가운데 현재 전해지는 것은 다음과 같다.[25]

> ① 明一(728~798), 『금광명최승왕경주석』 10권(T56)
> ② 常騰(740~815), 『주금광명최승왕경』 10권(『일본대장경』 4)
> ③ 最澄(767~822), 『장강금광명경회식長講金光明經會式』(T74; 『전교대사전집』 2)
> ④ 空海(774~835), 『금광명최승왕경개제金光明最勝王經開題』(T56) · 『최승왕경가타最勝王經伽陀』(T56)
> ⑤ 願曉(835~871), 『금광명최승왕경현추金光明最勝王經玄樞』(T56; 『일본대장경』 6)
> ⑥ 平備(9~10c 혹은 8c), 『최승왕경우족最勝王經羽足』(T56)
> ⑦ 證眞(1177~1180), 『금광명현약초金光明玄略抄』(『대일본전서』 24)
> ⑧ 貞慶(1155~1213) 등, 『최승문답초最勝問答抄』(『일본대장경』 6; 『대일본

---

24 김상현, 「輯逸金光明最勝王經憬興疏」 『신라문화』 17·18합집(신라문화연구소, 2000).
25 藤谷厚生(2005) pp. 27~28.

전서』20)

⑨ 良算(1202?), 『금광명경품석金光明經品釋』1권
⑩ 聖禪(13c경), 『최승왕경약석最勝王經略釋』1권
⑪ 實乘(1260년경), 『금광명경현의습유기회본金光明經玄義拾遺記會本』
⑫ 信空(1231~1316), 『금광명경청문초金光明經聽聞抄』1권
⑬ 宥快(1345~1416), 『최승왕경개제초最勝王經開題抄』1책
⑭ 不明, 『최승왕경개제문서最勝王經開題聞書』1첩(1446)
⑮ 不明, 『최승왕경여의보주진언最勝王經如意宝珠眞言』1폭(무로마치시대)
⑯ 不明, 『금광명최승왕경소회본金光明最勝王經疏會本』6권(1706)
⑰ 亮潤(1668~1750), 『금광명현의습유기탐이金光明玄義拾遺記探頤』3권(1716~1735)(『일본대장경』6)
⑱ 泰嚴(1711~1763), 『금광명경고金光明經考』1권(『진종전서』41)
⑲ 守篤本純, 『금광명경현의기문서金光明經玄義記聞書』4권(1751~1763)
⑳ 慧澄癡空(1780~1862), 『금광명경현의습유기문서金光明經玄義拾遺記聞書』1권
㉑ 不明, 『금광명경문구기회본金光明經文句記會本』8권(1832)
㉒ 大安(1806~1883), 『금광명최승왕경왕법정론품청기金光明最勝王經王法正論品聽記』1권

## 4. 『금광명경소』의 전승 현황 및 기존의 몇 가지 주장에 대한 비판적 검토

이미 서술한 것처럼 원효의 『금광명경소』는 현재 존재하지 않는다. 『나라록奈良錄』에 따르면 덴표 15년(743)의 기록에서 "『금광명경소』 8권. 원효 지음."이라고 하였는데 이것이 본 서의 존재를 확인할 수 있는 최초의 기

록이다. 또『나라록』쇼호 3년(751)의 기록에서는 "『최승왕경소』 8권. 원효 지음."이라고 하였는데 이는 문제의 소지가 있다. 『최승왕경』은『금광명최승왕경』의 약칭으로 이미 서술한 것처럼 원효가 입멸한 후에 한역된 것이기 때문이다. 당시 이미『금광명최승왕경』이 일본에 유포되어 활발하게 연구되는 상태였기 때문에 동본이역이라는 측면에서 구별하지 않고『금광명경소』를『최승왕경소』라고 기록했다고 추정할 수 있다. 또 본 서 쇼호 4년(752)의 기록에서는 "『금고경소』 8권. 원효 지음."이라고 하였다. 또한 『법상종장소』(914, 일본)에서도 여전히 "『최승왕경소』 8권. 원효 지음."이라고 적고 있는데,[26] 이것 역시 앞에서 서술한 맥락으로 이해할 수 있다. 보다 뒤의 시기에 찬술된 경록인『신편제종교장총록』(1090, 한국)에서는 "『금광명경소』 8권. 원효 지음."[27]이라고 하였고『동역전등목록』(1094)에서도 "『금광명경소』 8권【원효 지음. 밖의 제목은『금광명경소』이고 안의 제목은『금고경소』이다.】"[28]라고 하였다.

이상의 경록에 따르면 8세기 중반부터 11세기까지는 원효의『금광명경소』가 전해지고 있었다는 것을 확인할 수 있다. 또한 원효 이후에 찬술된『금광명경』 주석서 가운데 묘이치(明一)의『금광명최승왕경주석』· 조토(常騰)의『금광명최승왕경주』· 간교(願曉)의『현추玄樞』의 세 문헌에서 본 서를 대량 인용하고 있는 것에 의거하면 8~9세기까지 일본에서 활발하게 연구되었음을 알 수 있다. 그러나 12세기부터는 본 서가 유포된 흔적이 보이지 않는다. 다만 기벤(基辨, 1722~1791)이『대승법원의림장사자후초大乘法苑義林章師子吼鈔』에서 원효의『금고경소』를 네 차례 인용한 것이 보이는데,[29] 이것이 직접적인 인용이라면 이 시기까지『금광명경소』가 존재했다

---

26 『法相宗章疏』(T55, 1138c).
27 『新編諸宗教藏總錄』1(T55, 1170b).
28 『東域傳燈目錄』(T55, 1153b).
29 『大乘法苑義林章師子吼鈔』(T71, 582c·586a·587c·589a).

고 해야 한다. 그런데 이 네 차례의 인용문은 모두 젠주(善珠)가 『법원의
경』에서 인용한 것[30]과 내용이 동일하기 때문에[31] 직접적으로 인용한 것이
라고 확정할 수는 없다.

이 밖에 중국에서 찬술된 경록이나 후대의 주석서에는 본 서에 대한 기
록이 보이지 않는다.[32] 단 김상현(1994)은 당나라의 규기窺基(632~682)가 원
효의 『금고경소』를 인용한 사례가 있기 때문에 일찍이 중국에도 전해진
것으로 보아야 한다고 하였지만[33] 이 주장은 지나치게 비약적인 것으로
판단하여 채택하지 않았다.

먼저 김상현이 제시한 근거를 좀더 선명하게 재정리하면 다음과 같다.
첫째, 규기의 『대승법원의림장』에서 "어떤 사람이 말하였다. '솔이심率爾
心이 일어난 뒤에 심구심尋求心이 일어나지 않는다고 하는 것은 옳지 않으
니 가르침의 이치에 어긋나기 때문이다.'"[34]라고 하였다. 둘째, 일본의 기
벤이 본 서에 대한 주석서인 『대승법원의림장사자후초』에서 "(규기가 『대
승법원의림장』에서) 자불란自不亂을 밝힌 것[35] 가운데 세 번째는 차이가 있
는 설을 제시하여 분별하고 풀이한 것이다. (여기에서) '어떤 사람'이라고
한 것은 신라의 원효 논사이다. 그 논사가 지은 『금고경소』에서 자세하게
밝혔다."[36]라고 하였다. 그러므로 기벤의 말이 타당하다면 규기는 원효의
『금고경소』를 보았다고 해야 한다.

---

30 『法苑義鏡』(T71. 166c·168b·168c·169b).
31 『대승법원의림장사자후초』의 네 차례 인용문과 『법원의경』의 네 차례 인용문은 그 순서
대로 내용이 일치한다. 예를 들면 p. 582c는 p. 166c와 일치한다.
32 필자가 앞에서 제시한 중국에서 찬술된 『금광명경』 주석서의 본문을 모두 꼼꼼히 살펴본
결과이다.
33 김상현(1994) p. 262.
34 『大乘法苑義林章』1 "有人說言. 有率爾後. 不起尋求者. 不然. 違敎理故."(T45, 257a)
35 『大乘法苑義林章』1(T45, 256c).
36 『大乘法苑義林章師子吼鈔』"明自不亂中. 第三擧異說而辨釋. 有人者. 新羅元曉師也. 彼
師所造金鼓經疏中具明."(T71, 582c)

그런데 『대승법원의림장』의 동일한 글에 대해서 기벤보다 훨씬 이전의 학자인 젠주(善珠)는 『법원의경法苑義鏡』에서 "(『대승법원의림장』 본문에서) '어떤 사람이 말하기를, 솔이심이 일어난 뒤에 심구심이 일어나지 않는다고 하는 것은 옳지 않으니 가르침의 이치에 어긋나기 때문이다'라고 한 것은 원효 스님 등도 또한 이 뜻을 채용하였으니 『금고경소』에서 설한 것과 같다."37라고 하였다. 여기에서는 원효도 '어떤 사람'과 입장을 같이한다고 하였을 뿐이고, '어떤 사람'이 바로 원효라고 확정하지는 않았다. 그러므로 기벤의 글은 이러한 젠주의 서술을 비약한 것으로 파악하는 것이 타당할 것으로 생각된다.

이 밖에 김상현은 『금고경의기』를 『금광명경소』와 다른 문헌으로 규정하였지만38 이것도 또한 타당하지 않다. 김상현이 그 근거로 제시한 것은 『현추』에서 "구룡丘龍의 『금고경의기』에서 말하였다."39라고 한 것뿐이다. 그러나 이러한 책 이름은 『현추』에서도 한 번만 나오고 의천의 『신편제종교장총록』을 비롯한 여타 경록이나 다른 주석서에도 언급한 사례가 없다. 원효의 『금광명경소』가 『금고경소』와 동일한 문헌이라는 것이 일반적으로 인정되고 있는 점, 소와 의기가 서로 통용되는 의미로 인정되어 온 점, 예를 들면 법장의 『대승기신론의기』는 『대승기신론소』라고도 일컬어지는 것과 같은 것,40 『현추』의 인용문이 원효의 이름으로 인용된 다른 글과 중복되지 않는 점 등을 고려할 때 『금고경의기』도 또한 동일한 문헌을 가리키는 것으로 보는 것이 타당할 것으로 생각된다.

---

37 『法苑義鏡』 "有人說言. 有率爾後. 不起尋求者. 不然. 違敎理故者. 元曉師等. 亦用此義. 如金鼓疏."(T71. 168b)
38 김상현(1994) p. 260.
39 『玄樞』(T56. 501c).
40 『新編諸宗敎藏總錄』3(T55. 1175a).

## Ⅲ. 선행 연구자에 의한 원효『금광명경소』집일 현황과 그 비판적 검토

### 1. 김상현,『집일금광명경소』(1994)

1) 집일문의 특성

발췌 대상 문헌은 오직 간교(願曉)의『현추』에 한정된다. 그 이유라든가 한계에 대한 해명은 없다. 아마도 본 서가 가장 적극적인 형태로 기존의 연구서를 인용하고 있기 때문인 것으로 생각된다. 본 집일본의 구성 방식은『합부금광명경』의 품을 나열하고 각 품에 해당하는 주석을 집어넣었다. 그 순서는『현추』에서 배열한 것을 그대로 따랐다. 주로 직접인용문을 발췌하였지만 간접인용문도 일부 발췌하였는데 모두 228회 1만 2000여 자로 이루어졌다.

2) 집일문에 대한 비판적 검토

(1) 대상 문헌의 비포괄성

앞에서 제시한 세 가지 문헌 중『현추』만 발췌 대상으로 삼았기 때문에 집일본의 완정성이 떨어진다.『현추』가 원효의 글을 가장 많이 인용하고 있기는 하지만 여타 문헌에도 그 인용문이 나타나고 있기 때문이다.

(2) 많은 인용문의 누락

『현추』에는 원효와 관련된 글이 직접인용문[41]과 간접인용문[42]의 형태로

---

41 "曉云" 혹은 "『八卷經疏』(『금광명경소』)" 등이라고 하고 바로 이어서 원효의 견해를 서술

다양하게 제시되고 있다. 이것을 모두 추출하면 228회보다 훨씬 많은데 상세한 것은 뒤에서 서술하기로 한다. 그런데 김상현은 추출의 기준을 별도로 밝히고 있지 않았고, 간접인용문을 전적으로 제외한 것도 아니어서, 그가 추출한 문장에 의거하여 그의 추출 기준을 추측하는 것도 가능하지 않다. 이렇게 많은 인용문이 누락됨으로써 집일본의 완정성이 떨어지는 결과를 낳았다. 실제로 「견뢰지신품」·「수기품」·「찬불품」[43]에는 인용문이 전혀 없고 다른 몇몇 품은 그 중요성에도 불구하고 인용문이 매우 적어서 원효의 사상을 파악하기 어려운 경우가 많다.

### (3) 품에 따른 주석의 배열에 나타난 오류

품에 따라 인용문을 집어넣었는데 그 배열에 오류가 있다. 제1「서품」에는 현재 배열한 18회 문장 가운데 앞의 10회를 제외한 8회(⑪~⑱)만 넣어야 한다. 앞의 10회는 본격적으로 본문을 해석하기에 앞서 본경의 종지宗旨에 대한 논의, 능전能詮의 교체敎體와 관련된 문제 등을 다루고 있기 때문이다. 또한 제3「삼신분별품」에 배열한 58회 문장 뒤의 3회(㊄, ㊅, ㊇)는 제4「참회품」에 넣어야 한다.

### (4) 추출된 인용문에 나타난 오류

인용문을 잘못 끊은 사례: 그 사례가 매우 많지만 이 중 몇 가지만 제시하면 다음과 같다.

---

한 것을 가리킨다.
42 앞에 다른 학자의 주장을 제시한 후에 "원효의 설을 그대로 취하였다.(卽取曉說)"라고 하여 원효의 견해도 동일하다는 것을 보여 주는 형식으로 서술한 것을 가리킨다.
43 김상현의 집일본에서는 「참회품」에도 인용문이 없는데 이는 3회의 인용문을 앞의 「삼신분별품」에 잘못 배치하였기 때문이다. 따라서 필자가 이를 제외하였다.

| 발췌문 | 수정문 |
|---|---|
| 효는 세 가지 설을 제시하였다. "첫째는 意識을 '心'이라고 하니 心王의 뜻이기 때문이고, 수승한 것으로 이름을 받았기 때문이다. 識蘊을 '識'이라고 하니 모양에 짝하여 이름을 얻기 때문이다. 둘째는 無色의 四蘊을 '식'이라고 하고 三蘊을 '심'이라고 한다. 주된 것을 좇아 이름을 얻었기 때문에 식온을 식이라고 하니 모양에 짝하여 이름을 얻기 때문이다."<br>曉有三說. 一意識名心. 心王義故. 以勝受名故. 識蘊名識. 當相得名故. 二無色四蘊名識. 三蘊名心. 從主得名故. 識蘊名識. 當相得名故. | 효는 세 가지 설을 제시하였다. "첫째는 意識을 '心'이라고 하니 心王의 뜻이기 때문이고, 수승한 것으로 이름을 받았기 때문이다. 識蘊을 '識'이라고 하니 모양에 짝하여 이름을 얻기 때문이다. 둘째는 無色의 四蘊을 '식'이라고 하고 三蘊을 '심'이라고 한다. 주된 것을 좇아 이름을 얻었기 때문에 식온을 식이라고 하니 모양에 짝하여 이름을 얻기 때문이다. 셋째는 곧 嘉祥의 뜻을 취하였다. 그러므로 말하였다. 本識(아뢰야식)을 '심'이라고 하니 集起의 뜻이기 때문이다. 七識을 '식'이라고 하니 轉識이기 때문이다. 본식을 분별하여 산란하게 움직이기 때문에 또한 '조급하게 움직여 머물지 않네.'라고 하였다."<br>曉有三說. 一意識名心. 心王義故. 以勝受名故. 識蘊名識. 當相得名故. 二無色四蘊名識. 三蘊名心. 從主得名故. 識蘊名識. 當相得名故. 三卽取祥義故云. 本識名心. 集起義故. 七識名識. 是轉識故. 本識分別. 亦是散動故. 亦得言躁動不停.(『현주』 T56,645b) |

'세 가지 설'이라고 하였는데 두 가지 설에서 끊어서 셋째 설이 누락되었다. '三蘊'에서 '삼'을 셋째로 파악함으로써 발생한 오류로 보인다.

| 발췌문 | 수정문 |
|---|---|
| 曉云. 欲遣心心數法實有. …… 借幻人之心數. 以答梵王之問. | 徵曉云. 欲遣心心數法實有. …… 借幻人之心數. 以答梵王之問.(『현주』 T56,660a) |

'徵'의 유무에 따라 뒤의 견해를 설한 주체가 달라진다. 전자의 경우 원효가 되고 후자의 경우는 원효를 비판한 사람의 견해가 된다. 물론 이런 형태로 언급된 글을 원효라는 말이 들어갔다는 이유만으로 집일본에 넣어야 할 것인지에 대해선 또 다른 검토가 필요하다.

인용문을 잘못 끊었다고 할 수는 없지만 전후 문맥상 문장을 보충하지 않으면 무의미한 것: 발췌문에서 '여섯째의 것'이 무엇인지를 알기 위해서는 앞의 문장을 집어넣어야 한다.

| 발췌문 | 수정문 |
|---|---|
| 【효는 두 가지 뜻이 있다고 하였다. 처음의 뜻은 여기에서 설한 여섯째의 것이다. 나중의 뜻은 말하기를 "부처님께서는 이전에는 세 달 뒤에 멸도할 것이라고 말씀하시고 이제 (여기에서는 진실된 몸은) 멸도하지 않는다고 대답하여 이전에 말씀하신 것을 바꾸었기 때문이다."라고 하였다.】<br>曉有二義. 初此第六. 後云佛前三月滅度. 今答無滅. 交爻前故. | 셋째는 여래께서 침묵하신 것이다. 부처님께서 침묵하시는 것은 여섯 가지 일이 있다. 첫째는 답변을 요청하는 일이 아직 보이지 않는 것이고, 둘째는 대중이 아직 조용하지 않은 것이며, 셋째는 대중이 이미 아는 것이고, 넷째는 침묵을 통하여 허락하지 않는 것이며, 다섯째는 침묵을 통하여 수락하는 것이고, 여섯째는 제자로 하여금 대답하게 하는 것이다. 지금 부처님께서 침묵하신 것은 뒤의 두 가지 일 때문이다.【효는 두 가지 뜻이 있다고 하였다. 처음의 뜻은 여기에서 설한 여섯째의 것이다. 나중의 뜻은 말하기를 "부처님께서는 이전에는 세 달 뒤에 멸도할 것이라고 말씀하시고 이제 (여기에서는 진실된 몸은) 멸도하지 않는다고 대답하여 이전에 말씀하신 것을 바꾸었기 때문이다."라고 하였다.】<br>第三如來默然. 夫佛默然有六事. 一請事未見. 二大衆未靜. 三大衆已知. 四默然不聽. 五默然而受. 六令弟子答. 今佛默然. 在後二也.【曉有二義. 初此第六. 後云佛前三月滅度. 今答無滅. 交爻前故.】("현주") T56,547b) |

## 2. 후쿠시 지닌, 『日本佛敎各宗の新羅・高麗・李朝佛敎認識に關する硏究』의 『금광명경소』 집일 현황(2011~2013)

후쿠시 지닌은 19세기 말까지 일본불교 각 종파의 문헌에서 우리나라 출신 논사의 이름이 언급된 것 혹은 우리나라에서 성립된 문헌의 이름이 언급된 것을 모두 추출하여 정리하였다.[44] 이 연구서는 원효·경흥·태현 등과 같은 뛰어난 논사가 찬술했지만 현재는 전해지지 않는 문헌을 다수 싣고 있기 때문에 신라·고려시대의 불교사상을 좀더 폭넓게 이해하는 데 크게 기여할 것으로 기대된다. 본 장에서는 본 서에서 특히 원효의 『금광명경소』와 관련된 발췌문의 현황을 살펴보고 그에 대해 비판적으로 검토해 보고자 한다.

---

44 福士慈稔(2011~2013).

1) 집일문의 특성

(1) 집일문 발췌 대상 문헌 및 발췌 현황

이미 서술한 것처럼 일본에서 전승되어 온 문헌 전부를 대상 문헌으로 삼았다. 이 가운데 원효의 『금광명경소』와 관련된 인용문이 수록된 문헌과 발췌 현황은 다음과 같다.

- ① 安澄(763-814), 『중론소기中論疏記』(T65): 2개[제2권 상 p.21(三論宗의 部)]
- ② 願曉, 『현추』(T56): 517개[제2권 상 pp.30~54(三論宗의 部)]
- ③ 善珠, 『법원의경法苑義鏡』(T71): 4개[제2권 하 p.99(法相宗의 部)]
- ④ 明一, 『금광명최승왕경주석』(T56): 1개[제2권 하 p.106(法相宗의 部)]
- ⑤ 平備, 『최승왕경우족最勝王經羽足』(T56): 2개[제2권 하 p.109(法相宗의 部)][45]
- ⑥ 常騰, 『주금광명최승왕경註金光明最勝王經』(N4): 32개[제2권 하 pp.110~112(法相宗의 部)]
- ⑦ 淸範(963-999), 『오심의약기五心義略記』(T71): 1개[제2권 하, p.140(法相宗의 部)]
- ⑧ 基辨, 『대승법원의림장사자후초大乘法苑義林章師子吼鈔』(T71): 4개[제2권 하, pp.230~231(法相宗의 部)]

---

[45] 이 두 개의 인용문에 대해서 후쿠시 지닌은 "元師"라고만 하고 "曉"가 빠져 있어서 그의 글로 단정하는 것은 문제의 소지가 있기는 하지만 目錄類에 元師에 상당하는 인물이 『금광명경』의 주석서를 지은 것이 보이지 않기 때문에 그의 글이 아니라고 확정할 수도 없다고 하였다. [福士慈稔(2012) p.18]

모두 여덟 가지 문헌에서 563개의 인용문을 추출하였다. 이 가운데『현추』만 별도로 계산하면 모두 517개인데 이는 김상현이 추출한 228개보다 두 배 이상 많은 것으로 이전의 집일본을 넘어서는 연구 성과를 보여 주고 있다.

### (2) 집일문의 추출 방식

　『중론소기』·『법원의경』·『오심의약기』·『대승법원의림장사자후초』는 『금광명경』 주석서가 아니기 때문에, 책 이름, 곧 『금광명경소』 혹은 『금고경소』 혹은 『금고경의기』 등이 원효와 함께 명기된 것만 추출하였다.『현추』·『금광명최승왕경주석』·『주금광명최승왕경』은 『금광명경』 혹은 『금광명최승왕경』의 주석서이기 때문에 원효의 이름만 제시한 것도 모두 추출하였다.

　특히 『현추』에서는 간접인용문과 직접인용문을 모두 대상으로 하여 총 517개의 인용문을 추출하고 각각의 인용문에 번호를 붙였다. 그 인용문의 나열 순서는 『현추』의 내용상 순서와 무관하고 인용 형식을 33가지로 분류하여 이 순서에 의거하여 해당 인용문을 집어넣었다. 자세한 것은 아래의 표와 같다.

| ① 曉云 | 1~230 | ⑧ 曉疏 | 242·243 | ⑮ 曉同 | 320~324 | ㉒ 曉意 | 389~402 | ㉙ 曉加 | 426~429 |
|---|---|---|---|---|---|---|---|---|---|
| ② 曉言 | 231 | ⑨ 曉說 | 244~263 | ⑯ 曉宣 | 325·326 | ㉓ 曉皆 | 403·404 | ㉚ 曉莊 | 430~496 |
| ③ 曉公 | 232~235 | ⑩ 曉義 | 264~271 | ⑰ 曉依 | 327~336 | ㉔ 曉沼 | 405~418 | ㉛ 曉也 | 497~500 |
| ④ 丘龍金鼓經義記 | 236 | ⑪ 曉卽 | 272~302 | ⑱ 曉有 | 337~341 | ㉕ 曉位 | 419 | ㉜ 曉取 | 501~516 |
| ⑤ 曉記 | 237 | ⑫ 曉影 | 303~310 | ⑲ 曉述 | 342~347 | ㉖ 曉及興 | 420~422 | ㉝ 曉匠 | 517 |
| ⑥ 曉下 | 238·239 | ⑬ 曉釋 | 311~317 | ⑳ 曉顯 | 348~353 | ㉗ 曉亦 | 423·424 | | |
| ⑦ 曉下疏 | 240·241 | ⑭ 曉總 | 318·319 | ㉑ 曉興 | 354~388 | ㉘ 曉又 | 425 | | |

2) 후쿠시 지닌에 의해 제기된 쟁점에 대한 검토: 묘이치의 『금광명최승왕
경주석』에서 발췌한 인용문에 대한 견해

후쿠시 지닌이 발췌한 묘이치『금광명최승왕경주석』의 원효 인용문은
다음과 같다(①, ②, ③은 후쿠시 지닌의 입장에 의거하여 필자가 번호를 붙
여서 단락을 구별한 것임).

> ① 且白馬寺韶法師僧眞諦三藏解云. 此經示三身本有. 顯四德無
> 生. 開果果忘緣. 解如如眞實.
> ② 又有說云. 此經菩提涅槃因果爲宗. 究暢本始二果. 備顯緣正
> 兩因. 元曉師說.
> ③ 前二師說皆有道理. 但取一途互有不盡. 通用兩義乃無不周.
> 興法師說. 此經常住因果爲宗.

후쿠시 지닌은 이 글을 『금광명경소』에서 직접 인용한 것이 아니라, 경
흥의 『금광명경』 관련 장소章疏를 재인용한 것이라고 보는 것이 타당할 것
같다고 하였다. 그런데 그의 주장은 본문에 대한 잘못된 이해에 근거하여
제기된 것이다. 따라서 본문에 대한 이해의 오류를 지적하면 동시에 그
논지의 문제점이 드러날 수밖에 없다.

후쿠시 지닌은 앞의 글을 세 단락(①, ②, ③)으로 나누어서, ①은 진제,
②는 원효, ③은 경흥의 주장이라고 하였다. 이러한 전제가 타당하다면,
본문은 경흥이 자신의 『금광명경』 관련 장소에서 기존의 학설로 ①, ②를
소개하고 ③에서 이들에 대한 자신의 입장을 제시한 것으로 볼 수 있고,
후쿠시 지닌의 주장도 옳다.

그러나 ①, ②, ③으로 단락을 나누면 문맥상 연결이 되지 않는다. ②
에서 '유설'을 소개한 후에 '원효의 설이다'라고 하는 것도 자연스럽지 않

다. 『현추』에서 비슷한 문장이 나오는데, 진제삼장과 유설有說을 소개한 후에 "원효가 말하기를 '어떤 사람이 말하기를'이라고 한 것은 삼장을 가리키는 것이 아니라고 하였다. 지금 『의기』[46]를 자세히 살펴보아도 역시 이 글이 없다."[47]라고 한 것은 유설을 원효의 설로 볼 수 없다는 것을 의미한다.

또한 ③에서 앞의 두 가지 견해를 모두 도리가 있다고 한 것과 상주인과를 종지로 삼은 것이 모두 경흥의 주장이라는 것도 문맥상 자연스럽지 않다.

본문을 보다 분명하게 이해하기 위해 앞과 뒤에 생략된 문장을 보충하여 필자의 이해에 의해 단락을 나누면 다음과 같다.

    初明經宗趣者. 此經王宗諸說各異.
A ① 且白馬寺韶法師僧眞諦三藏解云. 此經示三身本有. 顯四德無生. 開果果忘緣. 解如如眞實.
B ② 又有說云. 此經菩提涅槃因果爲宗. 究暢本始二果. 備顯緣正兩因.
C 元曉師說. ③ 前二師說皆有道理. 但取一途互有不盡. 通用兩義乃無不周.
D 興法師說. 此經常住因果爲宗.
E 勝莊師解. 但以菩提因果爲經正宗.
F 惠沼師解. 今辨經宗略有二解. ⓐ 一云. 菩提因果爲宗. 何以故. 但說壽量及三身差別. 又第四卷. 但問菩提心因. 佛答但說十度之行. 又付囑品云. 唯菩提正因已爲汝說. 故知但以菩提因果爲宗. ⓑ 二云. 亦說涅槃因果爲宗. 壽量品

---

[46] 진제삼장이 지은 것으로 전해지는 『금광명경』에 대한 주석서이다.
[47] 『현추』 "曉云. 有說不指三藏. 今詳義記. 亦無此說."(T56, 486a)

中. 以三復次各十義故名爲涅槃. 又辨如來十種行已云. 當知是謂涅槃眞實之行. 故知亦以涅槃因果爲宗. ⓒ 此二種說任意取捨. 然雙取(勝). 云云.

이는 경의 종취를 설명한 부분인데, 묘이치가 그에 대한 여섯 학자의 견해, 곧 진제(Ⓐ), 어떤 학자(Ⓑ), 원효(Ⓒ), 경흥(Ⓓ), 승장(Ⓔ), 혜소(Ⓕ-ⓒ)를 소개한 글로 보면 전후 문맥이 자연스럽게 연결된다.

사실 집일본의 구성과 관련해서는 직접적 인용인지, 재인용인지의 여부는 그다지 중요하지 않다. 본문을 어떻게 이해하느냐가 원효의 견해가 무엇인지를 결정하는 것과 연결되기 때문에 이 문제는 중요해 보인다. 후쿠시 지닌의 해석에 따르면 Ⓑ는 원효의 입장이고 Ⓒ와 Ⓓ는 경흥의 입장이지만 필자의 해석에 따르면 Ⓒ가 원효의 입장이기 때문이다.

### 3) 집일문에 대한 비판적 검토

**(1) 원천적으로 잘못 발췌한 것**

발췌 범주 중 ㉛ 曉也에 속하는 것에 네 개가 있는데 이 중 497번은 잘못 추출된 것이다. 나머지 셋은 모두 문장의 끝에서 원효를 언급한 것인데, 497번에서 '효曉'는 『금광명경』 본문에 나오는 '비유譬喻'라는 단어를 해석하면서, 그 가운데 '유喻'의 뜻을 풀이한 것이다. 곧 후쿠시 지닌이 추출한 해당 문장은 "② 故立譬喻也. 譬者喻也. 眼目異名. 亦得異義. 譬者類也. 喻者曉也. 假借近事以況遠理. ① 曉諸未悟謂之譬喻."이다. ①은 '아직 깨닫지 못한 것을 깨닫게 하는 것'이라는 뜻이다. 설령 '효曉'가 원효가 맞았다고 하더라도 ②는 앞의 문장과 연결된 것이므로 의미가 없는 것이다. 이 인용문을 삭제하면 실제로 후쿠시 지닌이 『현추』에서 추출한 인용문은 모두 516개라고 할 수 있다.

## (2) 누락된 것

원효와 관련된 글이지만 설정된 33가지 범주에 들어가지 않음으로써 누락된 것이 모두 10개이다. 이것을 후쿠시 지닌과 동일한 방식으로 정리하면 다음과 같다.

| | |
|---|---|
| 取曉 | ①【莊有二釋. 一云. 結顯上衆. 二人非人者. 謂顯似人鬼神衆. 若爾. 及言應成無用. 第二取曉.】(『현주』T56,541b) |
| 曉開 | ② 次此四譬四住. 色住如月. 想如炎. 受如夢. 行如響. 色不有不無. 若言有爲. 憐虛所成. 旣無憐虛. 故知無色. 旣有名相. 不得言無. 譬月不可定有定無. 本由和合有觸受. 觸受旣非和合生如夢. 想如炎. 由心顚倒所生故. 行依他力所生如響.【依他力者. 前三心無別境也. 曉開炎露. 以爲五喩. 卽喩五陰.】(『현주』T56,656c) |
| 曉引 | ③ 因果相成者. 待因有果. 待果有因. 若定有不須待. 若定無有待. 故不有不無. 不得言定有定無也.【曉引本業經廣百論釋之. 大意同也.】(『현주』T56,656c) |
| 曉則 | ④ 初有三. 一心念處. 他心通. 二眼視處. 天眼通. 三身至處. 身通【祥沼興卽曉則取心等略通也.】(『현주』T56,682b) |
| | ⑤ 第二現舍利中有三. 一佛命取舍利. 二佛命將舍利. 二佛命衆頂禮. 三中各兩.【此中莊沼 文故榮繁. 曉則六文. 意出於本. 應知.】(『현주』T50,705c) |
| 祥曉及沼 | ⑥ 第二佛述有二. 一明聽受之者得報. 二若有衆下. 明供養之者得報.【祥曉及沼取之.】(『현주』T56,684c) |
| 曉多影 | ⑦ 初一頌答上第二病食飮問. 二一頌答上第一病因緣問. 三兩頌答上第三治病藥問. 四二頌答上第四發病時問. 曉多影之.(『현주』T56,699c) |
| 曉上取 | ⑧ 金主肺白色. 大腸爲腑. 南方火主脾赤色. 小腸爲腑. 東方木主肝靑色. 膽爲腑. 北方水主腎黑色. 三焦爲腑. 中央心主土黃色. 膀胱爲腑【曉上取之.】(『현주』T56,700b) |
| 曉合取 | ⑨ 初來意者. 上來兩章. 旣明弟子. 得記之因. 成授記品. 今此一章. 第二正擧釋迦苦行之因. 以成壽量之果【祥興取之.】又顯如來上品慈故.【莊影取之. 曉合取二. 具如疏文.】(『현주』T56,704a) |
| 曉引 | ⑩ 然讚他方. 應有多佛. 而但擧此一者. 正言信相. 後時成佛. 名金寶蓋山王如來. 字同. 欲示此經興由信相. 故偏讚之.【曉引三說. 初卽取之. 餘如彼也.】(『현주』T56,710a) |

## (3) 기타 몇 가지 문제점 검토

이상에서 검토한 것 이외의 다양한 문제 중 몇 가지만 검토해 보면 다음과 같다.

직접인용문을 잘못 끊은 것: 한문의 성격상 원문에 특정 부호가 사용되지 않기 때문에 인용문이 끝나는 지점을 찾는 것은 쉬운 일은 아니다. 후쿠시 지닌의 집일문의 경우도 예외가 아니어서 이러한 문제가 곳곳에 드러난다. 이 가운데 몇 가지를 제시하고 그 문제점을 지적하면 다음과 같다.

| 집일문 | 수정·보충한 것(밑줄은 추가한 문장임을 나타냄) | 이유 |
|---|---|---|
| 此卽曉說. 故八卷經疏第一云. 初師存平等門而正因果差別之相.(『현추』 244) | ③ 莊云. 眞諦三藏云. 此經示三身本有. 顯四德無生. 有說. 此經菩提涅槃因果爲宗. 究錫本始二果. 備顯緣正兩因. ⓐ 此卽曉說. 故八卷經疏第一云. ① 初師存平等門而正因果差別之相. 後師得差別門而失一味平等之性. ② 然尋經文無所不統. 廣談染淨差別. 不動實際一味. 盛明法界平等. 不壞因果二相. 皆同一味平等. 不異本之. 科文釋義. 斯意自彰. 當知二說偏取未盡. 通用兩義乃無不周.(『현추』 T56.486a) | ①의 "初師"·"後師"는 앞의 두 가지 설에 대한 원효의 비판적 견해. ②는 원효가 양자를 화쟁하는 논리를 펼친 것. ③은 ⓐ의 "此"가 지시하는 것. 그러므로 직접인용문은 아니지만 함께 실어야 전후 맥락이 드러난다. |
| 曉云. 能現之心. 所現之相. 聚集顯現. 乃至如是一百七十八法. 以類相攝不出五種. 一語二名三句四字五義. 乃至此五略攝爲二. 前四是文. 後一是義. 故說文義以爲體. 如是文義不出識外.(『현추』 6) | 曉云. 能現之心. 所現之相. 聚集顯現. 乃至如是一百七十八法. 以類相攝. 不出五種. 一語二名三句四字五義. 乃至此五. 略攝爲二. 前四是文. 後一是義. 故說文義以爲體. 如是文義. 不出識外. 故說唯識. 以爲敎體. 且隨世俗. 假說如是. 효가 말하였다. "나타낼 수 있는 마음과 나타낸 모양이 모여서 현현하여 내지 이와 같은 178법이 있는데, 같은 종류를 서로 섭수하면 다섯 가지를 넘어서지 않는다. 첫째는 語이고 둘째는 名이며, 셋째는 句이고 넷째는 字이며, 다섯째는 義(의미)이다. 내지 이 다섯 가지를 줄여서 섭수하면 두 가지가 되니, 앞의 네 가지는 文이고 뒤의 한 가지는 義이다. 그러므로 문과 의를 체로 삼는다고 설한다. 이와 같은 문과 의는 識을 떠나서 일어나는 것이 아니다. 그러므로 唯識을 가르침의 체라고 설한다. 잠깐 世俗을 따라 임시로 이와 같은 것을 설한 것일 뿐이다."(『현추』 T56.488c) | 전후 문맥을 통해 파악할 수 있기 때문에 해석으로 대신하였다. |

| | | |
|---|---|---|
| 曉師云. 水蛭蟲者. 體柔無骨. 喻於法身無質礙色. 言白齒者.骨之餘殘. 喻於舍利體之餘殘. 蛭體無骨不可生齒. 解脫身者無繫縛色.(『주금광명최승왕경』 3) | 曉師云. 水蛭蟲者. 體柔無骨. 喻於法身無質礙色. 言白齒者. 骨之餘殘. 喻於舍利體之餘殘. 蛭體無骨不可生齒. 解脫身者無繫縛色. 豈可焚燒而生舍利有質礙色.<br>효사가 말하였다. "'거머리'라는 것은 몸이 유연하고 뼈가 없는 것이니, (이것으로) 法身이 공간을 점유하는 성질을 가진 색을 갖추고 있지 않은 것을 비유하였다. '하얀 이빨'이라는 것은 뼈의 잔여물이니, (이것으로) 舍利가 몸의 잔여물인 것을 비유하였다. 거머리의 몸은 뼈가 없어서 이빨을 만들어낼 수 없는 것처럼 (여래의) 해탈한 몸도 색에 속박됨이 없으니, <u>어찌 태워서 형체와 공간을 점유하는 성질을 가진 색인 사리를 얻을 수 있겠는가!</u>"(『주금광명최승왕경』 N4.495b) | 전후 문맥을 통해 파악할 수 있기 때문에 해석으로 대신하였다. |

이 밖에 『현추』 7·10·59·94·110·113·139·141·157·161·461, 『금광명최승왕경』 18 등도 동일한 문제를 보이고 있다.

앞뒤로 문장을 보충하지 않으면 무의미한 집일문: 직접인용문의 형태가 아닌 형태의 집일문은 발췌에 있어서 별도의 기준 설정이 필요한 것으로 생각된다. 후쿠시 지닌의 집일문에서는 33가지 범주 이외에 별다른 기준을 찾을 수 없다. 예를 들면 "원효는 이것을 그대로 취하였다.(曉卽取之)", "원효와 경흥은 이것을 취하였다.(曉興取之)", "원효와 경흥은 이것에 의거하였다.(曉興依之)", "이것은 곧 원효의 뜻이다.(此卽曉義)" 등과 같은 형식의 집일문에서는 앞의 글('이것')을 보지 않으면 원효의 입장을 알 수 없다. 그런데 후쿠시 지닌의 집일문은 어떤 것은 앞의 글을 집어넣고(『현추』 284·329·399), 어떤 것은 집어넣지 않아서(『현추』 274~283·285~288·290~302 등) 일관성을 찾을 수 없다. 다만 집어넣지 않은 경우가 더욱 많다. 혹은 집어넣은 경우에도 문장을 잘못 끊어서 실질적으로 그 의미를 파악하기 어려운 경우도 있다.(『현추』 269) 이 가운데 몇 가지를 제시하고 그 문제점을 지적하면 다음과 같다.

문장을 보충해야 유의미한 것

| 집일문 | 수정·보충한 것 | 이유 |
|---|---|---|
| 曉同. 如下三身品疏.(『현추』 322) | 問. 解節經亦同大品. 一生補處. 與最後身. 有何差別. 答. 測深密疏第一引八敎說. 依薩婆多. 覩史天身名爲一生. 下生人中成佛身者名最後身. …… 問. 若說天名一生者. 大論何會. 四48十八云. 三生菩薩唯生兜率. 解云. 據實三生. 謂人生天生最後生. 而說天名三生者. 三中一數故說三生. 人身已受故. 後身成佛故. 不說人生後生名三生也. 具如彼辨. 此契本意. 故淨名疏云. 現在人間. 次生天上. 後下生成佛. 大論數此以三生. 現在人間已受生故. 不故49復數之. 後下生成佛屬佛身. 亦不數之. 俱50取生天之身. 故立51一生.52【基取此釋. 曉同. 如下三身品疏.】(『현추』 T56,522a) | 원효의 견해가 바로 앞에 나오는 『해심밀경소』·『유마경의소』와 동일함을 말하고 있다. 따라서 직접인용문은 아니지만, 앞의 글을 집어넣어야만 원효의 입장을 알 수 있다. |
| 曉興取之. 曉加云. 女神形醜. 故隱下半. 就實論之. 大權菩薩隱本現迹. 爲表此義. 故現半身 (『현추』 429) | 現半身者. 女神形醜. 又理中是法身. 應作此迹. 迹形本是一半也.【曉興取之. 曉加云. 女神形醜. 故隱下半. 就實論之. 大權菩薩. 隱本現迹. 爲表此義. 故現半身.】(『현추』 T56,702a) | 원효의 견해는 두 가지이다. 첫째는 바로 앞에 나오는 글과 동일하다. 둘째는 덧붙여서 밝힌 견해이다. 그러므로 앞의 글을 집어넣어야 원효의 견해를 온전히 알 수 있다. |
| 曉卽取之.(『현추』 277) | 身者依義本義因義. 依者依法身故有應身. 依應身故有化身. 依化身故有出世善根功德也. 因義者. 法身出應身. 因應身因應出化. 因化身衆生善根功德智慧. 亦得因道前法身生十信化身. 因十信化生十解等應身. 因地前應身生登地法身. 本義者. 法身爲本應身爲末. 應身爲本化身爲末. 化身爲本衆生善根爲末也.【曉卽取之. 加積聚義. 如前應知.】(『현추』 T56,565c) | 바로 앞과 같은 문제이다. |

48 『해심밀경소』에 따르면 '四'는 '三'이다.
49 『유마경의소』에 따르면 '故'는 연자이다.
50 『유마경의소』에 따르면 '俱'는 '但'이다.
51 『유마경의소』에 따르면 '故'는 '云'이다.
52 『유마경의소』에 따르면 '生' 뒤에 '耳'가 누락되었다.

문장을 보충했으나 잘못 끊은 것

| 집일문 | 수정·보충한 것 | 이유 |
|---|---|---|
| 名初發心. 此卽曉義. 莊卽取之 故不相違.(『현추』269) | 問. 曉公等云. 懺悔滅罪明地前行. 今說地上. 何故今云標十信等之發心耶. 答. 從彼起故. 興云. 初大劫中. 所修一切福智二德善法欲等二分善根備足爲因. 而得生起初地眞智. 名初發心. 此卽曉義. 莊卽取之. 故不相違.<br>문: 효공 등은 말하기를 "참회하여 죄를 소멸하는 것(「참회품」)은 地前의 行을 밝힌 것이고 지금(「다라니최정지품」)은 地上을 밝힌 것이다."라고 하였는데, 무엇 때문에 지금은 "십신 등의 발심을 나타낸 것"이라고 하는가? 답: 그 지위에서 발생한 것이기 때문이다. 경흥이 말하였다. "(3대 아승기겁 중) 처음의 대겁 동안 닦은 일체의 福德·智德과 善法欲(선법을 행하려는 욕구) 등의 두 부분의 선근을 원만하게 갖춘 것을 원인으로 하여 초지의 眞智를 일으키는 것을 초발심이라고 한다." 이것은 바로 효의 뜻이다. 승장도 이것을 그대로 취했다. 그러므로 서로 어긋나지 않는다.(『현추』T56.609c) | 전후문맥을 통해 파악할 수 있기 때문에 해석으로 대신하였다. |

『금광명최승왕경』에 대한 주석일 것으로 의심되는 집일문: 조토의 『주금광명최승왕경』에서 후쿠시 지닌이 발췌한 인용문은 모두 32개인데 이 가

| 번호 | 『합부금광명경』 | 『금광명최승왕경』 | 집일문 |
|---|---|---|---|
| 1 | 善男子. 譬如有一丈夫. 父母多有錢財果報. 然彼丈夫諸子知財聚已. 不生希有想未曾有想. 所以者何. 謂多果報故. 善男子. 如是如是. 彼等衆生. 若知如來不入涅槃已. 不生希有想未曾有想難得想 所以者何. 謂常見故.(T16.361a) | 善男子. 譬如有人. 見其父母. 多有財産. 珍寶豊盈. 便於財物. 不生希有難遭之想. 所以者何. 於父財物生常想故. 善男子. 彼諸衆生亦復如是. 若見如來不入涅槃. 不生希有難遭之想. 所以者何. 由常見故.(T16.405b) | 【曉云. 彼衆生者合有人也. 若見等者合財豊盈. 由常見故者合父物常想故.】<br>(『현추』T56.544a)<br>(『현추』28) |
| 2 | 善男子. 如是如是. 彼等衆生. 若見如來已入涅槃. 當得希有得未曾有. 當生苦想.(T16.361a) | 若見如來入於涅槃. 生難遭想乃至憂苦等想.(T16.405b) | 【曉云. 若見乃至等想. 合父母貧窮喩.】<br>(『현추』T56.544b)<br>(『현추』29) |

| | | | |
|---|---|---|---|
| | 於無量時. 諸佛世尊. 乃出於世. 譬如優曇婆羅華. 於無量時. 乃出於世. 如是如是. 諸 | | |
| 3 | 佛世尊於無量時乃當出世. 彼等衆生得有希有行. 得未曾有當得踊躍. 彼等見如來已則當信向. 若聞如來實語言時. 當受如是等 修多羅 當不違競.(T16.361a) | 復作是念. 於無量劫. 諸佛如來. 出現於世. 如烏曇跋花. 時乃一現. 彼諸衆生. 發希有心. 起難遭想. 若遇如來. 心生敬信. 聞說正法. 生實語想. 所有經典. 悉皆受持. 不生毀謗.(T16.405b) | 曉云. 合也. 意即此喩釋. 彼丈夫貴家喩. 義非別立故. 故云次言彼等. 若遇如來敬信者 合詣王及大臣家. 聞說等者 合於家中見倉寶滿. 所有經典等者 合生希有心乃至無怠. (『현주』T56.544b) (『현주』30) |
| 4 | 如蠅大醉酒. 不能造窠穴. 於佛無正行. 不能至三乘.(T16.362a) | 若蠅飲酒醉. 周行村邑中. 廣造於舍宅. 方求佛舍利.(T16.406b) | 曉師云. 蠅之爲患. 點黑爲白. 點白爲黑. 喩於外道計邪爲正. 計正爲邪. 飲酒醉者. 喩諸外道. 飲其邪師之敎. 不悟聖敎之旨. 言村邑者. 是小空處. 四聖諦境猶如村邑. 人空之理譬如宅. 造者. 趣也. 如醉酒蠅不能趣宅. 故至歲寒必受死苦. 如是 外道不趣人空. 由着我故. 受生死苦. 尙不能趣二乘之果. 況亦佛果自在我德. (『주금광명최승왕경』N4.496b) (『주금광명최승왕경』6) |
| 5 | 世尊. 云何菩薩摩訶薩. 於諸如來. 如法正修行.(T16.362c) | 世尊. 云何菩薩摩訶薩. 於諸如來甚深祕密. 如法修行.(T16.408b) | 曉法師云. 菩薩摩訶薩. 謂能修人. 於諸如來者. 問所觀境. 如法修行者. 問修之人. 謂於十方三世如來. 緣何等身. 如法修行. (『주금광명최승왕경』N4.515c) (『주금광명최승왕경』10) |
| 6 | 法身者. 非是行法. 無有異故. 是自本故. 猶如虛空. 是故說常.(T16.363c) | 法身者. 非是行法. 無有異相. 是根本故. 猶如虛空. 是故說常.(T16.409b) | 曉云. 四句. 宗因喩也. 初以二義以立常宗. 非行法者. 明非生滅無常. 非如二身衆緣所生. 行於三世. 如言諸行無常有生滅法. 法身不爾故非行法. 無異相顯非及異無常. 非如二身橫有彼此之異縱有前後異. 法身無有如是二異. 故無異相. 一無生無滅. 二及異. 以此二義立常宗也. 根本故者是辨因. 言如虛空者是同喩. 言如世虛空. 爲風輪等作所依本. 故是常住. 其風輪等是能依末. 故爲無常. 如是法身爲所依本. 故是常住. 不如應化非是本故爲無常也. (『현주』T56.572c) (『현주』80) |

| 7 | 是故性極淸淨攝受法身. 智慧淸淨攝受應身. 三昧淸淨攝受化身.(T16.364c) | 由性淨故能現法身. 智慧淸淨能現應身. 三昧淸淨能現化身. (T16.410b) | 曉法師云. 由性淨故能現法身者. 法果本有自性之淨. 果時亦得智障之淨. 以是性極淸淨. 以還法身之體. 猶如離垢淸淨還現法身之體. 猶如離垢淸淨現眞金之性也. 智慧淸淨能現應身者. 法身性得智慧離煩惱障淸淨. 以此能現應諸德. 三昧淸淨能現化身者. 法身性得三昧離業障之淸淨. 以此能現化身諸相. 猶如練金作佛形像. 形像喩於應化身相. 練金喩於法身定慧. 定慧淸淨之外別無二身之相. 故以定慧示現二身. 如練金外別無形像也.<br/>(『주금광명최승왕경』N4.533c)<br/>(『주금광명최승왕경』23) |
| --- | --- | --- | --- |
| 8 | 是故. 於一切境界. 不正思惟. 悉除斷故. 而於此法. 無有二相. 無有分別. 聖所修行. 於如如. 無二相法中. 以修行故.(T16.364c) | 以是義故. 於諸境界不正思惟悉皆除斷. 卽知彼法無有二相. 亦無分別. 聖所修行. 如如於彼無有二相. 正修行故.(T16.410b) | 曉法師云. 以是義故者. 是前所說知見佛身無別故. 於一切境亦得正惟故. 言於諸不正思惟悉皆除斷. 分別二執. 此中名爲不正思惟. 初地見道悉皆除斷. 而於此法無有二相者. 謂如如境無有二相. 應化卽法身故. 亦無分別聖所修行者. 此卽起行無有分別. 無漏聖智之所修行.<br/>(『주금광명최승왕경』N4.554c)<br/>(『주금광명최승왕경』25) |
| 9 | 如如法界智慧淸淨. 如是如是一切自在具足攝受故. 得一切自在者一切諸障悉滅故.(T16.364c) | 如如法界正智淸淨. 如是如是一切自在具足攝受. 皆得成就一切諸障悉皆除滅.(T16.410b) | 曉法師云. 如如法界正智淸淨者. 牒前地法身顯現. 如是如是一切自在具足攝受. 攝受隨法身顯現 攝受具足自在.<br/>(『주금광명최승왕경』N4.555c)<br/>(『주금광명최승왕경』26) |
| 10 | 見婆羅門. 擊于金鼓. 其鼓音中. 說如是偈. 是大金鼓. 所出妙音. 悉能滅除. 三世諸苦. 地獄餓鬼. 畜生等苦.(T16.365c) | 有一婆羅門. 以桴擊金鼓. 於其鼓聲內. 說此妙伽他. 金光明鼓出妙聲. 遍至三千大千界. 能滅三塗極重罪. 及以人中諸苦厄.(T16.411b) | 曉法師云. 金鼓所表法身之體. 無所不遍. 能證之智. 亦無不遍故. 其所出音聲. 遍至三千.<br/>(『주금광명최승왕경』N4.564a)<br/>(『주금광명최승왕경』29) |
| 11 | 於現在世中. 初發心菩薩所有發菩提心功德. 過百大劫行菩薩行所有大功德聚. 得無生法忍得不退地功德之聚. 得一生補處. 如是一切功德. 悉以隨喜讚歎皆如上說. | 又於現在. 初行菩薩發菩提心所有功德. 過百大劫行菩薩行. 有大功德獲無生忍. 至不退轉. 一生補處. 如是一切功德之蘊. 皆悉至心隨喜讚歎. 過去未來一切菩薩 | 曉云. 四重. 言初行者. 通取十信也. 過百劫者通說三賢. 獲無生者初地至九. 一生補者在第十地. 乃至過未單設. 具如現在. 故言亦復如是.<br/>(『현주』T56.602a)<br/>(『현주』120) |

『금광명경소』| 413

| 11 | 過去未來一切菩薩功德. 隨喜讚嘆. 亦復如是.(T16,369b) | 所有功德隨喜讚歎. 亦復如是.(T16,415a) | |
|---|---|---|---|
| 12 | 是身虛偽. 猶如空聚. 六入村落. 結賊所止. 一切自住. 各不相知.(T16,379b) | 當知此身如空聚. 六賊依止不相知. 六塵諸賊別依根. 各不相知亦如是.(T16,424a) | 曉師云. **舊經云**. 是身虛偽猶如空聚. 言是身者. 謂內六處. 積集名身. 假合無實故言虛偽. 虛偽無主故如空聚. 六賊者卽外六處. 能起煩惱能集恐奪善根故名爲賊. 依內六處爲所依止. 色依眼根廣說. 乃至法依意根一切皆住. 而彼六根不知是賊. 又此六塵不知空聚. 以之故言不各相知.<br>(『주금광명최승왕경』 N4,650c)<br>(『주금광명최승왕경』 31) |

운데 7개(6·10·23·25·26·29·31)는 『금광명최승왕경』과의 일치도가 더 높은 것이 발견되었다. 또한 간교(願曉)의 『현추』에서 후쿠시 지닌이 발췌한 인용문은 모두 517개인데 이 가운데 5개(28·29·30·80·120)도 역시 『금광명경최승왕경』과 일치도가 더 높은 것이 발견되었다.

이 글이 원효의 주석이 확실하다면 『금광명최승왕경』에 대한 원효의 주석이 존재했어야 한다. 그러나 이러한 가정은 성립되지 않는다. 본 경이 한역된 것은 원효가 죽은 이후인 703년이기 때문이다. 그렇다면 이 글은 원효 이외의 다른 사람의 주석이라고 가정할 수 있다. 그러나 이러한 가정은 다음과 같은 문제가 발생한다. 첫째, 조토·간교 이전 혹은 동시대에 '曉'라는 이름을 가진 논사로서 『금광명경』 관련 저술을 남긴 기록이 전해지는 사람이 없다. 둘째, 두 저술에 수록된 원효의 글에서도 상기 12개의 글과 동일하게 '曉師·曉云'이라고 하고 그 글을 인용하고 있어서 특별히 양자를 구별하려는 의도가 보이지 않는다.

## Ⅳ. 원효 『금광명경소』 신 집일본 편찬 작업 과정 보고

신 집일본의 편찬에 있어서 김상현과 후쿠시 지닌의 선행 작업은 매우 유용하였다. 그러한 토대가 없었다면 새롭게 편찬하려는 시도 역시 가능하지 않았을 것이다. 선행 작업의 결과물을 수용하고 그것의 불완전성을 보충함으로써 신 집일본을 편찬할 수 있었기 때문이다. 이제 필자가 신 집일본의 편찬을 위해 작업한 방식을 서술하겠다.

첫째, 원효 이후의 『금광명경』 관련 주석서에서 언급한 글을 찾기 위해, 중국·우리나라·일본을 총망라하여 원효 이후에 찬술된 『금광명경』에 대한 주석서의 목록을 작성하였다.[53] 이 가운데 현존하는 문헌을 모두 찾아서 원효의 글을 인용한 사례가 있는지 일일이 확인하였다. 그 결과 중국에서 찬술된 문헌에서는 그 사례를 전혀 찾을 수 없었다. 우리나라에서 찬술된 문헌은 이미 밝힌 것처럼 현존하는 것은 없다. 다만 승장의 『금광명최승왕경소』 집일본이 『한국불교전서』에 수록되어 있고, 김상현이 『집일금광명최승왕경경흥소』를 발표하여, 이 두 문헌의 일부는 확인할 수 있지만, 이것들도 역시 집일문이기 때문에 발췌 대상 문헌으로 삼는 것은 의미가 없고, 실제로 이 문헌을 찾아보아도 이들이 직접 원효의 글을 인용한 사례를 찾을 수 없다. 물론 『현추』에서 "승장이 원효의 견해를 징힐하여 말하였다.(莊徵曉云)"라든가, "경흥이 원효의 견해를 징힐하여 말하였다.(興徵曉云)"라든가 하는 글이 종종 나오는 것에 따르면, 경흥과 승장이 어떤 식으로든 원효의 글을 인용한 것이 분명하기는 하다. 그러나 현재로서는 이 문헌에 의해 인용된 사례를 찾는 것은 가능하지 않다. 다음에 일본에서 찬술된 문헌에서는 후쿠시 지닌이 그의 집일문에서 찾아낸 문헌을 제외하고는 그 사례를 찾을 수 없었다. 다만 그 용례에 있어서는 이미 서술한 것처럼 『현추』에서 후쿠시 지닌의 집일문에서 누락된 글 10개가 발견되었다. 이렇게 하여 후쿠시 지닌의 집일문 총 563개와 필자가

---

53 藤谷厚生(2005) pp. 26~28을 참조하였다. 다만 이 도표에 보이는 오류는 시정하였다. 이는 앞 장에서 밝혔다.

추가한 것 10개를 합쳐 모두 573개의 글을 집일하였다.

둘째, 이렇게 만들어진 집일문을 해당 주석서와 상응하는 경전의 본문과 함께 배열하였다. 이는 김상현·후쿠시 지닌의 집일문에서는 행해지지 않은 것이다. 그러나 주석서의 정확한 번역이나 연구의 활용도를 높이기 위해서는 대상 경문이 수록되지 않으면 안 된다. 따라서 집일문의 내용을 『합부금광명경』의 원문과 대조하여, 품별로 해당 경문을 먼저 수록하고 그 뒤에 해당 집일문을 집어넣는 방식으로 배열하였다. 단경의 종지, 교체 등을 설한 것은 제1 「서품」 이전에 배열하였다. 또한 『금광명경』 관련 문헌이 아닌 것에서 추출한 것이어서 상응하는 경문을 확인하기 어려운 글은 잠정적으로 제24 「부촉품」 뒤에 배열하였다.

셋째, 이 과정에서 김상현과 후쿠시 지닌의 집일문에 몇 가지 문제가 있음을 확인할 수 있었고 그러한 문제는 다음과 같이 해결하였다. 첫째, 원천적으로 잘못 추출한 것은 삭제하였다. 둘째, 발췌문 추출 대상 문헌의 비포괄성은 기타 중국 문헌으로까지 확대함으로써 포괄성을 확보하였다. 셋째, 누락된 인용문은 일일이 찾아서 집어넣었다. 넷째, 인용 문장을 잘못 끊은 것은 모두 보충하여 집어넣었다. 다섯째, 전후 맥락을 알 수 없는 형태로 추출한 인용문은 원효의 견해가 분명히 드러날 수 있도록 문장을 보충하였다. 여섯째, 『금광명최승왕경』을 대본으로 삼은 주석이라고 의심되는 인용문은 아직 원효의 글이 아니라고 확정할 수 있는 것은 아니기 때문에 삭제하지 않고, 『합부금광명경』과 『금광명최승왕경』을 함께 배열하고 그 뒤에 집일문을 두어 그 가능성을 독자가 확인할 수 있게 하였다.

이러한 작업 과정을 통해서 후쿠시 지닌의 집일문은 3만 1000여 자였으나, 필자에 의해 1만 4000여 자가 추가되어 총 4만 5000여 자의 집일본이 완성되었다.

## V. 남겨진 문제들

 엄밀한 의미에서 집일본은 직접인용문만을 대상으로 해야 할 것으로 생각된다. 그것만이 그 책의 본래의 모습일 것이기 때문이다. 실제로 에타니 류카이에 의해 이루어진 법위의 『무량수경의소』와 의적의 『무량수경술의기』는 직접인용문만 뽑아서 실었다. 그런데 그 추출 대상 문헌을 직접 살펴보면 직접인용문 이외에도 법위와 의적의 견해를 확인할 수 있는 간접적인 자료가 산재해 있다. 직접인용문의 분량이 매우 적은 상태에서 이러한 글은 해당 경에 대한 법위와 의적의 견해를 연구하기 위한 자료로서 활용 가치가 매우 높은 것이다.
 그러므로 안계현·김상현·후쿠시 지닌 등은 간접적인 자료를 모두 포함하는 형태의 집일본 혹은 집일문을 만들었다. 그런데 이 경우에도 자료의 풍성함이라는 장점이 있지만 몇 가지 문제점이 발생한다. 첫째, 발췌자가 문장 전체의 맥락을 파악하지 못했을 경우 문장을 잘못 추출할 수 있다. 실제로 후쿠시 지닌의 집일문 중 특히 간접적 자료에서 전후 맥락을 잘못 끊은 사례가 매우 많이 발견되는 것은 이러한 문제의 실례를 보여 준다. 둘째, "승장이 원효를 징힐하여 말하였다.(莊徵曉云)", "경흥이 원효를 징힐하여 말하였다.(興徵曉云)" 등과 같은 것은 원효의 견해와는 관련이 없다. 원효의 견해에 대한 비판적 입장을 나타내는 것이기 때문이다. 그런데 후쿠시 지닌의 집일문에는 이러한 글을 모두 집어넣었다. 원효에 대한 전반적 정보를 전달해 주는 것으로서는 의미가 있다는 판단하에 필자도 역시 이를 그대로 따랐다.

| 참고문헌 |

원전

窺基, 『大乘法苑義林章』(T45).
費長房, 『歷代三寶紀』(T49).
道宣, 『續高僧傳』(T50), 『大唐內典錄』(T55).
明佺, 『大周刊定衆經目錄』(T55).
圓照, 『開元釋敎錄』(T55).
平祚, 『法相宗章疏』(T55).
永超, 『東域傳燈目錄』(T55).
義天, 『新編諸宗敎藏總錄』(T55).
願曉, 『金光明最勝王經玄樞』(T56).
平備, 『最勝王經羽足』(T56).
明一, 『金光明最勝王經註釋』(T56).
善珠, 『法苑義鏡』(T71).
基辨, 『大乘法苑義林章師子吼鈔』(T71).
勝莊, 『金光明最勝王經疏』, 輯逸本(H2).
義寂, 『無量壽經述義記』, 復元本(H2).
法位, 『無量壽經義疏』, 復元本(H2).
常藤, 『註金光明最勝王經』(N4).

2차 자료

김복순, 「신라와 고려의 사상적 연속성과 독자성」, 『한국고대사연구』 54, 한국고대사학회, 2009.

김상현. 「고려시대의 호국불교 연구」. 『학술논총』 1. 단국대학교, 1976.
\_\_\_\_\_. 「輯逸金光明經疏」. 『동양학』 24. 단국대학교 동양학연구소, 1994.
\_\_\_\_\_. 「輯逸金光明最勝王經憬興疏」. 『신라문화』 17·18합집. 신라문화연구소, 2000.
김용태. 「한국불교사의 호국 사례와 호국불교 인식」. 『대각사상』 17. 대각사상연구원, 2012.
안계현. 「勝莊 撰 金光明最勝王經疏 (輯逸)」. 『불교학보』 2. 동국대학교 불교문화연구원, 1964.
\_\_\_\_\_. 「勝莊 撰 金光明最勝王經疏 (輯逸)」. 『불교학보』 3·4. 동국대학교 불교문화연구원, 1966.
최연식. 「8세기 신라 불교의 동향과 동아시아 불교계」. 『불교학연구』 12. 불교학연구회, 2005.

藤谷厚生. 「金光明経の教學史的展開について」. 『四天王寺國際佛敎大學紀要』 大學院 第4. 四天王寺國際佛敎大學, 2005.
_____. 「『金光明経』の成立と展開」. 『日本佛敎學會年報』 77. 日本佛敎學會, 2012.
福士慈稔. 『日本佛敎各宗の新羅·高麗·李朝佛敎認識に関する研究—日本天台宗にみられる海東佛敎認識—』 第1卷. 山梨: 身延山大學, 2011.
_____. 『日本佛敎各宗の新羅·高麗·李朝佛敎認識に関する研究—日本三論宗·法相宗にみられる海東佛敎認識(三論宗の部)—』 第2卷 上. 山梨: 身延山大學, 2012.
_____. 『日本佛敎各宗の新羅·高麗·李朝佛敎認識に関する研究—日本三論宗·法相宗にみられる海東佛敎認識(法相宗の部)—』 第2卷

下. 山梨: 身延山大學, 2012.

_____. 『日本佛敎各宗の新羅·高麗·李朝佛敎認識に関する硏究―日本華嚴宗にみられる海東佛敎認識―』第3卷. 山梨: 身延山大學, 2013.

烏力吉吉日嘎拉. 「『金光明経』の思想的研究」. 東洋大學博士學位論文, 2014.

# 『금광명경』 삼신설에 대한 원효의 이해
-자은 기와 정영 혜원과의 비교 고찰을 통하여-

이수미

## I. 들어가는 말

대승불교의 대표적 불신론이라고 할 수 있는 삼신설三身說은 여러 경전에 설해져 있지만 그 명칭과 설명은 경전에 따라 차이가 있다.[1] 동아시아에는 6세기 초경 보리유지菩提流支(Bodhiruci, d.527)에 의해 『십지경론』이 번역됨에 따라 여러 유식 이론들과 함께 삼신설이 최초로 전해진 후, 삼신설을 설한 여러 다른 경론들이 이어서 번역되었다. 이러한 경론들상의 삼신 구도의 차별성을 동아시아 불교 논사들은 자신들의 사

---

[1] 삼신은 경전에 따라 다양한 명칭으로 설해진다. 즉, 법신불, 보신불, 응신불; 법불, 보불, 응불; 법신, 보신, 화신; 법불, 보불, 응화불; 진신, 보신, 응신; 자성신, 응신, 화신; 법신, 응신, 화신; 법성신, 수용신, 변화신; 자성신, 수용신, 변화신; 자성신, 식신, 화신; 정법불, 수성불, 응화불; 불소견신, 보살소견신, 이승범부소견신 등으로 설해져 있다. (望月信亨, 『望月佛教大辞典』 p.1528 참조) 일반적으로 법신은 진신이나 자성신, 법성신으로 불리고, 보신은 응신, 수용신, 그리고 화신은 응신, 응화신, 변화신 등의 명칭과 혼용되는 것을 볼 수 있다.

상적 입장에 입각하여 해석하였다.

호국 경전으로 잘 알려져 있는 『금광명경』은 삼신을 설하는 대표적 경전들 중 하나로서 여러 동아시아 논사들의 주목을 받았고 이 경전의 '보호'의 대상인 '국(토)'의 개념 또한 불신설과 밀접하게 연관되어 있다. 이 경전에 설해진 삼신설에 대한 해석은 논사들의 사상적 입장에 따라 상이하게 나타나기 때문에 『금광명경』 삼신설에 대한 해석의 차이점을 통해 논사들 간의 사상적 차이점을 살펴볼 수 있다. 원효(617~686)의 삼신설에 대한 입장은 상대적으로 충분한 연구가 이루어지지 않았고,[2] 따라서 『금광명경』의 삼신설에 대한 원효의 입장을 고찰함으로써 지금까지 주목받지 못했던 원효사상의 일면을 조명해 볼 수 있을 것이다.

원효의 『금광명경』 주석인 『금광명경소金光明經疏』는 일실되어 현존하지 않지만, 일본 삼론승 간교(願曉, 835~871)의 『금광명최승왕경현추』 등 고대 일본 승려들의 『금광명경』 주석에 원효 소의 인용문이 포함되어 있고, 현존하는 원효의 저술에 산발적으로 『금광명경소』가 인용되어 있다. 이 논문에서는 이러한 잔간들을 바탕으로 원효의 『금광명경』 삼신설에 대한 입장을 추정하고, 이 원효의 입장을 자은 기慈恩基(632~682)와 정영사淨影寺 혜원慧遠(523~592)의 『금광명경』 삼신설에 대한 해석과 비교한다. 이를 통해 이 세 논사들의 삼신론에 대한 해석의 상위성을 살펴보고 나아가 이러한 삼신론 해석의 상위성이 그들의 사상적 입장과도

---

2 원효 연구가 한국불교학계에서 차지하는 비중을 고려해 볼 때 원효의 불신관 혹은 삼신설에 대한 연구는 매우 드물다. 원효의 삼신관을 직접적 주제로 다룬 연구로는 임혁, 『過程哲學의 神觀과 元曉의 佛身觀의 論理構造의 比較硏究』(연세대학교 석사학위논문, 1986); 김상현, 「원효의 불신에 대한 연구」 『한국사상사학』 11(한국사상사학회, 1998); 이평래, 「원효성사의 일심사상: 『대승기신론』의 불신관을 중심으로」 『원효학연구』 6(원효학회, 2001); 김영일, 「원효의 불신화쟁론: 보신불의 상주성과 무상성」 『대각사상』 23(대각사상연구회, 2015); 조아영, 「원효(元曉)의 불신관(佛身觀) 연구: 『법화종요(法華宗要)』·『대승기신론소(大乘起信論疏)』를 중심으로」(한국외국어대학 석사학위논문, 2017) 정도가 있을 뿐이다.

연결되어 있음을 고찰한다.

## II. 자은 기의 『금광명경』 삼신론 해석

6세기 초에 삼신설이 도입된 이후 여러 형태의 삼신설들이 소개됨에 따라 이를 체계적으로 이해하려는 시도가 있었다. 정영사 혜원의 설명[3]에 의하면 불신은 진신眞身과 응신應身 둘로 구분되는데[4] 이 이신二身은 다시 셋 또는 넷으로 나뉠 수 있다고 한다. 셋으로 나뉘는 경우는 진신

---

[3] 『대승의장』 "佛寶之中四門分別. 一定其體性. 二開合辨相. 三明佛德. 四論修成 …… 次開合辨相. 開合不定. 總唯一佛. 或分爲二. 二有兩門. 一生身法身. 開分二種. 父母所生相好之形是其生身. 方便修起戒定慧等五分功德名爲法身. 二眞應. 分二或分爲三. 三有兩門. 一法報與應開分三種. 如地論說. 二化應及眞開分三種. 如金光明三身品說. 或分爲四. 四有兩門. 一開眞合應以論四種. 是義云何. 如楞伽說. 一應化佛. 二功德佛. 三智慧佛. 四如如佛. 四中初一猶上應身. 中二報身. 報隨福智故分二種. 後一法身. 二眞應並開以論四種. 是義云何. 眞中有二. 謂法與報. 應中亦二. 謂應與化. 王宮所生示修成佛. 名之爲應依此應身起餘化佛. 如涅槃說. 釋迦如來化無量佛受諸大衆所奉供等. 或分爲十. 如華嚴說."(T44. 654b);『대승의장』 "諸根相好. 各有分限. 或分爲三. 三有兩門. 一開眞合應. 以說三種. 二開應合眞. 以說三種. 開眞合應以說三者. 如上所列. 眞中分二. 法之與報. 應以爲一. 故說三種. 於此門中四義分別. …… 上來一門. 開眞合應. 以說三種. 開應合眞而說三者. 如彼七卷金光明說. 彼中有一三身之品. 專論此義. 名字是何. 一眞身佛. 二應身佛. 三化身佛. 前法與報合爲眞身. 名爲合身. 前應身中. 開分二種. 應之與化. 名爲開應."(T44. 839ac); 그 외에 『대승의장』(T44. 820c·840c)도 참조.

[4] 진신과 응신의 二身說은 6세기 초에 전해진 것으로 추정되는 돈황사본 Pelliot chinois 2908에도 등장한다. 이 문헌은 북지에서 성립하여 유통되었던 것으로 추정되므로[青木隆 外(編), 『藏外地論宗文獻集成』(논산: 금강대학교불교문화연구소, 2012) pp.115~116·134~136 참조.] 혜원이 당시 이런 종류의 문헌을 통해 이신설을 접했을 가능성이 있다. 보리유지가 『십지경론』을 번역하여 동아시아에 삼신설을 최초로 전한 것도 바로 이 무렵이다. 한편 혜원은 합진개응설을 설명하기 위해 현재 남아 있지 않은 진제 역의 七卷本 『금광명경』을 인용하고 있는데, 이에 따르면 진제 역 『금광명경』은 현존하는 『금광명경』들이 삼신을 법신, 응신, 화신으로 제시하는 것과 달리 진신, 응신, 화신으로 제시하고 있고, 이 중 진신이 법신과 보신을 합한 것이라고 한다.(『대승의장』 T44. 820c·840c) 진제 역 七卷本 『금광명경』을 비롯하여 혜원의 저술에 인용된 진제 저술에 대해서는 岡本一平, 『「大乘義章」と眞諦譯書』『印度學佛敎學硏究』 63-2(日本印度學佛敎學會, 2015) 참조.

이 법신과 보신으로 나뉘는 『십지론』의 개진합응설開眞合應說과, 응신이 다시 화신과 응신으로 나뉘는 『금광명경』의 합진개응설合眞開應說이 있다고 한다. 그리고 네 가지로 나뉘는 경우는 응화불, 공덕불, 지혜불, 여여불의 사신四身을 설하는 『능가경』의 설로서, 이 중 응화불은 응신, 공덕불과 지혜불은 보신, 여여불은 법신에 해당하여 뒤의 세 가지가 진신에 해당하므로 개진합응설이라고 한다. 한편 『열반경』의 경우는 진신이 법신과 보신으로, 응신이 응신과 화신으로 나뉘는 진응병개설眞應並開說이라고 한다. 즉, 혜원의 설명에 의하면, 삼신 또는 사신의 불신설은 부처 자신의 본성적 측면과 관련된 진신과 중생을 교화하기 위한 응신이라는 측면이 각각 분화함에 따라 성립된 이론들이다. 이 중 합진개응설에 해당하는 『금광명경』의 삼신설에 대해서 혜원은 법신과 보신을 합하여 진신으로 한 것을 합진으로 설명하고, 응신에서 다시 응신과 화신으로 나뉜 것을 개응으로 설명하고 있다.[5]

---

5 吉藏(549~623) 또한 유사한 설명을 한다. 길장은 『법화의소』에서 혜원과 유사하게 셋 또는 넷으로 나누어지는 불신설을 설명하는 가운데 합진개응설과 개진합응설을 언급하고 있다. 즉 『금광명경』의 합진개응설과 『법화론』의 개진합응설을 셋으로 나뉘는 불신설로 제시하고 있으며, 넷으로 나뉘는 설로서 혜원과 마찬가지로 『능가경』의 개진합응설을 언급하고 이와 함께 『금광명경』의 화이비응, 응이비화, 역응역화, 비응비화의 구분을 합진개응설로 논한다. 한편 길장은, 진신과 응신의 개합 이외에 진신 및 응신과 유사한 개념으로 보이는 本과 迹의 개합으로도 불신을 설명하고 있다. 즉, 본과 적이 모두 합인 본적구합, 모두 개인 본적구개, 본과 적이 각각 개와 합인 개본합적과 개적합본의 네 가지로 불신의 유형을 구분하고 있다. 『법화의소』 "第四、 開合門, 經論之中說佛, 開合不定, 大明四句 : 一、 本迹俱合, 二、 本迹俱開, 三、 開本合迹, 四、 開迹合本. 本迹俱合或合名一佛, 謂三寶中一佛寶也. 或開爲二身, 故云佛眞法身猶如虛空, 應物現形如水中月. 既但有一迹一本, 亦是本迹俱合. 或開爲三而三義不定 : 一者、 如七卷金光明辨三佛者, 一法、 二應、 三化. 法身爲眞, 餘二爲應, 此則合眞爲一, 開應爲二. 二者、 法華論列三佛, 謂法、 報與化, 即是開眞合應. 開眞者, 開法、 報爲二也. 合應者以應身爲一, 此意明本有義爲法身, 酬因義名報, 應物義名應也. 次開四佛者, 此義亦有二種 : 一者、 楞伽經明四佛, 一應化佛, 二功德佛, 三智慧佛, 四如如佛. 彼經云 '初一爲應, 後三爲眞', 此亦合應開眞也. 三佛之中功德、 智慧爲報佛, 如如爲法身. 二者、 如七卷金光明辨於四句 : 一、 化而非應, 謂佛入涅槃已, 爲物示龍鬼等身, 故名之爲化 ; 不示佛身, 故名非應. 二者、 應而非化, 經云 '謂爲地前身'.

혜원의 합진개응설은 『금광명경』의 삼신을 해석하는 주요한 틀 중 하나로 받아들여져 온 듯하지만, 한편으로는 『금광명경』 삼신설에 대한 또 다른 해석이 존재하였다. 법상유식학파의 전형적 입장에 의하면 법신에 해당하는 자성신自性身은 오직 여여만을 가리키기 때문에, 이들의 입장은 법신에 여여와 여여지 모두를 포함시키는 『금광명경』의 입장과 상충되는 것으로 여겨질 수 있었다. 실제로 법상유식가들은 자신들과 다른 입장을 취하는 것으로 보이는 『금광명경』의 법신 개념이 사실은 자신들의 입장과 상충되지 않는다는 것을 설명해야 하는 과제를 안고 있었던 듯하다. 이러한 법상유식가들의 상황은 대표적 법상유식 논

釋者云: 地前菩薩所見佛身, 乃從三昧法門中現, 名之爲應; 非六趣攝, 所以非化. 三者、亦應亦化, 經云 '住有餘涅槃身', 釋者云: 聲聞所見佛身, 彼見如來相好形, 修之成佛, 故名爲應; 見佛在人中受生同人類, 故名爲化. 四、非應非化謂法身, 四句之中前三並應, 後一爲眞, 亦是開應合眞也. 眞應俱開者, 眞中分二, 法之與報. 應中分二, 應之與化. 依華嚴經明十佛."(T34,603bc)

길장의 저술로 알려진 『법화현론』에도 합본합적(『금광명경』), 개본개적(『오범부론』), 개본합적(『지론』, 『법화론』), 합본개적(『섭대승론』)의 구분이 다음과 같이 설해져 있다. 『법화현론』"但三身不同. 若法華論明三身者. 以佛性爲法身. 修行顯佛性爲報身. 化衆生義爲化身. 若攝大乘論所明, 隱名如來藏, 顯名爲法身. 則此二皆名法身. 就應身中自開爲二. 化菩薩名報身. 化二乘名化身. 或云化地上名報身. 化地前名化身. 地論法華論是菩提留支所出. 攝大乘是眞諦三藏所翻. 此三部皆天親之所述作. 而明義有異者. 或當譯人不體其意. 今欲融會者. 衆經及論或二身或三身或四身. 今總束爲四句. 一合本合迹, 如金光明但辨一本一迹也. 故云佛眞法身猶如虛空. 應物現形如水中月. 二開本開迹, 如五凡夫論明有四佛. 開本爲二身. 一法身二報身. 法身卽佛性. 報身謂修因滿顯出佛性. 開迹爲二身. 化菩薩名舍那. 化二乘名釋迦也. 三開本合迹, 如地論法華論所明. 開本謂二身. 謂佛性是法身. 佛性顯爲報身. 四開迹合本, 如攝大乘論所明. 合佛性及佛性顯皆名法身. 開迹爲二. 化菩薩名舍那. 化二乘名釋迦. 此皆經論隨義說之. 悉不相違. 衆師不體其意故起諍論耳. 問. 常無常云何. 答. 亦四句. 開本合迹卽是開常合無常. 合本開迹合常開無常. 本迹俱開卽常無常俱開. 常有法報二身無常有應化兩佛. 本迹俱合卽常無常俱合也. 問. 經說云何. 答. 華嚴梵網像法決疑大涅槃及法華信解品. 此等經文皆明法身常應化身無常. 與攝大乘論同. 法華壽量品可具二義. 壽命無量劫久修業所得. 此是報佛. 卽名常樂法身也. 純化菩薩名爲舍那者. 如化千世界微塵菩薩無有凡夫二乘. 此可名舍那. 無常身也. 若化二乘及三乘雜衆名釋迦. 化佛也. 撿衆經與諸論皆不相違也."(T34,437ab) 이외에 『대승현론』과 『법화통략』에도 나온다.

사인 자은이 『대승법원의림장大乘法苑義林章』의 「삼신의림三身義林」 부분에서 『금광명경』의 법신을 바로 법상유식의 불신설의 구도를 적용하여 설명하고 있는 점에서 나타나고 있다. 자은이 불신설의 유형들을 설명하는 『대승법원의림장』의 「삼신의림」 부분을 살펴보자.

> 저 경(역자: 『금광명경』)의 뜻을 설하자면, 청정법계와 사지품, 상편색신, 진실한 유위무위의 공덕을 이름하여 법신이라고 한다. 왜냐하면 유위와 무위의 공덕의 근본이기 때문이다. …… (『불지경』 중에는) 타수용신을 또한 응신이라고 이름한다. 자수용신은 스스로 법락을 받으니 근기에 응하여 현현하는 것이 아니기 때문이다. 타수용신은 보살로 하여금 법락을 받을 수 있게 하기 때문에 자타가 비록 다르지만 낙을 받음에 차별이 없으니 합하여 수용이라고 한다. 자수용신은 비록 유위공덕법의 근본이나 부처와 공유하지는 않으므로 이들은 각각 별체이니, 법의 진성이 아니고 자성신이 아니고 무위계의 공덕의 근본이 아니어서 법신이라 하지 않는다.[6]

여기서 자은은 『금광명경』의 법신을 청정법계와 사지품, 상편색신, 진실공덕 등이라고 하는 한편, 『불지경』을 들어 타수용신을 응신으로 이름한다. 그런데 이 구절 뒤에 바로 이어지는 자은의 『불지론』의 불신설의 설명에 의하면, 자은이 법신에 대응시키는 것들 가운데 '청정법계'는 자성신에, '사지품', '상편색신', '진실공덕'은 자수용신에 해당한다고 다음과 같이 설명되어 있다.

---

[6] 『대승법원의림장』 "彼經意說. 淸淨法界, 及四智品, 常遍色身, 眞實有爲無爲功德. 名爲法身. 有爲無爲功德本故. …… 他受用身亦名應身. 自受用身自受法樂. 非應機宜而顯現故. 他受用身能令菩薩受法樂故. 自他雖殊受樂無別. 合名受用. 自受用身雖是有爲功德法本. 非佛共有. 是各別體. 非法眞性. 非自性身. 非是無爲界功德本. 不名法身." (T45, 360b)

네 번째 주장은 『불지론』의 설이다. 청정법계는 자성신이다. 사지의 자성이 상응하여 공유하는 상편색신과 진실공덕은 자수용신이니 삼무수겁 동안 닦아서 이루어지는 것(所修成)이기 때문이다. 세친의 『반야론』 상권에는 또한 보불이라고 이름한다. 이는 십지보살을 위해 나타내는 것이다. 일부분의 미세한 상은 타수용이 되니 모든 보살이 법락을 누리도록 하기 위해서이다. 삼승유정을 위해 나타내는 것으로 일부분의 거친 상이라면 변화신이 되니, 지전삼승이 응해서 보는 거친 상으로서 닦아서 이루어지는 진실공덕이 아니라 다만 변화의 작용이기 때문이다.[7]

여기에 자은이 소개하고 있는 『불지론』의 불신설, 즉 자성신, 자수용신, 타수용신, 변화신은 바로 법상유식에서 수용하고 있는 불신설로서,[8]

---

[7] 『대승법원의림장』 "四者有義佛地論說. 清淨法界爲自性身. 四智自性相應共有. 常遍色身眞實功德. 爲自受用身. 三無數劫所修成故. 天親般若上卷論說. 亦名報佛. 此爲十地菩薩所現. 一分細相爲他受用. 爲諸菩薩受法樂故. 若爲三乘有情所現. 一分麁相爲變化身. 地前三乘所應見麁. 非是修成眞實功德. 但化用故. 然此二身皆四智相所化有情宜見麁細分成二類. 地前三乘但依化用. 發心修行而未能證廣大法樂. 故此化身不名受用." (T45. 360bc).

[8] 『성유식론』 제10권에도 동일한 불신설이 설해져 있다. 『成唯識論』 "如是法身有三相別. 一自性身. 謂諸如來眞淨法界. 受用變化平等所依. 離相寂然絶諸戲論. 具無邊際眞常功德. 是一切法平等實性. 即此自性亦名法身. 大功德法所依止故. 二受用身. 此有二種. 一自受用. 謂諸如來三無數劫修集無量福慧資糧所起無邊眞實功德. 及極圓淨常遍色身. 相續湛然盡未來際恒自受用廣大法樂. 二他受用. 謂諸如來由平等智示現微妙淨功德身. 居純淨土爲住十地諸菩薩衆現大神通轉正法輪決衆疑網令彼受用大乘法樂. 合此二種名受用身. 三變化身. 謂諸如來由成事智變現無量隨類化身. 居淨穢土爲未登地諸菩薩衆二乘異生稱彼機宜現通說法令各獲得諸利樂事." (T31. 57c~58a) 이 구절 바로 뒤에 사지심품과 삼신의 대응에 대한 두 가지 해석이 소개되는데(『成唯識論』 T31. 58ab), 자은은 이 중 진여와 대원경지를 자성신으로 보는 첫째 설을 『섭대승론』과 연결시키고, 단지 진여만을 자성신으로 설명하는 둘째 설을 지지하고 있다. 둘째 설에 의하면 자성(법)신은 무위이기 때문에 색, 심 등의 사물이라고 할 수 없다고 하는데[自性法身 雖有眞實無邊功德 而無爲故 不可說爲色心等物(『成唯識論』 T31. 58a)], 자은은 이러한 자성신의 성질에 반해 대원경지는 유위법인 색, 심이라고 한다. [圓鏡智品是實色心. 與此非色心違. (『成唯識論述記』 T43. 604a)]

앞서 자은이 법신을 청정법계, 사지품, 상편색신, 진실공덕 등이라고 하는 것은 바로 『불지론』의 불신 개념을 통해 『금광명경』의 삼신설을 해석하고 있는 것이다. 즉, 『금광명경』의 법신의 여여와 여여지는 법상유식의 자성신과 자수용신에 해당시키고, 응신은 타수용신에 해당시키고 있다. 이로써 자은은 『금광명경』의 법신은 어디까지나 법상유식 체계의 자성신뿐만 아니라 자수용신 또한 포함하는 개념이라고 보고, 『금광명경』과 법상유식의 입장이 상호 모순되는 것이 아님을 주장하면서 "다섯 번째 (『금광명경』의) 경문의 의리는 잘못됨이 없다."[9]라고 결론짓고 있다.

한편, 『금광명경』 삼신설에 대한 자은의 해석은 진여의 개념과 연관될 때 또 다른 중요한 이론적 함의를 가진다. 자은의 해석에서 볼 수 있는 것과 같이, 법상유식에서는 여지를 수용신에 해당하는 것으로 보기 때문에, 이 여지를 성득性得, 즉 본래 갖추어진 것이 아니라 수득修得, 즉 닦아서 얻어지는 것[10]으로 본다. 다시 말해 법상유식에서는 본래 갖추어져 있는 영역, 즉 무위의 영역은 여여에 한정하고 여지는 수득으로서 유위의 영역에 속하는 것으로 본다.[11] 『성유식론』에는 완전한 깨달음에 이르렀을 때 중생의 식을 전변하여 얻어지는 대원경지, 평등성지, 묘관찰지, 성소작지의 사지四智가 불신의 개념과 연결되어 설명되는데, 이 중 제8식인 알라야식을 전변하여 얻어진 대원경지는 여여지로서 어디까지나 자수용신에 해당하는 것으로 설명되어 있다.[12] 다시 말해, 법상유식의 체계에 있어서 여여지는 유위의 알라야식이 전변하여 얻어진 대원경지로서 유위의 수용신에 해당하는 것이고 이런 점에서 무위의 자성신과는 구별되고 있는 것이다. 『금광명경』과 『성유식론』, 『불지론』을 중심으로 지금까지 논의

---

9 『대승법원의림장』 "第五經文義理無爽."(T45, 360c)
10 위의 자은의 인용문에는 修成이라는 표현을 사용하고 하고 있다. 각주 7 참조.
11 각주 8 참조.
12 각주 8 참조.

〈표 1〉『성유식론』, 『불지론』, 『금광명경』을 통해 본 자은 기의 불신 해석

| | 무위 | 유위 | | |
|---|---|---|---|---|
| 『성유식론』 『불지론』 | 자성신 | 자수용신 | 타수용신 | 변화신 |
| | 진여 | 대원경지 | 평등성지 (묘관찰지) | 성소작지 |
| 『금광명경』 | 법신 | | 응신 | 화신 |
| | 여여 | 여여지 | | |

한 법상유식의 불신설을 정리하면 〈표 1〉과 같다.

이와 같이 자성신을 무위로 한정하여 법신설을 이해하는 관점에서 자은은, 유위의 알라야식을 전변하여 얻어진 여여지를 자성신이라고 설하는『섭대승론』과『장엄론』의 불신설을 다음과 같이 비판하고 있다.

첫 번째 주장이다.『성유식론』과『불지론』이 모두 주장하길 청정법계가 자성신이라고 하고,『불지경』에서는 설하길 청정진여는 자성신이라고 한다. (이에 비해)『섭대승론』에서는 지智가 수승하여 아뢰야식을 전변하여 제거하고 자성신을 얻는다고 설하고,『장엄론』에서는 제8식을 전변하여 대원경지를 얻는다고 한다. 따라서 (청정진여뿐 아니라) 두 법(즉 청정진여와 대원경지)을 합하여 자성신으로 한다. 평등성지와 묘관찰지는 수용신에 해당되는데, 왜냐하면『장엄론』등에서 설하길 평등성지는 순정토에서 제보살을 위해 불신을 나타낸다고 하기 때문이고, 관찰지는 대집회 중에서 설법하여 의심을 끊고 자재함을 나타낸다고 설하기 때문이다. 이것은 이지二智가 현현하여 타수용이 되는 것이다.『장엄론』에서는 또 설하길 모든 전식을 전하여 수용신을 얻는다고 하는데 이것은 이지가 현현하여 자수용이 되는 것이다. 성소작지는 변화신이 되니, 왜냐하면『불지경』에서 설하길 성소작지는 시방토에서 무량의 종류의 생각하기 어려운 화현으로 나타난다고 하기 때문이다. 또한 지智가 수승하여 (자성신, 수용신, 변화신의) 세 가

지 몸에 갖추어지니 따라서 삼신이 모두 실지實智를 가짐을 알아야 한 다고 한다.

 <u>이 뜻은 그렇지 않다.</u>『불지경』에서는 설하기를, 청정법계는 자성 신이 되니 제불이 공유하는 것이 자성으로서 항상하여 십지 중에서는 부분적으로 모두 증득한다고 한다. <u>만약 대원경지가 자성신이라고 한 다면 곧 이러한 뜻은 없다.</u>『금광명경』에서는 설하기를, 여여와 여여 지는 모두 법신이라고 이름한다고 한다. 만약 유위덕의 근본이 원경 지라고 하고 이것이 법신이라고 한다면 마땅히 동일한 저 경에서 네 실지품이 모두 법신이어야 할 것이다. …… 불신을 관하면 이와 사는 다름이 있고 추세의 덕이 구별되니 체는 하나이지만 용이 달라 구별 하여 셋을 설한다. 어찌 사지四智로 구분하여 각각이 별도로 신을 이 룬다고 하겠는가?[13]

자은의 설명에 따르면, 청정진여만을 자성신으로 보고 대원경지를 자 수용신과 연결하는『불지경』과는 달리『섭대승론』에서는 청정진여와 대원 경지를 합하여 자성신으로 여겨 대원경지를 자수용신과 구별한다. 법상 유식 사상체계에서 대원경지는 유위의 영역인 알라야식을 전변하여 얻어 지는 것이므로, 이러한 법상유식의 관점에서 볼 때『섭대승론』의 입장은

---

[13]『대승법원의림장』"一者有義唯識佛地皆作是說. 淸淨法界是自性身. 佛地經說淸淨眞如 是自性身. 攝大乘論智殊勝說. 轉去阿賴耶識得自性身. 莊嚴論說. 轉第八識得圓鏡智. 故合二法爲自性身. 平等性智妙觀察智爲受用身. 莊嚴等說平等性智於純淨土爲諸菩薩 現佛身故. 說觀察智大集會中. 說法斷疑現自在故. 此顯二智爲他受用. 莊嚴又說轉諸轉 識得受用身. 此顯二智爲自受用. 成所作智爲變化身. 佛地經說. 成所作智於十方土. 現 無量種難思化故. 又智殊勝具攝三身. 故知三身皆有實智. 此義不然. 佛地經說. 淸淨法 界爲自性身. 諸佛共有. 是自性常. 於十地中分皆證得. 若圓鏡智是自性身. 便無是義. 金 光明說如如如智皆名法身. 若有爲德本說圓鏡智是法身者. 應同彼經四實智品皆是法 身. …… 然觀佛身. 理事有殊. 麁細德別. 體一用異. 別說爲三. 寧分四智各別成身."(T45. 359bc)

결국 무위인 청정진여와 유위인 대원경지를 모두 자성신에 포함시키는 것이다. 자성신에 무위법과 유위법을 모두 포함하고 있는 이러한 『섭대승론』의 입장은 무위의 청정진여만을 자성신으로 하고 유위의 대원경지는 자수용신에 해당시켜 무위와 유위를 분리시키는 자은에 의해 비판되고 있는 것이다.

## III. 원효의 『금광명경』 삼신설 해석

원효는 『금광명경』 삼신설의 해석에 있어서, 자은이 비판하고 있는 이러한 『섭대승론』의 관점을 수용하고 있는 것으로 보인다. 혜원이 『금광명경』의 삼신 가운데 진신인 법신을 응신, 화신과 구별하고, 자은이 자성신과 자수용신에 해당하는 법신과, 타수용신과 변화신에 각각 해딩하는 응신과 화신을 구분하는 것과 마찬가지로, 원효 또한 법신을 응신, 화신과 구분하고 있다.[14] 하지만 법신을 설명하는 방식에 있어서 원효는 이들 논사들과 다른 점을 지닌다. 앞서 언급했듯이 『금광명경』에서 법신은 여여와 여여지에 해당하는데 자은이 여여지를 알라야식에서 전변한 대원경지로 보아 자성신이 아니라고 보는 데 비해, 원효는 이 여여와 여여지 모두를 본래 갖추어진(性得) 것으로 보면서 다음과 같이 설명한다.

<u>처음 설하고 있는 여여와 여여지는 여래에 의거하여 의지하는 바로</u>

---

**14** 원효는 『금광명경』의 삼신 가운데 법신을 二利의 본체라고 하고 나머지 두 신을 末用이라고 하여 법신을 응신, 화신과 대분하고 있다. 『금광명최승왕경현추』 "曉云. 然此二利諸文不同. 若依無上依寶性論等說. 法身是自利. 餘二身爲利他. 大莊嚴論對法論等. 受用身是自利. 變化身爲利他. 法身爲本卽具二利. <u>今此品意明法身是二利本體. 餘二身是其末用故.</u>"(T56, 568c)

서 본래 갖추어진(性得) 해탈과 반야이다. 체體는 여여로서 닦아서 얻어지는(修得) 것이 아니니 여여지라고 이름한다. 진제삼장(Paramārtha, 499~569)이 이와 같은 주장을 한다. 어떤 다른 논사는 설하기를, 이것이 닦아서 생겨나는 지혜(修生智)라고 하는데 글의 뜻에 가깝지 않다. 그러므로 앞선 주장을 한 것이다. 원력이라는 것은 법신에 의지하여 일어나는 힘이다. 다음에 '그러므로'라는 것은 근본의 법신인 진여와 진지에 의지하고 다시 과거에 일으킨 대원의 힘에 의지함을 밝히려는 것이니 이 두 가지 근본에 의지하므로 이 몸을 나타내는 것이다.[15]

여기서 원효는 여여와 여여지를 모두 본래 갖추어진 것이라고 하고, 이러한 입장을 진제삼장의 주장과 동일시한다. 삼신설에 대한 진제의 입장은 그의 『섭대승론』 주석인 『섭대승론석』에 나타나는데, 위에서 살펴보았듯이 『섭대승론』에는 여여와 여여지가 모두 자성신으로 설해지고 있고 이러한 『섭대승론』의 입장을 진제가 받아들여 여여와 함께 여여지를 부처의 본래적 성질로 이해하고 있는 것이다. 이러한 진제의 견해와 마찬가지로, 원효 또한 여여가 번뇌를 벗어나 있거나 여여지가 일체의 선善을 갖추고 있음은 본래 그러한 것이고, 따라서 여여와 여여지는 본성적으로 갖추어져 있는(自性得) 법신이라고 다음과 같이 설하고 있다.

그러므로 여여가 지에 즉하면 여여지이다. 그런데 이것이 번뇌를 떠난 것은 지금 비로소 떠난 것이 아니라 본래부터 여여리가 모든 염법과는 상응하지 않기 때문이다. 일체의 선이 갖추어진 것도 역시 비

---

**15** 『금광명최승왕경현추』 "曉云. 初言如如如智者. 是擧如來所依性得解脫[般]若. 體是如如非所修得名如如智. 眞諦三藏作如是說. 有餘師說. 是修生智. 而不近文意故述先說也. 言願力者. 是依法身所起願力. 次言故者. 欲明依本法身眞如眞智. 復依昔起大願之力. 依此二本故現是身." (T56, 566c)

로소 갖추어진 것이 아니라 무시 이래에 이 여여지가 갠지스강의 모래와 같이 많은 본성적인 덕과 항상 상응하기 때문이다. 그러므로 이 이와 지는 본성적으로 갖추어져 있는 것(自性得)이다. 본성적으로 갖추어진 법이 바로 법신이니 그러므로 이것을 법신이라고 이름한다.

『불성론』에서 (다음과 같이) 설한 것과 같다. "여래성이라는 것은 스스로 청정하기 때문이고 객진에 물들 수 있다는 것은 자성이 공하기 때문이다. 그러므로 한 가지 법도 감소되는 것이 없다고 한다. (진여라는 것은 청정한 인과 서로 떨어져 있지 않으니) 갠지스강의 모래알 수보다도 많고 생각할 수도 없는 많은 부처의 공덕과 항상 상응하기 때문이다. (그러므로) 한 가지 법도 증가하는 것이 없다고 한다."

또한 『섭대승론석』에서도 설하였다. "(논에서 말하길) 이 중 자성신이란 것은 모든 여래의 법신이다(라고 한다). 해석하자면 이 삼신 가운데 자성을 법신으로 삼는다면 이 자성에 두 가지 종류가 있다. 정확히 어떠한 자성이 법신인가? 첫째는 일체의 번뇌가 멸한 것이기 때문이고 두 번째는 일체의 백 가지 법이 원만하기 때문이다. 오직 진여와 진지만이 홀로 존재하니 법신이라고 이름한다." 이런 것 등의 문장의 증명으로 알 수 있다. 이 경(역자: 『금광명경』)에서 여여지가 법신이라고 설하는 것은 본성적으로 갖추어진 것이지 사람의 공능으로 얻은 것이 아니다. 사람의 공능으로 얻은 것이라면 나머지 두 가지 몸에 속하기 때문이다.[16]

---

16 『금광명최승왕경현추』 "故如如卽智 名如如智. 然此離障 非今始離. 從本以來 是如如理 與諸染法 不相應故. 具一切善. 亦非始具. 無始以來 是如如智 恒沙性德 恒相應故. 故此 理智 是自性得. 性得之法卽是法身. 以之故言是名法身. 如佛性論云. 如來性者自淸淨 故. 能染容者自性. 故言無一法可損. 過恒沙數等不捨. 不可思惟諸佛功德. 恒相應故. 言 無一法可增. 又攝大乘云. 此中自性者. 是諸如來法身. 釋曰. 此三身中若以自性爲法身. 自性有 二種. 定以何自性爲法身. 一切障滅故. 一切白法圓滿故. 唯有眞如及眞智獨存. 說名法身. 以此等文證知. 此經說如如智爲法身者. 是自性得非人功得. 人功得者屬餘二

여기서 원효는 여여와 여여지가 본성적으로 갖추어진 것이라고 하면서 그 문증으로 진제가 번역한 『불성론』과 진제의 『섭대승론석』을 제시하고 있다. 이 가운데 『섭대승론석』에는 자성신으로서의 법신은 진여와 진지, 즉 여여와 여여지라고 명확히 설해져 있고, 이를 바탕으로 원효는 여여뿐 아니라 여여지 또한 자성신이고 따라서 본성적인 것이라고 한다. 게다가 위의 인용문에서 원효가 인용한 『섭론석』 바로 다음에 이어지는 부분에서는 법신의 여여와 여여지가 바로 각각 청정과 대원경지에 해당하는 것으로 서술되어 있기 때문에[17] 원효가 자성신으로 보고 있는 여여지는 바로 자은이 수용신에 해당시킨 유위법인 대원경지임을 알 수 있다. 원효가 진제의 『섭대승론석』의 입장을 수용하고 있는 것이라면, 원효는 진제와 마찬가지로 자성신에 무위법인 진여와 유위법인 대원경지를 모두 포함시키고 이를 『금광명경』의 법신으로 해석하고 있다고 볼 수 있다.

그런데 원효(그리고 진제)의 법신에 대한 설명과 관련하여 한 가지 의문이 제기될 수 있다. 대원경지가 알라야식이 전환되어 이루어지는 것이라면 이 대원경지는 처음부터 갖추어져 있는 것은 아니라는 것인데, 그렇다면 이것을 과연 자성신으로서 성득이라고 할 수 있는가라는 문제이다. 비록 원효는 여여와 함께 여여지를 본성적으로 갖추어진 것이라고 하고 있지만, 무위법인 여여는 성득으로 볼 수 있는 반면 알라야식으로부터 전변하여 얻어지는 대원경지는 유위법이므로 본래 갖추어진 것이 아닌 이상 성득이라고 할 수 없기 때문이다.

---

身故."(T56, 567b) 번역은 『불성론』과 진제 『섭대승론석』의 원문을 참조하여 보정하였다. 『섭대승론석』 원문은 다음과 같다. "論曰. 此中自性身者. 是諸如來法身. 釋曰. 此三身中. 若以自性爲法身. 自性有二種定. 以何自性爲法身. 一切障滅故. 一切白法圓滿故. 唯有眞如及眞智獨存. 說名法身."(T31, 249c)

17 『섭대승론석』. "論曰. 於一切法自在依止故. 釋曰. 一切法自在. 謂十種自在. 又因中十波羅蜜. 果中一切不共法. 皆得已不失. 如意運用故名自在. 自在不可數量. 隨諸法數量自在亦爾. 云何知此法依止法身. 不離淸淨及圓智. 卽如如如智故."(T31, 249c)

이 문제와 관련하여 주목되는 것은 원효가『기신론소』에서 법신을 본각本覺과 연결시키고, 이에 대해서 응신을 시각始覺과 연결시키고 있다는 점이다.[18] 사실『기신론별기』에 나오는 원효의 본각에 대한 설명은 법신의 여여와 여여지에 정확히 대응되는 면이 있다. 따라서 원효의 법신에 대한 이해를 위해 본각에 대한 원효의 설명을 참고할 필요가 있다. 먼저『기신론별기』에 제시되고 있는 본각에 대한 질문과 이에 대한 원효의 대답을 살펴보자.

묻기를, "심체에 다만 불각이 없기 때문에 본각이라 해야 하는가, 심체에 각조覺照의 작용이 있음을 본각이라 해야 하는가? 만약 불각이 없음을 본각이라고 하는 것이라면 또한 각조가 없을 수도 있으니 그렇다면 이는 불각일 것이고, 만일 각조의 작용이 있기 때문에 불각이라 하는 것이라면 이 가이 번뇌를 끊은 것인지 아닌지 모르겠다. 만약 번뇌를 끊지 못했다면 각조의 작용이 없는 것이요, 만약 번뇌를 끊은 것이라면 범부가 없을 것이다."

답하기를, "비단 어두움(즉, 불각)이 없을 뿐만 아니라 또한 밝게 비춤(즉, 각조)의 작용도 있는 것이니, 이 비춤(즉, 각조)의 작용이 있기 때문에 또한 번뇌를 끊음도 있는 것이다. 이 뜻이 무엇인가? 만약 앞서 미혹되었다가 후에 깨닫는 것을 각覺이라고 하는 입장에 선다면, 시각에 각이 있는 것이고 본각 중에는 각이 없을 것이다. 만약 본래 미혹하지 않음을 각이라 하는 입장에 선다면 본각은 각이고 시각은 각이 아닐 것이다. 번뇌를 끊는 뜻도 이와 같아서, 앞서는 번뇌가 있었으나 뒤에 번뇌가 사라진 것을 끊음이라고 한다면 시각은 끊음이 있고 본각은 끊음이 없으며, 본래부터 여읜 것을 끊음이라 한다면 본

---

18 『기신론소』"此與前說不思議業有何異者, 彼明應身始覺之業, 此顯本覺法身之用."(T44, 211c)

각은 끊은 것이고 시각은 끊은 것이 아니다. 만약 이런 뜻에 의한다면 본래 끊었기 때문에 본래 범부가 없는 것이니, 이는 아래의 글에서 '일체의 중생이 본래 열반, 보리의 법에 상주하여 들어가 있다.'고 한 말과 같다. 그러나 본각이 있기 때문에 본래 범부가 없다고 말하지만, 시각이 아직 있지 않기 때문에 본래 범부가 있는 것이니, 그러므로 잘못이 없는 것이다."[19]

여기서 심체에 불각이 없다는 것과 각조의 작용이 있다는 것 중 어느 것이 본각을 결정하는가를 묻는 질문은, 청정법계로서의 여여와 이에 대응하는 여여지 가운데 어느 것이 법신에 해당하는가 하는 물음과 정확히 대응된다. 위에서 언급했듯이 『기신론소』에서 원효가 본각과 법신을 서로 연결하고 있다는 것에 비추어 볼 때에도 이러한 대응 관계가 완전히 근거 없는 것이 아님은 분명하다. 또한 심체에 불각이 없음이 본각이라는 입장이 청정법계로서의 여여만을 법신으로 하는 입장에 대응된다고 본다면, 이 입장은 앞에서 살펴본 자은의 자성신에 대한 해석과 정확히 일치한다. 원효는 이 질문에 대한 대답에서 두 가지 중 하나만을 취해 본각의 요소로 본다면 어느 것이나 오류에 도달하게 된다고 하고 있다. 본각을 법신으로 대치하여 생각해 본다면, 이러한 원효의 대답은 법신에 청정한 무위법인 여여뿐만 아니라 유위법의 여여지 또한 갖추어져 있음을 주장하는 것

---

[19] 『대승기신론별기』 "問. 爲當. 心體只無不覺故名本覺. 爲當. 心體有覺照用名爲本覺. 若言只無不覺名本覺者. 可亦無覺照故是不覺. 若言有覺照故名本覺者. 未知此覺爲斷惑不. 若不斷惑則無照用. 如其有斷則無凡夫. 答非但無闇. 亦有明照. 以有照故. 亦有斷惑. 此義云何. 若就先眠後覺名爲覺者. 始覺有覺. 本覺中無. 若論本來不眠名爲覺者. 本覺是覺. 始覺則非覺. 斷義亦爾. 先有後無名爲斷者. 始覺有斷. 本覺無斷. 本來離惑名爲斷者. 本覺是斷. 始覺非斷. 若依是義. 本來斷故. 本來無凡. 如下文云. 一切衆生. 從本已來. 入於涅槃菩提之法. 然雖曰有本覺故本來無凡. 而未有始覺故. 本來有凡. 是故無過." (T44, 230b)

으로 볼 수 있다. 이를 환언하면, 깨닫지 못한 미망의 중생이 깨달음을 추구한다는 실제적 상황에 있어서 '법신'이 의미를 가지려면 실제적인 유위의 세계와 유리된 무위법의 여여만으로는 설명될 수 없다는 것을 의미한다.

하지만 여여지가 법신에 포함되어야 하는 실질적 이유가 있다는 것이 유위법에 속하는 대원경지가 어떻게 또는 왜 성득性得으로 불릴 수 있는가라는 질문에 대한 직접적 해답이 될 수 있는 것은 아니다. 대원경지가 알라야식에서 전변하여 갖추어지는 것인 한, 대원경지로 완전히 갖추어져서 무위법과 궁극적 합일을 이루는 그 순간까지는 어디까지나 유위법에 속하는 것으로 볼 수 있기 때문이다. 이 문제에 대한 원효의 해결점의 단초는, 원효가 성정본각性淨本覺[20]을 인因과 과果로 나누어 설명하는 것에서 찾아볼 수 있다고 생각된다. 먼저 『기신론』에서 설하고 있는 네 가지 각覺의 체體의 모습(覺體相)인 여실공경如實空鏡, 인훈습경因熏習鏡, 법출리경法出離鏡, 연훈습경緣熏習鏡을 원효가 성정본가이 모습이라고 하면서 주석하고 있는 부분을 살펴보자.

(논) 다음으로, 각의 체의 모습이라는 것은 네 가지의 큰 뜻이 있으니 허공과 동일하고 마치 맑은 거울과도 같다. 무엇이 네 가지인가? 첫째는 여실공경이니, 모든 마음의 경계상을 멀리 여의어서 나타낼 만한 법이 없는지라 각조의 뜻이 아니기 때문이다. 둘째는 인훈습경이니, 여실불공如實不空을 말한다. 일체세간의 경계가 그 가운데 나타나되 나오지도 않고 들어가지도 아니하며, 잃어버리지도 않고 깨지지도 않아서 일심에 항상 머무르니, 이는 일체법이 곧 진실성이기 때문이며, 또 일체의 염법이 더럽힐 수 없으니 지智의 체體는 움직이지 않

---

20 『기신론』 원문에는 '성정본각'의 개념이 나오지 않는다. 이 개념은 원효 이전 智愷(?~568)의 『起信論一心二門大意』(X45. 152b~153a), 曇延(516~588)의 『大乘起信論義疏』(X45. 162 b·c) 등에서 이미 언급되고 있다.

고 무루를 구족하여 중생을 훈습하기 때문이다. 셋째는 법출리경이니 불공법이 번뇌애와 지애를 벗어나고 화합상을 여의어서 깨끗하고 맑고 밝게 되기 때문이다. 네 번째는 연훈습경이니 법출리에 의지하므로 중생의 마음을 두루 비추어 선근을 닦도록 하니 (중생의) 생각에 따라서 나타나기 때문이다.[21]

(소) 다음에는 성정본각의 모습을 밝혔으니 그 가운데 둘이 있다. 첫째는 총괄하여 나타내었고 둘째는 따로 풀이하였다. 처음 가운데 '허공과 동일'하다고 말한 것은 두루하지 않는 곳이 없기 때문이고, '마치 맑은 거울과도 같다'는 것은 얼룩을 떠나 영상을 나타내기 때문이다. 네 종류의 뜻 가운데 첫째와 셋째는 얼룩을 떠나 있다는 뜻에 의하여 맑은 거울에 비유하였고, 둘째와 넷째는 영상을 나타내는 뜻에 의하여 역시 맑다는 뜻을 둔 것이다. 따로 풀이한 중에서는 네 가지를 각각 나타내었으니, 이 가운데 앞의 둘은 인성因性에 있고 뒤의 둘은 과지果地에 있다. 앞의 두 가지는 공空과 지智를 밝혔으니, 이는 『열반경』에서 "불성이라는 것은 제일의공第一義空이며 제일의공은 지혜라고 이른다. 지혜란 공과 불공을 보는 것이고 어리석음이란 공과 불공을 보지 못하는 것이다."라고 하고 이어서 자세히 설명한 것과 같다.[22]

---

21 『기신론』 "復次, 覺體相者, 有四種大義, 與虛空等, 猶如淨鏡. 云何爲四? 一者、如實空鏡. 遠離一切心境界相, 無法可現, 非覺照義故. 二者、因熏習鏡. 謂如實不空, 一切世間境界悉於中現, 不出不入、不失不壞, 常住一心, 以一切法即眞實性故; 又一切染法所不能染, 智體不動, 具足無漏熏衆生故. 三者、法出離鏡, 謂不空法, 出煩惱礙、智礙, 離和合相, 淳淨明故. 四者、緣熏習鏡. 謂依法出離故, 遍照衆生之心, 令修善根, 隨念示現故."(T32, 576c)
22 『기신론소』 "次明性淨本覺之相. 於中有二. 一者總標, 二者別解. 初中言與虛空等者, 無所不遍故. 猶如淨鏡者離垢現影故. 四種義中, 第一第三. 依離垢義以況淨鏡. 第二第四. 依現像義亦有淨義也. 別解之中. 別顯四種. 此中前二在於因性. 其後二種在於果地. 前

앞서서 본각 개념이 법신 개념과 서로 대응성을 가지는 것을 살펴보았는데, 이와 마찬가지로 여기서 원효가 언급한 성정본각 또한 법신 개념과 의미의 연결성이 보인다.[23] 즉, 성정본각의 두 가지 모습 가운데 첫째인 '허공과 동일'하여 '두루하지 않는 곳이 없다'는 것이나 '얼룩을 떠나 있다', 즉 청정하다는 것은 바로 법신 가운데 여여의 성질에 해당하고, '영상을 나타낸다(現影)'는 것은 바로 여여지의 성질에 해당한다. 게다가 원효는 성정본각의 네 가지 성질 가운데 앞의 두 가지인 여실공경과 인훈습경을 공空과 지智를 밝히는 것이라고 하면서, 이들을 『열반경』의 제일의공과 지혜에 각각 해당시키고 있는데, 이 공과 지 또한 각각 여여와 여여지와 상통하는 것으로 볼 수 있음은 명백하다.

주목할 것은 원효가 성정본각을 인성因性과 과지果地로 나누고 있다는 점이다. 즉, 성정본각의 네 가지 모습 가운데 앞의 두 가지인 여실공경과 인훈습경은 인성에, 나머지 법출리경과 연훈습경은 과지에 해당시키고 있다. 성정본각을 법신으로 대치하여 생각해 볼 경우, 앞의 두 가지 모습은 법신의 인위로, 뒤의 둘은 법신의 과위에 해당하는 것으로 볼 수 있다. 실제로 원효는, 『기신론』에서 셋째 법출리경이 '번뇌애와 지애를 벗어나 깨끗하고 맑고 밝게 되었다'라고 설명되어 있는 것을 '(둘째인) 인훈습경이 번뇌(번뇌애와 지애)에서 벗어났을 때에 법신이 됨을 밝힌 것'이라고 해석하여,[24] 본각의 모습들을 법신과 연결하여 서술하고 있다. 그리고 한편 이러한 원효의 설명은 인위에 속한 인훈습경이 과위인 법출리경에 이른 것이 바로 법신이라고 해석하고 있는 것으로 볼 수 있다. 인훈습경을

---

二種者. 明空與智. 如涅槃經言. 佛性者第一義空. 第一義空名爲智慧. 智者見空及與不空. 愚者不見空與不空. 乃至廣說."(T44, 211c)
[23] 원효는 성정본각을 본각의 본래 모습으로 보고 있으므로 원효의 『기신론』 체계에서 본각이라고 할 때에는 일반적으로 성정본각을 가리킨다고 할 수 있을 것이다.
[24] 『기신론소』 "第三中言出於二礙淳淨明者, 是明前說因熏習鏡出纏之時爲法身也."(T44, 211c)

여여지의 인위에 해당하는 것이라고 본다면, 원효가 인훈습경으로부터 도출되는 것으로 설명하고 있는 법출리경은 바로 여여지의 과위라고 할 수 있을 것이다. 그런데 이 법출리경은 원효가 여기서 '법신'으로 설명하고 있으므로 바로 다름 아닌 대원경지에 해당하는 것으로 볼 수 있다. 왜냐하면 앞서 논의했듯이 원효는 법신인 여여와 여여지에 각각 청정법계와 대원경지를 대응시키고 있고, 따라서 여여지를 인위와 과위로 나누었을 때 모든 번뇌를 벗어난 과위의 여여지란 바로 번뇌의 알라야식으로부터 전변하여 이루어진 대원경지에 다름 아니라고 볼 수 있기 때문이다.[25]

유위법인 대원경지가 여여지에 해당한다면 이를 성득이라고 할 수 있는가라는 질문으로 돌아가자면, 만약 여여지가 인위와 과위로 나뉘고 대원경지가 과위에 해당하는 것이라고 한다면 비록 과위인 대원경지가 알라야식과 같은 유위법의 전변으로 이루어지지만 그 인위는 무위법에 속

---

[25] 넷째 연훈습경에 대한 『기신론소』와 『기신론별기』의 원효의 설명을 비교해 보아도 법출리경이 대원경지임을 추정할 수 있다. 『기신론소』에서 원효는 연훈습경을 법출리에 의지하여 중생의 교화를 나타내는 것으로 보고 있다. "(논에서) '법출리에 의지하므로 중생의 마음을 두루 비추어'라고 말한 것은 곧 저 본각이 밝히 나타날 때 중생의 근기를 똑같이 비추어 만 가지의 교화를 나타내는 것이니 그런 까닭에 '(중생의) 생각에 따라서 나타낸다.'라고 하였다."[第四中言依法出離故遍照衆生心者, 即彼本覺顯現之時, 等照物機, 示現萬化, 以之故言隨念示現(『기신론소』T44, 211c)] 한편 『대승기신론별기』에서는 이 연훈습경을 대원경지에 의지하여 일어나는 '行德'으로 설명하고 있다. "네 번째 연훈습이라는 것은, 비로소 圓智를 일으켜 증상연을 짓고 중생의 마음을 훈습하면 (그들로 하여금) 염락과 모든 가행을 일으키도록 하며, 마침내 불과에 이르게 한다. 따라서 연훈이라고 이름한 것이다. 이러한 모든 행덕은 대원경지를 여의지 않으니 이는 저 지혜의 영상이며, 따라서 '거울'이라고 이름한 것이다."[第四緣熏習者 始起圓智. 作增上緣. 熏衆生心. 令起厭樂及諸加行, 乃至佛果. 故名緣熏. 此謂行德. 不離圓智. 是波(역자: 彼로 읽음;『大乘起信論疏記會本』X45, 757에는 彼로 되어 있음)智影. 故名爲鏡.(『대승기신론별기』T44, 233b)] 즉, 원효는 연훈습경이 의지하는 것을 『기신론소』에서는 법출리경으로, 『대승기신론별기』에서는 대원경지로 설명하고 있고, 이런 점에서 법출리경이 바로 대원경지에 해당하는 것임을 추정할 수 있다. 또한 이런 맥락에서 연훈습경을 '저 지혜'(즉, 대원경지)의 '영상'이라고 하고 있다. 여기서 행덕으로 설명되는 연훈습경은 유식의 구도로 설명한다면 자수용신에 해당한다고 볼 수 있을 것이다.

해 있는 것이므로 여전히 성득이라고 말할 수 있을 것이다. 하지만 인위는 과위에 이르지 않으면 단지 인위로만 남아 있으므로 이런 의미에서 성득이라 할지라도 깨달음에 이른 것은 아니라고 할 수 있다. 이와 같이 여여지를 인위와 과위로 나누어 설명하는 원효의 해석은, 앞선 인용문[26]에서 "심체에 다만 불각이 없기 때문에 본각이라 해야 하는가, 심체에 각조覺照의 작용이 있음을 본각이라 해야 하는가?"라는 질문에 대한 원효의 대답과도 상통한다. 즉, 이 질문은 환원하면 깨달음이 본래 존재하는 것인가, 아니면 깨달음은 비로소 일어나는 것인가를 묻는 것으로서, 앞서 살펴보았듯이 원효는 이에 대해 두 입장 모두 각각 문제점이 있음을 지적하고 두 입장을 모두 고려해야 함을 주장한다. 다시 말해 본래 깨달음이 존재한다는 본각의 입장과 깨달음이 비로소 일어나게 된다는 시각의 입장을 모두 취하는 것이다. 이와 같이 상호 모순되어 보이는 본각과 시각의 입장을 원효가 모순 없이 받아들일 수 있는 논리적 근거는 바로 여여지를 인위와 과위로 나누어 설명하는 것에서 찾을 수 있다. 본래 존재하는 인위로서의 여여지는 본래 존재하는 깨달음, 즉 본각을 설명할 수 있고, 과위에 이르렀을 때 비로소 성취되는 여여지, 즉 대원경지는 비로소 생겨나는 깨달음, 시각을 설명할 수 있다. 이런 점에서 원효가 말하는 법신, 즉 여여와 여여지의 성득이란 인위의 차원에서 모든 중생이 깨달음의 가능성은 가지고 있다고 할 수 있지만, 과위에 이르지 못한 상태에서는 깨달음에 이르렀다고 할 수 없으므로 여전히 과위로의 노력과 수행이 필요하다는 함의를 내포하고 있다. 『금광명경』의 법신 개념에서 여여와 여여지를 모두 성득이라고 한 원효의 해석 또한 지금까지 논의한 원효의 법신 해석에 비추어 볼 때 설명될 수 있다. 지금까지의 원효의 불신 해석에 대한 논의를 정리하면 다음과 같다.

---

[26] 각주 19 참조.

〈표 2〉『기신론』과『금광명경』을 통해 본 원효의 불신 해석

| | 무위 | | | 유위 |
|---|---|---|---|---|
| 『기신론』 | 성정본각 | | | 수염본각 |
| | 因 | | 果 | |
| | 여실공경: 空 | 인훈습경: 智 | 법출리경 (대원경지) | 연훈습경 | 지정상, 부사의업상 |
| 『금광명경』 | 법신 | | | 응신, 화신 |
| | 여여 | | 여여지 | |

## IV. 혜원의 『금광명경』 삼신설 해석

그렇다면 『금광명경』 불신설에 대한 원효의 이해는 혜원의 합진개응설과는 어떻게 다르다고 할 수 있는가? 앞서 언급했듯이 혜원의 합진개응설과 『금광명경』의 삼신설에 대한 자은 및 원효의 해석은 모두 법신 대 응화신이라는 구도로 불신을 파악하고 있다는 점에서는 공통점을 가진다. 하지만 삼신에 대한 구체적 해석, 특히 『금광명경』에서 여여와 여여지로 설명되고 있는 법신에 대한 해석에 있어서는 이 세 논사의 입장은 상이점을 가지는 것으로 보인다. 앞서 자은은 여여지를 유위의 자수용신으로서 대원경지에 해당하는 것으로 보고, 원효는 여여지를 무위의 인위와 유위의 과위로 나누어 과위에 대원경지를 해당시키고 있음을 살펴보았다. 이에 비해 혜원은 『대승의장』에서 진신을 여여법과 여여지로 나누고 이 중 여여법을 법신으로, 여여지를 보신이라고 설하고 있다.[27] 앞서 언급했듯이,[28] 혜원에 따르면 『금광명경』의 불신설은 진신과 응신의 이신에서 응신이 다시 응신과 화신으로 분화한 합진개응설이고, 『금광명경』에서는 법

---

[27] 『대승의장』, "其眞身者, 謂如如法及如如智. 其如如法, 即是法身. 如如智者, 即是報身." (T44, 841a)
[28] 각주 3 참조.

신이 여여와 여여지로 나뉘므로, 『금광명경』의 법신이 『대승의장』에서 말하는 진신에 해당한다는 것은 분명하다. 다시 말해 혜원에게 있어서 『금광명경』의 법신은 진신에 해당하고 이 법신이 나뉜 여여와 여여지를 다시 법신과 보신의 개념에 대응하고 있는 것이다.

혜원이 법신과 보신에 대응시키는 여여와 여여지의 의미를 명확히 고찰하기 위해서는 혜원의 『기신론의소』[29]를 참조하는 것이 도움이 될 것으로 보인다. 왜냐하면 위에서 원효의 법신에 대한 관점을 『기신론』의 본각 개념에 대한 원효의 해석을 통해 추정할 수 있었던 것처럼, 혜원의 『기신론의소』의 본각에 대한 해석을 분석함으로써 혜원의 법신에 대한 견해를 추론할 수 있을 것으로 기대되기 때문이다.

원효의 경우와 마찬가지로, 각의 체의 네 가지 모습을 설하는 『기신론』 구절에 대한 혜원의 주석에도 불신설에 관한 혜원의 관점이 나타나 있다. 혜원은 첫째인 여실공경을 진여라고 하고[30] 인훈습경을 진심이라고 하여[31] 기본적으로는 원효와 마찬가지로 이들을 각각 여여와 여여지의 구도에서 이해하고 있다. 하지만 혜원은 셋째인 법출리경과 넷째인 연훈습경을 지정상, 부사의업상과 각각 동일시한다.[32] 지정상과 부사의업상은 원효의 경우 수염본각에 해당되는 것으로서, 원효는 수염본각을 시각 및 응화신과 연결하여 본각 및 법신과 연결되는 성정본각과 구분하고 있다.[33] 또

---

[29] 『기신론의소』가 혜원의 진찬인가 아닌가에 대한 학계의 논의가 진행되어 왔다. 이 논문에서는 비록 『기신론의소』가 혜원의 진찬이 아니라 할지라도 혜원의 사상을 토대로 하여 구성되어 있다는 것을 전제로 하여 논의를 진행하는 것으로 한다.
[30] 『대승기신론의소』 "次下別釋. 此四種中. 一一之中立名即釋. 如實空鏡者猶前眞如."(T44, 185b)
[31] 『대승기신론의소』 "因熏習鏡者謂眞心也."(T44, 185b)
[32] 『대승기신론의소』 "法出離鏡者, 猶智淨相也. 眞法出於煩惱惑障故言出離也. 謂不空者恒沙淨法湛然滿故. 煩惱礙者猶煩惱障. 言智礙者猶智障也. 諸惑雖衆無出二障. 然此義者下二障中具廣分別也. 離和合相淳淨明者. 離六七識心相也. 緣熏習鏡者, 猶上不思議業相也. 以緣智修習故得名緣熏習也. 依法出離者. 依體起相用. 遍照衆生心令修善者, 是報佛也. 隨念示現者. 是應佛也."(T44, 185c)

한 동일한 맥락에서 원효는 수염본각의 부사의업과 성정본각의 연훈습경 또한 구별하여, 전자는 '응신과 시각의 업용을 밝힌 것'이고 후자는 '본각과 법신의 작용을 나타낸 것'이라고도 한다.[34] 이에 비해 혜원은 (원효의 체계에서 수염본각에 해당하는) 지정상을 법불의 성품, 부사의업상을 보불(그리고 응불)의 성품이라고 하고[35] 이를 다시 (원효에게 있어서 성정본각의) 셋째와 넷째의 모습인 법출리경, 연훈습경과 각각 동일시하는 것이다. 또한 여실공경과 인훈습경은 이理인 것에 대해 법출리경과 연훈습경은 행行이라고 하고, 이어서 "이와 행을 함께 밝혔기 때문에 남는 것도 없고 더 높은 것도 없다."[36]라고 하여 이와 행의 융합성을 암시하고 있다. 요약하면, 혜원은 원효와 달리 본각을 성정본각과 수염본각으로 구분하지 않고, 오히려 (성정본각의) 행行에 해당하는 법출리경과 연훈습경을 (수염본각의) 지정상 및 부사의업상과 각각 동일시하고 있으며, 이들을 다시 각각 법신과 보신(및 응신)에 대응하는 것이다.

한편 혜원은 앞서 언급했듯이 『대승의장』에서는 여여와 여여지를 각각 법신과 보신이라고 한다. 여여와 여여지는 『기신론의소』에서 혜원이 이에 해당시키고 있는 여실공경과 인훈습경에 해당하므로, 결국 혜원은 (성정본각인) 이와 행, 그리고 (수염본각의) 지정상과 부사의업상이라는 세 영역에 모두 법신과 보신을 설정하고 있는 것이 된다. 다시 말해 혜원의 불

---

33 "부사의업상을 해석하는 가운데 '지혜의 깨끗함에 의한다'는 것은 앞서 수염본각의 마음이 비로소 맑고 깨끗해짐을 말하는 것이니 이는 시각의 지혜이며 이 지혜의 힘에 의하여 응화신을 나타내기 때문에 '무량공덕의 상'이라고 말한 것이다."[次釋不思議業相中. 依智淨者. 謂前隨染本覺之心. 始得淳淨. 是始覺智. 依此智力現應化身. 故言無量功德之相.(『기신론소』T44, 211b)]

34 각주 14 참조.
35 『대승기신론의소』"言智淨相者是法佛性也. 不增不減古今湛然非先染後淨名智淨. 言不思議業相者. 是報佛性也. 本無法體. 以不思議修習力故有始生義. 造作令成. 無而令有. 名不思議. 造作名業."(T44, 184c)
36 『대승기신론의소』"此四之中前二是理. 後二是行. 理行俱明故無餘無上."(T44, 185c)

신설의 구도에서는 여여와 여여지는 이의 차원에서는 여실공경과 인훈습경으로 불리고, 행의 차원에서는 법출리경, 연훈습경으로 불리는 동시에 지정상과 부사의업상과도 동일시되는 것이라고 할 수 있다. 이와 같이 성정과 수염을 구분하지 않는 혜원의 본각 이해는 『기신론의소』 전체를 통해 주장되고 있는 '진망화합眞妄和合' 개념과도 밀접한 관계가 있는 것으로 볼 수 있다.

〈표 3〉『기신론』과 『금광명경』을 통해 본 혜원의 불신 해석

|  | 무위; 理 | | 유위; 行 | |
|---|---|---|---|---|
| 『기신론』 | 여실공경: 眞如 | 인훈습경: 眞心 | 법출리경<br>=지정상<br>=법신 | 연훈습경<br>=부사의업상<br>=보신(및 응신) |
| 『금광명경』<br>(『대승의장』) | 여여=법신; 여여지=보신 | | | |
| | 여여=법신=법출리경=지정상; 여여지=보신=연훈습경=부사의업상 | | | |

## V. 맺음말

법신, 응신, 화신으로 설해져 있는 『금광명경』의 불신설에 대해 동아시아 불교 논사들은 다른 해석 관점을 가지고 있었다. 불신설은 여러 다양한 구도를 가지고 전래되었고 이에 따라 동아시아 불교 논사들은 이러한 다른 양상의 불신설들을 통합적이고 체계적으로 이해하려는 노력을 하였다. 『금광명경』에서는 법신이 여여와 여여지로 나뉘어 설해지고 있고, 이 여여와 여여지 개념에 대한 당시 논사들의 해석은 이理와 지智의 관계에 대한 그들의 사상적 관점을 반영한다. 법상유식에 따르면 여여, 즉 진여만이 법신으로 여겨지고 있지만, 원효는 여여와 함께 여여지를 모두 법신으로 보고 있고, 혜원은 여여를 법신, 여여지를 보신으로 보면서 한편으

로는 이들을 융합하여 이해하는 모습을 보여 주고 있다. 법신에 대한 이해는 이와 같이 진여에 대한 이해와 연결되어 있고, 이런 점에서 불신설의 사상적 중요성은 불신설 자체에만 한정되는 것이 아니라 고대 동아시아 논사들의 사상적 기조의 이해에 있어서 중요한 이론적 단초로 작용할 수 있다는 점에 있다. 특히, 원효의 불신관이 혜원의 불신관과 차별성을 보인다는 것은 원효와 혜원과의 사상적 연관성에 초점이 맞추어진 기존의 연구 경향성의 범위가 더 확대되어야 한다는 것을 시사한다.

| 참고문헌 |

1차 문헌

『成唯識論』(T30)

『攝大乘論釋』(T31)

『大乘起信論』(T32)

『法華玄論』(T34)

『法華義疏』(T34)

『成唯識論述記』(T42)

『大乘起信論義疏』(T44)

『起信論疏』(T44)

『大乘起信論別記』(T44)

『大乘義章』(T44)

『大乘法苑義林章』(T45)

『金光明最勝王經玄樞』(T56)

『起信論一心二門大意』(X45)

『大乘起信論義疏』(X45)

靑木隆 外(編). 『藏外地論宗文獻集成』. 서울: 도서출판 씨아이알, 2012.

福士慈稔. 『日本佛敎各宗の新羅·高麗·李朝佛敎認識に關する硏究: 日本三論宗·法相宗にみられる海東佛敎認識』 第2卷(上, 下). 山梨: 身延山大学東アジア佛敎硏究室, 2012.

2차 문헌

김상현. 「원효의 불신에 대한 이해」. 『한국사상사학』 11. 한국사상사학회, 1998.

김영일. 「원효의 불신화쟁론: 보신불의 상주성과 무상성」. 『대각사상』 23. 대각사상연구원, 2015.

이평래. 「원효성사의 일심사상: 『대승기신론』의 불신설을 중심으로」. 『원효학연구』 6. 원효학회, 2001.

임혁. 「過程哲學의 神觀과 元曉의 佛身觀의 論理構造의 比較研究」. 연세대학교 석사학위논문, 1986.

조아영. 「원효(元曉)의 불신관(佛身觀) 연구: 『법화종요(法華宗要)』·『대승기신론소(大乘起信論疏)』를 중심으로」. 한국외국어대학교 석사학위논문, 2017.

望月信亨 編. 『望月佛敎大辭典』. 東京: 世界聖典刊行協會, 1960(1931).

岡本一平. 「『大乘義章』と眞諦譯書」. 『印度學佛敎學研究』 63-2. 日本印度學佛敎學會, 2015.

『무량수경종요』

원효 찬 『무량수경종요』 연구 방법 개혁론 | 아타고 구니야스(愛宕邦康)

# 원효 찬『무량수경종요』 연구 방법 개혁론
-일본불교의 원효 정토교 평가의 변화에 착목하여-

아타고 구니야스(愛宕邦康)

## I. 문제의 소재

필자는 지금의 신라 정토교의 연구 방법에 대해 적지 않은 의문을 품고 있다. 그뿐만 아니라 가까운 장래에 지금까지의 방대한 연구 성과가 거대한 헛수고로 끝날 것 같은 위기조차 느끼고 있다. 아직 한국 고유의 주체적인 연구 방법론이 확립되어 있지 않고 일본식의 종학 연구 방법론에 의한 대체가 주류를 이루고 있기 때문에, 신라 정토교가 본래 누려야 할 정당한 평가가 저해되고 있는 것처럼 생각되기 때문이다.

원래 일본의 정토교학 연구의 정의에 대한 규정은 정토종조 호넨(法然, 1133~1212)의 교의를 주축으로 하는, 매우 특이한 것이다. 그것은 시기상응과 불상응이라는 관점에서 말법의 시기에 적합한 범입보토凡入報土의 뜻을 확립하기 위해 자신의 교의를 정토문淨土門, 다른 모든 교의를 성도문聖道門으로 정의하고 성도문을 선택하여 버리는 것(選捨)을 출발점으로 하는 것으로, 그와 같은 급진적인 교학적 특징을 지닌 정토종淨土宗, 그리고 "설혹 호넨 성인에게 속아서 염불하여 지옥에 떨어지더라도 어떠한 후회도 없다."¹라고까지 단언한 제자 신란(親鸞, 1173~1262)을 종조로 하는 정토진종淨土眞宗의 종학 연구의 방향성에 따라서 행해지는 것이 일본에서의 정토교학 연구의 실정이다. 현재 일본 전국에는 여덟 곳에 이르는 정토종 계열의 종문대학, 24곳에 이르는 정토진종 계열의 종문대학이 존재하며, 거기서는 하나를 취하고 다多를 버리는 정토교를 옳다고 하는 연구가 행해지고 있다.

그러나 신라 정토교는 호넨이 가장 먼저 선택해서 버려야 한다는 성도문에 해당하며, 결코 범입보토나 절대타력의 확립을 향해 행보를 움직였던 것이 아니다. 정토종이나 정토진종의 교학과는 전혀 다른 방향을 지향하고 있었음에도 불구하고, 일률적으로 정토문의 방법론에 의해 해석이 시도되고 있는 현 상황이 필자에게는, 체중계로 키를 재려는 것같이 지극히 이해하기 어려운 행위로 비치고 있다.

그렇다면 신라 정토교학의 연구란 어떤 모습이어야 할 것인가? 필자는 그 첫 걸음이 바로 일본식의 종학 연구와의 결별이라고 생각하고 있다. 본고에서는 원효(617~686)의 『무량수경종요』를 들어, 다시금 한국에서의 주체적인 정토교학 연구의 방법에 대해서 고찰하고자 한다.

## II. 일본 정토교학 연구의 특이성

게이오(慶應) 4년(1868)에 메이지(明治) 정부가 표방했던 신불판연령神佛判然令에 위기감을 느끼던 일본불교의 각 종파는, 위기 관리의 일환으로 종

---

1 『歎異抄』(T83.728b)

문학교를 설립하여 교육기관의 충실을 꾀하고, 재빨리 구미로부터 비교종교학 연구의 방법론을 수용하기에 이른다. 이로 인해 일본은 아시아 지역에서 근대 불교학 연구의 선구자로서의 지위를 확립하였고, 그 방법론은 여러 나라의 불교학 연구에도 강한 영향을 끼치게 되었는데, 한편으로 일본 특유의 종학 연구 방법이 각국의 불교학 연구에 여러 문제를 분출시킨 것도 중대한 문제라고 하지 않을 수 없을 것이다.

예를 들어 호넨이 "오직 선도善導 한 스승에 의존한다."[2]고 하고, 신란이 "선도만이 불타의 정의正意를 밝힌다."[3]고 평가하는 등, 일본에서 선도(613~681)의 정토교는 중국 정토삼류淨土三流(그 밖에 여산혜원류廬山慧遠流·자민류慈愍流)의 주축으로서 중요시되었는데, 북송 준식遵式(963~1032) 『왕생서방약전서往生西方略傳序』의 "선도화상이 오회五會의 교교를 세우고 사람에게 염불을 권하며, 관경소 1권, 24찬, 육시예문 각 1권을 지었다."[4]는 기술을 본다면, 그 저술인 5부 9권(『관무량수경소觀無量壽經疏』 4권·『법사찬法事讚』 2권·『왕생예찬往生禮讚』 1권·『반주찬般舟讚』 1권·『관념법문觀念法門』 1권)은 본국에서는 일찍부터 『관무량수경소』 현의분玄義分과 『왕생예찬』 1권을 제외하고 산실되었음을 알 수 있다. 또한 『석정토군의론釋淨土群疑論』을 지은 제자 회감懷感 이외에, 더불어 '후선도後善導'로 불린 소강小康(?~805)이나 법조法照가 선도류의 계승자로서 알려져 있지만, 당대의 불교는 여전히 선정합행禪淨合行, 교정겸수敎淨兼修의 자세를 견지했기 때문에, 그 유파는 새로운 전개를 이루지 못하고 모습을 감추었다. 과연 호넨이나 신란의 견해가 적절한 것이었는가에 대해서는 의견이 엇갈리는 것이다.

실제로 난조분유(南條文雄, 1849~1927)로부터 중국에서 산실된 300여 점

---

[2] 『選擇本願念佛集』(T83, 19a).
[3] 『淨土文類聚鈔』(T83, 645c), 『顯淨土眞實敎行証文類』(T83, 600b).
[4] 宗曉 『樂邦文類』(T47, 167c). 단 여기서 들고 있는 『二十四讚』은 少康의 저작이다. 또한 선도에게는 그 밖에도 『彌陀經義』·『念佛集』·『大乘布薩法』 등의 저술이 있었다고 한다.

에 달하는 경론석소經論釋疏를 물려받아 『고일정토십서古逸淨土十書』를 출판하는 등, 중국불교의 부흥에 진력한 양문회(楊文會, 1837~1911)는, 다수의 논고에서 호넨이 선도 교학을 곡해하고 있음을 지적하였고, 신란이 일본 정토교를 타락시켰다고까지 단언하고 있다.[5] 선도 교학 수요의 많고 적음에 의해 정토교의 우열을 가르는 수법은 어디까지나 일본 종학 연구의 관견管見에 지나지 않으며, 이런 논리에 의해서 구축된 정토교학 연구의 방향성이 세계 기준을 크게 일탈케 한다는 이견異見이 존재하는 것도 사실이다.

그렇다면 지금까지 신라 정토교가 당대唐代 정토교의 방계라는 평가에 만족하고 있는 것도, 당대 정토교에서 일본 정토교로의 중계 역할로밖에 평가받지 않았던 것도, 이 '오직 선도에게 의존한다(偏依善導)'는 방침을 절대적인 기준으로 받들었던 일본 종학 연구의 방향성에 의거한 것이며, 그 정확한 이해를 위해서는 신라 정토교의 입장에 적합한 독창적인 평가 기준이 필요한 것은 아닐까?

정토종계 불교대학에서 일반교양과목 교재로 사용하고 있는 에타니 류카이(惠谷隆戒)의 저서 『정토교리사淨土敎理史』에, "특히 신라의 정토교에는 정영사 혜원의 사상 계통에 속하는 것과 현장·자은 등 유식사상 계통에 속하는 것이 있으며, 도작道綽·선도의 사상 계통을 수용한 것은 극히 적다."[6]고 신라 정토계를 경시하고, "조선의 정토교는 신라시대에 시작하여 이 시대가 최전성기였으며, 그 이후에는 특필할 만한 것을 찾을 수 없다."[7]고 규정하고 있는 것은 실로 종학 연구에 의한 곡해의 구체적인 사례라고 해야 할 것이다.

---

5 中村薫, 「第5章·楊仁山の日本淨土教批判」 『中國華嚴淨土思想の研究』(京都: 法藏館, 2001); 陳継東, 『淸末佛教の硏究—楊文會を中心として』(東京: 山喜房佛書林, 2003) 등 참조.
6 惠谷隆戒, 『淨土教理史』(淨土宗, 1961) p.74.
7 惠谷隆戒(1961) p.63.

원래 호넨의 정토교학이란, 선도의 『관무량수경소』의 한 구절인 "일심으로 오로지 미타彌陀의 명호를 염하여, 행주좌와, 시절의 멀고 가까움에 상관없이 염념念念으로 버리지 않는 것, 이를 정정正定의 업이라고 한다. 그 불타의 원願에 수순하기 때문이다."[8]를 기연機緣으로 하여, '삼중三重의 선택'과 '불타의 여덟 가지 선택'으로 이루어진 선택본원염불選擇本願念佛 이론을 확립하고, 전수염불專修念佛을 제창한 것이다. '삼중의 선택'이란 '성도문을 버리고, 정토문을 선택한다', '잡행을 버리고, 독송·관찰·예배·칭명·찬탄공양의 오종정행五種正行을 선택한다', '오종정행 중에서 칭명염불을 선택한다'고 하는 세 가지 선택에 의해 모든 법문에 있어서 칭명염불의 위치를 규정함을 명시하는 것이며,[9] '불타의 여덟 가지 선택'이란 미타가 '선택본원選擇本願', '선택섭취選擇攝取', '선택화찬選擇化讚', '선택아명選擇我名'의 관점에서, 석가가 '선택찬탄選擇讚歎', '선택유교選擇留敎', '선택부촉選擇付屬'의 관점에서, 제불이 '선택증성選擇証誠'의 관점에서 칭명염불을 선택한 것을, 『무량수경』·『관무량수경』·『아미타경』·『반주삼매경』의 경문에 의해 입증하는 것이다.[10]

이로써 호넨은 "내가 정토종을 세우는 뜻은 범부가 보토報土에 태어남을 보이기 위한 것이다. 만일 천태의 교상에 의한다면 범부의 왕생을 인정하는 것 같지만 정토를 판별함이 지극히 천박하다. 만일 법상의 교상에 의한다면 정토를 판별함이 깊다고 하나, 범부의 왕생을 인정하지 않는다. 제종의 담론이 다르다 하더라도 모두 범부가 보토에 태어난다는 것을 인정하지 않는다. 그러므로 선도의 교의에 의해 정토종을 일으킬 때, 곧 범부가 보토에 왕생한다는 것이 드러나는 것이다."[11]라는 절대적인 축을 제

---

8 T37. 272b.
9 T83. 18c.
10 T83. 18b.
11 『昭和新修法然上人全集』 p. 481.

시하여 전수염불의 교화에 매진한 것이다.

분명 이 논리에 따른다면, 범입보토에 소극적이거나 부정적인 정토교의 모습이 말법의 세상에 시기상응 불상응의 관점에서 열등한 것으로 비친다고 해도, 그것은 그 나름대로 매우 타당성을 지닌 해석인지도 모른다. 그러나 호넨의 교의는 제학융회諸學融會의 균형을 긍정하는 기존 종파의 방향성과는 취지를 달리하는 것으로, 오히려 여래의 교적敎籍을 상주의 법보로 규정하여 말법의 세상에서도 감응感應을 긍정하는 기존 종파의 관점에서 보자면, 칭명염불 이외의 모든 행을 선택하여 버리는(選捨) 호넨의 교의야말로 상궤常軌를 벗어난 것으로 비칠 것이다.

그것은 호넨에게 '정토를 판별함에 지극히 천박하다'고 비판받았던 천태종의 엔랴쿠지(延曆寺)의 무리들이, 겐큐(元久) 원년(1204)에 당시의 천태 좌주座主 신쇼(眞性, 1167~1230)에게 제출한 『엔랴쿠지주상(延曆寺奏狀)』으로, 또한 '전혀 범부왕생을 인정하지 않는다'고 비판받았던 법상종 고후쿠지(興福寺)의 무리들이, 겐큐 2년(1205)에 상주上奏한 『고후쿠지주상(興福寺奏狀)』으로 입증할 수 있다. 『엔랴쿠지주상』은 '미타염불을 가지고 따로 종宗을 세워서는 안 됨', '일향전수一向專修의 무리가 신명神明을 등지는 것은 부당한 것', '제교諸敎의 수행을 버리고 전적으로 미타불을 염하여 널리 유포할 시기, 여기에 아직 이르지는 않음', '일향전수의 무리가 경을 등지고 스승을 거스름', '일향전수의 넘치는 악행을 정지하여 호국의 제종을 흥륭케 할 것'의 6조,[12] 『고후쿠지주상』은 '새 종파를 세우는 과실', '새 상像을 꾀하는 과실', '석존의 경시하는 과실', '만선萬善을 방해하는 과실', '영신靈神을 등지는 과실', '정토에 어두운 과실', '염불을 잘못하는 과실', '석가의 무리를 감소시키는 과실', '국토를 어지럽히는 과실'의 9조[13]로 구성되어

---

12 惠谷隆戒, 『補訂槪說淨土宗史』(東京: 隆文館, 1978) p. 46.
13 『大日本佛敎全書』124卷(興福寺叢書 第2) p. 103.

있다.

주목할 점은 쌍방이 이 논쟁을 남도육종南都六宗과 헤이안이종(平安二宗)의 '8종', 즉 당시 일본불교 전체와 '정토종'의 대립 구도로 규정하고, 원만한 왕법과 불법의 상즉 관계를 손감시키는 것으로서 배척하려 했다는 점이다. 엔랴쿠지 측은 불법과 왕법을 새의 두 날개나 차의 두 바퀴에 비유하여 호수호조互守互助의 관계에 있다고 하고서, 전수염불을 멈추어 8종을 융성케 하는 것이야말로 불법·왕법의 만세 번영과 천신지기天神地祇에 의한 왕조의 태평을 가져온다고 주장하였고, 고후쿠지 측도 불법과 왕법을 심신의 관계로 비유하여 오직 바라는 바는 물과 불처럼 8종과 함께하기를 거부하는 전수염불을 멈추고 불법과 왕법이 한 쌍의 건곤乾坤과 같이 영속하는 것임을 주장하였다.

또한 엔랴쿠지 측과 고후쿠지 측 모두가, 각각 '정토교학'의 관점에서 호넨의 '정토종학'에 대해 교학적인 비판을 가하고 있는 점에도 주목해야 할 것이다. 엔랴쿠지 측은, 정토는 만선에 의해 기대하는 바(所期)이고, 염불은 제종諸宗의 공통적인 규범(通規)이라고 하여, 이 두 가지로 한 종파를 세우는 호넨의 이론이 경전의 내용이나 조사의 견해를 왜곡하는 것임을, 『관무량수경』이나 도작(562~645), 선도의 저술 등으로부터 입증하였다. 고후쿠지 측도 『무량수경』·『아미타경』·『관무량수경』의 삼부경에서부터 정토 조사의 해석에 이르기까지 그 전부에 있어 제행에 의한 왕생이 용인되고 있음을, 다수의 경전과 담란曇鸞(476~542)·도작·선도의 사례를 제시하여 입증하였다.

그런데 이 성도문과 정토문의 논쟁에 관해, 가령 신라 정토교의 조사에게 의견을 구한다면 어느 쪽을 긍정할 것인지는 일목요연할 것이다. 왕법과 불법의 상즉 관계나 제학융회의 균형을 중시하여, 엔랴쿠지 측의 "악을 지으면 반드시 지옥에 떨어지고, 선을 닦으면 반드시 천상에 태어난다. 자업자득의 과보이다. 불망불실不亡不失의 도리이다."[14]라고 하는 주장이나, 고후쿠지 측의 "지극히 어리석은 자, 설령 밤낮의 공이 있다고 하더라도 분수에 맞지 않는 직무에는 임명되지 않는다. 하천한 무리, 설령 봉공奉公의 노력을 쌓더라도 경상卿相의 자리에는 나아가기 어렵다. 대각법왕大覺法王의 나라, 범성래조凡聖來朝의 문, 저 9품의 계급을 수여함에 각각 선세先世의 행덕德行을 지킨다. 자업자득, 그 도리는 필연이다."[15]라고 하는 주장은 바로 신라 정토교의 입장이며, 무엇보다도 이 두 종파의 교학이 다분히 신라 정토교의 영향 아래에서 구축된 것임을 생각한다면, 그 구도를 '신라 정토교학' 대對 '정토종학'의 대리적인 논쟁으로 이해하는 것도 가능할 것이다.

실제로 신라 정토교에는 성도문의 개념에 입각하지 않으면 이해가 분명치 않은 사례가 다수 존재한다. 예를 들어 신라 정토교에는 『관무량수경』 주석서의 절대수가 다른 정토 교전의 주석서와 비교하여 압도적으로 적다는 특징이 있으며, 이로 인해 신라에서는 "『관무량수경』의 연구는 거의 이루어지지 않은 것이 그 특색이다."[16]라고 하는 견해가 일반적이게 되었다. 그러나 필자는 결코 그와 같이 이해하지는 않는다. 왕위 찬탈을 꾀한 왕자 아사세阿闍世가 부왕 빔바사라頻婆娑羅와 어머니 위제희韋提希를 살해하려고 획책한다는 경전의 내용이, 골품제骨品制의 모순이 현재화하여 진골眞骨 간에 서로 왕위 찬탈극이 벌어지던 신라 왕실의 비판에 부딪힐 가능성을 지니고 있었기 때문에 연구 주제로 삼기를 꺼렸을 뿐이라고 생각되며, 다수의 신라 승려가 역방제취逆謗除取나 배품개합輩品開合의 문제에도 적확하게 대응하고 있는 사실을 보더라도, 『관무량수경』 연구는 충분히 이루어졌다고 이해된다. 그리고 그와 같은 왕실에의 배려야말로 정토교조차도 왕법과 불법의 상즉 관계의 틀 안에서 구축된 것의 증거가

---

14 惠谷隆戒(1978), 「一, 一向專修の輩背經逆師事」 참조.
15 『大日本佛敎全書』 124卷 「第六, 暗淨土失」 참조.
16 惠谷隆戒, 『淨土敎の新硏究』(東京: 山喜房佛書林, 1976) p. 55.

된다고 규정하고 있다.[17]

요컨대 선택본원염불의 이론에 의해 형성된 정토문의 연구 방법론에 의해서 성도문적 정토교인 신라 정토교를 개관하는 작업은 곧 함께하기 어려운 물과 불을 같은 자리에 있도록 하는 행위로, 어떠한 생산성도 없는 것이라 하지 않으면 안 될 것이다. 역시 추구해야 할 바는 미타 일불의 명호를 꼭 붙들고 다수의 출리出離의 길을 막는 일본식 종학 연구와의 결별이며, 신라 정토교의 독창적인 연구 방법의 확립일 것이다.

## Ⅲ. 원효 교학의 평가가 격변한 배경

일찍이 일본에서는 헤이안 말기에서 가마쿠라(鎌倉) 중기에 걸쳐 흥기한 호넨의 정토종, 신란의 정토진종, 잇펜(一遍, 1239~1289)의 시종時宗, 니치렌(日蓮, 1222~1282)의 일련종日蓮宗, 에이사이(榮西, 1141~1215)의 임제종, 도겐(道元, 1200~1253)의 조동종 등 여섯 종파를 '가마쿠라 신불교'라고 부르고, 이들 종파가 개인의 구제를 주안으로 하여 모든 계층에게 문호를 열었다는 점을 들어 일본불교에 있어서의 패러다임 시프트로 규정하는 견해가 일반적이었다.

그러나 오늘날에는 그 설정에 대해 다양한 입장에서 의문이 제기되어, '가마쿠라 신불교'를 새롭게 정의하려는 움직임이 진행되고 있을 뿐 아니라, 그 근본 개념조차 무의미한 것으로 부정되는 사례까지 등장하고 있다. 그중에서도 다이라 마사유키(平雅行)의 "종래 분석 용어로 사용되어 왔던 가마쿠라 신불교라는 호칭은 신란이나 니치렌의 영향력에 대한 과

---

17 愛宕邦康,「新羅淨土教における『觀無量壽經』の位置付け―惠谷隆戒說への疑問―」『印度學佛教學研究』61-1(日本印度學佛教學會, 2012) 참조.

대평가를 전제로 한 것으로, 이것은 오히려 근세의 종파 질서를 중세에 투영함으로써 생긴 오해가 아닐까"[18]라는 견해는, 무라카미 센쇼(村上專精)의 저서 『일본불교사강日本佛敎史綱』(1899)에서 시작된 '가마쿠라 신불교'라는 고정 개념을 깨는 것으로서 주목해야 할 것이다.[19]

분명 귀족을 대상의 중심에 두던 구불교, 농민이나 무사를 대상의 중심에 두던 신불교 등의 분류는 어디까지나 외부 환경과 관계되는 판단 기준에 지나지 않으며, 거기에는 신불교의 탄생에 부수하여 어떠한 변화가 발생했는가라는 공변원리共變原理의 관점에서 원인귀속原因歸屬을 추구하는 자세가 결여되어 있다. 또한 구불교 측이 민중의 구제에 무관심했다고도, 신불교 측이 진호국가에 비협조적이었다고도 말하기 어렵기 때문에, 비중의 다소에 의한 재분배 수법이 어느 정도 효력이 있는지도 의문이다. 무엇보다도 가마쿠라 신불교의 조사가 교단을 개설한 사실은 없으며, 그 누구도 학파의 개설을 의도한 개종開宗, 혹은 개종의 의도조차 없었기 때문에,[20] 조사의 실상과 후세에 성립한 교단이 선전하는 허구 사이에 심한 괴리가 발생한다. 역시 일본불교에서의 패러다임 시프트를 특정하기 위해서는 종학 연구의 선입관에 사로잡히지 않는 유연한 관점이 필요할 것이다.

이 점에 관해 필자는 사회심리학의 관점에서, 일본불교의 독자성의 기점은 고닌(弘仁) 14년(823) 진언종의 개조 구카이(空海, 774~835)에게 도지(東

---

[18] 平雅行,「中世宗敎の社會的展開」, 歷史學硏究會·日本史硏究會 編,『講座日本歷史3 中世1』(東京: 東京大學出版會, 1984) p.63.
[19] 村上專精,『日本佛敎史綱 上卷』(東京: 金港堂, 1898) 참조.
[20] 예를 들어 호넨이 세운 정토종이 타 종파에 대항하기 위해 조직화된 교단을 의미하지 않았다는 것은 호넨 자신이 전면적으로 공경의 뜻을 표한『送山門起請文』을 당시의 천태좌주에게 제출하고, 문하에 대해 교단화로 이어지는 행위들을 엄중하게 경계했던 점 등으로부터도 분명히 말할 수 있다. 愛宕邦康,「淨土宗"二祖對面"考」『南都佛敎』92(南都佛敎研究會, 2008) 참조.

寺)를 하사한 것에서 비롯되는 일사일종一寺一宗의 체제에 있으며, 가마쿠라 시기의 불교 변혁의 태동은 일사일종 체제에 연동하는 부산물에 지나지 않는다고 파악하고 있다. 원래 남도육종이라고 표현되거나, '화엄종'이나 '법상종' 등으로 표기되는 것으로부터도 알 수 있듯이, 그때까지의 일사다종一寺多宗 체제에서는 제종겸학이 긍정되었고, 종파는 학파를 의미하는 것이었다. 사원 상호간의 관계도 우호적이었고, 사찰 안의 다른 종은 내부 집단이면서 동시에 외부 집단이기도 하고, 사찰 밖의 같은 종은 외부 집단이면서 동시에 내부 집단이기도 하였기 때문에, 이 사찰 내외의 내부 집단과 외부 집단이 혼재하는 복합적인 환경이 자기변용성을 용이하게 하여, 외부 집단 사이에 필연적으로 발생하는 집단 간의 갈등을 완화하는 자정 작용을 하였던 것이다.

그런데 고닌 14년의 도지 칙사勅賜 때에, 태정관부太政官符(율령국가 체제에서 대정관太政官이 발령하는 공문서 -역주)에 의해 다른 종의 승려가 절에 미무르는 것이 금지되어, 여기서 밀엄일승密嚴一乘을 표방하는 배타적인 사원 형태가 등장하게 된다. 이것은 종래 사원과 학파의 포괄·피포괄의 관계를 역전시키는 것일 뿐 아니라, 사원을 단위로 하는 배타적인 내부 집단, 나아가 사원을 포괄한 종파를 단위로 하는 배타적인 내부 집단의 생성을 야기하는 것이며, 이러한 카테고리화가 사회적인 정체성에 입각하는 내부 집단-편견(bias), 외부 집단의 차별화, 자기-스테레오타입화 등의 현상들을 유발한 결과, 외부 집단 사이에 명확한 집단 간 갈등을 일으켜, 조직-대對-조직이라는 대립 구조가 생장하기에 이른 것이다. 구카이의 『어유고御遺告』(835)에 "절대로 타인을 섞여 머물게 하지 말라."나, "사사상전師師相傳하여 도량인 것이다. 어찌 문도가 아닌 자를 외람되게 섞이게 할 것인가." 등의 문구를 보면,[21] 진언밀교 근본 도량으로서의 순혈성純血性의 견지는 일찍부터 비원悲願이기도 하였을 것이다.

그리고 타 종파나 다른 사원도 이를 추종하여 독자의 사회적 규범을 구축하면서 배타적인 내부 집단을 형성해 간 결과, 마침내 그 배타적인 내부 집단 중에서 자타의 차이에 의한 개인적인 정체성이 파생하여, 그 개인-대-조직이라는 자기-카테고리의 발로가 낙인(stigma: 부정적인 표상)으로서 이단시되게 된다. 즉 그 일부가 후세에 종조나 유파의 개조(派祖)로 규정된 조사들이다. 물론 개인적인 정체성에 입각한 신교의의 제창과 후세에 신봉자가 사회적인 정체성의 관점에서 구축한 새로운 내부 집단 사이에는 직접적인 인과관계가 존재하지 않기 때문에, 기본적으로는 다른 차원의 문제로 다룰 필요가 있다. 그것이 신불교나 구불교로 분류된 것은 후세에 성립한 새로운 내부 집단이 행사한 집단 간 행동의 차이에 유래하는 것으로, 원래의 내부 집단을 이탈하여 교단을 형성한 사회 이동의 사례가 신불교로서 규정되고, 내부 집단 안에 머물러 학파를 형성했던 사회 변동의 사례가 구불교로 규정되었을 뿐이기 때문이다. 신교의를 제창했지만 내부 집단으로 이어지지 않았던 사례, 내부 집단을 형성했지만 현재까지 존속하지 못한 사례 등이 고려되지 않는 점을 감안해 보아도, 신불교나 구불교라고 하는 근대 이후의 틀에 의해서 중세 불교의 양상을 해석하는 것이 가능하다고는 생각하기 어렵다.

이에 대해서 일사일종 체제의 등장에 의한 카테고리화에 주목하여, 이것이 종파의 정의를 '학파'에서 '교단'으로 이행시키고, '중학衆學 연구'를 '종학 연구'로 전환시킨 기점으로 규정한다면, 원효 교학에 대한 평가의 변화에 대해서도 설명이 가능하게 된다. 원래 원효 교학이 주목되었던 것은 제종겸학을 긍정하는 남도南都의 여러 종, 그리고 지의智顗(538~597)의 교학을 계승하면서도 사종겸학四宗兼學의 자세를 견지하던 천태종에서의 일로서, 그것은 원효 교학의 기축이 되는 화쟁사상이 남도북령南都

---

21 弘法大師空海全集編輯委員會 編, 『弘法大師空海全集』 8卷 研究編(東京: 筑摩書房, 1985).

北嶺의 제종겸학이라는 방향성과 부합했기 때문이다. 화쟁사상이란 백가의 이쟁異諍을 화합하여 일미의 법해法海로 돌아가도록 하는 것으로, 이 교의에 입각한 80부, 또는 100부라고도 여겨지는 방대한 원효의 저술은 바로 중학衆學 연구의 보전寶典이며, 가장 중요한 연구 대상이었던 것이다.

그런데 일사일종 체제를 근저로 하는 카테고리화의 조류는 원효 교학의 평가를 크게 하락시키게 된다. 그것은 원효 교학이 제학과의 정합성을 중시하고, 왕법과 불법의 상즉관계의 틀 속에서 적절한 중간점을 모색하려는 입장을 취하는 것에 반해, 종학 연구에서는 카테고리화에 의한 교학적 독자성이 중시되어 그 극치점極致点을 모색하려는 입장이 긍정되었기 때문이다. 전술한 바와 같이, 천태종이나 법상종의 무리들로부터 비판을 받은 호넨이, 원효 정토교의 영향을 전혀 받지 않았다고 하는 사실은 중학 연구에 있어서의 정토교 연구 방법과 종학 연구에 있어서의 정토교 연구 방법 간의 차이를 상징하는 것으로 보아도 무방할 것이다.

또한 사원 간의 이동이 용이하여 개인적인 정체성이 발달했던 신라에서는 승려의 소속 종파가 분명치 않은 경우가 일반적이지만, 일본에서는 일사일종 체제의 카테고리화의 영향에 의해 소속 종파나 상승 계보가 중대한 것으로 여겨져서, 함께 입당구법入唐求法 여행을 떠난 후배 의상義湘(625~702)이 종남산終南山 지상사至相寺의 화엄종 제2조 지엄智儼(602~668)의 문하에서 수학하고 있음을 들어, 도중에 입당을 포기한 원효도 화엄종의 승려로 규정되었다. 호넨이 『선택본원염불집』에서 원효의 교학을 일관되게 화엄종 승려의 견해로 간주하는 점,[22] 묘에(明惠, 1173~1232)가 작성한

---

[22] 『選擇本願念佛集』에는 원효의 견해로 2종의 사례가 인용된다. 첫째는, "心安樂道云, 淨土宗意本爲凡夫兼爲聖人"(T83,1c)이라 하여, 신라 승이며 화엄종 승려인 원효가 '정토종'의 명칭을 사용하는 사례로 들고 있는 부분이고, 둘째는, "華嚴亦有菩提心 如彼菩提心義 及遊心安樂道等說"(T83,15b)이라 하여, 화엄종 승려의 보리심에 관한 견해로서 당의 법

그림두루마리(繪卷) 「원효회元曉繪」 두 권과 「의상회義湘繪」 네 권이 나중에 『화엄종조사회전華嚴宗祖師繪傳』이나 『화엄연기華嚴緣起』 등의 명칭으로 불리게 된 것은 종학 연구에 의한 카테고리화의 영향이라 해도 좋을 것이다.

물론 카테고리화에 의한 인식의 변화는 정토교 분야에서도 인정된다. 오늘날, 원효는 민중에 대해 정력적으로 '나무아미타불'의 칭명염불로 교화하여 신라에 아미타 신앙을 고취시킨 정토교의 1인자로 규정되지만, 이것도 종학 연구에 입각하여 반증되는 사례를 묵살하는 확증 편향의 한 사례라 할 수 있다. 예를 들어 가마타 시게오(鎌田茂雄)의 저서 『조선불교사朝鮮佛教史』에는 원효의 민중 교화에 관해서, "마당의 광대가 들고 있던 큰 박으로 놀이 도구를 만들어, 『화엄경』의 '일체무애의 사람은 한 도(一道)로 생사를 벗어난다.'는 구절로부터 명명하여 이를 '무애無碍'라 부르고, 이것을 가지고 여러 마을을 돌면서 노래하고 춤추며 민중을 교화했다. 그 때문에 무학無學의 사람들도 불타의 이름을 알아 나무아미타불을 외우게 되었다."[23]라고 쓰여 있다. 이것은 고려의 일연一然(1206~1289)이 쓴 『삼국유사』 권4 의해義解 5에 있는 「원효불기元曉不羈」 구절의 직역으로,[24] 그러한 규정은 한국에서도 일반적인 것이었으리라 생각된다. 김사엽金思燁의 저서 『완역 삼국유사完譯三國遺事』의 해당 부분이나,[25] 『국정 한국고등학교 역사교과서』에도 '나무아미타불'의 칭명염불이었음이 명시되어 있다.

그러나 이에 관해 일연은 민중이 "불타의 명호를 알고" "나무의 명칭을

---

장(643~712)과 원효의 사례를 들고 있는 부분이다.
23 鎌田茂雄, 『朝鮮佛教史』(東京: 東京大學出版會, 1987) p.75.
24 "偶得優人舞弄大瓠, 其狀瑰奇, 因其形製爲道具, 以華嚴經一切無礙人一道出生死命名曰無礙, 仍作歌流于世, 嘗持此, 千村萬落且歌且舞, 化詠而歸. 使桑樞瓮牖玃猴之輩, 皆識佛陀之號, 咸作南無之稱, 曉之化大矣哉." (T49.1006b)
25 金思燁, 『完譯三國遺事』(東京: 明石書店, 1997) p.349.

부르도록 되었다"고만 기술하였을 뿐, 결코 그것이 '나무아미타불'의 육자 명호였다고는 명기하지 않는다. 무엇보다 원효의 저술에 '나무불'이라고 표기된 사례는 확인되지만, '나무아미타불'로 표기된 사례는 존재하지 않으며, 가령 민중을 '나무아미타불'의 칭명염불로 교화했다고 한다면, 어떤 의도에서 미타일불彌陀一佛 신앙을 장려했던가 하는 새로운 의문이 생기게 된다.

원래 석존 재세 시부터 구칭염불이 존재했음이 확인되는데, 『아함경』 등의 초기 경전에 있어 다수의 '나무불'이나 '나무불타' 등의 표현을 보아 알 수 있다. 물론 그것은 용수가 『십주비바사론十住毘婆娑論』에서 동방의 선덕불善德佛 등 현재 시방 10불, 아미타불 등 현재 107불, 비바시불 등 과거 7불, 미래불인 미륵불, 동방의 덕승불德勝佛 등의 8불, 과거현재미래의 삼세제불, 선의善意 등의 142보살 등을 대상으로 하고 있는 것과 같이, 일반 명칭으로서의 불보살에 대한 칭명염불이다. 이에 반해 세킨은 『무량수경우바제사원생게無量壽經優婆提舍願生偈』에, 아미타불은 광명의 덕에 있어 뛰어난 불타이기 때문에 무애광불無礙光佛이나 무량광불無量光佛이라는 명호를 칭명하는 것이 불타에 대한 찬탄이 된다고 정의하고, 이를 수용한 담란이 『무량수경우바제사원생게주無量壽經優婆提舍願生偈註』에 아미타불의 고유 명칭을 칭명하는 것이 불퇴전을 얻기 위한 요긴한 행이라고 규정하여, '나무아미타불'이라는 칭명염불이 이윽고 주목되기에 이른 것이다. 여기서 불보살을 대상으로 하는 구칭염불을 '통염불通念佛'로 정의하고, 미타일불만을 대상으로 하는 구칭염불을 '별염불別念佛'로 정의한다면, 원효가 교화한 것은 이른바 '나무아미타불'의 '별염불'이 아니라, '나무불'의 '통염불'로 분류된다고 보아야 할 것이다.

그렇지만 그와 같은 정토교의 변용을 일으킨 요인에는 10세기 중엽 에이잔(叡山)에 돌연히 등장한 『유심안락도遊心安樂道』가 원효 정토교의 주저로서 인지된 점도 들 수 있다. 호넨이 『선택본원염불집』에 정토종 명칭의 전거로서 "원효의 『유심안락도』에서 이르기를, 정토종의 뜻, 본래 범부를 위한 것이며, 겸하여 성인을 위한 것이다."[26]라는 구절을 거론하였는데, 이것이 정토종에 있어 자종自宗의 상승相承에 향해 있던 비판에 대한 반증 사례로서 주목받았고, 쇼소(聖聡, 1366~1440)가 지은 『정토삼국불조전집淨土三國佛祖傳集』에는 원효가 입당入唐을 이루어 종남산 오진사悟眞寺에 머물러서 가재迦才에게 법등을 전했다는 허구가 거론되고 있다.[27]

또한 원효가 왕실의 여성과 혼인하여 자식을 두었다는 점은 마찬가지로 대처를 했던 신란의 이미지와 겹치게 되어, 원효가 민중 교화를 위해 사용했던 표주박의 겉에 쓴 '무애'라는 명칭이, 신란의 어록인 『탄이초歎異抄』의 "염불은 무애의 일도이다."[28]라는 구절에 비교되어 지적되기도 했다. 나아가 천촌만락千村萬落을 춤추고 노래하며 교화한 일은 춤염불(踊念佛)이나 육재염불六齋念佛의 조사로 불리는 구야(空也, 903~972)의 염불권진念佛勸進이나, 잇펜(一遍)의 춤염불에 영향을 끼쳤다고 주장하는 경향까지 발생시키게 되었다. 『유심안락도』의 등장으로 일본에서는 전혀 이질적인 원효상이 창출되었던 것이다.

물론 신라에 정토종이 존재했다는 등의 기록은 없으며, 대처의 건에 관해서도 필자는 자의에 의한 범계가 아니라, 신라 왕실이 주도한 메시아니즘(messianism)으로서의 미륵하생 신앙에 입각한 국가 프로젝트이며, 후진後秦 황제 요흥姚興의 뜻으로 현명한 아이를 갖기 위해 여범女犯한 구마라집鳩摩羅什(344?~413?)의 경우와 유사한 것으로 이해하고 있다.[29] 나아가 민중 교화에 있어 가무를 사용한 점에 대해서도 화랑의 가무유오歌舞遊娛

---

26 "遊心安樂道云, 淨土宗意本爲凡夫兼爲聖人."(T83.1c)
27 『淨土宗全書』續17卷 321頁下. 愛宕邦康, 「『淨土三國佛祖傳集』における元曉の位置付け」『印度學佛敎學硏究』48-1(日本印度學佛敎學會, 1999).
28 T83.729b.
29 愛宕邦康, 「元曉の妻帶と彌勒下生信仰」『불교학리뷰』10(금강대학교 불교문화연구소, 2011).

의 관점에서 검증해야 할 사안으로 보고 있어, 구야나 잇펜의 경우와는 본질적으로 다른 것이었다고 규정한다. 어느 것이든 종학 연구에 있어 카테고리화에 의해 발생한 명백한 확증 편향이라 해야 할 것이다.

## Ⅳ. 『무량수경종요』 연구의 문제점

종학 연구에서 원효 정토교의 주저였던 『무량수경종요』는 이윽고 『유심안락도』에 그 지위를 빼앗기고, 완전히 참고자료로서의 지위에 만족해야 하는 결과가 초래되었다. 분명 매우 이례적인 경우이기는 하지만 거기에는 필연성을 지니는 사정이 개재하여, 필자로서는 어찌할 수 없는 경향이었다고 생각된다. 여기서는 『무량수경종요』가 연구 대상에서 제외되기에 이른 배경에 대해서 논하고자 한다.

『유심안락도』는 초初「술교기종치述教起宗致」, 2「정피토소재定彼土所在」, 3「명의혹환난明疑惑患難」, 4「현왕생인연顯往生因緣」, 5「출왕생품수出往生品數」, 6「논왕생난이論往生難易」, 7「작의부제의作疑復除疑」의 일곱 문으로 구성되어 있고, 전체의 90% 이상이 『무량수경』・『아미타경』・『관무량수경』・『화엄경』・『대보적경』・『불공견색신변진언경不空羂索神變眞言經』의 여섯 경과, 세친 찬 『무량수경우바제사원생게』, 원효 찬 『무량수경종요』, 가재 찬 『정토론』, 회감 찬 『석정토군의론釋淨土群疑論』, 지엄 찬 『화엄경내장문등잡공목장華嚴經內章門等雜孔目章』, 자은 찬 『관미륵상생도솔천경찬觀彌勒上生兜率天經贊』의 여섯 저술의 전재轉載에 의해 이루어진 매우 특수한 저술이다. 그중에서 원효 찬 『무량수경종요』, 가재 찬 『정토론』, 『관무량수경』에서의 전재가 각각 전체의 3분의 1, 5분의 1, 6분의 1에 이르고 있어, 이 한 경전과 두 저술에서의 전재가 전체의 70%를 점유하고 있음을 알 수 있다.

또한 『무량수경종요』에서의 전재가 4「현왕생인연」까지의 전반부에 집중되고, 그 대부분에 자구의 가감에 의한 문장의 수정이 더해져 있음에 반해, 『정토론』에서의 전재는 전체에 균등하게 배치되고 원문에 어떠한 가감도 더해지지 않았다는 점에도 특징이 있다. 나아가 『관무량수경』에서의 전재가 모두 5「출왕생품수」에 배치되면서 9품 왕생의 교의에 지면이 할애되고 있다는 점도 큰 특징이라 하겠다. 즉 『무량수경종요』를 바탕으로 만들어진 『유심안락도』는 『정토론』이나 『관무량수경』을 상당한 분량으로 전재함으로써, 또한 후반부에서 『무량수경종요』나 『무량수경』의 전재를 배제함으로써 『무량수경』의 주석서로서의 자리매김을 불식하고, 정토교 개설서로서의 새로운 생명을 품고 있는 것이다. 가재의 『정토론』이, 『관무량수경』의 주석서라고도 할 만한 도작의 『안락집安樂集』을 일반적인 불교를 배경으로 개혁한 것임을 떠올린다면,[30] 『유심안락도』는 『무량수경』의 주석서인 원효의 『무량수경종요』를 일반적인 불교를 배경으로 개정한 것으로 규정하는 것도 가능할 것이다.

『무량수경종요』에 개정의 필요성이 있었던 것은 사실이다. 서두의 문장에 의하면, 본서는 「대의大意」, 「경지종치經之宗致」, 「거인분별擧人分別」, 「취문해석就文解釋」의 네 문으로 구성된다고 하지만,[31] 현존하는 것은 모두 앞의 세 문으로만 구성되어 있고, 「취문해석」에 해당하는 부분은 완전히 결락되어 있다. 일찍이 경흥憬興의 『무량수경연의술문찬無量壽經連義述文贊』 등에도 『무량수경종요』의 인용이 보이지만, 모두가 앞의 세 문에서의 인용이고 「취문해석」의 일문逸文은 아직까지 한 곳도 확인되지 않는다. 당연히 중대한 문제로 다루어질 필요가 있지만, 『유심안락도』가 원효의 저술

---

[30] "近代有綽禪師, 撰安樂集一卷. 雖廣引衆經, 略申道理, 其文義參雜, 章品混淆, 後之讀之者, 亦躊躇未決. 今乃搜檢群籍, 備引道理, 勒爲九章, 令文義區分, 品目殊位, 使覽之者, 宛如掌中耳."(T47, 83b)

[31] "將申兩卷經旨, 略開四門分別. 初述敎之大意, 次簡經之宗致, 三者擧人分別, 四者就文解釋."(T37, 125b)

로서 맹신되고 있던 당시의 일본에서는 이 문제가 적극적으로 거론되는 일조차 없었다. 그것은 아래와 같은 사정에 유래한다.

예를 들어『무량수경종요』는 오성五性 중에서 정성연각定性緣覺과 정성성문定性声聞의 이승二乘의 왕생에 관해서 "정성의 이승은 즉 왕생하지 않는다."[32]고 분명하게 부정하고 있지만,『유심안락도』는 이 문장을 전재할 때에 "무여 이후에 혹은 왕생할 수 있다."[33]라는 문장을 덧붙여, 정성의 이승도 무여열반에 이르면 왕생이 가능하다고 논지를 전환하고 있다. 또한 마찬가지로 "여인 및 근결根缺의 이승 종자가 생하지 않는다는 것, 이것은 결정종성의 이승을 설하는 것이다. 부정근성不定根性의 성문을 말하는 것은 아니다."[34]라는 전재 부분에서도 "여인 및 근결의 이승 종자가 생하지 않는다는 것, 이것은 결정종성의 이승이 아직 무여無餘에 들지 않아 대심大心을 발하지 않음을 설하는 것이다. 부정근성의 성문 및 취적성趣寂性을 말하는 것은 아니다."[35]라는 어구를 삽입함으로써 문장의 뜻을 변경하여, 역시나 보리심을 발하여 무여열반에 이르면 정성 이승의 왕생은 가능하다고 규정하고 있다.『무량수경종요』의 전재 부분에 더해진 개변에 의해『유심안락도』와『무량수경종요』사이에는 다양한 교학적 모순이 발생하고 있어, 동일 인물의 견해라고 하기에는 정합성이 유지되지 않는 상황이 된 것이다.

물론 어느 쪽이 원효의 진의인지가 문제가 되는데, 혹은 그러한 점에 착목한 것이『송고승전』(988) 4권의「당신라국의상전唐新羅國義湘傳」에 소개된 입당 포기의 일화였던 것이 아닐까 생각된다. 의상과 함께 당으로 출

---

32 "定性二乘卽不往生."(T37, 129c)
33 "定性二乘卽不往生, 從無餘後或可往生."(T47, 111c)
34 "女人及根缺二乘種不生者, 是說決定種性二乘非謂不定根性聲聞爲簡."(T37, 126b)
35 "女人及根缺二乘種不生者, 是說決定種性二乘未入無餘未發大心, 非謂不定根性聲聞及趣寂性."(T47, 112a)

발한 원효는 도중에 비를 피하기 위해 토감土龕에서 하룻밤을 보내게 된다. 다음날 아침 그곳이 해골이 굴러다니는 고분古墳이었음을 알게 되지만, 비는 여전히 그치지 않아 다시 같은 곳에서 노숙을 하게 된다. 그러자 이번에는 귀신이 재앙을 내리는 악몽에 시달리게 되었다. 주위의 상황에 전혀 변화가 없음에도 불구하고, 토감과 고분이라는 인식 차이에 의해 안면安眠의 유무가 생기게 된다는 것으로부터, 모든 현상이 오직 인식에 의해서 생겨난다고 하는 '삼계유심, 만법유식'의 도리를 깨친 원효는 더 이상 입당할 필요가 없다고 생각하여 귀국의 길에 오르게 된다는 내용이다.[36]

이러한 깨달음이 분기점이 되어서 정토교의 분야에도 사상적인 전환이 초래되어, 『무량수경종요』의 개정판이 작성되었다고 생각하더라도 어떤 이상한 점은 없다. 전재 부분의 비교로부터『안락유심도』와『무량수경종요』의 선후 관계는 명백하며, 두 저술에 커다란 교학적인 차이가 확인된다는 점을 떠올리면, 『무량수경종요』는 원효 자신이 수정할 필요가 있다고 규정한 과거의 견해가 되는 셈이다. 일률적으로 원효의 견해로서 다루기에는 지장이 있었을 것이다.

단, 『유심안락도』가 '정正', 『무량수경종요』가 '보補'로 규정되었던 것은 어디까지나 양자의 선후 관계에 유래하는 것이며, 교학적인 우열과는 다른 차원의 문제로 이해할 필요가 있다. 분명 범부왕생이라는 관점에서 보면, 『유심안락도』에 우위가 있다고도 생각된다. 그러나 도작의 『안락집』에 망자의 추복은 염불로 족하다고 명시하고 있음에도 불구하고,[37] 광명진언의 토사가지土砂加持라는 밀교적인 수법을 제시하고 있는 점, 선도善導의

---

[36] T50, 279a
[37] "六如十方隋願往生經云, 若有臨終及死墮地獄, 家內眷屬爲其亡者念佛及轉誦齊福, 亡者卽出地獄往生淨土, 況其現在自能修念, 何以不得往生者也, 是故彼經云, 現在眷屬爲亡者追福, 如餉遠人定得食也." (T47, 17a)

『관무량수경소觀無量壽經疏』에 9품 범부가 절대 기준으로 규정되고 있음에도 불구하고, '정토종의 뜻, 원래는 범부를 위하며, 겸하여 성인을 위한다.'고 하는 이견을 제시하고 있는 점 등을 고려하면, 이것도 성도문의 저술임에는 차이가 없다. '전혀 범부의 왕생을 허용하지 않는다.'고 하는 입장이 긍정되는 성도문의 영역에서 비교할 경우, 결코 안이한 범부 왕생의 인정을 거부하는 『무량수경종요』가 열등하다고 말하기는 어려운 것이다. 이러한 관점에서도 앞으로의 『무량수경종요』 연구의 진전에는 성도문적인 정토교에서의 접근이 절대 조건이 될 것이다.

## V. 마치며

『유심안락도』에 원효 사후에 역출된 『대보적경』과 『불공견색신변진언경』이 인용되고 있는 것 등을 이유로 위찬임을 주장했던 무라치 테츠아키(村地哲明) 이후,[38] 이미 반세기 이상에 걸쳐 『유심안락도』의 찬술자 논쟁이 펼쳐지고 있다. 필자도 소장 전적, 교학적 유사성, 전파 상황 등으로부터 8세기 도다이지(東大寺) 승려 지쿄(智憬)가 실질적인 찬술자라는 일본인 찬술설을 제기하고 있지만,[39] 대세는 신라 승의 찬술설이라 할 수 있다. 한국에서는 근년에 이르기까지 『유심안락도』가 존재한 흔적조차 찾아볼 수 없을 뿐더러, 신라불교와는 무관한 광명진언의 토사가지가 제시되어 있음에도 불구하고, 『유심안락도』의 방향성이 신라 정토교의 방향성과 부합하는 점을 신라 찬술 설의 절대적인 근거로 간주하고 있다.

그러나 필자는 신라 정토교가 범부왕생의 확립을 향한 행보를 진행하

---

[38] 村地哲明, 「『遊心安樂道』元曉作說への疑問」 『大谷學報』 39-4(大谷大學, 1959).
[39] 愛宕邦康, 「『遊心安樂道』の撰述者に關する一考察-東大寺華嚴僧智憬との思想的關連に着目して-」 『南都佛教』 70號(南都佛教研究會, 1994).

고 있었다고도, 신라에서 원효 정토교가 부정되는 경향에 있었다고도 생각하지 않는다. 말법사상을 배경으로 시기상응 불상응의 관점에서 성도문을 부정한 일본의 정토교와 달리, 메시아니즘으로서의 미륵하생 신앙으로 인해 말법의 위기감이 희박했던 신라에서는 성도문에 의한 매우 높은 수준의 정토교가 구축되었고, 그 완성형의 하나가『무량수경종요』였다고 이해하고 있다.『무량수경종요』의 연구 방법에 관한 철저한 재검토가 필요할 것이다.

| 참고문헌 |

원전 자료

宗曉.『樂邦文類』(T47).
『歎異抄』(T83)
『選擇本願念佛集』(T83)
『顯淨土眞實敎行證文類』(T83)
『昭和新修法然上人全集』
『大日本佛敎全書』124卷(興福寺叢書第2)
『弘法大師空海全集』. 東京: 筑摩書房, 1985.
『淨土宗全書』

논문

鎌田茂雄.『朝鮮佛敎史』. 東京: 東京大學出版會, 1987.
金思燁.『完譯三國遺事』. 東京: 明石書店, 1997.
中村薰.『中國華嚴淨土思想の硏硏』. 京都: 法藏館, 2001.
村地哲明.「『遊心安樂道』元曉作說への疑問」.『大谷學報』39-4. 大谷大學, 1959.
村上專精.『日本佛敎史綱』上卷. 東京: 金港堂, 1898.
愛宕邦康.「『遊心安樂道』の撰述者に關する一考察-東大寺華嚴僧智憬との思想的關連に着目して-」.『南都佛敎』70. 南都佛敎硏究會, 1994.
_____.「『淨土三國佛祖傳集』における元曉の位置付け」.『印度學佛敎學硏究』48-1. 日本印度學佛敎學會, 1999.
_____.「淨土宗「二祖對面」考」.『南都佛敎』92. 南都佛敎硏究會, 2008.

_____. 「元曉の妻帶と弥勒下生信仰」.『불교학리뷰』10. 금강대학교 불교문화연구소, 2011.

_____.「新羅浄土教における『觀無量壽經』の位置付け-恵谷隆戒說への疑問-」.『印度學佛教學研究』61-1. 日本印度學佛教學會, 2012.

恵谷隆戒.『補訂概說浄土宗史』. 東京: 隆文館, 1978.

_____.『浄土教の新研究』. 東京: 山喜房佛書林, 1976.

_____.『浄土教理史』. 浄土宗, 1961.

陳継東.『清末佛教の研究―楊文會を中心として』. 東京: 山喜房佛書林, 2003.

平雅行.「中世宗教の社會的展開」. 歷史學研究會·日本史研究會 編.『講座日本歷史3: 中世1』. 東京: 東京大學出版會, 1984.

# 제5부 논리와 화쟁

# 『판비량론』

신출 자료 바이케이 구장본 『판비량론』 단간에 대해서 | 오카모토 잇페이(岡本一平)
원효 『판비량론』의 새로운 발굴 | 김영석
불교논리학의 흐름과 『판비량론』의 논쟁학 | 김성철

# 신출 자료 바이케이 구장본
『판비량론』 단간에 대해서

오카모토 잇페이(岡本一平)

## I. 문제의 소재

본고의 목적은 신출 자료 개인장 도지기레(東寺切)가 원효(617~686) 찬 『판비량론』 단간[이하 '바이케이 구장본(梅溪舊藏本)'으로 약칭]임을 논증하고, 그 특징을 고찰하는 것이다.[1] 우선, 논문의 집필 경위에 대해서 서술하고자 한다. 본 논문은 2017년 6월 24일 가나가와현립 가나자와문고(神奈川縣立 金澤文庫, 이하 '가나자와문고'로 약칭)에서 열린 가나자와문고·동국대학교 불교문화연구원 HK연구단(이하 'HK연구단'으로 약칭)의 공동 학술대회 '원효와

---

[1] 본래 「원효 『大慧度經宗要』의 사상적 특징」이라는 논제로 발표할 예정이었다. 그러나 주 6에서 기록한 경위에 의해서 신출 자료 도지기레(東寺切)를 전시하게 되었고, 연구도 없이 전시하는 것이 박물관의 취지에 맞지 않는다고 판단하여 급거 발표를 바꾸었다. 최소한의 논증은 하였다고 생각된다. 『대혜도경종요』를 소장하고 있는 혼쇼지(本證寺) 관계자에게 깊이 사과드리며, 양해해 주신 것에 대해 감사드릴 따름이다.

신라불교 사본(元曉と新羅佛敎寫本)'에서 발표한 원고(오리지널 논문)를 일부 개고한 것이다.[2] 이 학술대회는 양 조직이 '안녕하세요! 원효법사(アンニョンハセヨ！元曉法師)'라는 명칭으로 공동 주최한 전시회에 맞추어 개최되었다. 이 전시회에서는 일본에 전승된 원효 및 신라·고려 관련 불교 사본을 전시하고, 한국과 일본의 불교 교류를 연구하고 소개하였다. 이 전시회에서 아주 중요한 출품의 하나가 바이케이 구장본『판비량론判比量論』이다. 이 전시회 개최 직전에 사본 소유자로부터 원효의『판비량론』과 아주 비슷한 사본을 가지고 있는데 전시 및 연구에 협력하겠다는 연락이 왔다.[3] 전시회 감수자였던 필자는 도츠 아야노(道津綾乃, 가나자와문고 주임 학예원), 김천학(HK교수) 3자 협의 결과에 따라, 사본을 담당하고, 진위를 조사한 후에 전시회에 공개하기로 결정했다. 그 결과가 학술대회에서 발표된 오리지널 논문이다. 그런데, 이 오리지널 논문이 정식으로 발표되기 전에 논문 안의 새로운 내용들이 허가 없이 사용되는 일이 벌어졌다.[4] 이것은 연구자 간의 신뢰 관계를 무너뜨리는 일이다. 이 전시회와 학술대회는 2014년부터 3년에 걸쳐 한일의 불교 연구기관이 공동 연구하여 기획한 것이다. 이 기획에 전혀 관련 없는 연구자가 그 결과를 무단 사용하는 것은 이해하기 어려운 일이다. 필자는 이러한 상황을 듣고 해당 매체 편집 위원에게 항의문을 보냈다(2017년 8월 15일). 그 취지는 필자의 논문이 정식으로 게재되기 전에 공표하지 말아 달라는 것이었다. 그러나 이러한 주장은 무시되었고, 이윽고 양 조직의 담당자였던 도츠 아야노 주임과 김천학 교수가 '연구는 자유이지만, 바이케이 구장본과 도쿄박물관에 관한 정식

---

2 오리지널 논문은 원효 탄신 1400년 기념 학술대회 논문집『元曉と新羅佛敎寫本』(神奈川縣立金澤文庫·東國大學校 佛敎文化硏究院 HK硏究團, 2017) pp.133~144.
3 상세한 경위에 대해서는 주 6 참조.
4 岡本一平,「新出資料 梅溪舊藏本-元曉撰『判比量論』斷簡について」『불교학보』83(동국대학교 불교문화연구원, 2018) pp.92~93.

학술논문이 게재되기 이전에 그것을 사용하여 학술논문에 게재하는 것은 보류하길 바란다.'는 내용의 요청서를 송부했다(2017년 8월 21일). 그러나 그것도 결국 무시되고 말았다. 필자는 실망스러운 사태를 경험했지만, 그럼에도 한일의 학술 교류가 금후 발전하기를 바라는 바이다.

그런데, 본 '도지기레'가 『판비량론』 단간인 경우 종래 일문逸文으로 알려졌던 부분이 사본상에서도 확인되고, 나머지 미지의 부분도 알려지게 되는 것이다.

『판비량론』은 원효의 불교 논리학을 대표하는 저작이다. 오타니대학 소장본(大谷大學所藏本, 이하 '오타니본'으로 약칭)의 지어에 따르면 원효가 『판비량론』을 완성한 것은 함형咸亨 2년(671) 7월 16일,[5] 55세 때이다. 그러나 아쉽게도 『판비량론』 완본은 현존하지 않는다. 종래 『판비량론』은 오타니대학 등의 사본 단간, 중국·한국·일본의 불교 문헌에 남아 있는 일문에 의해서 복원이 시도되어 왔을 뿐이다. 이 복원된 『판비량론』 텍스트는 주로 『신찬대일본속장경新纂大日本續藏經』 제53권, 『한국불교전서』, 『원효전집』에 수록되어 있다. 그 외에 후키하라 쇼신(富貴原章信)과 김성철金星喆의 저술에도 회수된 일문이 함께 수록되어 있다. 본 논문에서 소개하는 바이케이 구장본은 종래 연구에서는 전혀 알려지지 않은 부분이고(일부는 일문과 중복됨), 매우 귀중한 것이다.[6] 다만, 앞서 서술한 것처럼 『판비량론』은 완본이

---

5 『判比量論』 "咸亨二年歲在辛未七月十六日 住行寺着筆租訖."(X53,953a8) 咸亨은 당의 연호로서, 문무왕 11년(671)에 해당한다.

6 梅溪舊藏本의 발견 경위를 간단히 보고한다. 가나자와문고의 전시회 '안녕하세요! 원효법사'(2017년 6월 22일~8월 20일)의 서전을 시작했을 무렵, 바이케이 구장본의 현재 소유자로부터 가나자와문고의 세야 다카유키(瀨谷貴之) 학예원에게 그 포스터에 게재된 오타니대학본(大谷本)과 아주 흡사한 도지기레(東寺切)를 소유하고 있다는 제보가 들어왔다(2017년 4월 말경). 세야 학예원은 사태를 중요하다고 판단하여 가나자와문고 도츠 아야노(道津綾乃) 주임에게 연락하였고, 도츠 주임은 전시회 감수자인 필자에게 그 내용을 알려 왔다. 그 후 5월 중순부터 필자와 도츠 주임이 현 소유자의 동의하에 조사를 개시하였다. 연락해 주신 현 소유자에게 감사드린다.

없고, 비교할 재료 역시 충분하지 않기 때문에, 바이케이 구장본을 『판비량론』으로 인정하기 위해서는 몇 가지 논증이 필요하다.

## II. 바이케이 구장본의 서지 정보

우선 필자가 현재 확인하고 있는 『판비량론』의 사본에 대해서 약칭을 통해 정리하고자 한다.

① 오타니본(大谷本)…오타니대학박물관(大谷大學博物館)에서 소장
② 미쓰이본(三井本)…미쓰이기념관(三井記念館)에서 소장
③ 고토본(五島本)…고토미술관(五島美術館)에서 소장
④ 개인장본…모 개인이 소장
⑤ 바이케이 구장본(梅溪舊藏本)…현재 소유자는 개인
⑥ 도하쿠본(東博本)…도쿄국립박물관(東京國立博物館)에서 소장[7]

이와 같이 필자는 합계 6종의 『판비량론』 사본을 확인하였다(2017년 6월 시점). 6종의 사본은 모두 오타니본과 동일한 사본의 일부를 잘라, '도지기레(東寺切)'로 전해 온 것이다. 이 가운데 도하쿠본을 제외하고 5종의 사본은 전시 도록 『안녕하세요! 원효법사』(이하 『원효법사』)[8]에 사진이 게재되어 있다.

그러면, 신출 자료 바이케이 구장본의 서지 정보를 소개한다.

• 축장軸裝 사본 부분: 가로 25.7cm, 세로 7.7cm, 계고界高 21.4cm, 계폭

---

[7] 이것은 사진만 간단히 확인했으며, 앞으로 연구할 것이다.
[8] 道津綾乃 編, 『アンニョンハセヨ! 元曉法師』(神奈川縣立金澤文庫, 2017) pp. 26~28 참조.

界幅 1.6cm

- 전장全長: 138.5cm(축을 포함)
- 폭: 37.0cm
- 종이: 저지楮紙
- 전문全文: 5행行, 11행에 19~20자
- 시기: 8세기
- 사본 상부의 번호 없음. 권축을 받치는 종이: 공해필空海筆 비리식非離識(흑인墨印)
- 동상표서桐箱表書: 도지기레(東寺切)
- 이서裏書: 쇼와 기유년 가을(昭和己酉秋日) 사이고산장(西鄕山莊)에서 바이케이(梅溪) 기록함. 바이(梅, 주인朱印)

　이 '도지기레'를 바이케이 구장본으로 약칭하는 이유는 경통 속의 기록에 의거한다. 그 경통 속의 기록에는 "소화 44년(1969) 가을, 서양산장에서 바이케이(를 아호로 하는 자가) 기록하다."라고 적혀 있다. 따라서 '도지기레'가 1969년 가을 시점에서 바이케이(梅溪)의 소유품이었기에 바이케이 구장본(梅溪舊藏本)이라고 호칭했다. 그러나, 현 소유자는 바이케이가 아니며, 2년쯤 전부터 소유하고 있다고 직접 들었다.

　다음으로 서지의 관점으로부터 바이케이 구장본이 『판비량론』인 것을 논증하고자 한다. 필자가 실제 보고 비교한 것은 ④ 개인장본이다.[9]

　바이케이 구장본은 상하 종이를 절단했다고 생각된다. ④ 개인장본과 비교하면, 세로 길이는 약간 짧고, 계고界高는 두 사본 모두 24.1cm로 같다. 계폭은 개인장본이 1.5cm에서 1.6cm이며, 바이케이본과 같다. 따라서

---

[9] 본 조사는 '안녕하세요! 元曉法師' 展을 위한 것이고, 金澤文庫의 西岡芳文 학예과장, 道津綾乃 학예주임 입회하에 金澤文庫에서 실시되었다. ④ 個人藏의 所有者에게는 마음 깊이 감사드린다.

계고 및 계폭은 두 사본이 같으며, 이런 점으로부터 바이케이 구장본이 개인장본과 동일 사본이라는 것을 부정할 수 없다(서지에 의한 논증 1).

다음은 문자이다. 바이케이 구장본은 오타니본 등 다섯 종의 사본과 동일한 독특한 초서체이다. 이 점으로부터 바이케이 구장본이 『판비량론』임을 부정할 수 없다(서지에 의한 논증 2).

이상으로 계고 및 계폭 그리고 문자의 관점으로부터 바이케이 구장본은 개인장본과 일치하며, 『판비량론』이라고 해도 문제가 없다.

다음으로 논증과 관련이 없지만, 간단히 소견을 열거해 둔다. 첫째, 일련의 『판비량론』 사본은 계선 상부에 한자 숫자로 번호가 매겨져 있다. 이것은 각 논증식의 처음을 가리키는 번호라고 생각되지만, 바이케이 구장본에는 없다. 따라서 바이케이 구장본은 논증식의 첫 부분은 아니다. 둘째, 바이케이 구장본에는 종이 이음새가 없다. 그 전문 5행은 연속된 문장이다. 셋째, 바이케이 구장본은 얼룩 모양이 속에 비추이는데, 이것은 은이 속까지 비추이는 것으로 추정된다. 넷째, 바이케이 구장본의 종이는 가나자와문고 학예원의 판단으로는 저지猪紙이다. 이 소견 가운데 첫째와 둘째 소견은 바이케이 구장본의 내용으로부터 뒷받침된다. 넷째 소견은 오타니본과 다르다. 이 문제는 매우 중요하다. 왜냐하면 만약 오타니본과 바이케이 구장본이 다른 종이라면, 바이케이 구장본이 오타니본과 동일한 사본이라고 판단할 수 없기 때문이다. 여기서 『판비량론』 종이에 관한 조사 결과를 상세히 설명하고자 한다.

우선 '원효법사' 전시회에서 오타니본의 해설을 담당했던 김영석金永錫은 이 사본 단간의 종이를 '다비지茶毘紙'로 표기하였다.[10] 필자는 '다비지'로 표기한 최초 연구자를 특정하지 않았지만, 근년 오타니본을 연구한 미야자키 겐지(宮崎健司) 교수도 '다비지'라는 표기를 답습하였고, 나라 말기

---

10 道津綾乃 編(2017) p. 36.

의 '마유지(眞弓紙)'에 상당하는 가능성을 소개하고 있다.[11] 이와 같이 오타니본의 종이를 다비지로 표기하는 것은 연구자들 사이에 인지된 것이다. 또한 미야자키에 의하면, '다비지'의 정의는 다음과 같다.[12]

> 다비지는 낙엽관목의 마유미를 원료로 해서 뜬 것

이에 대해 필자가 바이케이 구장본의 종이를 저지라고 표기한 것에 대해서 설명하고자 한다. 우선 바이케이 구장본의 종이 조사는 2017년 6월 18일 가나자와문고에서 실시되었다. 조사를 담당한 사람은 가나자와문고장 유야마 겐이치(湯山賢一)이고, 가나자와문고의 도츠 아야노(道津綾乃) 주임, 누쿠이 히로에(貫井裕惠), 그리고 필자가 입회하였다. 현미경으로 본 유야마 문고장의 소견은 '① 오타니본, ④ 개인장본, ⑤ 바이케이 구장본 3종은 모두 동일한 종이로 간주되며, 저지이다.'라는 것이었다. 그 후 도츠 주임도 저지임을 인정했다. 가장 중요한 견해는 3종의 사본 단간이 동일한 종이라는 것이다. 따라서 종이 문제로부터 바이케이 구장본은 본래 오타니본과 동일한 사본의 일부라는 것을 부정하지 못한다(서지에 의한 논증 3).

남는 문제는 이『판비량론』의 종이에 대한 표기 방식이다. '다비지'와 '저지'가 전혀 다른 종이라면, 최근의 조사에 의해 필자는 '다비지'로 부를 수는 없을 것이다. 또한 '다비지'를 '저지'의 범위로 간주할 수 있다면, 양자는 일단 표기상 서로 다른 것에 지나지 않을 것이다. 실질적인 문제인

---

[11] 宮崎健司,「大谷大學博物館藏『判比量論』の斷簡の性格」『日本古代の寫經と社会』(東京: 塙書房, 2006) pp.46~47·57 주 33 참조. 주 33에 의하면, '다비지'가 '마유지'에 상당할 가능성을 지적한 것은 아카오 에이케이(赤尾榮慶)이다. 미야자키의 설에 대해서는 모로 시게키(師茂樹) 교수에게 정보를 얻었다. 본 지면을 빌려 학은에 감사드린다.
[12] 宮崎健司(2006) p.57 주 33.

지, 아니면 표기상의 문제인지 현재 필자는 판단할 수 없다. 그러나 필자가 바이케이 구장본을 '저지'라고 표기해도 오타니본과 다른 사본을 가리키려는 의도는 전혀 없다.

## Ⅲ. 바이케이 구장본의 번각과 연구

여기에서는 바이케이 구장본의 전문을 번각하고 그 내용을 고찰하고자 한다.

> [1] 바이케이 구장본 전문[13]
> **非離識眼類**[14]**若爲避此不定過故須言極成初三**
> **等者則不得遮彼相違難**文軌法師通此難云此
> 因不定故非爲散[15]謂小乘宗自許眼根定離眼識若
> 大乘宗自在菩薩六識互用眼識亦得緣彼眼根現其
> 相分及成所作智亦緣眼根現眼相分如此眼根是

바이케이 구장본은 겨우 5행밖에 현존하지 않지만, 그 내용은 풍부하다.

첫째, 굵은 글씨로 표기된 '非離識'으로부터 '相違難'에 이르는 29자는 젠주(善珠, 723~797)의 『인명론소명등초因明論疏明燈抄』(『명등초明燈抄』로 약칭) 권3 말에 인용된 '피사판비량론운彼師判比量論云'의 일문과 대체로 일치한다. 『명등초』의 해당 부분과 비교한다.(밑줄 부분은 완전히 일치, 물결줄 부분에서

---

13 한자는 구자로 되어 있다. 넷째 줄의 '菩薩'은 원문에서는 약자이지만, 정자인 菩薩로 바꾸었다.
14 '識眼類'는 '眼識耶'의 오사.
15 '散'은 '破'의 오사일 가능성이 있다.

는 조금 다르다.)[16]

[2] 젠주『명등초』에 인용된『판비량론』
　　彼師『判比量論』云. 今謂此因勞而無功. 由須自許言 更致敵量故. 謂彼小乘立比量言. <u>眞故極成色. 定離於眼識. 自許. 初三攝眼識不攝故. 猶如眼根. 遮相違難避不定過. 屢類於前. 謂若爲我作相違過. 云極成之色. 應非離識之色. 自許初三攝眼識不攝故. 猶如眼根. 我遮此難. 作不定過. 此極成色. 爲如眼根. 自許初三攝眼識不攝故.</u> 非離識之色耶. 爲如我宗釋迦菩薩. 實不善色. 自許初三攝眼識不攝故. 是離識之色耶. 若不須自許. 作不定過者. 他亦爲我作不定過. 謂此極成色. 爲如眼根. 初三所攝眼識不攝故. 是離眼識耶. 爲如我宗他方佛色. 初三所攝眼識不攝故. **非離眼識耶. 若爲避此不定過故. 須言極成初三等者. 則不得遮彼相違難.** 云云(大正68, 321上一中)

우선 굵은 글씨가 바이케이 구장본의 전반 29자와 대응한다. 그 안에 밑줄 부분은 바이케이 구장본과『명등초』에 인용된『판비량론』이 완전히 일치하는 부분이다. 두 문헌 사이에는 물결선의 세 글자만 조금 다르다. '眼識類'와 '眼識耶'이다.[17] 이것은 오사의 범위로 간주되기 때문에 바이케이 구장본은 원효『판비량론』으로 인정할 수 있는 것이다(일문에 의한 논증 1).
다음으로 바이케이 구장본 전반 29자의 내용(『명등초』 인용 부분)을 간단

---

16 '彼師'는『明燈抄』의 인용 부분 직전에 "元曉大德之所製也", "元曉師作"(『明燈抄』에 인용된 定賓『理門疏』의 구), "本是曉製"로 되어 있기 때문에, '彼師'가 원효를 가리키는 것은 분명하다.
17 『判比量論』의 일련의 사본에는 몇 군데 오사, 혹은 교정의 흔적이 확인된다. 이러한 것으로부터 이 사본은 공적인 사본이 아니라, 사적인 사본으로 생각된다.

하게 검토하고자 한다. 본 단간의 전반 29자와 마찬가지로『명등초』에 인용된『판비량론』의 일문에 최초로 주목한 사람은 후키하라 쇼신(富貴原章信)이다. 후키하라 쇼신은 중국, 한국, 일본의 문헌으로부터『판비량론』의 일문을 수집하였고, 그 안에서『명등초』에 인용된 일문을 '유식비량'의 일문으로 분류하였다.[18] 후키하라 쇼신의 정리 이후에 김성철金星喆도 본 일문을 포함하여『판비량론』을 복원하고 있다.[19] 그 가운데 김성철은 '유식비량에 관한 논의'로 분류한다. 따라서 바이케이 구장본은 '유식비량'에 관한 사본 단간이라고 말할 수 있다. 이것과 관련된 것은 고토본(五島本)이다. 이미 인용된 일문 [2] 가운데, 이중 밑줄 부분이 고토본의 전반 5행이다.[20] 따라서『판비량론』의 '유식비량'에 관한 사본 단간은 고토본과 바이케이 구장본의 두 종이다. 문장의 순서는 그대로이다. 다만, 일문 [2]를 보면 알 수 있듯이, 고토본(이중 밑줄 부분)과 바이케이 구장본 간에는 몇 줄 빠진 부분이 있어서 문장은 연속하지 않는다.

둘째, 바이케이 구장본의 '문궤법사文軌法師' 이하의 약 세 줄 반은 미지의 지식을 제시하는 부분이다. 일문 [2]에서는 '운운云云'으로 [1] '문궤법사' 이하 문장이 생략되었다. 여기서 우선 문궤에 대해서 간단히 정리한다.

---

18 富貴原章信,『判比量論の硏究』(京都: 神田喜一郞, 1967) pp.69~72 참조. 다만, 富貴原는 그것들이 '唯識比量'에 관한 일문이 동일 논증식의 문장인지 또는 동일 논증식의 경우에도 그 전후가 어떻게 연결되는지에 대해서는 모른다고 했다.

19 金星喆,『원효의 판비량론 기초연구』(서울: 지식산업사, 2003)의 일본어 역 pp.412~413 참조.

20 고토본의 전문은 일곱 줄로 이루어져 있다. 전반부 다섯 줄과 후반부 두 줄 사이에 종이 이음이 있고, 본래 연속된 문장은 아니다. 그 후반 두 줄에 대해서, 대응하는 일문을 찾지 못하였다. 다만, 후반부 두 줄 첫부분(전체로는 여섯째 줄) 문자는 '淨土敎'이다. 이것은 오타니본의 '七'(번호 자체는 결락, '八'의 앞부분이다)의 논제와 연관되는 사본 단간으로 추정된다. 후키하라 쇼신은 전반부가 결락되었다는 이유로 '七'의 해설을 생략하고 있다. 富貴原章信(1967) p.42 참조. 김성철은 고토본에 대해서는 언급하지 않지만, 논제 '七'을 번역하였다. 金星喆(2003) 일본어 역, pp.415~416 참조. 한편, 고토본이 일문 [2]에 대응하는 것은 이미 지적되어 있을 수도 있지만, 정보 부족으로 알지 못한다.

문궤는 '서명사 문궤西明寺文軌'라고도 표기된다.[21] 현장의 '유식비량'에 관한 이설을 전한 인물로 알려져 있다.[22] 최근 이시이 코세이(石井公成)는 문궤를 신라 승으로 추정하고 있다.[23] 이시이 코세이의 논거는 기基『인명입정리론소因明入正理論疏』권상의 다음과 같은 문장이다.

[3]『인명입정리론소』
或有於此不悟所由. 遂改論云差別爲性. 非直違因明之軌轍. 亦乃闇唐梵之方言. 輒改論文深爲可責.(T44,100b)
혹은 여기서 그 이유를 깨닫지 못하고, 드디어 논증식(의 문장)을 '차별을 본질로 한다'고 개변하고(만 자가) 있다. 다만 인명의 궤범을 알지 못할 뿐 아니라, 또한 중국(당)과 인도의 외국어(방언方言)에도 어둡다. 즉 논증식의 문장을 개변한 것을 깊이 책해야 할 것이다.

여기에는 문궤의 이름이 없지만, 지주智周는 『인명입정리론소후기因明入正理論疏後記』권상에서 [3]의 "혹은 여기서 …… 있다.(或有於此 ……)"를 주석하여 "즉 궤공이다.(即軌公也)"(X53,848c)라고 설명한다. 이 '궤공軌公'은 문궤일 것이다. 따라서 문궤는 '당'과 인도의 '방언'에 어두웠다고 비판되었기 때문에 그가 신라 승일 가능성은 있다.
다음으로 바이케이 구장본에 문궤의 학설이 인용된 의미를 고찰하고자 한다. 첫째, 바이케이 구장본 셋째 줄의 '위소승종謂小乘宗'부터 다섯째 줄

---

21 『廣百論疏』卷1(敦煌出土 寫本, P.2101; T85,782c). 이 부분은 이미 石井公成가 지적하고 있다. 石井公成, 「朝鮮佛敎における三論敎學」, 平井俊榮 監修, 『三論敎學の硏究』(東京: 春秋社, 1991) p.468 참조.
22 富貴原章信(1967) pp.40~41 참조.
23 石井公成(1991) p.468.

끝부분 '차안근시此眼根是'에 이르는 부분은 기의 찬술로 전하는 『인명론리문십사과류소因明論理門十四過類疏』(이후 『십사과류소十四過類疏』로 약칭)의 다음 부분과 일치한다.

> [4] 『십사과류소十四過類疏』
> 謂小乘宗自許眼根定離眼識. 若大乘自在菩薩, 六識互用, 眼識亦得緣彼眼根現眼相分. 及成所作智亦緣眼根現眼分. 如此相分眼根竝是 ……(A119. 363ab)

이 『십사과류소』는 조순(藏俊)의 『인명대소초因明大疏抄』에 인용된 일문과 비교하여 볼 때 문궤의 『인명입정리론소因明入正理論疏』의 일부라는 것이 논증되어 있다.[24] 위의 출처 표기에서 A는 『금장金藏』을 가리키는데 찬호撰號는 '대자은사사문 규기찬大慈恩寺沙門 窺基撰'(A119. 361b)이고, 『신편교장총록新編敎藏總錄』에는 '규기술窺基述'로 되어 있지만 잘못이다.[25] 그리고 바이케이 구장본에 의해서도 원효가 문궤의 이름하에 인용하기 때문에 『십사과류소』는 문궤의 저작의 일부라는 것을 추인할 수 있다. 그 밖에도 오타니본 『판비량론』 '십이十二'에 문궤가 언급된다.[26] 이러한 것으로부터 문궤의 『인명입정리론소』(『십사과류소』) → 원효 『판비량론』의 성립 순서를 확정해야 할 것이다.

다음으로 원효가 문궤의 학설을 활용하는 부분에 대해서 검토하고자

---

24 日華佛敎研究會 編, 『趙城金藏 因明論理門十四過類疏』(京都: 日華佛敎研究會, 1935) pp. 43~49 참조. 본서에 대해서는 모로 시게키(師茂樹) 교수에게 정보를 얻었다. 학은에 감사드린다. 그 밖의 자료도 제공받았는데 師茂樹, 『論理と歷史―東アジア佛敎論理學の形成と展開』(京都: ナカニシヤ出版, 2015)를 충분히 활용하지 못했다.
25 『新編諸宗敎藏總錄』卷3 "(正理門) 過類疏一卷 窺基述."(T55. 1176a)
26 大谷本 '十二'에 문궤의 『入正理論疏』의 인용이 있다. (X53. 952b) 이것에 대해서는 富貴原章信(1967) p. 57; 金星喆(2003) 일본어 역, p. 422 참조.

한다. 해당 부분을 다시 인용하고자 한다(' '로 묶은 것은 『십사과류소』에는 없고, 원효의 요약 부분).

[5] 바이케이 구장본
文軌法師通此難云. '此因不定故非爲散(破?).'
문궤법사文軌法師는 이 (상위결정의) 비판을 회통해서, '이 인은 확정할 수 없어서 부정할 수는 없다.'고 말한다.

우선, '산散'으로 탈초한 문자는 이해하기 어렵다. 아마 '파破'의 오자일 것이다.[27] 다음으로 '이 비판(此難)'은 그 직전의 '피상위난彼相違難'(바이케이 구장본 둘째 줄)에 상당한다. 이것은 '결정상위決定相違'라고 불리는 것으로 현장이 설정한 논증식에 대해서 신라의 순경順憬이 '상위결정相違決定'으로 간주하고, 논증식을 재선정했다는 부분이다. 문궤『십사과류소』에는 다음과 같이 설명되어 있다.

[6] 『십사과류소』
問. (a) 如立量云. '眞故, 極成色, 非定離眼識(宗). 自許, 初三攝眼根不攝故(因). 如眼識(喩).' (b) 有人破此比量, 作相違決定云. '眞故, 極成色定離於眼識(宗). 自許, 初三攝眼識不攝故(因). 如眼根(喩).' 此四句中, 何句所攝.
答. 此當第四以不定破定句. 攝以眼根非同品. (A119.363a)
질문: (a) 논증식을 설정해서 말한 대로이다. '승의에 의하면 극성極成(양방이 긍정하는)의 색은 반드시 안식眼識을 떠나서 존재하지 않는다(주장 명제). 우리들이 인정하는 것은 처음의 셋(안계·색계·안

---

[27] 『十四過類疏』 자체에 '散'이라는 글자는 사용되지 않는 듯하다.

식계)이 포섭하지만, 안근眼根에 포섭되지 않기 때문이다(이유). 마치 안식처럼(비유).' (b) 어떤 사람은 이 비량을 비판해서 모순의 결정을 설정해서 말한다. '승의에 의해서 극성의 색은 반드시 안식을 떠나서 존재한다(주장 명제). 우리들이 인정하는 것은 처음의 셋에 포섭하지만, 안식에 포섭되지 않기 때문이다(이유). 마치 안근처럼(비유).' 이것은 4구 가운데 (제)몇 구에 포섭되는가.

　대답: 이것은 제4구의 '부정不定에 의해서 결정(定)을 비판하는 것'에 상당한다. 안근은 동류가 아니기 때문이다.

　이 부분은 바이케이 구장본에서 인용한 '위소승종謂小乘宗'의 직전 문장에 상당한다. 다른 문헌에서 (a)는 현장의 '유식비량',[28] (b)는 신라 순경順憬의 '상위결정相違決定'으로 간주되는 것이다.[29] 문궤는 (b)를 '유인有人'으로 표기했기 때문에 문궤는 (b)의 주장자를 순경으로 인식했는지는 모르겠다.

　그런데, 원효는 문궤가 '통차난通此難(이 비판을 회통하여)'으로 이해하고 있기에([1], [5]), 원효에게 문궤의 생각은([6]), 입량(현장玄奘?)의 '유식비량'을 옹호하여, 어떤 사람(순경順憬?)의 비판으로부터 구한 것이 된다.[30] '상

---

[28] 오리지널 논문에서 필자는 (a)를 현장의 '유식비량'으로 간주했지만, 문궤는 (b)와 같이 (a)의 주장자를 특정하지 않았다. 이것은 師茂樹 교수에게 교시를 받았다. 감사드린다. 또한 (a)는 기가 전하는 현장의 '唯識比量'과 아주 약간 문자가 다르다. 基『因明入正理門論疏』卷中 "大師立唯識比量云. 眞故極成色不離於眼識(宗). 自許初三攝眼所不攝故(因). 猶如眼識(喩)."(T44, 115b) '不→非', '眼→眼根'이다.

[29] 基,『因明入正理門論疏』卷中 "然有新羅順憬法師者. …… 於此比量作決定相違, 乾封之歲, 寄請師釋云. 眞故極成色定離於眼識, 自許初三攝眼識不攝故, 猶如眼根."(T44, 116a) 이 설(밑줄)은 [6](b)와 일치한다.

[30] 文軌는 이 논증식의 문제를 '第四(句)'라고 인정한다. 이것은 비판의 근거와 대상을 四句分別한 것의 네 번째라는 의미이다. 4구분별 자체는 다음과 같다. 文軌,『十四過類疏』"四句分別. 一以定破不定. 二以定破定. 三以不定破不定. 四以不定破定."(A119, 362b) 이 가운데 앞의 3구는 '能破'(비판으로 성립된 것), 第四句는 '似破'(비판과 유사한 것으

위결정'을 주장한 사람이 순경이 아니라, 원효라는 의견도 있다.[31] 이 문제는 후키하라가 고증하여, '더 별도의 자료가 없이 물건을 자르듯 결정하기는 어려울 것이다.'라고 결론짓고 있다. 그러나 사견으로는 '상위결정'의 주장자는 원효가 아니다. 원효가 『판비량론』을 집필하는 시기에 참조했던 문궤의 『십사과류소』에 이미 '상위결정'의 학설([6] '有人')이 보이기 때문이다. 문궤가 원효의 '상위결정'을 인용하고([6](b) '有人'), 그것에 대해서 원효가 '문궤법사통차난文軌法師通此難'([1], [5])으로 이해하는 것은 자연스럽지 못하다. 따라서 유인(順憬?)의 '상위결정'→ 문궤 『인명입정리론소』(『십사과류소』)→ 원효 『판비량론』의 성립 순서는 확정할 수 있다. 이것은 바이케이 구장본의 '문궤법사' 인용이 『십사과류소』인 것에 의해 논증될 수 있을 것이다. 이하 바이케이 구장본으로부터 판명된 학설·저작의 성립 순서를 연표로 정리하면 다음과 같다.

당 인덕麟德 원년(664)　　현장 사망
당 건봉乾封 연간(666~668)　신라 순경이 '유식비량'을 비판(전승)
　？　　　　　　　　　문궤 『십사과류소』에서 입량(현장?)으로
　　　　　　　　　　　　'유식비량'을 소개
　　　　　　　　　　　문궤 『십사과류소』에서 어떤 사람(순경?)
　　　　　　　　　　　　의 '상위결정'을 소개
당 함형咸亨 2년(671)　　원효 『판비량론』 성립

이 가운데 건봉 연간에 신라 순경이 '유식비량'을 비판하고, '결정상위'

---

로 성립되지 않는 것)이다. 文軌, 『十四過類疏』 "前之三句是能破攝, 唯第四句是似破也."(A119. 363a)
31 富貴原章信(1967), 특히 p.71 참조.

를 주장했다는 것은 기基『인명입정리문론소』에서 잘 알려진 전승이다.[32] 남는 큰 문제는 문궤『인명입정리론소』(『십사과류소』)와 기『인명입정리문론소』의 성립 순서이다.[33] 여기까지의 고찰 결과로부터 문궤의『인명입정리론소』(『십사과류소』) [7](a)·(b)는 특정의 인물명을 들지 않는 것에 대해서, 기의『인명입정리문론소』는 (a)를 현장, (b)를 순경으로 특정하고 있다.[34] 이것이 무엇을 의미하는가는 해석의 여지가 있다. 문궤의『인명입정리론소』가 기의『인명입정리문론소』보다 오래된 형태를 전승한다고 생각된다. 어찌되었든 두 문헌의 면밀한 비교 대조가 필요할 것이다. 기의 전승에 문제가 있지만,[35] 건봉 연간의 기술은 상기의 표로부터 삭제하지 않으면 안 된다.

지금 말할 수 있는 것은 원효는 문궤의 설을 존중했다는 것이다.

신라의 인명학은 '상위결정' 문제를 둘러싸고 순경과 문궤·원효 간에 대립이 있었다고 추정된다. 또한 일반적으로 원효의 불교 이해는 현장의 견해와는 다르다고 생각되지만 '상위결정'의 문제에 대해서는 현장의 '유식비량'을 부정했다고는 생각하기 어렵다. 부언하면, 문궤가 생존해 있을 때, 순경이 '상위결정'을 자은사慈恩寺에 보냈고, 그때가 건봉 연간이다. 이때 원효는 50~51세이다. 과연 문궤는 몇 살이었을까.

---

32 富貴原章信(1967) 참조.
33 沈劍英은 文軌『疏』(649~654 추정)가 基『疏』에 선행한다고 추정한다. 師茂樹(2015)는 이 설을 소개한 후에 "다만 문궤는〈유식비량의 전승〉에 대해서 말하지 않고 있다. 원효 등과의 전후관계도 검토를 요한다."(p.119)라고 주의를 환기시키고 있다. 적어도 文軌『因明入正理論疏』(『十四過類疏』)는 원효『판비량론』에 선행한다.
34 앞의 각주 28, 29 참조.
35 基의 전승에 의문을 가진 것은 모로 교수의 교시 덕분이다. 모로 교수에 의해서 '유식비량의 전승'이 해명되기를 기대한다.

## Ⅳ. 결론

지금까지 신출 자료 바이케이 구장본(梅溪舊藏本) '도지기레(東寺切)'가 원효『판비량론』의 단간이고, 오타니본(大谷本)과 동일 사본의 일부라는 것을 논증하였다.

서지학적 논증으로서 ① 계고와 계폭의 일치, ② 서체의 일치, ③ 종이의 일치 등 세 가지 근거를 통해 바이케이 구장본은 오타니본 등과 같은 사본의 일부라는 것을 밝혔다. 또한 내용상 논증으로서는 젠주(善珠)『명등초』에 인용된 일문 [2]와, 바이케이 구장본의 전반 한 줄 반(29자)이 대체로 일치한다는 것을 밝혔다.

바이케이 구장본의 내용은 현장의 '유식비량'에 관한 것이고, 특히 '상위결정' 문제가 포함되어 있다. 또한 그 가운데 인용된 문궤의 저작은 기찬으로 전해진『십사과류소』이고, 이것은 문궤의『인명입정리론소』의 일부이다. 현장의 '유식비량'에 대해서 비판한 '상위결정'이『십사과류소』[6]에 있기 때문에, 원효가 '상위결정'을 주장했던 것은 상정할 수 없다. 신라 순경일 가능성이 크다.

부차적인 고증이었지만, 고토본(五島本)의 전반 다섯 줄은 바이케이 구장본의 전부이고, 후반 두 줄은 오타니본 '七'의 논제와 관련된 부분이라고 추정된다.

금후의 과제로서 바이케이 구장본과 도하쿠본의 텍스트 교정을 시도하고자 한다.

| 참고문헌 |

金星喆. 「신출사본의 해독과 유식비량 관련의 내용 분석」. 『한국불교학』 84. 한국불교학회, 2017.

_____. 『원효의 판비량론 기초연구』. 서울: 지식산업사, 2003.

神奈川縣立金沢文庫·東國大學校 佛敎文化硏究院 HK硏究團. 資料集 『元曉と新羅佛敎寫本』. 2017.

道津綾乃. 「アンニョンハセヨ！元曉法師に関する報告」. 『金澤文庫硏究』 340. 横浜: 神奈川縣立金澤文庫, 2018.

_____ 編. 『アンニョンハセヨ！元曉法師』. 横浜: 神奈川縣立金澤文庫, 2017.

師茂樹. 『論理と歴史−東アジア佛敎論理學學形成と展開』. 京都: ナカニシヤ出版, 2015.

宮崎健司. 『日本古代の寫經と社會』. 東京: 塙書房, 2006.

石井公成. 「朝鮮佛敎における三論敎學」. 平井俊榮 監修. 『三論敎學の研究』. 東京: 春秋社, 1991.

富貴原章信. 『判比量論の硏究』. 京都: 神田喜一郎, 1967.

# 원효 『판비량론』의 새로운 발굴
### -고토미술관 및 미쓰이기념미술관 소장본을 중심으로-[1]

김영석

## I. 서론

　원효元曉(617~686)가 55세 때 지은 『판비량론』은 현존하는 자료 가운데 신인명에 관한 그의 견해를 파악할 수 있는 유일한 문헌이다.[2] 그는 이 논을 통해 신인명은 물론 중관과 유식 등 대승 교학에 대한 폭넓은 이해를 바탕으로 다양한 논증들을 비판하고, 더러는 독창적인 비량을 제시하기도 한다. 하지만 그것은 『판비량론』의 일부를 통해 파악된 것일 뿐 여전히 많은 분량이 미지의 영역에 있기 때문에, 심도 있는 연구를 위해서는 『판비량론』 복원의 필요성이 더욱 절실하다. 그런 가운데 1912년에 일본에서

---

1 본고는 『불교학보』 81(동국대학교 불교문화연구원, 2017) pp.93~115에 게재된 글을 대폭 수정·보완한 것이다.
2 『신편제종교장총록』(T55.1176a)이나 『주진법상종장소』(T55.1143b) 등에서 원효가 지은 『인명입정리론소』가 확인되지만 현존하지 않는다.

『판비량론』의 말미에 해당되는 회향게 등이 실린 다섯 줄짜리 필사본 단간이 소개[3]된 이후 다른 부분의 단간들이 간헐적으로 발견되고 있다는 점은 매우 고무적이다.

현재까지 발견된 『판비량론』 단간을 소장처별로 정리하면 다음과 같다.

    ㉠ 오타니대학(大谷大學) 소장본: 총 110행
        제7절 8행(앞부분 산실): 정토의 본질에 대한 논의
        제8절 14행: 식識의 4분설에 대한 논의
        제9절 9행: 제8식의 존재 증명에 대한 논의
        제10절 20행: 알라야식의 구유소의와 구유소의근에 대한 논의
        제11절 26행: 9구인 중 제5구인의 부정인 논증
        제12절 9행: 상위결정인의 부정인 논증
        제13절 12행: 5성평등론자에 대한 비판
        제14절 7행(뒷부분 산실): 아집과 법집에 대한 논의
        회향게 단간 5행: 회향게·사기·발행지 등
    ㉡ 사카이 우키치(酒井宇吉) 소장본
        제○절 11행: 울루까와 소승이 주장한 각각의 화합견설和合見說에 대한 논의
    ㉢ 오치아이 히로시(落合博志) 소장본: 총 9행
        제6절 5행(뒷부분 산실): 현량과 비량 외에 성언량이 있고 또 비유량 등이 있다는 외도의 논증식 비판
        제○절 4행: 다르마빨라의 과미실유 논파에 대한 비판
    ㉣ 고토(五島)미술관 소장본: 총 7행[4]

---

3 黑木安雄 編, 『書苑』 1-7(東京: 法書會, 1912).
4 이 소장본은 일본에서 五島美術館學藝課 編, 『五島美術館의 名品: 繪畵와 書』(東京: 五島美術館, 1998)이라는 도록을 통해 소개되었기(p.112) 때문에 엄밀히 말하면 새롭게 발굴

제ㅇ절 5행: 현장의 유식비량 논파

　　제ㅇ절 2행: 정토비량에 대한 공부정과 지적

ⓜ 미쓰이(三井)기념미술관 소장본: 총 15행[5]

　　제ㅇ절 10행: 논파하는 비량의 타당성 논의

　　제ㅇ절 5행: '인정한다'는 진술에 의한 수일불성과 간별

ⓗ 바이케이(梅溪) 구장舊藏본(개인 소장)[6]

　　제ㅇ절 5행: 현장의 유식비량 논파

ⓢ 도쿄(東京)국립박물관 소장본[7]

　　제ㅇ절 5행: 자타비량과 공통으로 인정하는 것(共許)의 관계에 대한 논의

이것들의 분량은 총 162행인데, 추산된 『판비량론』의 전체 분량에 따르면 현재까지 약 18.6%가 발견된 셈입니다.[8] 이 가운데 ㉠·ⓜ은 지질·필

---

된 것은 아니다. 다만 그 도록에서는 '弘法大師의 東寺切'로 소개되었지만, 이번에 직접 조사·연구한 결과 『판비량론』의 단간으로 확인되었다.

[5] 이 소장본도 일본에서 貴中本刊行會, 『三井文庫藏 高松帖 解說』(京都: 便利堂, 1990)이라는 도록을 통해 보고된(p.104) 바 있다. 이것 역시 弘法大師의 글로 소개되었지만 이번에 조사 결과 『판비량론』의 단간으로 확인되었다. 그 도록에는 구보타 쥰(久保田淳)의 간략한 설명과 탈초본도 있는데, 그 가운데 탈초되지 않은 글자나 오독된 글자도 본고에서 바로 잡는다.

[6] 이 단간은 岡本一平, 「新出資料 梅溪舊藏本·元曉撰『判比量論』斷簡について」, 『元曉と新羅佛敎寫本』(神奈川縣立金澤文庫·東國大佛敎文化硏究院 HK硏究團, 2017) pp.133~144에 의해 『판비량론』의 일부임이 밝혀졌고, 보다 심화된 연구 결과도 그에 의해 발표될 것으로 보인다. 이것은 앞선 ⓔ의 앞부분인 5행과 같은 節이고 그것에서 5행을 건너뛴 다음 부분에 해당된다.

[7] 이 단간은 오카모토 잇페이가 제공한 정보를 통해 확인한 것으로서, 이것 역시 그에 의해 연구 결과가 발표될 것으로 기대된다.

[8] 『판비량론』의 분량은 正倉院 문서 가운데 「寫了律論疏章集傳等帳」(743년, 24-252)와 「紫微中台目錄」(753년, 12-534) 등에 '1卷 25張'으로 되어 있다. 이 분량을 행수로 환산해서 후키하라 쇼신[富貴原章信, 『判比量論の硏究』(京都: 神田喜一郞, 1967) p.5]은 867행, 김성철「오치아이 소장 『판비량론』 필사본의 교정과 분석」, 『불교학보』 74(동국대학교 불교문화

체·계폭·계고 등이 동일하여 모두 하나의 필사본에서 잘려진 것으로 확인되고, Ⓐ도 그와 동일한 필사본의 단간으로 추정된다. 또 대표적인 선행 연구로서 ㉠에 대한 후키하라 쇼신의 종합적 고찰,[9] ㉠, ㉡에 대한 김성철의 비판적 고찰,[10] ㉢에 대한 김성철의 단편 연구[11] 등이 있다.

이에 본고에서는 고토미술관 소장본(이하 고토본)과 미쓰이기념미술관 소장본(이하 미쓰이본)을 대상으로 그 내용을 고찰하고자 한다. 이 두 소장본의 조사는 한국학중앙연구원 지원 '2016년도 한국학분야 토대연구지원사업'[12]의 일환으로, 2017년 3월 3~4일 도쿄 소재 고토미술관과 미쓰이기념미술관에서 실시되었다. 이 조사에는 토대연구사업팀의 정재영, 박보람의 참여와 고문헌 각필연구자인 고바야시 요시노리(小林芳規, 히로시마대학 명예교수)의 적극적인 협조가 뒷받침되었음을 여기서 밝힌다.[13] 먼저 당시에 조사한 결과에 기반을 두고 두 소장본의 간략한 형태 서지와 각필의 정보를 기술하고 탈초본을 만든다. 그리고 두 소장본을 내용에 따라 네 부분으로 분할한 뒤 각 단간 자체의 글에 초점을 두고 내용을 분석한다. 이를 통해 당시 신인명에 밝았던 현장玄奘(602~664), 문궤文軌(7세기경), 규기窺基(632~682)의 해석을 원효가 어떻게 받아들였고, 그들의 견해와 어떤 점에서 같고 다른지를 일부 파악할 수 있을 것이다. 아울러 거시적으로는 『판비량론』 복원에 일조가 될 것으로 생각한다.

---

연구원, 2016) pp. 33~35]은 873행으로 추정한다.
**9** 富貴原章信(1967).
**10** 김성철, 『원효의 판비량론 기초 연구』 (서울: 지식산업사, 2003).
**11** 김성철(2016) pp. 271~295.
**12** 과제명: 한국찬술 불교문헌의 확장형 서지 DB 및 디지털지형도 제작(AKS-2016-KFR-1230003, 책임자: 김천학 동국대학교 HK교수).
**13** 현지 조사 당시 고토미술관의 나고야 아키라(名兒耶明) 부관장을 비롯한 관계자 및 미쓰이기념미술관의 시미즈 미노루(淸水實) 학예부장을 비롯한 관계자들의 배려와 협조가 있었다. 이 지면을 통해 그들에게 고마움을 표한다.

## Ⅱ. 서지 분석

### 1. 고토본의 서지 정보 및 탈초

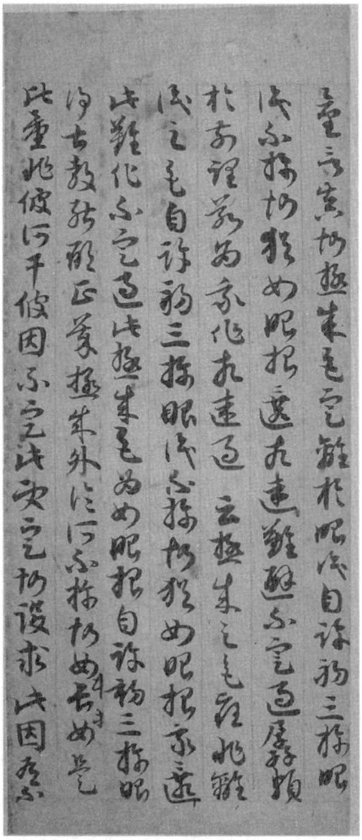

먼저 고토본은 고토미술관에 소장 중인 『手鑑「梁紙帖」』에 실려 있다. 이 필사본의 전체 크기는 가로 11.1×세로 24.7cm, 계고 21.4cm, 계폭 1.6cm, 재질은 다비지茶毘紙이다.[14] 또 총 7행 134자의 초서로 필사되어 있고, 각 행의 글자 수는 순서대로 18, 18, 18, 19, 20, 21, 20자이다. 이 단간의 이름을 나타내는 '大師東寺切'이 다른 재질의 종이에 쓰여 오른쪽 상단에 붙어 있는데, 이것은 후대에 붙인 것으로 보인다. 형태상 필체와 재질 등이 동일한 기존 단간들처럼 '고보(弘法)대사[구카이(空海)의 시호, 774~835]의 도지기레(東寺切)'라는 명칭을 붙이고 본문의 처음 두 글자를 제목으로 삼은 것임을 알 수 있다. 하지만 이렇게 발견된 단간들의 필체가 누구의 것인지에 대한 판단이 아직 학계에서 내려지지 않았더라도, 종이의 재질이나 필사 시기나

〈그림 1〉 고토미술관 소장본

---

[14] 고토본과 미쓰이본의 형태 서지 내용 및 각필 정보는 고바야시 요시노리 교수와 정재영 교수가 두 미술관에서 단간을 실측하고 특수 조명 등을 이용해 조사한 것이다. 특히 각 소장본의 각필 정보를 밝히고 있는 〈그림 2〉와 〈그림 4〉는 고바야시 교수가 직접 정리해 보내준 것이다.

각필 등에 의거해 고보대사보다 앞선 시기에 누군가가 쓴 것으로 추정된다.

또 ⑤행과 ⑥행 사이에는 서로 맞붙인 자국이 선명하게 남아 있고 문맥상 연결되지도 않는다. 내용상 앞부분의 다섯 행은 현장의 유식비량을 논파하는 부분이고 뒷부분의 두 행은 정토비량에 관련된 부분인데, 후대에 내용을 무시하고 맞붙여서 하나의 단간으로 만들었기 때문일 것이다.[15] 이러한 형태는 오치아이 히로시의 소장본(ⓒ)에서도 확인된 바 있다.[김성철(2016) p.277]

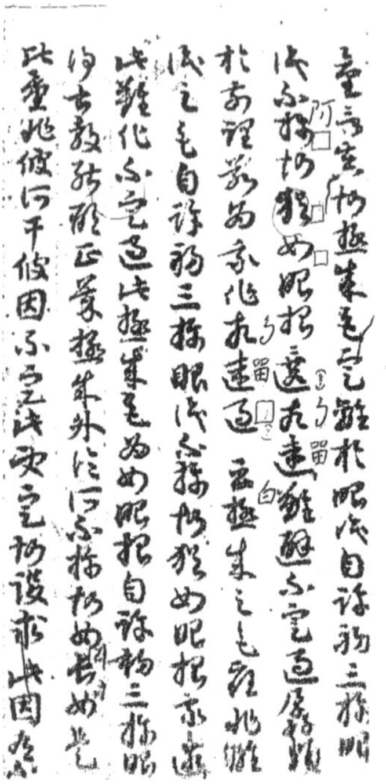

이 필사본의 본문 행간에서는 각필로 쓰인 문자와 부호의 흔적이 확인되는데, 해독하기 어려운 부분도 일부 있다. 이에 대해 조사에 참여한 고바야시 교수는 각필이 쓰인 지 1300여 년이 지났고 전해오는 도중에 배접되었기 때문에 각필의 오목이 잘 보이지 않아서 해독이 어려운 상태라고 보았다. 〈그림 2〉에서 보는 것처럼 해독 가능한 문자는 ②행-2에 阿, ②행-10에 ラ, ②행-11에 留, ③행-8에 ラ, ③행-9에 留, ③행-11에 白의 여섯 자이고, 해독하기 어려운 문자(□, ?)는 다섯 자가 있다. 또 범패보梵唄譜의 부호가 ①행-3의 眞과 ①행-8의 定에, 합부合符가 ⑥행-16·18의 如長과 ⑦행-16·17·18의 求此因

〈그림 2〉 고토본의 각필 흔적

---

[15] 현재 발견된 『판비량론』의 단간들은 에도시대(1603~1867) 말기에 호사가들에 의해 하나의 필사본에서 잘린 것으로 추정되고 있다.[高橋正隆,「鳳潭の「扶桑統入総目録」について」『大谷學報』60-4(大谷學會, 1981) p.31]

에 있다. 특히 求此因의 합부에는 '求' 자와 '此' 자의 먹이 깎여서 각필의 눌린 자국에 들어가 있다.[16]

그리고 이 필사본의 ⑥행에는 잘린 두 개의 삽입 글자가 있다.[17] ⑥, ⑦ 행을 포함한 절節이 잘릴 때 삽입 글자를 고려하지 않고 계선에 따라 잘랐기 때문에 그 글자들의 절반 정도만 남은 것으로 추정된다. 또 ⑤행-3의 글자는 '化'의 초서체이지만 '作'으로 탈초한다. 그 부분이 인용된 『인명론소명등초』권3(T68,321a)에 '作'으로 되어 있고, 또 문맥상 '作'이 자연스럽기 때문이다. 이 필사본을 탈초하면 다음과 같다.

① 量言眞故極成色定離於眼識自許初三攝眼
② 識不攝故猶如眼根遮相違難避不定過屛類
③ 於前謂若爲我作相違過云極成之色應非離
④ 識之色自許初三攝眼識不攝故猶如眼根我遮
⑤ 此難作不定過此極成色爲如眼根自許初三攝眼
⑥ 淨土敎能顯正義極成外論所不攝故如□長□如是
⑦ 比量非彼所干彼因不定此決定故設求此因有不

---

[16] 합부를 표기한 각필에 검은 흔적이 나타나는 것은 오타니본에서도 확인된다. 이것은 서사되고 바로 각필이 행해졌다는 것을 의미한다. 그런데 일본에서 각필은 10세기 이후에 사용되었기 때문에 고묘황후의 소장품이 되기 전에 이미 신라에서 각필이 쓰인 것으로 보는 것이 자연스럽다. [小林芳規·尹幸舜, 「新羅經典에 기입된 角筆文字와 符號-京都·大谷大學藏『判比量論』에서의 發見」『구결연구』10(구결학회, 2003) p.18]

[17] 본고가 발표된 학술대회 당시 최연식 교수(동국대학교)는 그 글자가 순서대로 '中'과 '等'으로 추정된다고 도움을 주었다. 그의 말처럼 그것들이 각각 '中'이나 '中', '才'이나 '才'의 일부로 추정되지만, 잘린 글자이기 때문에 본고에서는 일단 '□'로 표시한다.

## 2. 미쓰이본의 서지 정보 및 탈초

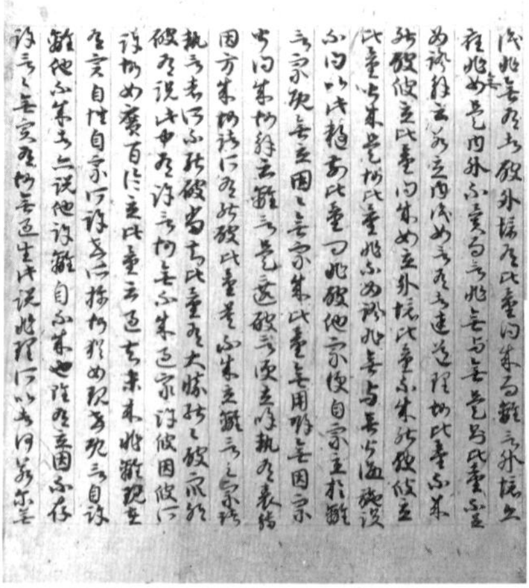

〈그림 3〉 미쓰이기념미술관 소장본

한편 미쓰이본은 미쓰이기념미술관에 소장 중인 『大手鑑』『高松帖』에 실려 있다. 이 필사본의 전체 크기는 가로 23.4×세로 26.6cm이고, 계고·계폭·재질은 역시 고토본과 동일하다. 또 총 15행 293자의 초서로 필사되어 있고, 각 행의 글자 수는 순서대로 19, 21, 20, 20, 20, 19, 18, 19, 20, 19, 19, 18, 20, 20, 21자이다. 이 필사본에도 다른 재질의 종이에 적힌 '弘法大師識非'가 오른쪽 상단에 붙어 있는데, 그것에는 고필 감정가인 '긴잔(琴山)'의 인장이 찍혀 있다. 그것은 '고보대사가 쓴 識非로 시작된 글임을 고히츠 료이(古筆了意, 1751~1834)가 감정하다.'의 의미이다. 하지만 이것 역시 고보대사가 쓴 것으로 인정되지는 않는다.

이 필사본의 왼쪽 하단에는 왼쪽으로 45° 기울어진 주방인朱方印의 절반이 있다. 비록 흐릿하긴 하지만 고묘황후(光明皇后, 701~760)의 장서인인 '內家私印' 가운데 '私' 자의 뒷면이다. 이 장서인은 이전에 발견된 『판비량론』 단간 가운데 오타니대학 소장본(이하 오타니본)인 3지紙의 뒷면(1곳)과 회향게 부분(3곳)에 있는 인장과 동일한 것이다. 이를 통해 이 단간도 오타니본의 일부이자 고묘황후의 소장품이었다는 것을 짐작할 수 있다.

또 ⑩행과 ⑪행 사이에 맞붙인 자국이 있는데, 이것 역시 후대에 내용에 관계없이 맞붙여서 하나의 단간으로 만든 것임을 알 수 있다. 앞부분

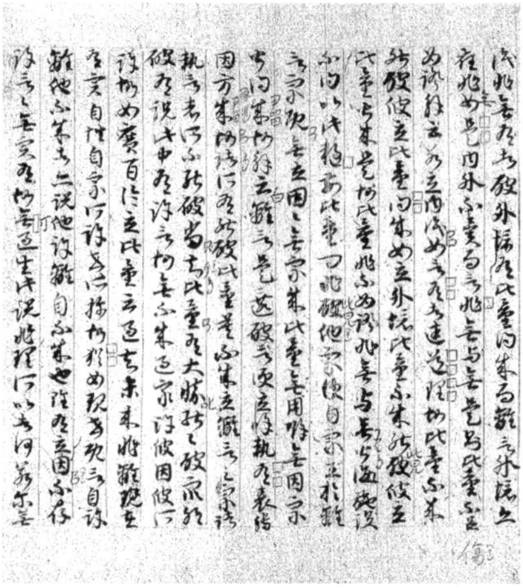

의 열 행은 논파하는 비량의 타당성을 논의하는 부분이고, 뒷부분의 다섯 행은 수일불성과에 관련된 부분이다.

이 필사본에서도 고토본처럼 본문 행간에 각필의 흔적이 확인되는데, 고바야시 교수는 이것 역시 오랜 시간의 경과와 배접 때문에 해독하기 어려운 부분이 있다고 보았다. 〈그림 4〉에서 보는 것처럼 해독 가능한 문자는 ③행-8에 ᄇ, ④행-18에 此兒, ⑤행-16에 ᄒ, ⑤행-17에 ᄉ, ⑥행-11에 此兒(?), ⑦행-3에 ᄇ, ⑧행-3에 尹罒, ⑧행-6에 白, ⑨행 3에 尹罒, ⑨행-4에 ᄇ, ⑨행-5에 ᄉ, ⑩행-8에 兄, ⑩행-9에 ᄉ(?)ᄉ, ⑩행-11에 ᄇ, ⑩행-14에 此, ⑭행-18에 ᄇ(?)의 21자, 해독하기 어려운 문자(□)는 17자가 있다. 또 범패보梵唄譜의 부호가 ①행-8의 境과 ⑭행-18의 因에, 합부合符가 ②행-8·9의 不異와 ⑧행-14·15의 立餘에 있다.

〈그림 4〉 미쓰이본의 각필 흔적

그리고 이 필사본의 탈초본은 다음과 같다.

① 識非無有者破外境有比量得成而離言外境亦
② 應非無如是內外不異而言非無與無是則比量不足
③ 爲證解云若立內識如言有者違道理故比量不成
④ 能破彼立比量得成如立外境比量不成能破彼立
⑤ 比量皆成是故比量非不爲證非無與無皆假施設
⑥ 不得以此疑前比量問非破他宗便自宗立於離

⑦ 言宗既¹⁸無立因因無宗成比量無用餘無因宗

⑧ 皆得成故解云離言是遮破言便立餘執有表轉

⑨ 因方成故諸所有能破比量莫不成立離言之宗諸

⑩ 執言者所不能破當知比量有大勝能能破衆邪

⑪ 破有說此中有許言故無不成過我許彼因彼所

⑫ 許故如廣百論立比量云過去未來非離現在

⑬ 有實自性自宗所許世所攝故猶如現世既言自許

⑭ 離他不成者亦說他許離自不成也雖有立因不存

⑮ 許言言無實有故無過生此說非理所以者何若爾無¹⁹


## Ⅲ. 내용 분석

### 1. 고토본의 내용 분석

1) 현장의 유식비량 논파(①–⑤행)

이 부분에서는 그동안 여러 문헌²⁰에서 거론되었던 원효의 비량, 곧 현

---

18 미쓰이본의 ⑦행-3 및 ⑬행-17의 '改'를 필자는 처음에 '更'으로 탈초했지만, 학술대회 당시 최연식 교수(동국대학교)가 제안한 '既'를 받아들여 수정한다.
19 이것과 구보타 쥰의 탈초본[貴中本刊行會, 『三井文庫藏 高松帖 解說』(京都: 便利堂, 1990) p.104]이 서로 다른 곳은 다음과 같다. ⑤행-18 假:口, ⑦행-3 既:口, ⑧행-10 遮:口, ⑧행-19 待:口, ⑨행-12 莫:口, ⑪행-14 我:家, ⑪행-19 所:離, ⑬행-9 世:在, ⑬행-17 既:更, ⑭행-15 雖:離.
20 예컨대, 『유가론기』 권13(T42, 595b), 『성유식론장중추요』 권2(T43, 647a), 『인명입정리론소』 권중(T44, 116a), 『성유식론본문초』 권30(T65, 657b 등), 『유식론동학초』 권48(T66, 426c 등), 『성유식론약소』 권1(T68, 4c), 『인명론소명등초』 권3(T68, 321a 등), 『인명대소초』 권14(T68, 520b 등), 『유식분량결』(T71, 449a 등), 『백법론현유초』 권2(X48, 252a), 『인

장의 유식비량唯識比量을 비판하고자 원효가 제시한 소승 입장의 이식비량離識比量이 처음 확인된다. 먼저 번역문을 제시하고 내용을 분석해 보자(본문의 〈 〉와 그 안의 내용은 필자가 추가한 것임, 이하 동일).

…… (소승은 비)량을 (건립해 다음과 같이) 말할 것이다. "〈종〉승의에 의거할 때 양쪽 모두에게 성립하는 색은 반드시 안식을 벗어난다. 〈인〉우리가 인정하는 처음의 세 가지에 포함되면서 안식에는 포함되지 않기 때문에. 〈유〉안근이 그렇듯이." (이것은 유법 차별)상위과의 힐난을 차단하고 부정과를 피하는데, 나타나는 것은 앞(의 유식비량)보다 모진 부류이다. 말하자면 나를 위해 (유법차별)상위과를 만들어서 '〈종〉양쪽 모두에게 성립하는 색은 식을 벗어난 색이 아니어야 한다. 〈인〉우리가 인정하는 처음의 세 가지에 포함되면서 안식에는 포함하지 않기 때문에. 〈유〉안근이 그렇듯이'라고 한다면, 나는 이런 힐난을 차단하며 부정과(에 빠진다는 것)을 제시하겠다. 여기서의 '양쪽 모두에게 성립하는 색'은 안근처럼 우리가 인정하는 처음의 세 가지에 포함되면서 안 ……[21]

『인명론소명등초』 권3(T68.321a~c)에 인용된 『판비량론』에 따르면 원효는 이 단락을 통해, 첫째 현장의 유식비량에 상위결정부정과가 있다는 논거로 이식비량을 제시하고, 둘째 그 비량에 유법차별상위과가 있다는 대론자의 힐난을 제시하고, 셋째 그 힐난에 공부정과가 있음을 지적하고,

---

명론리문십사과류소』(『금장』 119.363a), 『인명입정리론소』 권4(『빈가장』 194.158~159) 등이다.

[21] 『판비량론』(고토본①~⑤행) "…… 量言: 眞故, 極成色定離於眼識. 自許初三攝, 眼識不攝故. 猶如眼根. 遮相違難, 避不定過, 屬類於前, 謂若爲我作相違過云: 極成之色應非離識之色. 自許初三攝, 眼識不攝故. 猶如眼根. 我遮此難, 化不定過: 此極成色, 爲如眼根, 自許初三攝, 眼 ……"

넷째 이식비량의 인에 '우리가 인정하는(自許)'이 없다면 공부정과에 빠지게 됨을 밝히고, 다섯째 그 '우리가 인정하는'을 '양쪽 모두에게 성립하는(極成)'으로 수정하면 유법차별상위과가 있게 됨을 설명한다. 그 가운데 앞의 세 가지가 여기의 글에 해당된다.

먼저 원효는 '우리가 인정하는'이라는 조건[22]으로 인해 비판이 제기될 수밖에 없다고 지적하며, 이식비량을 제시한다(고토본 ①~②행). 색을 안식과 별도로 바깥에 실재하는 대상으로 이해하는 소승의 입장에서 보면, 색이 18계 가운데 처음의 세 가지에 포함되고 안식에 포함되지 않는다는 변시종법성이 충족된다. 또 동품인 '안식을 벗어난 것'에는 안근이 해당되기 때문에 동품정유성도 충족된다. 또 이품인 '안식을 벗어난 것이 아닌 것'은 소승에서 결코 인정되지 않기 때문에 이품변무성도 충족된다. 이같이 소승 입장의 이식비량에서 타당성이 인정됨으로써, 유식비량에 상위결정 부정과가 있다는 것이 반증된다.

둘째는 이러한 이식비량에 대해 대론자가 힐난하는 비량이다(고토본 ③~④행). 곧 대승 입장에서 '안식을 벗어난 색이 아닌 것'의 비량을 제시해 이식비량에 유법차별상위과가 있다고 비판하기 위한 것이다.

그의 힐난이 타당하기 위해서는 오류가 없어야 하는데, 그의 비량에 공부정과가 있다고 지적하는 것이 셋째이다(고토본 ④~⑤행). 『인명론소명등초』 권3(T68, 321a)에 의지해 산실된 일부 글을 보충하면 다음과 같다.

> 양쪽 모두에게 성립하는 색은 안근처럼 우리가 인정하는 처음의 세 가지에 포함되면서 안식에는 포함되지 않기 때문에 식을 벗어난 색이 아닌 것인가?

---

[22] 현장이 대론자의 비판을 원천적으로 차단하고자 유식비량에 다섯 가지 조건을 두는데, 그것들은 규기의 『인명입정리론소』 권중(T44, 115b~116a)에서 상세히 설명된다.

우리 종파의 석가보살의 실제 불선색처럼 우리가 인정하는 처음의 세 가지에 포함되면서 안식에는 포함되지 않기 때문에 식을 벗어난 색인 것인가?

'식을 벗어난 색이 아닌 것'의 동품에는 안근이 있기 때문에 제2상이 충족된다. 하지만 이품에 대해서는 양자 간의 견해가 다르다. 소승에서는 석가보살의 염오색신을 식과 별개의 색으로서 인정한 반면 대승에서는 시방불의 색신을 식이 변현한 것으로 인정하기 때문이다. 하지만 여기서의 '우리가 인정하는'이 소승 측을 가리키기 때문에 이품에 석가보살의 염오색신이 있어서 제3상이 충족되지 않는다. 따라서 대론자가 제시한 비량은 동품유·이품유의 오류가 있어서 성립하지 못한다.

이같이 원효는 만법유식을 성립시키는 '안식을 벗어나지 않은 색'과 외경실유를 성립시키는 '안식을 벗어난 색'이라는 상반된 주장을 이율배반적 논리로 대칭시킴으로써, 현장의 유식비량의 오류를 지적한 최초의 논사가 되었다.[23] 그런데 여기서 원효가 펼친 세 가지 논의 과정이 그의 독창적인 논법이라 하기는 어렵다. 문궤의 『인명입정리론소』(X53,694a~b)와

---

[23] 현장이 유식비량을 제시할 당시(640년) 그것에 대적하는 자가 한 사람도 없었고(T44,115b), 또 문궤는 그 비량의 오류를 지적하는 사람이 있다면 그를 위해 신하가 되겠다고 했다. (T68,525c) 한편 원효의 이식비량에 대해 문궤는 不定因으로 正因을 논파하는 것이라고 비판한다. (『금장』119,363a~c; 『빈가장』194,158~159) 원효가 제시한 안근은 소승의 입장에서 동품이더라도 대승에서 인정하는 6식호용과 성소작지에 따르면 이품이 되기 때문에 불공부정과가 된다는 것이다. 또 규기는 원효가 제시한 인에 수일불성과가 있다고 비판한다. (T.44,116a~c) 대승에서는 색이 안식에 포함되지 않는다는 것을 인정하지 않기 때문이다. 이러한 비판적 관점은 慧沼·智周·善珠·藏俊 등 후대 논사들에게 계속 이어진다. 그 이유에 대해 젠주는 안식에 포함되지 않는다는 것을 18계 가운데 별도로 포함된다는 것으로만 파악한 것이라고 언급한 바 있고(T68,322b), 김성철[(2003) pp.186~187]도 비슷한 맥락에서 벗어남(離)을 내재적 관계로, 포함됨(攝)을 외재적 관계로 설명한 바 있다. 이 논쟁의 내용이 아직 정치하지 않은 만큼 향후 이와 관련된 『판비량론』의 단간이 발견된 뒤에 보다 종합적 고찰이 필요할 것으로 보인다.

규기의 『인명입정리론소』 권중(T44.115b~116a)에서, 현장의 유식비량이 게재되고 그것에 대해 대론자가 유법차별상위과로 힐난하며 다시 입론자가 그 힐난에 대해 부정과가 있다고 설명하기 때문이다. 그렇다면 원효는 그 두 문헌 가운데 하나 혹은 둘의 내용을 숙지한 뒤에 현장이 내세운 논법을 그대로 인용해 유식비량의 맹점을 지적한 것이라고 이해할 수 있다. 더 나아가 이 단간에 이어지는 두 가지의 내용이 문궤의 『인명입정리론소』에서만 계속되기 때문에, 규기의 『인명입정리론소』보다 문궤의 『인명입정리론소』에 의탁해 논지를 전개했을 가능성이 높아 보인다.

### 2) 정토비량에 대한 공부정과 지적(⑥~⑦행)

이 부분도 앞뒤가 단절된 두 줄의 단문이지만 내용상 오타니본의 제7절 8행의 바로 앞부분에 부합한다. 이것도 번역문을 먼저 살펴보자.

> ……〈종〉…… 정토의 교문(敎門)은 올바른 의미를 드러낸다.〈인〉양쪽 모두에게 성립하는 외도의 담론에 포함되지 않기 때문에.〈유〉□長□이 그렇듯이.[24] 이러한 비량은 그대에게 방어되는 것이 아니다. 그 인은 부정인(不定因)으로서, 이것이 확정적이기 때문이다. 설령 이 인을 구하더라도 (상위결정부정과가) 있어서 ……[25]

이것을 포함해 현재까지 밝혀진 제7절의 내용을 종합하면 세 부분이 있는데,[26] 여기서는 고토본을 포함하는 첫째 부분에 초점을 맞추어 살펴

---

**24** 앞의 각주 18에서 언급한 추정 글자에 따른다면 "『중아함경』과 『장아함경』 등이 그렇듯이."가 될 것이다.
**25** 『판비량론』(고토본 ⑥~⑦행) "…… 淨土敎能顯正義. 極成外論所不攝故. 如□長□. 如是比量非彼所干. 彼因不定. 此決定故, 設求此因有不 ……"

본다. 먼저 입론자가 제시한 인 가운데 '양쪽 모두에게 성립하는 외도의 담론'에는 양쪽 모두가 인정하는 승론勝論·수론數論 등이 해당될 뿐 정토는 포함되지 않는다. 따라서 여기의 인은 정토의 존재를 부정하는 자가 정토의 교문을 내도의 담론이 아니라고 주장하더라도 그것을 차단하고자 제시된 것임을 알 수 있다.

그러나 이 비량에서 인의 제1상과 제2상은 충족되지만 제3상이 충족되지 않기 때문에 원효는 그 비량으로 방어되지 못한다고 지적한다. 예컨대 정토를 부정하는 설일체유부가 다음과 같이 비판할 수 있기 때문이다.

정토의 교문은 □長□처럼 양쪽 모두에게 성립하는 외도의 담론에 포함되지 않기 때문에 올바른 의미를 드러내는 것인가?
시방계일불설十方界一佛說처럼 양쪽 모두에게 성립하는 외도의 담론에 포함되지 않기 때문에 올바른 의미를 드러내는 것이 아닌 것인가?

이것은 동품정유성은 성립하지만 이품변무성은 성립하지 않는다는 비판이다. 설일체유부는 시방세계에서 오직 한 분의 붓다가 교화한다고 주장하지만 정토를 인정하는 대승에게 그것은 올바른 의미를 드러내는 것이 아니다. 시방계일불설이 양쪽 모두에게 성립하는 외도의 담론에 포함되지 않는 것이면서 올바른 의미를 드러내는 것이 아니기 때문에, 입론자의 비량은 동품유·이품유의 공부정과를 범하고 만다.

그리고 오타니본[27]에 따르면 그러한 인을 구하더라도 논파된다는 내용

---

[26] 첫째 '정토의 교문이 올바른 의미를 드러낸다.'는 입론자의 비량에 공부정과와 상위결정부정과가 있음을 지적하고(고토본 ⑥~⑦행, 오타니본 ①행), 둘째 '정토의 본질에 의거해 볼 때 정토의 교문은 정토를 드러내는 것이 아니다.'라는 대론자의 주장에 자어상위과가 있음을 지적하고(오타니본 ①~⑤행), 셋째 '정토라는 말은 정토의 교문에 들어가지 않기 때문에'라는 대론자 비량의 인에 공부정과가 있음을 지적한다(오타니본 ⑤~⑧행).
[27] 『판비량론』(오타니본 ①행) "······ 定過亦能破彼. 是等難故." 여기서 '等難'은 『판비량론』

이 이어진다. '인을 구한다'는 것은 입론자가 공부정과에서 벗어나기 위해 '우리가 인정하는 외도의 담론에 포함되지 않기 때문에'라고 인을 수정하는 것으로 이해할 수 있다. 설령 그렇더라도 상위결정부정과를 벗어날 수 없다는 것이 원효의 비판이다. 원효가 그것을 직접 거론하지는 않지만 다음과 같이 예상할 수 있다.

⟨종⟩정토의 교문은 올바른 의미를 드러내는 것이 아니다.
⟨인⟩우리가 인정하는 외도의 담론이 아닌 것에 포함되지 않기 때문에.
⟨유⟩수론數論 등이 그렇듯이.

곧 인을 그렇게 수정함으로써 공부정과는 차단될 수 있지만, 그 '우리가 인정하는'이라는 조건에 의해 다시 이율배반의 비량을 야기한다. 앞서 유식비량을 논파했던 것과 같은 이치이다. 따라서 원효는 입론자가 제시한 비량에 이러한 상위결정부정과가 있어서 쉽게 논파된다고 지적한 것이다.

그런데 다른 절의 내용에 준해 볼 때 여기서 다루는 정토의 내용도 충분히 어느 문헌에서 다루었을 것으로 추정되지만 그것을 확인하지 못했다. 다만 여기의 전개 과정이 승군勝軍의 대승불설비량에 대해 원효 자신이 비판했던 것과 비슷하다는 것을 알 수 있다.[28] 승군이 '양쪽 모두에게 성립하는 불어佛語가 아닌 것에 포함되지 않기 때문에'라는 인을 제시하

---

제10절(오타니본 ①~③행, ⑭~⑲행)과 제13절(오타니본 ⑤~⑨행)에 나타난 것처럼 상위결정부정과를 지적하여 상대방 비량의 논리적 타당성을 비판할 때 원효가 사용하는 표현이다. [김성철(2003) pp. 345~346]

[28] 『성유식론술기』 권4(T43. 352a~c)와 『인명입정리론소』 권중(T44. 121b~c)에서는 현장이 인을 수정한 것까지 설명하고, 『인명론소명등초』 권4(T68. 346b)와 『인명대소초』 권17(T68. 549c~550a)에서는 『판비량론』의 글을 인용해 원효의 비판과 그가 수정한 비량을 다루며, 다시 그것에 대한 후대의 비판까지 설명한다.

고, 이에 현장이 『발지론』에 의거해 공부정과를 지적하며 '우리가 인정하는 불어가 아닌 것에 포함되지 않기 때문에'로 수정하며, 또 원효가 그 비량에 상위결정부정과와 공부정과가 있다고 비판하기 때문이다.

## 2. 미쓰이본의 내용 분석

### 1) 논파하는 비량의 타당성 논의(①~⑩행)

여기서는 두 가지의 힐문과 풀이의 형식으로 논파하는 비량(能破比量)에 대해 설명하는데, 이러한 형식은 현재까지 발견된 『판비량론』의 단간에는 보이지 않는다. 먼저 번역문을 살펴보자.

> 문: …… '(안의) 식이 없지 않다.'(는 진술을 배제시킨다면), 비깥 대상의 있음을 논파하는 비량이 성립하여 '바깥 대상도 없지 않아야 한다.'는 진술을 배제시킬 것이다. 이와 같이 안과 바깥이 다르지 않지만 '없지 않다'와 '없다'라고 진술하는데, 이것은 곧 비량이 논거로 삼기에 충분치 않다는 것이다.
> 
> 해: 안의 식을 건립해서 '있다'고 진술하는 경우 이치에 위배되기 때문에 (그것을 건립하는) 비량은 성립하지 않지만, 그 건립을 논파하는 비량은 성립할 수 있다. 마치 바깥 대상(이 '있다'고) 건립하는 경우의 비량은 성립하지 않지만, 그 건립을 논파하는 비량이 모두 성립하는 것과 같다. 그러므로 비량은 논거가 안 되는 것이 아니다. (그리고) '없지 않다'와 '없다'는 모두 임시로 시설된 것이므로 이것으로 앞의 비량을 의심할 수는 없다.
> 
> 문: 타자의 주장을 논파한다고 해서 바로 자신의 주장이 성립하는 것은 아니다. 배제시킨다는 진술의 종에는 이미 인이 없는데, 인이 없

이 종이 성립하는 비량은 소용이 없다. 그 밖의 인이 없는 종이 모두 성립할 수 있기 때문이다.
해: 배제시킨다는 말은 차단시켜 논파한다는 말이기에 곧바로 성립하지만, 표방함을 갖는 다른 주장은 인에 의존해야 비로소 성립한다. 따라서 모든 논파하는 비량은 배제시킨다는 진술의 종을 성립시키지 못함이 없고, (단순히) 주장한다는 진술들로는 논파할 수 없게 된다. 비량에는 크고 월등한 공능이 있어서 여러 삿된 것을 논파한다는 것을 알아야 할 것이다. ……29

첫째에서는 안의 식과 바깥 대상에 대한 다르마빨라(Dharmapāla, 護法, 6세기경)와 바와위웨까(Bhāvaviveka, 淸辨, 6세기경)의 주장에 의거해, 논파하는 비량이 논거가 될 수 있는가에 대해 논의한다. 바와위웨까는 안의 식과 바깥 대상이 승의제에서 모두 있지 않다고 주장하기 때문에 식과 대상이 다르지 않지만, 다르마빨라는 승의제에서 안의 식은 없지 않고 바깥 대상은 없다고 주장하기 때문에 식과 대상이 같지 않다. 이에 대해, 원효는 안의 식이 바깥 대상처럼 있다고 건립하는 비량은 성립하지 않지만 그것을 논파하는 비량은 성립하기 때문에, 바와위웨까의 비량이 논거가 될 수 있다고 풀이한다. 인연에 의지해 발생하는 의타기성인 식이 승의에서 있다고 주장한 것은 '모든 연생緣生하는 것은 승의에 의거하면 다 그 자성이 공이다.'(T30.269a)라는 이치에 위배되기 때문이다. 그리고『성유식론』권

---

29 『판비량론』(미쓰이본①~⑩행) "…… 識非無有者, 破外境有比量得成而離言外境亦應非無. 如是內外不異而言非無與無, 是則比量不足爲證. 解云: 若立內識, 如言有者, 違道理故, 比量不成, 能破彼立比量得成; 如立外境, 比量不成, 能破彼立比量皆成. 是故比量非不爲證. 非無與無皆假施設, 不得以此疑前比量. 問: 非破他宗便自宗立, 於離言宗旣無立因, 因無宗成比量無用. 餘無因宗皆得成故. 解云: 離言是遮破言, 便立, 餘執有表待因, 方成. 故諸所有能破比量莫不成立離言之宗. 諸執言者所不能破. 當知比量有大勝能, 能破衆邪 ……"

1(T31.1b)에서 설명했듯이, 안의 식은 없지 않고 바깥 대상은 없다고 진술한 것은 임시로 시설한 것이다. 따라서 그것에 의해 바와위웨까가 제시한 '논파하는 비량'의 타당성을 판단할 수 없다는 것이 원효의 풀이다.

둘째에서는, 배제시킨다는 진술의 종이 논파하는 비량으로 성립되는가에 대해 논의한다. 이에 대해 원효는, 배제시킨다는 말이 논파한다는 말이기 때문에 배제시킨다는 진술의 종은 인이 없어도 성립한다고 풀이한다. 또 어떤 것을 표방하는 주장이 반드시 인을 갖춰야 하는 것과 같지 않다는 것을 말한다. 그 뒤의 산실된 부분에는 논파하는 비량이 갖는 월등한 공능에 대한 설명이 이어진다.

2) '인정한다'는 진술에 의한 수일불성과 간별(⑪~⑮행)

이 부분도 먼저 번역문을 살펴보자.

> …… 파유설破有說. 이것에는 인정한다는 진술이 있기 때문에 불성과가 없다. 내가 그 인을 인정한다는 것이 그대에게 인정되기 때문이다. 예컨대 『대승광백론석론』에서는 비량을 건립해서 "〈종〉과거와 미래는 현재를 배제하고 실유의 자성이 있는 것이 아니다. 〈인〉우리 종파에서 인정되는 세世에 포함되기 때문에. 〈유〉현재가 그렇듯이."라고 했다. 이미 '우리가 인정하는'을 진술하여 타자의 불성과를 배제한다면 또한 '타자가 인정하는'을 진술하여 자신의 불성과를 배제한다.
> 
> '인정한다는 진술을 두지 않는 인을 건립하더라도 (과거와 미래에) 실유(의 자성)이 없다고 말하기 때문에 오류의 발생이 없다.'는 이 주장은 타당하지 않다. 왜 그런가? 그렇다면 ~이(가) 없어서 ……[30]

---

[30] 『판비량론』(미쓰이본 ⑪~⑮행) "…… 破有說. 此中有許言故, 無不成過. 我許彼因, 彼所

이 단간에 한정해 보면 내용상 두 부분이 있다. 첫째, '인정한다'는 진술에 의해 수일불성과가 간별된다는 것을 밝히는 부분과, 둘째, '인정한다'는 진술이 없을 경우에 공부정과가 발생된다는 것을 밝히는 부분이다.

첫째에서, '이것'이라고 가리킨 비량이 산실되어 불분명하지만 문맥상 그 비량의 인에 '인정한다'는 진술이 있어서 수일불성과에서 벗어난 것으로 이해할 수 있다. 본문에서는 그것에 대한 예증으로『대승광백론석론』「파시품」(T30.215a)의 한 비량이 인용된다. 그 인 가운데 '세에 포함되기 때문에'는 설일체유부에게 실유의 근거이고, 중관 논사에게는 비실유의 근거이다. 그러한 수일불성을 간별해 비실유의 근거로서만 타당한 인이 되도록 '우리 종파에서 인정되는'이 추가된 것이다. 이것은 대승 경전이 지교량에 포함된다는 비량의 다섯째 인 곧 "대승을 좋아하는 자가 인정하는 '전도 없는 이치를 드러내는 경전'에 포함되기 때문에"(T31.14c)라고 한 것이나, 불상응행법이 실유가 아니라는 비량에서 "가법을 제외하고 그 밖의 실법에 포함되지 않는다고 인정하기 때문에"(T43.276c)라고 한 것 등과 같은 논법이다. 모두 수일불성과를 간별하기 위해 공비량의 인에 '인정하는'을 덧붙였기 때문이다.

그리고 '우리가 인정하는'으로 타자의 불성과가 배제되고 '타자가 인정하는'으로 자신의 불성과가 배제된다는 설명이 이어진다. 이것은 규기가 타수일불성의 자비량에서 '우리가 인정하는'을 진술하고 자수일불성의 타비량에서 '타자가 인정하는'을 진술하면 간별이 있기 때문에 일체에 오류가 없다고 설명하고(T44.121b), 또 바로 앞서 언급한 '대승을 좋아하는 자가 인정하는'이 타자의 불극성을 간별한다고 말한 것(T43.352a)과 같은 맥락이다. 곧 '인정한다'는 진술이 수일불성과를 간별한다는 것을 강조한 설

---

許故. 如『廣百論』立比量云: 過去、未來非離現在有實自性. 自宗所許世所攝故. 猶如現世. 旣言自許離他不成者, 亦說他許離自不成也. 雖有立因不存許言, 言無實有, 故無過生, 此說非理. 所以者何? 若爾無 ……"

명이다.

둘째에서는 인에 '인정한다'는 진술이 없더라도 오류의 발생이 없다는 주장이 타당하지 않다는 것을 밝힌다. 『대승광백론석론』의 비량에서 '우리 종파에서 인정되는'을 빼고 '세에 포함되기 때문에'라는 것만 인으로 건립하면 대론자가 다음과 같이 비판할 수 있기 때문이다.

과거와 미래는 물단지처럼 세에 포함되기 때문에 실유의 자성이 있는 것이 아닌 것인가?
우리 종파의 득得처럼 세에 포함되기 때문에 실유의 자성이 있는 것인가?

일체 유위법의 본질이 삼세에 항유한다고 주장하는 설일체유부가 그들이 인정하는 득을 예시로 들어 그 비량을 동품유·이품유의 공부정과에 빠지게 할 수 있다는 비판이다. 중관 논사의 입장에서 볼 때, 과거와 미래는 현재에 의지해 '있었던 것'과 '있을 것'으로 가설되어 각각의 세에 포함되며 현재도 조건에 따라 발생하고 과거와 미래에 의존해 건립되기 때문에 승의유가 아닌 세속유일 뿐이다.(T30.206c) 그런데 이러한 비판에 따른다면 설일체유부가 인정하는 득이 중관 논사에게 이품임에도, 그것이 인을 충족하기 때문에 중관 논사가 과거와 미래에 실유의 자성이 있다는 것을 인정하는 것이 되어 버린다. 이러한 오류를 차단하기 위해 '인정한다'는 진술을 두어 설일체유부가 인정하는 득을 이품에서 제외시켜야 한다는 것이 원효의 설명일 것이다. 이것은 원효 자신이 이식비량에 '우리가 인정하는'이 없다면 공부정과에 빠진다고 설명한 것(T68.321a~b)과 같은 논법이고, 그 이전에 현장이 승군의 대승불설비량의 인에 공부정과가 있다고 한 것(T43.352a~b)이나 문궤가 유식비량에 '우리가 인정하는'이 없으면 타자의 부정과가 있게 된다고 한 것(X53.694b)에서도 거론된 것이다.

여기서 논의를 조금 확대해 본다면, 인에 덧붙인 '우리가 인정하는'이라는 진술의 중요성이 부각된다. '우리가 인정하는'을 진술하는 이유에 대해 젠주(善珠, 724~797)는 부정과를 차단한다는 것을 원효의 견해로 설명한다.[31] 반면 김성철[(2003) pp.172~176]은 그것을 젠주의 오독으로 판단한 뒤 원효와 규기와 문궤가 동일하게 유법차별상위과를 차단한다는 것으로만 이해했다고 설명한다. 하지만 여기의 내용에 준해 보면 원효는 규기와 달리 문궤처럼 그 두 가지 기능을 모두 인정하는 입장이었던 것으로 추정된다.

## Ⅳ. 결론

지금까지 일본 고토미술관과 미쓰이기념미술관에 소장된 『판비량론』의 단간을 살펴보았다. 이 두 소장본은 오타니본에 비교해 볼 때 지질·필체·계고·계폭·인장·각필 등이 매우 비슷한 것으로 파악되었고 내용상으로도 일부가 『인명론소명등초』에 인용된 『판비량론』의 글과 일치하였다. 이를 통해 두 본이 오타니본과 동일한 필사본에서 잘려진 단간이라는 것에 이견은 없을 것이다. 그런데 두 소장본의 글이 소량이고 게다가 서로 다른 내용의 글을 맞붙인 것이기 때문에 제한된 내용 파악에 아쉬움이 남을 수밖에 없다. 문맥에 따라 산실된 곳에 사족을 붙이긴 했지만, 그렇더라도 그러한 단문을 통해 파악된 내용은 『판비량론』의 전모를 파악하는 데에 한 발자국 다가선다는 의의가 있을 것이다.

이상의 고찰을 통해, 원효는 현장에 의해 전래된 신인명을 받아들이고

---

[31] 젠주는 '우리가 인정하는'의 기능에 대한 해석을 세 부류로 구분한다.(T71, 452b~453b) 첫째, 부정과를 차단한다는 玄應(생몰미상)과 원효의 견해, 둘째, 유법차별상위과를 차단한다는 규기의 견해, 셋째, 부정과와 유법차별상위과를 차단한다는 문궤의 견해이다.

또한 신인명의 대가라 할 수 있는 문궤의 『인명입정리론소』·『인명론리문십사과류소』와 규기의 『인명입정리론소』·『성유식론술기』 등도 입수해 충분히 검토한 뒤에 『판비량론』을 지었음을 확인할 수 있다. 또 인에 덧붙인 '인정한다'라는 진술에 의해 수일불성과가 간별되는 경우가 있고, 그 진술이 없으면 유법차별상위과와 부정과의 두 오류가 발생되는 경우가 있다는 입장을 견지한 것으로 보인다.

끝으로, 문궤와 원효의 관계에 대한 규명이 요청된다. 앞서 살펴보았듯이 원효가 사안에 따라 문궤의 해석을 수용한 부분이 나타난다. 논지의 범위를 넓혀서 문궤의 주장을 원효가 어떻게 판단했는지에 대한 고찰이 뒷받침되어야 『판비량론』의 위상도 보다 명확해질 것으로 생각한다.

| 참고문헌 |

원전

護法 等 造, 玄奘 譯, 『成唯識論』(T31).
無性 造, 玄奘 譯, 『攝大乘論釋』(T31).
商羯羅主 造, 玄奘 譯, 『因明入正理論』(T32).
窺基 撰, 『成唯識論述記』(T43).
窺基 撰, 『因明入正理論疏』(T44).
善珠 抄, 『因明論疏明燈抄』(T68).
藏俊 撰, 『因明大疏抄』(T68).
善珠 撰, 『唯識分量決』(T71).
文軌 撰, 『因明入正理論疏』(X53; 『빈가정사장』 194).
窺基 撰, 『因明論理門十四過類疏』(『금장』 119).
元曉 述, 『判比量論』(『한불전』 1).

논저

김상현. 『元曉研究』. 서울: 민족사, 2000.
김성철. 『원효의 판비량론 기초 연구』. 서울: 지식산업사, 2003.
\_\_\_\_\_. 「오치아이 소장 『판비량론』 필사본의 교정과 분석」. 『불교학보』 74. 동국대학교 불교문화연구원, 2016.
小林芳規·尹幸舜. 「新羅經典에 기입된 角筆文字와 符號—京都·大谷大學藏 『判比量論』에서의 發見」. 『구결연구』 10. 구결학회, 2003.

神奈川縣立金澤文庫. 『特別展 アンニョンハセヨ！元曉法師－日本がみ

つめた新羅·高麗佛敎−』. 横浜: 旭クリエイト, 2017.

五島美術館學藝課 編. 『五島美術館の名品: 繪畵と書』. 東京: 五島美術館, 1998.

貴重本刊行會. 『三井文庫藏 高松帖 解說』. 京都: 便利堂, 1990.

高橋正隆. 「鳳潭の「扶桑續入總目錄」について」. 『大谷學報』 60-4. 大谷學會, 1981.

岡本一平. 「新出資料 梅溪旧藏本·元曉撰『判比量論』斷簡について」. 神奈川縣立金澤文庫·東國大學校 佛敎文化硏究院 HK硏究團. 『元曉と新羅佛敎寫本』. 2017.

富貴原章信. 『判比量論』. 京都: 便利堂, 1967.

# 불교논리학의 흐름과
# 『판비량론』의 논쟁학[1]

김성철

## I. 『판비량론』의 성격과 내용 개관

원효元曉(617~686)는 총 100여 부 240여 권의 방대한 저술을 남긴 것으로 알려져 있으며, 그 범위도 반야, 삼론, 유식, 인명, 여래장, 화엄, 열반, 법화, 정토, 계율 등 불교의 거의 모든 분야를 망라한다. 이러한 원효의 저술 가운데『판비량론』은 독특한 성격을 갖는다.『대승기신론소』나『금강

---

[1] 본고는 동국대학교 불교문화연구원 HK연구단에서 '21세기 원효학의 의미와 전망―원효 찬술문헌의 계보학적 성찰'이라는 주제로 국제학술대회를 기획하면서 필자에게 집필을 의뢰하여 작성한 논문으로, 그 성격상 피치 못하게 필자가 이전에 발표했던 연구물에서 발췌, 인용한 내용이 적지 않다. 즉, 이 章을 포함하여 본고의 내용 가운데 일부는 필자가 저술한 『원효의 판비량론 기초 연구』(서울: 지식산업사, 2003)',「오치아이 소장『판비량론』필사본의 교정과 분석」,『불교학보』74(동국대학교 불교문화연구원, 2016)', 그리고 김성철,「판비량론 해제」, 원효 지음·박인성, 김성철, 묘주 옮김,『중변불변론소 제3권 외』(서울: 동국대학교출판부, 2019)'에서 요약 또는 발췌한 것이다.

삼매경론』과 같은 불전 주석서도 아니고, 『무량수경종요』나 『열반종요』와 같이 불전의 핵심을 요약한 저술도 아니다. 현장玄奘(602?~664)이 번역하여 처음 소개한 『인명입정리론』과 『인명정리문론』 등의 인명학因明學 이론을 익힌 후 이를 응용하여 그 원류인 현장의 학문을 재단하고 비판하는 '논쟁의 책'이다.[2]

당나라 유학길에 올랐다가 대오大悟하여 유심게唯心偈를 읊으며 발길을 돌렸던 원효는 독학을 통해 난삽한 인명학 문헌들을 모두 소화해 낸 후 함형咸亨 2년(671) 55세가 되던 해 행명사行明寺에서 『판비량론』을 탈고한다. 여기서 원효는 현장이 직접 고안했거나 현장이 역출했던 논서에 실린 논증식들의 타당성을 비판하는데, 이런 논의 중 13가지 정도가 동아시아 학승들의 저술에 인용된 모습으로, 또는 필사본 단편으로 현존한다. 각 절의 내용을 간략히 정리하면 다음과 같다.[3]

### 다른 저술에 인용된 부분

- 만법유식을 증명하는 유식비량唯識比量과 관계된 단편: 상위결정의 추론식을 이용하여 현장의 유식비량을 비판한다.
- 대승불설을 증명하는 승군비량勝軍比量과 관계된 단편: 승군비량과 이에 대한 현장의 비판을 모두 비판한 후 대승불설을 증명하는 새로운 추론식을 고안하여 제시한다.

(이상 두 가지 논의 이외에 한 줄 이내로 인용된 소소한 단편들이 있지만 생략한다.)

### 간다 기이치로(神田喜一郎) 소장 필사본

- 제7절의 후반 일부: 총 8행 분량인데 정토淨土는 드러나지 않는다는

---

2 김성철(2003), 「판비량론 해제」에서 발췌.
3 김성철(2003); 김성철(2016) p. 275에서 발췌.

조망(慧)에 대해 논파하는 듯하다.
- 제8절: 호법護法의 '식識의 사분설四分說'에 대해 비판한다.
- 제9절: 유식학에서 제시하는 제8식의 존재에 대해 증명한다.
- 제10절: 아뢰야식과 공존하는(俱有) 소의所依, 또는 소의근所依根을 갖는다는 호법의 주장에 대해 논파한다.
- 제11절: 진나의 구구인九句因 가운데 제5구(同品無, 異品無)의 인因이 부정인不定因임을 논증한다.
- 제12절: 상위결정相違決定 추론식의 두 가지 인因이 부정인不定因임을 논증한다.
- 제13절: '오성각별설 비판'에 대해 원효가 다시 비판한다.
- 제14절의 전반 일부: 총 7행 분량으로 아집我執, 법집法執에 대한 논파와 관계된 논의다.

## 사카이 우키치(酒井宇吉) 소장 필사본
- 총 11행 분량의 단편으로 『구사론俱舍論』과 『순정리론順正理論』의 '쌍근雙根의 경우 유類는 같으나 상相은 다르다'는 이론에 대해 비판한다.

## 오치아이 히로시(落合博志) 소장 필사본
- 앞부분: 제6절 전반 일부로 총 5행 분량인데 불교 인명학에서 인정하는 인식 수단의 종류에 대해 논의한다.
- 뒷부분: 총 4행 분량의 단편으로 설일체유부의 삼세실유설과 관계된 논의가 실려 있다.

## 회향게가 실린 필사본
- 회향게와 원효의 지어識語가 실려 있다.

이 가운데 전문이 온전히 남아 있는 것은 제8절~제13절인데 그중 제8, 10, 13절에서는 현장이 소개한 신역불전에서 추론식을 추출하여 논리적 오류를 지적하고 제9, 11, 12절에서는 오류를 지적할 뿐만 아니라 원효 스스로 고안한 올바른 추론식을 제시한다. 즉 『판비량론』은 추론함 자체의 타당성을 비판하는 반논리서反論理書[4]가 아니라, 『인명입정리론』의 오류 이론에 근거한 잘못된 추론을 비판하고 올바른 추론을 제시하는 논리서論理書인 것이다.[5]

또 구성에 대해 살펴보면, '오치아이 소장본'의 앞부분인 제6절에서는 인명학의 문제를 다루었다가 제7절에서는 정토에 대해 논의하며 제8, 9, 10절에서는 유식학의 교리를 다루고 제11절과 제12절에서 인명학으로 소재가 되돌아갔다가 제13, 14절에서는 다시 유식학의 교리에 대해 논의한다. 따라서 원효가 『판비량론』을 저술하면서 각 절의 순서에 큰 의미를 부여하지 않았다는 점이 확인된다.[6]

또 기존의 『판비량론』 단편들 가운데 '사카이 소장본'에 아비달마 교학과 관계된 논의가 실려 있었는데, '오치아이 소장본'의 뒷부분에서도 설일체유부의 삼세실유설三世實有說을 소재로 삼아 논의를 벌인다는 점에서 유식, 인명과 아울러 아비달마의 여러 문제들이 『판비량론』의 큰 주제였다는 점도 알 수 있다.

본고에서는 인도에서 성립한 불교논리학이 『판비량론』으로 결실하기까지의 과정을 되짚어 봄으로써 『판비량론』의 근거가 된 논리사상의 계보를 밝힌 후, 위에 소개한 『판비량론』의 단편들 가운데 '만법유식과 대승불설을 증명하기 위해 현장이 고안했던 추론식들'과 관계된 내용을 분석함으

---

[4] 대표적인 反논리서로 『中論』이나 『廻諍論』과 같은 龍樹(150~250년경)의 저술을 들 수 있다.
[5] 이런 점에서 『판비량론』에서 원효가 구사하는 논리를 칸트(Kant, 1724~1804)의 『순수이성비판』이나 괴델(Gödel, 1906~1978)의 '불완전성 정리'와 그 취지가 같다고 보는 것은 옳지 않다.
[6] 김성철(2016) pp. 290~291.

로써 논쟁가로서의 원효의 면모를 조명해 보고자 한다.

## Ⅱ. 불교논리학의 성립과 『인명입정리론』의 오류론

일반적으로 진나陳那(Dignāga, 480~540년경)에 의해 불교논리학이 체계화되었다고 평하지만, 세친世親(Vasubandhu, 4~5세기경)이 저술한 『논궤論軌(Vādavidhi)』의 단편들을 분석해 보면 진나의 불교논리학을 구성하는 골격이 이미 세친의 시대에 완성되었음을 알 수 있다. 『논궤』의 산스크리트 원본은 망실되었으나, 진나의 『집량론주(Pramāṇasamuccayavṛtti)』와 지넨드라붓디(Jinendrabuddhi, 9세기 전후)의 『집량론세소(Pramāṇasamuccayaṭīkā)』의 티베트어 번역본에서 프라우왈너(Frauwallner, 1898~1974)가 취합하여 재구성한 『논궤(①rtsod pa sgrub pa)』의 복원본[7]에는 다음과 같은 내용들이 실려 있다.[8]

- 1~5. 추론식의 구성 요소인 '주장(phyogs), 이유(gtan tshigs), 실례(dpe)'에 대한 설명
- 6~7. '잘못된 이유(gtan tshigs ltar snang ba)'를 '불성인, 부정인, 상위인'으로 구분
- 8. '잘못된 실례(dper ltar snang ba)'에 대한 설명

---

[7] Von E. Frauwallner, "Vasubandhu's Vādavidhi," *Wiener Zeitschrift für die Kunde Süd - und Ostasiens* I (Vienna: Institut für Kultur und Geistesgeschichte Asiens der Österreichischen Akademie der Wissenschaften & Institut für Südasien, Tibet und Buddhismuskunde der Universität, 1957) pp. 33~40; Stefan Anacker, *Seven Works of Vasubandhu: The Buddhist Psychological Doctor* (Delhi: Motilal Banarsidass, 1984), pp. 38~48.

[8] 앞의 번호는 『집량론주』와 『집량론세소』에서 취합한 티베트어 경문에 프라우왈너가 매긴 숫자다.

- 9. 현량(mngon sum)에 대한 정의와 설명
- 10. 비량(rjes su dpag pa)에 대한 정의와 설명
- 11~24. '비판의 오류(lan gyi skyon)'에 대한 설명

우선 '1~5'에서 보듯이 『논궤』에서는 '주장(宗), 이유(因), 실례(喩)'의 삼지작법三支作法으로 추론식을 구성하는데[9] 같은 세친의 저술인 『여실론如實論』에서는 '주장, 이유, 실례, 종합(合), 결론(結)'의 오지五支작법만 거론하기에[10] 일반적으로 세친이 삼지작법의 창안자로 간주된다.[11] 또 위의 6~7에서 보듯이 '잘못된 이유(似因, hetvābhasa)'를 불성인不成因과 부정인不定因과 상위인相違因의 세 가지로 구분하는 것 역시 『여실론』[12]과 『논궤』에서 이미 이루어지고 있었다. 또 진나 논리학의 핵심 주제로, '추론식이 타당하기 위해서 이유 명제가 반드시 갖추어야 할 세 가지 조건'을 의미하는 '인因의 삼상三相' 역시 무착無着의 『순중론順中論』에서 그 맹아를 볼 수 있으며[13] 세친의 『여실론』에는 보다 명확하게 제시되어 있다.[14] 9, 10에서 보듯이 프라우왈너가 취합한 『논궤』의 단편 모음에는 현량과 비량에 대해서만 설명하고 있지만, 동아시아의 인명학 문헌을 보면 세친의 경우 인식수단의 종류로 현량과 비량과 성언량의 세 가지를 인정했다는 점을 알 수

---

**9** 규기 역시 다음과 같이 말한다. "세친 보살의 『논궤』 등에서는 능립은 세 가지로 이루어져 있다고 설하는데, 첫째는 주장이고, 둘째는 이유이며, 셋째는 실례다.(世親菩薩 論軌等 說 能立有三 一宗 二因 三喩)" 窺基, 『因明入正理論疏』卷上(T44, 94a).

**10** 세친은 『如實論』에서 22가지 '패배의 조건(負處, nigrahasthana)'에 대해 설명하면서 다음과 같이 오지작법을 제시한다. 『如實論反質難品』卷1 "十一 不具足分者 五分義中一分不具 是名不具足分 五分者 一立義言 二因言 三譬如言 四合譬言 五決定言."(T32, 35b)

**11** Stefan Anacker(1984) p.31 각주.

**12** 『如實論』"二十二 似因者 如前說有三種 一不成就 二不定 三相違 是名似因."(T32, 36a)

**13** 『順中論』卷上 "朋中之法 相對朋無 復自朋成"(T30, 42a); 梶山雄一, 「佛敎知識論の形成」, 平川彰 外 編, 『講座大乘佛敎 9-認識論と論理學』(東京: 春秋社, 1984) pp.83~89.

**14** 『如實論』"我立 因三種相 是根本法 同類所攝 異類相離."(T32, 30c)

있다.[15] 또 11~24의 '비판의 오류'는 『니야야수뜨라』 제5장의 소재인 '자띠(Jāti)'에 해당하며, 『여실론』에는 도리난道理難이라는 이름으로 실려 있는데, 독특한 것은 자띠의 종류를 전도난顚倒難, 부실난不實難, 상위난相違難의 세 가지로 구분한다는 점이다. 『여실론』의 경우도 이런 구분은 마찬가지다. 그리고 니야야학파와 달리 자띠의 타당성을 전적으로 부정만 하지 않았다는 점에서, 세친에게 불교적 논리학의 창시자 지위를 부여할 수 있을 것이다.[16]

진나는 이러한 세친의 논리학을 계승하면서 이를 더욱더 불교적으로 개작하였다. 인식 대상이 자상自相(svalakṣaṇa)과 공상共相(sāmanyalakṣaṇa)의 두 가지뿐인 점에 근거하여 인식 수단의 종류를 현량現量(pratyakṣa)과 비량比量(anumāna)의 두 가지로 줄인 것[17]은 진속 이제설에 근거한 것으로 추정되며,[18] 성량聲量(śabda)[19]이 비량과 다르지 않다는 '타他의 배제(anyāpoha)'

---

15 淨眼, 『因明入正理論後疏』 "數論師及世親菩薩等 立有三量 一者現量 謂籍現境 二者比量 謂籍三相比決而知 三者聖教量 謂籍聖人言教方知 如無色界等 若不因聖教 何以得知 故離現比之外別立聖教量也."(X53, 895c)
16 자띠 가운데 무인상사 논법이나, 지·비지상사 논법은 중관 논리의 토대가 되는데, 니야야학파의 경우 존재론적 원인이나 인식론적 원인 모두에 대해서 지·비지상사 논법으로 비판하는 것은 옳지 않다고 본 반면, 세친은 이 논법으로 인식론적 원인을 비판하는 것은 잘못된 것이지만 존재론적 원인에 대한 비판은 성립한다고 양가적 태도를 취했다. 여기서 우리는 반논리적인 용수의 중관학을 계승하면서, 불교적 논리학을 구성하고자 했던 세친의 고민을 엿볼 수 있다. 김성철, 「무인, 지비지상사 논법에 대한 중관학적 수용과 인명학적 해석」, 『한국불교학』 27(한국불교학회, 2000) pp. 159~187 참조.
17 tsad ma kun las btus pa'i 'grel pa(『集量論疏』), D. 4204, 14b7~15a1, "de la / mngon sum dang ni rjes su dpag // tsad ma gnyis kho na'o // gang gi phyir zhe na / mtsan nyid gnyis gzhal bya, rang dang sbyi'i mtsan nyid dag las gzhan pa'i mtsan nyid gzhal bar bya ba gzhan ni med do // rang gi mtsan nyid kyi yul can ni mngon sum // la spyi'i mtsan nyid kyi yul can ni rjes su dpag pa'o zhes shes pa'o."
18 다음에서 보듯이 후대에 법칭이 Nyāyabindu에서 自相을 '勝義의 존재'라고 규정하는 데 근거한 판단이다. "그 대상은 자상인데, 가깝고 멀고에 따라서 인식된 모습에 차이가 있는 대상, 그것이 바로 자상이다. 그것(자상)만이 승의적 존재다.(tasya viṣayaḥ svalakṣaṇam, yasya arthasya samnidhāna-asamnidhānābhyām jñāna-pratibhāsa-bhedas tat svalakṣaṇam, tad eva paramārthasat)." Nyāyabindu, 1~12·13·14.

이론에서는 사물의 실체를 부정하는 공空사상의 기미를 볼 수 있고, 인식 대상과 인식 결과와 인식 수단이 다르지 않다는 통찰[20]은 무아설無我說과 부합한다. 또 주관(見分)과 객관(相分)에 지식의 자기 인식(自證分)이라는 제3의 요소를 추가한 점,[21] 현량을 감각지, 의식, 정관지定觀知, 자증적 개념지의 네 가지로 구분한 점,[22] 비량을 위자비량爲自比量과 위타비량爲他比量으로 구분한 것,[23] '인因의 삼상' 가운데 제2상과 3상의 충족 여부에 따라 인의 종류를 정인正因, 부정인不定因, 상위인相違因으로 구분하는 구구인설九句因說 등이 진나의 업적이었다. 그리고 무인상사無因相似나 지·비지상사至·非至相似와 같은 자띠 논법에 대해서는 세친과 마찬가지로 존재론적으로는 그 효용을 긍정하지만 인식론적으로는 부정하는 양가적 태도를 취했는데, 진나의 대표작인 『집량론』은 물론이고 『인명정리문론』에서 이를 확인할 수 있다.[24] 진나에 이르러 인도의 전통 논리학은 불교적 논리학으로 완전히 탈바꿈하였고 『인명입정리론』과 『인명정리문론』이 현장에 의해 한역되면서 동아시아에서 '인명학因明學'이라는 이름으로 불교논리학에 대한 본격적인 연구가 시작되었다.

  진나의 대표작 『집량론』이 의정義淨(635~713)에 의해 한역되긴 했지만 널리 유포되지 못하고 산실되었다. 또 진나의 불교논리학이 동아시아에 소개되기 이전인, 서력 기원후 472년 후위後魏시대에 길가야吉迦夜와 담요曇曜가 함께 번역한 『방편심론方便心論』 역시 불교적 관점에서 저술된 논리

---

**19** 聲量은 聖言量을 의미하며 다음에서 보듯이 聖教量, 正教, 至教量 등으로 번역되기도 한다. 窺基, 『因明入正理論疏』 卷上 "古說或三 現量 比量 及聖教量 亦名正教 及至教量 或名聲量."(T44, 95b)
**20** 桂紹隆, 「デイグナーガの認識論と論理學」, 平川彰 外 編(1984) p.110.
**21** 桂紹隆(1984) p.111.
**22** 桂紹隆(1984) p.114.
**23** 桂紹隆(1984) p.119.
**24** 김성철(2016) pp.180~182.

학 문헌이긴 하지만 동아시아의 학승들에 의해서 거의 활용되지 않았다. 현장이 번역한 『인명정리문론』과 『인명입정리론』만이 동아시아에서 불교 논리학의 전범典範으로 사용되었다. 『인명정리문론』은 그 저자명 대역룡 大域龍(Mahādignāga)에서 보듯이 진나의 저술이다. 『인명입정리론』의 경우 한역본에서는 저자를 상갈라주商羯羅主(Śaṅkarasvāmin)로 쓰고 있다. 그러나 산스크리트 본인 하리바드라(Haribhadra)의 주석에는 저자가 명기되어 있지 않다.[25] 『인명입정리론』의 티베트어 번역본은 두 가지가 있는데 하나는 산스크리트 본에서 번역된 것이고 다른 하나는 현장의 한역본에서 번역된 것인데 두 번역 모두 저자를 진나(ⓣ phyogs kyi glang po)로 적고 있다.[26] 위두세카라 밧따차리야(Vidhusekhara Bhattacharya)는 이에 근거하여 『인명입정리론』의 저자가 진나일 것이라고 주장했지만,[27] 규세프 뚜찌(Giuseppe Tucci, 1894~1984)는 그의 논지에서 오류를 지적하면서 『인명입정리론』의 저자는 원래 씌어 있는 대로 상갈라주일 것이라고 결론을 내린 바 있다.[28]

규기窺基(632~682)가 말하듯이 『인명입정리론』은 상갈라주가 진나의 불교논리학 문헌에서 기본 교의들을 추출하여 저술한 것이지만, 그 논리사상이 진나의 『인명정리문론』과 그대로 일치하는 것은 아니다. 두 문헌의 가장 큰 차이점은 '주장의 오류'인 사종似宗의 종류인데, 『인명정리문론』과 비교할 때 『인명입정리론』에서는 능별불극성能別不極成, 소별불극성所別不極成, 구불극성俱不極成, 상부극성相符極成의 네 가지를 추가한다. 이에 대해서는 『인명입정리론소』의 저자 규기와[29] 『이문론술기理門論述記』의 저

---

[25] Vidhusekhara Bhattacharya, "The Nyāyapraveśa of Diṅnāga," in *The Indian History Quarterly*, Vol. III, ed. Narendra Nath Law (Delhi: Caxton Publications, 1927), p. 154.
[26] Vidhusekhara Bhattacharya(1927) p. 154.
[27] Vidhusekhara Bhattacharya(1927) p. 159.
[28] Giuseppe Tucci, "Is the Nyayapravesa by Dinnaga?," *Journal of the Royal Asiatic Society* 60, no. 1 (London: Royal Asiatic Society, 1928) pp. 7~13.
[29] 窺基, 『因明入正理論疏』 卷上(T44, 95c).

자 신태神泰[30] 모두 지적한 바 있다. 신태는 소별불극성의 오류는 '주장의 오류'가 아니라 '이유가 성립하지 않는 오류(因不成過)'이고, 능별불극성은 '같은 경우의 실례(同喩)'가 결여된 것이며, 구불극성은 능별불극성과 소별불극성을 합한 것이기에 사종似宗이 될 수 없고, 논주와 논적 쌍방의 주장이 상충해야 주장에 대한 논쟁이 가능한데 쌍방이 모두 인정하는 상부극성의 주장은 아예 주장일 수도 없기에 오류일 수도 없다고 설명한다.[31] 이렇게 『인명입정리론』의 내용이 진나의 불교논리학과 그대로 일치하지는 않았지만 동아시아의 인명학 전통에서는 이에 근거하여 논쟁의 승부를 가렸고, 원효가 『판비량론』에서 추론식의 정오를 판가름할 때 그 전거로 삼았던 것이 바로 『인명입정리론』의 오류론이며 이를 일반적으로 삼십삼과三十三過라고 부른다.

현존하는 『판비량론』의 단편들에 국한할 때, 이들 33가지 논리적 오류에서 원효가 자주 활용했던 것은 '잘못된 주장(似宗)' 가운데 비량상위比量相違와 자어상위自語相違의 오류이고, '잘못된 이유(似因)' 중에서는 특히 공부정인共不定因과 불공부정인不共不定因이었고 상위결정相違決定의 부정인과 유법차별상위인有法差別相違因 역시 많이 거론되었다. 또 직접 거론하지는 않지만 그 의미로 볼 때 '잘못된 주장' 가운데 소별불극성所別不極成, 능별불극성能別不極成, 자교상위自敎相違의 오류 역시 활용되는 것을 볼 수 있다.[32] '잘못된 실례(似喩)'의 경우 현존하는 『판비량론』 단편에서 그 용례가 보이지 않는다. 그런데 이 가운데 소별불극성, 능별불극성은 앞에서 보았듯이 상갈라주가 『인명입정리론』을 저술하면서 '잘못된 주장'에 새롭게 추가한 항목으로, 불교논리학을 집대성했던 진나의 사상은 아니었다. 이 점에서 『인명입정리론』은 『판비량론』 논쟁학의 토대이기도 하지만, 한

---

30 神泰, 『理門論述記』(T44, 79b).
31 神泰, 『理門論述記』(T44, 79b).
32 이는 오치아이 소장 『판비량론』 단편에 근거한 추정이다. 김성철(2016) p. 285.

계이기도 했다.

## Ⅲ. 추론식에 부가한 한정사의 기원 – 청변의 자립 논증

동아시아 학승들의 저술에서 취합한 『판비량론』의 내용 가운데 그 논의의 전모를 파악할 수 있는 것은 두 가지로 '승군비량勝軍比量' 및 '유식비량唯識比量'에 대한 것이다. 승군비량이란 현장의 인도 유학 시절 스승인 승군(Jayasena)이 고안한 '대승불설을 논증하는 추론식'이고, 유식비량은 계일戒日(Śīlāditya)왕이 개최했던 무차대회에서 현장이 공표하여 명성을 날렸던 '만법유식萬法唯識을 논증하는 추론식'이다. 이를 그대로 소개하면 다음과 같다.

> 승군비량
> 주장: 대승경전들은 부처님의 가르침이다.
> 이유: 양측 모두 인정하는(極成) 부처님의 말씀이 아닌 것에 포함되지 않기 때문에.
> 실례: 아함경과 같이.[33]
>
> 유식비량
> 주장: 승의이기 때문에(眞故), 양측 모두 인정하는(極成) 색은 안식을 벗어나 있지 않다.
> 이유: 우리 측에서 인정하는(自許) 초삼初三에 포함되면서 안근에는

---

[33] 藏俊, 『因明大疏抄』卷17 "諸大乘經 是佛所說 極成非佛語之所不攝故 如阿含經." (T68, 549c)

포함되지 않기 때문에.
실례: 마치 안식과 같이.³⁴

이 두 가지 추론식의 독특한 점은 주장 명제나 이유 명제에 갖가지 한정사를 덧붙인다는 점이다. 밑줄 친 부분에서 보듯이 승군비량의 경우 '이유 명제'의 일부에 '양측 모두 인정하는(極成)'이라는 한정사가 부가되어 있고, 유식비량의 경우는 '주장 명제' 전체에는 '승의이기 때문에(眞故)', 주장 명제의 주어인 소별所別에는 '양측 모두 인정하는(極成)'이라는 한정사, '이유 명제'의 일부에는 '우리 측에서 인정하는(自許)'이라는 한정사가 부가되어 있다.

그런데 이렇게 추론식에 '한정사'를 부가하는 것은 중관학 자립논증파의 시조인 청변淸辨(Bhavaviveka, 500~578년경)에게서 비롯한다.³⁵ 진나에 의해 불교 인식논리학 체계가 집대성될 무렵 활동했던 청변은 이를 수용하여 『중론』을 주석할 때에도 '주장, 이유, 실례'로 구성된 삼지작법의 추론식을 사용하고자 하였다. 그런데 『중론』에 기술된 명제들로 추론식을 작성할 경우 진나의 불교논리학에서 말하는 '잘못된 논증(似能立, sādhanābhāsa)'이 되고 만다. 즉 현량상위現量相違나 비량상위比量相違, 자교상위自敎相違 등의 '주장의 오류'를 범하게 되는 것이다. 예를 들어 제3 관육정품觀六情品 제2게에서는 "실로 보는 작용은 그 스스로에 있어서 그것(눈 자신)이 그것(눈 자신)을 보지 못한다. 자기 자신을 보지 못하는 것 그것이 어떻게 다른 것을 보겠는가?"³⁶라고 설하는데, 결국 '눈은 사물을 보

---

34 遁倫, 『瑜伽論記』卷13 "眞故 極成色不離於眼識 自許初三攝眼所不攝故 猶如眼識."(T42, 595b)
35 이하의 논의는 김성철(2003) pp.117~118 참조.
36 "svamātmānaṃ darśanaṃ hi tattameva na paśyati/ na paśyati yadātmānaṃ kathaṃ drakṣyati tatparān.(是眼則不能 自見其己體 若不能自見 云何見餘物)", MK. 3-2.

지 못한다.'는 주장을 하는 꼴이 된다. 그러나 이를 주장 명제로 삼아서 삼지작법의 추론식을 작성할 경우 '현량상위'의 오류에 빠지고 만다. 『인명입정리론』에서는 '소리는 들리지 않는다.'는 주장을 현량상위의 예로 드는데,37 '눈은 사물을 보지 못한다.'는 주장 역시 이와 다르지 않기 때문이다. 그래서 청변은 『중론』 주석서인 『반야등론』에서 이 게송을 해설하면서 주장 명제 앞에 '승의이기 때문에(ⓢ paramārthatas)'라는 한정사를 붙여서 추론식을 작성하였으며 이는 다음과 같다.

주장: 승의에서(ⓣ don dam par) 눈은 색을 볼 수 없다.
이유: 자기 자신을 볼 수 없기 때문에.
실례: 마치 귀 등과 같다.38

청변은 이렇게 주장 명제에 '승의에서(승의이기 때문에)'라는 한정사를 부가함으로써 진나의 불교논리학에서 말하는 '주장의 오류' 중 하나인 현량상위의 오류를 피할 수 있다고 보았다. 그러나 이렇게 한정사를 부가하는 방식이, 누구나 동의할 수 있는 보편타당한 해결책은 아니었다. 중관학 귀류논증파의 월칭月稱(Candrakīrti, 600~650년경)은 『정명구론淨明句論(Prasannapadā)』에서 청변의 이런 주석 방식에 대해 비판하는데 이때 월칭이 소재로 삼았던 『반야등론』의 추론식은 다음과 같다.

---

37 『因明入正理論』 卷1 "tatra pratyakṣaviruddho yathāśrāvaṇaḥ śabda iti. [此中 現量相違 者 如說 聲非所聞. (그중에서 현량에 모순되는 것은 예를 들어 '소리는 들리지 않는다.'라고 하는 것과 같다.)]"(T32.11b)

38 *dbu ma'i rtza ba'i 'grel pa shes rab sgron ma*, D.3853, 76a7, "don dam par mig gi dbang po ni gzugs la lta bar mi byed pa nyid de / rang gi bdag nyid la lta bar mi byed pa'i phyir / dper na rna ba la sogs pa bzhin no"; 『般若燈論釋』 卷4 "第一義中眼不見色 何以故 不見自體故 譬如耳等."(T30.66b)

주장: 승의이기 때문에(paramārthatas) 모든 내입처內入處는 스스로
발생하지 않는다.
이유: 지금 존재하고 있기 때문에.
실례: 마치 정신 원리(caitanya)와 같이.[39]


이어서 월칭은 이렇게 '승의이기 때문에'라는 한정사를 부가하는 것에 대해 조목조목 비판한다. 즉 승의뿐만 아니라 세속에서도 내입처는 스스로 발생하지 않으며, 이 추론식으로 설득하고자 하는 논적은 이제설二諦說에 무지하기에 승의와 세속 모두에서 내입처가 스스로 발생한다는 이론을 비판해 주어야 하며, 만일 이 추론식이 일반인들의 수준을 고려한 것이라고 해도 일반인들은 '인과론因果論' 정도만 이해하고 있지 이와 같은 정교한 문제에 대해서는 생각도 하지 않으며, 이 추론식은 자교상위自敎相違와 소의불성所依不成의 오류를 범한다고 지적하는 것이다.[40]

앞에서 보았듯이 현장은 청변과 마찬가지로 '승의이기 때문에'라는 한정사를 주장 명제에 부가하여 유식비량을 작성하였다. 현장과 관계된 문헌이나 번역서의 그 어디에서도 월칭에 대한 언급은 찾아볼 수 없다. 또 현장의 스승인 승군은 대승불설을 증명하는 추론식을 작성하면서 이유 명제의 일부에 '양측 모두 인정하는(極成)'이라는 한정사만 부가할 뿐이었는데 현장의 유식비량에서는 주장 명제 전체에 '승의이기 때문에'라는 한정사를 부가했을 뿐만 아니라, 주장 명제의 주어이며 소별인 색에 대해 '양측 모두 인정하는(極成)'이라는 한정사를 부가했고, 이유 명제의 일부에

---

[39] "na paramārthata ādhyātmikānyāyatanāni svata utpannāni / vidyamānatvāt / caitanyavad iti," *Prasannapadā*, Bibliotheca Buddhica IV (Tokyo: Meicho-Fukyū-Kai, 1977) pp. 26~27;『般若燈論』卷4 "諸內入等 無自起義 世所不行 以有故 譬如思."(T30, 52c)
[40] 김성철,『『中論』에 대한 因明學的 註釋의 가능성』『인도철학』 9(인도철학회, 1999) pp. 171~172 참조.

'우리 측에서 인정하는(自許)'이라는 한정사를 부가했던 것이다. 어찌 보면 한정사의 남용일 수 있는데, 이렇게 현장의 유식비량에서 한정사를 부가하는 것은 다케무라 쇼호(武邑尚邦)가 지적하듯이 진나의 이론에 위배된다.[41] 다케무라는 다음과 같이 말한다.

> 논식은 스스로의 주장을 상대를 향해 그 정당성을 분명히 하여 남의 설을 극복하기 위한 것이므로 타비량(他比量)이어야 한다. 그러나 이 유식비량은 자비량(自比量)이며 스스로의 주장을 한정사를 부가하여 형식적으로 과실 없는 것으로 만든 것뿐이며, 거기에는 남을 설득하기 위한 형식을 찾아볼 수 없다. …… 둘째로 '우리 측에서 인정하는'이라고 하여 이유 명제 중에 한정의 말을 부가한 것은, 인은 자타 공히 허용하는 것이어야 하며, 또 세간적으로 승인되는 것이어야 한다는 인명의 원칙에 반한다.[42]

진나는 추리를 '자기를 위한 추리(爲自比量, 自比量, svārtha-anumāṇa)'와 '남을 위한 추리(爲他比量, 他比量, parārtha-anumāṇa)'의 두 가지로 구분하는데,[43] 이는 후대의 법칭에 의해서도 계승되었다. 추론식은 '남을 위한 추리'에 해당하며 현장의 유식비량에는 '우리 측에서 인정하는'이라는 한정사가 부가되어 있기에 자기 스스로에게 타당할 수는 있어도 남을 설득하는 정당한 추론일 수 없다는 것이다. 『판비량론』의 원효 역시 이런 통찰에 근거하여 현장의 유식비량을 비판한다. 사실 현장의 스승 승군이 고안했던 '대승불설을 증명하는 추론식'의 경우 삼지 가운데 이유 명제에 '양

---

[41] 武邑尚邦, 「중국의 인명사상」, 三枝充悳 편, 『인식론·논리학』(서울: 불교시대사, 1995) pp. 317~318.
[42] 武邑尚邦(1995) pp. 317~318.
[43] 桂紹隆(1984) pp. 118~119.

측 모두 인정하는'이라는 한정사만 부가했을 뿐이었는데, 현장은 청변을 계승하여 주장 명제에 '승의이기 때문에'라는 한정사를 덧붙였을 뿐만 아니라, 이유 명제에도 '우리 측에서 인정하는'이라는 한정사를 달았다. 이런 고안이 현장의 창안인지 아니면 그 당시 통용되던 방식이었는지 확인되지는 않지만, 다케무라가 지적하듯이 위자비량과 위타비량을 구분했던 진나의 취지에 어긋난다. 다음 장에서 살펴보겠지만, 원효는 소승 측에서 작성 가능한 자비량自比量을 고안해 보임으로써 현장의 유식비량을 상위결정相違決定의 오류에 빠뜨린다.

어쨌든『판비량론』의 원효 역시 이런 한정사가 부가된 추론식을 고안하여 현장의 유식비량이나 대승불설 추론식을 비판하였다. 그리고 그 유효성 여부를 떠나서 이렇게 한정사를 처음 도입한 인물은 중관학 자립논증파의 시조인 청변이었다. 중관학파의 양대 산맥인 자립논증파와 귀류논증파 가운데 동아시아의 인명학에는 전자의 방식이 도입되었던 것이다.

## IV. 현장이 고안한 추론식에 대한 원효의 비판

### 1. 유식비량과 관계된 논의

『판비량론』에서 원효는 현장이 고안한 추론식이나 현장이 번역한 불전에서 추론식을 추출하여 비판하기도 하며, 인명학이나 유식학의 난제를 해결하는 추론식을 스스로 고안하여 제시하기도 한다. 한마디로 말해 원효가 인명학에 대한 자신의 솜씨를 한껏 발휘해 보이는 저술이『판비량론』인 것이다. 원효의 수준을 가늠하기 위해서 현장이 고안한 추론식과 그에 대한 원효의 비판을 면밀히 분석하여 그 승부를 가려보기로 하자.

앞에서 소개했듯이 현장이 인도 유학 시절 고안했던 추론식은 '만법유식을 증명하는 유식비량'과 '승군비량'을 개작한 '대승불전이 불설임을 입증하는 비량'의 두 가지였다. 이 가운데 유식비량은 다음과 같다.

> 주장: 승의이기 때문에(眞故), 양측 모두 인정하는(極成) 색色은 안식을 벗어나 있지 않다.
> 이유: 우리 측에서 인정하는(自許) 초삼初三에 포함되면서 안근에는 포함되지 않기 때문에.
> 실례: 마치 안식과 같이.[44]

먼저 주장 명제 전체에 부가된 '승의이기 때문에(眞故)'라는 한정사는, 앞 장에서 살펴보았듯이 청변의 추론식에서 유래하며, '색은 안식을 벗어나 있지 않다.'는 주장 명제가 세간상위世間相違나 자교상위自敎相違의 오류를 범하지 않도록 하기 위한 보호 장치였다.[45] 또 주장 명제의 주어(所別)인 '색色'에 '양측 모두 인정하는(極成)'이라는 한정사가 부가되어 있는데 이는 '(논적인) 저쪽과 (논주인) 이쪽이 함께 인정하는 것'을 의미한다.[46] 색법 가운데 '부처님의 몸'이나 '타방 부처의 몸'에 대해 소승과 대승이 의견이 갈리기 때문에[47] 이런 색법을 제외한 일반적인 색법만을 소재로 삼

---

[44] 遁倫, 『瑜伽論記』 卷13 "眞故 極成色不離於眼識 自許初三攝眼所不攝故 猶如眼識."(T42, 595b)
[45] 窺基, 『因明入正理論疏』 "凡因明法 所能立中 若有簡別 便無過失 若自比量 以許言簡 顯自許之無他隨一等過 若他比量 汝執等言簡 無違宗等失 若共比量 以勝義言簡 無違世間自敎等失 隨其所應 各有標簡 此比量中 有所簡別 故無諸過 有法言眞 明依勝義 不依世俗 故無違於非學世間."(T44, 115bc)
[46] 窺基, 『唯識二十論述記』 卷上 "彼此共許 名爲極成."(T43, 1001c)
[47] 대승에서는 타방 부처의 존재를 인정하나 소승에서는 인정하지 않고, 대승에서는 부처의 몸을 무루법으로 보지만, 소승에서는 후신보살의 염오색신과 부처의 유루색신을 인정하지만 대승에서는 이를 인정하지 않는다. 김성철(2003) p.122 참조.

아서 그것이 안식眼識에서 벗어난 것이 아니라는 점을 논증하기 위해서 '양측 모두 인정하는'이라는 한정사를 부가했다는 것이다. 그리고 이유 명제 가운데 '초삼'은 십팔계 가운데 '첫 번째 세 가지'라는 의미로 '안계眼界, 색계色界, 안식계眼識界'를 가리키는데, 여기에 '우리 측에서 인정하는(自許)'이라는 한정사를 붙인 이유에 대해 규기는 "유법차별상위有法差別相違에 의한 다른 학파의 공격을 '부정인不定因'의 오류에 빠뜨리기 위한 것"이라고 설명한다.[48] 앞에서 소개했듯이 이러한 유식비량은 현장이 인도 유학 중 계일왕이 개최한 무차대회에서 공표했던 것이고, 아무도 이에 대해 비판하지 못했다고 하는데, 『판비량론』의 원효는 소승 측에서 작성 가능한 다음과 같은 추론식을 고안해 보임으로써 이를 상위결정의 오류에 빠뜨린다.

주장: 승의에 의거할 때, 양측 모두 인정하는 색은 반드시 안식에서 **벗어난 것이다**.
이유: 우리 측에서 인정하는 초삼에 포함되면서 **안식**에는 포함되지 않기 때문에.
실례: 마치 **안근**과 같이.[49]

이 추론식의 주장 명제는 현장의 유식비량의 그것과 상반된다. 유식비량에서는 '색법이 안식에서 벗어나 있지 않다.'고 했는데 여기서는 '색법이 안식에서 벗어나 있다.'고 한다. 또 밑줄 그은 부분에서 보듯이 이유 명제에서 유식비량의 '안근'은 '안식'으로 바뀌어 있고, 실례 명제에서 '안식'은 '안근'으로 바뀌어 있다. 상위결정의 인因은 『인명입정리론』의 '잘못

---

[48] 이에 대해서는 김성철(2003) pp. 138~143 참조.
[49] 窺基, 『因明入正理論疏』卷中 "眞故 極成色定離於眼識 自許初三攝眼識不攝故 猶如眼根."(T44, 116a)

된 이유(似因)' 가운데 부정인不定因에 속하는데, 토론하는 양측이 내세운 추론식이, 상반된 주장을 담고 있음에도 불구하고 논리적 오류를 범하지 않는 경우를 말한다. 즉 동일한 세계관에 기반하여, 상반된 주장을 담은 두 개의 추론식이 작성 가능한 경우 상위결정의 오류가 되는 것이다. 앞에서 소개했던 현장의 유식비량도 논리적으로 타당하지만, 원효는 자신이 제시한 추론식도 논리적 오류를 범하지 않기에 유식비량은 상위결정의 오류에 빠진다고 주장한다. 그런데 원효가 고안한 소승 측의 추론식을 입수한 현장의 제자 규기는 여러 가지 이유를 들어서 원효가 제시한 추론식의 타당성을 비판하였다. 이를 요약하면 다음과 같다.[50]

① 상위결정의 논증식은 자비량自比量이기에 대승 측을 설득할 수 없다.
② 상위결정의 논증식 중의 인因은 수일불성隨一不成 사인似因의 오류를 범한다.
③ 상위결정의 논증식 중의 유喩는 소립법불성所立法不成의 사동법유似同法喩의 오류를 범한다.
④ 유식비량 중의 인에 사용된 '우리 측에서 인정하는(自許)'이라는 단서는 유법차별상위有法差別相違의 오류에 의한 공격을 막기 위한 것이다.

①에서 '자비량'이라는 의미는 이유 명제에 사용된 '(색이) 안식에 포함되지 않기 때문에'라는 명제가 소승 측에게만 인정되며, 대승 유식학의 관점에서는 인정할 수 없기 때문에 ②에서 보듯이 수일불성의 사인이 되고 만다는 것이다. 그러나 이는 유식비량이나 원효의 비판적 추론식에서

---

50 이하 김성철(2003) p.183 참조.

사용한 '벗어나지 않음(離)'과 '포함됨(攝)'의 의미가 같다고 오해한 규기의 오판이라고 생각된다. '벗어나지 않음'은 내재적 관계(internal relation)하에서의 소속을 의미하고, '포함됨'은 외재적 관계(external relation)하에서의 소속을 의미한다. 원효가 제시한 추론식의 이유 명제에 기술된 '(색법은) 안식에 포함되지 않는다.'는 판단은 단순히 '(색법은) 십팔계 중 안식과 별개의 항목이다.'라는 점을 의미할 뿐이지, '색법은 안식에서 벗어난 것이 아니라는 대승유식의 세계관'을 부정하는 판단은 아니었던 것이다. 따라서 상위결정의 추론식은 수일불성의 오류를 범하지 않으며 규기의 반박은 성공하지 못했다고 볼 수 있다.[51]

## 2. 승군비량과 관계된 논의

본 장 서두에서 소개했듯이 현장의 인도 유학 시절 불교논리학을 가르친 스승 승군은 다음과 같이 대승불설을 입증하는 추론식을 고안하였다.

주장: 대승경전들은 모두 불설佛說이다.
이유: 양측 모두 인정하는 '불어들(諸佛語)이 아닌 것'에 포함되지 않기 때문에.
실례: 증일增一 등의 『아함경』과 같이.[52]

그러나 현장은 승군이 소속된 대승학파에서는 불설로서 인정하지 않는 『발지경發智經』의 예를 들어 이 추론식이 부정인[53]의 오류를 범한다고 지

---

51 이상 김성철(2003) pp. 186~187.
52 『唯識論同學鈔』 卷3 "諸大乘經 皆佛說 兩俱極成非諸佛語所不攝故 如增一等阿笈摩." (T66, 230b)
53 同品有, 異品有의 共不定因이다.

적한 후 다음과 같이 이유명제의 한정사만 교체하여 대승불설을 입증하
는 새로운 추론식을 제시한다.

> 주장: 대승경전들은 모두 불설佛說이다.
> 이유: **우리 측에서 인정하는(自許)** '불어佛語⁵⁴가 아닌 것'에 포함되지
> 않기 때문에.⁵⁵
> 실례: 증일增一 등의 『아함경』과 같이.

현장의 추론식에서 달라진 것은 이유명제에 부가된 '양측 모두 인정하
는'이라는 한정사를 '우리 측에서 인정하는'으로 바꾼 것이다. 그러나 원
효는 이렇게 현장이 개량한 추론식에서 공부정인共不定因의 오류를 지적
할 뿐만 아니라,⁵⁶ 유식비량을 비판했던 방식과 마찬가지로 소승 측에서
제시할 수 있는 상반된 추론식을 고안해 보임으로써 이 추론식을 상위결
정의 오류에 빠뜨린다. 이는 다음과 같다.

> 주장: 대승경전들은 **궁극적인 가르침(至敎量)이 아니다**.
> 이유: 우리 측에서 인정하는 **불어佛語**에 포함되지 않기 때문에
> 실례: 마치 **승론勝論(Vaiśeṣika) 등과 같이**⁵⁷

승군이나 현장의 논증식에서는 '주장 명제의 술어'를 '불설佛說이다'라

---

54 승군비량의 '諸佛語'가 '佛語'로 바뀌어 있긴 하지만, 이들의 논의에서 이를 문제로 삼지
않는다.
55 『판비량론』[김성철(2003) p.200] "自許非佛語所不攝故."
56 이 추론식의 이품변무성을 검토해 보면, '불설이 아닌 것 중에 우리 측에서 인정하는 불
어가 아닌' 것에 포함되지 않는 것으로 색, 향 등을 들 수 있기에 동품유, 이품유의 추론식
이 되어 공부정인의 오류에 빠진다.
57 『판비량론』[김성철(2003) p.203] "諸大乘經 非至敎量 自許佛經(語)所不攝故 如勝論等."

고 표현하는데 원효는 이를 '궁극적인 가르침(至敎量)'이라고 대체하고 있다. 이는 『성유식론』에서 채취된 용어인 듯하며,[58] 『성유식론』에서는 불설과 '궁극적인 가르침'을 혼용하기에 이런 대체가 특별한 의미를 갖는 것 같지는 않다. 이어서 원효는 새로운 추론식을 고안하여 제시하는데 이는 승군비량에 기술되었던 주장 명제의 일부를 바꾸고 인因에 약간의 조작을 가한 것으로 다음과 같다.[59]

> 주장: 대승경전들은 **올바른 이치에 부합된다**.
> 이유: 양측 모두 인정하는 '불어가 아닌 것'에 포함되지 않는 가르침(敎)이기 때문에.
> 실례: 마치 『증일아함경』 등과 같이.

이는 승군비량의 주장 명제에서 '불설이다'라는 술어를 '올바른 이치에 부합된다'로 바꾼 것이다. 이 추론식은 인의 삼상 가운데 동품정유성과 이품변무성을 모두 만족시킨다. 승군이나 현장의 논증식에서와 같이 주장 명제의 술어가 경전을 의미하는 '불설'로 되어 있는 경우는 대소승 중의 각 학파마다 불설로 인정하는 경전 목록이 다르기 때문에, 부정인의 오류를 범하게 된다. 그러나 원효가 개작했듯이 '올바른 이치에 부합됨'을 주장 명제의 술어로 삼을 경우, 대승경전은 그 가치를 인정받을 수 있다는 것이다.[60] 대승불설을 입증하기 위한 노력은 교증敎證과 이증理證의 두 가지로 구분되는데, 승군이나 현장은 교증을 시도하였기에 실패한 반면 원효는 이증에 의해서 대승불설을 입증하고자 하였기에 성공하였던 것으

---

58 『成唯識論』卷3 "諸大乘經皆順無我 違數取趣 棄背流轉趣向還滅 讚佛法僧毀諸外道 表蘊等法遮勝性等 樂大乘者許 能顯示無顚倒理契經攝故 如增壹等 至敎量攝."(T31, 14c)
59 김성철(2003) pp. 203~207.
60 김성철(2003) p. 208.

로 보인다.

## V. 『판비량론』의 논쟁학과 원효의 새로운 면모

일반적으로 원효를 화쟁과 회통의 사상가라고 평한다. 그러나 『판비량론』의 원효는 화쟁가가 아니라 논쟁가였으며, 그 비판의 대상은 현장과 그 문하생들의 학문이었다. 현존하지는 않지만 원효의 저술 중 인명학과 관계된 것으로 『인명입정리론기因明入正理論記』와 『인명론소因明論疏』가 있었다고 하는데 이 두 논서는 그 제목으로 보아 상갈라주가 저술한 『인명입정리론』에 대한 주석서였던 것으로 추측된다. 그런데 『판비량론』은 이들과 성격을 달리한다. 『판비량론』에서는 『인명입정리론』에 대해 해설하는 것이 아니라 그 논리학에서 말하는 오류 이론에 근거하여, 현장이 번역한 신역 불전에 실린 유식唯識, 인명, 아비달마 등과 관계된 다양한 추론식推論式들을 비판적으로 검토한다. 『판비량론判比量論』이라는 제목이 의미하듯이 '현장의 학문과 관계된 갖가지 비량比量의 타당성을 비판적批判的으로 검토하는 독창적 논문집論文集'이다.[61]

앞에서 보았듯이 원효는 현장이 인도 유학 시절 고안하여 명성을 날렸던 유식비량을 상위결정의 오류에 빠뜨리고, 현장이 대승이 불설임을 논증하기 위해 고안했던 비량에서 공부정인의 오류를 지적하기도 하고 상위결정의 오류를 드러내기도 한다. 원효는 『판비량론』을 통해 현장의 학문을 비판하고 시정하고자 하였으며 그 논의는 타당했다.

그런데 이러한 원효의 작업은, 학문의 세계에서 상례常例에 어긋나는 일이 아닐 수 없다. 원효가 불교논리학의 지식을 습득하여 비판의 토대로

---

[61] 김성철(2003), 「판비량론 해제」에서 발췌.

삼은 문헌은 『인명입정리론』이나 『인명정리문론』과 같이 현장이 번역, 소개한 것들이었는데 이에 근거하여 그 번역자인 현장의 학문을 비판하는 것이다. 그야말로 '청출어람청어람靑出於藍靑於藍'한 작업이었다. 우화적으로 설명하면, 독일에서 헤겔을 전공하면서 명성을 날렸던 동아시아의 대학자가 귀향한 후 헤겔의 저술들을 번역, 소개하여 파란을 일으켰는데, 번역서들을 통해서 헤겔의 사상을 익힌 변방의 어떤 학자가 그 대학자의 학문을 비판하고, 헤겔 철학의 몇 가지 난제들을 일거에 해결한 것이나 다름없다.[62] 현장의 학문에 대한 원효의 이러한 비판적 태도는 의상과 함께 유학길에 올랐다가 고분에서 묵은 후 다음과 같이 유심게唯心偈를 읊으며 발길을 돌렸다는 원효의 일화와 그대로 부합한다.

> 마음이 일어나니 만사가 생겨나고, 마음이 사라지니 토감과 고분이 다르지 않구나. 또 삼계가 오직 마음뿐이고 만법이 모두 인식의 소산이라 마음 바깥에는 아무 것도 없는데 어찌 따로 구하겠는가? 나는 당나라에 들어가지 않겠다.[63]

삼계유심의 이치를 깨달은 원효는 현장 문하에 들어가서 공부할 필요를 느끼지 못했다. 원효와 헤어진 의상 역시 입당入唐하여 장안長安의 중심에 있는 자은사慈恩寺의 현장이 아니라 종남산終南山 지상사至相寺 지엄智嚴의 문하로 들어가 화엄을 연구한다. 현장의 신역新譯 불전과는 성격이 다른 분야였다. 원효와 의상의 입당 동기가 현장의 학문을 흠모하였기 때문이라고 하지만,[64] 이들이 현장의 학문에 대해 호의적이지 않았음을 알

---

62 김성철(2016) p. 274.
63 『宋高僧傳』卷4 "心生故種種法生 心滅故龕墳不二 又三界唯心萬法唯識 心外無法胡用別求 我不入唐 卻擔囊返國."(T50, 729a)
64 『宋高僧傳』卷4(T50, 730a).

수 있다. 원효는 그 후 11년이 지나 55세가 되었을 때 행명사行名寺에서 『판비량론』을 탈고하였고, 말미에 다음과 같은 회향게를 적는다.

증성證成의 도리는 생각하기가 지극히 어렵지만,
내 웃어 버리지 않고 조금이나마 쉽게 풀어,
이제 성스러운 불전에 의지해 그 일부를 제시하니,
불도가 소통되어 언제나 계속되기를 바라옵니다.

『판비량론』 1권. 석원효 지음. 함형 2년, 즉 신미년, 7월 16일. 행명사에 머물며 붓을 잡아 거칠게[65] 끝마치다.[66]

'증성의 도리'는 현장이 번역한 『해심밀경』, 『유가사지론』, 『현양성교론』 등에 자주 등장하는 용어다. 여기서 원효는 "불교논리학이 어려운 분야이긴 하지만, 쉽게 풀어서 그 가운데 일부를 제시하는데, 이는 거칠게 한 작업이다."라고 쓰고 있다. 자신감에 찬 말이 아닐 수 없다. 『삼국유사』에서는 원효에 대해 소개하면서 "얽매이는 데가 없었다(元曉不羈)"는 문구로 제목을 삼았으며,[67] 『송고승전』에 의하면 신라에서 '만인萬人의 적敵'으로 불렸다고도 한다.[68] 또 『금강삼매경론』을 저술하면서 원효는 "옛날에 백 개의 서까래를 구할 때에는 비록 모임에 참여하지 않았으나, 지금의 조정에서 대들보 하나를 걸칠 곳에는 오직 나만 홀로 가능하다."[69]고 자화자

---

65 일반적으로 '租'로 복원하나, 『高僧傳』 등에서 보이는 粗訖의 용례로 볼 때 '粗'가 옳을 듯 하다. 『高僧傳』 卷5(T50, 356b).
66 『判比量論』[김성철(2003) p.396] "證成道理甚難思 自非笑却微易解 今依聖典舉一隅 願通佛道流三世 判比量論 一卷 釋元曉述 咸亨二年 歲在辛未 七月十六日 住行名寺 着筆粗訖."
67 『三國遺事』 卷4(T49, 1006a).
68 『宋高僧傳』 卷4(T50, 730a).
69 『宋高僧傳』 卷4 "曉復昌言曰 昔日採百椽時雖不預會 今朝橫一棟處唯我獨能."(T50, 730b)

찬한 바 있다. 이런 기록들을 통해 우리는 학문적 자신감으로 가득한 원효의 성품을 엿볼 수 있다.[70] 그리고 현장의 학문을 종횡무진으로 비판하고 인명학과 유식학과 구사학의 난제를 능숙하게 해결하는 『판비량론』에 원효의 개성과 능력이 잘 드러나 있다. 『판비량론』의 원효는 화쟁가가 아니라 논쟁가였고, 그 학문은 회통이 아니라 비판이었다. 이는 사서史書나 전기傳記에서 전하는 원효에 대한 묘사와 부합한다. 자신감 넘치는 비판적 논쟁가! 『판비량론』을 통해 확인하는 원효의 새로운 면모다.

---

[70] 이런 자신의 성품을 의식했는지 원효는 『菩薩戒本持犯要記』(T45, 918c)에서 十重大戒 가운데 '자기를 칭송하고 남을 비방하는 죄'인 自讚毁他戒를 주석하면서 "만일 타인에게 신심을 일으키게 하기 위해서 자기를 칭송하고 남을 비방한다면 죄가 되지 않는다. [若爲令彼 起(원문은 赴)信心故 自讚毁他 是福非犯]"고 설명한다.

| 참고문헌 |

MK. *Madhyamaka Kārikā*
*Nyāyabindu*
*dbu ma'i rtza ba'i 'grel pa shes rab sgron ma*(『般若燈論』), D.3853.
*tsad ma kun las btus pa'i 'grel pa*(『集量論疏』), D.4204.
『順中論義入大般若波羅蜜經初品法門』(T30)
『般若燈論釋』(T30)
『成唯識論』(T31)
『因明入正理論』(T32)
『如實論反質難品』(T32)
『瑜伽論記』(T42)
『唯識二十論述記』(T43)
『理門論述記』(T44)
『因明入正理論疏』(T44)
『菩薩戒本持犯要記』(T45)
『三國遺事』(T49)
『高僧傳』(T50)
『宋高僧傳』(T50)
『唯識論同學鈔』(T66)
『因明大疏抄』(T68)
『因明入正理論後疏』(X53)

김성철. 「『中論』에 대한 因明學的 註釋의 가능성」, 『인도철학』9. 인도철학회, 1999: pp.157~182.
_____. 「무인, 지비지상사 논법에 대한 중관학적 수용과 인명학적 해

석」.『한국불교학』 27. 한국불교학회, 2000: pp.159~187.

_____.『원효의 판비량론 기초 연구』. 서울: 지식산업사, 2003.

_____.「오치아이 소장『판비량론』 필사본의 교정과 분석」.『불교학보』 74. 동국대학교 불교문화연구원, 2016: pp.9~37.

_____.「판비량론 해제」. 원효 지음·박인성, 김성철, 묘주 옮김.『중변분별론소 제3권 외』. 서울: 동국대학교출판부, 2019.

다케무라 쇼호(武邑尙邦).「중국의 인명사상」. 三枝充悳 편.『인식론·논리학』, pp.301~326. 서울: 불교시대사, 1995.

梶山雄一.「佛敎知識論の形成」. 平川彰 外 編.『講座大乘佛敎 9—認識論と論理學』, pp.1~101. 東京: 春秋社, 1984.

桂紹隆.「ディグナーガの認識論と論理學」. 平川彰 外 編.『講座大乘佛敎 9—認識論と論理學』, pp.103~152. 東京: 春秋社, 1984.

Anacker, Stefan. *Seven Works of Vasubandhu: The Buddhist Psychological Doctor*, pp.29~48. Delhi: Motilal Banarsidass, 1984.

Bhattacharya, Vidhusekhara. "The Nyāyapraveśa of Diṅnāga." In *The Indian History Quarterly*, Vol. Ⅲ, edited by Narendra Nath Law, pp.152~160. Delhi: Caxton Publications, 1927.

Frauwallner, Von E. "Vasubandhu's Vādavidhi." *Wiener Zeitschrift für die Kunde Süd und Ostasiens*, Vol. 1. Institut für Kultur und Geistesgeschichte Asiens der Österreichischen Akademie der Wissenschaften & Institut für Südasien, Tibet und Buddhismuskunde der Universität, 1957: pp.2~44.

Tucci, Giuseppe. "Is the Nyayapravesa by Dinnaga?" *Journal of the Royal Asiatic Society*, Vol. 60, Issue 1. Royal Asiatic Society, 1928: pp.7~13.

# 『십문화쟁론』

분황 원효의 화쟁 회통 인식 | 고영섭

# 분황 원효의 화쟁 회통 인식
- 『십문화쟁론』을 중심으로 -

고영섭

## I. 서론

사람들은 저마다 자신의 생각을 펼치면서 삶을 살아간다. 자신의 생각을 펼치는 '주장'은 자신의 의견이나 견해를 굳게 드러내는 것이며, 논리학에서는 이것을 '주장(pratijñā, dam-bcas-pa, 所立宗, 宗)'[1] 명제라고 한다. 우리의 만남은 자신의 생각과 주장을 기반으로 하는 대화로 시작되고 대화로 종결된다. 즉 '나는 이렇게 생각하는데' '너는 어떻게 생각하느냐'처럼 서로 간의 대화 상황 속에서 이루어진다. 이 상황에서 우리는 자신의 생각을 주장으로 굳게 드러낼 때 비로소 타인의 생각을 주장으로 불러 낼 수 있다.[2]

---

1 龍樹, 『廻諍論』, 毘目智仙·瞿曇留支 共譯(541)(『高麗藏』제17책 630경; T 제32책).
2 '主張'에는 어떤 일을 중심이 되어 맡아 처리하는 主宰의 의미도 있으며, 법률에서는 민사소송에서 공격 또는 방어의 방법으로 당사자가 자기에게 유리한 법률 효과나 사실의 있고

그런데 만남 속에서는 서로 다른 주장이 제기될 수 있다. 이때 상이한 주장을 방치하지 않고 상호 조화시켜 나가야만 서로 간의 건강한 관계가 지속될 수 있다.[3] 주장이 다를 때는 각 주장이 지니고 있는 언어(문자)와 취지(내용)를 살펴 '서로 다른 주장을 화해시켜서' '서로 같은 주장으로 회통'해야만 한다. 신라의 통일기를 살았던 분황 원효芬皇[4]元曉(617~686)는 동아시아의 구역과 신역 경론들의 다양한 주장들을 통섭通攝(또는 統攝)하기 위해 먼저 방편적인 언교들을 모아내고(先會權敎), 뒤에 실제적인 도리들로 소통시켜(後通實理) 내고 있다.[5] 그리하여 그는 '앞서 글이 서로 다른 것을 통합하고(初通文異)' '이어 뜻이 서로 같은 것을 회합하는(後會義同)' 과정으로 이끌어 나아갔다.[6]

원효는 다양한 주장들을 화쟁하고 회통하기 위해 『십문화쟁론』[7]을 비

---

없음에 관한 지식을 진술하는 訴訟行爲를 일컫는다.
3 마츠모토 시로 지음, 이태승 외 옮김, 『티베트 불교철학』(서울: 불교시대사, 2008) pp. 499~519. 『근본중송』 제1장 제1게송의 내용을 '主張'이라고 부른 것은 『根本中頌』의 주석가였던 淸辯에게서 처음으로 보인다. 청변은 자신의 『반야등론』에서 "제법은 스스로 생기한 것도, 다른 것으로부터 생기한 것도 …… 존재하지 않는다. (na …… vidyate bhāvāḥ ……)"라는 『근본중론』 제1장 제1게송에 대해 [53] 이것(=제1게송)은 주장의 총체(dam bcas pa'i spyi, pratijñāsāmānya)를 제시한 것이다. (『반야등론』, tsha 항, 48b4)
4 흔히 高僧의 法號는 주석 山名(예: 天台 智顗), 寺名(예: 嘉祥 吉藏), 행정구역(예: 曹溪 惠能), 諡號(예: 普照/牧牛子 知訥) 등을 취하는 것처럼 芬皇은 가장 오랫동안 머물며 다수의 집필을 하였던 '芬皇寺의 元曉'를 일컫는다. 최치원의 浮石(義湘)本碑, 義天의 시 "到盤龍山景福寺禮普德聖師飛方舊址"에 나타난 '芬皇'과 '浮石', 一然의 『三國遺事』 「元宗興法 猒髑滅身」 조의 '芬皇之陳那' 등의 용례를 이어 그의 法號로 사용한 것이다. 원효는 일찍이 고선사에 머물러 '고선사서당화상비'에서는 '高仙大師'로도 불렸으나 '和諍國師'라는 시호를 추증받고 「芬皇寺和諍國師碑」가 세워진 분황사가 더 그의 정체성을 잘 보여 주고 있어서 취한 것이다.
5 元曉, 『本業經疏』(H1. 511c~512a).
6 元曉, 『涅槃經宗要』(H1. 543c).
7 音里火 三千幢主 級湌 高金□ 鎸, 「高仙寺誓幢和上碑」 "□□□□, 讚歎婆娑, 飜爲梵語, 便附□人, 此□言其三藏寶重之由也." 원효가 언제 『십문화쟁론』을 지었는지는 알 수 없으나 그가 여러 저술을 통해 자신의 '교관 인식'을 확립하고 '저술 태도'를 확보한 것으로 미루어 볼 때 적어도 중만년작이 아닐까 생각된다.

롯하여『열반경종요』,『무량수경종요』,『금강삼매경론』등을 지었다. 이들 저술 중에서 특히『십문화쟁론』[8]은 그에게 화쟁국사和諍國師의 시호를 추증하는 근거가 되었다. 원효는『십문화쟁론』을 비롯한 자신의 대표적 논저에서 '문門'과 '논論' 즉 '교문敎門'과 '의론依論'의 틀로 논지를 개진해 나갔다. 원효의 대표적인 장소류章疏類 중의 하나인『십문화쟁론』은 축자적이고 즉자적인 주석의 '소疏'와 달리 '창의적이고 대자적인 창작'의 장章이다. 이 때문에 원효 이전에『십문화쟁론』과 같은 창의적 문헌은 발견하기 어렵다. 이러한 창의성을 드러내기 위해서는 그의『십문화쟁론』의 '화쟁'과 용수의『회쟁론』이 보여 주는 '회쟁'과 승랑僧朗의 인용 저술 및 사료들과 혜사慧思의『제법무쟁삼매법문諸法無諍三昧法門』이 보여 주는 '무쟁'의 계보학적 연속성과 불연속성을 살펴보아야 할 것이다. 원효는 전 생애를 '일심一心'과 '화회和會'와 '무애無碍'의 기호로 자신의 생평을 보여 주었다. 그는 '일심'의 기호로 자신의 사상을 표방하였고, '화회'의 핵어로 자신의 논법을 전개하였으며, '무애'의 코드로 자신의 행화를 보여 주었다.

이 글에서는 불교사상사에서 불학자들이 자신의 생각을 어떻게 주장했고, 용수의 '회쟁'과 승랑 및 혜사의 '무쟁' 개념 및 원효의 '화쟁' 개념의 계보학적 연속성과 불연속성을 검토한 뒤 원효의 화쟁과 회통 개념이 지닌 고유성과 독자성을 구명해 보고자 한다. 원효의『십문화쟁론』에 대한 선행 연구에서는 주로 화쟁의 개념[9]과 화쟁의 논리와 근거[10] 및 십문의 의

---

8 音里火 三千幢主 級湌 高金□ 鐫, 「高仙寺誓幢和上碑」"順高, 『起信論本疏廳集記』卷第二末."(『대일본불교전서』제92책, p.103상) "元曉和諍論制作, 陳那門徒唐土來, 有滅後取彼論, 歸天竺國, 了彼陳那末弟歟."(『元曉事抄』제5)
9 趙明基,「元曉宗師의『十門和諍論』연구」『금강저』22(조선불교동경유학생회, 1937). 曉星(趙明基)은 이 글에서 '십문'의 '십'은 '複數의 多'라고 하면서 단간을 통해 ① 報化二身和諍門(見登,『起信論同異略集』), ② 五性成佛義和諍門(均如,『敎分記圓通抄』) ③ 佛性異義和諍門(元曉,『涅槃經宗要』)을 제시하고 있다.
10 朴鍾鴻,『한국사상사: 고대편』(서울: 일신사, 1966); 박종홍,『한국사상사: 불교사상편』(서울: 서문당, 1977); 김운학,「원효의 화쟁사상」『불교학보』15(동국대학교 불교문화연구소,

미와 복원[11]과 화쟁의 시설 의도,[12] 화쟁 논법의 연구 지형[13]을 살피는 데에

---

1978); 박성배,「원효사상 전개의 문제점」, 태암 김규영박사 화갑기념논문집 간행위원회,『김규영박사화갑기념논문집: 동서철학의 제문제』(서울: 서강대학교 철학과 동문회, 1979); 오성환(법안),『원효의 화쟁사상 연구』(서울: 홍법원, 1989); 최유진,「원효의 화쟁사상 연구」(서울대학교 박사학위논문, 1988); 佐藤繁樹,『원효의 화쟁논리』(서울: 민족사, 1996); 金煐泰,「『열반종요』에 나타난 和會의 세계」『원효학연구』3(원효학회/원효학연구원, 1998); 高榮燮,「분황 원효의 和會論法 탐구」『한국불교학』71(한국불교학회, 2014).

11 崔凡述,「『十門和諍論』復元을 위한 蒐集資料」『원효연구논총』(서울: 국토통일원 조사연구실, 1987); 이종익,「원효의 십문화쟁론 연구」『원효의 근본사상』(서울: 동방사상연구원, 1977). 法雲(이종익)은 이 글에서 십문을 화쟁 과제의 열 가지 주제로 파악하면서 ① 空有二執和諍門(『십문화쟁론』), ② 佛性有無和諍門(『십문화쟁론』), ③ 人法二執和諍門(『십문화쟁론』), ④ 佛身異義和諍門(『열반종요』), ⑤ 涅槃異義和諍門(義天,『圓宗文類』화쟁론), ⑥ 佛性異義和諍門(『열반경종요』; 見登,『기신론동이약집』), ⑦ 五性成佛義和諍門(均如,『敎分記圓通抄』), ⑧ 三性異義和諍門(『起信論疏』,『起信論別記』), ⑨ 二障異執和諍門(『二障義』), ⑩ 三乘一乘和諍門(『法華經宗要』)을 제시하고 있다; 이만용,『원효의 사상』(서울: 전망사, 1983). 이만용은 이 책에서 ① 三乘一乘和諍門(『法華經宗要』), ② 空有二執和諍門(『십문화쟁론』), ③ 佛性有無和諍門, ④ 人法二執和諍門(『십문화쟁론』), ⑤ 三性異義和諍門(『起信論疏』,『起信論別記』), ⑥ 五性成佛義和諍門(均如,『敎分記圓通抄』), ⑦ 二障異義和諍門(『二障義』), ⑧ 涅槃異義和諍門(『열반경종요』), ⑨ 佛身異義和諍門(義天,『圓宗文類』화쟁론), ⑩ 佛性異義和諍門(『열반경종요』; 見登,『기신론동이약집』)을 제시하고 있다.

12 이효걸,「원효의 화쟁사상에 대한 재검토」『불교학연구』4(불교학연구회, 2002); 박태원,「원효 화쟁사상의 보편 원리」『철학논총』39(새한철학회, 2004); 최연식,「원효의 화쟁사상의 논의방식과 사상사적 의의」『보조사상』25(보조사상연구원, 2006); 이정희,「『십문화쟁론』의 몇 가지 문제점」『한국불교학』별집(한국불교학회, 2008); 김영일,「원효의 화쟁논법 연구」(동국대학교 박사학위논문, 2008); 김영일,「원효의 空有和諍論」『한국불교학』64(한국불교학회, 2012); 박태원,「『십문화쟁론』공(空)/유(有) 화쟁의 해석학적 번역과 논지 분석」『불교학연구』34(불교학연구회, 2013a); 박태원,「『십문화쟁론』불성(佛性) 유(有)/무(無) 화쟁의 해석학적 번역과 논지 분석」『철학논총』72-2(새한철학회, 2013b); 朴太源,「원효의 화쟁 논법과 쟁론 치유」『불교학연구』35(불교학연구회, 2013c); 김영일,「원효의『십문화쟁론』「佛性有無和諍門」검토」『한국불교학』66(한국불교학회, 2013); 김영일,「원효의 佛身和諍論」『대각사상』23(대각사상연구원, 2015); 高榮燮,「분황 원효의『십문화쟁론』과『판비량론』의 내용과 사상사적 의의」『동악미술사학』19(동악미술사학회, 2016).

13 金相鉉,「원효 화쟁사상의 연구사적 검토」『불교연구』제11·12합(한국불교연구원, 1995); 金相鉉,『원효연구』(서울: 민족사, 2000); 高榮燮,「원효『십문화쟁론』연구의 지형도」『문학 사학 철학』10(대발해동양학한국불교사연구소, 2007); 高榮燮,『분황 원효의 생애와 사상』(서울: 운주사, 2016).

집중해 왔다. 논자는 원효의 『십문화쟁론』의 화쟁 개념의 계보학적 연속성과 불연속성의 고찰과 텍스트의 분석을 통해 원효의 '화쟁'과 '회통' 인식이 어떻게 형성되었고 어떻게 전개되었는지 살펴보고자 한다.

## Ⅱ. 화쟁의 계보학적 연속성과 불연속성

### 1. 용수의 회쟁과 혜사의 무쟁

용수龍樹(150?~250?)는 자신이 지은 『중론』의 법공法空사상이 널리 보급된 이후 그것에 대한 오해를 불식시키기 위해[14] 『회쟁론廻諍論』[15]을 지었다. 특히 그는 공空의 자가당착 내지 자기 모순적 성격을 해명해 내었다. 용수는 이 논서에서 '공'의 논리에 대해 비판과 시비를 거는 상대방을 논박하기 위해 '회쟁'이라는 자신의 입장을 72개의 게偈와 각 게에 대한 자신의 주석을 붙여 반대론자의 질의와 그에 대한 논파[16]로 구성하였다.[17]

---

[14] Chr. Lindtner, *Nagarjuna-Studies in the Writings and Philophy of Nagarjuna* (Delhi: Motial Baranarsidass, 1987) p.70, 각주 70. 찬드라키르티가 지적했듯이 『회쟁론』은 『중론』의 한 절(제1장 3절)을 더 세밀하게 확대 분석한 것으로 『중론』의 부록과 같다. 김영호, 「원효 화쟁 사상의 독특성」, 『철학』64(한국철학회, 2000) p.13에서 재인용. 필자는 용수의 廻諍은 부정적 사유 방식인 空觀에 기초한 破邪가 명시적 목표이고, 혜사, 혜능, 종밀, 연수 등의 無諍은 언어가 도구가 되는 모든 쟁론을 여의자는 선불교의 침묵 속에서 소극적인 태도로 드러나지만, 원효의 和諍은 顯正을 가리키는 적극적인 개념이자 긍정적인 인식 방법이라고 보고 있다.

[15] 김성철 역주, 『범·장·한 대역 廻諍論』(서울: 경서원, 1999). 여기서 논자는 역자의 주장과 같이 龍樹의 저작으로 보고 논의를 전개할 것이다.

[16] 中村 元, 『佛典解說事典』, 정승석 편(서울: 민족사, 1994) p.365.

[17] 松本史郎, 『佛典解說事典』, 정승석 편(1994), pp.499~519. 여기서 필자는 『廻諍論』은 龍樹(원문은 나가르주나)의 眞作이 아니라, 논리학에 대한 흥미가 응성하였던 '논리학 시대' 이후의 5세기경 작품이라고 생각하고 있다. 이렇게 되면 용수의 저작을 부인하는 것이 된다.

회쟁은 '논쟁을 차단한다'는 것이며 『회쟁론』이라는 제목은 '논쟁과 차단' 또는 '논쟁의 차단' 혹은 '논쟁을 차단하는 논서', '논쟁을 되돌리는 논서' 등의 뜻을 품고 있다. 즉 이 저술은 연기에 입각해 일체를 공성과 무자성으로 파악하는 대승 교학의 입장에 서서 다양한 논쟁들을 차단하거나 쟁론들을 되돌리는 텍스트이다. 용수는 자신의 대론자로서 실재론자인 니야야학파(正理論)와 아비달마불교 논자(部派佛敎論者)를 등장시킨다. 제1송에서 제5송까지는 니야야학파의 논박이고,[18] 제6송에서 제20송까지는 아비달마불교 논자의 논박이며, 제21송에서 제70송까지는 '적대자의 논쟁'에 대한 '용수의 차단'으로 구성되어 있다.[19]

용수는 종래에 제시되어 온 '본체' 혹은 '실체' 혹은 '자성'을 부정하고 '모든 사물의 자성은 존재하지 않는다.(無自性)'고 주장하였다. 이에 적대론자들은 '본체 혹은 실체 또는 자성이 존재하지 않는다면 언어도 바로 실체가 없는 것이며 언어에 실체가 없으면 어떻게 그 실체를 부정할 수 있겠는가'라고 논박하였다. 그들은 만일 그렇다면 '모든 사물들은 인(직접 조건), 연(간접 조건), 인과 연의 결합이나, 또 그 이외의 (인과 연의 결합을 떠난) 것과 같은 그 어느 곳에도 자성이 존재하지 않기에 모든 사물은 공하다.'고 하였다. 이러한 논박에 대해 용수는 무자성이란 언어 표현, 무자성의 인식 근거, 자성(實體)의 성립과 불성립에 기초하여 연기-무자성-공성의 학설을 선양하면서 '논쟁을 되돌리고' 있다.

용수는 제70장에서 "또 이런 공성이 드러난 자에게는 모든 의미가 드러난다. 공성이 드러나지 않는 자에게는 그 어떤 것도 드러나지 않는다."고 하였다. 그는 공과 공성은 존재의 본성이며 이에 대해 오해하는 니야야학파와 아비달마불교 논사들의 논박을 돌이켜 주고 있다. 그리고는 제71장

---

[18] 용수의 5部 論書 중 다섯 번째에 드는 『廣破論(Vaidalya)』에서도 정리학파가 주장한 量(pramāṇa, 인식 근거)의 문제가 상세하게 논해지고 있다.
[19] 김성철(1999) p.383.

에서 "공성과 연기와 중도가 하나의 의미임을 선언하신 분, 함께 견줄 이 없는 붓다이신 그분께 예배를 올린다."[20]고 마무리하였다. 이렇게 본다면 용수의 '회쟁'은 '공성과 연기와 중도에 입각하여 모든 논쟁을 차단'하는 것이자 '논쟁을 되돌리는' 개념으로서 사용한 것임을 알 수 있다. 신삼론의 기반을 구축한 고구려의 승랑도 무쟁(법)사無諍(法)師로서 이름을 떨쳤다.[21] 그의 저술은 현전하지 않지만 승전-법랑-혜균/길장-혜자/혜관 등으로 이어진 삼론가들의 저술과 사료들에서 확인되고 있다.

반면 혜사慧思(515~577)의 무쟁無諍은 선정을 통해 무쟁이라는 공의 이치를 터득하도록 인도하고 있다. 혜사는 『제법무쟁삼매법문』 상권에서 그 논지와 개념들을 '무無'와 '비非'의 부정적 표현으로 일관하는 특색을 보여주고 있다. "삼매 수행은 무념과 무생처를 지향하고 들이는 숨(入息)과 내쉬는 숨(出息)의 지향점도 없고 생겨남도 없다. 관심觀心의 대상인 마음도 공하고 그 체도 없다(心空無體)."[22] 나아가 "부처도 없고 열반도 없으며, 설법의 대상인 중생도 없다."[23]

또 "자성이 없음(無性)이 삼매의 대상도 아니고, 또한 자성이 없음도 없음(無無性)이 대상도 아니다. 또한 보이지 않는 것도 긍정할 수 없고(亦非是不見), 보이는 것이 없음도 아님을 긍정할 수 없고(非非無所見), 보이는 것이 없음이 있지도 않으며(無有無所見), 또한 (보이는 것이) 없음이 아님도 긍정할 수 없고(亦非非無), 보이는 것이 없음이 있어서(有無所見) 소득이 있다고 할 수도 없고(不名有所得) 소득이 없다고 할 수도 없다(不名無所得)."고 하였다. 이처럼 혜사는 철저한 부정의 일관을 통해 긍정이 들어갈 틈을 허용하지 않는다. 이러한 화법을 통해 그는 무쟁삼매를 해명하고 있다.

---

20 龍樹, 『廻諍論』, 毘目智仙·瞿曇留支 共譯(541)(K17. 630경; T32); 김성철(1999) p.313.
21 僧朗이 '無諍(法)師'라고 불린 용례는 몇몇 사료와 吉藏의 저술에서 확인된다.
22 慧思, 『諸法無諍三昧法門』(T46.633a).
23 T46.636b.

하권에서 혜사는 도지道智와 도종지道種智와 일체종지一切種智의 지혜가 생기는 근원인 선정 즉 '무쟁無諍'[24]이라는 공의 이치를 이해하여 다른 것과 다투는 일이 없는 선정을 닦도록 하였다. 그는 『반야경』에서 반야바라밀을 중심으로 설하는 것과 달리 모든 수행이 선바라밀의 다른 이름이라고 보아 육바라밀 중에서 선바라밀을 중심으로 회통시키고 있다.[25] 혜사 이외에도 무쟁에 상응하는 다양한 개념(無差別, 無碍 등)을 원용한 이는 혜능惠能(638~713)과 신수神會(?~760) 및 법장法藏(643~712)과 종밀宗密(780~841) 그리고 연수延壽(904~975) 등이 있다.

혜능은 "돈교는 무쟁을 근본으로 하며, 쟁론하는 것은 도의 뜻을 잃고, 법문에 대한 말다툼은 생사윤회로 빠뜨린다."고 하였다. 신회는 "무생행無生行, 무견문無見聞, 무득실無得失, 무언설無言說, 무취사無取捨를 강조하고 어떤 설을 취하는 것(取說)이 쟁론임을 말하면서 무쟁無諍과 무론無論이 곧 무생행이며 천 가지 생각과 만 가지 사려는 이익이 없다."[26]고 하였다. 이처럼 인도불교에서 용수의 회쟁과 중국불교에서 승랑 및 혜사 등의 무쟁은 원효의 화쟁과 연속되기도 하고 불연속되기도 한다. 하지만 원효 이전에 '화쟁'이라는 개념은 찾아볼 수 없기에 '화쟁'은 원효가 창안한 독특한 개념이라고 할 수 있다.

## 2. 원효의 화쟁과 회통 범주

원효의 화쟁은 회통과 비슷한 개념인 것 같지만 같은 개념은 아니다.

---

24 雪岑, 『梅月堂詩集』권12. 조선시대 淸寒 雪岑(金時習, 1435~1493)은 원효를 기리는 비를 쓰면서 '無諍碑'라고 이름을 붙였다. 그는 '국사로 추봉하니 그 이름을 無諍이라'고 하여 和諍을 無諍으로 해석하였다.
25 이병욱, 「南嶽 慧思의 『제법무쟁삼매법문』의 논리구조」 『불교학연구』 4(불교학연구회, 2002).
26 石峻 等 編, 『中國佛教思想資料選編』第2卷 第4冊(北京: 中華書局, 1983) pp.98~99.

그는 먼저 모든 논의를 화쟁하고 나서 뒤에 회통으로 마무리하기 때문이다. 화쟁은 '다양한 쟁론을 화해시킨다'는 점에서 논법의 형식을 갖추어야 한다. 다양한 쟁론(異諍)을 화해시키고, 경문의 회석(會文)을 조화시켜야 하기 때문이다. 반면 회통은 '이치에 맞추어 모아서 통한다'는 점에서 논리의 형식을 갖추지 않아도 된다. 먼저 방편적인 언교들을 통합하고, 뒤에 실제적인 도리들과 회합하기 때문이다. 이것은 곧 '글이 서로 다른 것을 통합'한 뒤 '뜻이 서로 같은 것을 회합'하는 것이기 때문이다.

원효는 7세기 동아시아에 소개된 여러 불교 이론에 대한 대립과 갈등을 해소하기 위해 화쟁 논리와 회통 논법을 제시하였다. 그 근거와 방향은 '여러 경전의 부분部分적 이해의 통합'과 '온갖 흐름의 일미一味적 귀결' 및 '부처의 뜻의 지공至公적 전개'와 '백가百家의 뭇 주장의 조화(和會)'였다.

> 여러 경전의 부분部分적 이해를 통합하여
> 온갖 흐름의 한 맛(一味)으로 돌아가게 하고,
> 부처의 뜻의 지극히 공정함(至公)을 전개하여
> 백가百家의 뭇 주장을 화회和會시킨다.[27]

이 '화회게'는 사실상 『열반경』이 그렇다는 것이지만 그 함의는 『열반경』에만 제한되지 않는다. 이 경전은 부처가 가장 나중 설한 경전이라는 점, 이전에 시설한 수많은 경전의 지공至公적 관점을 제시하는 점, 그리고 그가 대립과 갈등을 화쟁하고 회통하기 위해 일미一味로 화회和會시키는 점 등에서 이 게송의 함의는 모든 경전에게로 확장되고 있다.[28]

그런데 '화회게'와 같이 화회를 시키기 위해서는 사구 논리를 원용하여

---

[27] 元曉, 『涅槃經宗要』 "統衆典之部分, 歸萬流之一味, 開佛意之至公, 和百家之異諍."(H1. 524a)
[28] 高榮燮(2014).

사구 분별을 극복해야 한다. 즉 '유'와 '무' 두 개의 항이 만들어 내는 경우의 수가 네 개인 것처럼 네 개의 판단 유형인 사구 논리를 원용하여 사구 분별을 화쟁하고 회통할 수밖에 없다. 대개 우리가 만유의 존재를 '유有'와 '공空'으로 판정할 때에 제1구의 '유有'는 정립, 제2구의 '공空(즉 無)'은 반정립, 제3구의 '역유역무亦有亦無(즉, 俱有)'는 긍정+긍정을 긍정 중심으로 모은 긍정 종합, 제4구의 '비유비무非有非無(즉, 俱無)'는 비긍정+비부정을 부정 중심으로 모은 부정 종합이다.

이 때문에 앞의 두 구를 양단兩單이라 하고, 뒤의 두 구를 구시구비俱是俱非 또는 쌍조쌍비雙照雙非라고 한다. 화쟁 논리와 회통 논법은 유(然), 무(不然), 역유역무(亦然亦非然), 비유비무(非不然) 사구 논리의 원용과 사구 분별의 극복을 통해야만 한다. '유'와 '공'에 기초한 사구 분별, 즉 사방四謗은 증익방(有), 손감방(無), 상위방(有亦無), 희론방(非有亦無)의 네 가지 사유 형식이며 이것의 극복을 통해 화쟁과 회통이 가능하다.

'사방四謗'은 어떠한 형상을 취하지 않는 그렇고 그러한(如如) 진리에서 무엇인가를 보태고 더하는 소견(增益)과 그렇고 그러한 진리에서 어떤 형상을 빼어 내고 덜어 내는 소견(損減) 및 증익과 손감이 동거하는 소견(相違)과 증익과 손감이 배제되는 소견(戱論, 愚癡)으로도 설명된다. 원효는 『무량수경종요』에서 사구 분별에 대해 자세히 거론하고 있다.

① 혹 어떤 이는 다른 것에 의지하고 있다는 생각에 얽매여 실제로 있다고 여겨 증익의 극단(增益邊)에 떨어진다.
② 혹 어떤 이는 인연으로 생긴다는 생각에 얽매여 텅 비어서 있는 것이 없다고 여겨 손감의 극단(損減邊)에 떨어진다.
③ 혹 어떤 이는 방편적으로 있지만 진실하게는 없다고 헤아려 모두 두 극단을 등지고 상위의 담론(相違論)에 떨어진다.
④ 혹 어떤 이는 있는 것도 아니요 없는 것도 아니라고 헤아려 중간

이라는 극단 하나에 집착하여 우치의 담론(愚癡論)에 떨어진다.[29]

원효는 '유'와 '공' 두 개념에서 비롯되는 사구(四句), 즉 네 가지 사유 형식에 근거한 사방(四謗), 즉 사구 분별을 제시한 뒤 증익견과 손감견을 중심으로 해명해 나갔다. 이것은 모든 존재자는 '있음(實體)'과 '비어 있음(非實體)', 즉 '있는 것'과 '텅 빈 것'의 두 축으로 해명할 수 있기 때문이었다. 존재자에 대한 긍정과 부정은 앞의 두 구인 증익의 극단과 손감의 극단에서 시작되고 소멸하기 때문이다. 뒤의 두 구인 긍정 종합과 부정 종합은 언어와 논리의 세계에서만 가능한 것이기 때문이다.

「고선사서당화상비」와 『십문화쟁론』의 서두에 실려 있는 것처럼 부처가 살아 있을 때에 사람들은 불설(佛說)만이 진리라고 확고하게 믿었다. 금구(金口)의 불설이 존재하는 한 교단 내에는 이설(異說)이 없었다. 하지만 부처가 열반에 든 뒤로는 이러한 사구 분별에 의한 이설들이 생겨나왔다. 결국 사람들은 각기 '증익'과 '손감' 등의 '양단(兩單)'에 매여 결정적으로 자신의 주장만이 옳다고 하였고, 결정적으로 타인의 주장은 그르다고 주장하였다. 이러한 견해들이 쟁론을 일으켜 서로가 다투고 싸웠다.

부처의 입멸 이후 불교 경장과 율장이 결집된 이래 율장의 해석 문제로 상좌부와 대중부로 분열되었다. 마찬가지로 원효가 살았던 7세기에도 여러 경론에 보이는 중관(空性)과 유식(假有) 교문의 상이, 구역과 신역 유식의 갈등, 일승과 삼승의 길항, 불성 유무의 대립 등 여러 불교 이론들에 대해 논쟁하였다. 이들은 자기 종파의 소의경론이 주장하는 논설이 옳고 다른 종파의 소의경론이 주장하는 논설은 옳지 않다고 주장하였다. 이러한 주장들이 동아시아 사상계에 커다란 쟁점이 되어 있었다.

원효는 이들의 주장들을 각기 '문(門)'으로 분류하고 '논(論)'으로 해석하여

---

[29] 元曉, 『無量壽經宗要』(H1.516b).

화쟁하고 회통하였다. 이 과정에서 그는 부처의 중도의 교설에 입각하여 각 '문'들, 즉 각 '교문' 혹은 각 '계통'의 서로 다른 주장들을 화쟁하고 회통하였다. 원효는 현존『십문화쟁론』의 제2문인 불성유무화쟁문에서『유가론』,『현양론』 등에 의거하여 연기문,『열반경』 등에 의거하여 의지문을 세우되, 오성 차별을 밝히는 문구에 의하여 의지문을 세우고, 개유불성을 밝히는 문구에 의하여 연기문을 세워 화쟁하고 있다.[30]『열반경종요』에서는 취심론과 약연론을 원용하여 회통하고 있다.[31] 이처럼 원효는 상위로 시설한 '문'과 하위로 분류한 '논'을 통해 많은 대립을 해소시켜 나갔다.

## III. 다문과 십문의 범위와 주제

### 1. 다문과 십문의 정의와 범위

우리가 알다시피 원효의 저술 제목에 '화쟁'이라는 용어를 제목에 담고 있는 것은『십문화쟁론』뿐이다. 상하 두 권으로 저술된『십문화쟁론』은 현재 단간 일부만이 남아 있다. 이 단간본은 원본 일부만이 해인사 국간장國刊藏 경판과 구분된 사간장寺刊藏 경판으로 봉안되어 있다. 1937년에 해인사에서는『고려대장경』 두 부를 인쇄 간행印刊하는 불사를 준비하였다. 이를 위해 국간장과 사간장 장경을 정리하는 과정에서 남아 있는 잔간 2판 4장(상권 제9, 10, 15, 16장)이 발견되었다. 이 상권에는 현재 2문의 '화쟁문'이 확인되고 있다. 그런데 나머지 문과 관련된 것으로 보이는 하권의

---

30 均如,『釋華嚴敎分記圓通鈔』卷3(H4. 326a).
31 元曉,『涅槃經宗要』(H1. 541c). 특히 원효는『열반경』「가섭품」을 宗要하면서 1) 二門으로 드러내기 위해서, 2) 因果로 구별하기 위해서, 3) 四意를 나타내기 위해서, 4) 二邊을 가리기 위해서 사구 분별을 네 가지 뜻으로 간략하게 구분하고 있다.

말미에 해당하는 제31장이 남아 있다고 하지만 원본 경판은 확인되지 않고 있다.[32]

원효 연구자들 사이에서는 『십문화쟁론』에서 '십문十門'이 여러 개의 교문을 나타내는 '제문諸門' 즉 다문多門을 뜻하는 것이냐, 아니면 열 개의 교문을 드러내는, 말 그대로 '십문十門'을 뜻하는 것이냐의 주장들이 있어 왔다. 『십문화쟁론』에 일찍부터 주목해 온 조명기는 "십문의 '십'은 '복수의 다'(多)를 표(表)함이요 결코 일정한 수량을 지시함이 아니다. 그러므로 '백가'(百家)나 '십문'이나 동의(同意)일 것이다. '이문'(二門)은 선(禪)과 교(敎)를 가리킴이니 선교를 다시 합하여 일원화(一元化)하고자 하는 것"이라고 하였다.[33]

또 조명기는 "신라시대부터 오교구산(五敎九山)이 성립되었으나 교파(敎派)는 신라 초에 분열이 되었고, 선파(禪派)는 중엽 이후이다. 혼돈에서 분열에의 과정과 분열 직후의 풍기세력(風紀勢力)은 가히 진작할 수 있다. 이 기미(氣味)를 추지(推知)한 위인에게는 반드시 신운동이 기립(起立)할 것이다. 고로 『십문화쟁론』은 이에 응함이요, 원효사상의 결론이다. 이 논은 원효와 동시대 학자는 별로 알지 못하고, 조금 후대인이 애독 인용한 것을 보면 원효 만년의 저작임을 추측할 수 있다."[34]고 하였다.

조명기의 주장을 따른다면 '십문'은 열 개의 문이 아니라 '화쟁의 대상이 되는 모든 것들'이라는 의미가 된다. 아울러 그의 주장처럼 『십문화쟁론』이 '원효사상의 결론'이라는 관점에 선다면 원효에게 있어 이 저술의

---

32 원효, 『十門和諍論』(H1.840); 최범술, 「『十門和諍論』復元을 위한 蒐集資料」, 『원효연구논총』(서울: 국토통일원, 1987) p.969; 채원화, 『효당 최범술 문집』 1권(서울: 민족사, 2013) pp.217~312. 여기서 효당은 『십문화쟁론』 복원을 시도하면서 맨 마지막에 실려 있는 1페이지의 마멸된 판목(31장)을 '화쟁론 殘闕 장의 未詳을 補塡'이라고 하여 단간 본문의 말미에 이 殘卷 편목을 편입시키고 있다.
33 趙明基(1937) p.31.
34 趙明基(1937) p.31.

위상은 남다르다고 할 수 있다. 이것은 화쟁을 원효사상의 핵심 기호로 보는 조명기의 시각이지만 '일심의 근원으로 돌아가게 하는(歸一心源)' 방법이자 매개항이 '화쟁'이라는 점에서 보더라도 시사하는 바가 있다. 아울러 중생들을 풍요롭고 이익되게 하는 무애행으로 나아가게 하는 방법이자 매개항이 '화쟁'이라는 점에서도 동일한 시사를 받을 수 있다.[35]

반면 이종익은 십문을 "화쟁 과제의 가장 핵심이 되는 열 가지 종류"[36]라고 주장하였다. 이것은 원효가 이 저술에서 보여 주고 있는 것처럼 십문은 그가 화쟁하고자 하는 열 가지 대상의 주제라는 말이다. 그는 공유空有의 이집, 아법我法의 이집을 비롯한 모든 시비是非, 쟁론爭論을 조정, 화회하여 일승성불一乘成佛의 길로 인도하기 위해 이 저술을 지었다고 했다. 그 근거는 원효의 『법화경종요』에서 "'삼승즉일승(三乘卽一乘) 무량승즉일승(無量乘卽一乘)이라는 선언이 화쟁의 대원칙인 동시에 십문의 총(總)이 된다'는 것을 자신하게 되었다."[37]는 주장으로 이어진다.

김상현은 '십문'의 의미를 열 개로 제한해 보는 이종익의 입장보다는 백가와 같은 뜻으로 보는 조명기의 입장이 타당하다고 밝히고 있다. 나아가 그는 『법화경종요』에 나오는 "일체의 타의가 모두 다 불의(佛義)고, 외도(外道)의 갖가지 다른 선도 모두 일승(一乘)"이라는 말을 함께 고려한다면, 도교나 유교까지 다 예상하고 화쟁의 문제를 다루고 있었다고 하였다.[38] 박태원 역시 『십문화쟁론』을 '관점을 성립시키는 열 가지 연기적 인과계열에 관한 화쟁 이론' 혹은 '관점을 성립시키는 조건들의 열 가지 연기적 인과계열로써 화쟁하는 이론'으로 읽는 것이 타당하다면 "『십문화쟁

---

35 高榮燮(2007) pp. 149~151.
36 李鍾益,「원효의『십문화쟁론』연구」, 高榮燮 편,『한국의 사상가 10인: 원효』(서울: 예문서원, 2002) p. 270.
37 李鍾益(2002) pp. 270~271.
38 金相鉉(2000) pp. 338~339.

론』에서 거론하는 주제나 쟁론의 유형은 열 가지로 확정할 수 없으며, 열 가지 이하일 수도 있고 이상일 수도 있다."고 보았다.[39]

따라서 이 논서의 완결본이 몇 개의 화쟁문을 시설하고 있는지는 단정하기 어렵다. 현존하는 제9장과 제10장의 '공유이집화쟁문'과 제15장과 제16장의 '불성유무화쟁문'이 완결된 형태로 보이지 않는다는 점 등을 고려해 볼 때 이 텍스트의 '십문'은 이종익의 '열 가지의 종류'라기보다는 조명기의 '복수의 많음'인 다문多門 즉 제문諸門을 나타내는 것으로 보는 것이 더 설득력이 있어 보인다.

## 2. 다문 혹은 십문의 분량과 주제

현존 단간본을 기준으로 보면 『십문화쟁론』 내의 '문'의 숫자가 얼마인지, '문'의 순서는 어떻게 되는지, 그리고 '문'의 분량이 얼마나 되는지를 확정하기는 어렵다. 다만 현존 '공유이집화쟁문'(제9장, 제10장), '불성유무화쟁문'(제15, 제16장)의 분량에 의거하여 각 1문의 화쟁문 분량이 각기 두 장(二張) 정도 혹은 그 이상의 분량 속에서 논의되고 있다는 것을 전제로 할 때 위에서 언급한 것처럼 『십문화쟁론』(상하 2권)의 전체는 적어도 20장 이상은 될 것이다. 동시에 현존하는 '공유이집화쟁문', '불성유무화쟁문'의 분량과 내용을 전제로 추정해 볼 때 각 문의 분량을 적어도 2장씩만 배치한다고 하더라도 상·하권에 실린 화쟁문은 10문 이상은 되었지 않았겠는가라고 짐작해 보고 있다.[40]

---

39 朴太源(2013) pp. 158~159.
40 김영일(2013) pp. 200~202. 여기서 필자는 제9장과 제10장은 '공유이집화쟁문'의 '끝부분'만을 나타내고, 제15장과 제16장은 '불성유무화쟁문'의 '중간 부분'만을 나타내며, 제31장에 대해서는 학계에서 강한 불신이 있다는 점을 고려해 받아들이기 어려우며 자신은 '十門'을 문자 그대로 '10가지 문'으로 해석하는 이종익의 설에 찬성한다고 하였다. 또 그는 '공유이집화쟁문'이 이 논의 제1문인 총론에 해당한다며 서문과 총론인 제1문의 비중을

이렇게 본다면 십문의 '십'의 의미는 '복수의 많음'으로 보든, 열 가지 종류로 보든 모두가 화쟁의 대상이 되는 것들에 대한 범주로 볼 수 있다. 다만 '복수의 많음'으로 볼 때 화쟁의 주제는 '열 가지'에 한정되지 않는다는 의미를 지니며, '열 가지 종류'로 볼 때 화쟁의 대상은 열 가지 주제로 한정된다는 차이를 지닌다. 완본이 몇 장으로 이루어졌는지 알 수 없지만, 잔문 제9장, 제10장이 공유空有 이집의 화쟁을, 제15장, 제16장이 불성佛性 유무의 화쟁[41]을, 잔결문(최범술 복원문 제31장[42])이 아법我法 이집의 화쟁을 논하고 있듯이 전체 장 중에서 각 두 장(二張)이 하나의 주제를 일 화쟁문一和諍門으로 설정하여 논하는 것으로 미루어 볼 때 이 저술은 적어도 20장 이상의 분량이 될 것은 분명해 보인다.[43]

이 원본의 용례와 다른 원효의 저술에서 '문'은 '교문' 혹은 '법문' 또는 '양상'을 가리킨다. '측면' 또는 '계통' 혹은 '계열'[44]을 가리키기도 한다. 그

---

고려하면, 제1문은 제2장에서부터 제8장 내지 제11장까지 기록될 가능성이 크다고 전제하고, '불교역사상 공유 논쟁이 차지하는 비중'이나, '원효의 저서에서 확인할 수 있는 원효가 화쟁에 임하는 태도' 등을 고려해 볼 때, '공유이집화쟁문'은 『십문화쟁론』의 '총론'에 해당될 가능성이 높아 보이며, 그렇다면 제15장과 제16장이 '내용상' 불성유무화쟁문의 '중간 부분'에 해당되는 점을 고려할 때, 이 문은 이 논의 둘째로 등장하는 문일 가능성이 매우 높아 보인다고 하였다.

41 물론 현재의 '공유이집화쟁문'과 '불성유무화쟁문'의 원문이 일부가 아니라 온전한 화쟁문인지는 단정하기 어렵다. 제16장 마지막 부분의 "又汝難云, 有滅無"로 미루어보면 현존 판본은 불완전한 화쟁문으로 볼 수밖에 없다.
42 이정희(2008) p.332. 필자는 발견된 제31장에 대해 『二障義』의 일부일 것으로 보았다. 그는 제31장을 발견한(1937) 최범술 자신도 이것이 『이장의』의 일부라는 것을 알고 있었을 것이라고 하였다. 하지만 목록집이 간행될 때(1971)가 발견된 것보다 34년 후이기 때문에 조사를 마친 후 별 관심 없이 갈무리해 두었다가 복원 당시 그러한 사실을 잊은 것이라고 추정하였다.
43 高榮燮(2016) pp.149~151. 이정희의 지적대로 최범술이 복원하고 보전한 제31장은 『이장의』(H1.813c~814a) 끝부분에 해당되므로 현재는 제9장, 제10장과 제15장, 제16장으로 볼 수밖에 없다. 『십문화쟁론』이 종래의 여러 저술을 펴낸 뒤에 그들의 논의를 종합하여 구성하였을 것으로 짐작되지만 현 단계에서는 『이장의』의 말미 부분으로만 한정해 보고자 한다.
44 김형효, 『원효의 대승철학』(서울: 소나무, 2006). 저자는 '門'을 '系列'로 풀고 있다. 박태원,

는 『대승기신론』의 이문 일심 구조에 의해 『대승기신론소』에서 일심을 생멸연기적 전개(開)와 환멸연기적 수렴(合)으로 갈라서 설명한다. 『이장의』에서는 현료문과 은밀문으로, 『열반경종요』45에서는 '화쟁문'46과 '회통문'47으로. 그리고 그 하위에서는 취심론就心論과 약연론約緣論 등으로 나누어 해명하고 있다.48

이렇게 원효가 두 문으로 범주화해서 나눠 보는 것은 화회 즉 화쟁하고 회통하기 위해서이다. 그의 다른 저술인 『금강삼매경론』, 『대승기신론소』, 『십문화쟁론』(斷簡本)49, 『본업경소』, 『미륵상생경소』 등에서는 각 '문'을 통해 화쟁하고 회통하는 '화회和會'의 용례를 볼 수 있다. 원효의 『십문화쟁론』이 온전히 남아 있지 않아 '문'의 용례를 자세히 알 수는 없다.50

---

『원효의 十門和諍論』(서울: 세창출판사, 2013d) p. 21. 저자는 '門'의 개념을 '견해/관점/이해를 성립시키는 조건들의 인과 계열', '견해 계열의 의미 맥락'이라고 풀고 있다. 또 그는 "쟁론의 문제 해결을 위해 실제로 요구되는 것은, '긍정과 부정 및 극단적 견해의 내용 여하를 변별하는 경계선을 적절하게 설정할 수 있는 능력'이며, 긍정과 부정의 적절한 경계선을 포착하는 능력이 수반되지 않는 '긍정·부정의 자재'는, 공허할 뿐 아니라 위험하기조차 하다."고 하였다.

45 元曉는 慧嚴과 慧觀 및 謝靈運 등이 6권 『大般泥洹經』(法顯 譯)과 北本 『大般涅槃經』(曇無讖 譯)을 손질하여 완성시킨 南本 36권 『열반경』을 底本으로 삼아 저술하였다.

46 元曉는 『涅槃經宗要』를 저술하면서 전체 4문 중 II. 廣開分別門, 2. 明教宗, 1) 涅槃門, (6) 四德門, ④ 和諍門으로 科文을 펼치고 있다. 화쟁문은 다시 '次第4. 明和相諍論'으로 시설하여 풀고 있다.

47 元曉는 『涅槃經宗要』를 저술하면서 전체 4문 중 II. 廣開分別門, 2. 明教宗, 2) 佛性(義)門, (6) 會通門으로 科文을 펼치고 있다. 會通門은 다시 ① 通文異와 ② 會義同으로 나누어 풀고 있다.

48 김영일(2008) p. 138. 논자는 원효 저술의 宗要類(47개), 註疏類(16개), 創作類(4개)의 전수조사를 통하여 '주장', '논란', '회통'의 세 가지 부분으로 나누고 원효의 각 저술에 나타난 화쟁 사례를 67개로 정리하였다. 이 중 26개 사례에서 이러한 二門을 설정하여 회통하였다고 하였다.

49 현존하는 『十門和諍論』 단간본에는 '空有異執화쟁문'과 '佛性有無화쟁문' 및 '我法異執화쟁문' 세 문 밖에 남아 있지 않다. 하지만 崔凡述의 제3문의 복원에 대해서는 이정희의 문제 제기가 있다. [이정희(2008) pp. 329~332]. 한편 李鐘益과 崔凡述 및 李晩容은 10문으로 복원해 놓았다.

50 『十門和諍論』에서 '門'의 함의에 대해 '열 가지 部門' 정도의 의미로 볼 수도 있을 것이다.

하지만 이 저술을 인용하고 있는 후대 불학자들의 '문'의 사용례에서도 그가 사용한 교문의 모습을 그려볼 수 있다.

## Ⅳ. 『십문화쟁론』 현존 이문의 화쟁 논법

### 1. 공집과 유집의 동이 화쟁

살펴 온 것처럼 현존하는 『십문화쟁론』은 단간본 일부만이 벌레(좀)에 먹힌 채 해인사 사간장본으로 남아 있다. 이 때문에 그의 『십문화쟁론』은 전체를 제대로 파악하기가 쉽지 않다. 원효와 이후 불학자들의 저술에 인용된 부분들을 집일해 본다고 하더라도 마찬가지이다. 우선 여기서는 현존 단간본과 집일본을 중심으로 논의를 전개시키고자 한다.

현존 『십문화쟁론』의 서두는 「고선사서당화상비」[51]의 구절을 옮겨온 것이다. 이 구절은 『십문화쟁론』의 성가가 얼마나 높았는지를 알려줄 뿐만 아니라 이 저술이 중국과 인도[52]에까지 알려졌음을 시사해 주고 있다. 이 문장은 논서의 취지와 내용을 잘 보여 주기 때문에 산일된 부분을 채우기 위해 현존 『십문화쟁론』에는 이 부분을 부가해 넣고 있다.

---

하지만 원효의 글에 나타난 '門'의 의미와 관련시켜 해석해 보면 '門'은 '部門'의 의미를 넘어 '敎門' 혹은 '法門' 등의 의미로도 확장되고 있어 '부문' 정도의 제한적 의미보다는 '方式'의 의미가 더 가까울 것으로 생각된다.

[51] 원효의 행적을 기리는 비는 高仙寺와 芬皇寺에 세워졌다. 「高仙寺碑」는 13세의 어린 나이로 즉위한 哀莊王(800~809) 때 당시 角干이자 왕의 숙부로서 섭정하였던 金彦昇(후에 憲德王)이 왕명을 받들어 세운 것이다. 「芬皇寺碑」는 고려 숙종 때 대각국사 義天이 주청하여 '和諍國師' 시호가 내려진 이래 명종(1179~1197) 때 平章事 韓文俊이 글을 써서 세운 것이다.

[52] 順高, 『起信論本疏聽集記』(1254~1261), 卷第二末(『大日本佛敎全書』 제92책, p.103). 이 글 주 8 인용문 참조.

여래가 세상에 계실 적에는 온전한 가르침(圓音)에 의지하였지만, 중생들이 …… 빗방울처럼 흩뿌리고 헛된 주장들이 구름처럼 내달리며, 나는 옳지만 남은 그르다고 말하기도 하고, 나는 그렇지만 남은 그렇지 않다고 주장하여, (그 상이한 견해들의 주장이) 황하의 물(黃河)과 한강의 물(漢水)을 크게 이루었다. …… (공空을 싫어하고 유有를 좋아하는 것은 마치) 산을 (버리고) 골짜기로 돌아가는 것과 같고, 유를 싫어하고 공을 좋아함이 마치 나무를 버리고 큰 숲으로 달려가는 것과 같다. 비유컨대 청색과 남색은 몸체를 같이하고, 얼음과 물은 근원을 같이하며, 거울은 모든 형상을 받아들이고, 물은 (수천 갈래로) 나눠지는 것과 같다. …… (유有와 공空에 관한 주장들을) 통하게 하고 화합하게 하여(通融) 서술하고는 『십문화쟁론』이라고 이름하였다. 수많은 사람들이 (이 책에) 동의하며 모두 '훌륭하다'고 칭송하였다.⁵³

『화엄종요』 언급에 이은 비문의 내용에서처럼 이 『십문화쟁론』은 동아시아에 머물지 않고 서아시아까지 전해진 것으로 추정된다. "(당나라에 왔던 인도의 진나陳那 문도가 『십문화쟁론』을 읽고는) 찬탄하여 덩실덩실 춤을 추었다. [『십문화쟁론』을 범어로 번역하여 곧 ⑺ 사람에게 부쳐 보냈으니, 이것은 (바로) 그 나라(천축) 삼장법사가 『십문화쟁론』을 보배처럼 귀하게 여겼던 까닭을 말하는 것이다.]" 이로써 당시 원효의 『십문화쟁론』에 대한 평판과 위상을 미루어 짐작해 볼 수 있다. 그러면 무엇이 『십문화쟁론』을 동아시아를 넘어 서아시아로 전해질 정도로 국제적인 텍스트로 만들었을까?

『십문화쟁론』은 7세기 당시 동아시아 불교사상사에서 논의되었던 주요

---

53 音里火 三千幢主 級湌 高金口 鐫, 「高仙寺誓幢和上碑」.

한 문제들을 총망라하고 있었다. 당시 동아시아 사상계는 구마라집-진제-보리유지 삼장의 구역 이후 현장-의정 삼장의 신역과 함께 중관(空性)과 유식(假有)의 상이한 교문, 구역과 신역 유식의 갈등, 일승과 삼승의 대립, 불성 유무의 대립 등 여러 불교 이론들이 새롭게 제기되었다. 그리하여 이들 불교 이론들에 대한 사상가들의 견해가 서로 길항하면서 다양한 쟁론이 일어났다. 이에 원효는 이들 사유체계를 부처의 일심에 의해 정리할 필요를 느끼고 있었다.[54]

현존하는 『십문화쟁론』은 1장에서 8장까지는 산일되었다. 이어 9장과 10장 및 15장과 16장이 남아 있어 이들을 중심으로 살필 수밖에 없다. 현존하는 공유이집화쟁문이 제1문의 서문이자 총론인지는 확정할 수 없다. 다만 대승불교의 출발 기점을 불탑 신앙의 흥기, 불전문학의 탄생, 대승경전의 편찬 등으로 볼 때 『십문화쟁론』의 서두는 이종익의 복원 1문처럼 삼승과 일승의 화쟁문이 될 수도 있겠지만 반야중관학과 유가유식학으로 대변되는 두 교학의 기호로 대비되는 '공(공성)'과 '유(가유)'에 대한 집착을 화쟁시키는 문으로 보는 것도 문제가 될 것은 없다고 생각된다. 그러면 먼저 공유의 동이 화쟁, 즉 공집과 유집의 화쟁문에 대해 살펴보기로 하겠다.

1) '공과 유는 다르지 않다'는 주장

'있음(有)'[55]이라고 한 것에 대해 말하자면, 이 '있음'이라고 허용한

---

54 高榮燮(2014); 高榮燮(2016) p.151.
55 논자는 '有'와 '無'와 '空'을 명사형의 '있음'과 '없음'과 '비어 있음'이라는 존재론적 번역보다는 동명사형의 '있는 것'과 '텅 빈 것'이라는 생성론적 번역이 더 적확하다고 생각한다. 하지만 여기에서는 논리사상을 드러내기 위한 '기호'적인 의미를 고려하여 '있음'과 '없음'과 '비어 있음'으로 대비해 번역한다. 번역은 張無垢 譯註本『국역 원효성사전서』권5(서울: 대한불교효종 원효전서국역간행회, 1988)]과 朴太源 譯註本(2013d)의 번역을 참고하면서 논자가 번역하였다.

것은 '비어 있음(空)'과 다르지 않다. 그러므로 비록 앞에서처럼 '있음' 이라고 말하여도 보태어서 늘어나는 것(增益)이 아니다. '있음'이라는 것은 가설로서 허용한 '있음'이기 때문에 실제로 '있음'이 되는 것은 아니다. 이렇게 '있음'이라고 허용한 것이 '있음'에 떨어지지 않는 것도 아니다. 그렇기 때문에 그것은 다시 뒤에서 말한 '비어 있음'과 같은 것이지만 그렇다고 덜어내어 줄어드는 것(損減)이 아니다. 앞에서 말한 실제로 이 '있음'이라는 것은 바로 '비어 있음'과 다르지 아니한 '있음'이고, 뒤에서 말한 '있음'에 떨어지지 않는다는 것은 '비어 있음'과 다른 '있음'에 떨어지지 않는 것이다. 이 때문에 ('있음'과 '비어 있음'이) 모두 허용되어 서로 어긋나지 않는다. '그렇지 않음'이 아닌 까닭에 '있음'과 '비어 있음'이 모두 허용되고, 또한 '그렇지 않은 것'이 아니기 때문에 모두가 허용되고, 그렇지 않기 때문에 모두가 허용되지 않는다. 이 '그렇지 않음'과 '그러함'은 다르지 않으니, 마치 '있음'이 '비어 있음'과 다르지 않은 것과 같다. 이 때문에 비록 ('있음'과 '비어 있음'을) 모두 허용하지는 않지만 또한 근본 종지를 잃지 않는다. 그러므로 ('있음', '없음'/'비어 있음', '있기도 하고 없기/비어 있기도 함', '있는 것도 아니고 없는 것/비어 있는 것도 아님'의) 사구四句를 모두 주장하더라도 모두 과실을 벗어날 수가 있는 것이다.[56]

만유의 제법을 '유(있음)'와 '무(없음)'/'공(비어 있음)'으로 판정할 때에는 '유'의 정립, '무'/'공'의 반정립, '역유역무/공'의 긍정 종합, '비유비무/공'의

---

[56] 元曉, 『十門和諍論』 "有, 此所許有, 不異於空. 故雖如前而非增益, 假許是有, 實非墮有, 此所許有, 非不墮有. 故雖如後而非損減. 前說實是有者, 是不異空之有, 後說不墮有者, 不墮異空之有. 是故俱許而不相違, 由非不然, 故得俱許, 而亦非然, 故俱不許. 此之非然不異於然, 喩如其有不異於空, 是故雖俱不許而亦不失本宗, 是故四句並立而離諸過失也." (H1. 838a)

부정 종합으로 이루어진다. 앞의 두 구를 양단兩單 즉 증익(상견)과 손감(단견)이라 하고, 뒤의 두 구를 '구시구비俱是俱非' 혹은 '쌍조쌍비雙照雙非'라고 하니 곧 상위와 희론(우치)이다. 원효는 '공'('/'무')과 '유'가 다르다는 '공집'과 '유집'의 쟁론을 치유하기 위해 '공'('/'무')과 '유'는 다르지 않다고 화쟁하고 있다.

2) '공과 유는 다르지 않다는 주장은 과실이다'라고 하는 비판

문: 비록 증거를 대어서 모든 난점(妨難, 疑問)을 벗어나려 하지만 말로써 표현할 수 없는 그 깊은 뜻(言下之旨)은 더욱 더 이해할 수 없다. 당신의 말처럼 '그 있음(有)'이 '비어 있음(空)'과 다르지 않다는 것은 비유를 끌어들여도 본래의 뜻은 아직 이해가 되지 않는다. 왜냐하면 만일 실제로 이것이 '있음'이라고 하면 '없음'과는 다른 것이 된다. 마치 소의 뿔이 토끼의 뿔과 같지 않은 것과 같다. 만일 '비어 있음과 다르지 않다'고 하면 결정코 이것은 '있음'이 아니다. 마치 토끼의 뿔이 '비어 있음'/'없음'과 다르지 않은 것과 같다. 지금 이것이 '있음'이지만 '비어 있음과 다르지 않다'고 말하니 세간에 이와 같은 것은 없다. 어떻게 성립할 수 있겠는가? 설사 같은 비유로 '비어 있음'과 다르지 않다고 주장해도 앞의 추리(比量)로 말미암아 주장을 관철할 수 없는 논거(不定因)의 과실을 범하게 된다.[57]

반론자와 같이 여러 질문을 세워서 눈에 보이고 손에 잡히는 가시적이

---

[57] 元曉,『十門和諍論』"問: 雖設徵言, 離諸妨難, 言下之旨, 彌不可見. 如言其有, 不異於空, 此所引喩, 本所未解. 何者? 若實是有, 則異於無. 喩如牛角, 不同兎角. 若不異空, 定非是有. 喩如兎角, 無異於空. 今說是有而不異空, 世間無類, 如何得成? 設有同喩, 立不異空, 由前比量, 成不定過."(H1.838ab)

고 물리적인 것만을 존재하는 것으로 파악하는 이들은 '공'과 '유'를 다르다고 보기 마련이다. 그들에게 공은 없는 것이고 유는 있는 것으로만 이해되기 때문이다. 하지만 '비어 있음'의 '공'과 '있음'의 '유'는 비실체성이라는 점에서 보면 다르지 않다.

### 3) '공과 유는 다르지 않다는 주장은 과실이다'라고 하는 비판에 대한 재비판

답: 당신이 비록 교묘한 방편으로 여러 가지 의문을 내세우고 있지만, 다만 말을 힐난하는 것이지 뜻에 미치지는 못한다. 끌어들인 비유들도 모두 성립되지 않는다. 왜냐하면 소의 뿔은 '있음'이 아니며 토끼의 뿔은 '없음'이 아니기 때문이다. 당신이 선택한 것은 다만 언어일 뿐이다. 그러므로 나는 '언어에 의지하여(寄言說) 언어를 떠난 진리(絶言之法)'를 드러내고자 한다. 마치 '손가락에 의지하여(寄手指) 손가락을 떠난 달을 보여 주는 것(離指之月)'과 같은 것이다. 당신은 지금 오직 말대로 뜻을 취하여 말로 할 수 있는 비유를 끌어들여 언설을 여읜 진리를 힐난하는데 단지 손가락 끝을 보고 그것이 달이 아니라고 비난하는 것과 같다. 그러므로 비난의 문책이 더욱 정밀해질수록 진리의 실책이 더욱 멀어진다.[58]

이처럼 가시적이고 물리적인 것만을 존재라고 파악하는 실체론자들은 소의 뿔과 토끼의 뿔은 다른 것으로 보일 수밖에 없다. 이 때문에 언어와 존재를 동일시하는 세간의 실체론자들은 토끼 뿔이 실체가 아니듯이 소

---

[58] 元曉,『十門和諍論』"答: 汝雖巧便, 設諸妨難, 直難言說, 不反言旨, 所引譬喩, 皆不得成, 何以故? 牛角非有, 兎角不無故. 如汝所取, 但是名言. 故我寄言說, 以示絕言之法. 如寄手指, 以示離指之月, 汝今直尒, 如言取義, 引可言喩, 難離言法, 但看指端, 責其非月. 故責難彌精, 失理彌遠矣."(H1.838b)

의 뿌도 실체가 아님을 알아채지 못한다. 그러므로 원효는 '나는 언어에 의지하여 언어를 떠난 진리를 드러내고자 한다.'며 '손가락에 의지하여 손가락을 떠난 달을 보여 주는 것'인 달과 손가락의 비유를 들고 있다. 이것은 '언어로써 언어를 버리는(因言遣言)' 것이기도 하다.

4) 언어에 의한 존재의 실체시와 언설을 떠난 것-허공 비유와 유식 삼성 비유

그러나 이제 다시 부처님이 설한 '언설의 떠남의 비유'를 인용하고자 한다. 비유하자면 허공이 길고 짧은 등의 모든 형색과 구부리거나 펴는 등의 모든 행위를 다 수용하듯이, 만일 모든 형색과 유형의 행위들을 다 제거할 때에는 형태 없는 허공이 그 제거된 만큼 드러난다. 이를테면 한 길 크기의 나무를 제거한 곳에는 곧 한 길만큼의 허공이 나타나고, 한 자 크기의 나무를 제거한 곳에는 곧 한 자만큼의 허공이 나타나며, 구부러진 것을 제거한 곳에는 구부러진 만큼의 허공이, 펴진 것을 제거한 곳에는 펴진 만큼의 허공이 나타나는 것과 같다. 그러므로 '이렇게 해서 나타난 허공은 긴 것 같기도 하고 짧은 것 같기도 하니, <u>언어를 여읜 일들도 이처럼 허공의 일과 같다.</u>'라고 알아야 할 것이다. 그것이 응하는 바에 따라 앞에서처럼 길거나 짧은 등의 형색을 수용한다. 그러나 수용된 형색과 허공은 다른 것이라고 범부들은 잘못된 인식과 분별로써 집착한다. 그러므로 (유식의) '두루 헤아려 집착할 것들(遍計所執諸法)'에 비유해 보면, 비록 실제로 '있음'이 아니지만 '비어 있음'과 다르다고 헤아리기 때문이다. 능히 (허공에) 수용한 것들은 허공과 다르지 않으니 모든 범부의 분별로써 알 것이 아니다. 그러므로 (유식의) '다른 것에 의지하여 생겨난 것들(依他起相諸法)'에 비유해 보면, 비록 실제로 '있음'이지만 '비어 있음'과 다르지 않기

때문이다. 또 저 (유식의) '두루 헤아려 집착한 자성(遍計所執自性)'은 의지하는 것이 없이 독자적으로 성립하는 것이 아니고, '다른 것에 의지하여 생겨난 것(依他起相)'이 의지하는 바가 되어 '두루 헤아려 집착한 것(遍計所執)'이 비로소 성립하게 되는 것이다. 마치 허공의 '언설을 떠난 것(離言之事)'이 그 응하는 것에 따라 모든 형색을 수용하는 것과 같다.[59]

언설에 의해 존재를 실체로 봄으로써 생겨나는 과실을 극복하기 위해 원효는 허공의 비유를 끌어들인다. 즉 허공이 길고 짧음 등의 모든 형색形色, 구부림과 폄 등의 모든 행위를 수용하지만, 만일 모든 형색과 유형의 행위들을 제거하게 되면 형색과 행위가 허공이 그 제거된 형태만큼 모습을 드러내는 것처럼 언어에 의한 존재의 실체화에서 벗어나게 되면 허공의 자유를 얻을 수 있음을 역설한다. 마찬가지로 '두루 헤아려 집착하는 자성'으로 '두루 헤아려 집착한 것들'을 실체시하는 범부들이 '두루 헤아려 집착한 것'이 사실은 '다른 것에 의지하여 생겨난 것'임을 알게 된다면 또한 허공의 자유를 얻을 수 있음을 강조하고 있다.

### 5) 망상의 분별을 떠나면 곧 언설을 떠난 진리가 드러난다

보살이 만일에 망상의 분별을 떠나서 '두루 헤아려 집착한 모습'을

---

[59] 元曉,『十門和諍論』"然今更引聖說離言之喩. 喩如虛空, 容受一切長短等色, 屈申等業. 若時除遣諸色業, 無色虛空, 相似顯現. 謂除丈木處, 卽丈空顯, 除尺木處, 卽尺空顯 除屈屈顯, 除申申顯, 當知卽此顯現之空, 似長似短, 離言之事, 如是空事, 隨其所應, 前時容受長短等色, 然所容受色, 異於虛空, 凡夫邪想分別所取. 故喩遍計所執諸法, 雖無所有, 而計異空故. 能容受事, 不異虛空, 非謂凡夫分別所了. 故喩依他起相諸法, 雖實是有, 而不異空故. 又彼遍計所執自性, 非無所依獨自成立, 依他起相爲所依止, 遍計所執方得施設, 喩如虛空離言之事, 隨其所應, 〈卷上第九張〉容受諸色."(H1, 838b)

없애 버릴 때에 곧 언설을 떠난 진리를 드러내어 볼 수 있게 된다. 그 때에는 모든 것의 언설을 떠난 모습이 나타나게 된다. 비유하자면 마치 모든 형색의 모습을 제거해 버릴 때 그 없앤 곳을 따라 색상을 떠난 허공이 나타나는 것과 같다. 이와 같은 비량比量의 도리로 말미암아 모든 것들이 다들 허공과 같은 것이라고 알아야 할 것이다. 마치 『금고경』에서 "만일 그것이 다른 것이라고 말한다면 모든 부처님들과 보살들의 행위들은 곧 집착이다. 어찌하여 그러한가? 모든 성인들은 행하는 것과 행하지 않는 것들이 모두 지혜의 행위이므로 다르지 않다. 그러므로 (성인에게는) 오온의 몸은 '있음(有)'이 아니고, 인연을 좇아 생겨난 것도 아니다. (그러나) '있음'이 아닌 것도 아니니(非不有) 오온은 성스러운 경계이기 때문이다. (이것은) 언어로 미칠 수 있는 것이 아니다."라고 말하는 것과 같다.[60]

보살이 망상의 분별을 떠나서 두루 헤아려 집착한 모습을 버리게 되면 곧 언설을 떠난 진리가 드러나게 된다. 오온은 성스러운 경계이기에 성인에게는 오온의 몸이 있음도 아니고, 인연을 좇아 생겨난 것도 아니며 그렇다고 있음이 아닌 것도 아니다. 원효는 성인의 행위는 모두가 지혜의 행위이므로 붓다의 행상과 보살의 행상이 다르지 않은 것이라고 하였다.

6) '모든 존재에는 자성이 있지 않다'고 회통하고 화쟁하여 중생들을 포섭한다

---

[60] 元曉, 『十門和諍論』 "菩薩, 若離妄想分別, 除遣遍計所執相時, 便得現照離言之法. 尒時, 諸法離言相顯, 喩如除遣諸色相時, 隨其除處, 離色空顯, 由如是等比量道理, 應知諸法, 皆等虛空. 如『金鼓經』言, '若言其異者, 一切諸佛菩薩行相, 則是執着. 何以故, 一切聖人於行非行法中同智慧行, 是故不異, 是故, 五陰非有, 不從因緣生. 非不有, 五陰不過聖境界故. 非言語之所能及.'"(H1.838c)

『대혜도경』에서는 "비록 생사의 길이 길고 중생의 성품이 많지만 생사의 끝은 허공과 같고 중생 성품의 끝도 또한 허공과 같다."고 하였다. 『중관론』에선 "열반의 실제와 세간의 실제 이 두 실제는 털끝만큼도 다름이 없다."고 하였다. 『유가론』에서는 "만일 모든 유정들이 부처님이 설하신 깊고 깊은 공성에 대해 상응하는 경전에서 은밀한 뜻을 이해하지 못하면 이 경전 가운데에서 설하는 '모든 존재에는 자성이 없고, 있다고 할 일이 없으며, 생겨남도 없고 사라짐도 없다.'는 것이나 '모든 존재들은 모두 허공과 같고 모두 환몽과 같다.'는 것을 듣고 나서는 마음이 놀라움과 두려움을 일으켜 이 경전을 비방하면서 '부처님의 말씀이 아니다.'고 말한다."라고 하였다. 보살은 그들을 위하여 이치에 맞게 통하게 하고(如理會通) 진실에 맞게 만나게 하여(如實和會) 그 중생들을 포섭한다. 저들을 위하여 보살은 "이 경전은 모든 존재가 다 '있지 않다'고 설하는 것이 아니라 다만 모든 존재에는 자성이라는 것이 다 '있지 않다'고 설하는 것이다."라고 말한다.[61]

원효의 『열반경종요』에서도 이와 같은 구절을 확인할 수 있다. 보살은 "'모든 존재에는 자성이 없고, 있다고 할 일이 없으며, 생겨남도 없고 사라짐도 없다.' 혹은 '모든 존재들은 허공과 같고 모두 환몽과 같다.'는 것을 듣고는 마음이 놀라움과 두려움을 일으켜 이 경전을 비방하면서 '부처님의 말씀이 아니다'고 말한다."는 중생들을 위하여 이치에 맞게 통하게 하고(會通) 진실에 맞게 어울려 만나게 한다(和會). 현존『십문화쟁론』에서

---

61 元曉, 『十門和諍論』. "慧度經言, '雖生死道長, 衆生性多, 而生死邊如虛空, 衆生性邊亦如虛空.' 中觀論云, '涅槃之實際及與世間際, 如是二際者, 無毫氂許異.' 瑜伽論云, 若諸有情於佛所說甚深空, 性相應經典, 不解密意, 於是經中, 說'一切法皆無自性, 皆無有事, 無生無滅', 說'一切法, 皆等虛空, 皆如幻夢', 彼聞是已, 心生驚怖, 誹謗此典, 言'非佛說'. 菩薩爲彼, 如理會通, 如實和會, 攝彼有情, 爲彼說言, '此經不說一切諸法都無所有, 但說諸法所言自性都無所有."(H1.838c~839a)

이 부분은 화쟁의 방법을 보여 주는 대목이다.

### 7) 언어는 본질이나 실체가 아니다

비록 온갖 말로서 설함이 있더라도 (중생들에) 의지하기에 모든 언설을 굴리는 것이다. 그런데 중생들이 '자성(실체)이라고 할 수 있다'고 말하는 것은 진리(第一義)에 의거해 보면 그 자성이 아닌 것이다. 비유하자면 허공 가운데 나타나 있는 많은 것들은 형색(色)과 행위들(色業)이 있어도 허공이 모든 존재와 행위들을 모두 수용하는 것과 같은 것이다. 허공 가운데 나타나 있는 갖가지 것들이 가거나 오거나 구부리거나 펴는 것들의 일을 일컫는 것이다. 만일 그때에 <u>모든 형색과 행위들을 다 없애 버리면 곧 그때에 오직 형색이 없는 맑고 깨끗한 허공 같은 것이 드러나게 된다. 이와 같이 허공 같은 것에서 언어로 지어낸 것을 떠나는 것이다.</u>[62]

모든 언어는 분별을 전제로 한다. 분별은 분리에 기초한다. 모든 형색과 행위들을 다 없애 버리는 순간 형색과 행위들이 없는 맑고 깨끗한 허공이 나타나게 된다. 부처와 보살의 언어는 분별에 기초한 실체의 도리를 넘어 무실체의 도리를 알려 준다.

### 8) 삿된 망상과 언어 분별의 희론은 본래 공하다

---

62 元曉, 『十門和諍論』 "雖有一切所言說事, 依止彼故諸言說轉. 然彼所說可說自性, 據第一義非其自性, 譬知空中有衆多色色業, 可得容受一切諸色色業, 謂虛空中現有種種, 若往若來屈申等事. 若於尒時諸色色, 業皆悉除遣, 卽於爾時, 唯無色性淸淨, 虛空相似顯現, 如是卽於相似虛空, 離言說事." (H1, 839a)

갖가지 언설로 지어낸 삿된 망상과 분별이 있으면, 희론을 따라 집착하여 중생의 행위를 펼쳐 간다. 또 이와 같은 갖가지 언설로 지어낸 삿된 망상과 분별로 희론을 따라 집착하여 갖가지 업을 짓지만, 그것들은 모두 허공과 같아서 '언설을 떠난 것'에 수용된다. 만일 이때 보살이 묘한 성스러운 지혜(妙聖智)로써 갖가지 언설을 일으킨 삿된 망상과 분별을 없애고 희론을 따라 집착하는 것을 버리면, 이때 보살은 가장 수승한 성자로서 모든 것이 언설을 떠나 있다는 것을 증득하게 된다. 오직 자성을 말하는 모든 언어가 있을 뿐, 자성이 (있어서) 언어로 나타난 것은 아니다. 비유하자면 허공의 청정한 모습이 나타난 것과 같아서 또한 이것은 과실이 되지 않는다. 언어 밖의 자성이 따로 있는 것이 아니다. 다른 자성들도 마땅히 다시 분별하고 분석하기 때문이다.[63]

온갖 언설로 지어낸 삿된 망상과 분별은 희론을 일으켜 집착하여 중생의 행위를 지어간다. 이 때문에 보살은 묘한 성스러운 지혜로 삿된 망상과 언어 분별을 없애고 희론을 버리면 가장 수승한 성자로서 모든 것이 언설을 여의었음을 체득하게 된다고 원효는 역설한다.

공유이집화쟁문과 달리 불성유무화쟁문은 불성의 유성과 무성의 동이를 화쟁하는 문이다. 그러면 불성유무화쟁문에서는 불성의 유성론과 무성론의 상동성과 상이성에 대해 살펴보기로 하자.

---

[63] 元曉,『十門和諍論』."有其種種言說所作邪想分別, 隨戲論着, 似色業轉. 又卽如是一切言, 說邪想分別, 隨戲論着似衆色業, 皆是似空, 離言說事之所容受. 若時菩薩, 以妙聖智, 除遣一切言說所起邪想分別, 隨戲論着. 爾時, 菩薩最勝聖者, 證得諸法離言說事, 唯有一切言說自性, 非性所顯, 喩如虛空, 淸淨相顯亦非過此, 有餘自性, 應更尋思故."〈卷上第十張〉.(H1.839a)

## 2. 유성과 무성의 동이 화쟁

### 1) '불성이 없는 중생이 있다'는 주장은 대승불교의 지향과 위배된다

또 『열반경』에서 "중생의 불성은 같은 것도 아니고 다른 것도 아니다. 모든 부처님은 평등하여 마치 허공과 같다. 모든 중생도 똑같이 불성을 지니고 있다."고 말하였다. 또 아래의 글에서 "모든 중생은 똑같이 불성을 지녔으니 모두 일승과 같다. 각자의 원인과 각자의 결과가 똑같은 하나의 감로여서 모든 중생들이 마땅히 (부처 경지의) 상·낙·아·정을 얻는다. 그러므로 한 맛이다."고 하였다. 이 경전 문구에 의하면 만일 '어떤 중생이 불성이 없다.'고 주장한다면 곧 대승이 설하는 '평등한 존재의 본성(平等法性)'과 '한 몸으로 여기는 위대한 자비심(同體大悲)은 바다와 같은 한 맛'이라는 것에 위배된다. 또 (어떤 사람이) 만일 '불성이 없는 중생이 결정코 있으니 모든 중생 세계가 차별이 있기 때문이며, 마치 불의 성질 가운데는 물의 성질이 없는 것과 같다.'고 주장한다. 또 (어떤 사람은) '모든 중생은 결정코 불성을 가지고 있으니 불성의 한 맛의 본성은 평등하게 증득할 수 있기 때문이며, 마치 형상을 지닌 모든 존재들이 모두가 근본 성품을 지니고 있는 것과 같다.'고 주장한다면, 이때는 곧 결정코 서로 위배되는 과실이 있게 된다. 또 만일 (어떤 사람이) '반드시 불성이 없는 중생이 있으니 본래 그러하기 때문이다.'고 주장하고, 또 만일 (어떤 사람은) '결정코 불성이 없는 중생은 없으니 본래 그러하기 때문이다.'고 주장한다면, 이것 또한 결정코 서로에게 위배되는 과실이다.[64]

---

[64] 元曉, 『十門和諍論』 "又彼經言, 衆生佛性, 不一不二, 諸佛平等猶如虛空, 一切衆生同共有之. 又下文云, 一切衆生同有佛性. 皆同一乘一因一果同一甘露, 一切當得常樂我淨, 是故一味. 依此經文, 若立一分無佛性者, 則違大乘平等法性, 同體大悲如海一味, 又若

『열반경』에서는 '모든 중생은 똑같은 불성을 지녔으니 모두 일승과 같다.'고 하였다. 또 '모든 중생은 똑같이 불성을 지녔으니 모두 일승과 같다. 각자의 원인과 각자의 결과가 똑같은 감로여서 모든 중생들이 마땅히 부처 경지의 상·낙·아·정을 얻으므로 한 맛이다.'는 구절에 대해 만일 '어떤 중생이 불성이 없다.'고 주장한다면 대승의 경전 문장과 위배된다고 하였다. 여기서는 불성의 무성론의 입장을 네 가지로 들어 반론을 제기하고 있다.

당시 동아시아 법상종의 무성종성, 성문종성, 연각종성, 보살종성, 삼승부정성의 오성각별설에 대한 문제 제기라고 할 수 있다. 이것은 중생들이 지닌 불성에 대한 보편성 주장과 차별성 주장이라고 할 수 있다.

2) '불성이 없는 중생이 있다'는 주장과 '불성이 없는 중생은 없다'는 주장의 상통점과 문제점 비판

'불성이 없는 중생이 있다.'는 주장이나 '불성이 없는 중생이 없다.'는 주장을 하는 사람들은 공통적으로 "경전에서 '중생은 모두 마음을 지니고 있다.'고 한 것은 일체의 불성이 있는 중생과 없는 중생, 아직 증득하지 못한 중생, 이미 증득한 모든 중생을 통틀어 말씀하신 것이다. 무릇 '마음을 지니고 있는 자는 반드시 깨달음을 얻는다.'는 것은 그 중간에서 불성은 있으나 아직 증득하지 못한 마음을 두고 한 말이다."라고 하였다. 설사 '마음을 지니고 있는 일체의 중생들은 모두 마땅히 깨달음을 증득한다.'고 한다면 이미 깨달음을 증득한 자도 또한 마땅히 증득해야 하는가? 그러므로 '마음을 지니고 있는 일체의 중생이 모두 반드시 깨달음을 증득한다.'고 하는 말이 아니라는 것을 알게

立言定有無性, 一切界差別可得故, 如火性中無水性者, 他亦立云, '定皆有性, 一味性平等可得故, 如諸麤色聚悉有大種性', 則有決定相違過失. 又若立云, 定有無性, 由法爾故者, 他亦立云, 定無無性, 由法爾故, 是亦決定相違過失."(H1.839ab)

된다. 또 '마치 허공처럼 일체의 중생이 똑같이 불성을 지닌다.'고 말하는 것은 진리의 측면(就理)에서 말한 것이지 행위의 측면(行性)에서 말한 것이 아니다. 또 '각자의 원인과 각자의 결과 나아가 일체의 중생이 마땅히 (부처 경지의) 상·낙·아·정을 얻는다.'고 한 것은 일정 부분에 의거해 일체(少分一切)라고 한 것이지 전부를 일체(一切一切)라고 한 것이 아니다. 이와 같은 모든 경문은 다 잘 통하고 있다.[65]

원효는 '일체의 중생이 모두 불성을 지닌다.'는 말은 '진리의 측면'에서 말한 것이지 '행위의 측면'에서 말한 것이 아니며, '각자의 원인과 각자의 결과 나아가 일체의 중생이 마땅히 부처 경지의 상·낙·아·정을 얻는다.'는 말은 일정 부분에 의거해 일체라고 한 것이지 전부를 일체라고 한 것이 아니라고 해명하고 있다. 가능태를 가리키는 진리의 측면과 현실태를 가리키는 행위의 측면, 범주론에서 말하는 부분의 일체와 전체의 전체를 나누어 해명하고 설명하고 있다.

### 3) 화쟁의 대상이 될 수 없는 주장들

또 만일 '본래 그러하기 때문에 불성이 없는 자가 있다.'고 주장한다면, 중생이 다 없어지게 되는 것이니 이것은 커다란 과실이 될 것이다. 앞에서 (어떤 사람이) 주장한 것처럼 '본래 그러하기 때문에 불성이 없는 자가 있다.'고 한다면, '불성이 없다.'는 것이 과실이 된다. 그

---

[65] 元曉, 『十門和諍論』 "執有無性論者通曰, '經言, "衆生悉有心者", 汎擧一切有性無性未得, 已得諸有情也. 凡其有心當得菩提者, 於中簡取有性未得之有心也.' 設使一切有心皆當得者, 已得菩提者, 亦應當得耶? 故知非謂一切有心皆當得也. 又言 '猶如虛空, 一切同有者', 是就理性, 非說行性也. 又說 '一因一果乃至一切當得常樂我淨者', 是約少分一切, 非說一切一切. 如是諸文皆得善通."(H1, 839b)

러므로 '이것은 (두 주장이) 결정코 서로 위배되는 것(決定相違)'처럼 보이지만 실제로는 '서로 위배되는 과실'이 없다. 만일 (어떤 사람이) '불은 습성이 아니고 본래 그러하기 때문이다.'라고 주장하고, 또 (어떤 사람은) '불은 습성이고 본래 그러하기 때문이다.'라고 주장한다면, 이것은 '(두 주장이) 결정코 서로 위배되는 것'처럼 보이지만 실제로는 '서로 위배되는 과실'이 없다. 불의 성질은 뜨거움이어서 실제로는 습함이 아니기 때문이다. 불성이 없는 중생의 도리도 그러한 것이다.[66]

모든 주장에는 부분적 타당성인 일리가 있어야 쟁론이 성립될 수 있다. 그래야만 화쟁의 대상이 될 수 있다. 그런데 '본래 그러하기 때문에 불성이 없는 자가 없다.'는 주장과 '본래 그러하기 때문에 불성이 없는 자가 있다.'는 주장은 화쟁의 대상이 될 수 없다. 부분적 타당성인 일리가 전혀 없기 때문이다.

4) '불성이 없는 중생이 있다'는 주장의 부분적 타당성

문: "만일 뒤쪽 논사의 뜻을 주장한다면, 그 주장이 어떻게 통할 수 있는가?"
『현양성교론』에서 말한 것과 같이 <u>어찌 오직 현재세만 반열반의 법이 아니라고 하겠는가? 이치에 맞지 않는 것이다.</u> 이를테면 현재세에서만을 말해서는 아니 되니 비록 (현재는) 반열반법이 아니지만 남은 생애 중에 다시 바뀌어 반열반의 법이 될 수 있는 것이다. 어찌하여

---

[66] 元曉, 『十門和諍論』 "又若立云, 由法爾故無無性者, 則衆生有盡, 是爲大過. 如前所立, 由法爾故有無性者, 則無是失. 故知是似決定相違, 而實不成相違過失. 如有立言, '火非濕性, 由法爾故', 又有立言, '火是濕性, 由法爾故', 此似決定相違, 而實無此過失. 以火性是熱, 實非濕故. 無性有情, 道理亦爾."(H1.839b)

그러한가? 반열반으로서 타고난 법은 없기 때문이다. 또 만일 금생에 해탈로 나아가는 선근을 이미 쌓았다면 무슨 까닭으로 반열반의 법이라고 할 수 없겠는가? 만일 금생에 전혀 선근을 쌓지 못한다면 어찌 내생에 반열반을 성취할 수 있겠는가? 그러므로 반열반으로서 타고 나지 않은 중생이 결정코 있는 것이다. 『유가사지론』에서도 이와 같이 설하고 있다.[67]

대승불교는 일체의 중생은 모두 불성이 있다고 하였다. 그런 의미에서 근기는 끈기일 수밖에 없다. 여기서 불성이란 부처의 성품을 뜻한다. 과거의 인연은 현재로 이어지고 현재의 인연은 내세로 이어진다. 그러므로 현재나 금생만으로 '불성'이 없다고 해서는 아니 된다. 금생의 능력을 기반으로 노력하면 내생에는 삶의 질을 드높인 삶을 살 수 있는 것이다. 그러니 현재세만 반열반의 법이라고 할 수가 없는 것이다.

5) '불성이 없는 중생은 없다'는 주장이 '일체중생이 모두 반드시 부처가 된다'는 것은 아니다

또 만일 일체중생이 모두 반드시 부처가 된다고 하면 중생이 비록 많지만 반드시 끝남이 있어 부처가 되지 못하는 이가 없기 때문이다. 그렇다면 모든 부처님들의 중생을 이롭게 하는 공덕도 다하게 될 것이다. 또 만일 중생이 반드시 끝남이 있게 된다면, 가장 뒷사람이 부

---

[67] 元曉, 『十門和諍論』 "問: '若立後師義 是說云何通?' 如『顯揚論』云, 云何唯現在世, 非般涅槃法? 不應理故. 謂不應言於現在世, 雖非般涅槃法, 於餘生中, 復可轉爲般涅槃法. 何以故? 無般涅槃種性法故. 又若於此生, 先已積集順解脫分善根, 何故不名般涅槃法? 若於此生都未積集, 云何後生能般涅槃? 是故〈卷上第十五張〉定有非般涅槃種性有情, 『瑜伽論』中亦同此說."(H1. 839bc)

처가 되면 교화를 받을 사람이 없게 될 것이다. 교화를 받을 사람이 없어지게 되면 중생을 이롭게 하는 행위도 없어지게 되고 중생을 이롭게 하는 행위 없이 부처가 된다는 것은 도리에 맞지 않는다. 그리고 만일 '일체중생이 모두 부처가 될 것이다.'고 하면서도 '중생은 끝내 다함이 없다.'고 한다면 자기 말이 서로 위배되는 과실이 된다. 영원히 다함이 없는 중생은 끝내 부처가 되지 못하기 때문이다.[68]

중생이 부처가 될 수 있는 것은 부처의 자비심 때문이다. 자비심은 중생을 대상으로 펼치는 이타행이다. '일체중생이 모두 부처가 될 것이다.'고 해서 부처가 사라지는 것은 아니다. 마찬가지로 '중생이 끝내 다함이 없다.'고 해서 영원히 다함이 없는 중생이 있는 것은 아니다.

6) '일체중생이 모두 반드시 부처가 된다'는 주장과 '중생은 영원히 다함이 없다'는 주장은 자기모순이다

또 만일 한 부처님이 한 회상에서 백천만억 중생을 능히 제도한다면, 이제 중생계의 (중생들이) 열반에 들어 점차로 줄어들게 된다. 만일 점차로 줄어드는데도 끝내 다함이 있는 것이 아니라면 줄어듦이 있는데도 다함이 없다는 것이어서 이치에 맞지 않는다. 만일 줄어듦이 없다면 열반에 이름도 없는 것이니, 열반의 증득이 있는데도 줄어듦이 없다는 것은 이치에 맞지 않는다. 이와 같은 (논설로) 나아가거나 물러가거나 한다면 끝내 주장할 수 없게 된다. 같은 주장들이 아니

---

[68] 元曉, 『十門和諍論』 "又若一切皆當作佛, 則眾生雖, 多必有終盡, 以無不成佛者故. 是則諸佛利他功德亦盡. 又若眾生必有盡者, 最後成佛則無所化. 所化無故, 利他行闕, 行闕成佛, 不應道理. 又若說'一切盡當作佛', 而言'眾生永無盡者', 則爲自語相違過失. 以永無盡者, 永不成佛故." (H1.839c)

기 때문에 그 뜻을 이룰 수 없다.[69]

'일체중생이 모두 반드시 부처가 된다.'는 주장과 '중생은 영원히 다함이 없다.'는 주장은 병립 가능한 것인가? 부처가 한 회상에서 중생을 제도하면 중생계는 줄어들고 열반계는 늘어날 것이라고 하였다. 그런데 중생계가 줄어듦이 없다면 열반계도 늘어남이 없어야 하는데 중생이 부처된다는 주장과 영원히 다함이 없는 중생이 있다는 주장은 모순되고 만다.

7) '일체중생이 모두 불성을 지니고 있다'는 주장에 집착하는 사람들이 범하는 오류

'일체중생이 모두 불성을 지니고 있다.'고 집착하는 자들은 공통적으로 "저 『현양성교론』의 글은 '앞서는 불성이 없다가 뒤에는 바뀌어 불성이 있게 되었다.'는 뜻에 대한 집착을 바로 깨뜨리는 것이다. 저 경문에서 '현재세에서만을 말해서는 아니 되니 비록 (현재의) 반열반의 법은 아니지만 남은 생애 중에 다시 바뀌어 반열반의 법이 될 수 있기 때문이다.'고 말한 것이 바로 그것이다."라고 하였다. 지금의 주장은 '본래부터 불성이 있다.'는 것이지 '전에는 없다가 후에 바뀌어 이루어졌다.'는 것을 말하는 것이 아니다. 그러므로 『현양성교론』에서 논파한 것에 떨어지지 않는다. 또 교의에서 '불성이 없다.'고 주장한 것은 대승의 마음을 구하지 않는 것을 돌이키게 하고자 한 것이니, 헤아릴 수 없는 시간에 의지하여 이렇게 설한 것이다. 이와 같은 은밀한

---

69 元曉, 『十門和諍論』 "又如一佛一會, 能度百千萬億衆生, 今入涅槃於衆生界漸損. 以不若有漸損, 則有終盡, 有損無盡, 不應理故. 若無損者, 則無滅度, 有滅無損, 不應理故. 如是進退, 終不可立. 無同類故, 其義不成."(H1.839c)

뜻으로 인해 서로 위배되지 않는다.[70]

'본래부터 불성이 있다.'는 것이지 '전에는 없다가 후에 바뀌어 이루어졌다.'는 것을 말하는 것은 아니다. 교의에서 '불성이 없다.'고 한 것은 대승의 마음을 구하지 않는 것을 돌이키게 하고자 한 것이지 '불성이 없는 중생이 있다.'고 한 것이 아니다. 또 경전 문장에서 '현재세에서만을 말해서는 아니 되니 비록 (현재의) 반열반의 법은 아니지만 남은 생애 중에 다시 바뀌어 반열반의 법이 될 수 있기 때문이다.'고 한 것은 '일체중생이 모두 불성을 지니고 있다.'고 집착하는 자들을 깨뜨려 주기 위해서이다.

8) '일체중생이 모두 불성을 지니고 있다'는 교설에 대한 비판 논리와 그 잘못

저들은 힐난하기 위해 "마음을 가진 일체의 중생은 마땅히 깨달음을 증득할 수 있다고 한다면, 부처님도 마음을 가지고 있으니 또한 응당 다시 깨달음을 증득할 수 있다고 하는 것인가?"라고 말한다. 이러한 뜻은 그렇지 않다. 저 경전에서 스스로 구별하고 있기 때문이다. 그 경전에서 "중생도 또한 그러하여서 모두 다 마음이 있다. 무릇 마음이 있는 자는 마땅히 깨달음을 증득할 수 있지만 부처는 중생이 아니다."고 하였다. 어찌 어긋나겠는가?[71]

---

70 元曉, 『十門和諍論』 "執皆有性論者通曰, '彼新論文. 正破執於"先來無性, 而後轉成有性義者". 如彼文言, 謂"不應言於現在世, 雖非般涅槃法, 於餘生中, 可轉爲般涅槃法故."" 今所立宗, 本來有性, 非謂先無而後轉成. 故不墮於彼論所破. 又彼敎意立無性者, 爲欲廻轉不求大乘之心, 依無量時而作是說. 由是密意故不相違."(H1.839c~840a)

71 元曉, 『十門和諍論』 "彼救難云, '一切有心皆當得者, 佛亦有心, 亦應更得者'. 是義不然, 以彼經中自簡別故. 彼云, '衆生亦爾悉皆有心, 凡有心者, 當得菩提, 佛非衆生'. 何得相濫?" (H1.840a)

'일체중생은 모두 불성을 지니고 있다.'는 교설을 비판하는 이들은 부처는 이미 그 마음을 지니고 있으니 다시 깨달음을 증득할 수 있지 않느냐고 반박한다. 하지만 '중생도 또한 그러하여서 모두 다 마음이 있어 마땅히 깨달음을 증득할 수 있지만 부처는 중생이 아니다.'라는 교의로 재반박하고 있다.

9) '불성이 없는 중생이 있다'는 주장을 세우기 위해 '불성이 없는 중생은 본래부터 그러한 종자를 지녀 끝내 종자는 다함이 없다'고 주장한다면 '불성이 없는 중생이 있다'는 주장을 부정하게 된다

> 또 저들이 힐난하여 말하기를, "만일 (중생이) 모두 부처가 되면 반드시 (중생이) 다함이 있다."는 것은 '불성이 없는 중생이 있다.'는 자신의 주장을 다시 비난하는 것이다. 어찌하여 그러한가? 마치 그대들의 주장처럼, '불성이 없는 중생은 본래부터 그러한 종자(法爾種子)를 갖추어 미래세가 다하도록 그 종자는 다함이 없다.'고 하자. (그렇다면) 내 이제 그대에게 묻기를, 그대의 뜻에 따라 대답하라. 이와 같은 종자는 모두가 다 마땅히 결과를 생겨나게 한다고 말해야 하는가, 결과를 생겨나게 하지 않는 것도 있다고 말해야 하는가? 만일 '결과를 생겨나게 하지 않는 것도 있다.'고 말한다면, 결과를 생겨나게 하지 않으므로 (그것은) 종자가 아니다. 만일 '모두가 마땅히 결과를 생겨나게 한다.'고 말한다면, 이것은 곧 종자이니 비록 많다고 하더라도 반드시 끝내 다함이 있다. 결과를 생겨나지 않게 하는 것은 없기 때문이다. 만일 "비록 일체의 종자가 모두 마땅히 결과를 생겨나게 하지만, 종자가 무궁하기 때문에 끝내 다함이 없어서 내 말이 서로 위배되는 과실이 없다." 고 말한다면 '일체중생은 마땅히 부처가 되지만 중생이 끝이 없기 때문에 끝내 다함이 없다.'고 믿어 받아들여야만 할 것이다.[72]

이 부분은 법상종의 오성각별설을 비판하는 대목이다. '불성이 없는 중생이 있다.'는 주장을 세우기 위해 '불성이 없는 중생은 본래부터 그러한 종자를 지녀 끝내 종자는 다함이 없다.'고 주장한다면 '불성이 없는 중생이 있다.'는 주장을 부정하게 된다. 그러므로 '비록 일체의 종자가 모두 마땅히 결과를 생겨나게 하지만, 종자가 무궁하기 때문에 끝내 다함이 없어서 내 말이 서로 위배되는 과실이 없다.'고 말한다면 '일체중생은 마땅히 부처가 되지만 중생이 끝이 없기 때문에 끝내 다함이 없다.'는 교설도 받아들여야만 한다.

이처럼 현존하는 『십문화쟁론』의 공유이집화쟁문과 불성유무화쟁문이 불완전한 형태로 남아 있기 때문에 온전한 지형을 그려 내기는 어렵다. 다만 이들 화쟁문에서 알 수 있는 것은 문門과 논論의 시설 아래 보편성과 타당성을 지닌 '진리'와 일반적인 타당성을 지닌 '도리'와 부분적 타당성을 지닌 '일리'의 단계로 화쟁하고 회통하고 있다는 사실이다.

## V. 원효의 화쟁과 회통 이해

### 1. 문과 논의 설정과 위계

원효의 현존 『십문화쟁론』에서 그가 '문'과 '논'을 어떻게 설정하고 위계를 어떻게 시설했는지 온전히 알기는 어렵다. 이 때문에 그의 논의를 인

---

72 元曉, 『十門和諍論』 "又彼難云, '若皆作佛, 必有盡'者, 是難還心自無性宗. 何者? 如汝宗說, 無性有情, 本來具有法尒種子, 窮未來際, 種子無盡. 我今問汝, 隨汝意答. 如是種子, 當言一切皆當生果, 當言亦有不生果者? 若言亦有不生果者, 不生果故則非種子, 若言一切皆當生果者, 是則種子, 雖多必有終盡. 以無不生果者故. 若言'雖一切種子皆當生果, 而種子無窮故, 無終盡, 而無自語相違過'者, 則應信受'一切衆生, 皆當成佛, 而衆生無邊故, 無終盡'." (又汝難云, 有滅無) 〈卷上第十六張〉 (H1.840a)

용한 후대 학자들의 저술 속에서 그의 논의를 찾아 재구성할 수밖에 없다. 불교의 전 분야를 통섭하며 화회했던 원효이지만 특히 그가 유식과 여래장 및 화엄과 선법을 기반으로 자신의 불학을 전개했던 만큼 그의 저술을 인용한 이들도 이들 교학과 선학에 집중했던 이들이었다. 그중에서도 『십문화쟁론』을 인용한 이들은 견등과 균여와 같은 교학자들이었다.

신라의 견등은 『대승기신론동이약집』에서 구룡丘龍, 즉 원효가 불지佛智의 만덕萬德을 '원인에 따라서 생겨나고 일어나는 교문(從因生起之門)'과 '(생멸하는) 조건을 그치고 근원으로 돌아가는 교문(息緣歸原之門)'으로 풀이했다고 하였다.[73] 원효는 화쟁과 회통을 위해 불지의 만덕을 '종인생기지문,' 즉 '생겨나고 일어나는 관점'과 '식연귀원지문,' 즉 '근원으로 돌아가는 관점'의 두 계열로 나누어 두 주장을 화회하고 있다.

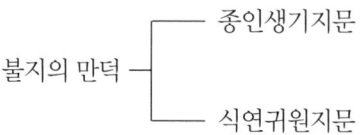

또 견등은 구룡화상丘龍和尙, 즉 원효가 신훈新熏/성종자成種子와 본유本有/성종자性種子의 관계를 '작인수과지문作因受果之門', 즉 '원인을 지어서 과보를 받는 교문'과 '종성성과지문從性成果之門', 즉 '본성에 따라 과보를 이루는 교문' 그리고 '수과지문', 즉 '과보를 받는 교문'과 '성과지문', 즉 '과보를 이루는 교문'의 둘을 '종합해서 보는 교문', 즉 '화합생과문和合生果門'으로 시설했음을 알려 주고 있다.[74]

---

[73] 見登, 『大乘起信論同異略集』本(H3, 695a). 화쟁과 회통에 대한 학계의 논의와 토론을 위해 경우에 따라 朴太源의 번역어를 원용하고 맥락에 따라 변용하였다.
[74] 見登, 『大乘起信論同異略集』本(H3, 709a); 均如, 『釋華嚴敎分記圓通鈔』卷3(H4, 315a).

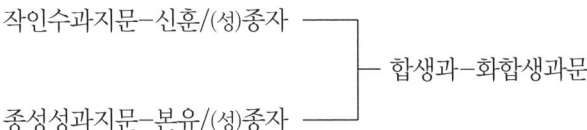

이것은 원효가 신훈종자(신성종자)와 본유종자(본성종자)의 관계에 대한 쟁론을 각기 신훈(作因, 生) 및 본유(從性, 果)와 이 둘을 아우르는 합생과(生果)의 교문으로 화회했음을 알려 주는 자료라고 할 수 있다. 본래부터 지니고 있는 종자와 새롭게 훈습한 종자뿐만 아니라 이 둘을 다시 아우르는 합생과를 시설해 화회했다는 것은 주목할 만한 대목이다. 본래의 두 문을 통합하기 위해 새로운 교문을 시설했음을 보여 주기 때문이다.

또 고려의 균여는 『석화엄교분기원통초』에서 효사曉師, 즉 효공曉公의 『십문화쟁론』에서 오성차별설과 개유불성설을 두 가지 교문으로 시설하여 화쟁하고 회통하였음을 알려 주고 있다. 그는 원효가 오성차별설, 즉 '다섯 가지 성품이 차별되는 가르침(五性差別之教)'은 의지문, 즉 '차이가 의존하는 관계로 수립되는 교문(依持門)'으로, 개유불성설, 즉 '모두 불성이 있다는 주장(皆有佛性之說)'은 연기문, 즉 '연기의 통찰에 의해 하나로 보는 교문(緣起門)'[75]으로 파악하고 이들 두 가지 쟁론(兩家之諍)을 '이와 같이 모아서 통하게(如是會通)' 하였음을 알려 주고 있다.

원효는 의지문과 연기문의 방식을 통해 '앞서 방편적인 언교들(權教)을 모아'서 '뒤에 실제적인 도리들(實理)과 소통'하고 있다.

---

[75] 均如, 『釋華嚴教分記圓通鈔』 卷3(H4, 311a·325bc·326a).

이처럼 원효는 생멸연기적 전개(開: 심생멸문)와 환멸연기적 수렴(合: 심진여문), 현상적 관점(顯了門)과 근본적 관점(隱密門), 마음에 의거한 관점(就心論)과 조건에 입각한 관점(約緣論), 종인생기지문(從因生起之門)과 식연귀원지문(息緣歸原之門), 작인수과지문(作因受果之門)과 종성성과지문(從性成果之門), 상호 지지의 교문(依持門)과 상호 작용의 교문(緣起門) 등과 같은 '문'의 시설을 통하여 종래의 다양한 주장들을 범주화하고 개념화하여 화쟁과 회통을 시도하고 있다.

의지문-생멸연기적 전개-현상적 관점-종인생기지문-취심론-작인수과지문

연기문-환멸연기적 수렴-근본적 관점-식연귀원지문-약연론-종성성과지문

따라서 그의 『십문화쟁론』에서 나타나는 '공유이집화쟁문'과 '불성유무화쟁문' 등에서 보이는 '문'은 '교문' 혹은 '계열' 또는 '계통'으로 보여 준 화쟁의 방식이자 화쟁의 지형이라고 할 수 있다. 동시에 의지문과 연기문 같은 상위의 '문'을 설정하고 취심론과 약연론과 같은 하위의 '논'의 위계를 통해 구체적으로 화회해 갔음을 알 수 있다.

## 2. 전체적 진리성과 부분적 진리성-코끼리의 전체와 코끼리의 부분

흔히 진리에는 보편성과 타당성이 내재해 있다. 보편普遍은 많은 개별적, 즉 특수적인 것에 통하는 일반, 즉 일반적인 것을 말한다. 보편에는 추상적 보편과 구체적 보편이 있다. 추상적 보편은 대개 형식논리학에서 외연적인 일반 내지 단순한 공통성을 의미하며, 구체적 보편은 변증법적 개념으로 특수 또는 개별과의 구체적인 통일을 이루고 있는 일반을 뜻한다. 보편성이란 시간과 공간을 넘어서 다양한 이질적 개물들 속에서 공통

적으로 드러나는 속성 혹은 성질을 가리킨다.

반면 타당이란 형식논리학에서는 논리 법칙에 맞는 추리를 의미한다. 추리의 타당성에서는 추리 과정의 형식성만이 문제가 될 뿐 추리되고 있는 사항의 내용은 전혀 관계가 없다. 보편적 타당성이라든가 객관적 타당성이라고 할 때의 타당성이란 통용하고 있는 것, 시인될 수 있는 것으로 행해지고 있는 것을 말한다. 그리고 보편적 타당성이란 개별적·특수적인 것이 아니라 일반적으로 통용되고 있는 것이며, 객관적 타당성이란 주관적으로가 아니라 주관을 떠나서 통용되고 있는 것을 말한다.

원효는 이러한 보편성과 타당성을 보편적 타당성으로 종합해 기술하면서도 차이의 측면과 공통의 측면에서 각 주장들을 구분한 뒤 화쟁하고 회통하고 있다.

```
         ┌─ 공통의 측면: 진리眞理  → 노리道理    → 일리一理
         │              (보편성/타당성) (일반적 타당성) (제한적 타당성)
  일심 ─┤
         │
         └─ 차이의 측면: 도리道理  → 일리一理    → 무리無理
                        (일반적 타당성) (부분적 타당성) (전무적 타당성)
```

진리는 보편성과 타당성을 지닌다. 이때 '진리'가 보편성과 타당성을 지닌 전체적 진리성을 뜻한다면 '도리'는 일반적 타당성을 뜻하며, '일리'는 제한적 타당성만을 지닌 부분적 진리성을 의미한다. 반면 '무리'는 전체적 진리성과 부분적 진리성을 지니지 못한 것을 가리킨다. 원효는 저술 곳곳에서 '진리'와 '도리'와 '일리'를 병행하여 쓰고 있다. '진리'가 보편성과 타당성을 지닌 반면, '도리'는 보편성에는 상응하지 않지만 타당성에는 상응할 때 사용하며, 보편성보다는 일반적 타당성이 있을 때 부분적 타당성을 지닌 일리에 상응하는 개념으로 사용하고 있다.

『니건자경尼犍子經』「일승품一乘品」에서 부처님이 문수보살에게 말씀하셨다. "내 불국토에 있는 상키야와 자이나교도 등은 다 여래의 거주하며 호지하는(住持) 힘으로 말미암아 방편으로 이들 외도들을 보인 것이다. 선남자들이여, 비록 갖가지 외학(異學)의 모습을 행하지만 다 같이 불법이라는 한 다리를 건너는 것이니, 건너갈 다른 다리는 없기 때문이다." 살펴보건대 이 글에 의해 불법의 오승(五乘: 人, 天, 聲聞, 緣覺, 菩薩의 乘)의 모든 선善 및 외도의 갖가지 다른 선 등 이와 같은 일체가 모두 일승一乘임을 알아야 하나니, 모두 불성을 의지한 것이지 다른 몸체가 없기 때문이다.[76]

경전의 문장과 같이, 불자들과 달리 외도들이 비록 서로 다른 외학의 모습을 행하고 있지만 다같이 불법이라는 한 다리를 건너는 것이니 건너갈 다른 다리가 없다. 불법을 닦는 오승이나 외도도 모두 일체가 모두 일승을 알아야 하고 모두 불성을 의지해야 한다고 설한다. 외학에는 보편성과 타당성을 지닌 전체적 진리성(眞理)은 없지만 일반적 타당성을 지닌 도리와 부분적 타당성을 지닌 일리가 있으므로 일승의 도리를 가르쳐 불성에 의지하게 해야 한다고 원효는 말한다.

이 두 주장에는 모두 도리道理가 있다. 어째서 그러냐 하면 열반과 깨달음(菩提)은 공통점도 있고 차이점도 있기 때문이다. 차이의 측면에서 말하면, 깨달음은 과위로서 능히 증득하는 덕이 있으니 (사성제의) 도제에 섭수되고, 열반은 과위에서 증득하는 것으로 멸제에 섭수된다. 공통의 측면에서 말하면, 과위인 도제 또한 열반이고 과위에서

---

[76] 元曉, 『涅槃經宗要』(H1, 489a).

증득한 진여 또한 깨달음이다.[77]

원효는 열반과 보리의 동이에 대한 질문에 대해 전체적 진리성은 없지만 일반적 타당성을 지닌 '도리'와 부분적 타당성인 '일리'에 입각하여 '공통의 측면'과 '차이의 측면'에서 정리한 뒤 화회시키고 있다.

여섯 법사의 주장이 비록 모두 불성의 실체를 다 설명하지는 못하였지만 각자 그 뜻을 얻은 것이다. 그러므로 이 경전의 아래 문장에서 설하였다. "마치 저 눈먼 사람들이 각자 코끼리에 대해 설명하는 것과 같아서 비록 코끼리 전체 모습을 설명하지는 못했지만 코끼리를 설명하지 않은 것은 아닌 것과 같다. 불성을 설명하는 것 또한 이와 같아서 여섯 법사의 주장이 들어맞는 것은 아니지만 여섯 법사의 주장이 빗나간 것도 아니다."[78]

원효는 『열반경』의 '장님 코끼리 만지기 비유'를 원용하여 여섯 법사의 주장을 보편성과 타당성으로 전하고 있다. 장님들이 모여서 생전 보지 못한 대상을 손으로 만져 본 뒤 각각 자신이 만진 부위에 따라 의견들을 내놓는다. 코를 만진 장님은 호스 같다고 하고, 다리를 만진 장님은 두꺼운 기둥 같다 하고, 귀를 만진 장님은 거대한 부채 같다고 한다. 오직 눈을 뜬 사람만이 코끼리의 참모습을 볼 수 있다.
그런데 장님들이 묘사하는 코끼리의 모습이 참이라고 할 수는 없지만 완전히 거짓이라고 할 수도 없다. 이 비유는 각자의 능력과 상황에 따라 진리는 다르게 해석될 수 있다는 사실을 암시하고 있다. 이것은 보편성과

---

77 元曉, 『涅槃經宗要』(H1. 528a).
78 元曉, 『涅槃經宗要』(H1. 539a).

타당성, 즉 전체적 진리성인 진리와 일반적 타당성인 도리 및 부분적 타당성인 일리에 입각하여 말하는 것이다. 반면 부처가 말하는 진리는 하나의 해석에 매이지 않고 전체를 조망하는 것임을 시사해 주고 있다.

> 묻기를 "만일 이 경문에서 '불성이 삼세인 것도 되고 삼세가 아닌 것도 된다.'고 한 것은 마땅히 두 개의 덕으로 구별한 것(二別)이지 하나의 덕(一德)에 입각한 것이 아니다. '삼세인 것이 된다.'는 것은 화신 부처의 형색形色이고, '삼세가 아닌 것이 된다.'는 것은 보신 부처의 내덕內德이다. 또한 이와 같이 두 가지 뜻을 분명히 볼 수 있는데, 어째서 수고롭게 실덕實德에 입각하여 알기 어려운 설명을 하는가?"[79]

원효는 불성의 삼세 유무에 대한 질문에 대해 화신불의 형색과 보신불의 내덕 두 개로 구분해 답변한 뒤 어찌 하나의 실덕에 입각하여 수고롭게 알기 어려운 설명을 하는가라고 반문하고 있다. 보신불과 화신불을 통해 분명히 이해하면 되지 법신불로 어렵게 설명할 필요가 없음을 일깨워 주고 있다.

> 또한 이 일각一覺은 본각과 시각의 뜻을 지니고 있다. 본각에는 드러내어 이룬다는 뜻이 있기 때문에 참답게 닦는다(眞修)는 말도 도리가 있는 것이다. 시각에는 닦아서 이룬다는 뜻이 있기 때문에 새롭게 닦는다(新修)는 말도 도리가 있는 것이다. 만일 한쪽에 치우쳐 고집한다면 곧 다하지 못함이 있게 되는 것이다.[80]

---

79 元曉, 『涅槃經宗要』(H1. 543b).
80 元曉, 『金剛三昧經論』(H1. 612a).

원효는 본각과 시각의 뜻을 모두 지닌 '일각'의 어느 한쪽에 치우쳐 고집하지 않아야 두 뜻을 다할 수 있다고 강조하고 있다. 일반적 타당성만 지닌 도리를 넘어서야 보편성과 타당성을 모두 갖춘 전체적 진리성을 체득하게 된다고 역설하고 있다.

문: 이와 같은 두 법사의 주장 가운데 어느 것이 틀리고 어느 것이 맞는가?
답: 어떤 법사는 말하기를 '결정코 일변一邊만을 취하면 두 주장이 모두 맞지 않는다. 만일 실보토實報土로 여기지 않으면 두 주장이 모두 맞는다.[81]

그러나 이 열 가지 사事의 있음과 없음의 뜻은 다만 일변一邊만을 잡아서 그 계급을 나타낸 것이어서 반드시 한결같이 결정코 그렇게 된다는 것은 아니다.[82]

오직 보신에 대해서는 두 가지 고집이 따로 일어난다. 따로 일어나는 쟁론은 두 가지에 불과하니 이를테면 상주常住를 고집하는 것과 무상無常을 고집하는 것이다. ……
답: 어떤 법사는 '다 맞기도 하고 다 맞지 않기도 하다.'고 말한다. 그 까닭은, 만일 결정코 일변一邊만을 고집한다면 모두 과실이 있고, 만일 걸림이 없이 말하면 모두 도리가 있기 때문이다. …… 이러한 도리에서 보면 두 주장이 모두 맞는 것이다.[83]

---

81 元曉, 『涅槃經宗要』(H1.532c~533a).
82 元曉, 『涅槃經宗要』(H1.541c).
83 元曉, 『涅槃經宗要』(H1.536a~537b).

문: 남방과 북방의 두 주장들은 어느 것이 맞고 어느 것이 맞지 않는가?

답: 만일 일변一邊만을 고집해서 한결같이 그러하다고 한다면 두 주장들이 모두 맞지 않는다. 그러나 만일 분수를 따라 의거하여 그 뜻이 없다면 두 주장은 모두 맞는다.[84]

불도는 넓고 탕탕하여 걸림이 없고 방위가 없다. 영원히 의지하는 것이 없기 때문에 합당하지 않음이 없다. 그러므로 일체의 다른 교의가 모두 다 불교의 뜻이요, 백가의 설이 옳지 않음이 없으며, 팔만의 법문이 모두 이치에 들어간다. 그런데 저 스스로 조금 들은 그 좁은 견해만을 내세워 그 견해에 같이하면 곧 얻게 되고 그 견해와 달리하면 다 잃게 된다. 마치 어떤 사람이 갈대 구멍으로 하늘을 보고 갈대 구멍으로 하늘을 보지 못한 사람은 모두 하늘을 보지 못하는 자라고 하는 것과도 같다. 이것을 일컬어 식견이 적은 사람이 많다고 믿어서 식견이 많은 사람을 도리어 헐뜯는 어리석음이라고 한다.[85]

원효는 남방과 북방 등 법사들의 상주와 무상 등 두 주장의 일변, 즉 어느 한쪽 부분만 가지고 고집해서 한결같이 그러하다고 한다면 두 주장 모두 맞지 않는다고 역설한다. 이것은 부분적 타당성만을 지닌 것을 전체적 타당성과 전체적 진리성을 지닌 것으로 고집한다면 모두 과실을 범하게 된다는 것이다.

그러므로 "원효의 화쟁의 언어를 음미해 보면, 그 이면에는 인간사의 모든 쟁론 상황에 적용할 수 있을 것으로 보이는 높은 수준의 보편 원리

---

84 元曉,『涅槃經宗要』(H1, 547a).
85 元曉,『菩薩戒本持犯要記』(H1, 583a).

들이 읽혀진다."며 그 세 가지 원리를 1) "각 주장의 부분적 타당성(一理)을 변별하여 수용한다."는 것, 2) "모든 쟁론의 인식적 토대를 초탈할 수 있는 마음의 경지(一心)에 올라야 한다."는 것, 3) "언어를 제대로 이해해야 한다."는 것으로의 정리[86]는 타당성을 얻고 있다.

따라서 원효는 전체적 진리성(眞理)과 일반적 진리성(道理) 그리고 부분적 진리성(一理)을 넘나들면서 진리-도리-일리의 구도를 통해 화쟁하고 회통하고 있음을 알 수 있다. 그런데 이러한 화쟁 회통의 방법은 일심一心과 일심의 원천(一心之源)으로 나아가기 위한 것이며 무애無碍의 행화로 나아가기 위한 것이었다. 이것은 전체를 본 사람만이 통합을 얘기할 수 있고, 본질을 본 사람만이 화회를 구현할 수 있[87]기 때문이다. 원효는 '일심'이라는 전체를 보았고 '일심의 근원'이라는 본질을 본 사람이었기에 화쟁하고 회통할 수 있었다.

## Ⅵ. 결론

원효는 구마라집-불타발타라-보리유지-늑나마제-진제 삼장 등의 구역 이후 7세기 동아시아 사상계에서 현장-의정 삼장의 신역과 함께 중관(空性)과 유식(假有)의 상이한 교문, 구역과 신역 유식의 갈등, 일승과 삼승의 대립, 불성 유무의 대립 등 여러 불교 이론들이 새롭게 제기되자 이들의 상이한 이론들을 화쟁하고 회통할 필요를 느꼈다.

원효는 보편성과 타당성을 지닌 전체적 '진리성(眞理)'과 일반적 타당성을 지닌 '도리道理'와 '부분적 타당성'을 지닌 '일리一理'의 틀을 통해 동아

---

86 朴太源(2013c) pp. 108~110.
87 高榮燮(2016) p. 185.

시아 불교사상사에서 일어난 다양한 쟁론들을 화쟁하고 회통하고자 하였다. 이를 위해 그는 문門과 논論을 시설하고 위계를 세웠다. 원효의 『십문화쟁론』은 공유이집화쟁론과 불성유무화쟁론 등 두 문의 단간斷簡만 남은 저술이지만 이러한 진리와 도리와 일리를 근거로 세운 '문'과 '논'의 시설을 보여 주는 대표적 저술이라고 할 수 있다.

원효는 어느 한쪽(一邊)만이 옳다고 끝까지 고집하는 이에게는 일반적 타당성인 '도리'와 부분적 타당성인 '일리'는 있으나 보편성과 타당성을 지닌 전체적 진리성인 '진리'에는 미치지 못하고 있음을 일깨워 줌으로써 일심一心으로의 전회를 제시하고 있다. 일심은 화쟁 논법과 회통 논리가 지향하는 궁극이며 화쟁과 회통은 일심으로 나아가는 방법이었다. 그리하여 원효는 한국인들에게 '일심'으로 철학하는 법과 사유하는 법을 일깨워 주었을 뿐만 아니라 한국철학사의 주요한 기호들을 제시하였다.

따라서 그가 제시한 종합의 방법과 통합의 논리 및 진리와 도리와 일리, 일심지원과 일심, 일심과 삼공, 화쟁和諍과 회통會通, 수립(立)과 타파(破), 전개(開)와 통합(合), 종지(宗)와 요체(要), 무애행과 보살행 등의 다양한 기호들은 한국철학의 주요한 사유기호로서 계승되고 있으며 그것은 해당 시대에서 그를 거듭 호명하고 환기하는 기제가 되고 있다.

| 참고문헌 |

원전류

龍樹. 毘目智仙·瞿曇留支 共譯. 『廻諍論』(T32; K17.630경).
慧思. 『諸法無諍三昧法門』(T46).
元曉. 『十門和諍論』(H1), 『本業經疏』(H1), 『涅槃經宗要』(H1), 『金剛三昧經論』(H1), 『菩薩戒本持犯要記』(H1), 『無量壽經宗要』(H1).
見登. 「大乘起信論同異略集」本(H3).
均如. 『釋華嚴敎分記圓通鈔』(H4).
雪岑. 『梅月堂詩集』卷12.
順高. 『起信論本疏廳集記』(『大日本佛敎全書』제92책).
「高仙寺誓幢和上碑」

논저

高榮燮. 「원효『십문화쟁론』연구의 지형도」. 『문학 사학 철학』 10. 대발해동양학 한국학연구원 한국불교사연구소, 2007.
_____. 「분황 원효의 和會論法 탐구」. 『한국불교학』 71. 한국불교학회, 2014.
_____. 「분황 원효의『십문화쟁론』과『판비량론』의 내용과 사상사적 의의」. 『동악미술사학』 19. 동악미술사학회, 2016.
_____. 『분황 원효의 생애와 사상』. 서울: 운주사, 2016.
金相鉉. 「원효 화쟁사상의 연구사적 검토」. 『불교연구』 11·12합. 한국불교연구원, 1995.
_____. 『원효연구』. 서울: 민족사, 2000.

김성철 역주. 『범·장·한 대역 廻諍論』. 서울: 경서원, 1999.
김영일. 「원효의 화쟁논법 연구」. 동국대학교 박사학위논문, 2008.
_____. 「원효의 空有和諍論」. 『한국불교학』 64. 한국불교학회, 2012.
_____. 「원효의 『십문화쟁론』 「佛性有無和諍門」 검토」. 『한국불교학』 66. 한국불교학회, 2013.
_____. 「원효의 佛身和諍論」. 『대각사상』 23. 대각사상연구원, 2015.
金煐泰. 「『열반종요』에 나타난 和會의 세계」. 『원효학연구』 3. 원효학회/원효학연구원, 1998.
김영호. 「원효 화쟁 사상의 독특성」. 『철학』 64. 한국철학회, 2000: p.13.
김운학. 「원효의 화쟁사상」. 『불교학보』 15. 동국대학교 불교문화연구소, 1978.
김형효. 『원효의 대승철학』. 서울: 소나무, 2006.
마츠모토 시로 지음, 이태승 외 옮김. 『티베트 불교철학』, pp.499~519 불교시대사, 2008.
박성배. 「원효사상 전개의 문제점」. 태암 김규영박사 화갑기념논문집 간행위원회. 『태암 김규영박사 화갑기념논문집: 동서철학의 제문제』. 서울: 서강대학교 철학과 동문회, 1979.
朴鍾鴻. 『한국사상사: 고대편』. 서울: 일신사, 1966.
_____. 『한국사상사: 불교사상편』. 서울: 서문당, 1977.
박태원. 「원효 화쟁사상의 보편 원리」. 『철학논총』 39. 새한철학회, 2004.
_____. 「원효의 화쟁 논법과 쟁론 치유」. 『불교학연구』 35. 2013.
_____. 「『십문화쟁론』 공(空)/유(有) 화쟁의 해석학적 번역과 논지 분석」. 『불교학연구』 34. 불교학연구회, 2013.
_____. 「『십문화쟁론』 불성(佛性) 유(無)/무(無) 화쟁의 해석학적 번역과 논지 분석」. 『철학논총』 72. 새한철학회, 2013.
사토 시게키(佐藤繁樹). 『원효의 화쟁논리』. 서울: 민족사, 1996.

오성환(법안). 『원효의 화쟁사상 연구』. 서울: 홍법원, 1989.

이병욱. 「南嶽 慧思의 『제법무쟁삼매법문』의 논리구조」. 『불교학연구』 4. 불교학연구회, 2002.

이정희. 「『십문화쟁론』의 몇 가지 문제점」. 『한국불교학』 별집. 한국불교학회, 2008.

이종익. 「원효의 십문화쟁론 연구」. 『원효의 근본사상』. 서울: 동방사상연구원, 1977.

_____. 「원효의 『십문화쟁론』 연구」. 高榮燮 편. 『한국의 사상가 10인: 원효』. 서울: 예문서원, 2002.

이효걸. 「원효의 화쟁사상에 대한 재검토」. 『불교학연구』 4. 불교학연구회, 2002.

趙明基. 「元曉宗師의 『十門和諍論』 연구」. 『금강저』 22. 조선불교동경유학생회, 1937.

崔凡述. 「『十門和諍論』 復元을 위한 蒐集資料」. 국토통일원 조사연구실 편. 『원효연구논총』. 서울: 국토통일원, 1987.

최연식. 「원효의 화쟁사상의 논의방식과 사상사적 의의」. 『보조사상』 25. 보조사상연구원, 2006.

최유진. 「원효의 화쟁사상 연구」. 서울대학교 박사학위논문, 1988.

石峻 外 編. 『中國佛敎思想資料選編』 第2卷 第4冊, pp.98~99. 北京: 中華書局, 1983.

中村 元. 『佛典解說事典』(정승석 편), p.365. 서울: 민족사, 1994.

# 찾아보기

## ㄱ

가나자와문고(金澤文庫) 71, 288
가마쿠라 신불교 459, 460
가명보살 327
가재迦才 466~468
각체覺體 20
간교(願曉) 395, 414, 422
감응感應 456
개유불성설 595
겐로쿠간본 282
겐준(謙順) 349~351
견당사 80
견도見道 156, 157
견등見登 55, 594
견소단見所斷 161
결정상위決定相違 491
결정성決定性 106, 107
결정성상決定性相 107
결정종성 469
경구죄輕垢罪 250
경흥憬興 392, 393, 401, 404~406, 415, 468
계금취 159, 162, 163
계본 249, 252, 259
『고려대장경』 81
고마자와대학(駒澤大學) 81
고묘황후(光明皇后) 504
『고문서』 347, 348

고보대사 504
고사본 345
「고선사서당화상비」 565, 572
고창본 256, 257
고토미술관 518
고토미술관 소장본(고토본) 482, 488, 495, 498, 500, 501, 504~506, 510
공부정과 507, 508, 511~513, 516, 517
공부정인共不定因 532
공비량 516
공상共相 529
공유空有 논쟁 181, 198
공유이집화쟁문 569, 583, 593, 596
공자 102
공통위 195
『관무량수경』 455, 457, 458, 467, 468
『관무량수경소』 455
관정주灌頂住 329
광대(優人) 102
광명진언 470
광택사光宅寺 법운法雲 119
교넨(凝然) 80, 168, 183, 198, 215, 349, 350
교증敎證 544
교토대학본 354
「구경지범문究竟持犯門」 309
구구인九句因 525
구구인설九句因說 530
구룡대사 50, 397, 594
구마라집鳩摩羅什 349, 365, 368, 466
『구사론俱舍論』 163, 525
『구식장』 190, 191
구야(空也) 466, 467
구칭염불 465
구카이(空海) 460, 461, 501

『권수정혜결사문勸修定慧結社文』 79
귀류논증 538
귀류논증파 535
규기窺基(기基) 158, 180, 198, 396, 422, 423, 426, 428, 431, 454, 489, 490, 494, 500, 510, 518, 519, 531, 541, 542
균여均如 71, 79, 595
극락율원 279
『금강비金剛錍』 117
금강삼매金剛三昧 109, 336
『금강삼매경』 91, 94, 98
『금강삼매경론』 36, 80~82, 144, 223, 246, 321, 322, 324, 361~363, 365, 547
『금강삼매경통종기』 79, 84
금강삼매론 79, 83
『금고경』 363
『금고경소』 395~397
『금고경의기』 397
『금광명경』 383~386, 388, 404, 415, 422, 424, 425, 428, 430, 431, 434, 441~443, 445
『금광명경소』 79, 388~390, 397
『금광명최승왕경』 388, 409, 414
『금광명최승왕경소』 323, 393
『금광명최승왕경현추』 422
금릉각경처金陵刻經處 50, 58
기벤(基辨) 395~397
『기신동이약집』 55
『기신론』 80, 90, 92~94, 107~109, 145, 152, 439
『기신론별기』 92, 108, 144, 167, 435
『기신론본소청집기起信論本疏聽集記』 55, 56, 66, 68~70, 352
『기신론소』 79, 130, 144, 167, 169, 223, 246, 323, 362, 363, 435, 436

『기신론의기起信論義記』 46, 100, 133
『기신론의기교리초起信論義記教理抄』 288
『기신론의소』 443~445
『기신론초출起信論抄出』 352
『기신효소起信曉疏』 56
기카이(喜海) 355
길장吉藏 109, 118, 119, 121, 122, 125~127, 132, 328, 362

남도북령南都北嶺 462
남도육종南都六宗 457, 461
남해분사도감간판南海分司都鑑刊版 83
내범부 327
내육처 164
『논궤論軌』 527, 528
『논어』 「옹야」 102
논쟁가 545
『능가경』 93, 169
『능가요간楞伽料簡』 189
능지성能知性 120~123
『니건자경尼犍子經』 「일승품一乘品」 598
니야야학파 560
니치렌 459

다라계본多羅戒本 248, 250, 252, 259
다르마빨라 514
다문광의多文廣義 99, 100
다비지 485
다이안지판 278, 280, 283, 284

단에(湛慧) 49
단에이(湛睿) 288, 292, 294, 295
달마 86
달마계본達摩戒本 248, 250, 252, 259
『달마선사론』 105
담가가라曇柯迦羅 253
담광曇曠 38, 71
담란曇鸞 457
담연湛然 117
『담연소曇延疏』 51, 52
대동급기념문고大東急記念文庫 290
대력보살大力菩薩 96, 97, 335
『대반야경』 363, 366, 368
『대반야경종요大般若經宗要』 347, 348, 374
『대보적경』 471
대성화쟁국사원효술大聖和諍國師元曉述 81
『대승광백론석론大乘廣百論釋論』 357, 515~517
『대승기신론大乘起信論』 15, 25, 34, 128~130, 135, 149, 177, 571
『대승기신론광석』 38
『대승기신론기』 35
『대승기신론내의약탐기大乘起信論內義略探記』(『약탐기』) 24, 38, 47, 70
『대승기신론동이약집』 38, 39, 216, 594
『대승기신론별기』 15, 323, 363
『대승기신론소』 15, 571
『대승기신론의기』(『의기』) 23~25, 27~29, 36, 38, 39, 397
『대승법원의림장大乘法苑義林章』 396, 426
대승보살계본 259
대승불설비량 512, 517
『대승육정참회』 110

『대승의장大乘義章』 124, 147, 442, 443
『대승의장』「이장의」 145, 149, 151
『대승현론大乘玄論』 121, 125, 362, 375
대안大安 85~87
대역룡大域龍 531
대원경지 429~431, 434, 437, 440
「대의문大意文」 17, 22, 23
『대일본고문서』 79
『대일본고문서편년문서』 346
『대일본속장경大日本續藏經』 58, 275, 277, 284, 354
『대정신수대장경』(『대정장』) 44, 51, 82, 90, 100, 275, 277
대정일체경간행회大正一切經刊行會 81
대정일체경간행회장본 82
『대지도론』 197, 264, 359, 370, 373
『대지도론소』 363
『대집경』 105
「대치수주품」 196, 197
『대품반야경』 349, 365, 367, 368, 371, 373
「대품유의」 375
대현大賢 201
대혜도大慧度 353, 357, 358~361, 363, 374
『대혜도경』 581
『대혜도경종요大慧度經宗要』 79, 200, 353, 374
대혜도경추요大惠度經樞要 347
도다이지(東大寺) 37
도다이지 도서관(東大寺圖書館) 289
도륜道倫 158
도리난道理難 529
도세道世 258
도신道信 85, 98
도안道安 211

도작道綽　454, 457, 468, 470
도지기레(東寺切)　479, 483, 495, 501
도쿄(東京)국립박물관 소장본　499
도하쿠본(東博本)　482
『동문선東文選』　78
동산법문東山法門　87
『동역전등목록東域傳燈目錄』　80, 348, 349, 395
동품　508, 509
동품유　511, 517
동품정유성　508, 511
둔륜遁倫　392
득得　517

## ㄹ

라이유(賴瑜)　80
류코쿠대 A본　354
류코쿠대 B본　355

## ㅁ

마나스(意識)　188
마유지(眞弓紙)　485
『만선동귀집萬善同歸集』　79, 83
말나식末那識　188
명안明眼　351
명자보살　327
묘각지妙覺地　325, 336, 337
묘에(明惠)　290
묘이치(明一)　395
무구지　332, 335, 336
『무량수경』　455, 457

『무량수경연의술문찬無量壽經連義述文贊』　468
『무량수경우바제사원생게無量壽經優婆提舍願生偈』　465
『무량수경종요』　70, 467, 468, 564
무명주지　148
무변이성　158
무아평등관　227
무애無碍　102, 557, 603
무여열반　469
무장애문　228
무장애설　229
무쟁無諍　559, 561, 562
무쟁(법)사無諍(法)師　561
무쟁삼매　561
무정불성無情佛性　118, 122, 123, 131~133, 135
무정불성설　125
무정비불성無情非佛性　119
무정비불성설無情非佛性說　121
무정유성無情有性　127
무착無着　528
문궤文軌　488, 489, 491~494, 500, 509, 510, 517~519
『문궤십사과류소』　495
미노부문고(身延文庫)　287
미륵彌勒　179, 188, 199
『미륵상생경종요』　365
미륵하생　466
미륵하생 신앙　472
미쓰이기념미술관　504, 518
미쓰이기념미술관 소장본(미쓰이본)　482, 499, 500, 513
미타염불　456
『미타증성게彌陀證性偈』　79

민중 교화 464, 466

## ㅂ

바이케이 구장본(梅溪舊藏本) 480~485, 487~
    491, 493, 495, 499
『반야경』 199, 200, 369~373, 375
『반야등론』 535
『반야바라밀다심경약소연주기회편般若波羅
    蜜多心經略疏連珠記會編』 351
『반야심경술의병서般若心經述義并序』 352
반야종요般若宗要 347, 348
『반주삼매경』 455
발심주 328
『발지경發智經』 542
『발지론』 513
『방편심론方便心論』 530
번뇌설 163
번뇌장 164
『범망경』 252, 320
『범망경보살계본사기』 246
『범망경보살계본소』 293
『범망경소』 246
『범망경약소』 246
『범망경요해혹문梵網經要解或問』 309
범망계 247, 250~252, 257~259
『범망계본소일주초梵網戒本疏日珠鈔』 290,
    309
범망본 256
범부왕생 470
범어 고사본 386
범입보토凡入報土 451, 452, 456
범패보梵唄譜 502, 505
『법계도』 214

『법구경』 89
법랑法朗 85, 86
법무아성 157
법보法寶 130~132, 136
법불성 123, 124, 127~129, 133, 135
법상法常 213
법상유식 427~430, 445
법상유식학파 425
법상종 351, 463, 585
법상중 461
법성 134
법성열반 225, 226
법성융통문 234
법신 424~426, 431, 433~435, 439~443,
    445
법신불성 132
법업 211, 212
『법왕경』 93~96, 98, 99
『법원의경法苑義鏡』 397
『법원주림法苑珠林』 164, 258
법장法藏 23, 24, 33, 36, 37, 39, 40, 46,
    47, 53, 56, 71, 100, 133, 134, 136, 216,
    221, 231, 232, 234, 293, 397
법집무명 154
『법집별행록절요병입사기法集別行錄節要並
    入私記』 79
법칭 537
『법화경론』 109
『법화경』「법사품」 98
『법화경종요』 568
『법화론기』 49
『법화종요』 365
변계소집성 158
변계소집자성 157
변시종법성 508

변역생사變易生死 168, 335
변주邊主 199
『변중변론』 182, 191
변화신 427, 431
『별기』 70
별설 55, 56
별염불別念佛 465
별장別章 28
별해탈계경 250
보리달마 84
보리심 327
보법普法 228, 321
『보법기』 79, 214
보불성 123, 124, 127~129, 133, 135
보살 195
보살계 110, 254~256, 263, 264, 266, 268, 320
『보살계본』 252, 255, 266
『보살계본소』 266
『보살계본지범요기』 79, 110
보살계위 323, 324
『보살계의소』 256~258
『보살계의소초菩薩戒義疏鈔』 309
『보살선계경菩薩善戒經』 255
『보살영락본업경菩薩瓔珞本業經』 255, 258, 319
『보살영락본업경소』 246
보살정계菩薩淨戒 258
「보살지」 145
『보살지지경』 254, 255
『보성론』 168
보신 424, 442, 443
보신불 132, 600
보신불성 132
『보유목록補遺目錄』 81

복원지법문伏怨智法門 235
복원지불伏怨智佛 236
본각本覺 19, 92, 99, 435, 441, 445, 600, 601
본식本識 189
『본업경』 323, 324
본유종자 595
「본지분」 160
「본지분」 '진실의품' 165
부대사傅大士 87, 98, 109
부동지불不動智佛 231, 233, 235
『부인경夫人經』 362, 363
부정과 507, 518
부정인不定因 510, 528, 530, 541, 542
분단생사分段生死 335
분별연지分別緣智 148, 151, 155
분황사芬皇寺 266
불가 333
불각 441
불공견색신변진언경 471
불공부정인不共不定因 532
불교논리학 527
『불교대계』 61
불변不變 33
불상응행법 516
불성 119, 120, 122, 125, 126, 130, 132, 134, 585~588, 592
불성과 515, 516
『불성론』 433, 434
불성사상 118
불성유무화쟁문 566, 569, 583, 593, 596
「불성의佛性義」 118
불성인不成因 528
불승 599, 600
불신佛神 423

찾아보기 | 613

불신설 427, 429, 445
불염무지不染無知 148
불이법문不二法門 227
불인佛因 130
『불지경』 426, 430
『불지경론』 232, 234
『불지론』 427, 428
불체佛體 130
불퇴주 329
비량比量 492, 506, 509, 512, 513, 516, 528, 529
비량상위比量相違 532, 534
비승비속 87, 98, 104, 109
비실유 516
비판의 오류 528

사교판 216
사구四句 575
『사론현의기』 375
사루와카(猿若) 102
사무지事無知 151
『사분율』 266
사사무애 234
사십이위四十二位 325, 326, 337, 339
사십이위설 319, 320, 324, 338
사이고쿠 효고로(西國兵五郞) 102
「사자후보살품」 129
사카이 우키치(酒井宇吉) 소장본 498
삼계교 100, 101, 104~106
『삼국유사』 101~103, 214, 245, 265, 268, 464, 547
『삼무성론』 166, 167

「삼보의三寶義」 106
삼세실유설 525, 526
삼승 193
삼승가 372
삼승교 133
삼시교판三時敎判 198, 200
삼신三身 195, 425
삼신설 421, 422, 428, 431, 432, 442
삼심三心 331
삼십삼과三十三過 532
삼종법륜 365, 372
삼종법륜설 368, 369, 371
삼지작법 535
삼취계 251, 254, 256, 258, 259
삼해탈문三解脫門 329
삼현위 326
상갈라주商羯羅主 531, 532
상견도相見道 161
상위결정相違決定 492, 493, 495, 524, 525, 532, 538, 540, 545
상위결정부정과 507, 508, 510, 512, 513
상위과 507
상위인相違因 528, 530
상입 228
상입 논리 227
상입설 229
생멸문生滅門 20
「서당화상비誓幢和上碑」 80
석가보살 509
『석마하연론』 56, 90, 108
『석정토군의론釋淨土群疑論』 453
『석화엄교분기원통초』 595
선도善導 453~455, 457, 470
선정 330, 340
선종계 경전 89

선종계 위경 98
선택본원염불選擇本願念佛 455, 459
『선택본원염불집』 463, 465
설일체유부 511, 516, 517, 525, 526
설중업薛仲業 80
「섭결택분」 156, 157, 160
섭대승경 99
『섭대승론』 154, 429~432
『섭대승론석』 432~434
섭론학파 213
성공덕性功德 130
성도문聖道門 451, 458, 471
성득 441
성문(自度心)계 255, 263, 264, 266, 267
성언량 528
『성유식론』 160~162, 182, 428, 514, 544
『성유식론술기』 519
『성유식론술기집성편成唯識論述記集成編』 49
『성유식론학기成唯識論學記』 201
성정문性淨門 128, 129
성정반야 225
성정본각性淨本覺 437~439, 443, 444
세간상위世間相違 539
세속유 517
세친世親 179, 188, 189, 192, 193, 465, 527, 528
『소』 31, 39
소립법불성所立法不成 541
소별불극성 532
소성거사小姓居士 245, 267
소쇼(宗性) 355
소의 뿔 576, 577
소의불성所依不成 536
소지성所知性 120~123

속산왕속散王 327
손벤(尊辨) 352
『송고승전』 87, 469, 547
『송고승전』원효전 82, 85
쇼소(聖聰) 466
수계갈마受戒羯磨 253
『수보살계의受菩薩戒儀』 258
수연隨緣 29, 31, 33
수연문 129
수염隨染 34
수염문隨染門 128, 129
수염본각 443, 444
수일守一 108
수일불성隨一不成 515, 541, 542
수일불성과 516
수주修住 193, 194
『수현기』 214, 219~222, 227, 232
순경順憬 491· -494
『순정리론順正理論』 525
『순중론順中論』 528
스미데라(隅寺) 52
승군勝軍 512, 517, 537, 543
승군비량勝軍比量 524, 533, 539, 542, 544
승둔僧遁 83
승량僧亮 119, 557, 561, 562
『승만경』 145, 147, 150, 168, 169
『승만경소』 144
『승만경소상현기勝鬘經疏詳玄記』 168
『승만경의기勝鬘經義記』 328
『승만보굴勝鬘寶窟』 328
승의 491, 492
승의유 517
승의제 514
승장勝莊 392, 393, 415
승전勝詮 38

찾아보기 | 615

시각始覺 19, 21, 435, 600, 601
시방불 509
식체識體 26
신란(親鸞) 452, 453, 459, 466
신방神昉 104
신상보살 327
신심분信心分 224, 236
신엔 293
신역『기신론』 80
신인명 497, 518, 519
『신찬대일본속장경新纂大日本續藏經』 275, 481
신태神泰 532
『신편제종교장총록新編諸宗敎藏總錄』 78, 352, 395, 397
신해神解 123, 128
신훈종자 595
실상반야 367
심상審祥 37, 274, 347, 374
『심상사경록審祥師經錄』 346
『심왕경』 89
심체 441
십계十戒 340
『십륜경』 104, 107
『십문화쟁론』 79, 556, 565
십바라밀 340
십신 327
십일지十一地 195
십주 326, 330, 331
『십주경』 338
『십주비바사론十住毘婆娑論』 465
십지 332, 333
『십지경론』 212, 338, 340, 421
『십지론』 424
『십팔공론』 181

십행 329, 331, 332
십회향 331
십회향위 332

## ㅇ

아뢰야식 25, 27, 186~189, 434
『아미타경』 455, 457
『아미타경소』 365
아미타불 465
아비달마불교 논자 560
『아비달마잡집론』 197
안근眼根 492, 507~509, 539, 540
안넨(安然) 117
『안락유심도』 470
『안락집安樂集』 468
안식眼識 492, 507~509, 539, 540
안혜安慧 158, 180, 190, 191, 195, 196, 201
안회 102
암마라식庵摩羅識 99
『앙굴마라경央掘魔羅經』 329
『양권무량수경종요兩卷無量壽經宗要』 322, 323, 365
양무제梁武帝 119
양문회楊文會 58
양분良賁 53
『어록종경대강御錄宗鏡大綱』 79
에이초(永超) 80, 349, 365
엔린(圓琳) 309
엔초(圓超) 80, 215
엔친(圓珍) 49
여래성 433
여래장 367

여래장불如來藏佛 105
여래장사상 109
『여실론如實論』 528, 529
여여 432, 434~437, 440, 441, 444, 445
여여법 442
여여지 432~437, 440~442, 444, 445
연기상유문 234
연수延壽 53, 79
『연의초演義鈔』 66, 68, 69, 134
『열반경』 121, 122, 232, 343, 438, 585
『열반경』「가섭품」 118, 125, 131
『열반경의기涅槃經義記』 120
『열반경집해涅槃經集解』 119
『열반종요』 70, 79, 108, 144, 362, 363, 365, 571, 581
염불 456, 470
염오색신 509
영락본 258
『영락본업경소』 70, 108
영변靈辯 219, 220, 223, 225, 227, 229
영윤靈潤 108
『오교장지사五教章指事』 80, 216
오미노 미후네(淡海三船) 80
오성각별설 525, 595
오승五乘 598
오주번뇌 148, 151, 152
오철호吳徹浩 81
오치아이 히로시(落合博志) 소장본 498, 502
오타니대학 소장본(오타니본) 481, 482, 484, 495, 498, 504, 510, 511
온실원溫室院 52
왕생 455
외도 512
외육처 164

용맹 199
용수 465, 557, 559, 562
원광圓光 266
『원돈성불론』 351
원성실성 157, 158
원측圓測 180
원효元曉 80, 85, 135, 186, 195, 196, 200, 201, 229, 356, 359, 392, 401, 463, 466, 493, 494, 506, 507, 509, 514, 515, 537, 544
『원효법사』 482, 484
원효-법장 융합 형태 40
「원효불기元曉不羈」 85, 464
원효사 50
원효『소』 71
원효전 79
『원효전집』 481
원효찬元曉撰 349
월칭月稱 535, 536
위자비량 538
위타비량 538
유가계 247, 252, 259
『유가론』 25, 26, 149, 152~155, 158, 160, 168, 581
『유가론기瑜伽論記』 158, 160, 165
『유가론』「본지분」 159
『유가론약찬瑜伽論略纂』 158, 161, 165
『유가사지론』 183, 189, 190, 250, 252, 259, 264
유겸지劉謙之 212
유경종劉敬鍾 81
『유마경』 105
유법차별상위과 507, 508, 510, 518, 541
유부 162, 163
유수보살 222

『유식론唯識論』 121, 125, 126
유식비량唯識比量 488, 489, 492, 494, 495, 502, 506~510, 512, 517, 524, 533, 536~541, 545
유식사상 109
『유식삼십송석唯識三十頌釋』 190, 191
『유식이십론술기唯識二十論述記』 180
『유심안락도遊心安樂道』 465~469, 471
유정중생 119
육종성 325
율종 296, 297
은밀문隱密門 145, 152, 168
응신應身 423, 424, 426, 431, 442, 445
의상義湘 103, 106, 463, 469, 546
의생신意生身 168, 169, 335
의적 259, 266
의정義淨 530
의정불이依正不二 122
의천義天 78, 352, 397
『의천록』 82
의타기성 158, 514
이능화李能和 81
『이문론술기理門論述記』 531
이성탁李盛鐸 91
이숙식 169
이승二乘 193, 195
이식비량離識比量 507, 508
이신二身 323
이입理入 99
이입사행설 86
이입설二入說 84~86
『이장의二障義』 23, 35, 36, 49, 79, 161, 197, 201
이제二諦 323
이제론 319

이종반야二種般若 366
이증理證 544
이토二土 323
이통현 230~232
이품 517
이품변무성 511
이품유 511, 517
『인명대소초因明大疏抄』 490
『인명론리문십사과류소因明論理門十四過類疏』(『십사과류소十四過類疏』) 489~491, 493, 494, 509, 510
『인명론소명등초因明論疏明燈抄』(『명등초명燈抄』) 486~488, 503, 507, 508, 518
『인명론소因明論疏』 545
『인명입정리론因明入正理論』 530~532, 535, 540, 546
『인명입정리론기因明入正理論記』 545
『인명입정리론소후기因明入正理論疏後記』 489
『인명입정리문론소』 494
『인명정리문론』 530, 531, 546
인명학因明學 530
『인왕경』 334, 340
인인의 삼상三相 528
인중왕人中王 327
일각一覺 600, 601
『일도장一道章』 79, 144
일련종 297
『일본대장경日本大藏經』 284
일승一乘 598
일승가 372
일승교 320
일승분교一乘分敎 320
『일승불성구경론一乘佛性究竟論』 130
일심一心 99, 110, 128, 129, 155, 156,

169, 177, 336, 557, 603
일심이문一心二門 128, 129
일연一然 464
일향전수一向專修 456
잇펜(一遍) 466, 467

자교상위自教相違 532, 534, 536, 539
자립논증 538
자립논증파 534
자비량自比量 516, 537, 538, 541
자상自相 529
자성신自性身 425, 427, 429, 430
자수용신 427, 430, 431
자어상위自語相違 532
사장 266
자찬훼타自讚毁他 246, 261
자찬훼타계自讚毁他戒 260
잘못된 논증(似能立) 534
잘못된 이유(似因) 532
잘못된 주장(似宗) 532
장경서원藏經書院 50, 58, 356
장경서원藏經書院 구장본舊藏本 354
『장엄론』 429
『장자』 109
저지猪紙 484, 485
적진寂震 79, 84
전다라 262
전수염불專修念佛 455, 457
절대타력 452
정계(성문계) 268
정광진鄭晃震 81
정교장문고正教藏文庫 287

『정명구론淨明句論』 535
정본화 61, 65, 70
정성의 이승 469
정안鄭晏 82, 83
정영사淨影寺 혜원慧遠 118~127, 132, 135, 145, 147, 214, 328, 422, 423, 454
정인正因 530
정창원 문서正倉院文書 45, 47, 71, 79
정토 511
정토교 453
정토교학 458
『정토론』 467, 468
정토문淨土門 451, 459
정토비량 502, 510
『정토삼국불조전집淨土三國佛祖傳集』 466
정토왕생 104
정토종淨土宗 296, 297, 452
정토송학 458
정토진종淨土眞宗 452
『제법무쟁삼매법문諸法無諍三昧法門』 557
『제종장소록諸宗章疏錄』 349, 350
제지본制旨本 257
젠주(善珠) 393, 397, 486, 487, 518
조선불교회朝鮮佛教會 81
조선불교회본 82, 83
조순(藏俊) 49, 490
조오간본 278, 279, 281
조카이(靜海) 355
조교간본 278, 279, 282, 283
조토(常騰) 395, 411, 414
존승원본尊勝院本 350, 354, 355, 357, 374
『종경록宗鏡錄』 79, 83
종남산 106
종학 연구 462~464
『주금광명최승왕경』 411

찾아보기 | 619

주료(鑄靈) 50, 56, 70, 80, 216
준코(順高) 66, 352
중관 논사 516, 517
『중관론』 581
중도 199
『중론』 534, 535
『중변분별론』 180, 183, 196, 197
『중변분별론』「장품障品」 147, 151
중생본각衆生本覺 107~109
중죄 261, 262, 268
중주中主 199
중학衆學 463
중학衆學 연구 462
『증일아함경』 544
지거智炬 213
지경자 109
지관쌍운 223, 229, 237
지넨드라붓디 527
지눌知訥 79, 351
지론사 220
지론종地論宗 212, 339
지론종 남도파 87
『지범요기견문집持犯要記見聞集』 292, 295
『지범요기속서감문초持犯要記俗書勘文抄』 291, 294
『지범요기약술持犯要記略述』 290, 291
『지범요기약초持犯要記略鈔』 291
『지범요기조람집持犯要記助覽集』 291, 293
지범종요持犯宗要 279
지상사至相寺 106
지엄智儼 106, 214, 218, 220, 222, 223, 226, 229, 230, 232, 463, 546
지의智顗 256, 258, 324, 462
지자대사智者大師 337
지정智正 213

지주智周 489
지지계地持戒 254, 258
지지본 256, 257
지코(智光) 352, 353
지쿄(智憬) 38, 55, 56, 216, 471
진견도眞見道 161
진나陳那 525, 527, 529~531, 534, 535, 537, 573
진망화합 445
진식 220
진신眞身 220, 423, 442
진언종 50, 56, 71, 296, 297
진여 130, 131, 156, 428
진여문眞如門 18, 129
진여불성眞如佛性 128
진여수연眞如隨緣 31, 33
진제眞諦 147, 166, 180, 190~193, 196, 201, 389, 390, 405, 432
『짐정초목성불사기斟定草木成佛私記』 117
『집량론』 36, 530
『집량론세소』 527
『집량론주』 527
「집일금광명경소」 384
징관澄觀 56, 66, 69, 71, 108, 134~136, 230, 232

## ㅊ

착란된 인식 작용 186, 187
천태종 117, 134, 296, 297, 463
철위왕鐵圍王 327
청변淸辨 201, 534~536, 538
청정법계 436
청정진여 429~431

초목 122
초목성불설草木成佛說 117
초발심 329
초주 327
초지 334, 337
초지보살初地菩薩 333, 334, 337
최남선崔南善 81, 82
『최승왕경소』 395
『최승왕경유심결最勝王經遊心決』 393
추리 537
『출가인수보살계법出家人受菩薩戒法』 257
『출삼장기집出三藏記集』 84
칠식 220
칭명염불 455, 456, 465

### ㅌ

타비량他比量 516, 537
타수용신 427, 428, 431
『탄이초歎異抄』 466
『탐현기』 216
태현太賢 24, 47, 70, 392, 401
토끼의 뿔 576, 577
토사가지土砂加持 470
통염불通念佛 465

### ㅍ

『판비량론』 493, 507, 518, 537, 547
포살布薩 266
표원表員 216

### ㅎ

학도 264
『한국불교전서』 44, 51, 58, 83, 90, 275, 277, 356, 415, 481
합부合符 502, 503, 505
『합부금광명경合部金光明經』 387, 388, 398, 416
해동 50
『해동소海東疏』 52, 77, 92, 108
해명장웅海冥壯雄 81
『해심밀경』 156, 199, 264, 351, 369~373, 375
해인사海印寺 81
해인사 보판 82
해인사본 58, 69, 70
해인사판 279, 280
해인사 판목 65, 66, 68
행입行入 99
허망분별虛妄分別 178, 183
헤이안이종(平安二宗) 457
『현겁경賢劫經』 328
『현계론』 309
현량現量 528, 529
현량상위現量相違 534, 535
현료문顯了門 145, 146, 152, 158, 165
현수위 222, 223
『현양성교론顯揚聖敎論』 153, 164, 357, 358, 587, 590
현장玄奘 15, 58, 84, 154, 165, 182, 190~192, 250, 259, 357, 363, 366, 368, 375, 454, 489, 492, 494, 495, 500, 502, 506, 507, 509, 510, 513, 517, 518, 530, 536~538, 540, 541, 543, 546
현창玄暢 211, 212, 257

형상불形像佛 105
혜가慧可 87
혜공慧空 86
혜광慧光 212~214, 218, 220, 223, 236
혜능 562
혜사慧思 557, 559, 561, 562
혜영慧影 363
혜원 149, 150, 155, 230~232, 234, 424, 425, 431, 442~445
호국삼부경전護國三部經典 386
호넨(法然) 451, 453, 455, 456, 463, 465
호법護法 200, 525
호월護月 180, 181
화랑 466
화신 424, 431, 442, 445
화신불 600
『화엄경』 102, 324, 338, 340
『화엄경론』 213, 220, 225
『화엄경론』「광명각품」 219
『화엄경문답』 106
『화엄경소華嚴經疏』 209, 212, 214, 216, 320
『화엄경』「십회향품」 214
『화엄경』 지상주의 212
『화엄공목장발오기華嚴孔目章發悟記』 183, 198
『화엄법계의경華嚴法界義鏡』 215
『화엄일승성불묘의』 53
화엄종 50, 56, 71, 117, 134, 296, 297, 463
『화엄종경론장소목록華嚴宗經論章疏目錄』 349, 350
『화엄종요』 79, 214, 215, 573
『화엄종장소병인명록華嚴宗章疏幷因明錄』 46, 52, 80, 215

화엄중 461
화쟁和諍 177, 563, 580, 602
화쟁국사和諍國師 557
화쟁 논리 564
화쟁문 571
화쟁사상 463
화회和會 557, 571
환희지 334
환희행歡喜行 330
활자본 346
회감懷感 453
『회본』 43, 58~60
『회본별기』 59, 60
회쟁 559, 562
『회쟁론』 557
회통 562, 571, 580
회통 논법 564
회통문 571
회향게 525, 547
희론 582
희론분별 166
희일希一 81

4종 권도 219, 220, 227
8종 분별 164~166
10종 번뇌 163
98종 수면설 162, 163
104종 번뇌설 163
128종 번뇌설 161

CBETA 276
EBTI 276, 277
SAT 276, 277

## 저자 소개

### 최연식

서울대학교 국사학과 학부 및 대학원 졸업. 문학박사. 일본학술진흥회 외국인특별연구원(Post-doc.), 금강대학교 불교문화연구소 전임연구원, 목포대학교 사학과 교수, 한국학중앙연구원 교수 등을 거쳐, 현재 동국대학교 사학과 교수로 재직. 전공은 한국을 중심으로 한 고대 및 중세 동아시아 불교사상사이다.

주요 논저로는 『校勘 大乘四論玄義記』(서울: 불광, 2009), 『역주 일승법계도원통기』(서울: 동국대학교출판부, 2010), 『동아시아불교사』(서울: 씨아이알, 2020) 외 다수.

### 김천학

한국정신문화연구원 한국학대학원에서 균여 화엄 연구로 철학박사 학위 취득. 도쿄대학교 대학원에서 일본 화엄 연구로 박사 학위 취득. 일본 히메지독쿄대학 조교수와 금강대학교 불교문화연구소 HK교수 및 조교수, 불교문화연구소장을 거쳐 현재 동국대학교 불교문화연구원 HK교수.

논저에 『균여 화엄사상 연구: 근기론을 중심으로』(서울: 해조음, 2006), 『平安期華嚴思想の硏究-東アジア華嚴思想の視座より-』(東京: 山喜房佛書林, 2015) 등 다수가 있다.

### 이시이 코세이(石井公成)

와세다대학 제1문학부 동양철학과 졸업. 문학박사 학위 취득. 와세다대학 문학부 시간강사를 거쳐 현재 고마자와대학 불교학부 교수. 전공은 화엄종·지론종·선종·쇼토쿠태자를 축으로 한 아시아 제국 불교 교리와 역사, 문학·예능·근대 내셔널리즘·컴퓨터 처리에 의한 저자 판정 등이다.

저서에 『華嚴思想の硏究』(東京: 春秋社, 1996), 『東アジア佛敎史』(東京: 岩波書店, 2019) 외 다수가 있다.

### 장원량(張文良)

중궈런민대학 철학계 학사. 일본 도쿄대학 인문사회계연구과 석사, 박사 졸업. 현재 중궈런민대학 철학원 교수, 불교와 종교학 이론 연구소 부소장. 주요 연구 영역은 중국불교 화엄종과 일본불교이다.

발표 논문은 1000여 편에 이르고, 저술로는 『澄觀華嚴硏究』(일어), 『批判佛敎的批判』(北京: 人民出版社, 2013), 『日本當代佛敎』(北京: 宗敎文化出版社, 2015), 『東亞佛敎視野下的華嚴思想硏究』(北京: 國際文化出版社, 2017) 등이 있다.

### 안성두

한국외국어대학 졸업. 한국학대학원에서 한국불교철학으로 석사 학위 취득. 독일 함부르크대학에서 인도불교 전공으로 석사와 박사 학위 취득. 금강대학교 불교문화연구소 연구과 연구소장, 교수를 거쳐 현재 서울대학교 철학과 교수. 연구 영역은 초기 인도 유식사상.

논저로 「식의 자기인식(Self-Awareness)과 삼성설」(『인도철학』 52) 등 다수가 있고, 역주서로 『보살지』(서울: 세창출판사, 2015), 『보성론』(서울: 소명출판, 2011), 『이장의』(서울: 동국대학교출판부, 2019) 등이 있다.

## 모로 시게키(師茂樹)

와세다대학 문학부 졸업. 도요대학대학원 박사과정 수료. 간사이대학에서 박사 학위 취득. 와세다대학 미디어네트워크센터 강사를 거쳐 현재 하나조노(花園)대학 교수. 전문 분야는 불교학(유식학, 인명학)과 인문정보학, 정보역사학이다. 특히, 불교인명학의 권위자이며, 일본의 데이터베이스센터 SAT의 기초를 만들었다. 현재는 문화유산 3D CG 복원 연구에도 노력을 기울이고 있다.

주요 저서로는 『論理と歷史: 東アジア佛敎論理學の形成と展開』(京都: ナカニシヤ出版, 2015), 『『大乘五蘊論』を讀む: 色受想行識』(京都: 春秋社, 2015) 한자문헌정보처리연구회 편 『인문학과 저작권문제 연구·교육을 위한 敎育의 컴플라이언스』(호문출판, 2014)이 있으며, 다수의 논문을 발표하였다.

## 박광연

이화여자대학교 사학과 및 동 대학원 졸업. 동국대학교 불교문화연구원 HK연구단 연구교수를 거쳐 현재 동국대학교 경주캠퍼스 국사학 전공 조교수. 신라 법화사상사 연구로 박사 학위를 받았고, 신라·고려시대의 불교 문헌 및 사상, 교단, 보살계 등을 연구하고 있다.

논저로 「의적 보살계본소의 기초 연구」(『한국사상사학』, 56), 「경흥 『삼미륵경소』의 도솔천 왕생관-신라 중대 유식 승려의 미륵신앙 재고찰」(『한국사연구』, 171), 『신라 법화사상사 연구』(서울: 혜안, 2013) 등 다수가 있다.

## 김병곤

릿쇼대학 대학원에서 2013년 「법화장소의 연구: 해동찬술·서역출토본을 중심으로」로 박사 학위 취득. 릿쇼대학 법화경문화연구소 연구원을 거쳐 현재 미노부산대학 불교학부 교수. 연구 영역은 동아시아불교 법화홍통사.

논저로는 「의적석 의일찬『법화경논술기』의 문헌학적 연구」, 「『삼평등의』의 성립에 관한 연구」, 「적찬 『법화경집험기』를 둘러싼 제문제」, 「아시아에 펼쳐진 불교」 등 다수가 있다.

## 아오잉(敖英)

내몽고 출신. 옌벤대학과 베이징대학에서 철학박사 학위 취득. 옌벤대학을 거쳐 푸단대 세계사유동역 근무. 현재 저장성 태주학원 천태산문화연구원에 근무.

논저로 「天台四敎儀中的修行階位說」, 「韓國學界圍繞〈大乘四論玄義記〉撰述地進行的論爭」. 번역서로 『신라 화엄사상사 연구』(김상현 저)가 있으며, 그 외 한국불교에 관련된 10여 편의 논문이 있다.

## 오카모토 잇페이(岡本一平)

고마자와대학 불교학부 졸업 및 박사과정 수료. 석사는 교넨의 화엄사상을 연구하였으며, 현재는 정영사 혜원의 『대승의장』을 중심으로 역주와 함께 연구에 매진하고 있다. 현재 게이오대학 강사, 도요대학 동양학연구소 연구원.

논문으로 「淨影寺慧遠における緣起と如來藏」, 「示觀房凝然の華嚴思想における"唯識"の考察」, 「慧光の頓漸円三種敎について」, 「東大寺圖書館所藏凝然『華嚴二種生死義』について」 등이 있다.

## 한명숙

고려대학교 철학과를 졸업하고 동 대학원에서 「吉藏의 三論思想硏究: 無得의 轉悟方式을 중심으로」로 박사 학위 취득. 가산불교문화연구원 연구원을 거쳐 현재 동국대학교 불교학술원 조교수로 재직.

공저로 『인물로 보는 한국의 불교사상』(서울: 예문서원, 2004), 『자료와 해설 한국의 철학사상』(서울: 예문서원, 2001), 『동서철학 심신관계론의 가치론적 조명』(파주: 한국학술정보, 2013) 등이 있고, 역주서로 『범망경보살계본사기』(서울: 동국대학교출판부, 2016)·『지범요기조람집』(서울: 동국대학교출판부, 2019) 등이 있다.

## 이수미

서울대학교 약학과를 졸업하고 동 대학원 철학과에서 석사. 미국 UCLA에서 불교학으로 박사를 취득. 현재 동국대학교 불교문화연구원 HK연구교수. 연구 분야는 동아시아 유식불교 및 여래장사상.

연구 논문으로 "Redefining the 'Dharma Characteristics School' and East Asian Yogācāra Buddhism"(2015), "On the Ālayavijñāna in the Awakening of Faith: Comparing and Contrasting Wŏnhyo and Fazang's Views on Tathāgatagarbha and Ālayavijñāna" (2019) 등 다수가 있다.

## 아타고 구니야스(愛宕邦康)

정토종 승려. 부쿄(佛敎)대학 불교학과 석사 수료. 아이치학원대학 박사과정 수료. 오사카대학에서 2002년 「『遊心安樂道』の研究」로 박사 학위 취득. 슈치인(種智院)대학 강사, 오쿠라(大倉) 정신문화연구소 연구원 등을 거쳐 현재 잇토(一燈)불학원 교수, 저장(浙江)불학원 객과교수(중국).

공저에 『華嚴學論集』(東京: 大蔵出版, 1997), 『空海散歩』4(京都: 筑摩書房, 2019) 등이 있고, 저서에 『『遊心安樂道』と日本佛敎』(京都: 法藏館, 2006)가 있으며, 「元曉の妻帯と彌勒下生信仰」(『불교학리뷰』10)을 비롯하여 다수의 논문을 발표하였다.

## 김영석

동국대학교 대학원 불교학과 석·박사 과정 졸업(철학박사).

논문으로 「불교 업론에 나타난 의지와 그 표출 행위의 상관성 연구」(동국대학교 박사학위논문, 2014), 「사업(思業)과 의업(意業)의 관계 해석에 대한 비판적 검토」, "New Discoveries in Wŏnhyo's P'an piryang non: Focusing on the Akebono Fragmentary Text and Fragments Found in Auction Catalogues"(International Journal of Buddhist Thought & Culture Vol. 29 No.2) 등이 있고, 역주서로 『아비달마부파의 성립과 주장』(서울: 씨아이알, 2018)이 있다.

## 김성철

현재 동국대 경주캠퍼스 불교학부 교수 겸 불교사회문화연구원장. 한국불교학회 회장(이사장 겸직). 연구 영역은 인도불교의 중관학에서 불교논리학, 티베트불교, 반야삼론학 등으로 확장하였고, 최근에는 진화론, 뇌과학, 윤리학, 심리학, 사회학 등 인접 학문과 불교를 접목시키기 위해 노력하고 있다.

『중론, 논리로부터의 해탈 논리에 의한 해탈』(서울: 불교시대사, 2004) 등 10여 권의 저서와 80여 편의 논문이 있다. 저서 가운데 『원효의 판비량론 기초 연구』(서울: 지식산업사, 2003) 등 세 권이 대한민국학술원 우수학술도서로 선정되었다.

## 고영섭

동국대학교 불교학과 및 같은 대학원 박사 졸업(철학박사). 고려대학교 대학원 철학과 박사 수료. 동국대학교 불교학과 교수. 전공은 한국불교 및 동아시아 불교사상사이다.

논저로는 『원효, 한국사상의 새벽』(서울: 한길사, 1997), 『원효 탐색』(서울: 연기사, 2010), 『한국의 사상가 10인 원효』(서울: 예문서원, 2002), 『분황 원효』(서울: 박문사, 2015), 『분황 원효의 생애와 사상』(서울: 운주사, 2016), 『한국사상사』(서울: 씨아이알, 2016), 『한국불교사궁구』1·2(서울: 씨아이알, 2019) 등 다수가 있다.

글로컬 한국불교 총서 9
# 원효元曉, 문헌과 사상의 신지평

2020년 5월 20일 초판 1쇄 인쇄
2020년 5월 30일 초판 1쇄 발행

**엮은이** 동국대학교 불교문화연구원 HK연구단
**펴낸이** 윤성이
**펴낸곳** 동국대학교출판부

**주소** 04620 서울시 중구 필동로 1길 30
**전화** 02-2260-3483~4
**팩스** 02-2268-7851
**Homepage** http://dgpress.dongguk.edu
**E-mail** book@dongguk.edu
**출판등록** 제2-163(1973. 6. 28)
**편집디자인** 꽃살무늬
**인쇄처** 네오프린텍(주)

ISBN 978-89-7801-978-1 93220

값 35,000원

이 책의 무단 전재나 복제 행위는 저작권법 제98조에 따라 처벌받게 됩니다.